作者回马钢调研

李德水（1944—），江西玉山人，1962年考入江西冶金学院。现为国家统计专家咨询委员会主任，中国国际经济交流中心学术委员会副主任、宏观经济研究员、博士后导师。曾任国家计委国民经济综合司司长，重庆市副市长，国务院研究室副主任、党组成员，中国国际工程咨询公司党组书记、副总经理，国家统计局党组书记、局长，第九届全国人大代表、第十届全国政协委员、第十一届全国政协经济委员会副主任。

历史的足音——改革开放 40 年研究文库

建设和完善中国特色社会主义宏观调控体系

李德水◎著

中国言实出版社

图书在版编目（CIP）数据

建设和完善中国特色社会主义宏观调控体系 / 李德水著.
-- 北京：中国言实出版社，2018.12

ISBN 978-7-5171-2975-2

Ⅰ.①建…　Ⅱ.①李…　Ⅲ.①中国经济－宏观经济调
控－研究　Ⅳ.①F123.16

中国版本图书馆 CIP 数据核字（2018）第 261870 号

责任编辑：张　强
特约编辑：李婧婧
责任校对：李　颖
出版统筹：冯素丽
责任印制：佟贵兆
封面设计：杰瑞设计

出版发行　中国言实出版社
　　　　　地　址：北京市朝阳区北苑路 180 号加利大厦 5 号楼 105 室
　　　　　邮　编：100101
　　　　　编辑部：北京市海淀区北太平庄路甲 1 号
　　　　　邮　编：100088
　　　　　电　话：64924853（总编室）　64924716（发行部）
　　　　　网　址：www.zgyscbs.cn
　　　　　E-mail：zgyscbs@263.net
经　　销　新华书店
印　　刷　北京虎彩文化传播有限公司
版　　次　2018 年 12 月第 1 版　2018 年 12 月第 1 次印刷
规　　格　710 毫米 ×1000 毫米　43.25 印张
字　　数　609 千字
定　　价　258.00 元　ISBN 978-7-5171-2975-2

自　序

在全国上下庆祝改革开放四十周年之际，我把过去写的文稿整理一遍，从中挑选出自己觉得有点纪念意义或对当前工作也还有些参考作用的文章编辑成书，发表出来。一是为了表达对改革开放四十周年的纪念；二是因我国发展已站到了新的历史起点上，在习近平新时代中国特色社会主义思想指引下，开启了建设社会主义现代化强国的新篇章而抒发我无比自豪的情怀。

书中第一篇文章写于1982年，当时我在冶金部规划院从事全国钢铁规划工作。在改革大潮的裹挟下，我情不自禁地参与到薛暮桥同志在经济理论界发起的"什么是我国现阶段的社会主义经济"大讨论之中，并写出一篇对当时的主流观点——"社会主义经济就是计划经济"提出质疑的研究报告。我寄给了原冶金部副部长、时任国务院发展研究中心副理事长马宾同志和著名经济学家、中共中央党校王珏教授，请他们指教。马老邀我去他家谈过几次，王教授虽未谋面但他亲笔给我回了三封书信。两位前辈给了我诸多鼓励，都希望我继续研究，但此文暂不要发表。我知道，他们都是为了我好。留存36年之后发表出来，是很有意思的。

1984年初我调入原国家计划委员会，先后在原材料局钢铁处、长期规划司、国民经济综合司工作以后，接触的业务面不断扩大，以致与宏观经济结下了不解之缘。我没有接受过经济学的系统教育，是向周边同志学、向领导同志学，在工作实践中边干边学的。从计委到重庆市，再到国务院研究室，主要从事具体经济工作和为领导同志服务，写的也主要是公文，个人文章很少。所以，书稿中有一个较长的断档期。但自从调入中国国际工程咨询公司、国家统计局以及出任第十届、第十一届全国政协委员之后，就写得多一些了。因为中咨公司是为国家重大建设项目把关的；统计局是负责摸清共和国家底的，还要对宏观经济运行情况把脉并随时关注国际经济风云的变幻，有重大情况要及时向中央报告，还要经常向社会公众通报；而政协委员的重大使命便是向中央建言献策。

2003 年以后，我国经济进入了高速增长的新阶段。党中央、国务院对如何保持我国经济稳健快速发展高度重视，推出了一系列建设和完善中国特色社会主义宏观调控措施，并积累了丰富经验，在伟大实践的基础上总结提出了科学发展观的重要理论，这正是书中对宏观调控方面的学习研究文章编录较多，甚至把书名也定为《建设和完善中国特色社会主义宏观调控体系》的原因。

书中收集了多篇对美国经济的研究文章。其中 2008 年 4 月写的《关于美国次贷危机的若干判断》一文预判了当年下半年美国经济要出大事，此文发表在《求是》杂志《红旗》版第七期上。

货币政策是宏观调控的重要政策工具。可以说，有了正确的货币政策，宏观调控就成功了一半。针对 2009 年以后，我国金融运行中出现的一些新情况，积累的一些新风险，我陆续写了《我国金融改革要坚持为实体经济服务的正确方向》《我国发生系统性金融风险的可能性分析》等多篇文章，对如何加快我国金融改革也提出了一些建议。另外，对流动性过剩、人民币汇率和利率市场化改革等方面也收集了一些研究文稿，希望能给有关同志一点参考。金融是现代经济的核心，但弄得不好也是当代社会引发经济危机的根源。所以，党中央一再强调要守住不发生系统性金融风险的底线。由于看到金融生活中的一些问题，心里十分着急，故文章中有些话可能说得重些，也难免有说得不准确的地方，希望金融界的同志能原谅我这个外行人的鲁莽。

书中除了标注出版刊物以外的大部分内容是送领导同志参阅的，没有对外公开发表。

李德水

2018 年 5 月 20 日

目　录

一、改革开放的理论探讨

二、经济运行和宏观调控改革实践

四、金融改革与开放

五、我国统计改革与发展

六、生态文明建设

七、区域经济发展战略

八、其他

一、改革开放的理论探讨

"社会主义经济就是计划经济"提法值得商榷

（1982年7月）

党的十一届三中全会以来，我国在经济体制改革方面已经取得初步成果。为使改革工作更顺利地发展，我们很有必要认真总结经验，并从经济体制改革的理论方面展开讨论，以便统一思想，明确方向。薛暮桥同志5月4日在中南海工字楼召开座谈会上号召我国经济理论界就"什么是我国现阶段的社会主义经济"问题展开讨论。两个月来，学术界讨论十分热烈，争论的焦点主要反映在"是计划经济，还是商品经济"的问题上。我学习了经济理论界老前辈们发表的各种不同意见之后，深深感到必须澄清一个十分重要的经济理论概念。

从根本上说，"什么是我国现阶段的社会主义经济"这个问题乃属于社会经济形态的范畴。在人类历史上有原始共产主义经济、奴隶制经济、封建主义经济、资本主义经济、社会主义经济等不同的社会经济形态，不同的社会经济形态又代表着不同的社会经济制度。区别它们的标准除了生产力水平和生产方式不同外，更重要的是生产资料所有制和社会财富的分配制度。本题答案的第一点，也是最终归宿必须肯定我国现阶段的经济形态或经济制度是社会主义经济，而不是任何其他经济。社会主义经济是人类社会经济发展史上的新的里程碑，"社会主义经济"的提法是有鲜明含义的科学概念。其主要标志是生产资料以公有制为主体、社会财富坚持以按劳分配为主的分配制度。在中国要坚持社会主义经济制度，坚持中国共产党的领导是根本保障。因此，用"计划经济"或"商品经济"或"既是计划经济，又是商品经济"，或"保留商品经济形式的计划经济"，或"计划指导下的商品经济"以及诸如此类的其他各种排列组合的经济名称来表述社会主义经济，便都是不合适的。既然如此，可见社会主义经济"是计划经济，还是商品经济"争论的前提就不能成立。

"社会主义经济是计划经济，还是商品经济"的问题本身，似乎意味着我国现阶段的社会主义经济可以在"计划经济"与"商品经济"或两者的不同构成之间进行选择。从形式逻辑的结果看，势必发生社会主义经济制度本身是否需要改革和怎样改革的问题。事实上，极个别同志的意见已经明显触及了这个问题。对此，于光远同志曾明确指出："在社会主义国家中，社会主义的基本经济制度只有坚持和完善的问题，没有改革的问题"。"计划经济，还是商品经济"与社会主义经济之间的关系，前者是指经济管理体制的模式，而后者是指社会主义基本经济制度。

有的同志说，"社会主义经济就是计划经济"，这是马列主义经典作家论证过的。但是，从马列主义经典著作中却根本找不出"社会主义经济就是计划经济"的提法。计划经济的字眼最早出现于列宁1906年发表在《浪潮报》的《土地问题和争取自由的斗争》一文中。列宁在这篇文章中说："只有实现巨大的社会化的计划经济制度，同时把所有土地、工厂、工具的所有权交给工人阶级，才可能消灭一切剥削"（见中文版《列宁全集》第十卷第407页）。这里所说"巨大的""社会化的"无疑是指社会经济的发展规模和生产力的水平。因为经济制度无所谓大小之分，而且总是带社会性的。如果说此处的"计划"二字便是这种社会经济制度的实质所在，那么列宁这句话的本身就可以否定这个观点，因为后半句紧接着说"同时把所有土地、工厂、工具的所有权转交给工人阶级"。也就是说必须解决生产资料所有制这个根本性质的问题。列宁这句话表述了与小市民社会主义、僧侣社会主义及其他形形色色的社会主义根本不同的无产阶级的社会主义，是经济相当发达、生产高度社会化、实行计划管理的经济制度，而且一切生产资料归无产阶级所有的社会。

对于这个问题，恩格斯在《反杜林论》中有最概括的论述。他说，在社会主义取代资本主义之后，"社会的生产无政府状态就让位于按

3

照全社会和每个成员的需要对生产进行社会化有计划的调节"(《马克思恩格斯选集》第三卷第 319 页)。这句话的意思是说,在社会主义社会,通过有计划地分配社会劳动,以保持社会生产与社会需要之间、人民生活与经济建设之间的平衡,保证社会扩大再生产的顺利进行和人民生活的不断提高,从而强调了相对于资本主义的生产无政府状态来说,计划管理在社会主义经济中的重要调节作用。但这里没有提到"社会主义经济就是计划经济"的公式。

对上述概念,斯大林分析得更加具体。他在批评雅罗申柯的错误观点时指出:"生产力合理组织的问题,国民经济计划的问题等等,并不是政治经济学的对象,而是领导机关经济政策的对象。这是两个不同的领域,不能混为一谈。"(见《苏联社会主义经济问题》56 页)并接着指出:"政治经济学是研究人们生产关系发展的规律;经济政策则由此作出实际结论,把它们具体化,在这上面建立自己的日常工作。把经济政策的问题堆压在政治经济学上,就是葬送这门科学。"由此可见,"社会主义经济是计划经济"的提法实际上就是把经济政策的问题堆压在政治经济学上去了。

我们常说的国民经济有计划、按比例发展(按比例与有计划不完全是一回事,此处暂不展开讨论),是指在以公有制为主体的社会主义经济制度下,社会化大生产的经济活动要发挥计划的调节作用,以防止发生资本主义制度下盲目生产的现象。国家实行的经济管理制度意味着某种管理办法或称调节手段,而不是社会经济制度的本质特征,不能与社会经济制度之间划等号。而"社会主义经济就是计划经济"的提法,实际上是把计划管理经济的模式或管理体制与社会主义的基本经济制度混为一谈了。同样的道理,说"社会主义经济就是商品经济"也是不能成立的。既然如此,前述"社会主义经济是计划经济还是商品经济"的争论都是由于没有把经济管理或经济调节的手段、模式及体制与社会主义基本经济制度区分开来。这两者是不同层次的东西。我们必须把这两者的关系搞清楚,才有利于准确把握我国经济体制改革的方向和内涵。

附件：

对列宁关于"计划经济制度"提法的初步考证

（1982 年 10 月 2 日）

关于"计划经济制度"提法的出处，众所周知首先见诸列宁 1906 年发表在《浪潮报》的《土地问题和争取自由的斗争》一文的中文译本上。中文版《列宁全集》第十卷第 407 页上写道：

"只有实现巨大的社会化的计划经济制度，同时把所有土地、工厂、工具的所有权转交给工人阶级，才可能消灭一切剥削。"

从中文语法上看，这段译文的准确性似乎值得推敲。全句第一部分是个动宾结构，主词是"实现"某种"制度"，"巨大的"、"社会化的"都是这种"制度"的定语。但这种搭配有如下不通之处：经济制度并无大小之分，用"巨大的"来形容某种经济制度，实在有点牵强附会；经济制度总是带社会性的，用"社会化的"去形容经济制度亦属多余。不禁要问：马列主义经典作家，伟大导师列宁真会写出这样的文笔么？为解此疑，我查阅了 1962 年莫斯科外文出版社出版的《列宁全集》英文版，上面那句话在《列宁全集》英文版第十卷第 438 页上是这样写的：

"Exploitation can be completely abolished only when all the land，factories and tools are transferred to the working class，and when large-scall socialized and planned production is organised."

写得多么清楚啊！对比之下可以看出：

一、前述中文版译文把第二个状语从句放到前面，而把第一个状语从句即关于生产资料所有制问题摆在第二位了，看来这是值得讨论的。因为这两个状语从句一个是消灭剥削的必要条件（解决所有制问题）；另一个是充分条件（组织大规模社会化和计划化的生产）。不是两个并列的条件，更不能将其倒过来说。

二、中文版译文把充分条件中的主词——"生产"给抹掉了，而代之以原句中根本没有的"制度"一词。因此造成了前面所说的文法不通的问题。

三、中文版译文还在多加的"制度"一词前面平添了"经济"一词，前后相连就出现了"计划经济制度"的字眼。于是几十年来，我们一直把这段译文当作经典出处，认定"计划经济"是列宁亲自所提，并作为权威提法，普遍引用，毋庸置疑。

根据英文版的表述，我试将这句话译成中文如下：

"只有当全部土地、工厂和工具的所有权都转交给工人阶级，并组织起大规模社会化和有计划的生产时，才可能消灭一切剥削。"

查阅列宁原著（俄文版）中的 хозяйство 这个词。俄汉词典中的翻译可以是经济、经营、生产等，而伦敦、华盛顿、纽约出的英文版列宁全集里都是用的"planned production"即有计划的生产，与莫斯科版本是一样的。

列宁写于 1921 年 2 月的《论统一的经济计划》一文，说道："现在苏维埃俄国初次有可能着手进行比较有计划的经济建设，科学地制定并彻底执行整个国民经济的国家计划"。他在文中强调的是编制国民经济发展计划的重要性、统一性、协调性和科学性，而没有提到"社会主义经济就是计划经济"这个命题。

考证的初步结论：马克思、恩格斯的著作中均无"计划经济制度"的提法，列宁著作中也仅有这一处的中文版出现"计划经济制度"一词，而且属于误译。斯大林领导下的苏联的确实行了高度计划化的经济管理体制，但他却并未说过"社会主义经济就是计划经济"。

治国平天下的一个重要理念

（2002 年 11 月 25 日）

今年经济工作大局已定。在世界经济普遍低迷的情况下，我国经济发展充满活力，全年各项主要经济指标都将比预期的好得多。在这样一片大好形势下，尚需保持冷静头脑，特别是对一些带有代表性的观点和倾向性的问题要加以密切关注，统一大家的认识。

一、怎样估计国际经济形势

去年中央经济工作会议指出："我们将面临比亚洲金融危机更为严峻的国际经济形势"。当时估计今年的外贸出口将非常困难，可能出现零增长甚至负增长。但结果却大大出乎意料，今年 1—10 月我国外贸出口和外商直接投资都达到 20% 的高速增长。于是，有些同志说去年中央对国际经济形势的估计可能太严重了，与实际感觉不太一样。

产生这种认识主要是对国际经济形势了解不够，缺乏分析。我们面临的世界经济环境确实比四年前东南亚局部性的经济危机更加严峻：正当世界经济在忙于收拾日本和美国两次声势浩大的资产价格泡沫残局、艰苦地进行结构调整的时候，又遇上震撼全球的企业监管和信用危机、世界性的生产过剩、半个多世纪以来首次的通货紧缩在某些国家蔓延，其中尤以美国 IT 产业资产泡沫破灭和"9·11"事件为标志，使世界经济被笼罩在阴影之下，充满了不确定性。朱镕基同志本月在香港礼宾府晚宴上演讲时说："回首世界，我们未见几家欢乐，但见几家愁。"这的确是对国际经济形势最深刻而又形象的概括。

7

在如此严峻的国际经济环境下，今年我国经济能取得这样骄人的成绩，最根本的一条正是得益于中央对国际经济形势作出了正确、科学的判断，并采取了一系列行之有效的宏观经济政策和措施。据世贸组织日前公布，去年以美元计算的全球商品贸易额比上年下降4.5%，今年上半年又比去年同期下降4%。在这样的大背景下，我国1–10月外贸进出口总额同比增长19.7%，其中出口增长20.6%，进口增长18.7%，反差如此之大，我们付出了多少艰辛和努力，确实是来之不易的，而且还为世界经济作出了贡献。那种只看见成绩就以为中央对世界经济形势估计过于严重的认识显然是不对的。值得关注的是，持有这种观点的同志具有一定代表性，如不加以澄清，就可能导致怀疑以至动摇国家的宏观经济政策。唐朝的吴兢在《贞观政要·论刑法》中说："思其所以危，则安矣；思其所以乱，则治矣；思其所以亡，则存矣。"此乃治国平天下的重要理念。在困难的时候，要看到成绩、看到光明，一往无前地奋斗；在胜利的时候，要看到困难、看到风险，不骄不躁，永远保持艰苦奋斗的作风，并且总是立足于最大的困难，去争取最大的胜利。这是我们党带领中国人民不断从胜利走向新的胜利的宝贵经验。

二、加入世贸组织后的挑战过去了吗

我国加入世贸组织一年来，各级政府和企业都做了大量的工作，较好地利用了该组织的协商机制和我们应有的待遇与权利，正面效应发挥得比较明显。回想去年这个时候，全国上下动员、层层举办学习班，又是清理和修改有关法规，一派厉兵秣马、迎接挑战的浓烈气氛。正因为准备得比较充分，今年开局良好。然而一年过去了，我们更多的是初尝了加入世贸组织的甜头，却没有感受到多少冲击。现在，仿佛挑战已经过去，关于如何应对挑战的呼声已经偃旗息鼓、悄然无声了。10月29日某部门负责人发表文章说："我国经受住了加入世界贸易组织的考验。"这个结论是不是下得太早了点、过于乐观了？这种舆论导向将会产生什么后果？其实，世界上许多发展中国家刚加入世贸组织时都有过这样的经历。人家总得让你先得到一点好处，在过渡期内就气势汹汹地杀入成本也太高。跨国公司的老板们往往是先派几只"狼崽子"进来打探，待到时机成熟时一批批强悍的"狼群"就会蜂拥而入，而且不同的"狼群"之间还会展开恶战。就拿汽车工业来说，我国的汽车工业市场实际上已经成为世界列强竞争的战场，大点的汽车制造厂几乎都与外商合资了，背后都有一个跨国公司作后台。合资企业的生产能力又多是5万辆、10万辆的，根本不是外商所希望的规模，更不是轿车生产的经济合理规模。目前大家相安无事，而且都有钱赚。他们这是风险投资，只要在中国市场站住了脚就会迅速扩张。届时，且不论"狼群"之间的厮杀会何等惨烈，我国自己的汽车工业将如何在竞争中胜出而不被吞没，便是个十分严峻的现实问题。跨国公司占领我国市场的战略和策略深谋远虑，我们在与他们握手言欢、精诚合作的时候，还是要多想一想我们自己的利益、国家的根本利益。可以说，加入世贸组织后的真正挑战还没有到来，我们千万不可放松警惕、掉以轻心。

三、我国股市的出路在哪里

两年来，我国经济蓬勃发展，而股票市场却一路下滑，两者之间形成不合常规的鲜明反差。从根本上说，这是前两年人为炒作留下的恶果。尽管证券监管部门制定出台了一系列市场运行的规则，取得显著成绩，但股票市场低迷的现象却未能改善，不仅指数频频下跌，而且成交量大幅减少，什么利好消息也都无济于事。

于是，许多人从不同角度、用不同方式开出了药方，包括"推倒再来论"，等等。其中尤为值得关注的意见是，不论其言辞多么委婉曲折，实质上是建议引入外资来搞活中国股票市场。11月20日在香港召开的第十六届世界会计师大会"中国论坛"上，全球著名的金融服务机构瑞银华宝亚洲区负责人说："开放A股市场不仅是中国向前迈进了一步，而且对国际投资者来说也可能是绝好的机遇。"近两年，由于全球经济不景气，国际资本流动发生了很大变化。2000年全球FDI为

15000 亿美元，2001 年降到 10000 亿美元，今年预计只有 5300 亿美元。两年内 FDI 减少 2/3，不是没有钱了，而是大量的国际游资苦于没有地方可投。从我国居民储蓄存款大幅增长的情况看，中国股民也不是没有钱，而是对股票市场缺乏信心。外国投资者之所以如此迫不及待地希望进入中国 A 股市场，绝不是看好我们的上市公司，而是意在炒作，从根本上说更是为了打破我资本项下人民币不可以自由兑换的最后一道金融防线。不难想象，只要 A 股市场全面对外资开放，要不了一年时间沪指涨到 5000 点乃至 1 万点都是可能的。但炒到一定程度后外资就会撒手而去，把中国老百姓的财产席卷而走，接着便是股市暴跌，人民币大幅贬值，给我国金融和经济带来空前的灾难。正如 1997 年亚洲金融危机时马来西亚总理马哈蒂尔捶胸顿足地说的那样："全国人民几十年辛勤劳动的成果被毁于一旦。"世界上由于条件不成熟就过早地开放金融市场而带来严重灾难的教训实在太多了，东南亚诸国、巴西、墨西哥、阿根廷等国都深受其害。在这样一个涉及国家经济安全的重大原则问题上，我们一定要有清醒的头脑和十分鲜明的态度。我国股票市场的根本出路一靠加强规范化管理，二靠上市公司努力改善和提高经营业绩。引入国际短期资本救不了我国的股票市场，反而会误大事。因为目前我国的金融资产质量和上市公司素质以及股民意识与监管水平都不具备抵御外资冲击的能力。

四、密切关注国际主要货币汇率的波动

近些年来，国际上由于经济发展的不平衡，导致了汇率的失衡，也酝酿了严重的金融风险。世界经济竞争的背后实质上是金融的竞争。贸易即商品和服务的流动与金融即资本的流动是一个整体，世界贸易战的背后必然还有一场平行的金融战。金融战是无形的，不必宣战也不必和谈，更没有滚滚硝烟，但其破坏力更威猛、更残酷。

美元的软与硬是一个风向标，标志着国际资本的流向，也是观察美国经济的一个窗口。20 世纪 90 年代美国股市的泡沫必然带来整个美国经济的泡沫，也必然带来美元价值的泡沫。随着美国股市泡沫的

破裂，从今年开始美元泡沫也出现破裂了。自4月份以来，美元对欧元和日元已经各贬值10%以上。但欧元和日元升值会削弱其出口竞争力，对他们也不一定是好事。所以，站在2002年的山岗上，人们看到的是美元、日元、欧元争先恐后贬值的局面。美、日、欧三种货币这种特殊方式的角逐，很有可能成为今后一个时期世界经济竞争的主旋律，并必将引起国际金融市场某种程度的震荡。在国际主要货币汇率急剧波动的格局中，如何制定灵活机动的人民币汇率政策，争取为我所用，至少要保护好自己，需要尽早加以研究，制定多种预案。

五、抓住机遇，大鼓实劲

面对危机四伏的国际经济环境，只要利用得当，就会成为我们加快发展的好时机。要克服一切艰难，努力扩大加入世界贸易组织的战果，使我国经济跃上一个新的大台阶。党的十六大报告指出："综观全局，21世纪头20年，对我国来说，是一个必须紧紧抓住并且可以大有作为的重要战略机遇期。"这正是对国内外经济形势进行了全面分析之后得出的科学结论。我们必须深刻领会十六大精神并运用高超的智慧，坚持不懈地努力实践。小的失误总是难免的，但在重大的国际和国内经济问题上，我们一步都不能走错，而且也错不起。

从当前的经济工作看，一是在对国内外经济形势的判断上必须统一认识、统一意志。决不容许把中央的提醒当作耳边风，甚至当作假喊"狼来了"的顽皮牧童看待。二是要增强忧患意识，保持清醒头脑。我们对已经取得的辉煌成就，应当引以自豪，但决不可以自满；我们对前途充满信心，但要勇于面对客观存在的内忧外患。"生于忧患，而死于安乐"的古训始终有着重大的现实意义。三是要鼓实劲，不做表面文章。今后一个时期内的主要任务是认真学习贯彻党的十六大精神，而且要落到实处。既要组织、带领群众努力发展经济，又不可刻意追求高增长指标，而应注重经济效益的提高，更不可盲目铺摊子、搞低水平重复建设。四是要切实转变思想作风和工作作风。党的十五届六中全会通过的《关于加强和改进党的作风建设的决定》写得非常好，但在实际工作中贯彻得还不够。做好经济工作，各级领导干部要深入基层、深入群众，真正了解各方面群众想些什么、最关心的是什么、需要什么，把蕴藏在广大人民群众中全面建设小康社会的巨大积极性和聪明才智充分调动起来，并加以正确引导，切实做好服务。

关于 GDP 的几点思考

（2004 年 1 月 30 日）

一、GDP 是二十世纪最伟大的发明之一

GDP 代表一国或一个地区所有常住单位和个人在一定时期内全部生产活动（包括产品和劳务）的最终成果，是社会总产品价值扣除了中间投入价值后的余额，也就是当期新创造财富（包括有形和无形）的价值总量。其英文全称为 Gross domestic product，中文译名对国家来说叫做国内生产总值，对地区来说叫做地区生产总值或本地生产总值。

国内生产总值是对一国总体经济运行表现作出的概括性衡量。它具有国际可比性，是联合国国民经济核算体系（SNA）中最重要的总量指标，为世界各国广泛使用并作国际比较。诺贝尔经济学奖获得者萨缪尔森在《经济学》教科书中把 GDP 称作是"二十世纪最伟大的发明之一"。

GDP 核算有三种方法：一是生产法，由一二三产业增加值的总和代表 GDP，各产业增加值的计算方法是各产业总产值减去中间消耗；二是收入法，用劳动者（个人）收入、国家税收（含规费）、企业利润和折旧三者的总和来核算；三是支出法，用居民消费、政府消费、固定资本形成、存货增加、净出口几项的总和来核算。三种方法是从三个不同角度去核算，从理论上说结果应是基本一致的。要把极其错综复杂的经济社会活动中所有行为主体创造的社会财富都核算出来，确实是一个庞大的系统工程。统计学之所以能解决这一问题，靠的是大量的统计资料、行政管理资料、会计决算资料和一整套科学的方法。

国民经济核算决不等同于企业的财务账，任何国家的核算结果都不可能绝对准确地反映实际情况。但只要按照科学的态度去做，核算出的 GDP 及其增长率是可以基本反映总体经济增长水平和发展趋势的，而且与人们的生产生活息息相关，可以让人亲身感受出来。目前，几乎所有国家都把 GDP 增长指标作为宏观调控的首要目标不是没有道理的。

二、GDP 不是万能的

诚然，在宏观经济学所有概念中最重要的指标是 GDP。国民经济核算提供的各种数据犹如灯塔，引导决策人将经济航船驶向目的港。没有这类国民经济决策指标，决策人就只能在纷繁无序的数据海洋中茫然漂泊。

但 GDP 却不是万能的。一是它不能反映社会成本，二是不能反映经济增长的方式和为此付出的代价，三是不能反映经济增长的效率、效益和质量，四是不能反映社会财富的总积累，五是不能衡量社会分配和社会公正。如果只注重经济总量和速度的增长，而不顾资源损失、环境污染、生态破坏，就有可能造成经济增长了，而人民的生活质量却下降了的局面，而且经济本身也不可能持续增长。例如，有的地方生活富裕了，盖起了小别墅，但一打开窗户臭气就扑面而来，日子可怎么过？这无异于是一边建天堂，一边造地狱。经济的高速增长不能以生态赤字来换取，更不能只顾眼前而不顾长远发展。作为标志着社会财富增加的 GDP 中还有一些消极的内涵。例如，由于违章建设造成楼房倒塌，发生大量人员伤亡的恶性事故之后，抢救人员的劳动、医务人员的治疗、殡仪馆的火化、以及推平旧址、重新盖楼等，都会拉动服务业、建筑业和工业的增长，在国民经济核算中都表现为 GDP 的增长，而这种增长难道不是一场真正的灾难吗？又如，被砍伐的森林也是算作当年新增 GDP 的，但对于国民财富却是负的积累。再如，欧洲的数百年老屋保存完好，且越老越值钱，而我们的一些历史文化遗产却没有得到很好的保护，由于缺少规划和不注重质量，新盖的房子过不了一二十年就要拆除，这拆拆盖盖都反映在 GDP 的增长中，但国民财富的总积累却增长无几，有的甚至造成永远无法挽回的损失。此外，在 GDP 的概念中还不能包括幸福指数、快乐指数、技术进步指数等。

因此，GDP 只是一个描述经济增长情况的统计概念。不能没有它却也不能看得太重，更不能一味刻意追求。况且增长不等于发展，发展应是全面、协调和可持续的。

三、为何地区汇总数比国家核算的 GDP 大

2000—2003 年，各省区市核算的 GDP 增长速度的平均数，比国家统计局核算的全国数分别高出 1.7、2.0、2.6 和 2.8 个百分点，差距呈逐年扩大趋势。这一现象引起了各方面的困惑和质疑。经分析，出现这种情况的主要原因有以下六方面。

（一）价格因素。地方统计工业产品大多使用 1990 年不变价，而十几年来工业产品的结构和内涵已发生很大的变化，有的产品都不存在了，有的产品当时还没有，有的产品（如电脑）质量大大提高了，而价格却大幅降低了。国家统计局在核算时考虑了这些因素，做了适当调整，由此得出的工业不变价增加值是不一样的。经国务院同意，国家统计局决定从今年起全国和各地区工业和农业不变价增加值一律采用价格指数缩减法计算，以解决这一问题。

（二）跨地区的人员、物资、资金流动规模越来越大，在地区核算中是难以区分的，往往出现重复计算的问题。跨地区的大公司（企业集团），其总公司和分公司的经营活动在地区核算中也容易产生重复统计的现象。而国家统计局已建立 5000 家大型工业企业、1200 家大型商贸公司的网上直报制度。近几年，地区与国家年度 GDP 数据之间差距逐步扩大，也正说明市场配置资源的基础性作用越来越大，跨地区企业的发展越来越快。

（三）核算方法不同。如年销售收入 500 万元以下的非国有工业企业，很多地区还沿用全面报表数据进行核算。而这一块的统计数，在

90年代冒出了一个大鼓包，至今"水分"还没有挤干净。国家统计局对规模以下工业则是通过直属企调队抽样调查资料进行计算的。

（四）统计体制不健全。在计划经济时期，较多注重于物质生产部门统计，忽视了服务行业统计。直至现在，我国的统计网络还不能完全覆盖第三产业的各个方面。由于第三产业统计领域的薄弱，为地区调整核算留下了很大的空间，往往"总量不够三产凑"。近几年各地GDP总和比国家GDP数据高出的部分中约近80%是第三产业造成的。

（五）受年初预期目标的影响。各级人民代表大会年初通过的经济增长预期目标，往往自上而下层层加码，而有法律效力的预期目标总是要实现的，于是统计数据就自下而上层层加"水"。多年来的数据显示，各省区市数据的总和GDP增长率高于全国核算数2个百分点左右，而省内各地市的总和又高于省级核算2个百分点左右，各县级总和又高于市级核算1—2个百分点，可见各级核算问题同出一辙。去年越南国家统计局长访华时介绍，那边的情况与我们完全一样。

（六）思想认识有偏差。社会上确实存在过于看重GDP增长的倾向。有的地方按GDP增长率等指标排队，对领导干部实行末位"亮黄牌"甚至淘汰制，或作为提拔重用的重要依据。统计数据成了基层干部的"政绩单"，上报数字时便往往要左顾右盼，相互攀比，甚至不惜弄虚作假。

四、关于GDP核算制度的改革思路

经国务院批准，去年以来国家统计局已经对我国GDP核算和数据发布制度进行了一些改革，主要是对年度和季度GDP核算数据要进行修正，并对地区GDP核算制度作了一些改进和规范。下一步GDP核算制度的改革主要有两个思路：

（一）积极开展绿色GDP的研究。为了客观反映经济增长在环境、资源、生态方面付出的代价，或者反映在经济增长的同时这几方面得到的改善，美国、欧洲许多国家都在研究绿色GDP的问题，也就是说在传统GDP数量的基础上，要扣除或增加环境、资源和生态变化的因素。但十几年来始终处于研究的阶段，至今尚无任何国家的政府统计发布过绿色 GDP 指标。去年，国家统计局已经会同有关部委、社科院、中央党校等单位，就绿色 GDP 问题开展课题研究。作为一个过渡性措施，我们正考虑先设立一个卫星账户指标体系，即在公布 GDP 数据的同时，要把环境、资源、生态等的变化情况单列出来，由此看出我们为实现经济增长在这些方面付出的代价，以警示世人。具体在今年 2 月发布的 2003 年统计公报中，就要作初步尝试，形成一个卫星账户的雏形，以后逐步完善充实。

（二）借鉴国外经验，实行 GDP 下算一级的办法。美国、德国、意大利等许多国家，各州、省都不进行本地区 GDP 的核算，而是由国家统计部门统一核算后分解到各地区。他们的实践证明这是切实可行、也是比较科学的。目前我国还不具备这样做的条件，等今年开始的全国第一次经济普查完成之后，把全国二、三产业的家底都摸清楚了，就可以考虑实行这种办法。省级对地市、地市对县级也都照此下算一级。

关于科学发展观的主要内涵

（2004 年 2 月 16 日）

结合我国当前的实际情况，对领导干部来说，树立科学的发展观至少应包括以下几个方面的内容：

一、要树立加快发展的历史责任感和时代紧迫感。也就是说，全党同志要把思想统一到十六大精神上来，十分地珍惜 21 世纪前 20 年宝贵的战略机遇期，振奋精神，领导全国人民努力奋斗，全面建设小康社会。要知道，时不我待，机遇稍纵即逝。现在全党上下都在努力工作，东部地区要率先实现现代化，西部地区在努力实施大开发战略，中部地区也要求尽快实现崛起，觉得怎么使劲都嫌不够。这种高昂热情是十分宝贵的，对各级领导加快发展的积极性理所当然要予以充分肯定，并且要精心地保护好、引导好、发展好。但也要看到，光有热情和积极性是不够的，如果方向搞错了或者方法不对头，也会事倍功半，甚至坐失良机，同样会犯历史性错误。

二、坚持以人为本是科学发展观的重要前提。党的十六大报告提出的全面建设小康社会的目标，不仅包括使人民的物质生活更加殷实、富足，而且包括使人民的政治、经济、文化权益得到切实尊重和保障，使人民的思想道德素质、科学文化素质和健康素质明显提高，促进人的全面发展，促进人与自然的和谐。这是我国到 21 世纪中叶基本实现现代化的基本内涵，也是发展的根本目的和根本动力。以人为本的提法比我们过去常说的发展经济的目的是为了满足人民日益增长的物质、文化生活的需要内容更加丰富，范围更加广泛。这是从我国经济发展进入新阶段、达到新水平和人民需求不断提高的实际情况出发提出的。

我们谈发展必须明确这个重要前提，心中时刻想着最广大人民的根本利益和客观需求，不是为了发展而发展，一切发展都要落实到为人民谋利益上来。发展的好坏和成败也要以人民满意不满意、高兴不高兴为检验标准。

三、按照"五个统筹"的要求，坚持全面、协调、可持续发展是科学发展观的基本内涵。改革开放以来，我国经济高速发展，基本解决了长期存在的物质短缺和温饱问题，但在满足人民接受良好教育、医疗卫生、全民健身和良好的生态环境等需要方面，还有较大差距，暴露出一些新的问题，社会发展与经济发展、农村发展与城市发展、中西部地区发展与东部地区发展、经济发展与资源环境保护及生态平衡等方面不协调的矛盾越来越突出。现在，我们已经实现了现代化建设的第一步和第二步战略目标，进入全面建设小康社会、加快推进社会主义现代化的新的发展阶段。根据许多国家和地区的经验，人均 GDP 达到 1000 美元之后，社会消费结构将会出现升级，人们对改善住房条件的需求、旅游需求、医疗养老需求，以及文化生活的需求都会明显增强，由此推动产业结构的升级和服务业的加速发展。以上这些新问题和新情况都迫切要求我们在继续坚持以经济建设为中心的前提下，把全面、协调、可持续的发展提到更加重要的位置上。而且我国已经发展到这样一个新的阶段，经济基础和整体国力也具备了这个条件。我们不仅要关注经济指标，而且要关注人文指标、资源指标和环境指标；不仅要增加促进经济增长的投入，而且要增加促进社会发展、保护资源和环境的投入。经济发展是基础，经济上不去，其他都无从谈起。如果只顾发展经济，忽视了其他方面的统筹发展，经济也发展不上去。即使上去了，也要退回来，甚至付出沉重的历史代价。地方党政领导在谋划和组织地区发展时，必须胸怀全局，统筹兼顾。除了上述几个方面外，在改革和发展中，还要注意兼顾各方面的利益关系，自觉地提高领导能力和执政能力。

四、发展经济要广开思路。从当前的情况看，建设项目、产业结构、发展模式趋同化的现象非常严重。在建设项目的选取上，看到别人上什么就跟着来。一搞旧城改造就全国都搞旧城改造，一哄而上。

而且似乎是一张图纸全国用，从南到北的中小城市房屋建设一个模样，少有自己的特色，实在单调得很。发展经济的模式也是大同小异，都是上开发区，搞招商引资，不论什么项目跑到就好，大家用的都是这一套路数。看起来大家都很努力，严格说来是不动脑筋懒汉思想的表现，缺乏创新精神。经济工作是丰富多彩的，发展模式也是多种多样的。一味照抄照搬，简单模仿，大家争先恐后都往一处挤，不仅造成了大量低水平重复建设和产业结构的扭曲，而且人为地造成能源、原材料供应和交通运输的紧张。这种现象如不改变，不仅会严重制约当前经济的发展，而且会危及全面建设小康目标的实现。因为能源、原材料如此粗放地消耗，终将难以为继，这条路是走不下去的。解决好这个问题，关键在于领导干部要深入基层，调查研究，尊重群众的首创精神，努力克服浮躁作风。同时要面向市场，拓宽视野，在扬长避短和开拓创新上下真工夫。

五、发展必须从国情和当地实际情况出发。保持一个较快的发展速度是完全必要的，从我国的实际情况看，经济社会生活中存在的诸多问题只有在发展和深化改革中加以解决，但我们讲的发展不单是一个速度问题，而是要追求全面、协调、可持续的发展，是持续、快速、协调、健康的发展。要看到我国地域辽阔，地区之间的发展基础、发展条件、发展水平千差万别。平衡是相对的，不平衡是绝对的。地区之间相互学习、借鉴，相互激励和启发都很必要，也很有益，但不能盲目相互攀比。经济发展慢一些的地方不等于工作没做好，经济发展快的地方也不等于各方面工作就一定做得很好。不能简单以经济发展速度高低论英雄。

六、要十分注意提高经济增长的质量和效益。去年我国金融机构新增贷款额和新增的财政投入总和大大多于当年新增的 GDP 数额，这说明我们的投入产出比是很低的，也说明我国经济增长的质量和效益还存在很多问题。GDP 代表一国或一个地区所有常住单位和个人在一定时期内全部生产活动（包括产品和劳务）的最终成果，是当期新创造财富的价值总量。它是反映总体经济增长水平和发展趋势的一面镜子，是一个最重要的宏观经济指标。所以我们应当非常地关注它。但又不能光看 GDP 的增长，更要深入算算为此付出的成本和代价；不能光看当年新增的财富，还要看社会财富的总积累量；既要看重经济的增长率，又不能将其当成是唯一的目标。这是树立科学发展观必须把握和处理好的问题。

七、要摆正党政领导干部在经济发展中的位置。在社会主义市场经济条件下，政府的主要职能是经济调节、市场监管、社会管理和公共服务。一般来说，公益性基础设施项目，政府是应该去办的；竞争性项目则应由企业这个市场主体去独立承担。在竞争性领域，政府也不是无所作为，主要是从总量平衡、宏观指导、市场准入直至帮助企业牵线搭桥，以及创造良好的外部环境等方面引导企业发展，但决不可越俎代庖。在基础设施建设上也要量力而行，不可过于超前。当前许多地方都在搞经营城市，其实质是在经营土地。这虽然是城市发展的一条路子，但也暴露出不少问题。一是拆迁政策不落实，超越了城市居民的经济承受能力，二是在城市郊区出现了一大批无地、无业、无社会保险的困难群体。这两种情况都是影响社会稳定的重要因素，不可掉以轻心。三是以政府主导的征地、拆迁、经营土地的行为，也出现了一些干部的腐败现象。对于这些问题，要制定有效措施，妥善加以解决。

八、要坚定不移地实施科教兴国和人才强国战略。经济竞争从根本上是科技的竞争、人才的竞争。要切实抓好基础教育，抓好职业教育特别是技术工人、技术农民的职业教育，还要加强高精尖科技人才的培养，各行各业都要加强科研开发，要拥有更多自有的知识产权，努力创造条件大力促进科技成果及时转化为现实生产力。

九、要坚持走可持续发展的道路。从当前看，能源和其他重要战略资源已经成为我国经济发展的瓶颈，从长远看也是经济发展的严重制约，如果还是以这样粗放的方式发展，这条路是走不下去的，而且直接威胁国家经济安全。同时，我国的环境质量和生态平衡也出现了许多严重的问题。做什么事都需要瞻前顾后，着眼于未来，要有历史责任感，资源浪费、环境污染、生态恶化不仅危害当代，更是对子孙的透支。要做到不吃子孙饭，不欠后人账。

十、树立科学的发展观，必须要有正确的政绩观做保证。如果说树立科学的发展观是要解决发展什么，如何发展的问题，那么树立正确的政绩观是要解决为谁发展的问题。主要是解决当前一些干部存在急功近利、新官不理上任旧账，热衷于搞一些劳民伤财的政绩工程等问题，从根本上说是考虑个人升迁多了一些，对人民的根本利益想得少了一些，是政绩观的问题。要把树立正确的政绩观作为新时期党的建设新的伟大工程的重要内容，通过加强思想政治建设，大兴求真务实之风和深化干部考核选拔任用制度的改革，切实予以保证。

在薛暮桥经济思想座谈会上的讲话

（2005 年 1 月 25 日）

薛暮桥同志是我国老一辈无产阶级革命家，卓越的马克思主义经济学家和杰出的经济工作者，是我国经济学界的泰斗，同时也是新中国统计工作的开创者。在 70 多年的革命生涯中，他把全部身心投入到党的经济工作实践和经济理论的研究中，投入到民族解放和富民强国的事业中，为中国革命和建设作出了重大贡献。

作为我国著名的经济学专家，薛暮桥同志几十年如一日，孜孜不倦、辛勤笔耕，著述颇丰，有很多著作影响深远。我还清晰地记得，他于改革开放初期撰写的《中国社会主义经济问题研究》这本书，刚一出版便销售一空。这本书深刻地指出社会主义必须遵循客观经济规律，在理论上为经济政策上的"拨乱反正"发挥了积极作用，成为整整一代人经济学的入门教科书。薛暮桥同志的治学态度严谨，不讲空话、套话，不用玄而又玄的经济学名词去唬人，而是从中国社会主义建设的伟大实践出发，善于运用马克思主义的立场、观点和方法，概括出通俗易懂的精湛理论，并不断创新理论用于指导实践。正因为如此，他的理论具有强大的生命力；也正因为如此，他得到了我国经济理论界和实际经济工作者的普遍认同和高度赞扬。

我国正处在体制深刻转轨和经济社会快速发展的重要时期，各种情况非常复杂，面临的困难也是相当多的。我们不仅要闯出一条中国特色社会主义的经济发展道路，还要从这个丰富多彩的伟大实践中不断完善和发展一整套中国特色社会主义的经济理论体系。我国经济工作者肩上的责任是十分重大的。我们一定要学习薛暮桥同志执着追求真理的精神、理论联系实际的优良作风，刻苦钻研，勇于实践，做好每一项工作。

作为国家统计局的现任局长，我更想着重谈一谈薛暮桥同志为新中国统计事业的开创和发展作出的重大贡献。

旧中国留下的统计遗产很少，新中国的统计事业基本上是在一张白纸上建立起来的。从 1952 年到 1958 年，薛暮桥同志作为国家统计局第一任局长，领导了新中国统计工作的艰苦创业过程。在此期间，我国初步形成了统一领导、分级负责的统计管理体制，建立健全了从中央到地方各级政府的统计机构，创建了全国统一的统计制度和统计方法，实施了第一次全国人口普查，统计工作逐步走上正规化轨道，为国家进行经济建设，特别是编制和检查第一个五年计划，提供了大量的统计资料，发挥了重要作用。薛暮桥同志为新中国统计工作的创立和发展，作出了历史性的贡献。他无愧于新中国统计事业的一代宗师和卓越的奠基者的称号。

薛暮桥同志以马克思主义的立场、观点和方法，积极探索符合中国国情的社会主义统计之路，形成了比较系统的统计思想。归纳起来，有以下重要内涵：统计工作必须贯彻集中统一的原则；统计资料一要准确，二要全面，三要及时；必须建立一套科学的统计指标体系和一套科学的调查统计方法，并把两者结合起来，才能实现统计工作的科学性；统计制度是统计工作的基础，统计工作必须反映国民经济各个方面的活动以及国民经济质和量的变化；通过科学的调查统计方法收集和提供统计资料是统计部门最重要的工作；应当做好统计资料的加工整理和综合研究工作，提高统计的服务水平。在如何借鉴苏联统计模式这一问题上，薛暮桥同志特别强调要一切从实际出发，实事求是，不能完全照搬苏联的全面报表制度，而应针对中国还大量存在私营工商业、小手工业和个体农民的具体情况，在大量运用全面调查的同时，还应广泛使用抽样调查、重点调查、典型调查和科学推算等各种调查方法。薛暮桥同志提出和倡导的这些统计思想，直到现在都有着重大的指导意义，是中国统计事业的一笔宝贵的精神财富。

薛暮桥同志离开国家统计局之后，仍然心系着我国统计事业的发展。1980年，作为中国统计学会名誉会长，他在统计学会的一次会议上明确提出，要把世界各国统计工作的新成就应用到我国统计工作中来。1982年《中国统计年鉴》出版后，他给予热情鼓励，并在《统计》杂志上发表述评文章，指出："统计工作要根据我国经济管理体制改革情况创造新的统计调查方法，满足全面开创社会主义现代化建设新局面的需要。"1984年，《统计法》开始施行，他由衷地感到高兴，在《统计》杂志上发表了《我国统计工作将进入一个新的发展阶段》的贺词。1985年，中国统计干部电视函授学院成立，他发表了题为《培养更多的合格的统计人才》的书面讲话，提出了殷切期望。1985年10月，他以81岁高龄出席第二次全国工业普查会议，并作了重要讲话。1986年，中国统计出版社出版《薛暮桥统计论文集》，他亲自撰写自序，指出单纯采用定期统计报表收集全面统计资料是愈来愈困难了，要求我们采取更加多样的、灵活的调查统计方法，必须依靠各经济部门提供的统计数据进行整理汇总。几十年来，他一直十分关注统计工作，并不断为我们这些后辈指路。可以说，共和国统计工作的每一点进步，都凝聚着薛暮桥同志的心血。

经过半个多世纪的建设和改革，我国已基本形成了适合国情并符合国际一般规则的统计制度、方法和工作体系，统计在国家管理中发挥着重要作用，并为社会公众提供了较好的服务。但是，与新形势的要求和国际先进水平相比，我们还有相当的差距，甚至在不少方面还没有达到薛暮桥同志当年制定的目标。我们一定要按照党的十六届三中全会关于完善统计体制的要求，励志改革，努力工作，把薛暮桥同志开创的统计事业发扬光大。

衷心祝愿尊敬的薛暮桥同志身体健康！

提高科技创新能力是转变
经济增长方式的核心环节

（2005 年 3 月）

　　我们总是没有跳出"引进—落后—再引进—再落后"的怪圈，我们掌握的核心技术太少。掌握更多的核心技术，拥有更多的有自主知识产权的产品，是个非常紧迫的问题。去年到上海出差，我给上海市统计局布置了一个任务，让他们把上海的高新技术产品中拥有自主知识产权产品的比重作一个调查。调查结果是只占 17%。技术水平、工业水平最高、科技人才高度集中的上海尚且如此，其他地方更不用说了。2003 年，全国大中型企业中，有技术开发机构的仅有 1/4；其中，有科技开发活动的，又只有 1/3，我国企业的科技研发投入占销售收入的比重，平均只有 0.7%，而人家是 5%、6% 啊。对于引进技术，我们平均引进一块钱的技术，只花 7 分钱去研究、去消化吸收，而日本和韩国，则是买一块钱的技术，用 8 块钱去消化创新。所以，我说我们中国的企业是"两头空"，这一头是没有开发研究、没有专利技术。目前，我国医药 95%、芯片 80% 以上、数控机床和纺织机械 70% 以上、汽车 90% 以上的技术专利都是外国的；另一头是没有销售网络，只要产品出厂就行，其实高附加值是在后面的销售环节，我们的很多企业订单是香港老板在国际市场上拿到的，我们把货交给他，得到的报酬很低。此外，我们的企业更不注重技术服务，这与国外一些跨国公司形成鲜明对照。比如 IBM，现在这个公司基本上已经不是一个生产和销售计算机的公司了，其营业收入的 50% 以上来自于全球技术服务，其余则主要依靠每年投入 50 亿—60 亿美元的研发经费生产专利、出售技术获得。我国生产的 DVD 每台卖三四十美元，就要向几家外国公司交 21 美元的专利费，除去成本我们还有什么利润？其他不少技术含量较高的产品都是这样。即使在专利研发上也往往单纯追求申报了多少专利数量，而对有多少转化成了现实生产力、专利卖出了多少价钱则并不当回事。卖专利非常赚钱，现在发达国家都在往这方面转。而我们似乎总是"唯物主义"，往往追求或满足于"眼见为实"，看到厂房建起来了，机器轰鸣，产品从流水线上滚滚涌出，大家就很高兴、很知足；而对无形资产，如知识产权、产品研发、品牌、销售网络、市场开拓等，则研究不够，重视不够。由此不仅丢掉了利润的大头，而且严重制约了企业的长远发展。这是传统计划经济思维方式的反映，受此局限实在是很吃亏的。这也是我国工业生产规模很大而实际新增的国民财富并不多的重要原因之一。

当然，我们现在也有了一些像华为这样的高科技企业，这几年发展也很好。但是，当中国正兴奋于找到了落后国家后发优势的感觉的时候，国内的高科技企业却面临着前所未有的围追堵截。最近，思科起诉华为等案件，都让中国企业为知识产权的纠纷付出了高昂的代价。

国际竞争在很大程度上是知识产权的竞争，谁掌握了知识产权，谁就掌握了主动。现在，一些发达国家已经把专利战略上升到了国家发展战略的重要内容，与国家经济发展有机结合。日本 90 年代提出"技术立国"，这几年日本以数码技术为代表的电子产品发展很快，不仅在中国挣了很多钱，也充斥着美国街头。现在，它又提出"知识产权立国"，全方位建立起知识产权的保护体系。美国也是这样，刚出台了《21 世纪专利发展纲要》。而我国刚有一些新的创新，外国公司就穷追不舍，拼命扼杀。国际跨国公司进入我国，有的已经形成技术垄断，而我国还缺少相应的防范措施和制约手段。一旦全面垄断的局面形成，会难以摆脱，就会窒息民族工业。怎样提高科技创新能力，关系到产业调整、生产方式转变，关系到中国能否强大，这是一个根本性的问题。胡锦涛同志在中央经济工作会议上指出："提高自主创新能力是转变经济增长方式的核心环节"。如果没有自主创新能力，想转变经济增长方式，想把粗放型变为集约型谈何容易。谁不希望集约型，谁不希望高效益啊？我们有些地方就是因为没有条件、没有技术，只能干那些傻大黑粗的活。

其实，我们的在校大学生比美国多，我们的博士和研究生也不少，为什么重大的科学技术创新出不来或者比较少？这要从深层次上找原因，从体制上、机制上找原因。国家要强大，科学技术上不去是没有希望的。

论加快转变经济增长方式

（2006 年 10 月）

党的十六届五中全会通过的《中共中央关于制定国民经济和社会发展第十一个五年规划的建议》强调指出，"必须加快转变经济增长方式"。所谓经济增长方式，通俗地说就是为了实现经济增长而采取的手段、措施和具体做法。转变经济增长方式，是一个谈论多年的重大话题。1995 年中央就已明确提出"积极推进经济增长方式转变，把提高经济效益作为经济工作的中心"的方针。10 年来转变经济增长方式有了很大进展，但从总体上看还未实现根本转变。

一、牢固树立加快转变经济增长方式的紧迫感

增长方式粗放是我国经济社会发展中一个比较突出的问题，表现在主要通过扩大投资规模、过多依靠各种资源的大量消耗去实现经济的快速增长。由此导致效率依然不高、效益相对低下和环境压力明显加大，以及发展本身的不可持续性。

（一）粗放式增长难以满足人民日益增长的物质文化需求。我们不是为了发展而发展，更不只是为了创造一个较高的增长速度。发展的根本目的，是为了满足人民日益增长的物质文化需求。在长期的实际经济工作中，似乎形成了这样一种思维定式：加大投资是推动发展的最有效的措施，能起到立竿见影的效果。在我国工业基础比较落后、工业产品普遍短缺的时期，加快投资、增加生产能力是必要的，也发挥了重要的历史作用。今后，投资需求仍然是拉动我国经济发展的重

29

要力量。但必须把握好投资的力度和适时调整投资结构。尤其在工业产品供需关系已经发生重大变化的情况下，还是一味地扩大生产能力，甚至采用过度投资去增加所谓新的需求，然后又以更大的投资去维系新的需求并以此实现对生产能力的消化，从而保持经济的继续快速增长，这种增长方式无疑是不可持续的。单纯以增加生产能力为目标，就会进入以大量消耗各种资源包括能源为特征的"投资—重化工业—再投资"封闭式的恶性循环，陷进以投资拉动投资的怪圈。例如，建设一个钢铁厂所消耗的钢材就相当于其本身年生产能力的35%—40%。也就是说，在大上钢铁项目时，钢材市场需求中有相当大的一部分是钢铁项目自身的消耗，而不能反映社会对钢材的真实需求，会造成虚假的市场繁荣。待到钢铁项目全部建成之后，势必出现生产能力的过剩，造成社会财富的巨大浪费。我国经济发展到目前这个阶段，人们对工业产品的需求主要不是有无的问题，而是对品种、质量和款式有了更高的要求。如果不顾这些新的要求，只是单纯地扩大产能，是没有出路的，也难以满足人民日益增长的物质文化生活的需求，因而是不可持续的。

（二）过分依靠各种资源的大量消耗去实现经济的快速增长终究难以为继。可以说，我国经济的快速增长某种程度上是靠消耗大量的物质资源实现的。由于装备和工艺以及管理水平相对落后，我国单位产出的能耗和资源消耗明显高于国际先进水平。例如，火力发电煤耗比国际先进水平高22.5%，大中型钢铁企业吨钢综合能耗高21%，水泥综合能耗高45%。目前我国国内生产总值约占世界总量的4.1%，而原油、原煤、铁矿石、钢材、氧化铝、水泥的消费量却分别为世界消费总量的7.4%、31%、30%、27%、25%和40%。2004年我国消费煤炭19亿吨，原油约3亿吨，粗钢2.8亿吨，水泥9.7亿吨。无论怎样算账，这些数字都反映了我国单位产出的消耗太高，也暴露了经济结构的突出矛盾，更说明了这种增长方式的不合理性。我国煤炭储量虽大，但已探明的剩余可采储量并不很多，而且开采难度越来越大。由于超高强度开采，安全事故频频发生。我国铁矿石平均品位只有32%，目前连含铁量15%的矿石也在开采，选矿过程电耗极高。50%以上的铁矿石、60% 以上的氧化铝和 40% 的原油要依靠进口。我国能源、原材料对国际市场的依赖程度越来越大，国际市场价格也越涨越高。比如 2005 年国际市场的铁矿石价格就上涨 71.5%，使钢铁工业的成本大幅度增加，影响经济效益。另外，我国进口的大宗商品约 80% 要经过马六甲海峡，而马六甲海峡的年通过能力约 5 亿吨，已接近饱和。一旦国际上有什么风吹草动，将直接威胁我国的经济安全。如果不转变经济增长方式，任由能源和其他各种矿产资源的这种大量消耗继续迅猛增长，我国发展的路子是走不下去的。况且，这种高消耗又带来了二氧化硫、二氧化碳以及其他废气、废水和废弃物的大量排放，对环境造成严重污染。

（三）不转变经济增长方式，在国际产业分工中将永远处于被动地位。在改革开放政策的指引下，我国主动加入世界经济一体化的进程，在国际产业分工的总体格局中逐步承担了重要角色。特别是中国廉价劳动力大军进入国际生产和贸易体系之后，明显提高了世界经济增长的潜力，引起要素市场和商品市场的相对价格发生改变，对世界经济产生了重大而深远的影响。中国的加工工业已经成为国际产业链条中不可或缺的重要环节。但必须看到，我国对外贸易总额 2004 年虽已跃居世界第三位，而加工贸易出口和外商投资企业出口分别占到 55.3% 和 57.1% 的份额。我国加工贸易的特点是"两头在外"，突出问题是：前头技术开发严重不足，关键技术大多掌握在外商手中，或者主要依靠引进；后头销售和服务网络也基本为外商所控制，利润的大头在别人手里，我们只是承担中间加工或者组装的任务，收取少量的加工费。中国成了"世界工厂"，而工业污染也留在了中国。同时，对无形资产，如知识产权、产品研发、销售网络、市场开拓等则重视不够，不仅丢掉了利润的大头，而且也严重制约了企业的长远发展。当然，由于我国劳动力资源丰富、技术水平相对落后，发展加工贸易对我国扩大就业、增加财政积累是有利的。但我们决不能满足于承担简单的加工装配，一定要不断提高层次，逐步掌握关键技术。当今的国际竞争在很大程度上是知识产权的竞争，谁掌握了知识产权，谁就掌握了主动。如果我们不尽快转变经济增长方式，不能拥有更多的自主知识产权，在国际竞争中就将处于十分被动的地位。

总之，如不加快转变经济增长方式，就将难以满足人民日益增长的物质文化生活的需要，也难以实现可持续发展，甚至难以在激烈的国际竞争中立足。我们一定要有历史责任感和强烈的危机感。

二、制约经济增长方式转变的主要因素

转变经济增长方式这句话说着容易，做起来却很难。初步分析，主要有以下几个因素。

（一）思想观念上的束缚。一是对节约资源的重要性紧迫性缺乏足够的认识。特别是一些不可再生的自然资源，用一点就会少一点。可我们缺乏这种危机感和长远的战略性考虑。改革开放后，我们提出了利用"两个市场、两种资源"的方针，这是完全正确的。但对国际资源不是无穷无尽的、其价格也不是一成不变的，而且对过多使用国际资源还会引发一系列国际纷争的问题缺乏足够的估计。二是简单地把经济增长和经济发展等同起来。经济增长是经济发展的一部分内容，主要表现为发展速度和规模的扩张。而经济发展的涵盖面要大得多，还包括经济效益、人民生活实际水平的提高和科技进步以及环境质量的改善等丰富内涵。长期以来，不少人往往比较注重经济的增长，把主要精力放在增长速度的提高和数量的扩大上，甚至将此作为压倒一切的首要任务。这是有着明显片面性的。三是没有牢固树立科学发展观。要不要发展的问题，应该说大家的认识是一致的。在此基础上，为什么发展、为谁发展、发展什么和怎样发展还没有很好地得到解决。中央提出的以人为本、全面协调可持续的科学发展观，正是我们党关于这个重大问题的理论、方针的集中体现，是对二十多年改革开放和现代化建设经验的深刻总结，是指导发展的世界观和方法论。

（二）经济管理体制上的障碍。从改革开放二十多年的历程可以看出，经济增长方式的转变和经济管理体制的转变往往是呈正相关的。实践证明，在从高度集中的计划经济管理模式转向市场取向的经济管理模式的过程中，经济管理体制的每一次重大改革，都对经济增长方

式转变发挥了巨大的推动作用。在计划经济的年代，由于缺乏市场约束，表现出典型的短缺经济，生产什么都有人要，经济增长方式必然是粗放的。随着社会主义市场经济体制的初步建立和不断完善，应该说我国经济增长方式已经发生了深刻的变化。但是，我们还必须看到，一个旧体制的完全退出和一个新体制的全面建立与完善，是一个历史的过程。此外，地方政府和官员的政绩考核，事实上与当地的经济发展速度、规模很有关系，有的地方甚至搞"末位淘汰制"；政府应当管理经济，但管什么和怎样管的问题也没有很好地解决；企业特别是国有企业的改革还没有完全到位，预算软约束的问题依然存在等等，都是阻碍经济增长方式转变的重要体制性因素。

（三）历史发展阶段的原因。我们还应看到，目前经济增长方式之所以比较粗放，也有其历史发展阶段的必然性。新中国成立前，我国百年积弱，贫穷落后。在新中国成立以后的很长一段时间里，解决有无、追求总量的增长，是最紧迫、最现实的任务。即便是发展到今天这个水平，我国的基础设施仍然相对落后；解决住房、交通等基本需求的任务仍很繁重；况且，我国农村还有 2610 万绝对贫困人口，城市需要政府给予最低生活补贴的人口也高达 2200 万；解决城乡庞大的劳动力就业更是一个长期的突出问题；而发达国家在经济科技方面占优势的格局还将长期存在。因此，保持一个相对较高的发展速度，在相当长的一段时期内仍然是非常重要的。

三、加快经济增长方式转变的主要思路

加快经济增长方式的转变确实是一项艰巨的任务，但也有许多有利条件。我国的综合国力得到明显加强，物质、技术基础已比较雄厚，更重要的是以人为本、全面协调可持续的科学发展观正在不断深入人心，逐步成为亿万人民的实际行动。我们已经到了应该加快、也有条件加快转变经济增长方式的时候。

（一）必须全面贯彻落实科学发展观。我们必须坚持把发展作为党执政兴国的第一要务，聚精会神搞建设，一心一意谋发展。经济社会

生活中的各种矛盾，包括增长方式的粗放性问题，也只有在发展的过程中去解决。不应当放松发展，停下来去处理这些问题，然后再图发展。同时，要创新发展模式，坚持走科学发展之路。科学发展观是贯彻落实"三个代表"重要思想的本质要求，是实现全面建设小康社会宏伟目标的重要保证。发展应该始终把提高人民的物质文化生活水平和健康水平作为出发点和归宿。中国这样一个有 13 亿人口的发展中大国，在建设社会主义现代化的伟大进程中一点弯路不走是不可能的。以马克思主义基本原理武装起来的中国共产党具有高度的责任感和敏锐的洞察力，善于及时发现问题、总结经验，指明前进的正确方向。这正是我们党伟大、光荣、英明的重要体现。实践将会证明，树立和落实科学发展观将对推进我国现代化建设起到重大而深远的历史作用。

（二）加快体制改革和创新。加快完善社会主义市场经济体制，形成有利于转变经济增长方式的机制是加快转变经济增长方式的关键。在不断提高宏观调控水平的同时，要更加充分地发挥市场配置资源的基础性作用。实践证明，政府直接控制的资源，在市场上往往表现为短缺。根本原因不在于供给能力不足，而是其价格不灵活，甚至人为地造成价格扭曲。这些资源的需求方，由于不受价格或成本的有效制约，便必然导致粗放式地使用。转变经济增长方式必须转变政府职能。在实际生活中经常看到这样一种现象，就是地区行政之间的竞争此起彼伏（即相互攀比），甚至以行政措施对要素和商品流通实行严厉的地区保护。在市场经济条件下，竞争的主体应当是企业之间的竞争，而不是地方政府之间的竞争。否则，就是主体错位了。因此，要进一步规范政府的职能和行为，使政府由直接干预经济运行转变为努力创造环境条件去推动发展、引导发展，并以严格执法去保障发展。还要不断完善干部考核和选拔任用制度；继续深化投资体制改革，健全政府投资决策责任制度；进一步深化国有企业改革，强化企业管理。

（三）加快推进经济结构战略性调整。调整和优化经济结构是转变经济增长方式的主要途径和重要内容。一是继续巩固和加强农业的基础地位；二是改组、改造传统产业，以信息化带动工业化，坚定不移地走新型工业化的道路；三是发展高新技术产业和先进制造业；四是加快发展服务业，提高服务业的比重。同时，还要加强基础产业和基础设施建设。调整经济结构的关键是要全面增强技术创新的能力，努力掌握核心技术和关键技术，增强技术成果转化能力，提升产业整体技术水平，提高经济增长的科技含量。只有这样，才能不断提升我国在国际产业分工总体格局中的地位和国际竞争力。同时，要坚决依法淘汰落后工艺技术，关闭破坏资源、污染环境和不具备安全生产条件的企业。

（四）努力扩大消费需求。扩大消费需求不能停留在理论上，也不是简单地看消费率有多高；扩大消费更不是鼓励人们去大吃大喝，挥霍浪费。扩大消费的基础是要千方百计增加城乡低收入群体的收入，提高他们的消费能力和生活水平，努力使全体人民都能共享改革发展的成果。这是社会主义制度的本质要求，也是实践"三个代表"重要思想的根本体现。特别是广大农村，仍处在欠发达阶段，不断提高农民的生活水平，增强他们的消费能力，有着巨大的潜力。我国广大农村特别是中西部地区的农村实际上还相当落后。长期以来，我国投资建设的重点主要放在城市，广大农村的交通、供水、垃圾和污水处理、住房、通信以及文化设施等都还比较落后，农田水利等基础设施也还很不完善。只要我们制定相应政策，在统筹规划的前提下，建设社会主义新农村，花上 5 年至 10 年或者更长的时间，使我国农村的生活、生产条件发生重大的改变是完全可能的。这样，一些原材料行业如钢铁和水泥的过剩生产能力也可找到新的出路。促进城乡协调发展又是落实科学发展观的一个重要方面。更有深远意义的是，只有农村经济迅速发展了，农民生活水平大幅度提高，才能使我国最具潜力的农村消费市场得以充分开发并拉动其他制造业的发展，从而大大提升全国的总体消费水平，实现全面建设小康社会的战略目标。

（五）把节约资源作为基本国策。要在全社会增强节约资源的意识，加快建设资源节约型、环境友好型社会，大力发展循环经济，高效利用资源，保护生态环境，实现节约发展、清洁发展、安全发展和可持续发展。比如，过去一些好产品由于包装不好而卖不出好价钱，后来又在包装上过分地下工夫，出现了恶性包装的现象，既浪费资源又污染环境，靠过度包装涨价也使广大消费者不满意。再比如，资源的回收利用潜力也很大。就拿废钢铁来说，2004 年美国的铁钢比为 0.44，也就是说，生产 1 吨钢顶多只需 0.44 吨铁水，其余主要以废钢为原料；而我国的铁钢比为 0.92，即炼钢基本上以铁水为原料，炉料中的废钢比极低。增加使用废钢不仅能提高钢水质量，还可以大大减少铁矿石的使用量。我国的情况虽然与美国有较大差异，但废钢铁资源的开发利用潜力确实很大。而这些工作至今都开展得很不够，甚至连废钢铁的统计工作都没有人去做了。诸如此类的事情随处可见。大量宝贵资源没能循环使用而被浪费掉了，只是一味地去向大自然索取，不仅经济效益不好，而且对环境造成了严重的破环和污染。这种状况必须彻底加以改变。

（六）完善国民核算体系。一是充分利用第一次全国经济普查资料，进一步规范国民经济核算制度。二是尽快制定和建立反映循环经济的统计指标体系和统计制度。三是会同有关部门加快森林、淡水、矿产等资源以及环境与生态等的核算试点工作。四是健全和完善第三产业的统计指标体系、数据采集渠道和核算制度，更加全面准确地反映我国经济发展的实际水平。五是完善统计体制，完成原有三支调查队的改革，强化国家统计部门直接采集统计数据的能力。六是全面提高统计数据的采集、核算和传播水平，不断提高统计工作的科学性、真实性、时效性和透明度，为推进经济增长方式的转变作出我们应有的贡献。

关于扩大内需、促进发展方式转变的几点认识

(2010 年 7 月 6 日)

一、转变发展方式是一个世界性的重大课题

当前，西方发达国家承受着金融危机和主权债务危机的双重压力。而公共债务归根结底还是一种私人负担，因为政府要通过向私人和企业增加税收才能维持下去。这反过来又会扼杀经济的活力，使处于萌芽状态的经济复苏受到严重打压。这充分说明，冷战结束以来，以美国为代表的一些发达国家产业不断空心化，虚拟经济恶性膨胀，实行低储蓄、高负债的政策，肆意挥霍来自发展中国家的大量财富，以高消费拉动经济增长的这样一种发展方式已经不可持续。最近，美国盖洛普公司（世界著名的民意测验和商业调查咨询公司）表示，美国经济走向全面复苏至少还需要五年，欧洲的情况则更困难。剑桥大学教授撰文分析了从16 世纪开始这五百年来每个世纪 20 年代的中叶都发生了影响整个世纪的重大事件，并预言 2014 年将是人类社会的一个转折年——不是走向和平与繁荣，就是出现战争和贫困。随着世界各种矛盾的加深和恶化，未来几年世界究竟会发生什么惊天动地的大事，值得密切关注。这种国际经济环境也迫使我国必须着力扩大内需、促进发展方式转变。

二、扩大内需、转变发展方式的突破口是理顺收入分配关系

我们不妨把我国 2008 年与 1998 年几个指标作一对比（全部用现

价）：2008 年的 GDP 为 1998 年的 3.6 倍，财政收入为 6.2 倍，外贸出口额为 7.8 倍，固定资本形成 4.3 倍，最终消费 2.9 倍（其中居民消费 2.8 倍，政府消费 3.3 倍），企业利润总额为 16.5 倍，城乡居民收入为 2.7 倍，居民储蓄 4.1 倍。从这些数字可以看出，城乡居民收入增长的倍数是最小的。居民收入增长为什么少呢？主要在社会财富的分配中，以利润的形式流向了企业，以税收的形式流向了政府。居民收入增长本来就少，由于社保体系不健全，居民消费有后顾之忧，却又把钱大量存入银行。而企业和政府则用利润和税收及居民储蓄去大力增加投资和生产、出口。这成为长期以来我国经济强劲增长的主要动力，也是我国经济发展方式的一个基本特点。

建议在"十二五"期间，要深化收入分配体制改革，重点是提高劳动者报酬在初次分配中的比重，提高居民收入在国民收入分配中的比重。同时，适当调整中央财政与地方财政的收入分配关系。2009 年，中央本级财政收入占全国财政收入的 52.4%，地方占 47.6%；中央本级财政支出只占全国财政支出的 20.1%，地方占 79.9%，有 2 万多亿元是通过转移支付和各种专项由中央拨给地方使用的。今后中央还必须保持相当水平的调剂财力。但通过调整税收制度，适当提高地方本级财政收入，既可降低地方政府的投资冲动，又能减缓"跑部钱进"造成的诸多弊病。

三、扩大内需的主攻方向是农村

在居民收入中，城乡居民的收入差距从 1998 年的 2.5 倍扩大到 2008 年的 3.3 倍。可见，农民在国民收入分配中处在最底端。而农民在这几十年的现代化建设中作出的贡献却是十分巨大的。目前，外出务工的农民有 1.45 亿人，加上在县城和乡镇从事二、三产业的九千多万，农民工的总数达到近 2.5 亿人。在经济建设和社会服务的各个领域，到处都能看到农民工的身影，建筑工人中的 99%、制造业中的 70% 以上、城市环卫绿化家政等人员中的 90% 以上都是农民工。他们已经成为我国产业工人队伍中的主力军和城市正常运转不可或缺的重要力量。而他们的月平均工资只有约 1400 元。在家务农的农民收入总体上比外出打工的还要低微。我国农村户籍人口八亿多,他们的收入和消费水平如此低下,必然影响全国消费的增长。这也正是我国增加消费、扩大内需的巨大市场潜力之所在。为此,提出如下建议。

(一)在调整国民收入分配中,特别要关注农民工(包括城市居民合同工)收入太低的问题。建议各地政府可以根据当地情况,大幅提高合同工的最低工资标准。目前,我国规模以上工业企业中,劳动工资占主营业务成本的比重还不到7%,即便工资翻一番,占总成本的比重仍然是很低的(菲律宾 2007 年为 22%,美国为 27%),动摇不了我国产品竞争力的优势。

(二)深化户籍制度改革。特别在中小城市,要让符合条件的例如有固定住处、相对稳定工作的农民工真正转为城市居民。

(三)启动新一轮的农村电网改造工程。1998 年进行的农村电网改造现在又不能适应需要了。这项工程估计可以拉动投资 4000 多亿元,对扩大农村的消费更有着重大意义。

(四)努力转变我国农业生产方式,深化农村改革。我国农村的现状是一方面有大量劳动力需要转移,另一方面又存在种田后继无人的问题。如不采取措施,等这一代老人丧失劳动能力之后,甚至可能出现粮食危机。所以,要抓紧转变农业生产方式,大力推进机械化、科学化、集约化的现代农业生产,要培养一代新式农民和农业企业家。这里一个核心问题是要加快耕地、宅基地和山林草原使用权的流转。所有权涉及宪法不宜改变,但在用益物权上是有很大文章可做的。土地所有权私有化,未必能卖出好价钱;处理得好,使用权转让也能有较高回报。重庆、成都两市在统筹城乡改革试点中创造了很多成功经验。在重庆市的耕地使用权交易市场上,偏远山区的一亩土地使用权转让费可得 15 万至 20 万元。使农民在转让使用权的时候能够获得比较丰厚的收益,就可以为农民工在城市安居提供一笔可观的启动资金,又能解决农民工同时占有城乡两份资源的问题。

(五)提高征地补偿。长期以来,从级差地租到经营城市,实际上都是在经营土地,而且最主要的是从农民手中低价征用耕地,政府挂牌出售获取巨额资金，支撑了一浪接一浪的城市建设热潮。全国城市面貌发生了翻天覆地的变化，也带动了钢材、家电等几十个行业的蓬勃发展，而作出贡献最大的却是农民。《土地管理法》规定，"征收耕地的土地补偿费为该耕地被征收前三年平均年产值的 6 至 10 倍"，这才几个钱，农民实在是太吃亏了。建议尽早修改《土地管理法》，大幅提高征收耕地的补偿标准，或者由市场定价，并增加农民在征地活动中的话语权。

（六）认真贯彻落实党的十七届三中全会决定的精神。据四川同志反映，这是一个很好的文件，但到现在为止很多政策没有得到贯彻落实，在执行中遇到了种种困难。建议中央对此文件执行情况开展一次全面的督查，并制定与之配套的实施细则。

在历史上每当紧要的关头，我们党都会把目光投向农村，农村成为中国解决问题的关键所在，成为开启未来的一把钥匙。革命时期，毛泽东去农村找到了革命的基础；改革开始，邓小平同志也在农村找到了发展的源泉；在发生国际金融危机的今天，我们要着力扩大内需，加快发展方式转变，同样需要到农村去寻找我国经济的新动力。只有善待农民中国才有希望，我们的未来在希望的田野上。

四、从统计制度和税收政策上切实推进三产发展

在二产的企业中，确实有着大量生产型服务业。这些服务业本应属于三产，但如果不是独立核算的独立法人单位，在统计上是反映不出来的。在调研中发现工业企业也不愿意把其中的服务业单列出来，因为二产企业中的服务业上缴增值税，平均税负不到3%，远低于营业税5%的税率。例如，上海轻工企业中，真正搞二产的只占10%，但其产值100%都算入二产。为了不让二产枉担了虚名，并真正反映出我国服务业在国民经济中的实际比重，建议在统计上要把二产中法人企业下属的三产活动单位单独列出填报，这在技术上是可以做到的。更关键的是，要调整税收政策，大幅度降低服务业营业税的税率。这对加快我国三产的发展至关重要。

五、发展战略性新兴产业需要处理好的几个问题

（一）要切实防止战略性新兴产业的地区趋同化。在调研中发现，各省区市都提出了发展战略性新兴产业的规划目标，而且趋同性的现象非常严重。这种"中央出政策，地方各干各"的局面带来的后果是，一方面使科研力量、资金过于分散，难以抢占新兴产业的战略高地，另一方面可能造成严重的重复建设。建议加强国家层面的产业宏观布局指导和信息披露。国家科技规划中的 16 个专项要举全国之力，由国家组织力量攻关；各行业中存在的一些长期得不到解决的技术难题，由有关部门会同行业协会进行排查梳理，组织攻关；重要原材料和关键元器件，由国家组织全国力量攻关。这三个方面的工作都要实行责任制，要立军令状，发挥社会主义可以集中力量办大事的优势。而多数地区则是推广应用和实现产业化，以及开展有自身优势的技术创新。

（二）科技创新的真正动力是市场，主体是企业，政府要提供良好的环境和充分竞争的氛围，千万不可以当"慈父"。例如美国的硅谷每年新增科技企业和被淘汰的企业各一万多家，北京中关村科技园每年新增创业型企业约三千家，淘汰约两千家。硅谷的创业失败几乎相当于一种荣誉，没有什么丢人的。中国的企业家仍然害怕失败，要消除这种文化上、观念上的障碍。

（三）要处理好高新产业和传统产业的关系。支撑我国经济、市场份额很大的还是传统产业，应当用先进技术去改造传统产业，推动传统产业的升级换代，不可厚此薄彼。

（四）处理好供给与需求的关系。国家公布的产业振兴规划和战略性新兴产业，几乎都把注意力放在增加和改善供给方面。而市场在哪里、如何培育和扩大国内需求，下的功夫明显不足。这样忙乎半天又可能回到以出口导向为主的老路上去。例如 2009 年我国太阳能电池 90% 以上出口，已占全球市场份额的 50% 左右。而且自相杀价，核心技术还要依靠国外，又新生出一个高能耗、高污染的产业。

六、切实加强中国特色社会主义
市场经济理论体系建设

这场百年一遇的国际金融危机，使西方经济学理论和"华盛顿共识"受到广泛质疑，严酷的现实必然推动其理论上的创新和发展。党的十四大报告提出了社会主义市场经济理论，使得近 20 年来我国经济激发出蓬勃生机和巨大活力。这个理论是吸收借鉴了国外先进文明的产物，更是马克思主义经济学与中国实际相结合的成功典范。但是，随着形势的变化和我国经济的迅猛发展，中国特色社会主义市场经济理论体系也需要不断完善，与时俱进。在调研中听到这样的反映：当前我国经济生活中既还留有计划经济体制的明显痕迹，而在资源和财富分配上的公平性、公正性、合理性以及市场主体的诚信度、行为方式的规范化等方面又比成熟市场经济有某些差距，有的方面还存在过度市场化的现象。这些问题如不能得到很好解决，势必会阻碍甚至破坏生产力的发展，扩大内需、调整结构和转变发展方式都难以取得实质性进展，也是社会不稳定的重大隐患。理论是行动的纲领和指南。建议组织力量开展理论研究，在原有的基础上，对当前中国特色社会主义市场经济理论体系加以充实、完善和提高。

世界经济危机和经济治理方案探索

——在清华大学深圳研究生院的发言

（2010 年 12 月 25 日）

一、关于世界经济发展中长期趋势的四个特点

中央经济工作会议指出，明年世界经济有望继续恢复增长，但不稳定不确定因素仍然较多。会议强调，要准确把握世界经济结构进入调整期的特点，努力培育我国发展新优势；准确把握世界经济治理机制进入变革期的特点，努力增强我国参与能力；准确把握创新和产业转型处于孕育期的特点，努力抢占未来发展战略制高点；准确把握新兴市场国家力量步入上升期的特点，努力发展壮大自己。

（一）世界经济结构进入调整期。美国官方总是说，世界经济不平衡主要表现在中国等新兴市场经济国家外贸顺差过多，而美国等逆差过大，并把原因归咎于人民币被人为低估，这是非常片面的。世界经济的失衡根本表现在于虚拟经济和实体经济的严重背离，实际财富创造中心与金融产品创造中心的严重背离。首先是美国制造业从 20 世纪 60 年代以来就一直处于下降趋势，最近 10—15 年间"去工业化"加剧了这一进程。制造业在美国国内生产总值中的比重 1953 年达到峰值的 28.3%，到 2009 年只占 11%，制造业就业人数经历了数十年过山车式的波动，在 1979 年达到峰值的 1450 万人。从 20 世纪 80 年代开始，美国将大量加工业特别是低端加工业向国外转移，实施了企业工厂外包和离岸公司的战略，不仅造成许多就业岗位的流失，制造业对美国

经济增长的贡献率也大幅下降，现在在这个 3 亿人口的国度里，制造业工人刚刚超过 800 万。2009 年美国制造业的产值只有 1.7 万亿美元，仅比中国的 1.6 万亿美元多 1000 亿美元。与此同时，美国金融部门却蓬勃发展，金融业与制造业一涨一落，两个部门在国民经济中的比重在 1986 年出现过一次重合，然后就继续分道扬镳了，一边是蒸蒸日上的金融业，另一边则是在走下坡路的制造业。目前，除了军火、飞机制造业和农产品外，美国大量的商品都依靠国外进口，现在连从事制造业的高端人才和高素质的工人都很短缺，从根本上丢掉了奥巴马总统在国情咨文中提出的五年实现外贸出口倍增计划的基础。21 世纪初 IT 泡沫破灭以后，美国又出现了房地产泡沫，由于低利率和对美国房价只涨不跌的虚假预期，美国消费者在 21 世纪初的头几年里，一头扎进楼市，金融机构还以创新的名义制造出如次级房地产贷款证券、不动产抵押贷款担保证券（MBS）、资产担保证券（ABS）和担保债权凭证（CDO）等数不清的金融衍生产品。据国际清算银行的数据，全球金融衍生商品总值从 2002 年的 100 万亿美元暴增到 2007 年末的 516 万亿美元，而当年全球 GDP 总额仅为 54 万亿美元，虚拟经济和实体经济形成了一个倒三角，2008 年中期又高达 600 多万亿美元，相当于全世界平均每人 10 万美元的金融衍生产品，其中美国约占 340 万亿美元。虚拟经济的产生和发展无疑是人类社会的一大进步。但虚拟经济必须植根于实体经济，并为实体经济的发展服务才会有强大的生命力。而美国的金融衍生产品是一个影子银行体系，是企业与机构间的私人合约，是在正常的央行流动法则之外创造金钱，它不是真正的货币，只是写有承诺的一张纸，而且缺乏有效监管。美国长期沉迷于金融经济的幻觉之中，大肆挥霍他们实际上并不拥有的钱财，吃喝玩乐皆成 GDP。这种经济结构、这样的发展模式当然是不可持续的，而凡是不可持续的东西就必将要终结，爆发这场金融危机也是历史的必然结果。与此同时，美国与世界经济的关系也发生了历史性的深刻变化。两次世界大战都是由于帝国主义为争夺商品市场而爆发的。20 世纪 80 年代中期，美国商品国际贸易开始出现逆差且不断扩大。美国的经济结构由物质商品生产为主转向了以金融产品生产为主体，对外关系则从物质商品输出转变为金融产品输出。其经济危机的形态也就从物质生产过剩危机转变成资产泡沫破裂所造成的金融危机。这种被美国严重扭曲了的国际经济结构不调整当然是不可持续的。

（二）世界经济治理机制进入变革期。美国出现这样一种畸形的经济结构主要是依仗美元的霸主地位，美元是美国权力和领导力的象征。货币是衡量财富价值的标志，二战以前国际货币都与黄金挂钩，发行多少货币要有相应的黄金储备作基础，国际贸易结算和国际货币的交换实际上是以黄金为背景的，也可以说黄金才是真正的国际通用货币。到 1944 年 7 月在华盛顿山饭店召开了一次治理世界经济、重塑世界金融秩序的历史性会议。会议通过了布雷顿森林计划，使各国货币与美元挂钩、美元与黄金挂钩，取消了其他货币的金本位制，确立了美元在国际货币中的领导地位。所以美元又叫美金。1971 年 8 月 15 日美国又全面放弃了美元与黄金挂钩，确立了美元本位制。美国从此不再受任何约束，只要开动印钞机就行了，美元成为国际主导货币。于是，美元就变为一根魔棍，只要挥舞这根魔棍，世界财富就会滚滚流向美国。当美元在国际货币中的绝对领导地位巩固之后，在 20 世纪八九十年代美国就大力提倡经济全球化。随着通信技术特别是 IT 产业的迅速发展和交通运输技术的进步，又为经济全球化提供了有利条件。于是，美国的初级产品生产转移出去了，在海外投资或贷款给别国，可收取利润和利息回报，产品卖给美国，美国支付相应美元，出口国为寻找相对安全、回报稳定的投资项目，又转而将美元投向美国，买其国债等。转了一个大圈，美国只是支付了印制美元的成本（每张 4 美分）。所以，美国敢于靠"双赤字"过日子。美国巨额外贸逆差和财政赤字造成的"缺口"又通过股票和债券的形式加以弥补。而这些证券的利息和红利以及到期债券的还本等还是通过印刷更多的"绿纸"来进行支付。这一切，都是"从纸张到纸张"的运动。这个运动之所以能进行下去主要是靠美元国际货币的霸主地位。在这种背景下，美国人拼命地消费，吃喝玩乐皆成 GDP。但这个运动不可能永远进行下去，它必然造成世界经济失衡的不断加剧，矛盾总是要爆发出来的。因为按照现行国际统计规则，国际贸易是以各国海关数为准的，而每个国家都有严格的外汇结算和管理制度。这就使美国的外贸逆差迅速增长。美国从 1996 年开始出现外贸逆差到 2006 年累计的外贸逆差总额为 4.4 万亿美元，而 2006 年末世界各国外汇储备总额为 4.868 万亿美元，两个数字正好相近。实际上，作为国际通用货币只有在这个国家出现大量逆差的时候才有意义。当美国出现外贸顺差的时候，使外国送钱给美国，而国际结算又是以美元为主的，你买走了美国的货物，付给他的是美国自己印的钞票，他当然不乐意。这就是产生世界经济严重失衡的根本原因。目前，全球 80% 以上的外汇交易为美元交易，65% 以上的国际储备货币为美元。美国的经济政策和经济运行情况因此而有非常大的影响力。2008 年爆发的这场国际金融危机实际上是美国的金融危机，是美国拖累了全球，导致了国际金融危机。

综合以上分析，可以说这场危机的本质是美元危机。成也美元，败也美元。随着美元本位制使得滥发的货币充斥全球，经济不稳定也蔓延到世界各地。"石油美元"的再投资造就了 20 世纪 70 年代的拉丁美洲经济繁荣，也引发了 80 年代的第三世界债务危机；20 世纪 80 年代末，日本对美国的贸易顺差推高了日本房地产价格，90 年代又导致地产泡沫破灭，使日本陷入了"失落的十年"；接下来是"亚洲奇迹"泡沫的兴起和破灭。这些经济体的每一次经济动荡，都源于美元的过度涌入和迅速撤离。这次危机是一不小心在华尔街着了大火并殃及全球经济。美元为什么会有这么大的威力？一靠美国强大的经济实力，二靠强大的军事力量，三靠强大的科技创新能力，四靠无所不用其极的外交手段。最近一位专家说："任何东西如果给了它至高无上的权力和威望，它就会产生罪恶，华尔街也一样。"

总之，美元本位制的现行国际货币体系不改变，国际贸易失衡和世界经济的失衡就永远解决不了，而且对世界其他国家特别是发展中国家是极不公平的。我理解，世界经济治理机制变革的主题就是要改革现行国际货币体系。这是当今世界经济的核心问题，也是长期性的。那么出路何在呢？2010 年 10 月 1 日英国《泰晤士报》网站刊出一篇文章称，据法国高层官员说，萨科齐总统将利用明年作为 G20 轮值主席的机会来开始构建旨在稳定货币和商品价格的国际新秩序，从而填补战后的布雷顿森林体系在 70 年代初崩溃之后留下的空白。他认为，这个世界再也不能没有世界性的货币规则了，他会力促 G20 考虑用新的全球储备货币来替代美元。这可是一个十分大胆的想法，也许会成为明年 G20 会议的一大看点。世界银行行长佐利克 11 月 8 日则建议，G20 成员国需在平衡需求和刺激增长上合作，应考虑重新实行经过改良的全球金本位制度，将黄金作为市场对通货膨胀、通货紧缩的全球参考点，为各国汇率浮动提供指引。佐利克建议，在讨论汇率体制改革时，G20 可以考虑使用基于黄金的全球储备货币，这将反映各国经济的实际状况，此种新金本位体系应被视为"布雷顿森林体系 II"的继任体系。恢复货币与黄金挂钩"实际、可行、且不极端"。（据 10 月 15 日《纽约时报》报道，美国财政部持有 2.615 亿盎司黄金，相当于 8133 吨。中国的黄金储备 2009 年末为 3389 万盎司，约 1054 吨，相当于美国的 13%。但我国黄金产量已经是世界第一。）另一个选择是扩大特别提款权（SDR）的使用，SDR 是国际货币基金组织 1969 年创设的一种以欧洲主要货币、日元与美元等一篮子货币币值为基础的储备资产。在需要时一国可以用它向 IMF 其他会员国换取外汇。这个方案还有很大的困难，至少人民币还没有实现完全可自由兑换，在 IMF 的篮子里还没有人民币。但是，我们必须认真研究这个问题，因为下一次 G20 会议法国总统萨科奇很可能把这个问题作为一个议题吧。我们如何参与如何表态，时间也是很紧迫的。这个世界正处在大调整、大改组的过程中。新的国际货币体系的建立还有漫长的历程，决不是一件简单的事情。

（三）创新和产业转型处于孕育期。大西洋月刊 12 月 1 日发表文章说，美国经济正趋于恶化，其根源在于美国和世界的政治经济结构，全球经济面临三种前景：一是技术革命，二是长期停滞，三是 20 世纪"大萧条"的解决方式——世界大战。后两种当然不可取，要坚决避免，从根本上说要依靠技术创新和产业转移。作者认为，经济增长的根本动力不是来自经济因素本身，而是来自尝试各种意义上的新技术的企业家。第一次浪潮是工业革命，最新一次浪潮是信息技术革命，下一次浪潮是什么，何时出现，来自何处，尚无法预测，或许会来自中国。前不久我国的"天河一号"被评为全球最快超级计算机，实测速度达每秒 2570 万亿次，超过了美国的"美洲号"计算机每秒运行 1750 万亿次的纪录，但"天河一号"使用的绝大多数芯片是美国公司设计的。12 月 1 日在日本半导体展览会上，IBM 展示了 CMOS 集成硅纳米技术，使用纳光电子芯片，有望实现每秒 100 亿亿次运算的新时代，并表示利用光脉冲而不是电信号进行传输的下一代芯片将于明年问世。12 月 6 日，美国总统奥巴马在一所社区大学发表演讲时十次提到中国，列举中国在科研、教育等领域取得的成就，并以 1957 年苏联发射首枚人造卫星作比，称美国人正迎来新的卫星时刻，必须加强对基础设施、科研创新和教育的投资，否则美国在未来的竞争中有落后的危险。奥巴马尚且有这么强烈的危机意识，我们更不能满足于现状。今年 11 月 22 日，国家统计局会同科技部等部门作了第二次全国科学研究与试验发展（R&D）资源清查，并发布了报告。2009 年全国 R&D 人员 318.4 万人，人数居世界第一，其中大学本科及以上学历人员 155.7 万人，占 48.9%。全国有各类研究开发机构 4.5 万个，机构中用于科研的机器设备原价 3972.5 亿元，是 2000 年的 2.8 倍。2009 年全国 R&D 总经费 5802.1 亿元，是 2000 年的 6.5 倍，与当年 GDP 之比为 1.7%，还没有达到"十一五"规划的 2% 的目标。可见，我国 R&D 的资源是很丰富的，但效果发挥得还不尽理想。在这方面还需要加大工作力度，努力抢占未来发展的战略制高点。

（四）新兴市场国家力量步入上升期。这场国际金融危机使发达国家伤了元气，与新兴市场国家或发展中国家相比，经济总量出现了此消彼长的态势。在去年全球经济负增长 2% 的情况下，我国实现了 9.1% 的增长，印度增长 7.4%。据联合国预测，今年全球经济可望增长 3.6%，我国可能实现增长 10% 左右，印度三季度增长 8.9%，他们预计全年可实现 8.5% 的增长。最近俄罗斯总理普京预计，俄罗斯今年经济可增长 3.8%。我们要抓住这样的历史机遇，继续努力发展壮大自己。

二、世界经济复苏是一个漫长曲折的过程

胡锦涛同志 11 月 12 日在首尔召开的第五次 G20 领导人峰会上发表重要讲话指出:"世界经济正在缓慢复苏,但总需求依然不足,缺少新的经济增长点。各国经济政策目标有差异,宏观经济政策协调难度增大,世界经济复苏的脆弱性和不平衡性进一步显现。主要发达经济体复苏动力不足,失业率居高不下,财政和债务风险加大。新兴经济体面临资本大量流入、内需不足、通胀风险上升等多重压力。国际金融市场起伏不定,主要货币汇率大幅波动,大宗商品价格高位震荡,保护主义明显增强。这表明,国际金融危机深层次影响仍在发酵,全球发展问题更加突出。"如何解读这些重要判断呢?

(一)这是一场在国际金融核心层面爆发的百年一遇的国际金融危机。这场金融大地震的震中在华尔街,这是与过去历次发生在外围国家的金融危机的根本区别。美国的经济总量太大,美元又是最主要的国际货币,加上欧洲、日本等高收入国家,经济总量约占世界的70%。他们的经济和金融出了问题,谁也没办法救。另外一个区别是,过去历次经济危机基本上是由生产过剩引发的,而这一次经济危机是由美国持续多年的过度消费和金融操作带动的资产泡沫破灭引发的,其结果是资产负债的失衡和混乱,美国的政府、企业、家庭可以说无一幸免。可以说,这场危机还没有真正过去,并出现了复杂多变的新态势。

(二)金融"病灶"远未消除。据行业分析师估算,美国银行系统内残余的有关住房和商业房产的抵押贷款的"有毒资产"规模大约在2 万亿美元至 3.6 万亿美元之间。去年美国倒闭银行 140 家,到 12 月17 日今年共倒闭银行 157 家,2008 年至今美国已累计倒闭商业银行322 家(截至 6 月末美国约有 7800 家商业银行)。美国房地产市场仍处在低迷状态,目前美国"两房"持有约 5.4 万亿美元的抵押贷款债权,占整个按揭市场规模的 44%。据 7 月 22 日《纽约时报》报道,国际清算银行资料显示,全球金融机构有近 5 万亿美元短期债券在 2012年前到期,面临偿还和延展压力,全球可能再度出现信用紧缩危机。

其中，欧元区银行债务占 2.6 万亿美元，美国银行业占 1.3 万亿美元。金融机构去杠杆化过程也远未结束。

（三）失业率居高不下，消费信心低迷。美国失业率已连续 19 个月在 9% 以上，5 月、6 月、7 月连续三个月在 9.5%，8 月、9 月、10 月三个月为 9.6%，11 月上升至 9.8%。欧元区连续 8 个月在 10% 的高位上。在高失业率条件下的经济复苏本身就说明这种复苏是十分脆弱的。在高失业率的情况下，消费信心不振，如美国的消费者信心指数 10 月份下降为 66.7 点，是 11 个月来的最低点。10 月份消费支出环比仅增长 0.3%，日本 10 月份家庭消费支出环比下降 0.2%。

（四）经济刺激政策纷纷到期，新的内生动力没有形成。例如美国对购买首套住房减税的政策今年 4 月就已经到期；奥巴马上台之初推出的 7870 亿美元刺激计划也即将到达预定期限。加上补充库存的周期已基本完结，刺激经济增长的动力明显减弱。而新的内生动力，还没有清晰地表现出来。在科技创新方面，如新能源还没有形成什么气候，新技术要变为现实生产力推动经济的增长还需要一个漫长的过程。

（五）发达国家主权债务缠身，财政政策难有作为。4 月份以希腊主权债务危机爆发为标志的欧洲债务危机给刚刚出现复苏苗头的世界经济带来不小的震撼。其实，主权债务危机不只是希腊等几个欧洲国家，也不只是欧洲，而是几乎所有发达国家都存在的问题。5 月末，《经济学人》杂志设立的"全球政府债务钟"显示，政府债务余额与 GDP 之比，希腊 133.3%，意大利 118.6%，葡萄牙 85.9%，西班牙 66.9%，英国 78.2%，法国 83.1%，德国 76.6%，美国 87.5%，日本 229%，加拿大人均国债余额超过 4 万美元。这是长期实行低储蓄、高消费政策的累积效果，也是应对这场国际金融危机所付出的代价。去年下半年以来的世界经济复苏是伴随着政府债务的更高速度增长而实现的。美国 2006 年以来，联邦债务总额增加了 50%，2010 财年赤字预算达 1.3 万亿美元，相当于 GDP 的 8.9%。目前，美国联邦政府的国债余额为 13.2 万亿美元。美国参谋长联席会议主席麦克·马伦上将最近说，"美国最大的安全威胁就是国家负债"。英国《金融时报》报道，经济合作与发展组织成员国政府赤字占 GDP 的比例已达到 8% 以上，政府公共债务余额占 GDP 的比例已略高于 100%，而这两个比例在 2007 年分别只为 7% 和 25%。公共债务余额和财政赤字占 GDP 的比例出现这样高的增长是和平时期从未见过的，已经超出了人们的心理承受能力。而欠债总是要还的，主权信用风险急剧上升。美元和欧洲各国都在实行财政紧缩计划。具体措施无非是减少支出和增加税收两个手段，这就必然会减缓经济复苏的进程。

（六）全球 GDP 低速增长。第二季度发达国家的经济增长速度普遍放缓。三季度，美国 GDP 环比折年率增长 2.6%，比第一季度回落 1.1 个百分点；日本环比增长 0.9%，比一季度放缓 0.7 个百分点；欧元区环比增长 0.4%，比二季度放缓 0.6 个百分点。其中，德国环比增长 0.7%，比二季度放缓 1.6 个百分点；多数发展中国家经济体 GDP 同比增长都比二季度放缓，如马来西亚同比增长 5.3%，比二季度放缓 3.6 个百分点。

总体上看，世界经济或已进入疲软增长阶段。世界经济正处在一个大调整、大变革的阶段，还要经过一个总体低迷而又波动式缓慢增长的艰难时期，才会迎来大发展的新格局。所谓波动式是指时好时坏，有时好消息多一些，似乎一片光明；有时坏消息多一些，又好像漆黑一团，一种反复变化的过程。要走完这个过程、世界经济出现全面复苏，进入一个新的增长周期还需要多长时间呢？福布斯 7 月 20 日的文章指出，这次美国将要陷入的泥潭，不是越战、伊战、阿战，而是经济衰退。美联储公开市场委员会坦言，美国经济需要 5—6 年时间才能从 2008 年的金融危机中完全复苏。10 月 8 日，FED 前主席老沃克尔说，欧美经济体可能需要数年的时间才能走出经济衰退的阴影。联合国劳工组织发布的年度报告称，全球就业率还需要 5 年才能恢复到金融危机前的水平。这正是我国整个"十二五"规划期间面临的国际经济环境。

今年欧美又先后出了欧元区的主权债务危机和美国的第二轮量化宽松货币政策，给世界金融市场造成不小的震荡，引起了一场汇率风波，推动了国际大宗商品市场价格的上涨，为世界经济带来新的不稳定。欧元区的主权债务危机也是长期积累的，根源是有统一的货币、没有统一的财政约束，一些国家吃大锅饭，盲目借贷。美国为了防止经济下滑、降低失业率，在财政政策已经难有作为，联邦基准利率长时间保持在 0—0.25% 的低水平、利率杠杆也已失灵的情况下，从 8 月底到 9 月初，美联储就可能启动另一轮量化宽松货币政策（QE2）。美联储以前公布的 QE1 投入了 1.7 万亿美元，到今年 6 月底终止。在几个宏观调控手段都难以施展的情况下，它只好选择了量化宽松货币政策，继续开动印钞机，向市场注入流动性或者说基础货币。11 月 3 日，终于推出了在今后 8 个月内增加 6000 亿美元的 QE2 方案，用于购买美国国债（原先市场预期 QE2 的规模是 1 万亿美元，高盛公司 10 月 27 日发布报告称，按照泰勒规则推算，QE2 应高达 4 万亿美元）。在 11 月 11—12 日召开的第五次 G20 会上，美国本想对人民币升值施压，盖特纳财长还提出经常项目顺差不得超过 GDP4% 的设限协议，结果由于美国推出的 QE2 引起了各国不满，搬起石头砸了自己的脚，两件事都没办成。12 月 1 日美联储公布的金融市场监管法案透露，前两年美联储实际向市场注入的资金高达 3.3 万亿美元，欧盟委员会公布，从 2008 年 10 月到 2010 年 10 月批准发放的金融"救济金"包括对金融业的担保、资产救济和补助累计金额已达 4.5 万亿欧元，2009 年实际使用的救助资金为 1.1 万亿欧元。最近有两件值得庆幸的事情是，12 月 16 日，美国国会终于通过了 8580 亿美元的减税计划，该计划把 12 月 31 日到期的布什时代的减税计划继续延长两年，并对失业人员增加救助。同一天，欧盟成员国领导人峰会上，就如何修改"里斯本条约"、建立欧元区永久性危机应对机制达成一致，如果欧元区 16 个成员国中任何一个国家遇到债务问题都可以获得救助。这个救助基金的规模为 7500 亿欧元。据统计，欧元区各国在未来三年到期的政府债务共计为 6000 亿欧元，欧盟和 IMF 共同提供的 7500 亿欧元救助计划可以解决短期内的流动性问题，也可以为这些国家下一步消减赤字和紧缩财政赢得时间。

据联合国的预计，明年世界经济增长率为 3.1%，比今年的预计数降低 0.5 个百分点，IMF、世界银行、英国共识公司等对明年经济增长的预计数都将比今年有所放缓。

诚信是市场经济的灵魂

——在第七届中国诚信企业家大会上的讲演

（2011 年 4 月 29 日）

首先，我要向"第七届中国诚信企业家大会"的召开表示热烈祝贺！向重诚信、讲诚信，按诚信的原则做人、办事的企业家们致以崇高的敬意！

最近，市场上食品犯罪案例频频曝光。例如，瘦肉精猪肉进入某公司，某公司用这种肉加工的产品又流向了市场，在全国引起强烈反响；上个星期，广东又曝出用有毒化学物硼砂浸泡猪肉使之变成"牛肉"，获取暴利；上海等地出现染色馒头事件；市场上用普通米加香精冒充著名的黑龙江五常米，以及把陈化米去皮、抛光当新米卖的现象也时有发生；最近，含三聚氰胺的毒奶粉又在个别地方出现，等等。凡此种种，对食品安全和人民健康带来巨大威胁，也对扩大内需和经济社会的健康发展造成极为恶劣的影响。从事这些不法行为的个人和商家，其思想根源是不讲诚信，只顾谋取一己的暴利而不择手段，作出伤天害理的事情，走上犯罪的道路。就拿瘦肉精来说，本是一种平喘的药，学名叫盐酸克林特罗，是肾上腺类神经兴奋剂，人适量服用可以起到抑制哮喘的作用。20 世纪 80 年代，国外一家公司将此药用在饲料中，发现可以大幅增加猪的瘦肉率。而作为饲料添加剂的用量是病人用量的十倍以上才有提高瘦肉率的作用。于是，在猪肉中有着大量的瘦肉精残留物，人吃了这种猪肉以后会产生头晕、四肢无力、手颤等中毒症状，对心脏和心脑血管病人更有严重伤害，甚至可能导致中毒死亡，还会诱发恶性肿瘤等。由此可见，生产、销售瘦肉精猪肉无异于是对人的大规模谋杀。这种行为实在是丧尽天良。

上个星期我在福建调研，厦门市轻工集团董事长杨庆伟先生说得好：食品的食字，上面一个人，下面一个良字，是人的良心。他要求从事食品生产的职工必须以天地良心，以对人民高度负责的态度去工作，严格把好每一道关口。古人说，诚者天之道，思诚者人之道。又说，人而无信，不知其可。诚信是一个道德范畴，是公民的第二身份证；诚信是做人的根本，立业之基石；诚信是做事的起码准则，是一切价值的根基，是对社会的一种责任；诚信是自信的表现和力量的象征；诚信是智慧的源泉和财富的种子。有了诚信可以走遍天下，诚信又是市场的准入证，严格地说，不讲诚信的人是没有资格参与市场活动的。

当前我国出现一些不讲诚信的市场行为和违法乱纪的商业活动，是经济社会发展的一个历史过程。1992 年我国确立了走社会主义市场经济的发展道路，至今还不到 20 年，市场管理的各种制度法规还不够健全完善，有些人对市场经济的认识也还有很大差距。在有的人眼里，市场经济的本质就是钱和利。于是，唯钱是瞻，唯利是图；市场经济的活动就是千方百计、不择手段地去挣钱、去谋利。这种认识是完全错误的。我理解，市场经济的灵魂是诚信二字。许多商店里供着关云长的塑像，而且天天烧香，把关云长当财神供起来了。实际上，关云长这个偶像本身不会保佑你发财。关云长之所以千百年来为人们所敬仰，主要是他的思想观念和行为准则坚守忠义二字。用在市场经济的精神上，就是诚信二字。商家只有坚持诚信至上，才能做好生意。丢掉了诚信，对关云长一天拜到晚，也是无济于事的。有人说，市场经济处处有陷阱，这话有一定道理。我认为，市场经济有三个基本特点：第一，市场经济首先是诚信经济。诚信既是无形的力量，也是无形的财富，是任何市场主体必须遵循的基本准则。第二，市场经济是法制经济。市场经济绝不是无法无天的经济，必须在法律框架之内和商业道德的约束之下，通过正当的手段去谋取利润的最大化。第三，市场经济是标杆经济。法律、政策、道德这几根标杆绝不可以逾越，但也不必在离标杆很远之处就望而却步。成功的经营者往往能在坚守商业道德的前提下，善于用足、用够政策和法律，并发挥自身最大的潜能。这就要求企业家必须学习法律和政策，并运用它更好地保护自己、发展自己。

邓小平同志在改革开放初期就强调要两个文明一起抓，就是说物质文明和精神文明两手抓，两手都要硬。回顾三十多年来，我国在物质文明建设方面取得了无比辉煌的成就，令中国人民自豪，让世界上羡慕。在精神文明建设方面，虽然也取得了巨大的进步，但确实还存在着诸多不能令人满意的地方，例如诚信的建设就还远远不能适应社会主义市场经济的要求。有些人有文化却丢掉文明，有教育却没有教养。我理解，加强精神文明建设特别是诚信建设，也是贯彻落实科学发展观的重要内涵。否则，我们的经济社会发展同样是不可持续的。如何加强诚信建设呢？我谈几点具体建议，供有关部门和企业家们参考。一是诚信教育要从娃娃们抓起，在中小学的课本和素质教育中，都要有诚信方面的重要内容，使孩子们牢固树立守诚重信的思想观念和道德情操。二是要加强舆论监督，使不诚信者、违法违规、丧失职业道德的企业和个人成为过街老鼠，人人喊打，无处藏身。三是企业和政府都要建立严格的制度，从原料、加工、流通各个环节把好质量关。在金融领域更要全面加强诚信建设。四是健全和完善各项市场法规，严厉执法。当前，要认真贯彻国务院在 4 月 21 日召开的《全国严厉打击非法添加和滥用食品添加剂专项工作电视电话会议》的精神，并以此为切入点，坚决打击各种违法违规的市场行为，大力推动诚信建设。要认真执行李克强同志在会上关于"重典治乱，加大惩处力度，切实改变违法成本低的问题，让不法分子付出高昂代价，真正起到震慑作用"的重要指示。五是发挥行业协会的作用，提倡行业自律，加强互相监督。企业间要开展公平的竞争，以技术进步、科学管理、努力工作、诚信经营取胜，去发展壮大自己。六是表彰先进，弘扬正气，以正压邪。榜样的力量是无穷的。今天参加这个会的虽然还不是经过正式评选的诚信企业家，但我相信你们是诚信企业家，你们积极参与这项活动至少说明，你们是执着追求诚信的优秀企业家。你们是诚信建设的排头兵，我真诚地希望你们为中国特色社会主义市场经济的诚信建设作出更大贡献。七是也是最重要的一条，要加强党的领导。最近，纽约大学教授鲁比尼发表文章说，看空中国经济。这位以预测出美国住房市场崩盘及随后的全球信贷危机而闻名的学者，访问过两次中国便得出结论说，中国大概会在 2013 年后遭遇一场硬着陆，会以一场金融危机或长期的低增长来谢幕。这在国际上引起了一定的反响。当然，也受到了一些有识之士的批驳。西方的经济学家按照他们的经济理论和经济规律来观察判断中国经济，往往会犯错误。新中国成立以来，西方经济学家认为中国经济即将崩溃的预测不知有过多少次了。但历史证明，他们的预言却总是落空。我国经济确实经历了许多的困难和风险，但我们总能渡过难关，化险为夷，不断开创新局面，而胜利前进。为什么呢？因为中国经济社会的发展是在无限忠诚于人民、代表中国人民根本利益的中国共产党的领导下进行的，还有与共产党肝胆相照、荣辱与共的八个民主党派和工商联、无党派人士鼎力相助。而西方经济学家往往忽视了我们这个强大的政治优势。我的理解，坚持和加强党的领导正是中国特色社会主义的核心内涵，是我们的社会主义伟大事业能够无往而不胜的根本保证。在诚信建设中，也只有加强党的领导才能取得成功。贯彻落实党中央关于坚决反腐败的要求就是诚信建设的一项重大举措。一些奸商与官员勾结，以行贿等手段寻求保护伞，胡作非为，破坏市场经济秩序，危害社会。我在调研中了解到，南方某省质检员因得了奸商的好处，虽然检测出瘦肉精猪肉，还故意放行。据悉，这五个公务员已经被捕，将受到法律的制裁。

　　同志们，我们要充分认识诚信建设的重要性、紧迫性和艰巨性、长期性，更应该坚信，只要全党、全国人民高度重视，有着五千年伟大文明的中华民族，在中国共产党的领导下，诚信建设一定能不断取得新的辉煌成就。

从美国金融危机的教训看我国
应处理好的几个重大关系

（2012 年 4 月 26 日）

前　言

如果把历史镜头拉得更远一些去观察 2008 年美国爆发的这场金融危机，也许会更清晰一些。300 多年来，得益于工业革命的不断发展，西方发达国家的制造业长期处在世界领先地位，而且主宰着全球的贸易和商品，世界各地的财富源源不断地流入这些国家，并创造了辉煌的现代文明。到了 20 个世纪 70 年代，出现了经济全球化趋势和新自由主义经济理论以及信息革命三件大事。美国为了降低生产成本和减少本土的环境污染，开始把许多制造业转移到国外去，现代信息技术又为经济全球化提供了强有力的支撑。于是，以金融业为代表的服务业蓬勃发展，美国的三次产业结构发生了重大变化，工业和建筑业比重急剧下降，第三产业成为经济的主体。而且虚拟经济与实体经济渐行渐远，还创新出许多完全脱离实体经济并具有"预支未来"、"延后风险"双重功能的金融衍生产品。在新自由主义经济理论的主导下，他们过于迷信市场的作用，相信市场能自我发现并自行纠正问题，放松了政府的监管，致使各种金融违规和贪婪的套利行为严重泛滥。于是，美国政府和居民尽情地消费，吃喝玩乐皆成 GDP，经济结构中的积累率快速下降，消费率大幅提升。政府和居民的债务越背越重，甚至把负债经营作为发展经济的一大战略。而唯一需要支付代价的只是未来。2008 年爆发的美国金融危机正是昨日美国的未来，果然是到了需要支付代价的时候了。金融危机还没有真正过去，2011 年美国又爆发了国债危机。

美国之所以敢这样做、能这样做，从根本上说是依仗着美元货币的国际霸主地位。美元是国际硬通货，只要开动印钞机，世界财富就会滚滚而来。这也是导致世界贸易明显失衡和国际经济结构严重扭曲的最本质原因，是天底下最大的不公平之事。而美元的国际霸主地位又主要依靠美国强大的经济实力、强大的军事力量、强大的科技创新能力、高度发达的金融市场以及无所不用其极的外交手段等五大要素支撑的。也正因为如此，虽然这场百年一遇的金融危机对美国经济造成较大影响，但还不至于使其元气大伤。

目前，世界经济正进入一个长期艰难的调整阶段。人们都在反思过去，总结经验。那么，我们应当从美国这场金融危机的教训中得到一些什么启示呢？我们决不能去犯已被这场国际金融危机证明了的错误，也决不可丢弃被这场国际金融危机检验了是正确的东西。要坚定不移地走中国特色社会主义道路。为此，本文着重对如何处理好几个重大关系作了一些探索。

一、关于虚拟经济与实体经济的关系

实体经济主要是指物质和精神产品的生产、流通、服务等经济活动，包括农业、工业、交通通信业、商业服务业、建筑业等物质生产和服务部门，也包括教育、文化、科技、知识、信息、艺术、体育等精神产品的生产和服务部门。虚拟经济是相对于实体经济的理论概括，是实体经济的货币表现。它产生于实体经济，又与实体经济相对独立地运行。虚拟经济最本质的内涵，是资本价值形态的独立运动，通俗地说它不是直接靠生产和服务去挣钱，而是"用钱挣钱"。具体是，先通过交换，把钱换成为借据、股票、债券等；然后，在适当时候，又通过交换把借据、股票、债券等再变回钱。这就包括了本金和利息、金融产品的升值等，直接以钱生出了更多的钱。如货币信贷、股票、债券、基金以及金融资产再证券化以后形成的各种金融衍生产品，都属于虚拟经济的范畴。随着经济社会的发展，它的表现形式越来越多样化、虚拟化。

实体经济是虚拟经济产生的基础，虚拟经济又推动实体经济的发展。虚拟经济的出现和发展，为人类在充满风险的经济合作中提供分散风险的途径和规避风险的工具，促进了专业化分工，从而降低了交易成本、提高了规模效益。在正常情况下，它与实体经济是相辅相成、密不可分的。要充分肯定虚拟经济对实体经济发展的重要推动作用，是社会进步的一种表现。可以说，没有纳斯达克股市，就培养不出微软、苹果等一大批现代信息高科技企业。但必须正确处理虚拟经济与实体经济的关系，使两者相互促进、紧密结合，共同推动现代经济的发展，真正发挥双轮驱动的作用。更必须看到虚拟经济发展容易产生的负面作用。这就是金融资本的投机性和可能获取暴利的刺激性，从而为实体经济带来风险。如果不能从宏观上驾驭它、有效监管它、使之规范化运作，就会形成经济泡沫，并爆发严重的金融和经济危机。从这场国际金融危机中我们可以得出这样一个认识：着力发展实体经济，永远是立国之本，治世之道，也是人类社会赖以生存和发展的基础。虚拟经济是需要发展的，但必须植根于实体经济，并为实体经济的发展服务，才有生命力。如果违背了这个原则，盲目发展虚拟经济，必将给经济和社会带来巨大的灾难。

新中国成立以来特别是改革开放 30 多年来，我国实体经济发展取得了很大成绩。单从总量上看，中国目前已是当之无愧的制造业大国，200 多种工业品产量稳居世界第一。根据联合国年初公布的估算数据，2011 年我国制造业产值已达 2.05 万亿美元，在全球制造业的比重达到19.8%。同时，虚拟经济也得到了较快发展，银行业和从无到有的资本市场规模迅速扩大，为支撑实体经济的发展作出了重要贡献。

去年召开的中央经济工作会议强调，要"牢牢把握发展实体经济这一坚实基础，努力营造鼓励脚踏实地、勤劳创业、实业致富的社会氛围。"提出这个问题有着重大的现实指导意义和长远的战略意义。一是科学总结了 2008 年爆发的这场国际金融危机的一条重要教训。进入新世纪以来，国际金融衍生品迅猛发展。以美国次级房地产贷款证券化为标志，创新出信用违约互换、担保债务凭证、住房抵押支持证券等一系列金融衍生产品。2000 年前全球金融衍生品的年交易额刚超过全球 GDP 总量，而到 2007 年年交易额已超过 600 万亿美元，为当年 GDP 的 11 倍（当年全球 GDP 为 54.3 万亿美元）。到 2007 年 11 月，美国次级房贷证券的各种衍生产品总规模达到 11.8 万亿美元，形成了一个巨大的金融泡沫，在美联储连续加息后泡沫破裂，终于导致了一场百年一遇的国际金融危机，给世界经济造成巨大的冲击和深远的影响。这不仅是美国的教训，而且全人类都应当引以为戒。二是近年来国内以制造业为代表的部分实体经济领域出现了一些经济发展"脱实向虚"的苗头。一些实体企业为了追逐高额回报放松了主业，转向房地产和民间借贷市场，企业的资金越来越趋向投机，进入金融行业和资产投资项目、炒买炒卖领域，甚至直接去放高利贷。虽然只是极少数企业，但这种倾向应当引起高度警惕。正是针对我国现实经济生活中存在的这些问题，这次中央经济工作会议提出必须牢牢把握发展实体经济这一坚实基础。三是我国是最大的发展中国家，如果实体经济受到削弱，经济过度虚拟化是十分危险的。如果 13 亿人口需要的粮食、日常生活用品等主要都依赖进口，后果将不堪设想。

关于如何去"努力营造鼓励脚踏实地、勤劳创业、实业致富的社会氛围"，建议从以下几个方面采取措施：一是从教育入手，吸引更多优秀学生读理工科。20 世纪五六十年代的大学生成绩好的都向往理工科，"学好数理化，走遍天下都不怕"。现在又走另一极端，金融类专业成了热捧。建议在高校录取中适当调整导向，并通过综合性措施，努力优化我国人才生态的平衡。二是坚持虚拟经济为实体经济服务的原则。总体上说，我国应该加快虚拟经济的发展，在这个领域我们还有很多方面亟待加强、改善和提高。但一定要从国情出发，理清哪些金融产品应加强发展，哪些要限制发展，哪些不能发展。决不可以改革的名义去盲目追随西方的模式，绝不能重犯西方国家已经被这场国际金融危机所证明了的错误。三是切实加强对虚拟经济的监督管理，确保我国虚拟经济平稳健康发展。四是从政策上指导帮助实体经济解决面临的一些困难和问题。五是通过税收等办法解决好实体经济和虚拟经济两个领域之间从业人员特别是高级管理层收入差距过大的问题。六是加强舆论宣传引导。在市场经济中，高回报往往伴随着高风险，看似馅饼实为陷阱的事是很多的。要宣传鼓励实业家们心无旁骛地做好主业，通过技术创新降低成本，提高劳动生产率和经济效益，打造品牌。有的企业家说，"品牌是熬出来的，能做百年老店肯定能成品牌"。

总之，我们要深刻领会中央精神，高度重视发展实体经济，正确处理好实体经济和虚拟经济的关系，既要做大做强实体经济，又要做优做好虚拟经济，推动实体经济和虚拟经济相互促进、良性互动、协调发展。

二、关于三次产业的关系

2008年9月爆发的这场国际金融危机是近30年来美国经济社会各种矛盾积累的集中爆发，其中产业结构失衡也是一个重要的根源。我国正处于调整经济结构、转变经济发展方式的关键时期，在产业结构方面，我们应该从这场金融危机中吸取哪些经验教训呢？

（一）过去30年美国产业结构的演变和危机爆发后的调整。在20世纪70年代两次石油危机后，美国以新自由主义经济理论为指导，高举经济全球化的旗帜，开始大规模地进行产业结构调整，将大量制造业逐渐转移到发展中国家。这在客观上给经济落后国家带来了发展机遇，而美国自身的制造业却出现了空心化现象。原有的几大支柱产业如建筑、钢铁、汽车等地位明显下降。例如，在1978—1985年间，美国城市全部楼房的闲置率由6.9%上升到20.1%，建筑业陷入全面的不景气；美国钢产量占世界总产量的比重也从1956年的47%下降到2007年的6.8%；从20世纪80年代开始，随着日本汽车业的崛起，美国汽车业的竞争力也明显下降，市场份额大幅下滑。经过长时间的去工业化调整，美国第二产业的比重快速下降，而第三产业的比重急剧上升，贸易、金融等服务业成了美国经济的主体。到2007年，也就是金融危机爆发的前一年，美国一、二、三次产业的比重分别为1.2%、

20.9% 和 77.9%。这样的产业结构意味着，大部分的普通消费品、日用品、工业制成品等在美国国内已不生产，美国国民大幅增加的消费品需求主要靠进口来满足，外贸赤字迅速扩大。到 2008 年，美国的服务贸易虽有 1535 亿美元的顺差，而商品贸易的逆差则达到 8821 亿美元，占 GDP 比重为 6.1%。究其根源，在于美元的国际霸主地位。因为只有国际贸易保持逆差，才能输出美元货币。其他国家都不具备这样的条件和实力。即便是美国，也正因为二、三产业之间的严重失衡而为金融危机的爆发埋下了祸根。

金融危机爆发以后，奥巴马政府采取了一系列经济政策举措，在缓解危机和促进经济复苏的同时，也启动了产业结构的调整。具体的措施包括：提出"再工业化"，从再造美国汽车业入手，推动制造业重组；推进绿色产业等高新技术产业发展；把基础设施建设、医疗改革等作为促进美国经济长期增长的优先领域予以扶持；支持和鼓励科技创新，等等。虽然在多种因素带动下，美国的第二产业特别是制造业确实有复苏的迹象，但这种复苏的力度似十分有限。一方面，美国制造业成本特别是劳动力成本高昂，竞争力不强。2011 年 2 月奥巴马总统问乔布斯，怎样才能让 iPhone 回归美国生产？乔布斯明确回答："这些制造岗位回不来了。这不仅因为海外劳动力更为廉价，而且海外工厂的规模以及外国劳工的灵活性、勤劳程度和生产技术都已超过美国劳工。"另一方面美国政府面对捉襟见肘的财政困境，即使有再好的改革方案和调整构想，也会因缺乏充足的财政支持而难以实施。再加上民主、共和两党在政治上的角力，也拖延了政策的出台，坐失了时机。总之，美国产业结构的调整是一个漫长和艰难的过程。

总结美国产业结构方面的教训和经验，主要有以下两条：一是任何一个大国必须要有比较完备的产业体系来支撑其大国地位，各产业之间相互配合、协调运作，才能发挥更高的效率，为本国人民提供丰富的产品供给。即使要以服务业为中心，也不能放松对第一、二产业的发展，长期的产业失衡、大规模地依赖进口是不可持续的。德国、日本等经济大国的第三产业的比重也很高（三产比重都约为 69%），但二产依然受到重视（二产比重都约为 30%，比美国高约 10 个百分点），不但没有大规模的贸易赤字，而且有大量的贸易盈余（在金融危机爆发的 2008 年，日本、德国的贸易顺差分别为 363 亿美元和 2943 亿美元）。二是在这场金融危机中，美国的农业没有受到冲击，其一产只占 GDP 的 1.2%，但却能控制全球的农产品市场，很值得研究。这与美国的自然条件有关，主要是地多人少，气候条件好；也有历史形成的过程。但更要看到美国在发展农业上确有独到之处：第一，美国对耕地的保护十分严格。耕地改变农业用途，不仅有完善的法律程序，而且法律规定原有耕地表层的熟土必须挖出 20 公分，移到新垦土地上或加到附近的耕地上以增加腐殖质土层厚度。这种惜土如金的精神太值得我们借鉴了。据科学测算，东北黑土地形成 1 厘米厚度的黑土约需 400 年的时间。几十年的经济建设我国不知浪费了多少饱含腐殖质的肥土沃壤。过去，改造低产田的途径主要是兴修水利。看来是不够的。水是生命之源，而土壤则是农作物生长的母亲。积贫积弱的母亲何能养育出健康强壮的孩儿？第二，美国农业有着强大的科技创新能力，而且一直处于世界领先地位。以转基因为标志的育种技术、节水灌溉技术、田间管理技术以及农业机械化、信息化水平等都是十分先进的。第三，美国从事农业生产人员素质较高、队伍稳定。第四，美国农业生产方式比较先进。虽然我国粮食单产比美国高，但这并不能说明是因为小农经济可以精耕细作，单产必然比现代化大农业更高。2009 年美国的谷物产量（不包括豆类和薯类）达 4.198 亿吨，人均 1.44 吨，不仅可充分满足国人食用需求，还可用粮食生产乙醇顶替约 10% 的汽油，且有大量出口。足够了！如有需求，提高单产的潜力是很大的。

（二）对我国产业结构现状的分析。

1.三次产业关系的国际比较。发达国家产业结构演进的历史规律可概括为：随着经济的发展，产业结构不断进行调整既是经济发展的结果又是经济进一步发展的基础；第一产业和第二产业在国民经济中比重逐渐下降、第三产业比重上升，是多数国家产业结构调整的基本趋势。

2011 年，我国一、二、三次产业结构的比例分别为：10.1%、

46.8% 和 43.1%。与发达国家 1971 年的情况对照，美、日、德、法、英等发达国家的第二产业比重均在 35% 以上，德国、日本、英国分别为 46%、45% 和 43%，与我国目前的第二产业比重基本相当。到了现在，我国第二产业比重比发达国家高 20 个百分点左右，第三产业比重低 30 个百分点左右，其中也有一产比重较高的因素。2009 年东亚、东南亚等国家第二产业比重平均约为 47%，第三产业比重平均约为 41%，我国与这些国家基本相当。

按照美国经济学家钱纳里于 20 世纪 80 年代初提出的"标准结构"理论，我国 2011 年人均 GDP 约 5500 美元，换算成 1980 年价格的水平，大约是 2400 美元左右。钱纳里的"标准结构"显示，人均 GDP 为 1200—2400 美元时，产业结构处于工业化的中级阶段，人均 GDP 为 2400—4500 美元时，产业结构处于工业化的高级阶段。我国目前处于并将长期处于社会主义初级阶段，这是我国最基本的国情。所面临的主要矛盾是人民日益增长的物质文化需要同落后的社会生产之间的矛盾。按照上述资料判断，我国目前总体上正处于工业化的中级发展阶段。

2. 如何评价我国当前的三次产业关系。判断一国产业结构合理性，有三个基本的标准。一是各产业生产的产品能够基本满足本国人民不断增长的物质文化需求，二是与一国的国情、资源禀赋相适应，三是各产业之间能够相互协调，具有较高的运作效率。改革开放以来，特别是进入新世纪的十几年来，我国人民的生活水平快速提高，经济高速发展（2001—2010 年年均增长 10.7%），这本身就充分说明我国产业结构的运作效率是比较高的，并提供了大量的农产品和工业品，从根本上改变了短缺经济的局面，比较充分地满足了人们对各种物质产品的需求。综上所述，我们可以得出几点基本判断。一是我国的产业结构既符合世界产业发展变迁的一般规律，又具有自己的特点。目前我国的三次产业结构总体上是与我国现阶段经济发展的国情相适应的，符合我国处于工业化中级发展阶段的特征，也有利于发挥我国的比较优势。因此，不能认为我国三次产业结构是严重扭曲的。第三产业的占比也不是越高越好。例如，我国香港特区的服务业比重高达 86%，去年北京也达到 75.5%，由于这两个城市有它独特的条件，在全国不具有代表性，故无法在全国推广。再比如，希腊服务业占75%，主要靠旅游等产业带动，吃的是老祖宗的饭，农业占的比重也比较高，而基本上没有独立的工业体系，工业品大量依靠进口，出口的主要是橄榄油等农产品，导致国际贸易常年逆差，只能靠大量发行国债维持生计，这也是导致主权债务危机爆发的重要原因之一。即便是像拥有国际货币垄断地位、可以自行发行美元货币的美国，服务业占比太高、产业空心化，也是难以为继的。二是我国三产的发展确实还很不充分，在过去长期计划经济体制下形成的重物质生产、轻服务业发展的传统观念影响还远未消除。强调加快发展服务业，进一步提高服务业在三次产业结构中的比重是完全正确，也是完全可能的，这正是我国经济可以长期保持平稳较快发展的重要潜力之一。特别是生产性服务业，如科研、设计、销售以及产前产后和对产品用户的终端服务等都可以大有作为；从服务业的产业分类看，重点加强金融服务、信息服务、发展现代物流产业等，都有着广阔的发展空间和深度开发的余地。另外，根据我国长期以来的统计制度，企业报表是按法人单位上报的，工业企业中大量的生产性服务业都被包含在二产之中了。国家统计主管部门正在研究深化改革，条件成熟时将要改为以经济活动单位上报统计数字，这必将更加客观、准确地反映我国第三产业的实际水平。三是要正确处理三产和一、二产业之间的关系。我国"十二五"规划纲要中明确提出，"加强农业基础地位，提升制造业核心竞争力，发展战略性新兴产业，加快发展服务业，促进经济增长向依靠第一、第二、第三产业协同带动转变。"一、二产业是服务业发展的坚实基础，服务业的发展又反过来推动一、二产业的发展，可以极大地提高劳动生产率。为什么人们把三次产业结构中的第三产业又称之为服务业呢？因为它最本质的特征是为一、二产业的发展服务，为提高效率、降低成本，为提高生活质量和社会管理水平服务，从而推进整个国民经济和社会的全面协调可持续发展，充分满足人民不断增长的物质文化生活需求。

（三）我国产业结构调整的方向和政策建议。我国产业结构方面的问题主要不是三次产业之间的比例高低，而是由产业的发展方式粗放和发展质量低下而引发的一系列矛盾。例如，以过度消耗资源、能源和牺牲环境为代价,科技创新不足,核心技术受制于人,产品附加值不高,经济效益总体还比较低下,等等。我国产业结构调整的重点必须放在这些方面上,而不是简单地看重调整三次产业的比例关系。

具体地说,一是在任何时候都要坚定不移地巩固和加强农业的基础地位。解决13亿人口的吃饭问题永远是天大的事情。要全面落实去年中央一号文件确定的4万亿元水利工程投资项目;制定法律切实保护和利用因改变农业用途耕地的耕作层土壤,使耕地无论在数量还是质量上都能真正做到"占补平衡";建议明年中央一号文件的主题可否考虑为"努力培养现代化新式农民队伍",着重研究解决种田后继无人和农业科技推广"最后一公里"走不下去的问题;深化和完善农村土地制度改革,等等。二是大力推进节能减排和产能过剩行业的调整。必须全面贯彻落实科学发展观,切实解决能源、资源过度消耗和环境污染的问题。三是大力推进传统产业的改造升级,发展高新科技产业。传统产业不等于是落后产业,任何传统产业只要用先进的技术去改造都可以升级为先进产业,生产出优质的产品。人类历史上农业革命经历了三千多年,工业革命经历了三百多年,而以 IT 产业为代表的信息革命只有三十多年。现代信息技术已经深刻改变了人们的生产方式和生活方式,极大地提高了劳动生产率和人们的生活质量。党的十六大提出"以信息化带动工业化",实践证明是完全正确的并已经取得了重大成效,建议党的十八大可以考虑提出"以信息化带动整个国民经济的发展和社会管理水平的提高"。信息产业方兴未艾,可以大有作为,也是不断发展社会生产力、实现我国经济社会长期平稳较快发展的重要手段。当然,任何事物都有两重性,"正复为奇,善复为妖"。信息技术既是现代文明的推动力,也可变为破坏者,关键在如何驾驭它。四是加快发展服务业,主要是发展生产性服务业和金融业。金融业的发展要注重"平稳健康"四个字,使之与实体经济如影随形,坚持更好地为其他各产业发展服务的原则。

产业结构的调整要更多地发挥市场配置资源的基础性作用,同时也要发挥政府的主导性作用,通过制定产业政策、税收等宏观调控措施,等等,加以正确引导。还要转变观念、统一认识,大力营造三次产业协调发展的浓厚社会氛围。

三、关于消费与投资的关系

（一）消费与投资的关系有规律可循。过去我们常说，发展经济一要吃饭，二要建设，指的是必须处理好消费与投资的关系。用支出法核算的国内生产总值由最终消费支出、资本形成总额、货物和服务净出口三者之和组成。一二两项各占 GDP 的比重，则分别称为消费率和投资率。从发达国家经济发展的过程看，投资和消费的关系表现出一定的规律：当一国的人均 GDP 水平极低、温饱问题还没有解决时，投资率很低、消费率却很高；当一国的人均 GDP 达到一定水平后，温饱问题基本解决，实现工业化的任务开始显得非常急迫，会出现大规模的基础设施投资、城镇化建设和企业投资，这时投资率就会上升，而消费率会下降；当工业化、城镇化基本完成，经济进入发达阶段后，投资率将下降，并与消费率形成相对稳定的状态。总之，在不同阶段消费与投资的比例是不一样的，且往往表现为此消彼长的关系。必须适应当时的条件，保持经济发展的基本平衡。

（二）美国的过度消费造成严重后果。19 世纪前后，节俭在美国社会消费文化中居核心地位，并被视为美德，过度消费和铺张浪费被视为罪恶。但随着美国经济的不断发展，在全球地位的提高，尤其是自 20 世纪 80 年代以来美国家庭和政府进入一个大幅消费的年代，过度超前的消费使消费与投资的比例严重失衡。1990 年居民消费率为66.7%，2000 年上升到 69%。到 2007 年也就是金融危机爆发的前一年，居民消费率更高达 71.2%，而同年日本则为 48.2%，德国为 56.8%，英国为 60.2%。相应地，美国资本形成率 1990 年仅为 17.7%，2000 年略微上涨到 20.5%，然后又回落到 18% 左右。长期的过度消费、超前消费，使美国国民和政府都背上了沉重的债务包袱。尤其是 2002—2006 年，美国家庭债务以每年超过 10% 的速度增长，家庭负债占可支配收入的比重从 1999 年的 90% 迅速上升到 2007 年底的 130%。家庭债务中房贷占了相当的比重。1981 年美国国债余额与 GDP 之比仅为 32.5%，小布什任职 8 年国债余额翻了一番；到 2012 年 1 月 9 日达 15.23 万亿美元，与 2011 年财政年度的 GDP15.17 万亿美元相比为 100.4%，远高于同期欧元区 87.4% 的比例。据有关方面测算，美国以占世界 2.2% 的人口，消耗了世界财富和资源的 30%。难怪奥巴马总统会说，如果中国、印度的消费达到美国的水平，地球上的资源就要耗尽了。2008 年爆发的国际金融危机和去年发生的美国国债危机与美国的过度消费有着直接关系。实践已经证明，美国虽然占有世界上的大量资源，但这种消费方式也是难以为继的。

（三）对我国消费和投资关系的基本评价和政策建议。

1. 投资率偏高具有一定的合理性但应适当降低。从我国的情况看，近些年来我国的投资率持续上升，到 2010 年已经达到 48.6%，而消费率不断下降，到 2010 年只有 47.4%。由于我国目前仍处于工业化进程中，大规模的基础设施建设、城镇化建设、企业扩张经营、技术创新改造等确实需要较高的投资来支撑。也就是说，我国仍处于国际经验所面临的第二阶段，即投资率上升而消费率下降的阶段。很多亚洲国家在高速增长时期都是高投资拉动型的。近几年我国投资率上升较多，也是应对国际金融危机冲击的特殊需要，不仅对中国而且对世界经济作出了重大贡献。所以，我国现阶段出现较高的投资率具有一定的合理性。

同时应当看到，投资虽然也是内需的一部分，但具有双重性。本期增加的投资既会扩大当期的总需求，也会增加下一期的总供给。如果消费率长期偏低，没有和投资率形成合理的比例关系，就会使投资增长失去最终需求的支撑，进一步加剧产能过剩，严重影响经济的健康发展。但投资率的降低应该是渐进式的，要把重点放在调整优化投资结构和以保持经济平稳较快发展为前提，不能为了过快降低投资率而削弱国家重点工程或放松对战略性新兴产业、农业现代化以及科技创新等在投资方面的支持。

2. 应适当提高消费率，但不能照搬美国依靠过度消费拉动经济增长的模式。近些年来，我国的消费率呈明显下降的趋势。特别是从 2002 年开始，消费率从 59.6% 一路下降到 47.4%，居民消费率更是只有 33.8%。这样的消费率比发达国家低 20 多个百分点。总体上看，应适当提高消费率，但决不能照搬美国依靠过度消费拉动经济增长的模式。一是消费率下降并不表示消费水平在下降。相反，近些年来我国居民的消费水平一直在快速提升，消费能力也在快速增长，只不过由于投资增长得更快，显得消费率相对偏低。从我国消费自身的增长看，从 2006 到 2011 年社会消费品零售总额增速都在 15% 以上，2008 年增速高达 22.7%，2011 年也增长了 17.1%。世界上还有哪个国家有这么高的增长呢？这里尚不包括在境外购买而未报关的高档消费品，每年约数百亿美元。随着我国居民的财富积累不断增长，消费升级也正在形成。而且，近年我国政府也连续提高了最低生活保障水平和最低工资标准，并推出了如家电下乡、以旧换新等鼓励消费政策，居民收入的增长也刺激了消费的快速增长。但由于我国正处于工业化、城镇化加速的进程中，全社会固定资产投资经常是以 20%、30% 的高速增长，使得消费增长就不那么明显了，表现出投资率的上升和消费率的下降。随着未来我国工业化进程逐渐进入后期、产业结构不断升级，投资率将逐渐下降，而消费率也将逐渐上升。二是增加居民的消费、不断提高居民的生活水平是我国经济发展的出发点和最终归宿，但消费水平应和我国的国情、经济发展阶段、资源和环境的承受能力等相适应。我们既要尽量满足不同层次居民的消费需求，又决不能靠大量浪费资源去扩大消费。随着我国经济的发展，很多人先富了起来，但一些不良的消费现象也时常出现，如盲目攀比、炫富挥霍、浪费严重等，在社会上产生了恶劣的影响。应培养正确的消费观念，坚持勤俭持家的优良传统，富裕的阶层可通过多种方式回报社会。还应转变消费方式，生活水平的提高并不完全意味着物质财富的消费越来越多。还要不断追求更高层次的消费——精神财富。

3. 主要依靠深化改革去优化消费与投资的关系。一是改革干部评价考核制度，努力克服不少地方实际上存在的盲目攀比 GDP 的现象。要想 GDP 增长快，抓投资最见效。不少地区把招商引资任务分解到党政各部门，项目落实到领导干部个人，这种积极性是可贵的，但往往缺乏科学性，造成一些重复建设，既有低水平的重复建设，又有高科技项目的重复建设，造成巨大浪费。改革开放以来，我们花了 30 年左右的时间解决了短缺经济问题，但由于体制机制上的原因，"投资饥饿症"还没有得到解决。必须通过深化改革，再花若干年的时间把投资饥饿症彻底治好，全面走上科学发展的轨道。

二是改革和规范投资项目的行政审批体制。据有关调查，由于投资项目的审批程序相当复杂，任何一个关节都有否决权，投资主体要采取一切可能的手段去打通。调查结论显示，各种公关费用大约占项目投资总额的 30% 左右。这部分资金不可能变为固定资本形成，而是变成了少数权势人物的个人灰色收入。而这一些投资费用在统计上是无法鉴别的，可能导致投资率某种程度的高估。还要对各种招投标活动中，关系优先、暗箱操作的现象严加整肃。

三是充分发挥现代信息技术的作用，政府有关部门和行业协会要及时充分披露各行业已有产能、在建项目、市场需求等方面的信息，正确引导投资方向，尽量避免重复建设。

四是在扩大消费上，重点要提高中低收入群体的收入水平，努力扩大中等收入者的比重，从而增强其消费能力。高收入阶层再提高收入也未必会增加消费，而中低收入群体增加收入最容易直接转化为现实的消费。还要汲取西方国家高福利社会的教训，要与我国经济的实际承受能力相适应，更要考虑其可持续性。须知民生这本账有很强的刚性，是只能做加法，很难做减法的。古人云"惠不在大，在乎当切"，讲的是好处不在于多少，而在于是否用在了该用的地方。在改善民生工作中，要以群众需要不需要、满意不满意为基本准则，把好事办在群众的心坎里，把关怀送到群众的急需处。另外，如何使中央和省市财政大量的转移支付用得合理、公平、有效、科学，也必须从改革入手，不断加以完善。

四、关于坚持改革开放与坚定不移地走
中国特色社会主义道路的关系

（一）改革开放必须把握好社会主义的正确方向。中国人民取得革命战争的伟大胜利，一条重要经验是坚持把马列主义基本原理和中国

的具体实践相结合。改革开放 30 年取得的辉煌成就，一条重要的经验是把市场经济的原理和坚持走社会主义道路有机地结合起来。小平同志提出了"一个中心，两个基本点"即以经济建设为中心，坚持改革开放和四项基本原则两个基本点，并已成了我们党的历史性决定。改革开放使我国经济迸发出巨大的活力，对解放和发展生产力起到了不可估量的重要作用。改革开放既是世界观，又是方法论；是我们的重要指导思想，又是实现远大目标的根本手段和途径；也可以说，既是上层建筑，又是经济基础。改革开放的理念已经深入人心，当前全中国几乎没有人会不赞成改革开放这个口号，关键是改革改什么、为了什么而改和怎么改？开放，对外开哪些门，什么时候开，开多大，放进来什么，走出去又怎么走？人们在这些问题上的认识则是千差万别的。衡量正确与否的标准就是小平同志提出的"三个有利于"，即：有利于发展社会主义社会生产力、有利于增强社会主义国家的综合国力、有利于提高人民的生活水平。谋求世界和平、实现中华民族的伟大复兴、全心全意为中国人民服务、走共同富裕的道路，是我们中国共产党人的世界观和崇高理想与现实的追求，也可以理解为是社会主义核心价值体系的根本点和中国共产党施政的基本纲领。这也正是社会主义和资本主义两种制度的根本区别。社会主义的发展是为了最广大人民的根本利益；而资本主义的发展，从骨子里看是为大财团、大资本家的利益服务的。美国前总统艾森豪威尔说过："美国权力最大的不是总统、国会或美联储主席，而是军工集合体。"两百多年来，美国总统遇害的比例比军人在战场上的死亡率还高。美国的媒体都由私人经营，主流媒体全部掌控在大财团的手中。

2008 年爆发的国际金融危机和经济危机还在继续，世界经济格局正在急剧动荡。这引起了西方国家对现行资本主义制度、经济理论的反思。今年 1 月份召开的第 42 届瑞士达沃斯论坛的主题便是："大转型：寻找新模式"，在一个分会场上，主持人对在座的几百位代表作了一个举手民调，问道：20 世纪的资本主义制度，能否适应 21 世纪的现实？结果发现，将近一半在座者认为资本主义无法应对 21 世纪，两成左右觉得资本主义并无大碍，余下的是谨慎的游离派。

我国改革开放三十多年来，经济社会发展取得了举世瞩目的伟大成就，实现了许多重大跨越，一跃而成为世界第二大经济体；在这场国际金融危机的严重冲击下，我国经济巍然屹立，并继续阔步向前。这一切，都充分证明我国社会主义制度的优越性和强大生命力。从根本上说是得益于在共产党的领导下，我们走出了一条中国特色社会主义道路。改革开放的一切举措，都是为了完善和加强中国特色社会主义制度，而不是逐步向西方资本主义制度靠拢。

（二）中国特色社会主义道路的核心内涵。坚持走中国特色社会主义道路，从经济基础和经济制度上看，必须坚持和完善公有制为主体、多种所有制经济共同发展的基本经济制度，必须毫不动摇地巩固和发展公有制经济，必须毫不动摇地鼓励、支持和引导非公有制经济发展，两者不可偏废。有人把改革开放30年的经验概括为"市场经济＋民营体制"，这是不对的。民营经济的崛起是改革开放的重大成果，是我国经济生活中的奇迹。但国有企业改革的成绩及其对我国经济社会发展所作的巨大贡献也绝不可以低估。全面实行私有化就不是社会主义制度了。一百年前即1912年4月，孙中山先生提出要在中国预防"资本家垄断之流弊"用什么方法呢？他说："此防弊之政策，无外社会主义。"他在1919年写的《中国事业当如何发展》一文中又说，"与夫一切垄断性质之事业，悉当归国家经营，以所获利益归之国家公用，归之国民所享，庶不致再蹈欧美今日之覆辙"。所以，我们现在不宜简单地提倡"打破国有企业的垄断地位"，而是要具体分析、区别对待。当然也要不断深化国企改革，切实改善和加强对国企的监管，真正建立企业自我约束的有效机制，完善现代企业制度。同时，要为非公经济创造更好的外部条件，引导其更加健康地发展。

在经济管理方式上，既要充分发挥市场配置资源的基础性作用，又要更好发挥政府运用财政政策和货币政策进行宏观调控并采取计划、法律法规以及必要的行政手段等对市场进行正确引导和有效监管。三十多年改革实践证明，市场经济确实有着某种神奇的力量，可充分调动人的积极性，从而极大地提高各种生产要素的利用效率，创造出巨大的社会财富。但市场经济不是根本经济制度，而是一种经济运行方式，计划和市场都是经济管理的方法和手段。资本主义可以用，社会主义也可以用。20年前邓小平同志南方谈话就已经解决了这个问题。公有制与市场经济并不相悖，发展市场经济不能排斥公有制，所谓"市场经济就是民营经济"、"国有企业违背市场经济"的观点，纯属偷换概念。20年的伟大实践已经充分证明，党的十四大确定了社会主义市场经济体制，是一个历史性的伟大创举。

从价值取向看，中国特色社会主义市场经济尊重价值规律，鼓励在法律框架内，通过诚实劳动使资本升值，实现利润最大化，私人财产受到法律保护。任何法人和公民都必须自觉维护国家利益和公共利益，并承担相应的社会责任。坚持以诚信为本，按规则办事，实现公平竞争。坚决打击和扫除那种"以关系至上、用金钱开路，为了钱什么事都敢干、有了钱什么事都能干成"的恶劣风气。为了使中央的政策和改革方案得以全面贯彻落实，必须坚决打破实际上已经形成的各种利益链条的羁绊，杜绝权力与金钱的交易。我们所做的一切，都是为了充分地解放和发展社会生产力，带领全国人民走共同富裕的道路，避免两极分化。

从上层建筑看，坚持走中国特色社会主义道路，必须毫不动摇地坚持和加强中国共产党的领导。邓小平同志在1992年指出："赞成使用'社会主义市场经济体制'这个提法。我们在改革开放初期就提出'四个坚持'。没有这'四个坚持'，特别是党的领导，什么事情也搞不好。社会主义市场经济优越性在哪里？就在四个坚持。"同时，要在全社会建设和弘扬社会主义核心价值体系。

（三）坚持中国特色社会主义道路关键在党。我们必须坚定不移地走中国特色社会主义道路，以清醒的头脑、坚强的意志迎接国际上的种种挑战，并以高度的政治敏感性和巨大的智慧抓住国际风云变幻给我们带来的重要机遇，努力发展自己，壮大自己。坚持中国特色社会主义道路，关键在党。我们要坚决遏制腐败，加强党内民主和法制建设，完善各项制度而且严格实行，按照"三个代表"的要求把我们这个党建设好。

五、关于中国与美国的关系

我们已经成功地抓住了新世纪头一个十年战略机遇期。2000年，我国经济总量只有美国的12.5%，2010年已相当于美国的41%。我国正面临新世纪第二个重要的十年战略机遇期。英国《经济学家》杂志去年9月报道，以2010年美国和中国GDP的基数，假定一：中国经济按年均增长8%，美国按年均增长2.5%；中国CPI年均上涨4%，美国按3%；人民币对美元年均升值3%，则2020年中国经济总量就将超过美国（按此测算，当年美国GDP为24.9万亿美元，中国则为25.3万亿美元）。假定二：中国经济按年均增长6%，美国按3%；中国CPI年均上涨4%，美国按3%；人民币对美元年均升值2%，则2026年中国经济总量也将超过美国。按他们设定的这些参数计算，再过8年至14年，中国经济总量就将超过美国。这是多么令人鼓舞的事啊！但奥巴马总统随后发表讲话表示："美国决不当第二"，这意味着什么？对这一切，我们都作好充分思想准备了吗？

从我们自己来说，必须冷静地看待这件事情。GDP超过美国只意味着当年的经济总产出比美国多，而社会财富的积累量还远远不及美国，人均GDP也只有美国的1/4。如果经济总量上去了，而综合国力仍不强大，甚至资源耗尽了，环境也搞坏了，以后的路又怎么走？我们将给子孙后代留下什么样的摊子？所以，我们必须加快转变发展方式，着力调整结构，实现长期可持续发展。历史给我们的时间不多了，要有强烈的紧迫感。

还要充分估计到美国将会怎样对待中国。美国的综合经济实力、科技创新能力、劳动生产率以及军事实力、金融市场的成熟度等在相当长的历史时期内都是中国难以超越的。为了遏制中国经济的发展，实际上美国已经在全面部署了。军事上，把战略重点转向亚太地区，加强对中国的包围。但真正和中国全面开战的可能性不大，那将是两败俱伤乃至于两败俱亡的结果。而我们只有充分做好应对侵略战争的准备，才能有效地防止战争。从经济上，近一两年美国频频出手制裁我国，贸易战越演越烈。但正如印度总理辛格说的，"像中国这样充满活力的大国，经济上不可能被遏制"。我们在经济战线上需要运用大智慧，巧于周旋，减少摩擦，增进合作。近年来我国积极推进人民币的国际化战略，与有关国家签订的货币互换协议已超过2.1万亿元人民币。最近在印度召开的金砖五国峰会，又商议要成立金砖五国开发银行。西方评论这是金砖五国要抛开美元，另起炉灶。这些措施对打破美元的国际垄断地位有着重大的战略意义，可以说是招招打在要害之处。美元的国际霸主地位是美国的命根子，他们必将不遗余力地加以维护。近两年来，美国在中东、北非地区的所作所为，不仅是为了控制这个地区的石油资源，更重要的是为了控制石油美元的地位。当年尼克松总统说服了沙特国王贾萨尔同意用美元为石油付款，进而使所有石油输出国组织成员都同意只用美元收款。这样，石油美元成了美国输出货币的重要途径，也是为其债务提供资金的重要来源。而伊拉克、利比亚以及叙利亚和伊朗都曾经或还在推动不用美元结算，美国对他们出手之狠、手段之多，已昭然于世。而且其能量之大，也是十分惊人的。对人民币国际化，目前还没有看出美国采取了什么大的举措。但可以断定，他们绝不会坐视不顾，善罢甘休。我们要深入研究美国可能对中国采取的反制战略和战术，采取强有力的应对措施。美国对中国最可能采取的是冷战时期对苏联和东欧国家的策略。一方面从政治上加强对我们渗透、分化，甚至策反，境外的藏独、疆独、民运等反动势力都得到美国的经费支持，在我国内培植持不同政见者，试图制造事端。另一方面是在舆论上推销西方的价值观，暴露并放大我消极面，制造耸人听闻的假新闻、假消息，动摇和涣散我党心、军心、民心。这一切，值得我们高度警惕。为此，要加强国家安全机构和情报机构的建设，做到知己知彼；努力培养一支国际顶尖的战略家队伍，研究制定国家安全策略。更重要的是要进一步做好党的群众工作，使13亿中国人民与党同心同德，要动员群众、依靠群众，着力打造确保国家安全的铜墙铁壁。只要真正把我们自己的事情办好，党内、国内坚如磐石，国际上的一切反动力量都无奈我何。同时，我们又要从正面处理好与美国的关系，不断深化中美战略合作伙伴关系。

在新的历史条件下努力实现计划 和市场在更高水平上的结合

——学习党的十八大精神的一点体会

（2012 年 11 月 20 日）

胡锦涛同志在中国共产党第十八次全国代表大会上的报告中指出："深化改革是加快转变发展方式的关键。经济体制改革的核心问题是处理好政府和市场的关系，必须更加尊重市场规律，更好发挥政府作用。"政府作用的内涵非常丰富，政府的意志要反映绝大多数人民的愿望和根本利益，并带领人民、引导市场向着预先拟定的目标，有步骤地推动经济社会的发展。政府职能的一个重要表现形式和手段就是计划。因此，在新的历史条件下重新审视计划与市场的关系，仍然是不可回避的重大命题。下面就此谈谈学习体会。

一、必须理清和正确处理的几对概念及其相互关系

人类社会的发展，经历了漫长岁月的多种多样的探索，形成了各种不同的发展道路和模式。中国选择社会主义，是中国的历史条件和现实环境决定的。只有社会主义才能救中国，这是历史的定律。然而，在确定了走社会主义道路的前提下，究竟选择什么样的发展模式和经济运行的体制？又经历了长时间的艰苦探索。直到 1992 年春邓小平同志发表南方谈话，像一声震聋发聩的惊雷，澄清了长期争论不休的计划与市场、计划经济和市场经济、"姓社"还是"姓资"等一系列重大

问题，统一了全党和理论界的认识。当年 10 月，党的十四大明确提出中国改革的目标模式是建立社会主义市场经济体制。社会主义与市场经济兼容在中国的成功实践，是世界政治经济发展史上没有先例的一件大事，是"中国经验"、"中国模式"的真谛所在，具有划时代的意义。然而，20 年后的今天，当我们开始迈向伟大新时代的时候，在社会主义市场经济体制下还要不要搞计划，计划究竟怎么搞，仍然还有一些具体问题需要认真研究解决。

为了进一步探讨这个问题，还必须从几对基本概念及其相互关系说起。

（一）计划与市场。邓小平同志在南方谈讲话中已明确提出，"计划和市场都是经济手段"。就是说，这两者都是实行经济管理的办法或调节手段，而不是经济社会制度的本质特征。无论社会主义还是资本主义制度，都要运用计划和市场这两种手段进行经济管理或经济调节。世界各国的财政预算、货币供应量、就业率、通胀率等目标的设定都是计划的重要表现形式。即便是在资本主义初期，也都存在财政收支计划、发展目标计划；即便是在奴隶社会、封建社会也有商品交换，存在着市场。决不可以把计划和市场这两种手段与经济社会制度划等号、紧密挂钩，或者把两者对立起来，形成非此即彼的偏见。

（二）计划经济与市场经济。这是经济运行的两种模式。主要以计划手段去管理和配置资源的模式叫计划经济，主要以市场手段配置资源、按照市场的基本规律即价值规律去协调经济运行的模式叫市场经济。我们不能简单地把计划和计划经济划等号，也不能把市场与市场经济划等号。一说到要搞计划就是要恢复计划经济了，那是片面的。这两种经济运行模式也都不能与经济社会的基本制度划等号，经济社会制度和经济运行模式是两个不同层次的东西，不能混为一谈。

（三）社会主义与市场经济。这是社会主义制度与市场经济运行模式的兼容或者说组合。从马克思主义发展史来看，我们共产党人长期以来都缺乏社会主义与市场经济兼容的思想，党的十四大石破天惊地决定建设社会主义市场经济体制是一个重大的里程碑，也是对马列主义、毛泽东思想的重要发展。20 年来的伟大实践充分证明，市场经济运行模式与社会主义制度是完全可兼容的，而且市场经济确实充满着活力，有着一种神奇的力量，对优化配置资源发挥了重大的基础性作用，解放和发展了生产力，提高了工作效率和经济效益。这正是20年来我国经济保持蓬勃高速发展的内在动力。我们要不断完善、丰富社会主义市场经济体制，并坚定不移地沿着这条中国特色社会主义道路走下去。

（四）社会主义与计划经济。这就是社会主义制度与计划经济运行模式的兼容或者结合。新中国成立后30多年的实践证明，这种体制对消除中国长期战乱带来的经济破坏和民生凋敝的状况，对建立初步的工业化基础都发挥了重要的历史作用。但它的缺陷和弊端也日渐显露，主要是不能充分调动人的积极性，不能充分激发经济活力，不能适应科技进步和经济全球化带来的市场变化的形势，所有经济主体都按照国家计划行事，主动性、创造性发挥不出来，因而效率和效益都比较低。三十多年来我国的改革正是在坚持社会主义制度的前提下改掉计划经济这种传统的运行模式。

（五）宏观调控与市场经济。宏观调控是现代社会所有国家管理经济社会的手段和方式。国家宏观调控体系包括宏观调控的目标、宏观调控的手段和方式以及宏观调控的主体等。在党中央、国务院的领导下，我国宏观调控体系日趋完善，通过运用经济的、法律的以及必要的行政措施，特别是综合运用计划、财政、金融等手段制定宏观经济政策，有效实现了宏观经济的稳定。宏观调控政策代表人民的利益，反映经济社会科学发展的要求，体现国家的意志，是市场主体经济活动的指南。宏观调控与市场活动的有机结合，是实现经济平稳健康较快发展的重要保证。

（六）政府与市场的关系。政府与市场的关系，说到底是"看得见的手"与"看不见的手"的关系。要解决好的重点是，看得见的这只手伸得太长、干预太多，看不见的手无序乱动、不讲规则等问题。改革的方向就是必须更加尊重市场规律，更好发挥政府作用，二者不可偏废。

以上六对概念有着不同的内涵和定位，又有着紧密的内在联系。

二、在社会主义市场经济体制下为什么还要搞计划

根据以上分析可以看出，计划是调控经济的重要手段之一，它不等同于计划经济。计划是宏观调控政策的重要内容，包括经济社会发展的目标，财政收支预算指标，货币供应量的目标设定，就业率、通胀率的调控，国际收支平衡等等，都要用数字来体现，都是国家经济社会发展计划的重要内涵和表现形式。这些做法不仅在社会主义市场经济体制下很有必要，就是在资本主义市场经济体制下也是普遍使用的。江泽民同志在党的十四大报告中指出："我们要建立的社会主义市场经济体制，就是要使市场在社会主义国家宏观调控下对资源配置起基础性作用"，"同时也要看到市场有其自身的弱点和消极方面，必须加强和改善国家对经济的宏观调控"。计划作为宏观调控的手段之一，只要不回到计划经济的老路上去，计划仍然是应当发挥重要作用的。

对于使用计划手段的必要性，连美国也引起了重视。2011年12月2日《华盛顿邮报》发表一篇文章说，我们已经认识到规划能力正是美国所缺少的。文中还提到，诺贝尔经济学奖得主罗伯特·恩格尔曾说，在中国为下一代制定五年规划的时候，美国却只在规划下一次选举。文章指出："偏向保守主义、奉行自由市场原教旨主义、股东至上的模式在20世纪取得了极大成功。而到了21世纪这一模式却逐步被扔进历史的垃圾堆，美国的成绩惨不忍睹：10年间失业率高企，30年间中位数工资停滞不前，贸易逆差，中产阶级萎缩，只有最顶层的那1%的人的财富大量增加。这应该触动领导人进行反思，而不是在经验上已经失败的自由市场极端主义上增加赌注。我们当中热爱祖国的人相信，美国要维持世界头号经济引擎地位，所需要的资产样样不缺。但这些人忧心的是，我们没有一个规划，有的只是对政府的妖魔化，对自由市场的膜拜，而当前恰好又是一个要求反思这两种信条的历史时刻。美国需要推出一个增长与创新规划，需要有一个有前瞻性的长远的经济规划"。

计划作为调节手段，包括经济预测、中长期规划，制定战略目标、内容和实施步骤。还有一些教育、医疗、水利等公共资源的合理配置，

都要以计划安排的形式由政府来承担。所以，我们坚决不能再回到计划经济的旧模式上去，但也完全不应避讳使用计划手段来进行调节，问题不在于还要不要搞计划，而是怎样改进和完善计划方法。

三、新时期的计划和过去的计划有什么不同

在计划经济年代，主要资源都是由政府以计划的形式人为配置的。记得一个典型的例子是，当年鞍山钢铁公司要建设一个大一点的厕所都要报冶金部批准。高炉、炼钢炉、轧钢机等主要设备的大中修都要在年初制定计划报部里批准才能实施。国家经济建设的投资计划都由地方政府和国有企业层层上报各有关部门，或直报原国家计委，由原国家计委安排财政资金。直到80年代初期，与国家投资配套的银行贷款也是由原国家计委会同有关银行直接指定的，甚至全国大学生的分配也都由当时国家计委统一制定计划。总之，在计划经济体制下政府曾经用行政手段通过计划方式无限扩大、无"边界"地完全取代了市场的作用，直接配置全社会的资源。

改革开放以来，中国政府在经济方面的职能经历了和正在经历着一系列深刻的转变：从主要定指标、批项目、分投资、分物资，转向着重研究制定经济社会发展战略、规划及重大方针政策，发挥总体指导和综合协调作用；从偏重于静态平衡转向全面估量国内和国际两个市场、两种资源和各种因素对经济动态平衡的影响；从主要运用行政手段进行直接管理转向主要运用经济杠杆、经济法规和经济政策实行间接管理；从以实物指标管理为主转向以价值指标管理为主；从主要进行微观管理转向运用宏观政策协调和为企业提供信息、预测、咨询和政策指导；从减少国家指令性计划范围和数量转向制定预测性、指导性和政策性建议、规则；从行政性地审批中央、地方与企业的投资决策转向政策导向，实行投资主体的多元化；从扩大企业的外贸自主权转向研制符合国际惯例要求的进出口管理的法律和法规；从分级分类管理劳动工资转向企业自主用工和自主分配；从封闭半封闭地制订国家中长期发展规划和产业政策转向开放式制订这些规划和政策，等等。

当市场在资源配置中开始发挥基础作用的时候，政府还要注意统筹好城乡和地区之间协调发展、统筹好经济与社会以及人与自然之间的和谐发展、统筹好国内发展与对外开放，维护困难群体的利益，保证社会公正。总之，政府的作用不是削弱，而要适当适时地转换。政府要自觉地随着市场体系发育的不同阶段，调整与市场之间"适宜的边界"。

四、处理好计划和市场关系的几点建议

（一）切实转变计划管理职能。1993 年 11 月，党的十四届三中全会《关于建立社会主义市场经济体制若干问题的决定》强调要加快计划体制改革，进一步转变计划管理职能，指出国家计划要以市场为基础，总体上应当是指导性的计划。计划工作的任务，是合理确定国民经济和社会发展的战略、宏观调控目标和产业政策。搞好经济预测，规划重大经济结构、生产力布局、国土整治和重点建设。计划工作要突出宏观性、战略性、政策性，把重点放到中长期计划上，综合协调宏观经济政策和经济杠杆的运用。经过十余年的努力探索和实践，2003 年 10 月党的十六届三中全会明确宣布，社会主义市场经济体制在中国已经初步建立，同时进一步提出了完善社会主义市场经济体制的重大课题。到现在转眼又过去近十年了。我国的计划管理体系、计划工作的制度和方法都发生了巨大而深刻的改变。计划管理是政府职能的核心，计划管理职能的转变也带动了整个政府职能的转变。但是，还有许多不足之处。计划管理体制和整个政府系统的管理职能还存在不少的"错位""越位""缺位"现象。比较突出的一点是政府部门中的计划系统基本上还没有能够从忙于批项目、直接配置资源的格局中解脱出来。以国家发改委为例，1980 年国民经济调整的时候，中央财政预算安排给原国家计委支配的固定资产投资资金从以前的每年 408 亿元压缩到 308 亿元，这个数字一直持续到 1997。1998 年为应对亚洲金融危机的冲击，国家发行国债、增加固定资产投资、扩大内需，由国家计委安排支配的投资额度达 1800 亿元。2008 年的国际金融危机

以后，除了增加国债资金以外，预算内的资金也逐年增加，到目前为止，国家发改委每年支配的投资金额达 3000 多亿元，约为 1980 年的 10 倍。当然，2011 年我国经济总量是 1980 年的 104 倍，相对来说增加国家直接投资也是必要的。关键在于国家计划直接配置资源的方式方法基本没有改变，这种局面是很不利于政府职能转变的。

（二）推进财税体制的改革。由中央财政部门直接配置的资金比发改委还要多得多。以 2010 年为例，全国财政收入中，中央财政收入占 51.1%，地方财政收入占 48.9%；在财政支出中，中央本级财政支出占全部财政支出的 17.8%，包括国防、外交等等。不考虑国债等因素直观地来看，全国财政总收入中有约 33 个百分点也就是有 1/3 是通过中央财政以转移支付、专项等形式拨付给地方使用的。这近 3 万亿元的巨额资金在安排使用上的科学性、合理性究竟如何确实是很难把握的。为什么"跑部"就能够"钱进"呢？其中的弊病显而易见。1994 年实施的财政体制改革成功实现了"两个提高"的目标，对我国经济社会的发展发挥了重要的作用。经过近 20 年的运行，情况已经发生了很大变化，需要与时俱进、加以改革。这一轮财税体制改革，重点应该是适当减少中央财力的集中度，给地方和企业更多的财力支配自主权。这也决定了新一轮的财税体制改革比 1994 年的改革阻力要小得多，地方是普遍欢迎的。

（三）加强综合部门力量。1988 年中央政府体制改革时，中编委下发的三定方案中给国家计委职能定位是：最大的综合部门，最重要的宏观调控部门。半个多世纪以来，无论是叫国家计委还是叫发改委，实际上它始终是政府序列中最大的综合部门（除外交部外）。中国的经济规模这么大，社会发展的任务如此艰巨，确实需要有一个得力的国民经济和社会发展综合部门，从国家全局上为国民经济和社会发展拿出综合性的意见，并协调部门之间的关系，为党中央、国务院把关、分忧。周恩来同志曾说过，"专业人员好找，综合人才难求"。但从发改委的实际工作来看，虽然在综合方面、把握宏观方面发挥了很好的作用，但也还存在着一些不足。比如，发改委在分析经济运行态势、提出宏观调控政策建议的时候，对金融和财政问题就往往涉及较少、分析得不够深。再如，在充分运用现代信息技术、给中央和社会提供重大经济信息方面也是有待加强的。为什么这些年钢铁、光伏等许多行业的产能严重过剩，原因固然很多，但与国家在预测、预警方面的信息指导不得力也是有关系的。

（四）提高公务员素质。无论转变政府职能还是转变计划管理的职能，都要求建设一批高素质的公务员队伍，这是最基本的前提。社会上反映，现在的国家机关公务员队伍和过去相比，学历越来越高，思想素质、协调能力却明显下降，工作作风也大不如前。这与社会大环境有关系，也与机关的政治思想工作薄弱有关，还与公务员特别是年轻一代公务员缺乏实践经验有关。因此，要从多方面采取措施，提高公务员的素质。国家公务员如果没有奉献精神和为人民服务的思想觉悟，只是追求个人的仕途和实惠，那将是很危险的。公务员的工资制度要有激励机制，还要有惩罚和淘汰机制，打破实际存在的公务员铁饭碗制度。现在有人说"宏观部门专业化、专业部门宏观化"，这种现象值得重视。但也要看到其中有为部门、为个人争取更多资源分配权的内在诉求。目前，有些机关工作作风和纪律比较松懈，需要切实加以解决。没有一支好的、作风和业务过硬的公务员队伍，大部委制改革也好、转变政府职能也好，都难以落到实处。

（五）建立规范化的现代市场经济体系。改革开放以来，我国经济的市场化程度不断提高，对推动经济社会发展发挥了巨大的作用。但从总体上看，我国的市场体系还很不完善、不成熟。主要表现在国内市场不够统一，存在人为分割的现象；企业进入和退出市场的机制不完善，进也难、退也难；市场主体违法乱纪行为屡禁不止，存在着"为了挣钱什么都敢干、有了钱什么都能干成"的现象；法律、法规不健全，执法力度不够，消费者的权益得不到有力保障，等等。尤其值得注意的是，竞争的规则不健全。市场经济的核心是竞争，活力也在于竞争，而竞争的前提是公平。可是在现实生活中，存在着靠编织关系网取胜的现象，这违背了市场经济公平竞争的原则。许多市场经济中的好办法如公开招投标等，背后都因为有关系而流于形式。再好的经也被念歪了，扭曲了。解决这个问题的关键所在是必须下大力气根除权力寻租，钱权交易。否则，势必扰乱市场秩序，使经济运行效率和效益下降，导致资源配置错位和社会财富的分配不公，更是滋生腐败的温床。如果听任这种不良风气发展下去，泛滥成灾，将会成为引发社会根基动摇和社会动乱的祸根。下决心治理解决这些问题，本身就是一场重大而艰难的改革。但其实要做也不难，关键看能不能下决心。最重要的是必须坚决切断官员和商人之间的不正当关系。例如，美国有一条法律，商人给官员送礼超过25美元的价值就视为犯法并要受到制裁。再比如，如果中央作出一条规定，领导同志的家人和主要亲属一律不得经商，这或许比公布领导同志的家庭财产更有积极意义。另外，还要大力开展宣传教育，规范市场主体的行为，倡导遵纪守法，崇尚诚信，全面提高国民素质。通过几年的努力，使我国市场经济秩序规范化，做到风正气顺、社会和谐。

（六）深化国有企业的改革。重点是要加快现代企业制度的建设，完善法人治理结构。国有企业特别是大型企业集团要防止上层管理机构的官僚化，现在央企中的大集团所管理的资产规模远远比当年国务院一个部门管的大得多。总部的管理模式千万不要新瓶装旧酒，延续计划经济的那种体制。除了工业企业，银行和其他金融机构也都存在着如何处理好总部和分公司之间关系，充分调动大家积极性的问题。政府对国有企业、外资企业、民营企业都要加强服务，为它们创造良好的生产经营环境并依法加强监管。无论什么企业自身都要加强发展战略的研究，自觉运用计划手段，防止盲目发展和生产。

今后十年是我国经济社会发展十分关键的时期，我们要努力学习、深刻领会、坚决贯彻党的十八大精神，坚定不移沿着中国特色社会主义道路前进，为全面建成小康社会而奋斗。

以高昂的斗志去迎接新时代的到来

（2015 年 3 月）

几十年来，我们的决策者、企业家、投资者都自觉或不自觉地适应了经济高速发展下的思维模式和风险偏好。如果说，新中国成立以来特别是改革开放以来几十年的经济建设是打基础、铺摊子的阶段，那么以后几十年的发展则是精雕细刻、上质量、出精品、高效益更加光彩夺目的新阶段。可以说，中国自改革开放以来实际上还只是走过了长期经济周期的一半或半个上升期。更精彩的发展阶段还在后头。一个新的时代正在向我们走来。我们现在重温一下毛主席 1949 年 3 月 5 日在党的七届二中全会上的讲话感到无比亲切。他说"夺取全国胜利，这只是万里长征走完了第一步"。还说"在过了几十年之后来看中国人民民主革命的胜利，就会使人们感觉那好像只是一出长剧的一个短小的序幕。剧是必须从序幕开始的，但序幕还不是高潮。中国的革命是伟大的，但革命以后的路程更长，工作更伟大，更艰苦。这一点现在就必须向党内讲明白，务必使同志们继续地保持谦虚、谨慎、不骄、不躁的作风，务必使同志们继续地保持艰苦奋斗的作风。" 66 年过去了，回顾新中国社会主义建设的历程确实很伟大、很艰苦，但似乎还远没有达到一出长剧的高潮。待到真正实现中华民族伟大复兴的中国梦，也许才算是进入高潮。过去有些干部忘记"两个务必"的教诲而倒下了，以后我们更要牢记这两个务必，努力推进中国特色社会主义伟大事业不断取得更大胜利。

正如国外媒体评论的那样"习近平代表了一个新的时代，承载了国家崛起、民族复兴的历史期待。新一届中央领导集体充满朝气和活力"。习近平总书记的一系列重要讲话继往开来，高屋建瓴，又接地气，对党政军、经济、社会、科技、文化以及外交等各个方面都作了深刻论述和重大部署，并已进入党的指导思想体系。两年多来，在治党治军、治国理政方面成绩卓著、深得人心、举世瞩目。新加坡国立大学专家马凯硕撰文说：亚洲经济将迎来"新黄金十年"。这是三大因素的综合效果：一是亚洲人口最多的三个国家都迎来了强有力的领导人，他们是中国主席习近平、印度总理莫迪和印尼总统维多多；二是邓小平和李光耀关于国家发展的共识战胜了"华盛顿共识"，华盛顿共识主张依靠自由市场来促进经济增长，而北京共识主张通过政府巧妙干预来调动资源，帮助国家实现更快、更显著的增长，有为的政府和高效的市场相结合的模式取得极大成功；三是到 2020 年亚洲的中产阶级将达 17.5 亿人口，这将创造出一个庞大的新消费阶层，推动亚洲经济增长和繁荣。去年 12 月 18 日网上发布哈佛大学等机构对几十个国家的调查，得出的结论是习近平在国内国际的认可度和本国人民的信心度均排名第一。

指导全党全国各项工作新的理论体系已经形成，战略布局更加明确。去年 12 月习近平同志在视察江苏时首次提出了"四个全面"的概念；2 月 17 日习近平总书记在党中央、国务院的新春团拜会上的讲话中更是明确提出"按照全面建成小康社会、全面深化改革、全面依法治国、全面从严治党的战略布局"；春节后第一个工作日即 2 月 25 日至 3 月 1 日，《人民日报》连发了 5 篇评论员文章，概括出"四个全面"是统领中国发展的总纲，确立了新形势下党和国家各项工作的战略方向、重点领域、主攻目标；是我们党治国理政方略与时俱进的新创造、马克思主义与中国实践相结合的新飞跃；是坚持和发展中国特色社会主义道路、理论、制度的战略抓手；是中国和中国人民阔步走向未来的关键抉择。这些论述和判断有着深远的历史意义和重大的现实意义。

以上说明，在几代中国共产党人领导全国人民顽强奋斗打下的坚实基础上，我国经济社会发展和中国特色社会主义道路已经迈进一个伟大的新时代。

　　我们坚信，在以习近平同志为总书记的党中央正确领导下，我国一定能抓住新的机遇，狠抓改革攻坚，突出创新驱动，强化风险防范，加强民生保障，保持经济中高速增长，推动经济发展迈向中高端水平。在新的时代创造更加辉煌的经济奇迹，中国特色社会主义市场经济体制也将得到极大的完善和升华，我们一定能朝着实现"两个一百年"的奋斗目标胜利前进。

在"中共十九大：中国发展和世界意义"
国际智库研讨会上的发言

（2017 年 11 月 16 日）

一、确立了习近平新时代中国特色社会主义思想
是党的十九大最重要的成果

改革开放以来，我国经济社会发生了翻天覆地的变化。从 1979 年到 2016 年国内生产总值（GDP）年均增长 9.6%，即连续 37 年年均增长 9.6%，创造了经济高速增长时间最长的世界奇迹。我国经济总量 2001 年超过意大利成为世界第六位，2005 年超过法国，2006 年超过英国，2007 年超过德国，2010 年超过日本，稳居世界第二位。国家综合实力和人民生活水平都大幅提高。中国特色社会主义不断取得的重大成就，意味着近代以来久经磨难的中华民族实现了从站起来、富起来到强起来的伟大飞跃。我国发展站到了新的历史起点上，开启了建设社会主义现代化强国的新篇章，踏上了新时代的长征路。在这个重大的历史关口，党的十八大以来，以习近平同志为代表的中国共产党人承前启后、继往开来，从理论和实践相结合上系统回答了新时代坚持和发展什么样的中国特色社会主义，怎样坚持和发展中国特色社会主义这个重大时代课题，创立了习近平新时代中国特色社会主义思想。党的十九大把马克思主义中国化的这一最新成果写入党章，党章明确了习近平新时代中国特色社会主义思想是全党全国人民为实现中华民族伟大复兴而奋斗的行动指南，必须长期坚持并不断发展。我理解，这是党的十九大最重要的成果，不仅有着重大现实指导意义，而且有

着深远的历史意义。

二、对经济发展目标的认识

网上有人问，习近平总书记在十九大报告中关于从 2020 年到本世纪中叶分两个阶段安排的奋斗目标论述中，为什么没有提到具体的经济增长目标，比如总量翻番或增长速度等。我体会，这样安排是实事求是和非常科学的。报告在第五部分"贯彻新发展理念，建设现代化经济体系"中指出，我国经济已由高速增长阶段转向高质量发展阶段，正处在转变发展方式、优化经济结构、转换增长动力的攻关期，建设现代化经济体系是跨越关口的迫切要求和我国发展的战略目标。必须坚持质量第一、效益优先。在这个大背景下，不提具体的经济增长指标，有利于避免出现盲目追求数量扩张和 GDP 至上的偏向。而且，党的十九大是决胜全面建成小康社会，夺取新时代中国特色社会主义伟大胜利的政治动员和战略部署，是历史性的重要会议，那些经济和社会发展的具体指标可以放在研究制定五年发展规划中去安排。

三、坚定实施科技强国和创新驱动战略，
着力转变发展方式

经济增长的速度快慢和质量好坏，与经济规模之间没有必然的联系，很关键的因素在于增长的动力和发展的方式。例如，用一匹马拉小车，上面坐一个人，可能跑得轻松愉快，但若坐上四个人即总量翻了两番，还是用这匹马去拉，则也许就跑不起来，只能慢慢行走了。如果用四匹马来拉情况就不一样，或者索性改乘中国的复兴号高铁，几百人坐在上面却能跑出 350 公里 / 小时的速度，而且运行十分平稳、坐得非常舒服，从北京到上海只需四个小时，极大提高了效率。由此可见，一个经济体的增长速度未必会随着其规模的不断扩大而逐渐减缓，至少这不是一条铁的规律。这就是科技进步和转变发展方式的神

奇力量。习近平总书记在十九大报告中指出，"创新是引领发展的第一动力，是建设现代化经济体系的战略支撑"。我们决不能去盲目追求质量和效益都不够高、且以牺牲部分环境为代价的高增长，我们一定要从相对粗放的经济增长方式成功转向科学发展的康庄大道。只要举国上下认真贯彻落实党的十九大精神，同心协力、艰苦奋斗，坚定实施科技强国和创新驱动战略，着力转变发展方式，中国经济在以后一个较长时期继续实现中高速增长，不断迈向新的中高端水平是完全可能的，实现中华民族伟大复兴的中国梦就一定会变成光辉灿烂的现实。

中国发展强大了本身就是对世界的巨大贡献，并可为其他国家提供更多的发展机遇。中国不仅要实现全国人民共同富裕的崇高目标，还将高举和平、发展、合作、共赢的旗帜，与世界各国人民一道推动构建新型国际关系，推动构建人类命运共同体，实现人类社会的更大进步。

二、经济运行和宏观调控改革实践

加快企业技术进步，推动经济结构调整

（1997 年 4 月）

通过这次省部级干部"加快企业技术进步"专题班的学习，收获很大。现就结构调整和技术进步方面谈些体会。

一、结构调整已成为世界发展潮流

90 年代以来，世界经济进入了一个新的发展时期，无论是发达国家，还是发展中国家，都在着力调整经济结构，促进产业升级。美国以构造信息高速公路为标志的结构调整已经取得明显成效；日本去年出台了战后第十三个经济计划，最近日本政府又正式通过了通产省提出的"经济结构改革计划"；韩国、新加坡、泰国等国家都在努力进行经济调整，以顺应世界发展的潮流。在世界性结构调整、产业转移的浪潮来临之际，谁能抓住机遇，谁就能发展壮大自己，如稍有懈怠，便必将被抛弃，落于人后。

二、我国这次经济结构调整的特点

经济结构不合理是我国经济发展中相当突出的问题。当前经济生活的各个方面，都表现出结构性的矛盾，制约了经济的健康发展。因此，我国调整经济结构的任务十分艰巨。这一轮经济结构的调整与前几次相比有以下几个特点：一是传统的短缺型经济现象已经消失，调整的目标不再是短线拉长，消除"瓶颈"，而主要是在现有基础上，吐故纳新，促进产业的升级；二是调整的方法和政策已不是靠增量来扩张"结构短线"，而是要通过增量的投入，调整存量，并且要用间接的调控手段，充分发挥市场机制的作用；三是市场环境发生了深刻的变化，随着改革的深入，开放的扩大，每个企业都已经置身于国际市场之中，打开厂门，就面临着国际上的竞争，市场约束大大强化，市场需求结构迅速变化，市场竞争空前激烈。

三、结构调整与技术进步的难点

面对如此咄咄逼人的国内外形势和艰巨的历史使命，全国上下勇于探索、大胆实践，在进行经济结构调整方面创造了不少好的经验，取得了一些成效，但还远远不能适应形势的需要，总体上还是处于步履艰难的状态。主要有以下难点：一是思想认识问题。一些地方政府和企业领导对加快结构调整的紧迫性认识不足，在思想方法上还偏重于上新项目、铺新摊子，没有立足于现有企业的改组改造，市场观念不强，对新技术、新产品的开发不够重视。二是结构调整和技术进步的资金来源困难。特别是实行项目资本金制度以后，企业靠自身的力量，很难筹集到足够的资本金，有好的项目也无法付诸实施。三是没有形成优胜劣汰的机制。结构调整就意味着一部分落后的产品和企业要被淘汰，退出市场。推动技术进步也势必要提高劳动生产率，大量的富余人员的安置是一个很大的现实问题，甚至是一个重大的社会问题。四是体制不顺，处处制约着技术进步和结构调整的推进。

四、推动技术进步，搞好结构调整还是要 在深化改革，加强管理上找出路

推动技术进步，搞好结构调整实际上牵动着国有企业改革的全局，根本的出路还在于深化改革，加强管理。从目前情况看，应着重抓好以下几方面工作。

（一）转变思想观念，用好现有政策。各级政府和企业的领导必须认清新的形势，面向国际国内两个市场，充分认识结构调整的实质就是要依靠技术进步，用先进的技术改造现有企业。填平补齐、外沿扩张的作法原则上不能再搞了。在推进技术进步上，要有新的思路，新的办法，才能开创新的局面。不少人都说，原东德的改革是以财政支持和牺牲西德人民的利益为代价（通过向人民收 7.5% 的团结税去支援东部改造）；原苏联等国家的改革，更是以损害人民的利益，牺牲生产力的发展为代价；而中国的改革成本主要是由国有企业承担的，因此希望政府对改革给予更多财政上的支持。对此，需要认真地分析。中国国有企业的改革是从放权让利开始的，接着实行了两次利改税，随后又推行了包盈不包亏的承包制，国家财政一让再让，付出了很大代价。到 1996 年，国家财政收入只占整个 GDP 的 10.9%，这在世界上也属很低的水平，已经没有什么退路了。国家为支持企业技术进步，制定了一系列的政策，如增加技术进步的三项资金、取消两金、提高折旧率、提高新产品开发的费用比例、企业的科研单位进口设备享受减免税政策、对实行优化资本结构的城市提供各项优惠政策等等，每年可以为国有企业增加 2000 多亿元的财力，其中工业企业就有 1000 多亿元。看来，现在的问题不是怎样更多的要求国家给予财力支持，不能只是眼睛向上，而是要认真学习，充分用好现有的各项政策，并认真解决妨碍这些政策落实的各种障碍。

（二）理顺分配关系，集中社会资金。经济体制改革的核心是分配体制，分配关系搞乱了，整个工作都会受到影响。国有企业的改革也是首先从调整国家、企业、职工个人的分配关系开始的。经过十几年的改革，初次分配和再分配的格局已经发生了深刻的变化。存在的主要问题是国家可以集中的财力过小，个人所得偏大，而且个人之间分配不公。目前，全国城乡居民个人储蓄存款、手持现金及股票债券等有价证券的个人金融资产总额已达 5 万多亿元，相当于当年国民生产总值的 80% 以上，而国有企业亏损面却不断扩大，技术改造资金严重短缺，陷入了"不改造等死，改造找死"的局面。这种状况不改变，技术进步就无从谈起。到目前为止，企业的分配问题仍然没有得到解决，可以说连基本原则都不清楚。"承包制"弊端很多，实际上已走不下去了；由于许多企业已处于亏损状态，工资增长和效益也无钩可挂；工资增长与国有资产的保值增值挂钩，也有它的片面性。严格地说，我们还没有找到一个按劳分配原则的具体实现方式。在许多企业中，工资发放随意性很大，厂长、经理不需任何人批准，即可为自己涨工资。企业的初次分配，首先考虑的是职工的收入，保其稳定，而技术进步所需的资金却没有放在重要位置上。另外，社会各个方面都向企业伸手，据有关部门统计，各种收费多达 2562 项，加上附加项目 200 多项，每年共计从企业收走 2000 多亿元，这种分配格局不改变，企业怎么能有钱来搞技术进步呢？有的地方流传这样的说法："领导就是开会，改革就是减税，机制就是好处，管理就是收费，协调就是喝醉"，这既是辛辣的讽刺，也是对有些方面的真实写照，其最实质的内涵是反映了分配机制的扭曲。社会财富是客观存在的，只要理顺了分配关系，有效地集中了社会资金，企业的技术进步又何愁没有钱呢？

（三）盘活存量，以少控多。我国现有国有资产总量 5.7 万亿元，其中经营性资产 4.5 万亿元，非经营性资产 1.2 万亿元。但经营性资产产出的效益很差，相当一部分资产处于闲置状态，缺乏活力，这说明盘活资产存量的潜力非常大。在这方面至少有以下工作是可以做的，一是坚持"抓大放小"的方针，可以这样理解，"抓大放小"是当前我国国有企业改革的一个总纲。"抓大"就是要扶持少数一批关系国计民生的大型骨干企业，以这个强有力的少数来带领全国企业的改革发展。"放小"就是要把一大批国有小型企业推向市场，使其生产资料所有制的组成方式多元化、多样化，在保证国有资产不流失的前提下，具体可以采取拍卖、租赁、职工持股等多种方式，使国有资产变现，实现产权的多元化。二是企业搞好资本经营也可以改善资本结构，并实现以少控多。比如日本松下集团中，松下家族只掌握了 4% 的股份，却能够控制整个集团，如果我们的国有企业能使部分资产变现，实现产权的多元化，也完全可以做到以少控多。

（四）大力推广下岗分流，建立新型劳动关系。中国国有企业冗员过多，劳动生产率低下，加上长期形成的"铁饭碗""铁交椅"的劳动关系，严重地制约了改革的发展，也是长期以来令人困惑的一大难题。上海的同志在纺织行业中开展"再就业工程"，实行下岗分流是一个重大的创造，它的意义不只在于解决了上海纺织行业的人员安置问题，而且为国有企业改革中人往哪里去的难题指出了方向，更为国有企业建立新型的劳动关系开创了一条道路。这既体现了社会主义制度的优越性，又在国有企业中，建立了新型的劳动关系，形成了新的用人机制，其意义是十分深远的。前些年，辽宁、徐州等地提出砸烂"三铁"口号，引起轩然大波，终究没有推行下去。人们总是不解，为什么国有企业开除一名职工这么困难，而在外商投资企业"炒鱿鱼"却是家常便饭。上海的实践证明，只要转变就业观念，可以开拓的就业领域是很多的。建议此办法在全国推广。上海也不能只限于纺织等几个行业，所有行业都应成立再就业中心，下岗分流再就业应该成为企业管理的基本制度之一。当然，在具体实施中要做大量深入细致的工作，不能搞"一阵风"。

（五）管理科学，兴国之道。管理既是生产关系的重要内涵，它本身又是一门科学，所以它又是生产力，这就是管理的二重性。可以说管理是一切企业生存发展的永恒主题。加强管理对正处在转机建制时期的我国国有企业，更有着特殊的重要意义，也是实现结构调整，推进技术进步的基本保证。但是，十几年来，我们的工作重点，一直放在解决国家和企业的关系上，而对企业的自身管理，始终没有引起足够的重视。80年代推行的"承包制"在客观上带来了不少后遗症，"以包代管"的现象相当严重；近几年又把精力过多地放在了产权问题上，以致出现了相当多的企业管理大滑坡的局面。根据我们对重庆市困难企业的分析，这些企业之所以走到今天这个困境，绝大多数都是由于管理不善造成的。大量事实说明，解决国有企业的问题，推动技术进步，没有任何捷径可走，只有紧紧抓住改革管理体制、建立健全科学的企业管理体系这个"牛鼻子"，艰苦努力，扎实工作，才是根本的出路。在这方面，问题太多，潜力太大。同样一个技术改造项目，邯钢所需投资可以比别的企业节约30%，建设相同的一套连铸机，邯钢只花6000万元，而唐钢却花了2亿元。这充分说明，搞技改项目，科学管理实在太重要。国有企业家大业大，浪费大，潜力也大。首先要选准项目，立项的决策往往是项目成败的关键；其次要强化项目实施过程的管理，要从设计抓起，整顿建筑市场，避免搞多次转包。推行项目资本金制度是防止盲目上项目的重要措施。强调有一定比例的资本金，主要是为了减轻银行的风险，但并不能降低项目的投资成本。恰恰相反，资本金的回报率应该比银行的贷款利率更高，才值得投资。所以根本的问题在于投资项目的效益。只要投资项目效益好，企业就不会找死了。

我总觉得，中国国有企业的改革也好，结构调整也好，技术进步也好，尽管面临着诸多的问题，似乎困难重重，但已经可以看见光明。什么办法都试过了，正好有利于冷静地、全面地总结。随着大量外资的引入，东西方的企业管理都在中国这块土地上生根开花，也有利于我们博采众长，形成一套符合中国国情的企业管理体系和技术体系，实现中国企业管理制度的创新。建议国家抓住这个机遇，组织有关力量，认真总结，搞出一套办法来，以规范各方面的行为。可以预言，随着国有企业改革发展的不断深化，我国必将发生一场深刻的管理革命，结构调整和技术进步将推向一个崭新的阶段，并随之在下世纪初出现一个经济发展的新飞跃。

如何保持中国经济航船稳健快速前进

——在苏州《中国经济增长论坛》上的主旨演讲

（2003 年 10 月 28 日）

改革开放以来，中国经济航船绕过无数暗礁，劈波斩浪，胜利前进。1979—2002 年，国内生产总值以年均 9.4% 的速度增长，经济总量翻了三番以上，增长了 7.5 倍；财政收入更是以年均 12.45% 的高速度增长。当前，在世界经济普遍增长乏力的情况下，中国经济仍像一轮喷薄而出的红日在东方的地平线上冉冉升起，表现出无限的生机和活力。今年前三季度，在遭受"非典"、严重旱涝灾害等不利因素冲击和顶住某些国家不断要求人民币升值压力的情况下，仍取得了 GDP 增长 8.5% 的好成绩，工业企业实现利润总额增长 50% 以上，财政收入增长 22.5%，经济增长的速度、效益和质量都是很好的。但是，目前经济增长是否出现过热？中国经济能否长期保持稳健快速发展？又成了人们十分关注的问题。

一、对当前形势的基本判断

今年一季度，经济运行开局良好，当季 GDP 增长 9.9%，表现了强劲增长的势头；二季度受"非典"的冲击，增幅回落到 6.7%；三季度"非典"滞后影响基本消除，国民经济出现了全面恢复的态势，增长率达 9.1%。从整体上看，前三季度国民经济呈现出快速健康发展的良好态势。这个成绩确实来之不易。之所以能取得这样的好形势，是五年来坚持执行扩大内需的方针，实行积极财政政策和稳健货币政策的结果；是深化改革，市场配置资源的作用不断得到发挥的结果；是继续扩大开放，各种生产要素流动进一步与国际接轨的结果；是坚持结构调整，各项基础设施更加完善，内外部环境和条件进一步改善的结果，最根本的是党中央、国务院正确领导和英明决策的结果。这标志着，我国经济已经完全摆脱了亚洲金融危机的影响，进入了一个全面建设小康社会的新的发展阶段。

当前经济生活中也还存在一些不容忽视的问题，面临着诸多的困难，例如"三农"问题和就业压力较大等。这是长期积累的问题，是工业化过程和体制转轨过程中以及工业社会向信息社会转型的过程中不可避免的问题，而且更有着中国特殊的国情。正因为这两个问题的艰难性和紧迫性，更应高度重视，着力去解决。在经济运行中，也存在着一些不平衡现象。主要是，工业与第三产业增长不协调，消费增长偏慢、投资率偏高的矛盾更加突出，城乡居民收入水平和消费水平的差距继续扩大以及区域间发展不平衡的问题更趋明显。更引人注目的一个问题是今年银行信贷增长较快，经济生活中出现了局部过热现象。这些都是发展中的问题，前进中的问题，不影响对"总体经济形势是好的"这样一个基本的判断。

二、我国的发展正处在一个关键时期

值得关注的是，在这样大好的形势下，无论经济理论界还是社会舆论方面，都出现了较多的议论。有的同志说，对经济形势的判断多年来没有像现在这样存在较大的分歧。有的经济学家说，目前的一些争论很像1992年下半年的情形，应防止见事过晚，不要等到问题非常严重时再作猛烈调整。综合各方面意见，对争论的几个焦点问题很值得作些深入分析。

（一）关于经济运行的"热"与"冷"。对当前经济运行情况的判断，有的说总量已经过热，有的认为是局部过热，还有人说热得不够。我认为是有"热"也有"冷"。让人觉得比较"热"的方面主要是固定资产投资（包括房地产）上得较快，特别是钢铁等几个热点行业建设规模偏大，各类开发区（工业园区）上得太猛，银行贷款发放太多以及工业生产增长强劲等；而股市、债市两低迷，产品过剩，劳动力过剩（就业压力很大），甚至资金过剩等都是冷的典型表现；消费增长、财政支出、物价水平则都很正常，社会最终消费增长还略显疲弱。全社会固定资产投资增长率 1992 年为 44.4%，1993 年高达 61.8%，1994 年回落到 30.4%。今年前三季度增长率为 30.5%，而全年的增长率预计只有 23% 左右，比 1990—2002 年年均增长率 21.5% 略高一些。房地产开发投资 1992 年增长 117.5%，1993 年增长 165.0%，1994 年回落到 31.8%，今年前三季度增长 32.8%，预计全年涨幅可回落到 25% 左右。社会消费品零售总额 1992 年增长 16.8%，1993 年增长 28.4%，1994 年增长 30.5%，今年全年预计为 9%，1994 年当年的物价涨幅高达 21.7%，1992—1994 年是投资、消费、物价全面过热的局面。从以上分析可以看出，我国经济的这一轮扩张，与 10 年前的情形相比是大不相同的。就经济总量而言，前三季度增长 8.5%，还没有达到改革开放以来的年均水平，也不能说是过热。因此，不能对当前经济运行作出总体上过热的简单判断。

我们在与历史情况作比较的时候还应该看到，如今市场配置资源的作用大大增强了；总供给能力相当充足，基本上由卖方市场转向了买方市场；资源配置更加国际化了，而当前国际上是以通缩为主要趋势的氛围。这就是当前经济增长较快而没有出现通货膨胀的深层原因。有的同志戏称当前是"非典型性过热"。我们抓住历史机遇，努力加快发展是无可厚非的。

但是，也必须看到经济生活中确实存在着一些严重的问题。一是在投资增长和由此拉动的工业生产的大幅增长中地方政府的主导作用过于明显。有的地方搞全民招商活动，各个部门有指标，人人有任务，以及城市大规模拆迁，搞形象工程、政绩工程，大搞开发区，违反政策征地等都是政府主导的行为。现在，国家的宏观经济政策、中央的指示精神在往下贯彻的过程中，递减效应相当明显，有的地方干部根本不理这一套，我行我素。二是钢铁、水泥、电解铝等一般加工工业建设项目增长过快。今年 1—9 月份我国的钢产量已经相当于日、美、法、英四国同期产量的总和，还进口了 2820 万吨钢材。全世界水泥产量的一半是由我国生产，也由我国消费的。即便是电厂的建设，也要和煤矿建设、铁路运输能力相配套。到今年年底，我国发电装机总容量将达 3.7 亿千瓦，而日本只有 2.2 亿千瓦却创造了四倍于我国的 GDP。如果我们还是沿着这条粗放经营的路子走下去，无论矿产资源、水资源以及社会、环境、生态都是无法支撑的，甚至可能引发灾难性的后果，即使经济搞上去了最终也可能要付出沉重的历史性代价。

（二）主要危险是发生"通胀"还是"通缩"？去年下半年以来，我国货币供应量增速加快，尤以今年为甚，是可能引发通货膨胀的一个重要因素。同时还要看到，金融机构资产负债期限结构失衡情况加剧，资金来源短期化而资金运用长期化的问题更加明显，潜在的流动性风险更加突出。而金融机构的客户又大量借短期贷款（利率低）用于长期投资。其结果是造成大量资金沉淀，一方面是社会资金周转速度减慢，另一方面、也是更令人担心的是有可能产生一大批新的不良贷款，把银行套住，加大金融改革的难度。随着金融开放的步伐加快，金融风险日渐严重。这正是我国经济生活中的一大心腹之患。可能引发通货膨胀的另一个重要因素是，由于粮食产需关系的变化，粮价上涨可能带动人民基本生活资料价格的全面上涨。

与此同时，产生通货紧缩的危险也是客观存在的。在全球生产能力普遍过剩的背景下，我国钢、水泥、纺织、机械等一般加工工业生产能力如此大规模地扩张，一旦市场有变，就会出现竞相压价贱卖的局面，导致物价总水平更加低迷，甚至一大批企业可能关门而引发社会问题。另一个因素是随着对世贸组织承诺的逐步兑现，进口门槛降低，大批国外廉价产品如汽车、成品油、电子产品等会更多地进入我国，也会导致价格总水平的下降，诱发通货紧缩。

（三）人民币汇率是上升还是下贬？去年年底，日本官方开始对我国发难，要求人民币升值。今年以来，美国更是咄咄逼人，也加入了要求人民币升值的行列。国内许多人担心顶不住外界的压力，对人民币升值的预期十分强烈。似乎人民币升值是大势所趋，勿容置疑。

但是，还要看到人民币贬值的因素也将逐步显现出来。在经常项目方面，我国外贸顺差正逐步缩小。今年前三季度外贸顺差只有91亿美元，而国家外汇储备却比年初增加975亿美元。这主要是人们对人民币升值预期过高，国内群众、海外侨胞甚至我国驻外使馆人员都纷纷将美元兑换成人民币，希望等到人民币升值后可以套取更多的外汇，其中也包括进入我国的少量国际热钱。随着我国关税税率持续降低，配额更多地取消，出口退税综合税率降低，以及国外贸易壁垒可能越来越高，进口可能迅速增加，而出口将会更加困难，经常项下可能出现较大逆差。在资本账户方面，随着美、欧、日经济的不断复苏，国外货币利率可能面临调升，国际资本的流向也会发生改变。我国能否维持这样大规模的外商直接投资水平，是个不确定的因素。另外，我国外商直接投资累计已达4000多亿美元，外企在将部分收益用于再投资的情况下目前每年就要汇出利润200多亿美元，随着外商投资项目的不断建成投产，汇出的利润将会继续大幅增加。从这几个方面看，以后我国国际收支平衡将是明显偏紧的。市场对外汇的需求增加了，人民币的汇率就要下降。从这个角度说，人民币是一个贬值的趋势。不能光看到当前人民币升值压力和外汇占款的压力很大，一旦市场环境和人们的心理预期发生逆转，就有可能很快出现倒戈相向的局面，现有的近4000亿美元外汇储备也许经不住几下就会折腾干净。

从以上三个方面分析，当前我国经济发展形势总的看非常好，但各种影响因素处于胶着状态。瞧眼下，确实什么大事都没有发生；看前方，又好像几种风险都可能出现。用物理学的术语可以说，中国经济航船好像处于一种不稳定的平衡状态，随时可能向左倾，也可能向右斜。何况前面还不知道有什么样的暗礁，可能遇到什么风浪，不确定的因素较多。但只要驾驭得好，也是完全可以化险为夷的。

三、审时度势　运筹帷幄　胜利前进

2004 年是继续贯彻党的十六大和十六届三中全会精神、实现十五计划目标的重要一年，做好明年经济工作非常重要。从明年经济增长的条件和环境看，总体上有利条件多于不利因素，经济和社会发展仍可继续保持快速增长的态势。一是市场活力对经济的推动将进一步增强。民间资本日趋活跃，经济增长的内在动力加大，住房、汽车、通讯等消费热点对拉动经济增长的作用将进一步加大。二是经济增长的微观基础更加巩固。企业景气指数和企业家信心指数正稳步提升，投资者和消费者的预期也在趋好。三是经济增长的体制条件进一步改善。党的十六大和十六届三中全会精神在一些重大理论问题上的突破和创新，必将对经济社会发展产生巨大的推动力量。四是加入世贸组织的积极作用也会进一步显现。五是今年经济生活中存在的一些问题中央已经采取了一系列重大措施，有些问题正在开始纠正，有些方面已经取得明显成效，这都为明年的工作打下了较好的基础。六是明年的国际经济环境可能好于今年。如何做好明年的工作，保持经济社会稳健快速发展，建议如下：

（一）保持宏观经济政策的连续性和稳定性，"方向盘"以微调为主，防止急拐弯。经过五六年来的艰苦努力，我国经济已经进入一个新的增长阶段。当前必须保持既定的宏观调控政策取向，既不轻言过热，也不回避问题；既要保护并放大经济增长的有利因素，又要直面经济生活中出现的新问题，采取温和而坚决的措施，具体问题具体解决。坚持扩大内需的方针，继续实施积极的财政政策和稳健的货币政策，以及实行以市场供求为基础、单一的、有管理的浮动汇率制度等，都不改变。在汇率问题上的承诺，就是坚持胡锦涛同志在 APEC 会议上所说的"我们将在深化金融改革中进一步探索和完善人民币汇率形成机制"，这种表述有着很大的主动性和广阔的回旋空间，是非常英明的。温家宝同志也曾明确对外作过这样的表示。对此，各方面都要统一认识、统一口径，不能有杂音。我们既要防止通货膨胀，又要防止通货紧缩。当前要以防止通胀为主，同时又要抑制可能导致通缩压力卷土重来的因素。

（二）适度收紧两个"风帆"。一是看好信贷防过热。主要是加强对商业银行和各类金融机构的监管，严格信贷制度，规范信贷行为，调整信贷结构，特别要提高资金流动性，控制好贷款增长速度。货币政策的运用要更多地体现稳健的原则，还要估计到今年已出台措施的滞后效应，不可收得过紧。二是切实推动各级地方政府转变职能。对地方各级干部加快经济发展的积极性要保护好、引导好，不宜过多指责。但应要求他们保持清醒头脑，要调整发展经济的思路，尊重科学规律、量力而行。同时完善干部考核制度，从干部的选拔任用上形成杜绝急功近利、相互攀比的机制。这两个问题处理好了，当前存在的一些过热问题就可能明显降温。

（三）工作重心下移，增加"航船"的稳定性。一是建议明年继续在全党深入开展"三个代表"重要思想的学习活动，严格按照"三个代表"重要思想的要求，认真整顿党内存在的不良思想作风、工作作风和生活作风。发挥人民群众的监督作用。对一些不符合"三个代表"重要思想要求和不按中央政策办事的党员干部，要加强教育，严肃批评。只有理论联系实际、动真格，才能把"三个代表"重要思想学习活动深入下去，发挥其无比强大的政治威力。从组织上和人事上采取果断措施，也是抗击"非典"斗争的一条重要经验。二是认真贯彻落实十六届三中全会精神，稳步推进各项改革，进一步理顺生产关系，确保社会稳定，为经济发展增添动力。三是切实维护社会安定团结。要加强对敌斗争，深入推进社会治安综合治理，特别要正确处理人民内部矛盾和群体性事件，努力把各种不稳定因素解决在基层、解决在内部、解决在萌芽状态。四是增强微观经济自主增长的功能。降低市场门槛，鼓励自主创业和技术创新，为民间资本的进入创造平等宽松的环境。

（四）努力扩大最终消费，增强"航船"前进的内在动力。社会主义生产的最终目的是为了不断满足广大人民群众日益增长的物质和文化需要。因此，最终消费的稳定增长是经济增长的重要追求，也是拉动经济持续增长的根本动力，更是落实"三个代表"重要思想的实际体现。增加社会最终消费，一是要努力提高城乡居民的收入，特别是要通过调整分配关系和其他措施，千方百计提高广大农民和城市贫困群体的收入水平。精心组织，把国家对种粮食农民的直接补贴真正落到粮农手里。这是调动农民种粮积极性的最有效措施，又能拉动农村消费。二是要进一步清理和取消各种限制消费的不合理政策和规定，不断创造良好的消费环境，努力培育新的消费热点。三是坚持以调整结构为主线，重点是大力发展第三产业，扩大人民群众对服务业的消费需求，这还可以缓解不断增加的就业压力。

（五）要树立和落实科学发展观。胡锦涛同志指出，我们讲发展是党执政兴国的第一要务，这里的发展决不只是指经济增长，而是要坚持以经济建设为中心，在经济发展的基础上实现社会的全面发展。提出统筹兼顾、协调推进这个新的发展观是20多年改革开放实践的经验总结，是战胜"非典"疫情给我们的重要启示，也是推进全面建设小康社会的迫切要求。这应当成为我们全党和全国人民的共识，也是确保中国经济航船持续稳健快速前进的重要指导思想。

展望明年的经济发展，从生产角度看，工业对经济增长的贡献率可能会有所下降，第三产业增长水平可能高于今年；从需求角度看，投资对经济增长的推动可能趋于减弱，消费需求则会有所增强，出口需求的前景不容乐观，明年进口预计将保持在一个较高水平上，外贸顺差将进一步减少。总体上看，明年仍可保持较快增长的态势。经济增长预期目标按7%考虑是切实可行的，关键是要把工作重点放在努力提高经济效益和运行质量上，确保经济社会的可持续发展。近一个世纪来，中国共产党带领中国人民闯过了无数的风风雨雨和惊涛骇浪。如今我们有这样雄厚的物质基础和强大的综合国力，又积累了社会主义现代化建设的丰富经验，任何困难都阻挡不住中国人民胜利前进的脚步，中国经济的航船一定能够继续保持稳健快速前进！

完善宏观调控体系 *

（2003 年 10 月）

党的十六届三中全会通过的《中共中央关于完善社会主义市场经济体制若干问题的决定》明确指出，要进一步完善国家宏观调控体系，并提出了更高的要求，这是完善社会主义市场经济体制的客观要求。

一、完善宏观调控体系是社会主义市场经济的本质要求

市场经济是在私有制和资本主义基础上发展起来的。从其几百年的历史进程看，大体经历了自由市场经济和现代市场经济两个发展阶段。在第一个阶段里，虽然也存在一定程度的政府干预，但"看不见的手"始终在经济运行中起着绝对性的支配作用，也就是说经济运行基本上靠市场自身去调节。而市场调节往往存在着自发性、盲目性、滞后性等严重缺陷，难以调节社会公益事业，并容易导致垄断和分配不公，产生两极分化。市场机制的缺陷往往导致事后以破坏性的形式对经济结构、资源配置、财富隶属关系等进行调整。这就表现为周期性的经济危机。随着社会化大生产的不断发展，单靠市场机制调节显得越来越不能适应，特别是 20 世纪 30 年代发生世界性经济大萧条之后，强调运用财政、货币政策手段干预经济和资源配置的"凯恩斯主义"应运而生，标志着历史进入现代市场经济阶段，宏观经济调控理论也逐步形成，并不断得到发展。

---

　　* 本文编入《〈中共中央关于完善社会主义市场经济体制若干问题的决定〉辅导读本》，人民出版社，2003 年 10 月第 1 版。

建立社会主义市场经济体制，是把社会主义与市场经济结合在一起。这是人类发展进程中面临的一个全新课题。1992年，江泽民同志在党的十四大报告中指出："我们要建立的社会主义市场经济体制，就是要使市场在社会主义国家宏观调控下对资源配置起基础性作用"，"同时也要看到市场有其自身的弱点和消极方面，必须加强和改善国家对经济的宏观调控。"正如计划和市场都是管理和调节经济的手段，而不是基本经济制度的本质特征一样，市场机制和宏观调控也并非资本主义经济制度的专利，社会主义经济同样可以运用。这是人类的共同财富。我们坚持走社会主义道路，选择了市场经济的发展模式，就必须充分依靠市场机制去配置资源；同时为了避免市场自身的弱点，也必须加强和完善宏观调控。尤其像我们这样发展中的大国，又处在体制转轨的过程中，市场发育不完善，地区间发展不平衡，又面临日趋激烈的国际竞争，单靠市场机制的作用是远远不够的，加强宏观调控显得尤为必要。社会主义制度本身要求消除两极分化、最终实现共同富裕，这就更加需要通过实行有效的国家宏观调控去解决。因此，完善国家宏观调控体系是社会主义市场经济的本质要求。

二、我国宏观调控体系正逐渐走向成熟

随着我国社会主义市场经济体制初步建立，宏观调控体系也正逐渐走向成熟。

（一）初步形成了具有中国特色的宏观调控体系。国家宏观调控体系包括宏观调控的目标、宏观调控的功能、宏观调控的手段和方式以及宏观调控的主体等。在党中央、国务院领导下，我国宏观调控体系日趋完善，运用经济的、法律的以及必要的行政措施，特别是综合运用计划、财政、金融等手段制定宏观经济政策，有效实现了宏观经济的稳定。

（二）确立了宏观调控的目标。在建立社会主义市场经济体制的实践中，经过长期探索，并借鉴了国际经验，党的十六大确定了我国宏观调控的主要目标是促进经济增长、增加就业、稳定物价、保持国际

收支平衡。这个宏观调控目标体系内涵丰富、覆盖面广。经济增长是衡量经济全面发展的主要指标，是一个宽泛、综合的概念，投资和消费需求的增减最终会体现到经济增长的变化上来。增加就业要求在经济增长过程中充分地利用劳动力要素，促进城乡居民收入增长。这既是经济健康发展的标志，也是社会公平和稳定的体现。稳定物价是经济健康、稳定发展的标志，财政政策和货币政策的变化一般都会引致物价的变动。国际收支是在一定时期内一个国家与其他国家商品、服务贸易和资本流动的结果。实现国际收支基本平衡是保持国家宏观经济稳定的重要条件。

（三）宏观调控的功能得到了较好发挥。宏观调控的功能主要在以下几个方面得到了较好的发挥：一是基本保持社会供求总量的平衡，实现了国民经济持续快速健康发展；二是促进经济结构的优化升级，提高了综合要素生产率即经济效率；三是发展了大量社会公共事业，特别是基础设施建设，通过发行建设国债做成了一大批多年想做而未能做的事；四是通过分配政策和再分配手段对收入分配进行了调节；五是为创造公平竞争环境做了大量卓有成效的工作，主要是打破行业垄断，整顿和规范市场经济秩序等。

（四）宏观调控的手段逐步健全。宏观调控主要运用经济手段和法律手段，辅之以必要的行政手段。经济手段中的财政政策包括运用预算、税收、债券、转移支付等手段来调节经济结构和社会分配；金融政策包括中央银行和监管部门通过实施货币政策加强对金融业的监管，运用利率、汇率、贴现率、存款准备金率和公开市场业务等手段，调节货币供应量，稳定币值，促进经济增长；国家计划明确的宏观调控目标和总体要求，则是制定财政政策和货币政策的主要依据。国家计划本身又是宏观调控的重要手段，而且更具有综合性、前瞻性和战略性。

（五）宏观调控方式发生深刻变化。一是由国家直接调控企业和直接配置资源转向主要调控市场，进而影响市场主体行为，实现宏观调控目标。二是在总供给和总需求的平衡方面，由供给调节为主转向需求调节为主。三是在调节需求的方法上，由直接调控市场需求的规模转向通过经济杠杆来调控市场需求规模。四是由过去主要靠国家计划调控逐步形成了国家计划、金融政策、财政政策三者之间相互配合和制约，能综合协调宏观经济政策和正确运用经济杠杆的新机制。多年来的实践证明，这种新的协调机制是比较成功的，运行是高效的。

为了适应社会主义市场经济体制的需要和有效地实行国家宏观调控，国家大刀阔斧地进行了机构改革，有力推动了政府职能的转变，同时又注意充分发挥中央和地方两个积极性。

实施有效的宏观调控对保持国民经济持续快速健康发展起到了十分关键的作用。20 世纪 90 年代初，在经济较快增长的过程中，出现了需求过热、通货膨胀和经济秩序混乱现象。针对这种情况，党中央果断采取深化改革，加强和改善宏观调控的措施。经过 3 年多的调整，国民经济成功实现"软着陆"，形成了高增长、低通胀的良好态势。1997 年下半年爆发亚洲金融危机，加上国内供求形势发生变化，有效需求不足的矛盾逐步显现，我国经济发展又面临新的严峻考验。党中央及时作出扩大内需的重大决策，通过实施积极的财政政策和稳健的货币政策，扩大投资需求和消费需求，扩大对外经济技术交流与合作，克服和战胜了国内外政治经济形势变化带来的各种困难与挑战，实现了国民经济持续快速增长。过去 10 年这两次重大的宏观调控实践，为我们积累了宝贵的经验，也使我国的宏观调控体系逐步走向成熟。

三、宏观调控体系必须不断完善和创新

我国宏观调控体系虽然正在逐步走向成熟，但还不能说已经尽善尽美，更何况国际政治斗争、经济竞争风云变幻，有时表现相当激烈；国内的经济生活也异常活跃并存在诸多复杂的问题，如"三农"、就业、分配、地区差距、市场秩序、国际竞争力问题等等，因此宏观调控体系的建设必须与时俱进，不断加以完善、发展和创新。

（一）始终坚持把发展作为国家宏观调控的首要任务，树立科学发展观。胡锦涛同志指出，我们讲发展是党执政兴国的第一要务，这里的发展绝不只是指经济增长，还要转变增长方式，提高增长质量；而

且要坚持以经济建设为中心，在经济发展的基础上实现社会全面发展。并强调我们要更好地坚持协调发展、全面发展、可持续发展的发展观。这一重要论述为宏观调控的功能赋予了崭新的内涵。国家宏观调控不仅要促进经济增长，还要推动经济社会的协调发展，促进人的全面发展，促进人与自然的和谐。

（二）坚持把扩大内需作为国家宏观调控的长期政策取向。我国地域辽阔，人口众多，有着巨大的市场开发潜力。实现经济和社会的快速可持续发展，从根本上说要立足于扩大内需。社会总供给的扩张，各种产品生产能力和生产、社会服务总量的扩大，应主要依靠国内社会需求总量的强劲增长来拉动，宏观调控的着力点要更多地放在扩大国内需求上。

（三）坚持把扩大农村需求和增加就业作为国家宏观调控的重点。外国人之所以看好中国市场前景，我国市场潜力之所以很大，都在于广大农村市场远远尚未开发出来。大力发展农村经济，大幅度提高农民有支付能力的需求，是我国经济社会发展的最紧迫的任务。扩大最终需求，提高人们的有效支付能力，最基本的途径是实现充分就业。我国城市每年新增劳动力1000多万人，农村还有大量富余劳动力需向二、三产业转移，努力增加就业关系到社会稳定甚至现代化建设的成败。因此，这两项工作都是宏观调控的重点。

（四）不断努力提高我国经济的整体竞争力。随着我国经济社会开放程度的不断提高，我们将在更大范围内参与国际竞争。这种竞争往往是非常激烈甚至残酷的。因此，宏观调控的目标绝不能单纯追求经济总量的增长，更要努力促进经济增长质量和经济效益的提高，不断增强国际竞争力。同时，要着眼于世界经济发展全局，积极推进国际交流与合作，密切关注国际市场的需求和供给结构的变化，适时采取相应调控措施。还要加强对涉外经济的调控和管理，建立风险防范机制，确保国家安全。

（五）经济调节手段要更好地与法律调节手段相结合。以往我国制定的宏观经济政策大多以行政文件的形式进行传递和贯彻。实践证明，这种办法来得快、效率高。在这方面，西方国家的体制是根本无法与我们相比的。为了提高宏观调控政策的权威性和约束力，对一些需要长时间坚持的政策还应将其纳入法制的轨道，使一些重要政策转变为法律，以加大执行的力度。同时，在经济调控与法律调控两种手段的运用上，要更多地加强配合，协调动作，收到更好的效果。

（六）不断增强宏观调控的预见性、科学性和有效性。宏观调控有事前、事中和事后三种情况。要把宏观调控寓于日常的宏观管理之中，建立经常性的形势分析制度，强化事前调控，尽量把经济运行可能发生的波动消除在萌芽状态。加强决策支持服务的信息系统建设，条件成熟时可以考虑采用计算机分析模型建立国家经济仿真系统。在事中和事后调控中，要充分运用智慧，讲究调控艺术，把握调控力度，尽量避免猛刹车、急转弯，努力实现平缓过渡，实现经济社会的稳定发展。

（七）在快速增长的宏观经济背景下，要防止经济出现大的波动。按照十六大提出的全面建设小康社会的目标，国内生产总值到2020年比2000年翻两番，也就是年均增长率要达到7%左右。至少在21世纪的前二三十年，我国经济总体上还处在高速增长的阶段。在这样的宏观经济背景下，宏观调控的一项重要任务就是防止经济出现大的波动，保持平稳上升的态势。既要防止通货膨胀，又要克服通货紧缩。从长远看，在开放经济条件下，国际资本会大量进入中国，必须加强宏观调控。在有效防范风险的前提下，有选择有步骤地放宽对跨境资本交易的限制，逐步实现资本项下的可兑换。

（八）坚持做好"四个结合"。根据过去经验，宏观调控必须继续坚持四个结合：一是坚持国家计划和财政政策、货币政策相互协调，紧密配合。既要明确各自的分工，又要考虑总体配套和综合协调；二是把扩大投资需求与推动消费需求结合起来，努力形成投资、消费双拉动，促进经济增长的局面；三是把扩大国内需求与千方百计增加出口结合起来，并有效实施"走出去"的战略；四是把扩大经济总量与加快结构调整结合起来。根据国内外市场的变化，不断调整产业结构。在东部地区继续保持高速增长的同时，积极推进西部大开发，有效发挥中部地区的综合优势，支持中西部地区加快发展，振兴东北等老工业基地，实现区域经济协调发展。

（九）正确处理中央与地方的关系，发挥两个积极性。国家宏观经济政策的制定是中央的职责，但不能由此认为地方各级政府就没有宏观调控的责任。中央制定的各项宏观调控政策都要依靠各级政府去努力贯彻、执行。地方各级领导都必须胸怀全局，了解和掌握国家宏观调控政策，并结合当地的实际情况，身体力行，使之真正落到实处。只有这样，才能形成全国统一思想、统一意志，协调动作，又能充分发挥各级地方政府的积极性，形成各具特色、生动活泼、蓬勃发展的局面。

（十）转变政府职能，规范市场主体行为。党的十六大指出，要"完善政府的经济调节、市场监管、社会管理和公共服务的职能，减少和规范行政审批"。各级政府都要按照这个要求加快职能转变，不再直接参与生产经营，减少对企业、市场不必要的行政干预，改革和减少行政审批事项，简化和规范审批程序，不断增强经济调节和市场监管的能力，提高教育、医疗、卫生、基础设施建设等公共服务的质量。要使宏观调控政策得到有效的贯彻落实，还必须规范市场主体的行为，形成一个好的微观经济基础。市场主体包括所有消费者和生产者，即社会经济活动的细胞——企业和所有个人。如果市场主体的行为不规范，社会经济的细胞不健康，再好的宏观经济政策也难以得到贯彻。在完善宏观调控体系的同时，还必须要有一个健全的市场体系和良好的微观基础。为此，也要综合运用经济、法律和必要的行政手段，不断整顿和规范市场经济秩序，开展社会公德、职业道德和法律知识的教育。

四、打好宏观调控的基础

十六届三中全会《决定》指出，要完善统计体制。统计工作是国民经济和社会发展中一项非常重要的基础性工作。政府公布的统计数字是国民经济和社会发展的"晴雨表"，是国家制定宏观调控政策的重要参考，是把握重大国情国力、掌控经济运行的一个基本依据。统计是一门科学。经过半个多世纪的努力，我国已经有了一个比较健全的统计体系，在统计方法制度上也逐步与国际接轨。从总体上看，我国政府的统计数字基本上可以反映经济和社会运行实际水平和发展趋势，特别是在经济运行发生较大波动的时候，为国家宏观调控政策的制定提供了重要依据。

但是，统计工作也的确存在着这样那样的问题。从历史上看，一些地方和部门虚报浮夸风屡有发生，甚至一些人至今还乐此不疲。随着经济体制改革的不断深化，多种所有制经济的进一步发展，加上各种利益主体的人为因素等，报出的统计数字至今还存在着虚报、瞒报两种倾向以及漏报的现象。从统计系统本身看，也存在个别人原则性较差、统计方法制度和管理体制不完善的问题。要彻底解决这些问题，必须从制度和机制上着手，切实做到"不出假数""真实可信"。完善我国统计体制，要从几个方面着手：一是要坚决反对和制止统计工作中的弄虚作假，加强统计法制，提高统计数据的准确性、科学性和及时性。这是统计部门最根本的任务，要把绝大部分精力放在这上面。否则，就叫做不务正业或者失职。二是要适应社会主义市场经济条件下和加入世贸组织以后的新形势，加快统计体制改革，建立和不断完善既符合中国国情又与国际接轨的统计制度、工作体系、工作方法，以及统计信息的披露方式。这也是实现上述目标的必由之路和根本保证。三是要跟踪国际经济形势，把握国际经济运行情况。我们现在编报的统计资料，主要是国内的，国际经济信息的数据还比较少。随着世界经济一体化进程的加快，制定宏观经济政策只看中国的统计数字是不够的，因此统计部门有必要加强对国际经济运行情况的跟踪和分析。四是在准确、及时地向党中央、国务院以及宏观经济管理部门提供统计数据和分析资料的同时，统计部门本身也要加强对宏观经济形势的分析和重大经济问题的研究。对重大经济问题要能提出宏观经济政策的建议，供党中央、国务院和宏观经济决策部门参考。各级统计部门都要加强为党政领导、为公众服务的意识。

宏观调控的各个职能部门既要各负其责，充分履行宏观调控的职能，又要加强沟通、相互合作、紧密配合。在制定和执行宏观调控政策时，首先都要从国家全局出发，围绕着宏观调控的总目标研究问题，不能只从本部门的角度去观察和考虑问题，尽量避免局限性。同时要设身处地考虑兄弟部门的实际情况，尽量使提出的政策措施相互匹配，便于操作，获得最大的效率。特别要注意充分发挥宏观经济综合管理部门的协调功能。要加快推进电子政务和宏观经济数据库建设，为实现宏观经济管理部门的互联互通和信息共享打下基础。

而今迈步从头越

——在北京大学演讲摘录

（2004 年 2 月 24 日）

一、一个新的发展里程碑

可以说，2003 年是我国经济发展史上的一个新的里程碑。主要理由是如下。

第一，过去十年我们经历了反通货膨胀和反通货紧缩压力的艰苦卓绝的斗争，去年的经济发展是在这十年工作基础上取得的好成绩。1993 年，中国出现了投资消费全面过热的局面。中央果断采取了宏观调控的措施，在编制"九五"计划的时候，把反通货膨胀作为贯穿整个"九五"期间的一个重要任务。由于措施很得力，1996 年我国经济就成功实现了"软着陆"。1997 年我国经济本来应该开始走上正常增长的轨道。然而，1997 年下半年发生了亚洲金融危机，虽然当年还没有波及到内地，但是到 1998 年初，我们就已经强烈地感受到亚洲金融危机对我国经济的影响。很多企业产品卖不出去，出口受到冲击，实际利用外资出现负增长，出现了一大批产业工人下岗的现象。正是在 1998 年初提出了国有企业"减员增效，下岗分流"的口号。我国经济迅速面临物价低迷、通货紧缩的压力。在这个时候，中央提出了坚持扩大内需的方针，并把它作为一个长期的战略性的方针，实施了积极的财政政策和稳健的货币政策。经过几年的努力，发行了几千亿元的建设国债，做成了很多多年来想做而又没有能力去做的大事。比如：

115

长江干堤的加固，城市基础设施建设，高速公路、铁路建设，还有西气东输、青藏铁路等。到 2003 年底，我国高速公路总里程已达 3 万公里，仅次于美国，居世界第二位。而且，我国的高速公路全部是新的，路面质量也很好。德国、美国的高速公路比起我们的显得陈旧得多。我们有后发优势，这一切给我们的生产生活带来了极大的方便，提高了效率，为经济的加速发展奠定了较好的物质基础。

经过十年的调整和艰苦的工作，加上去年国际经济加快复苏，故从 2003 年开始中国经济具备条件也实际上进入了一个新的增长期。去年一开局，我国经济增长就非常地强劲，一季度增长 9.9%。到二季度，由于受突如其来的"非典"疫情的影响，当季增长率回落到 6.7%。随后，我们取得了抗击"非典"斗争的重大胜利。而且在抗击"非典"斗争的过程中，基础设施建设、工业生产都是正常进行的，没有停工停产，受影响的主要是第三产业。到了三季度，"非典"疫情一过，第三产业出现强劲反弹，餐馆里面又爆满，而且是"报复性"的消费，三季度经济增长率又达到了 9.6%。四季度，增势不减且更加迅猛，达到了 9.9%，挡都挡不住。全年取得了经济增长 9.1% 的好成绩。

第二，党的十六大提出了全面建设小康社会的宏伟目标，去年是开局之年。这也标志着我国经济进入了一个新的发展阶段，一个全面建设小康社会的新阶段。

第三，2003 年我国人均 GDP 达到了 1090 美元，这标志着我国经济发展站在了一个新的起点上。国际经验表明，在这个时候消费结构会发生很大的变化，人们的消费将向发展型、享受型转化，对住房的需求、医疗保健的需求、娱乐的需求、汽车的需求，以及对文化生活的需求，都更加强劲了。以前我们只是为了解决温饱的问题，吃饱了、口袋有钱了，就会产生更高的需求。由此也会带动我国产业结构的调整和升级。这是一个非常重要而又关键的发展时期。

从我国去年的实际情况看，也显示出这样一个特点。去年我国轿车的消费量达到 204 万辆，比前年增长了 92.8%。这种增长速度非常惊人。据统计，北京市新购轿车中 90% 以上是个人购买的。到去年年末，全国私人轿车的拥有量已经达到了 489 万辆。我们去年新增的电话用户就有 1.12 亿户，其中手机 6300 万户。新增电话用户数相当于英、法两国人口总和。试想，世界上哪个推销商有这样的本事，能在一年之内让英国、法国每一个人新装一部电话？肯定是做不到的。然而，我国却在不知不觉中一年增加 1.12 亿户。去年我国商品房销售增长 34.1%，其中个人购房占的比重是 92.5%。在受到"非典"疫情影响的情况下，我国出境旅游也达到了 1484 万人次，增长 47.3%，如果没有"非典"疫情的影响肯定还要多。现在年轻人不是到外地旅游，是出国旅游了。这些新的消费增长点、新的消费亮点的出现也充分说明，我国消费需求的潜力正在迅速地释放出来。

第四，我国神舟 5 号载人航天飞船发射圆满成功，这标志着我国科学技术和综合国力达到一个新的水平。

第五，也是特别重要的一点，在去年召开的党的十六届三中全会和中央经济工作会议上，中央提出了以人为本、全面、协调、可持续发展的科学发展观。这是我国改革开放 25 年经验的总结，是抗击"非典"斗争和经济社会发展实践给我们的重大启示，也是实现全面建设小康社会宏伟目标的重要保证，是我们对社会主义现代化建设规律认识的一次升华。我们以前比较注重经济方面的增长，而对社会发展、对环境保护的综合考虑还不是十分到位。从与"非典"的斗争中可以看出，"经济发展和社会事业一条腿长一条腿短"的问题很突出。我们还要继续坚持以经济工作为中心，如果没有经济的发展，社会发展和其他方面的发展都无从谈起。但只考虑经济增长而忽视资源、环境和社会的全面发展，就要付出惨重的历史性的代价。随着认识的不断深化，我们更加体会到了经济社会全面协调发展的重要性，提出了新的科学发展观。这不仅有重大的现实意义，而且有着深远的历史意义。

从上述五个方面看，2003 年我国经济发展确实站在了一个新的起点上，进入了一个新的发展阶段，是一个新的里程碑。当然，我国经济生活中还存在许多问题，我们还有很多困难。比如，"三农"问题、就业问题，这是长期以来存在的问题，而且也是需要长期努力才能解决的问题，这是我们的基本国情。但是正因为它艰难，解决这两个问题不容易，所以我们更要高度地重视，要下更大的力气去解决它、对

117

待它。

二、必须加强和改善宏观调控

除了上述问题外，去年我国经济生活中又出现了一些新的值得关注的问题，主要是基本建设的规模偏大、低水平重复建设现象凸显、增长方式简单粗放。去年全社会固定资产投资完成了 55000 亿元，在建项目总规模十几万亿元，摊子比较大。在一些行业和局部地区，低水平重复建设的问题也相当突出。我们的发展思路比较窄，一干什么大家都一哄而上，造成能源、资源的消费相当惊人。去年我国消费的能源总量达到 167800 万吨标准煤。其中，煤炭消费量为 157900 万吨，原油消费量为 25000 万吨。我国的原油产量是 17000 万吨，进口了8299 万吨。钢材产量为 24000 万吨，进口了 3117 万吨，总消费量是27000 多万吨。水泥消费量为 83600 万吨，这个消费量太惊人了。去年，我国原油消费仅次于美国（美国是 8 亿吨），超过日本，占世界第二位；钢材消费量占 2001 年全世界总消费量的 38%；水泥消费量是全世界的 55%，全世界一半多的水泥倒在了中国这块土地上。炼铁所需要的铁矿石，折合金属量一半需要进口。去年我国进口了 14700 万吨铁矿石，氧化铝 50% 以上需要进口，铜 60% 以上需要进口。

我国主要大宗原材料的消费对国际市场依存度已经很高。利用两种资源、两个市场加快自己的发展，是改革开放以来总结出的一条经验，走出的一条路子，是非常成功的。但如果过分依赖国际市场，就会给国家经济安全带来威胁。何况国际市场的资源并非无穷无尽的，国际市场的价格也不是一成不变的。去年由于我国进口铁矿石大幅增长，国际市场的铁矿石价格从年初的 25 美元／吨，年底涨到了 60 多美元／吨。进口成本在不断增高。到去年年底我国的钢铁生产能力达到 3.1 亿吨，超过了美国、日本、德国、法国几个国家的总和，全世界钢产量才 9 亿多吨，我们生产了 2.4 亿吨的钢材。在建钢铁项目还有 1.5 亿吨。民营企业也在上钢铁项目，不少大企业、老企业也都在扩建，制定宏伟的目标、宏大的规划。我国究竟要消费多少钢材，何时才是尽头啊？这种情况值得我们深思，光靠资源的大量投入来取得经济的增长是难以持续的。

从资源承载能力的角度看，我们要实现2020年经济翻两番的目标，按照目前的增长方式是难以为继的。如果能源原材料消费也翻两番，光是煤炭2020年就要消费60多亿吨，那真是一场灾难啊。过多二氧化碳、二氧化硫的排放，地球上的人们将怎样生活，我们的家园怎么能美丽、舒适呢？所以，必须转变经济增长方式。我们经济增长中存在的这些问题，是应该高度重视的。

为什么会出现这种现象呢？需要很好地研究，我们要走什么样的发展道路，发展什么，怎样发展？值得深入地思考。现在一说发展，就是办开发区、上新项目，搞招商引资、旧城改造、征地拆迁，全国一个模式。前段时间密云县灯会事件（踩死53人）值得我们深思。就那么宽的一个拱桥，60度的角，很难上去，平常没有什么人走那个地方，很冷清的。在灯会期间，那里也是冷冷清清的。当时不知道谁吆喝一声，说今晚那边放焰火，于是好几百人蜂拥而上，往那个桥上冲去抢占制高点，在桥的那头摔倒了几个人，后面的人不知道，大家继续往上挤，就从人身上踩着过去了，自己也倒了，然后被窒息而死。把这件事放大到经济工作也是同样的道理。如果大家都按照一个模式办事，都往一处去挤，就会形成"羊群效应"，就会出问题。发展经济的方式不能太简单。经济工作本来是丰富多彩的，为什么大家都去干一样的事呢？党的十六大提出了走新型工业化道路，怎么还能大量搞低水平的重复建设呢？

我昨天在外地出差，和一位市长聊天，我说你们市里欠了多少钱？回答是"十多亿，不多。相邻的一个市40多亿，负债搞城市建设比较普遍，有钱也得改造，没钱也得干，欠银行的贷款，欠施工队伍的工程款，欠原材料款，欠民工的钱……"全国地方政府负债的数量很惊人。国务院下文件明确不准拖欠民工工资。建设部也明令在签用工合同时要把这条写进合同里。农民工很苦啊，干了一年一分钱拿不着怎么交代，家里等着拿钱花呢。我们要为老百姓说话，为老百姓办事。另一方面这也是釜底抽薪，没钱就不要盲目上项目，要实事求是。

现在一些地方确实存在着不顾一切、不顾后果地上项目的现象。社会上还流传一句"本届不顾下届，新官不理旧账"的话，这种政绩观与党的宗旨相去何止万里？

去年，由于开发区建设、城市扩建以及自然灾害的毁坏，全国净减少耕地3805万亩，这个数量是很大的。去年的粮食产量也下降了1.8%。由于征地，还造成了一批既无土地、又无职业、无社会保险的困难群体。那一点征地补偿费如何维持他们长远的生计呢？他们没事干就玩麻将，把这几万块钱输光了以后干什么？日出而作日落而息，农民有了地日子就能过下去，土地没了干什么？如何解决好这个问题也是很大的一件事。

针对我国经济生活中出现的这样一些问题，党中央国务院见事早、行动快，采取了一系列宏观调控措施，提出了要实行最严格的土地管理制度，清理各地的开发区，力度很大。去年我们新增贷款是29900亿，前年才18000多亿。针对银行信贷过快增长的势头，去年三季度开始采取了措施，四季度新增的贷款就比上年逐月下降，今年一月份也比去年一月份少增加了600多亿。中央采取的这些措施已经开始见效了。上周中央党校又办了省部级领导干部专题研讨班，讨论主题就是树立和落实科学发展观。目的是使我们党的高级领导统一认识，树立科学的发展观，而且落实下去，防止头脑过热。这些措施在今年的经济生活中会进一步见效。

总之，这些问题是前进中的问题、发展中的问题。只要我们按照中央的决策努力去实践，是可以得到解决的。我们会不断地总结经验，变得更加成熟起来。历史将会证明，这一轮加强和改善宏观调控是落实科学发展观的重大实践。

三、经济生活中的几个热点问题

去年我国经济发展应该说确实很好。但是，不管是在学术界、理论界，还是政府机关，对经济形势看法的争论却是近几年来最多的。

首先是对经济形势的总体判断。有的说已经全面过热了，认为去年的经济形势和 1992 年差不多，不要等到出现像 1993 年那样的情形再来调整。另外一种看法认为，还热得不够。大多数地方的同志都认为经济没有过热。东部地区要率先实现现代化，西部地区要实施大开发战略，中部地区要崛起。哪个地方允许慢慢腾腾地走啊，怎么干都不嫌快，使尽了吃奶的力气都觉得不够，过热从何谈起呢，几乎没有一个地方承认他们的经济是过热的。到底怎么看待宏观经济形势，对决策是至关重要的。

我认为，不能说我国经济已经出现总体上过热，而是局部行业、局部地区存在着过热的现象。要具体问题具体分析，不能一概而论。与 1993 年相比：1993 年固定资产投资增长 61.8%，房地产开发增长 65%，消费增长 28.4%；去年固定资产投资增长 27.7%，消费增长 9.1%，不可同日而语。股票市场、债券市场还是比较低迷的。总的情况是有热也有冷。如果说已经出现全面过热那就必须下猛药了，要踩急刹车了。那样弄得不好就会出现万马齐喑的局面，把人气给扼杀了。因此，不能简单地作出我国经济已经整体上过热的结论。

其次，关于通货膨胀还是通货紧缩，也是去年争论的焦点。特别是 11 月份，钢材价格上涨百分之二十几，有的品种上涨近 40%。有人说投资品的上涨值得注意，这是通货膨胀的前兆。这是对的，这个经验是值得注意的。而且 11 月份粮价也涨得比较大，蔬菜价格上涨也比较多。12 月份和前年同期相比居民消费价格上涨了 3.2%，是有点儿紧张。统计部门作为中国经济运行情况的测报员，我们看到这些数字以后，心里是很不平静的。但是从全年的情况看，消费品价格上涨 1.2%，商品零售价格还是负的。因此，不能说已经出现了严重通货膨胀。我们确实应该关注并努力防范通货膨胀的出现，但同时我们还要防止通货紧缩的压力卷上重来。去年上了这么多项目，投了这么多资金，这些项目一旦生产能力都形成了，供给能力是相当大的。如果需求不能相应地增长，由于结构调整和生产方式的转变，对某些产品的需求减弱了（比如对钢材、水泥、电解铝等的需求），这一大批新的生产能力，就有放空的可能，有可能又要增加一大笔银行的不良贷款。供大于求，竞相压价，总体物价水平还会下降。加上我们对世贸组织有承诺,今年进口的门槛会进一步降低,大量廉价的进口产品也会更多地涌入中国市场,价格总水平是会被拉低的。所以,我们既要防止通货膨胀又要防止通货紧缩,当前要把重点放在防止通货膨胀上面。

第三个争论的焦点,是人民币的汇率问题。人民币汇率何去何从,大家都很关注。在亚洲金融危机的时候,我们中国保持人民币汇率稳定、不贬值,为亚洲国家货币的稳定、经济的稳定作出了重大贡献,也为世界金融市场的稳定作出了重大贡献。这是众口皆碑、举世瞩目的。

为什么又提出人民币升值的话题呢?起因是 2002 年 12 月日本财长盐川正十郎开始发难。他认为,中国输出了通货紧缩,以此责难我们,说人民币应该升值。后来美国有关方面也提出这个问题,一下子国际压力很大。这导致人们对人民币升值的预期一下子提高。我们国内一些人也觉得可能升值。驻外的使馆人员也纷纷把他们手中持有的美元汇到国内换成人民币。去年我到德国、意大利,使馆人员对我说,"我们都是发美元的,攒了几个钱,看着美元这么贬值,我们汇回去换人民币,等人民币升值,就可以换回更多的美元。"去年我国增长的 1180 亿美元的外汇储备中,有相当一块是由于对人民币升值的预期过高抛售美元而造成的,也包括国外以各种方式混进来的热钱和短期资本。从去年我国外贸情况看,一般贸易是赤字,只有加工贸易(来进料加工贸易)表现出顺差,外贸总的顺差为 255 亿美元,而国家外汇储备却增长 1180 亿美元,这就看得很清楚了。

2003 年 11 月 9 日在苏州中国经济增长论坛上,我说人民币既有升值的压力也存在着贬值的可能。从经常项下看,去年我国对外贸易中的一般贸易已经出现赤字。根据我们对世贸组织的承诺,今年进口势必更多地增长,需要更多的外汇去支付。再从资本项下看,去年我国外商直接投资已经达到 535 亿美元的规模,累计 5000 多亿美元,也不可能无限制增长。外资企业获得的利润是必须要换成外币汇出去的,现在我国每年为此支付的外汇高达 200 多亿美金,而且是逐年大幅增长的趋势,如果没有相当多的外汇储备能承受得住吗?谁又敢放心地到你这儿投资呢?从这几方面看,以后中国国际收支平衡将是偏紧的。

市场对外汇的需求增加了，人民币的汇率就要下降。由于对人民币升值的预期而形成的外汇储备的过快增长是不正常的。所以不能光看到当前人民币升值压力和外汇占款的压力很大，一旦市场环境和人们的心理预期发生逆转，就可能很快出现倒戈相向的局面，现有的4000多亿美元外汇储备也许经不住几下子就会折腾干净。东南亚金融危机的时候这种情况难道我们看得还少吗？

香港《星岛日报》上把我对这三个问题的看法概括为三个标题："冷热声中求发展，通胀通缩一线间，币值升降存变数。"我觉得还是比较贴切的。

同学们，目前我国正处于一个伟大的变革时代，又处在一个大有作为的重要的战略机遇期。经济生活、社会生活中要研究的问题非常多。我希望北大的师生要更多地加强这方面的研究。伟大的时代呼唤着伟大的经济学家、社会学家。我们要有志气成为中国最优秀的经济学家、社会学家。北大应该担此重任，能够科学地把握和解释社会主义市场经济、社会主义现代化建设过程中出现的各种问题，并寻找出规律，建立起有中国特色的社会主义市场经济理论体系。要这样做，首先要学好基础理论，更重要的是要深入实际、深入社会、深入群众。我每次到外地调研，都觉得很有收获，都会有新的启发，我感到群众中确实蕴藏着无穷无尽的智慧、力量和创造精神。我相信也殷切地希望，作为中国最高学府的北京大学能够造就出更多的优秀人才，为国家经济建设、社会发展作出更大的贡献。

中国的经济发展与宏观调控

——在苏州《中国经济增长论坛》上的主旨演讲

（2004 年 10 月 30 日）

　　一年来，中国的经济发展与宏观调控受到国内外的普遍关注，各种讨论和猜测一波未平一波又起。去年此时，我在这里就经济运行中大家关心的几个问题谈了自己的看法，认为不能对当时经济运行作出总体上过热的简单判断，既要防止通胀也要防止通缩，要保持人民币汇率的基本稳定。记者把我的话概括为"冷热声中求发展，通胀通缩一线间，币值升降存变数。"转眼一年过去了。这是中央加强和改善宏观调控的重要一年，是中国经济发展极不平常的一年。那么，对当前的经济形势应该怎样判断，对这一轮宏观调控应当怎样认识，我想说几点体会。

一、今年以来的经济形势

　　今年以来，中国的宏观经济总体上保持了速度增长较快、物价上涨温和可控、就业继续改善、国际收支状况良好的运行态势。

　　前三季度国内生产总值 93144 亿元，同比增长 9.5%，比上年同期加快 0.6 个百分点，没有出现大的起伏。居民消费价格上涨 4.1%，处于可控范围，且涨势趋缓。新增就业人数 774 万，完成全年目标的 86%，9 月末城镇登记失业率 4.2%。进出口总额 8285 亿美元，同比增长 36.7%。其中，出口增长 35.3%，进口增长 38.2%，顺差 39 亿美元。

外商直接投资实际使用金额 487 亿美元，增长 21.0%。9 月末，国家外汇储备 5145 亿美元，比年初增加 1112 亿美元。

经济运行效益继续提高。前三季度，全国财政收入 20359 亿元，增长 26.2%。收支相抵，收大于支 3215 亿元。城镇居民人均可支配收入 7072 元，同比增长 11.4%，扣除价格因素，实际增长 7.0%。农民人均现金收入达到 2110 元，实际增长 11.4%，增幅比上年同期提高 7.6 个百分点，是多年以来同期增长最快的。全国规模以上工业企业实现利润 8088 亿元，同比增长 39.8%。

社会经济发展的薄弱环节得到进一步加强，经济生活中的不稳定、不健康因素得到抑制。农业特别是粮食生产得到了加强，农业生产出现了重要转机。在夏粮增产 4.8% 的基础上，早稻又增产 8.8%。秋粮长势良好，增产已成定局。预计全年粮食总产量将超额完成年初预定的 9100 亿斤的目标。尤为可喜的是农民种粮的积极性明显提高。投资过快增长的势头得到初步遏制。前三季度全社会固定资产投资同比增长 27.7%，比一季度回落 15.3 个百分点。部分过热行业投资增速明显回落。钢铁、水泥投资分别增长 41.7% 和 58.0%，比一季度分别回落 65.5 和 43.4 个百分点；铝业投资同比下降 6.5%。与此同时，农林牧渔业投资增长有所加快，前三季度同比增长 21.4%，比一季度加快 21.0个百分点。电力、燃气及水的生产和供应业投资增长 48.2%，保持较快增长。

以上情况表明，今年以来中国经济的发展态势确实很好，是多年来少有的，宏观调控已经取得明显成效。

二、及时有效的宏观调控是良好经济形势的重要保证

去年这个时候，人们正在对经济的冷与热展开讨论，对经济发展有着很多忧虑。我们确实走过了很不平凡的道路。之所以有今天这样好的局面，是多种因素综合作用的结果，特别重要的是中央及时果断地采取了一系列宏观调控的政策措施。

（一）这一轮宏观调控的提出。从 1993 年到 1997 年，我们开展了

5 年的反通货膨胀的斗争，1998 年到 2002 年，又经历了 5 年反通货紧缩压力的艰苦斗争。经过 10 年的调整加上国际经济环境的改善，2003 年我国经济进入了一个新的快速增长时期。但同时出现了一些新的情况。主要表现在以下三个方面。

第一，粮食生产滑坡。中国用不到世界 10% 的耕地解决了超过世界 20% 人口的吃饭问题。这是一个伟大的奇迹。中国粮食产量从 1949 年的 1131.8 亿公斤上升到 1998 年 5122.9 亿公斤，达历史最高水平。1998 年全国人口 12.48 亿，比 1949 年的 5.42 亿增长 1.3 倍，而粮食产量却增长 3.53 倍。当时出现了粮食胀库、农民卖粮难、种粮效益差、粮食价格逐步降低等一系列问题。一种倾向往往容易掩盖另一种倾向。粮食产量 2003 年降低到 4306.9 亿公斤，与 1998 年相比减少 816 亿公斤，退回到低于 1991 年 4352.9 亿公斤的水平，而这 12 年中国人口则净增长 1.34 亿人。当年的粮食产需关系失衡了，有点风吹草动就引起市场的震荡。去年 10 月份出现了部分地区粮价猛涨的现象，确实令人吃惊不小。好在国库有粮，国家采取紧急调运等措施，及时稳住了粮食市场。这个信号强烈地提醒我们，在工业生产高速发展的时候，农业特别是粮食生产增长缓慢甚至滑坡，则表明一、二产业的关系出现失衡，经济结构要出问题。

第二，投资增长过快，规模过大，低水平重复建设严重。去年全社会固定资产投资增长 27.7%，是 1995 年以来增幅最高的一年。这一轮投资扩张有其客观原因：一是中国正处于城镇化提速、重化工业加快发展的历史时期；二是国外、境外一些加工工业正向中国转移等。但城建等投资需求增长过快，带动了重工业的过快增长，反过来又拉动了钢铁等相关行业的投资，并进一步推动整个投资规模的扩张。投资与重工业之间的这种循环，与社会消费相脱节，就可能造成经济结构的扭曲，形成部分行业需求过盛和产能过剩两种"泡沫"，并且使得煤电油运新的"瓶颈"制约再度突现，经济运行绷得比较紧。一旦市场发生变化，就会导致部分企业倒闭、失业增加、银行坏账增多，最终造成经济的大起大落，从而对经济发展造成巨大破坏，恢复起来需要更长的时间，付出更大的代价。

第三，滥用耕地现象相当突出。在生产诸要素中，用地扩张是造成固定资产投资增长过快的重要根源。去年，一些地方流传这样一句话："吃饭靠财政，发展靠土地"。从某种程度上可以说，去年投资过快增长是从大量征地开始的。所谓经营城市实质就是经营土地。土地低进高出就有钱搞政绩工程，用廉价土地就可以招商引资。一些企业用相对低的成本获得了土地，又以土地作抵押获取贷款。这都成了一些地方和企业实现投资扩张的重要条件。这一次圈地规模之大相当惊人，问题确实是非常严重的。其中不少是风水宝地、高产良田。去年一年占补平衡后，中国还净损失耕地3806万亩。而且还造成了大量的无地、无业、无社会保障的农民，是一个重大的不稳定因素。一些地方不顾农民的根本利益一味追求经济增长，引发了不少社会矛盾。在土地运作中还产生了一些腐败现象。"民以食为天，食以土为本"。大量占用并极为粗放地经营耕地，不仅推动了固定资产投资的过快增长，也是造成粮食大幅减产的最直接原因。

面对这种形势，中央及时、果断地采取了一系列宏观调控措施。

（二）宏观调控政策的基本取向。从根本上说，加强和改善宏观调控是树立和落实科学发展观的重大举措，是为了引导中国经济发展沿着科学发展观的轨道前进。我们要发展，更要科学地发展。具体说，我们必须把思想统一到党的十六大精神上来，抓住本世纪头20年的重要战略机遇期，努力加快发展。而只有树立和落实科学发展观，才能更好地发展。否则，单有发展的愿望，而没有科学的态度，势必事倍功半，甚至难以为继。这样，才能比较准确全面地把握发展是硬道理。

（三）宏观调控的重点和实施。调控的重点非常明确：一是控制固定资产投资的过快增长，二是加强农业特别是粮食生产。因而，在实施上也是条理清楚的。一方面，严把信贷和土地两个闸门，解决投资增长过快、规模过大和低水平重复建设严重这个突出矛盾；另一方面，采取更直接、更有力的措施，支持农业特别是粮食增产，促进农民增收。在主要以经济手段进行调控的同时，依据法律法规和国家政策，认真清理固定资产投资项目，清理整顿各种开发区，加强经济运行调节等。针对中国经济并未出现全面过热的实际情况，没有简单地采取全面紧缩的宏观经济政策，而是始终体现了有保有压、区别对待、冷热兼治的要求。在宏观调控的操作层面上，坚持实事求是，具体问题具体分析的原则，十分注意调控力度、时机和节奏的把握，表现出高超的技巧，展示了中国宏观调控的日臻成熟。这个宏观调控政策本身就充分体现了科学发展观的要求。因此，不允许也不会使经济出现大起大落。

（四）这轮宏观调控更深层次的意义。宏观调控取得的成效不仅体现在前面所说的经济指标上，更重要的是各地区各部门紧密结合实际，认真总结经验教训，积极调整发展思路，进一步加深了对科学发展观的认识，增强了落实科学发展观、走新型工业化道路的自觉性。去年以来，经济生活中暴露出来的一些问题，确实引起了人们的深刻反思。如粮食生产和对耕地保护的重要性，以过度消耗资源来换取经济增长的方式终究是走不下去的等，都在人们的思想上引起了强烈震撼。现实告诉我们，不仅要有发展的热情，更需要有科学的态度。加强和改善宏观调控是落实科学发展观的一次伟大实践，也给我们在科学发展观方面上了深刻而生动的一课。只要认真总结经验，深刻认识和更好把握中国经济发展的特点和规律，我们就一定能够实现经济持续快速协调健康发展。历史将会证明，这次宏观调控是中国人民在向现代化进军的长征路上喝了一杯清醒剂，调整了一下跑步方式，加了一次油。这方面的意义是非常重大而深远的。

（五）宏观调控与深化改革的有机结合。中央对经济发展中多次出现投资盲目扩张和片面追求发展速度的问题洞若观火，深知根本原因是体制不健全，法制不完善，增长方式粗放。这些问题的解决单靠经济调控是不够的，还必须从改革入手，从根本上消除体制性、机制性弊端，建立长效机制。否则，旧病复发的可能性就会一直存在。正是出于这种深刻的考虑，在进行宏观调控的同时，坚持标本兼治，大力推进了多项重大改革。宏观调控措施和体制改革一开始就是密切配合，相得益彰的。例如，在加强农业特别是粮食生产、促进农民增收方面，既运用财政政策加大了对农民的各种补贴，又在完善农村税费改革措施基础上，进一步推出了逐步取消农业税的改革措施。而且，及时扩大了农村信用社改革试点范围，从体制上为发展农业提供资金保障。特别是在粮食供求出现新情况的背景下，5月底果断出台了粮食流通体制改革措施。接着，在控制固定资产投资增长过快的重要时刻，7月中旬又果断出台了关于投资体制改革的决定。一个粮食流通体制改革，一个投资体制改革，基本精神都是要充分发挥市场配置资源的基础性作用。如果按照传统观念，在政府加强对经济调控的时期，推出这样的改革是不可思议的。这确实需要巨大的气魄和胆略，充分体现了中国政府驾驭社会主义市场经济的高超艺术、强大能力和坚定信心，也是我党执政能力更加成熟和更加强大的表现。此外，国有商业银行改革等多项改革举措也在紧锣密鼓进行之中。

我们回过头来想，假如去年以来中央不采取这一系列宏观调控措施就不会有今天这样的好形势，就可能出现投资失控、通货急剧膨胀等严重局面，中国经济就可能出现大起大落，就要带来巨大的损失。这是我们大家都不愿意看到的。中国经济已经进入国际产业分工的总体格局之中，我国经济的好坏，不仅是中国的事情，对世界经济也会产生相当的影响。值得庆幸和欣慰的是，由于中央宏观调控措施及时、果断、有效，我们不仅有效避免了这一切的发生，而且赢得了今天这样的大好局面。

三、关于宏观调控的几点认识

（一）宏观调控是社会主义市场经济的重要组成部分。宏观调控是社会主义市场经济体系和运行机制的重要组成部分，是经济正常运转的重要保证，是政府的一项经常性工作。我们坚持走社会主义道路，选择了市场经济的发展模式，就必须充分发挥市场机制配置资源的基础性作用；同时为了避免市场自身的弱点，也必须加强和改善宏观调控。尤其象我们这样发展中的大国，正处在体制转轨的过程中，市场发育不完善，地区间发展不平衡，又面临日趋激烈的国际竞争，单靠市场机制的作用是远远不够的，加强宏观调控显得尤为必要。

（二）宏观调控的目的是熨平经济运行的波动，实现经济稳定协调增长。由于市场经济发展规律，经济增长出现周期性变化和波动总是难以完全避免的。但是，经济持续增长时间的长短和波动程度的大小，不仅取决于市场因素，也取决于人们对客观规律的认识程度和政府的调控能力。所以，宏观调控会伴随着经济发展的全过程，区别只是在于不同情况下调控的力度和方向、方式等会有所不同。宏观调控没有完结的时候。

（三）不能把宏观调控简单地理解成紧缩。我们在1993年实行了适度从紧的财政政策和货币政策，1998年以后又实施了积极的财政政策和稳健的货币政策。去年以来的这一轮宏观调控政策，如上所述是有保有压，有张有弛。所以不能简单地把宏观调控理解成就是紧缩。

（四）研究宏观政策必须从我国的实际情况出发。我国正处于体制转轨和经济加速发展时期，经济发展有其特殊性和复杂性。因此不能简单地用西方经济理论和发展模式来衡量和判断中国的经济发展。

四、继续加强和改善宏观调控，促进经济平稳较快增长

我们在充分肯定经济发展形势的同时，还应当看到，与加强和改善宏观调控的要求相比，当前取得的成效还是阶段性的。经济运行中一些矛盾虽有缓解，但基础还不稳固，还有一些值得关注的新情况。当前特别值得关注的是：

（一）巩固农业特别是粮食增产农民增收的好形势。今年虽然出现了粮食增产、农民增收的良好局面，但农业基础仍比较薄弱。当年的粮食产需关系仍然偏紧，粮食品种的结构矛盾还比较突出。今年农民收入较快增长的因素对明年的拉动作用可能有所减弱，农民进一步增收的难度还很大，需要继续加大对农业特别是粮食生产、农村经济和农民增收的支持力度。

（二）防止固定资产投资的反弹。目前，形成投资扩张冲动的机制

还在。固定资产投资规模仍然较大，新开工项目增加较多。前三季度，在建施工项目计划总投资 118975 亿元，同比增长 32.1%；新开工项目计划总投资 35332 亿元，同比增长 25.4%。各方面期盼土地管理等有关政策松动的呼声仍比较强烈，而且投资的摊子已经铺开，运行的惯性很大。因此，控制投资过快增长的任务还很艰巨，稍有不慎就可能出现反弹。

（三）密切关注价格走势。今年以来，我国居民消费价格上涨，有 90% 左右是由食品价格上涨带动的。但还要看到，原材料、燃料、动力购进价格同比涨幅是逐月攀升的，9 月份上涨 13.7%，比上月扩大 0.8 个百分点。这一方面是因为国内需求较旺，煤电油运供求紧张的矛盾没有得到有效缓解，资源瓶颈制约问题仍较突出；另一方面是受国际原油和国际原材料价格上涨的影响。明年我国居民消费价格上涨有可能是成本推动型的，应当予以密切关注。

当前国际原油价格的暴涨引起了全世界的瞩目。其原因，有地缘政治和个案事件的影响以及世界经济回升、需求增加等，但更主要的是由于国际垄断资本的炒作。因为全球原油产能略大于消费量的基本格局并没有发生重大改变。根据美国商品期货交易委员会近期公布的原油期货持仓报告，对冲基金的交易量已占到世界原油市场的 60% 以上。原油的背后是美元。当前国际原油交易都是以美元标价和结算的。原油价格的暴涨，某种意义上意味着美元币值的下跌。因此，对原油价格的过分炒作不仅有可能使之演变为第四次世界石油危机，而且可能动摇美元的地位，引发国际金融体系的巨大震荡。由此带来的破坏性严重后果，绝不只是哪一个国家，而是全球性的。炒作原油价格是在玩火。相信他们也不会走得太远。

根据以上分析，我国宏观调控的任务还十分艰巨。必须继续贯彻执行中央关于加强和改善宏观调控的各项政策措施，决心不动摇，工作不放松。

回顾一年来中国的经济发展和宏观调控，令人感慨颇多。中国是个 13 亿人口的大国，经济发展极不平衡，又处在快速转轨的重要时期，在复杂和困难的环境下，能够取得这样的成绩，确实来之不易。

可以总结出许多宝贵的经验。一年来中国经济发展和宏观调控的成功，也极大地增强了我们的信心。只要坚定不移地贯彻中央的方针政策，全国上下团结一心，努力奋斗，中国经济的列车就一定能够在全面协调可持续发展的轨道上胜利前进。

如何从世界经济发展的总体格局
来认识中国经济形势

——在全国政协机关作的形势报告

（2005 年 3 月 31 日）

今天，我向大家汇报一下自己的学习体会。我讲的题目是：如何从世界经济发展的总体格局来认识中国经济形势。

一、2004 年世界经济出现高速增长局面

2014 年 9 月，国际货币基金组织预测当年全球经济增长 5.0%，是 30 年来世界经济增长最快的一年；2004 年世界贸易增长 8.8%，比上年提高了 3.7 个百分点。可以说，全球经济呈现了全面回升的态势。根据其他有关报道，2004 年主要国家和经济体增长情况如下：美国 4.4%；欧元区 2.2%；英国 3.4%；日本 4.4%；俄罗斯也公布了 7.3% 的增长率。整个发展中国家增长 6.6%；发达国家增长 3.6%。我国为 9.0%。2004 年世界经济是一个加快增长的局面。

二、2004 年世界经济增长的两大动力

究竟是什么力量拉动了世界经济增长？根据国内外诸多分析评论，我概括起来可以说主要有两大动力：一个是美国的拼命消费，一个是中国的拼命投资。

从美国来看，2001 年由于 IT 产业的生产过剩，股市泡沫破灭，美国经济进入衰退和增长低迷的状态。从那以后美国的宏观经济政策取向是：布什政府以减税为核心的财政政策、美联储以长期低利率的货币政策，即"两个扩张"——扩张性的财政政策和扩张性的货币政策。

财政政策是以减税为核心，2002 年布什推出两次减税计划，十年内共减税 1.7 万亿美元；货币政策是长期实行低利率，联邦基金利率 1% 维持了将近 3 年。在这两个"扩张"政策的双重刺激下，主要依靠增加消费，使美国经济走上了强劲的复苏之路。美国消费对 GDP 增长的贡献率将近 80%。

美国的国民储蓄率很低，在 20 世纪 70 年代末，美国的国民储蓄率是 10.3%，目前只有 5.5%。不管是个人还是政府，都在拼命地消费。美国的制造业占 GDP 比重明显下降，60 年代中期为 27%，到 2003 年降到 13.8%，其中军火工业又占了很大的比重，军费支出相当于世界其他国家的总和。美国制造业的就业比重也从 24% 降到 10.5%，很多制造业都转移出去了，产业结构明显空心化。美国的服务业占 GDP 的比重将近 80%，大量的人都在忙三产，搞虚拟经济，在消费领域中的各种服务环节过日子、去享受。鲁迅说，"喜笑怒骂皆成文章"，而美国是"吃喝玩乐皆成 GDP"。在 GDP 核算的概念上就是这样的，美国经济就是主要靠消费拉动。其无底洞般的巨大消费需求成了拉动世界经济的火车头，全世界各地大量的产品都往那里输送，确实对世界经济起了很大的拉动作用。所以它去年对外商品贸易赤字达到 6660 亿美元，比 2003 年增长了 25.5%。

从中国来看，我们经历了前十年的艰苦调整。从 1993 年开始，连续五年进行反通货膨胀的斗争。1997 年亚洲经济危机爆发，从 1998 年开始连续 5 年都面临着世界性的通货紧缩的环境，又进入反通货紧缩压力的斗争。中央采取了积极的财政政策，发行建设国债、扩大投资、拉动内需，不仅保持了经济的较快增长，而且建设了大量基础设施，做成了许多长期以来想办而未能办成的大事，为经济的加速发展打下了一个很好的基础。到 2003 年中国经济进入了一个新的增长周期，当年一季度的增长速度达到了 9.9%，二季度受到了"非典"的冲击，但全年的增长速度还是达到了9.3%。2004年进入了全面增长，应该加快发展，也有条件加快发展了。工业化、城镇化都在提速。国际上大量的产业向中国转移，外商直接投资明显加快，2003年达到了535亿美元，去年为606亿美元。这一轮经济高速增长，可以说表现为投资拉动为主体的经济增长方式。去年全年完成固定资产投资70073亿元，增长25.8%。2004年的投资率，也就是GDP核算中按支出法算出的资本形成率，达到了43.9%，而2002年只有39.2%。43.9%至少是改革开放以来最高的年份；同期，消费率降到了53.6%，也是改革开放以来最低的年份。所以，我说投资拉动型增长是有根据的。去年我国进出口增长比预计的要快，全年进出口总额达11547亿美元，增长35.7%，出口增长了35.4%，出现了大进大出的局面。进出口总额首次超过了日本，成为仅次于美国、德国对外贸易的第三大国。

从我国进出口格局可以看出几条国际产业分工的链条。我国对美国出口1249亿美元，增长35.1%，对美国的顺差是802亿美元。但是，从美国的统计看，光是对美国的顺差就有1620亿美元，比我们统计上的出口总额还大得多，主要是我们的统计口径没有包括香港的转口贸易这一块，美国是全部包括的，我觉得这也有一定道理，因为香港出口的产品基本上都是大陆生产的。我们对欧盟的出口是1072亿美元，增长36.9%，顺差371亿美元，这里面同样存在着统计口径的问题。我们的逆差，对台湾省是512亿美元，对韩国是344亿美元，对东盟是201亿美元，对日本是209亿美元。

这种大进大出的格局是这样形成的：一些跨国大公司把在东南亚地区生产的元器件送到中国来配套组装，然后向欧美出口，我们买东南亚的元器件，故对它们有很大的逆差，这是一条很清楚的产业链。另一条是把日本、韩国生产的元器件运到中国，利用我们的廉价劳动力、资源、环境来配套组装，加工后向欧美出口。还有一条是台湾地区从日本进口大量的元器件，到台湾地区做一定的加工，再到大陆来组装，故台湾地区对日本会有200多亿美元逆差；也有的是台湾地区直接生产的元器件到大陆来配套组装，然后向欧美出口。是这样几个链条交叉在一起，中国真正成了世界的加工厂。

日本经济的复苏在很大程度上得益于中国市场，以数码技术为标志的通讯设备、家用电器在中国挣了不少的钱，这些产品甚至垄断了全世界的市场。台湾从大陆挣的钱也确实不少。台湾对大陆的顺差达512亿美元，而其总顺差只有61亿美元。但台湾当局买美国的武器，一揽子计划为6000多亿新台币，相当于180多亿美元。他拿了我们的钱去买军火、闹独立、搞分裂，实在是天理难容。

此外，还有一条产业链就是完全由中国大陆生产再向欧美出口。但其中大量的是衣服鞋帽、玩具等低附加值产品和高能耗产品。

所以，我前面说美国的拼命消费和中国的拼命投资和生产出口，构成了去年世界经济增长的主要动力。

下面我想介绍一下2004年世界经济生活中最令人关注的三个问题。2004年世界经济生活中哪几件事情是最令人关注的？不外乎三件事：一是美元贬值；二是油价飙升；三是中国经济的迅速增长。

三、关于美元贬值

从2002年的7月以来，美元对欧元贬值了30%以上，与2000年10月26日的最高点相比，贬值了40%，到了1.366美元换1欧元；对日元贬值了20%左右。美元为什么会下跌？我分析有以下原因：

第一，过去美元被人为地高估了，现在贬值有正常回归的因素。20世纪90年代，美国IT产业蓬勃发展，实行强势美元政策，其吸纳的国际资本达到了2.3万亿美元。2001年股市泡沫破灭后强势美元撑不下去了，现在的正常回归有其必然性。

第二，这一轮的美元贬值暴露了美国经济本身的严重缺陷。首先是IT产业泡沫的破灭。从2000年最高点到2002年，两年多的时间，美国股票总市值缩水了70%。在这种情况下强势美元就难以为继了。其次，美国经济的不平衡是由于其宏观经济政策重在刺激消费、使经济结构出现扭曲的结果。如前所述，美国这几年实行了扩张的财政政策和扩张的货币政策。克林顿下台的时候，交给布什的家底是财政赢余1250亿美元，而到前年则出现了3743亿美元的财政赤字，2004年的财政赤字是 4123 亿美元。同时，对外商品贸易出现了 6650 亿美元的严重逆差。财政和外贸的双赤字，加上低利率政策，使人们对美元的预期不好，担心还会下跌，所以在外汇市场上纷纷抛售美元。货币也是商品，当市场上对某种货币需求量减少了，必然要跌价，美元也是一个道理。所以，美元贬值是一个必然结果。

第三，从美国撤走资金。主要是阿拉伯世界的一些国家、财团和私人，在"9·11"事件后大量从美国撤走他们的资金，担心万一哪天美国说他们与恐怖组织有关，财产就会被冻结，所以纷纷撤走资金。据有关资料分析，"9·11"后阿拉伯国家撤走的资金大概达到 3000 多亿美元，而且有钱再也不存到美国去了。过去美国是存钱的安全绿洲，现在则唯恐避之不及，这样一进一出，差额很大。

第四，美国的低利率政策也导致了国际资本流向的逆转。欧元区的基准利率是 2%，美国长时间保持 1%，很自然地导致大量的国际资本从美国流向欧元区。

第五，更重要的原因是，美国人为地做空美元，需要美元贬值，让全球为它买单。2004 年年末各国外汇储备情况是：日本为 8240 亿美元，中国 6099 亿美元，中国台湾省 2420 亿美元，韩国 1990 亿美元。中国和日本两国的外汇储备占全世界外汇储备的 40%。全球外汇储备约 3.6 万亿美元，其中 70% 以上的官方储备都是美元资产。一些国家特别是亚洲国家迅速增长的外汇储备一时难以找到更合乎理想的用途，于是纷纷又投向美国，购买美国的国债、企业债券以及各类基金。

美国在财政、外贸双赤字这样严重的情况下，一方面为了提高出口产品的竞争力，需要美元贬值；另一方面，每天要借入 15 亿—20 亿美元，国际收支才能维持下去。到去年年底，美国政府欠各国债务总额已经达到 7 万多亿美元。2004 年 10 月 4 日《今日美国报》一篇文章说，未来 4 年美国政府必须开始偿还的国内外各种债务负担和社保支出一共是 53 万亿美元，而美国全年的税收总额只有 3 万亿美元。今后 4 年要偿还 53 万亿美元（当然还有不断进来的），压力确是很大的。同期，光是美国政府因欠债要支付的利息，一年就超过 1 万亿美元。

另外，美国家庭私人平均负债 8 万美元，完全是坐吃山空，借钱花钱。美国的加工工业已经非常空心化了，消费品 40% 以上要靠进口。现在形成了这样一个循环：亚洲国家向美国输出大量的价廉物美的商品，得到了一定的美元回报，同时用本国基础货币去收购市场上抛售的美元，再用巨额的外汇储备去购买美国的国债等，维持了美国的国际收支平衡。

而对亚洲国家手中握有巨额的美元债权而言，美元贬值就意味着外国人拥有的美元债权也在贬值，使美元债权发生了一定程度的"废纸化"，不值钱了，这等于是让大家来为美国买单，分摊美国的经济风险和损失。从某种意义上来说，美国是乐见其成的，这是它的一种策略。美国之所以敢这样做，是依仗其强大的军事力量、科技创新力量和能力，依仗其雄厚的经济实力和世界最发达的资本市场，以及拥有美钞的印制发行权。一位美国经济学家写了一篇文章这样评价道："美国通过美元霸权对世界各国进行掠夺和剥削，现在全世界有 100 多个国家和地区正通过接受和使用美元这种合法的'伪钞'，在经济上贴补美国这个当今最富最强的国家。有多少美元流出境外，就有多少等值的物质财富流入美国。"

美国这样做是有巨大风险的。在这种情况下，谁要是突然抛售巨额美元，比如抛几十亿美元试试看，全球就会大乱，美元的霸主地位就会发生动摇，美国就可能出现严重的金融危机，甚至出现全球性的金融风暴。世界经济特别是美国经济的失衡、全球资源配置的严重扭曲，如果处理得不好可能会发生世界性的金融"地震"和经济"海啸"。当然，谁也不敢这样做，因为真要出现这种情况，谁也跑不掉，谁都要遭灾。而且美国的调控手段是很多的，它敢这样做有一定的冒险，也有一定的把握，不得已时还可发动一场局部战争，以转移视线。

同时要看到，虽然以前美元也有下跌，结果后来都平安度过了危机，但这一次与过去有两点不同：过去美元下跌的时候，美国是净债权国，而这一次，它负债累累，是世界最大债务国；另外，过去美元贬值时世界上没有受到其他货币的严重威胁，而现在有一个强大的欧元与其相竞争。

第六，政治上的需要。去年美国大选，布什能否连任总统，国内经济好坏是一个决定性的因素。美元贬值，可增加出口，保证就业，对他的竞选至关重要。所以，他千方百计要保持经济发展的好势头，要创造哪怕是虚假的繁荣。在去年年初，格林斯潘对小布什作出了政治承诺，保证在这期间货币政策不会轻易调整。

那么，美国经济的病灶究竟在哪里？去年 12 月 10 日，《华尔街日报》有篇文章这样评论："真正的问题是，世界经济目前正处于紊乱之中，美国人成为全球的终极消费者，美国的消费能力远远超过美国的生产能力，两者的缺口就要由那些生产能力远远超过国内需求的国家来补充，这些国家源源不断地给美国人送来吃的穿的用的，而且价廉物美，美国从那些花钱节俭的国家购买产品，而这些主要分布在亚洲的国家，每天借给美国 18 亿美元"。所以，从美元贬值这个现象来看，它的本质是世界经济结构的失衡、资源配置的严重扭曲。

今年，美国有些新的动向。一是去年 6 月以来已经 7 次调息，现在已达到 2.75%。二是今年美国要努力削减财政赤字，在财政政策上有所紧缩。三是出台政策，修改法律，其中有个法律就是对美国的跨国公司在境外挣的钱，如果汇到国内来，所得税率由原来的 35% 调低到 5.25%。最近，又出台了《本土投资法》，鼓励美国的企业到国内投资。美国的一系列措施也见到了成效。但是今年看来，美元还是会在低位运行，大体不会有大的下跌或回升。

四、关于油价飙升

去年世界石油价格上涨确实引起不小的震动，主要是从 3 季度开始涨价。最高时达到 55 美元一桶，个别的日子还高些。我分析有以下几方面原因。

第一，由于世界经济全面回升，石油的消费量确实增长了许多，需求大了。全球的石油资源保有储量到 2003 年底还有 1567 亿吨，按现在的水平可以开采 41 年。去年最紧张的时候，石油的生产能力还剩余 5000 万吨／年，当然，已绷得很紧。但是，这不是主要原因，因为世界的石油生产能力大于消费需求这样一个基本格局并没有发生变化。

第二，伊拉克局势不稳，中东地区局势动荡，还有些突发事件，如俄罗斯尤克斯石油公司事件、墨西哥海上油田受到热带风暴袭击等的影响，也推动了世界油价的上涨。

第三，美国是世界上最大的耗油国，美国的用油量增长得很快，而国内的生产能力迅速递减。美国的石油消费量，2001 年是 8 亿吨，2003 年是 9.14 亿吨，去年大约为 10 亿吨。而 2003 年美国国内石油产量只有 3.4 亿吨。美国剩余的可采储量还有 42 亿吨，只够其 4 年的消费。而且现在美国的采油难度越来越大，单井产量只有沙特的 1%，成本太高，难以为继。为了能够抵消成本，维持产量，美国需要提高油价。

第四，美元贬值的结果。石油的背后是美元。全世界石油贸易基本上都是以美元来标价和结算的，美元贬值了，石油价格必然上涨。如果按欧元结算的话，去年石油价格并没有涨。与美元贬值一样，油价上涨也是国际经济结构失衡和资源配置扭曲的结果。

第五，人为炒高油价。根据去年油价上涨最凶的时候美国期货委员会发布的一个报告，在那一个星期美国期货市场上的单子中有 60% 以上是各种对冲基金买的，而不是用石油单位所买。他们在这一轮炒作中狠狠地捞了一把，挣了很多钱，是一种投机行为，石油被金融化了，不再是单纯的供需关系，油价成了金融市场上的一种衍生工具，人为抬高了油价。

世界石油价格的走势如何呢，我想还是会在高位上运行。供给不会大量增加，而消费还是会强劲增长。但是，根据一些国家和国际机构的预测，今年的油价大概在每桶 35 到 45 美元之间波动。我觉得可能过于乐观了。同时，由于去年以来油价猛涨，使得大量开采成本很高的石油资源得以开发，使供应能力得以加强，这是油价上涨的正面影响。

五、关于中国经济的迅速崛起

中国经济发展从来没有像现在这样受到人们的普遍关注。去年 12

月 31 日，德国的《南德意志日报》登了一篇文章，题目是"突然，全世界都想讲中文"。他说："突然，中国令全世界黯然失色；突然，全世界都想讲中文。英国的研究人员正在研究以证实"讲普通话的人运用了大脑的更多部分"。

今年 2 月 8 日即大年三十，日本《东京新闻》有篇文章报道，2 月 4 日、5 日西方七国财长、央行行长的会议，中国、印度、俄罗斯等国也列席了。文章说这次在伦敦举行的"G7"会议，"成了中国显示其对世界经济影响力的绝好场所，全世界的兴趣首先是中国，然后还是中国"。那么，中国究竟为什么会受到世界如此关注？让我们回顾一下去年我国经济社会发展的形势。1 月 25 日我在新闻发布会上对去年经济形势概括了这么几句话：

（一）"2004 年是不平凡的一年，是惊心动魄的一年"。去年一季度，就碰到两大难题。一个是粮价猛涨，部分地区粮食供不应求。去年在"两会"期间，国务院部署铁路全力运送粮食，把主产区的储备粮运到沿海地区，抑制了粮价的过快增长。第二个是，投资规模增长过快。1 月份、2 月份城镇固定资产投资同比增长 53%，一季度全社会固定资产投资同比增长 43%，吓人一跳啊。粮食供应紧张，投资增长过快，而且煤炭、钢材等能源、原材料价格也急剧上涨。这都意味着可能发生严重的通货膨胀。当时的经济形势是很严峻的。

（二）"有惊无险"。当时，党中央、国务院审时度势，及时果断地采取了一系列正确有力的宏观调控措施，运用经济、法律、政治等多种手段，打了一套"组合拳"。中央明确指出宏观调控的主要任务，是要控制固定资产投资过快增长和加强农业生产特别是粮食生产。这次宏观调控是树立和落实科学发展观的一次重大实践，有保有压，区别对待，体现了党中央、国务院高超的调控艺术和我们党驾驭中国社会主义市场经济的卓越能力。既一定程度地遏制了经济生活中的一些不健康、不稳定的因素，又保持了全年经济的平稳较快增长。从而避免了局部问题演变为全局性的问题，避免了严重通货膨胀的发生，避免了经济的大起大落。当我们盘点共和国上一年取得的成绩时，确实感到欣慰和鼓舞，所以叫做"有惊无险"。

（三）"中国经济发展不知不觉地进入了十几年来最好的时期"。由于全国上下认真贯彻中央的精神，树立和落实科学发展观，大家的思想认识也有了很大的提高，对中国经济究竟如何发展有了更深的认识，甚至在有些方面受到很大的震撼，看到了以大量消耗能源和资源来换取经济粗放增长的模式是难以为继的。这种认识非常宝贵。

去年的宏观调控熨平了经济运行中的波动，不知不觉中使中国经济进入了十几年来最好的增长时期。各项指标都非常好，就业超额完成了年初的预定目标，物价控制在 3.9% 这是很了不起的。在煤炭、石油、钢铁等上游产品价格猛涨的情况下，居民消费价格比较平稳，社会非常稳定，而且效益也很好。从财政收入、企业效益、城乡居民个人收入等方面看都很好。

（四）"认真面对经济生活中的困难和问题，准备迎接新的挑战"。我们不能以增长 9.5% 而沾沾自喜，还要看经济增长的方式是否合理，看我们发展的可持续性如何。过于粗放的经济发展是不能持久的。经济生活中的问题确实还不少，经济运行仍绷得比较紧。一月份拉闸限电的省份达到 23 个。在新闻发布会上，当外国记者问我对电力怎么看的时候，我说电力生产增长很快，我国发电总装机达 4.4 亿千瓦以上，在建规模还有 2.8 亿千瓦，另有 2 亿多千瓦待批。日本的总装机才 2.8 亿千瓦，但创造了比我们高得多的产值；英、德、法三个国家加起来才 3 亿千瓦。中国人口多，可城乡居民用电才占 11%，工业用电占了 74%，关键是我们的产业结构不合理，高耗能的产业太多。如果我们能认真调整产业结构，我国是不应该缺电的。虽然实际上电力供应很缺，但是缺得不应该。

去年生产煤炭 19.56 亿吨，供应还很紧张，铁路运输很紧张，铁路运力的 60% 是运煤，因为电厂等着用煤，取暖等着用煤，所以煤矿拼命生产，生产了这么多煤还是这样紧张，这不正常。所以恶性事故不断发生。这不仅是安全生产设施的问题，而是这种资源消耗方式和产业结构的不合理到了非常严重的程度，需求过旺。现在，在一片缺电声中，各地正在掀起一个建设电站的高潮，其规模之大，范围之广，是人类历史上绝无仅有的。而建完以后，煤在哪里？铁路运力在哪里？更可怕的是，我们的各家银行纷纷抢着给电力项目贷款。有人预言，明年就有可能出现电力过剩，一旦出现这种状况，一部分电站无法正常运转，银行就会出现一大堆烂账。

以大量资源、能源消耗的方式维持经济的增长，是不可持续的。环境也受不了。有人对我说起，浙江的一个村子，现在经济是发达了，却有三个数字让人震惊：全村 60 岁以上的老人都死光了，得病的人 60% 是癌症，连续四年征兵没有一个身体合格的年轻人。还有华北，可以说是"有河必干，有水必污"，过量开采地下水使其成为世界上最大的一个漏斗。这让我们不禁要问：我们发展经济到底是为了什么？

另外，固定资产投资的规模仍然很大，而且随时可能反弹；"三农"问题的解决更是需要长期奋斗的；资源约束的矛盾还非常突出；科技、教育、卫生、文化等各项社会事业的发展也有许多问题；还有收入分配的问题、社会稳定问题等，都要我们认真去对待。

中国经济发展举世瞩目。美国《纽约时报》去年有一篇文章说，"全球许多国家和地区的领导人每天都要考虑中国问题，因为快速发展的中国经济已经同全球经济挂钩，如果中国经济的泡沫破裂，其他各地的泡沫也将随之破灭。世界是否稳定在很大程度上取决于中国。"还有一篇文章说，"高速经济增长不仅使任何国家都不敢忽视中国，而且他们也不能允许中国出问题"。是啊，我们中国在 26 年前还是一个相对封闭和孤立的国家，那时候谁也不在意中国的经济发展如何，特别是十年动乱期间中国的经济到了崩溃的边缘，也没有人在意我们，因为跟他们没关系，世界上没有人关心过我们。在国内，十年前，中国在许多重大国际经济事件中也还是一个旁观者。1997 年亚洲金融危机发生后，我们很多人抱着隔岸观火的心态议论而已，认为对中国不会有什么影响，但当时中央是考虑到了的。到了 1998 年初出现了工厂生产的产品难卖，出口受阻，大批国企职工下岗，这才深深感受到世界经济风云变幻对中国的冲击。中央及时采取措施，实行积极的财政政策，发行国债、扩大内需，拉动了经济。

现在中国经济已经和世界经济紧密地联系在一起，中国经济的每一个微小波动都会对世界经济产生影响。举一个例子，去年 11 月 29

日，中国人民银行宣布提高存贷款利率 0.27 个百分点，美国道琼斯指数、香港恒生指数、日本和新加坡等地股票指数都发生了动荡。道琼斯指数跌了 50 多点。由此我们可以看出，中国对于世界来说已是举足轻重，稍有风吹草动，世界就会有很强的反映。同样，世界上任何重大的事件，中国经济也都会受到影响。所以我们考虑问题、制定政策都必须把中国放在世界经济发展的总体格局中去。

六、在国际产业分工总体格局中应承担什么角色

我们不能孤立地看中国经济生活的一些具体问题，要把眼光放到世界经济的总体格局中去分析。在国际产业分工的格局中中国究竟应该扮演什么角色？这个问题应该很严肃地提到我们面前。

改革开放以来，我国对外贸易迅速发展，确实是非常了不起的成就，为中国的经济发展作出了历史性的贡献，去年外贸总额已超过日本而居世界第三位。但是日本是世界第二大经济体，又是岛国，且以"贸易立国"起家，它的外贸依存度却比我们低，我认为这就值得深思。无论按官方汇率还是按购买力平价折算的汇率计算，我国外贸总额与 GDP 的比值都是明显高于日本。对外贸易发展到今天的水平，需要很好研究今后的发展战略。

从外贸结构上看，我国 2004 年的进出口贸易中，来进料加工贸易占了进口总额的 47.6%，来进料加工出口比重占总出口的 55.3%，外商投资企业的出口占总出口的 57.07%。这种大进大出格局的好处，是可以增加就业和税收，可以学习先进的管理和技术，还可以增加外汇收入。但也要看到，世界加工厂也是世界垃圾场、污水坑。美国 IT 产业的废弃物处理每年要花几百亿美元，而我们也产生大量的这种垃圾，很多没有处理，有的地方还大量进口一些工业垃圾，后患无穷。再就是过度消耗资源，而且对国际资源的依赖程度相当高。我们去年进口原油 1.23 亿吨，还进口了 3788 万吨成品油，进口了 2.08 亿吨铁矿石。以前国内矿石含铁量在 30% 以上才能开采，而现在 15% 以上的都在开采，成本极高，选矿过程中大量地耗电、耗水。许多国际船队都被

中国租用了，国际航运价格大幅上涨。而且 80% 的进口物资要经过马六甲海峡，全世界海盗事件的 46% 发生在这个地方，而我们在那里没有一兵一卒，经济安全风险也是很大的。

怎么看中国在世界经济分工中的定位？我们的这种来料加工产业是不是还要无限制地发展？我们暂时吃点亏是为了以后更大的发展，那也值得。说白了，就是我们准备长期给人打工还是将来自己做老板？是只充当加工者的角色，还是要在国际市场上有更多自主知识产权的产品，并且成为批发零售一条龙的名符其实的生产经营者？因为生产环节是薄利，批发零售的利润很高，恰恰这一块利润高的大多在别人手上。

我们的企业很多是高能耗的产业，比如钢铁工业，去年年底钢铁的生产能力达到 3 亿吨，今年炼铁、炼钢、轧钢的能力各可以增长5000 万吨。20 世纪 80 年代初，西方就提出钢铁工业是夕阳工业，而现在在我国得到蓬勃发展，这和我国处在这样一个历史阶段是有密切关系的，有其合理性和必然性，有其客观需要。但是从去年 5 月份我国钢铁进出口出现了历史性转折，当月钢铁进出口持平，6 月份出口大于进口，去年全年还出口钢坯 222 万吨。我们在世界的钢铁工业中应该承担什么责任和义务，我们是不是有必要大量向世界出口钢铁？我们需要冷静思考是否值得。我们的铁矿石 50% 以上依靠进口，钢铁工业大量消耗煤炭、电力，向国际出口利润也不高。今年 1—2 月钢坯和初锻件出口比去年同期增长了 11 倍，钢材出口增长 2.83 倍，有这个必要吗？去年出口铝锭 168 万吨，而生产 1 吨电解铝要耗费 1.5 万度电。这边拼命建电厂，那边拼命生产高耗能产品，搞得煤、电、油、运都很紧张，整个经济运行都绷得太紧。而附加值高的深加工却交给人家去做，为什么我们要干这种蠢事呢！这样的发展能持续下去吗？这就需要我们在政策上利用税收等各种措施来调控。我们不能长期当冤大头，尽搞一些傻大黑粗的东西。

再从贸易商品结构看，也值得分析。有关资料显示，从中国向美国出口的产品中，按照价值量来计算 80% 是美国在中国的公司生产的。美国人真正把中国当成了它的加工厂，反过来还对我们进行制裁。

大家可以看到，真正受到制裁的都是中国工厂生产的那些不值钱的东西，我们还担了倾销的恶名。

中国在国际产业分工的格局中究竟要充当一个什么样的角色应该认真研究。我们在充分肯定成就的同时，还要与时俱进，不断研究新形势下的新问题，要不断地完善我们的开放政策，调整我们的出口战略，不断提高对外开放的水平。

七、提高科技创新能力是转变经济增长方式的核心环节

我们总是没有跳出"引进—落后—再引进—再落后"的怪圈，我们掌握的核心技术太少。掌握更多的核心技术，拥有更多的有自主知识产权的产品，是个非常紧迫的问题。去年到上海出差，我给上海市统计局布置了一个任务，让他们把上海的高新技术产品中拥有自主知识产权产品的比重作一个调查。调查结果是只占17%。技术水平、工业水平最高、科技人才高度集中的上海尚且如此，其他地方更不用说了。2003年，全国大中型企业中，有技术开发机构的仅有1/4；其中，有科技开发活动的，又只有1/3，我国企业的科技投入占销售收入的比重，平均只有0.7%，而人家是5%、6%啊。对于引进技术，我们平均引进一块钱的技术，只花7分钱去研究、去消化吸收，而日本和韩国，则是买一块钱的技术，用8块钱去消化创新。所以我说我们中国的企业是"两头空"，这一头是没有开发研究、没有专利技术。目前，我国医药95%、芯片80%以上、数控机床和纺织机械70%以上、汽车90%以上的技术专利都是外国的。另一头是没有销售网络，只要产品出厂就行，其实高附加值是在后面的销售环节，我们的很多企业订单是香港老板在国际市场上拿到的，我们把货交给他，得到的报酬很低。此外，我们的企业更不注重技术服务，这与国外一些跨国公司形成鲜明对照。比如IBM，现在这个公司基本上已经不是一个生产和销售计算机的公司了，其营业收入的50%以上来自于全球技术服务，其余则主要依靠每年投入50亿至60亿美元的研发经费生产专利、出售技术获得。我国生产的DVD每台卖三四十美元，就要向几家外国公司

交 21 美元的专利费，除去成本我们还有什么利润？其他不少技术含量较高的产品都是这样。卖专利非常赚钱，现在发达国家都在往这方面转。而我们似乎总是"唯物主义"，往往追求或满足于"眼见为实"，看到厂房建起来了，机器轰鸣，产品从流水线上滚滚涌出，大家就很高兴、很知足；而对无形资产，如知识产权、产品研发、品牌、销售网络、市场开拓等，则研究不够，重视不够。由此不仅丢掉了利润的大头，而且严重制约了企业的长远发展。这是传统计划经济思维方式的反映，受此局限实在是很吃亏的。这也是我国工业生产规模很大而实际新增的国民财富并不多的重要原因之一。

当然，我们现在也有了一些像华为这样的高科技企业，这几年发展也很好。但是，当中国正兴奋于找到了落后国家后发优势的感觉的时候，国内的高科技企业却面临着前所未有的围追堵截。最近，思科起诉华为等案件，都让中国企业为知识产权的纠纷付出了高昂的代价。

国际竞争在很大程度上是知识产权的竞争、谁掌握了知识产权，谁就掌握了主动。现在，一些发达国家已经把专利战略上升到了国家发展战略的重要内容，与国家经济发展有机结合。日本 90 年代提出"技术立国"，这几年日本以数码技术为代表的电子产品发展很快，不仅在中国挣了很多钱，也充斥着美国街头。现在，它又提出"知识产权立国"，全方位建立起知识产权的保护体系。美国也是这样，刚出台了《21 世纪专利发展纲要》。而我国刚有一些新的创新，外国公司就穷追不舍，拼命扼杀。国际跨国公司进入我国，有的已经形成了技术垄断，而我国还缺少相应的防范措施和制约手段。一旦全面垄断的局面形成，会难以摆脱，就会窒息民族工业。怎样提高科技创新能力，关系到产业调整、生产方式转变，关系到中国能否强大，这是一个根本性的问题。胡锦涛同志在中央经济工作会议上指出："提高自主创新能力是转变经济增长方式的核心环节"。如果没有自主创新能力，想转变经济增长方式，想把粗放型变为集约型谈何容易。谁不希望集约型，谁不希望高效益啊？我们有些地方就是因为没有条件、没有技术，只能干那些傻大黑粗的活。

其实，我们的在校大学生比美国多，我们的博士和研究生也不少，为什么重大的科学技术创新出不来或者比较少？这要从深层次上找原因，从体制上、机制上找原因。国家要强大，科学技术上不去是没有希望的。

八、在国际竞争与合作中要趋利避害、防范各种风险

在 2001 年为迎接加入 WTO，全国上下办了各种学习班，大张旗鼓宣传学习，很紧张。三年过去了，我们的日子似乎过得还不错，进出口大幅增长，人们对加入 WTO 的挑战谈的也少了。我认为，真正的风险不在于加入之前，也不在过渡期内，而是在过渡期之后。例如从明年起外资银行就可以在我国任何地方从事任何金融业务，我们做好准备了吗？严重的挑战才刚刚开始。以后会发生什么情况，值得我们真正关注。一个与"狼"共舞的时代真的是到了。而从社会上总的氛围看，好像人们还没有引起高度重视，我觉得我们政协应该在这方面做些工作，深入地分析研究，避免受到损害。我们要作好一切准备，绝不能掉以轻心。

历史经验证明，凡是美国赞扬谁时，谁就要大祸临头，就要倒霉了。20 世纪 80 年代哈佛大学出了一本书叫《日本第一》，大吹日本。后来美国逼日元升值。于是日本人的资产按美元计算就突然膨胀了许多。但他们不知这是阴谋，却得意忘形，到美国收购大量企业和房产，国内经济也出现了严重泡沫。90 年代初泡沫破裂，日本经济十年不振，增长乏力，吃尽苦头。到 90 年代中期，亚洲"四小虎""四小龙"一派欣欣向荣，美国人称赞其为"亚洲的奇迹"，一片赞扬。1997 年索罗斯去冲击它，爆发了亚洲金融危机。现在，我国发展得这么好，大家都这么夸奖我们，我们要保持清醒头脑。就连日本这个美国的同盟军，它都不肯放过。你超过我老大哥那还得了，就要敲打你一下，一敲你就十年不得翻身。难道它们会喜欢一个正在崛起的强大的社会主义中国？不可能的。我们不能那么天真，一定要有忧患意识，要有敌情观念，要做好防范各种风险的准备。

从世界经济的总体格局中，应该怎样来看我国的经济形势和发展

趋势呢？我的结论是：21世纪前20年是中国经济发展的重要战略机遇期，中国的迅速崛起是不可阻挡的历史潮流，这一点连西方对我们成见最深的敌对势力也不怀疑了。中国经济航船在全球经济的汪洋大海中正处于风口浪尖之上，全世界的眼光都在盯着我们。我国的发展、改革、开放都处在一个关键的时期，前进的道路上还有着诸多风险。我们必须振作精神，兢兢业业，努力奋斗，不能有任何重大的闪失。中国经济不允许出现重大的挫折，每一步都要走好。中国的事情关键在党。只要把党建设好，6800多万中共党员紧紧团结在党中央周围，带领全国人民努力奋斗，我们就一定能够绕过暗礁，乘风破浪，胜利前进，全面实现党的十六大制定的战略目标。

继续加强和改善宏观调控 *

（2005 年 4 月）

2004 年是中央加强和改善宏观调控的重要一年，也是我国经济发展极不平凡的一年。一年来，我们以科学发展观为指导，不断提高宏观调控水平，取得了显著成绩。做好 2005 年的经济工作，必须全面落实科学发展观，进一步加强和改善宏观调控，着力推动经济增长方式转变，促进经济社会全面协调可持续发展，为构建和谐社会奠定良好的经济社会基础。

一、宏观调控成效显著

2004 年，各地区、各部门在党中央、国务院的正确领导下，认真贯彻党的十六大和十六届三中、四中全会精神，统一思想，扎实工作，全面树立和落实科学发展观，进一步加强和改善宏观调控，积极推进改革开放，经济运行中的不稳定不健康因素得到抑制，宏观调控取得明显成效。

（一）宏观经济从总体上保持了增长速度较快、物价上涨较温和、就业状况进一步改善、国际收支情况良好的运行态势。全年国内生产总值 136515 亿元，比上年增长 9.5%。分季度看，四个季度的国内生产总值分别增长 9.8%、9.6%、9.1% 和 9.5%，没有出现大的起落。居民消费价格比上年上涨 3.9%，处于可控范围，且涨势趋缓。城镇新增就业人数 980 万人，比预期目标多 80 万人；年末城镇登记失业率

＊ 本文发表在《求是》2005 年第 7 期。

为 4.2%，比上年末下降 0.1 个百分点。对外贸易高速增长。全年进出口总额 11548 亿美元，比上年增长 35.7%。贸易顺差 320 亿美元，比上年扩大 65 亿美元。全年实际使用外商直接投资 606 亿美元，增长 13.3%。外汇储备大幅度增加。年底国家外汇储备 6099 亿美元，比年初增加 2067 亿美元。

（二）农业生产出现重要转机，粮食获得大丰收。中央采取的更直接、更有力、更有效的政策措施，取得了积极成效，农业生产形势明显好转，粮食获得大丰收。全年粮食总产量 4694.5 亿公斤，比上年增长 9.0%，扭转了 1999 年以来连续 5 年下降的局面；粮食单产 308 公斤 / 亩，比上年增长 6.6%。粮食单产和当年粮食增产量均创历史最高水平。

（三）投资过快增长的势头得到遏制，薄弱环节得到加强。固定资产投资增长速度有所回落。全年全社会固定资产投资达到 70073 亿元，比上年增长 25.8%，比上年回落 1.9 个百分点。投资结构有所调整，部分增长过快的行业投资增速明显回落。非金属矿物制品业投资增长 43.6%，回落 38.5 个百分点；黑色金属采选和冶炼及压延加工业投资增长 31.7%，回落 65.5 个百分点；有色金属采选和冶炼及压延加工业投资增长 29%，回落 43.5 个百分点。农业、能源等行业投入力度加大。电力、燃气及水的生产和供应业投资增长 43.5%，加快 21.2 个百分点。

（四）经济运行质量继续提高。税收收入增加较多。全国税收收入 25718 亿元（不包括关税和农业税），比上年增长 25.7%，是近年来增长最快的一年。企业利润大幅增长。全年规模以上工业企业盈亏相抵后实现利润总额首次突破 1 万亿元，达到 11342 亿元，比上年增长 38.1%。城乡居民收入快速增加。全年城镇居民人均可支配收入 9422 元，比上年实际增长 7.7%；农民人均纯收入达到 2936 元，实际增长 6.8%，增幅比上年提高 2.5 个百分点，与城镇居民收入的增长差距由上年的 4.7 个百分点缩小到 0.9 个百分点。年末城乡居民人民币储蓄存款余额达 119555 亿元，比上年末增加 15929 亿元。

上述事实说明，中央采取的一系列宏观调控措施是及时、果断、正确、有效的。避免了局部性问题转变为全局性问题，避免了严重通货膨胀和经济大起大落等情况的发生，保持了经济平稳较快的发展。在复杂和困难的环境下，能够取得这样的成就，确实来之不易，这主要得益于党中央、国务院驾驭全局、审时度势、果断决策和正确领导，得益于全国上下坚决贯彻落实科学发展观和各项宏观调控措施，得益于在进行宏观调控的同时，坚持标本兼治，大力推进改革。

二、树立和落实科学发展观的一次重大实践

党的十六届三中全会指出，坚持以人为本，树立全面、协调、可持续的科学发展观，这是总结了二十多年来我国改革开放和现代化建设的成功经验，吸取了世界上其他国家在发展进程中的经验教训，概括了战胜非典疫情给我们的重要启示，揭示了经济社会发展的客观规律，反映了我们党对发展问题的新认识。这就是，要发展，更要科学地发展。回顾这一轮宏观调控，充分体现了科学发展观的指导思想。

从 1993 年到 1997 年，我们开展了 5 年的反通货膨胀的斗争；1998 年到 2002 年，我们又经历了 5 年反通货紧缩压力的艰苦斗争。经过 10 年的调整，加上国际经济环境的改善，2003 年我国经济进入了一个新的快速增长时期。但同时出现了一些新的情况：

（一）粮食生产滑坡。新中国成立后，我国用不到世界 10% 的耕地解决了超过世界 20% 人口的吃饭问题，这是一个奇迹。中国粮食产量从 1949 年的 2264 亿斤上升到 1998 年的 10246 亿斤，达历史最高水平。当时出现了粮食胀库、农民卖粮难、种粮效益差、粮食价格逐步降低等一系列问题。受粮食价格走低和农民收入增长缓慢影响，2003 年粮食产量降低到 8614 亿斤，与 1998 年相比减少 1632 亿斤，退回到低于 1991 年 8706 亿斤的水平，而这 12 年中人口则净增长 1.34 亿人。在两方面因素的综合作用下，2003 年粮食供求关系出现失衡，10 月份出现了部分地区粮价猛涨的现象，确实令人吃惊不小。好在我们建立起了中央储备粮体系，充分发挥了国库存粮的吞吐功能，同时采取紧急调运等措施，及时稳住了粮食市场。但是，粮食价格大幅波动这个

信号强烈地提醒我们，在工业生产高速发展的时候，农业特别是粮食生产增长缓慢甚至滑坡，则表明一、二产业的关系出现了失衡，需要有针对性地采取宏观经济政策适时进行结构调整。

（二）投资增长过快，规模过大，低水平重复建设严重。2003年全社会固定资产投资增长27.7%，是1995年以来增幅最高的一年。这一轮投资扩张有其客观原因，一方面中国正处于城镇化提速、重化工业加快发展的历史时期，另一方面世界经济进入新的结构调整时期，境外一些加工工业正向中国转移。从城镇化提速看，城建等投资需求增长过快，带动了重工业的过快增长，反过来又拉动了钢铁等相关行业的投资，进一步推动整个投资规模的扩张。投资与重工业之间的这种循环，与社会消费相脱节，就可能造成经济结构的扭曲，形成部分行业需求过盛和产能过剩两种"泡沫"，并且使得煤电油运新的"瓶颈"制约再度突现，经济运行绷得比较紧。一旦市场发生变化，就会导致部分企业倒闭、失业增加、银行坏账增多，最终造成经济的大起大落，对经济发展造成巨大破坏，恢复起来需要更长的时间，付出更大的代价。

（三）滥用土地资源现象相当突出。在生产诸要素中，用地扩张是造成固定资产投资增长过快的重要根源。一些地方流传这样一句话："吃饭靠财政，发展靠土地。"从某种程度上可以说，2003年投资过快增长是从大量征地开始的。一些地方大搞所谓经营城市，实质就是经营土地。土地低进高出就有钱搞政绩工程，用廉价土地就可以招商引资。一些企业用相对低的成本获得了土地，又以土地作抵押获取贷款，成为实现投资扩张的重要条件。在这次用地扩张中，圈地规模之大相当惊人，问题确实是非常严重。其中不少是高产良田，属于国家严格保护的基本农田。2003年占补平衡后，我国仍净损失耕地3806万亩。一些地方不顾农民的根本利益大量征用土地，一味追求经济增长，造成了大量的无地、无业、无社会保障的农民，引发了不少社会矛盾，加重了社会不稳定性。"民以食为天，食以土为本"。大量占用并极为粗放地经营耕地，不仅推动了固定资产投资的过快增长，也是造成粮食大幅减产的最直接原因。

　　针对上述情况，党中央国务院见事早、行动快，及时果断地采取了一系列宏观调控的政策措施。在科学发展观的指导下，宏观调控的重点非常明确：控制固定资产投资的过快增长和加强农业特别是粮食生产的薄弱环节。一方面严把信贷和土地两个闸门，解决投资增长过快、规模过大和低水平重复建设严重这个突出矛盾；另一方面，采取更直接、更有力的措施，支持农业特别是粮食增产，促进农民增收。在主要以经济手段进行调控的同时，依据法律法规和相关政策，认真清理固定资产投资项目，彻底清理整顿各种开发区，加强对经济运行调节。针对中国经济并未出现全面过热的实际情况，没有简单地采取全面紧缩的宏观经济政策，而是始终体现了有保有压、区别对待、冷热兼治的要求。在宏观调控的操作层面上，坚持实事求是、具体问题具体分析的原则，十分注意调控力度、时机和节奏的把握，表现出了高超的技巧，展示了我国宏观调控体系的日臻成熟。

　　在这次宏观调控中，中央对经济发展中出现投资盲目扩张和片面追求发展速度的问题洞若观火，深知根本原因是体制不健全，法制不完善，增长方式粗放。解决这些问题单靠经济调控是不够的，还必须从改革入手，从根本上消除体制性、机制性弊端，建立长效机制。否则，旧病复发的可能性就会一直存在。正是基于这样的深刻认识，在进行宏观调控的同时，坚持标本兼治，大力推进了多项重大改革。过去的一年，在完善农村税费改革的基础上，推出了逐步取消农业税的改革；及时扩大了农村信用社改革试点范围；果断出台了粮食流通体制改革的决定；进行了增值税改革试点；出台了关于投资体制改革的决定；加快了国有商业银行的改革步伐；《行政许可法》正式实施。可以说，这次宏观调控的政策措施和体制改革一开始就是密切配合、相得益彰的。在政府加强对经济调控的时期，推出这样的改革确实需要巨大的气魄和胆略，充分体现了中国政府驾驭社会主义市场经济的高超艺术、强大能力和坚定信心，也是我党执政能力更加成熟和更加强大的表现。

　　更加可贵的是，过去的一年，各地区各部门紧密结合实际，认真总结经验教训，积极调整发展思路，进一步加深了对科学发展观的认识，增强了落实科学发展观、走新型工业化道路的自觉性。2003 年以来，经济生活中暴露出来的一些问题，如粮食生产和对耕地保护的重要性、以过度消耗资源来换取经济增长等，在人们的思想上引起了强烈震撼。现实告诉我们，推动经济发展，不仅要有发展的热情，更需要有科学的态度。这次加强和改善宏观调控是落实科学发展观的一次伟大实践，给我们如何以科学的态度对待发展问题上了深刻而生动的一课。历史将会证明，这次宏观调控是中国人民在向现代化进军的长征路上喝了一杯清醒剂，调整了一下跑步方式，其意义非常重大而深远。

三、加强和改善宏观调控不放松

经济理论，尤其是反复的实践使我们深刻地认识到，在发展社会主义市场经济、推进现代化建设的过程中，市场机制与宏观调控总是相辅相成的。市场机制和宏观调控都是社会主义市场经济体制的有机组成部分。因此，宏观调控将贯穿于改革开放和现代化建设的全过程，宏观调控不存在何时结束的问题。只不过应根据不同的情况，适时地改变它的力度和方向而已。我们自始至终要充分发挥市场配置资源的基础性作用，同时要根据不断变化的经济运行情况加强和改善宏观调控，两者都是不可或缺的。既要充分发挥市场配置资源的基础性作用，又要注意克服市场本身的缺陷。加强和改善宏观调控，要自觉遵循市场经济规律。只有正确处理发挥市场机制的作用和加强宏观调控的关系，才能既保持经济发展的活力，又保持经济运行的平稳，促进国民经济持续快速协调健康发展。

去年年底召开的中央经济工作会议，深刻总结了一年来宏观调控的经验，加深了我们对社会主义市场经济条件下，适时适度综合运用多种政策手段，保持经济平稳快速增长的认识，进一步丰富了搞好宏观调控的经验，极大地增强了我们对我国经济发展前景的信心。继续加强和改善宏观调控，今年要更好地贯彻区别对待、有保有压的原则，根据经济形势的变化，把握好调控的力度和重点；充分发挥市场配置资源的基础性作用，更加注重运用经济手段和法律手段，运用好价格、税收、利率、财政贴息等经济杠杆；更加注重通过深化改革，把行之有效的宏观调控措施规范化、制度化；实行稳健的财政政策和货币政策，加强各项宏观经济政策的协调配合，合理调控总量，着力调整结构。当然，在充分肯定宏观调控成效和经济发展形势的同时，我们也应当看到，与落实科学发展观的要求相比，当前取得的成效还是阶段性的，经济运行中一些矛盾虽有缓解，但基础还不稳固，还有一些值得关注的新情况。当前特别值得关注的问题如下。

（一）巩固农业特别是粮食增产农民增收的好形势。2004年虽然出现了粮食增产、农民增收的良好局面，但农业基础仍比较薄弱。当年的粮食产需关系仍然偏紧，粮食品种的结构矛盾仍比较突出。去年农民收入较快增长的因素对今年的拉动作用可能有所减弱，农民进一步增收的难度还很大，需要继续加大对农业特别是粮食生产、农民增收和农村经济的支持力度。

（二）防止固定资产投资的反弹。目前，形成投资扩张冲动的机制仍存在。固定资产投资规模仍然较大，新开工项目增加较多。2004年，在建施工项目计划总投资137586亿元，同比增长27.0%；新开工项目计划总投资48978亿元，同比增长24.4%。各方面期盼土地管理等有关政策松动的呼声仍比较强烈，而且投资的摊子已经铺开，运行的惯性很大。因此，控制投资过快增长的任务还很艰巨，稍有不慎就可能出现反弹。

（三）密切关注价格走势。2004年以来，我国居民消费价格上涨，有90%左右是由食品价格上涨带动的。但还要看到，原材料、燃料、动力购进价格同比涨幅达到11.4%，仍处在高位。这一方面是因为国内需求较旺，煤电油运供求紧张的矛盾没有得到有效缓解，资源瓶颈制约问题仍较突出；另一方面是受国际原油和国际原材料价格上涨的影响。从上述情况判断，2005年我国居民消费价格上涨有可能是成本推动型的，应当对此予以密切关注。

（四）关注国际油价波动。2004年国际原油价格的暴涨引起了全世界的瞩目。其原因，有地缘政治和个案事件的影响以及世界经济回升引起需求增加等，但更主要的是由于国际垄断资本的炒作，因为目前全球原油产能略大于消费量的基本格局并没有发生重大改变。根据美国商品期货交易委员会去年三季度公布的原油期货持仓报告，对冲基金的交易量已占到世界原油市场的 60% 以上。原油的背后是美元。当前国际原油交易都是以美元标价和结算的。原油价格的上涨，某种意义上意味着美元币值的下跌。应密切关注其发展趋势。

展望未来，我们一定要站在维护好和利用好重要战略机遇期的高度，充分认识社会主义市场经济条件下宏观调控的必要性、长期性和艰巨性，增强贯彻落实中央各项政策措施的自觉性，全面落实科学发展观，继续加强和改善宏观调控，进一步巩固和发展来之不易的好形势，为全面实现十届全国人大三次会议通过的今年经济社会发展目标努力奋斗。

2005 年国民经济发展情况

——国务院新闻办举行的中外记者招待会实录

（2006 年 1 月 25 日）

2006 年 1 月 25 日上午，国务院新闻办公室举行中外记者招待会，国家统计局局长李德水应邀介绍 2005 年国民经济运行情况，并回答中外记者的提问。一同出席招待会的还有国家统计局新闻发言人、国民经济综合统计司司长郑京平。

李德水：女士们、先生们，上午好！国家统计局今天在这里举行新闻发布会，主要是向大家通报一下 2005 年中国国民经济和社会发展的情况。2005 年，各地区、各部门在党中央、国务院的正确领导下，以科学发展观为统领，进一步加强和改善宏观调控，积极推进改革开放，国民经济呈现增长较快、效益较好、价格平稳、活力增强的良好发展态势。初步核算，全年国内生产总值 182321 亿元，按可比价格计算，比上年增长 9.9%，略低于上年 10.1% 的增长速度。其中，第一产业增加值 22718 亿元，增长 5.2%；第二产业增加值 86208 亿元，增长 11.4%；第三产业增加值 73395 亿元，增长 9.6%。分季度看，四个季度的国内生产总值分别增长 9.9%、10.1%、9.8% 和 9.9%，总体上比较平稳。

（一）农业生产继续趋好，粮食再获丰收。全年粮食总产量达到 4840 亿公斤，比上年增产 146 亿公斤，增长 3.1%。棉花产量 570 万吨，比上年减产 9.8%；油料、糖料产量与上年基本持平。畜牧业克服"禽流感"带来的困难，继续保持增长，肉类产量比上年增长 6.3%。

（二）工业生产保持平稳较快增长。全年工业增加值 76190 亿元，比上年增长 11.4%。其中，规模以上完成工业增加值 66425 亿元，增长 16.4%，增速比上年回落 0.3 个百分点（12 月份 6712 亿元，增长 16.5%）。在规模以上工业增加值中，国有及国有控股企业增长 10.7%；重工业增长 17.0%，轻工业增长 15.2%。规模以上工业企业产销率达到 98.1%。全年规模以上工业企业实现利润 14362 亿元，增长 22.6%。

（三）固定资产投资在结构调整中保持了较快增长。全年全社会固定资产投资达到 88604 亿元，比上年增长 25.7%，增幅比上年回落 0.9 个百分点。其中，城镇固定资产投资 75096 亿元，增长 27.2%（12 月份 11837 亿元，增长 24.2%）；农村增长 18.0%。行业投资结构有所改善。黑色金属冶炼及压延加工业投资增长 27.5%，非金属矿物制品业投资增长 26.6%，分别比上年回落 0.1 和 15.1 个百分点。分地区看，东部地区投资增长 24%，中部地区和西部地区投资分别增长 32.7% 和 30.6%。

（四）国内市场销售增长加快。全年社会消费品零售总额 67177 亿元，比上年增长 12.9%，扣除价格因素，实际增长 12.0%，实际增速比上年加快 1.8 个百分点（12 月份 6850 亿元，增长 12.5%）。其中，城市消费品零售总额增长 13.6%；县及县以下消费品零售总额增长 11.5%。批发零售贸易业零售额增长 12.6%，餐饮业零售额增长 17.7%。在限额以上批发零售贸易业零售额中，通讯器材类比上年增长 19.9%，家用电器和音像器材类增长 14.8%，汽车类增长 16.6%，石油及其制品类增长 34.4%。

（五）对外贸易继续快速增长，利用外资保持较高水平。全年进出口总额 14221 亿美元，比上年增长 23.2%。其中，出口 7620 亿美元，增长 28.4%；进口 6601 亿美元，增长 17.6%。进出口相抵，顺差达 1019 亿美元，比上年增加 699 亿美元。全年实际使用外商直接投资 603 亿美元，下降 0.5%。年末国家外汇储备 8189 亿美元，比年初增加 2089 亿美元。

（六）居民消费价格涨势温和，生产资料价格涨幅高位回落。全年居民消费价格比上年上涨 1.8%，涨幅比上年回落 2.1 个百分点（12 月份上涨 1.6%）。其中，城市居民消费价格上涨 1.6%，农村上涨 2.2%。从构成看，食品价格上涨 2.9%，涨幅比上年回落 7 个百分点，其中粮食价格上涨 1.4%，肉禽及其制品上涨 2.5%，蛋上涨 4.6%。烟酒及用品价格上涨 0.4%，娱乐教育文化用品及服务价格上涨 2.2%，居住价格上涨 5.4%，其余商品价格则略有下降。全年商品零售价格上涨 0.8%（12 月份上涨 0.9%）。原材料、燃料、动力购进价格比上年上涨 8.3%（12 月份上涨 5.0%），工业品出厂价格上涨 4.9%（12 月份上涨 3.2%）。固定资产投资价格上涨 1.6%，70 个大中城市房屋销售价格上涨 7.6%。

（七）城乡居民收入继续保持较快增长。全年城镇居民人均可支配收入 10493 元，扣除价格因素，比上年实际增长 9.6%，增幅比上年提高 1.9 个百分点；农民人均纯收入 3255 元，实际增长 6.2%，增幅回落 0.6 个百分点。年末居民储蓄存款余额 14.1 万亿元，比上年末增加 2.1 万亿元。年末城镇登记失业率为 4.2%，与上年底基本持平。

以上情况说明，2005 年我国经济形势良好，特别是经济运行的稳定性有所提高，发展的协调性有所改善。这为新世纪第一个五年我国的经济社会发展画上了圆满的句号，也为新的一年乃至"十一五"时期经济的平稳较快发展奠定了良好的基础。当前经济运行中存在的问题主要是，农业基础薄弱，粮食增产和农民增收后劲不足，固定资产投资规模依然偏大，且结构不尽合理，经济增长方式仍然粗放等。

展望 2006 年，世界经济环境和国内发展的有利条件都很多。只要认真贯彻中央经济工作会议确定的各项方针政策，全面落实科学发展观，正确处理好改革、发展和稳定的关系，有效应对各种困难和风险，我国经济社会将继续保持平稳较快发展的良好态势。我的新闻发布就到这里，下面我和郑京平先生共同回答记者的提问。

中央电视台记者：请问李局长，对于当前中国经济的发展态势，在经济界存在着两种说法：一种是由于现在一些像钢铁等主要生产材料出现产能过剩、供大于求的情况，当前经济最应该防止的是通货紧缩；另一种说法是，目前随着货币供应量的不断加大，当前经济最应该防止的是通货膨胀。您认为中国经济最应该防止的是哪种状况？另外，前不久，国家统计局重新调整了三次产业的比例，您能否介绍一下 2005 年投资和消费对经济的贡献率？未来将有可能从以投资为主、消费为辅，转变为投资和消费共同拉动的模式，您认为这种模式离我们现在还有多远？

李德水：这是大家都很关心的问题。前一段时间，社会上普遍议论，中国这两年在某些行业出现产能过剩，生产能力增长太快，由此可能导致严重的供大于求，从而出现通货紧缩的趋势。对这个问题，我想谈谈我个人的看法。

在 2005 年 12 月 15 日，国家发展和改革委员会主任马凯先生专门回答了新华社记者提出的产能过剩问题，他列举了几个行业，比如钢铁、电解铝、铁合金、电石、焦炭、汽车、水泥等等存在的产能过剩问题。我们摔了一下，这几个行业产能确实是比较大的，比如说钢铁，我们钢的生产能力在去年年底已经达到 4.7 亿吨，产量是 3.4 亿吨，在建能力还有不少，如果在建的和拟建的全部建成，中国钢的生产能力将达到 6 亿吨以上。全世界 2004 年的钢产量才 10 亿吨，中国钢的生产能力显然是比较大的。

再比如电解铝，我们的生产能力到去年年底达到 1030 万吨，开工率较低；铁合金去年生产能力达 2213 万吨，开工率只有 40%；电石行业生产能力是 1600 万吨，有一半是闲置的；焦炭行业已达 2.4 亿吨，可能比需要多了 1 亿吨，在建的和拟建的还有 1.18 亿吨，实际需求没这么大，现在山西的焦炭行业处于全行业亏损。再比如汽车，到去年年底，汽车生产能力 868 万辆，包括各种类型汽车的产量 600 多万辆，在建的产能有 220 万辆，拟建的还有 800 万辆，这样的建设速度与市场的实际需求是不匹配的。再从电力建设来看，我们这几年缺电，电力建设增长也是很快的。到去年年底，全国发电装机容量已经达到 5 亿千瓦以上，在建的净规模，加上一部分拟建的，还有 3 亿千瓦以上，全部建成后，中国的发电装机总容量将超过 8 亿千瓦。我们看看德国，作为世界第三经济大国，它才 1.21 亿千瓦，法国才 1.16 亿千瓦，英国才 8000 万千瓦，我们去年是 5 亿千瓦，跟我们的经济规模是极不相称的。当然，我们现在确实面临着电力短缺，这说明我们的经济结构、产业结构很不合理。如果我们全部建成了这些生产能力，是否会出现供电过剩也是值得担心的。目前尽管还没有表现出来，但这些情况都值得我们关注和重视。

这里面有一个经济理论问题，比如说在计划经济时代，是以短缺经济为突出特点的，什么都缺，什么都要排队，都要计划分配。在社会主义市场经济条件下，究竟应该是什么样的状态？是不是一定要过剩，供给能力一定要大大地超过需求？这个问题值得很好地研究。我认为，短缺是不好的，大家都深有感受。但是严重过剩也是很危险的，它会造成巨大的浪费，特别是会造成大量银行呆坏账，同时也会造成一些企业生产能力不能发挥，亏损甚至于关闭，导致失业的增加，这是一定要很好地防止的。但是，供求刚好平衡，这种理想状态也是不合理的。因为如果刚好平衡，消费者就没有选择的余地了，企业竞争也无从发挥了，适当地供略大于求比较正常。

当前中国的突出问题是某些行业产能增加过快，产能过剩的问题比较严重，值得引起高度重视。解决的办法，从根本上说是靠市场的力量，由市场配置资源的基础性作用来进行调整。要相信投资主体如企业和银行，他们总是会分析市场，会寻找出路的。一方面他们会努力去开拓产品的销售市场，另一方面他们在决策投资的时候会谨慎行事。市场的力量还会使那些落后的生产能力无法生存，必然会被淘汰。政府在这件事情上也是可以有所作为的，比如说制定合理的产业政策，制定有关的宏观经济政策包括信贷政策，在信贷上面采取一些引导措施。另外，舆论指导、发布信息，向社会介绍我们的供需情况，让企业了解宏观形势，这样就会减少盲目性。而且，我们还要依靠法律的手段，通过法规来限制一些环境保护和资源消耗方面不符合要求的、落后的生产工艺的发展。部分行业生产能力过剩，对我们是一个严峻的挑战，但同时也是一个调整产业结构、实现我国产业升级的机遇。我们应该积极地去引导、推进结构的调整。

至于产能过剩或者是部分行业产能过剩，会不会导致中国经济出现通货紧缩呢？这是一个很严肃的问题，应该很好地看待。去年12月20日在这里举行新闻发布会，结束之后记者们向我提出一个问题，中国现在是通胀还是通缩？我随口说了三句话：第一句话是中国现在没有出现明显的通货膨胀，也没有出现明显的通货紧缩的现象；第二句话是中国现在经济生活中既有引发通胀的因素，也存在导致出现通缩的因素；第三句话是我们既要防止通胀，又要遏制通缩的发生。经过这一个多月的思考和分析，我今天仍然持这个观点。

导致中国经济出现通货紧缩的因素确实是存在的。比如说部分产品的生产能力过剩；另外，假如我们出口受阻，也可能会产生价格的低迷；如果世界经济发生了什么大的事情，那就难说；同时，居民收入特别是贫困居民群体的收入增长是比较缓慢的，我们城乡有 1 亿多生活比较困难的居民，他们的消费能力没有上去或者提升比较慢，这些都可能造成物价低迷。但是，我们还要看到，导致通货膨胀的压力也是存在的。国际油价的高企，现在政府对成品油的价格实行管理，如果根据需要我们适当地调整一下，价格指数就会上去；另外，服务价格也有很多是政府管制的，这部分也可能上调；再加上工资水平的提高；如果今年气候不好，粮食减产了，粮价上涨，也会带动其他食品价格上涨；再比如说，如果货币供应量过大，货币的流动性过剩，也是会导致通胀的。这些因素都有可能发生，通胀、通缩两种趋势都存在。所以，我说通胀通缩一线间，我们两种可能都要去关注，都要努力防止，而现在还不能说必然产生通货紧缩。国家统计局中国景气监测中心最近对全国 100 多位经济学家作了一个问卷调查。认为 2006年出现通缩可能性不大的人占 64%，认为根本不可能的人占 7%。也就是说认为不太可能出现通缩的人占了 71%，认为可能性很大的人只有 5.3%。经济学家们的判断是很值得参考的。而且整个世界经济去年和今年都处在高增长、低通胀、高就业的景气时期，是一个新的经济增长周期。去年全世界的 CPI 上涨率为 2.7%，都比较正常，我们不要担心，或者不要人为地去渲染通缩的可能性有多大、有多危险，但是在措施上我们要认真地研究，一点也不能大意。

对于投资和消费对 GDP 增长的贡献，我们初步核算了一下，三大需求对 2005 年 GDP 增长的贡献率，消费是 33.3%，投资是 48.8%，进出口是 17.9%；普查前，消费要低一些，投资则高一些，比如说把全社会固定资产投资完成额和 GDP 来比，去年是 48.8%，而普查前 2004 年的年报数是 51.5%，结构确实发生了一些变化，消费的贡献率有所提高。至于将来的发展模式，我想我们必然是逐步地向扩大消费、提高消费对经济增长贡献率这个方向努力，发展趋势是很明显的。

外国记者：我有两个问题，第一，从您刚才发布的外商直接投资来看，它是在过去很多年以来第一次出现了下降的趋势，您是否对此感到担忧？使得外商直接投资下降的原因是什么？第二个问题，您对 2006 年一季度 GDP 增长的预计以及对 2006 年 GDP 全年走势的判断是什么？

李德水：FDI 去年是 603 亿美元，同比下降 0.5%，还是很平稳的。我觉得不值得担忧，也没有什么特别异常的现象。2004 年在中国房地产比较热的情况下，据我所知，某家跨国公司直接投到中国某个城市来炒房地产的资金就有 46 亿美元。去年我们在房地产方面实行了宏观调控，加强了管理，至少这一块就少了 46 亿美元。外商进来炒房地产，而且有些是属于恶意炒作的，这种外资不来也罢。我们的 FDI 总量还有 603 亿美元，有什么关系？不用担心。再有，我们去年 FDI 是 603 亿美元，如果加上金融、保险、证券等行业，实际利用外资大约是 700 多亿美元，国际社会、国际跨国公司对中国投资的热情是很旺盛的。而且他们也在调整投资的方向，不一定完全是在传统的加工业上，现在有一个趋势是向服务业方面发展，这些情况都是正常的，不用担心。

第二个问题，对 2006 年一季度 GDP 的预计，现在才 1 月 25 日，预计还早了一点，但是我可以对你讲 2006 年总的发展趋势。我认为 2006 年的发展趋势还是很好的。我们 2005 年取得这些成绩，不仅是经济增长、效益提高，而且我们还取得了宏观调控的宝贵经验。所以，对于 2006 年中国经济发展趋势的判断，我是持乐观态度的，当然也是谨慎的乐观。

第一，2006 年是第十一个五年规划的开局之年，全国和各省（区、市）都对"十一五"规划作了战略性的安排，开局之年肯定是要打响的。第二，科学发展观更加深入人心，正在逐步变为各级领导干部和广大群众的自觉行动，大家认识到不坚持科学发展观，以粗放方式增长，中国经济是走不下去的，这一点全国上下取得了共识。所以，2006 年的经济发展会更加理性化、更加科学化、更加协调、更加全面。第三，国际环境仍然较好，不管是世行还是国际货币基金组织的预测，还有英国共识预测公司的预测，2006 年世界经济增长和 2005 年基本是同一个水平，增长速度是 3.4%、3.3%，是比较好的。所以，我们对 2006 年的国际环境还是很有信心的。另外，从三大需求来看，我们要不断提高对外出口的水平，加强管理。我们自己不要搞恶性竞争、竞相压价。同时，我们要正确面对国际贸易摩擦，有什么问题坐下来很好地谈，很好地商量。我想，由于国际产业分工的结果，中国加工工业的产品流向世界、流向欧美是不可逆转的趋势，生意总是要做的，不可能出现大幅度下滑。除非是欧美经济出现大问题，需求下滑，但一般情况下是不会的。出口的需求仍然将保持良好的态势。美国今年的经济形势也是很好的，各方面的分析都很好，高就业、低通胀、高速度，去年美国增长 3.6%；失业率在 12 月份只有 4.9%，全年也就 5.1%；通胀率也很低，估计是 3.1%。欧洲也在加快增长，我们出口的主要对象需求是旺盛的。再从投资来看，中国的固定资产投资到 2005 年底，全社会投资在建项目总规模有 25 万—26 万亿元，我们的投资不可能萎缩。相反，我们还要努力地从宏观上控制固定资产投资规模，防止固定资产投资的反弹，而不担心没有项目可干，去年新开工的项目是 186476 个，增长了 22.6%。房地产投资即使是在去年宏观调控的情况下，也增长 19.8%，很正常，而且房地产的二级市场非常活跃。所以，投资需求也是旺盛的。从消费需求看，我们去年社会消费品零售总额增长 12.9%，请问世界上有几个国家的商品零售总额增长这么快？餐饮业增长 17.7%，都是很快的。而且我们的民营经济、个体经济十分活跃。中国经济整个来看充满活力，三大需求都是不错的，对 2006 年的经济增长保持着强劲的拉动作用。再一个是我们的宏观经济政策保持了连续性、稳定性，2006 年将继续实行稳健的财政政策和货币政策。

我还要再说两点，一个是我们去年下半年以来，煤电油运的瓶颈制约有了明显的缓解。煤炭的供应比较充足，拉闸限电的省（区、市）去年1月份是26个，到11月份只有7个省（区、市）。最近一段时间由于季节性的影响，农民工回家过年等因素，拉闸限电的地区增加到11个省（区、市），比去年同期缓和多了。这对我们今年的经济发展是非常有利的。

另外，我还想特别向大家推介一组令人鼓舞的数字。2004年10月份开始，国际油价迅速上涨，整个2005年国际油价在高位上运行。原因很多，其中有一种说法就是认为中国进口的原油太多了，需求太旺盛，造成了国际市场油价的上扬。2004年，中国原油的进口确实增长得很快，原油净进口和2003年相比增长了41.5%，如果把原油和成品油进口的数字简单相加，2004年石油的净进口增长36.5%，对国际市场有一定的影响，我们应该看到这点。但我要告诉大家的是，2005年中国原油加成品油的净进口不仅没有增加，而是减少了5.3%。2005年在维持了9.9%的经济增长速度的情况下，中国原油和成品油消费总量不仅没有增加，而是减少了0.5%，而2004年消费量是增长15.3%。这是令人鼓舞的一组数字，在一年之内就发生了这么大的变化，说明中国经济结构调整的潜力很大，建设节约型社会的潜力也是很大的。我们以后加强这方面的工作，加快结构调整，转变增长方式，是完全可以使能源和其他矿产资源消耗大幅度降下来，又能保持经济较快增长。当然，我们对2006年的经济发展也不能掉以轻心，我们还要看到当前经济生活中还存在很多困难，还有很多矛盾，还有一些不确定的因素，我们要从坏处着眼，把困难想象得大一些，扎扎实实地去做好应对各种困难的准备。

《中国日报》记者：首先想跟您确认一个细节，您在谈到通胀压力的时候，说油价和服务价格现在是由政府管制的，它们都有上去的可能，您这么说是不是因为您觉得在可能看到的比较近的将来就已经到了要上调的程度？具体说是不是在2006年可能要调？其次是两个问题，一是在经济普查结果出来这么短的时间内，我们就来做2005年全面的统计数据的工作，这里面从技术上是不是有困难，是不是要花很大的力气来做这个事情？因为这可能涉及到统计的技术，想请您谈一下。二是这几天有报道说国家统计局正在调整居民消费价格指数 CPI 篮子里的构成，请您核实一下，如果确实的话，具体情况是什么样？

李德水：中国的成品油价格是参照纽约、鹿特丹、新加坡三个地方的价格，然后根据国内用户的承受能力经常、定期地做一些调整。当然是由政府来把握，不是完全市场化的。现在国际油价水平这么高，中国国内成品油的价格应该说相对是低的。但是，这里面有两个问题，要看到两方面：一方面我们应该对这些短缺资源通过市场的机制，通过价格的机制来限制它的消费，来调整它的需求，不能大手大脚地用。从这个意义上说，应该加快价格的调整；但从另一方面说，我们要考虑到居民的承受能力，特别是像出租车司机，人民生活用的成品油，农民用的油。如果价格跟国际市场完全同步，可能他们的承受能力就有些问题。所以，处于两难的选择。但是，方向是要逐步地向国际市场价格、向市场调节为主体来发展。具体说，中国国内市场成品油价格什么时候调整？具体哪一天？我只能告诉你，哪天宣布了就是哪天调整。

第二个问题，普查以后这么短的时间我们就把 2005 年的核算数作出来了，而且把历史数据调整出来了。1 月 9 日我们发布了调整历史数据的公告，大家都看到了，一直调整到 1993 年。刚才这位记者说我们不容易，很辛苦，谢谢你的鼓励和理解，是不容易。到现在世界上有哪一个国家宣布了 2005 年的国民经济核算数字？没有吧？美国没有，德国没有，日本也没有，中国是最早的一家。我们是比较快的，不是说中国的统计部门特别有本事，而是各方面都需要，各个省开人代会都要，3 月份开全国人代会也要，我们确实是超常规地发挥了，也难免做得不一定很好。我们实行的是初步核算、初步核实、最终核实三个阶段的发布制度，下面还有两步可以调整，可以弥补现在的不足。我们 45 天以后就要发布初步核实数据，可能有一些调整，逐步完善。

第三个问题，CPI 的权数调整，这是一个常识问题，也是一个常规工作，我们每年都要调整。CPI 调查的内容是八大类，包括服务类、商品类，范围达到 120 多万个价格，范围很大；550 个县市，比日本、美国、英国还要多。确定权数的依据是在全国 12 万户城乡居民的家庭进行调查，我们每年都要调整一次权数，像粮食的权数在变，食品的权数在变。比如说食品的权数，1995 年的时候占 44.0%，2004 年是 33.6%；粮食的权数，1995 年是 6.4%，2004 年下降到 3.1%；同期居住权数上升了 7 个百分点……消费类的权数下降了，而服务类的权数从 9% 上升到 23.4%，都在变化，这些都是根据实际情况调整的。全国的调查队抽取的样本点也在变，都在根据需要调整，力求反映 CPI 的实际水平。

国务院新闻办公室新闻局副局长鲁广锦：虽然李局长回答了三个问题，但是大家知道信息量是非常大的，涵盖的面非常广，所以李局长回答的已经不止三个问题，我统计了一下，可能有七八个问题。李局长说再给大家一个机会，最后一个问题。

《中国信息报》记者：我的问题是，从李局长您刚才发布的数据来看，2005 年我国城镇居民人均可支配收入增幅同比提高了 1.9 个百分点，而农民人均纯收入增幅下降了 1.6 个百分点，这是否是城乡收入差距继续加大的信号？对于增强农民增收的后劲李局长有何具体建议？

李德水：城镇居民人均可支配收入与农村人均纯收入增长的水平不一样，差距拉大的趋势是客观存在的。至于怎么样解决这个问题，是个长期的问题，中央农村工作会议对于解决"三农"问题又做了新的部署，采取了很多措施。但是这是一个历史的过程，总的趋势是要缩小差距，共同富裕。这是毫无疑问的。

时间到了，可能大家肚子也饿了，我想给大家加一点"餐"，再讲两个观点。第一，我想向大家通报一下，2005 年中国 GDP 现价 182321 亿元人民币，我们算了一下，按 2005 年年平均汇率，人民币对美元 8.1917：1 来计算，折合为 22257 亿美元，人均 1700 美元。

第二，我想说一下去年中国的外汇储备增长很快，外贸盈余较多，怎么看这个问题？恐怕也是国际社会很关注的。我想说一个观点，这是世界经济一体化和国际产业分工的必然结果。再一个，我想强调一下，看外贸不要简单地看，好像中国出口这么多，向欧美出口的顺差这么大，中国对欧美的顺差实际上是亚洲各个经济体的综合表现。因为中国在亚洲来说是一个加工中心，日本、韩国、中国台湾、东南亚生产的大量元器件到中国来加工，在中国组装以后向欧美出口，所以我们对日本、韩国、中国台湾和东南亚都是逆差，而对欧美则有很大的顺差，实际上中国大陆是过路财神，不要只看到外贸总额，更要看到背后财富的分配、利润的分配。我这里要举个例子，台湾地区去年对日本和韩国的贸易逆差达到 450 亿美元，对东南亚其他国家也是逆差，因为他们从那边进口元器件在台湾加工一下，然后到大陆来组装，向欧美出口，台湾岛对大陆的顺差 2004 年是 512 亿美元，2005 年达到 581 亿美元。这 581 亿美元对台湾的经济发展是非常重要的，如果没有这个顺差，台湾就会出现严重的逆差，而且经济恐怕会出现很大的问题。台商到大陆投资，不仅为大陆经济发展作出了贡献，中央政府和大陆人民是欢迎他们、感谢他们的，而且他们对台湾经济发展也作出了重大贡献，这点应该客观地看到。

最后，我还想说一句话，我们看国际贸易不要只看海关的统计数字，不能只看商品货物的国际贸易关系，还要看无形的技术专利和服务这些国际贸易，观察国际贸易的平衡和逆差、顺差，要全面地分析，现在非货物贸易额是越来越大了。这个问题可以专门讲半天，但是时间关系，我只能把观点亮出来。谢谢大家！

中国经济：谨防垄断性跨国并购

——在全国政协十届四次会议经济界委员联组会上的发言

（2006 年 3 月 4 日）

从 1979 年至去年底，我国累计吸收外商直接投资 6224 亿美元，同时引进了先进的管理和技术，利用外资取得巨大成绩，对推动我国经济社会发展功不可没。这是改革开放的重大成果。

随着我国开放程度的不断提高，并受 1995 年以来国际新一轮跨国并购浪潮影响，跨国公司对华投资方式出现一些新情况、新特点。主要是从合资、合作到独资建厂，再到大举并购我国发展潜力较大的优秀企业。这是跨国公司一项战略性的重大举措，而且来势很猛。

必须绝对控股、必须是行业龙头企业、预期收益必须超过 15%，这三个"必须"是一些跨国公司目前在华并购战略的基本要求。他们对一般国企拼命压价，对好企业不惜高价收购。

从公开披露的外资并购中国企业案例看，来自美国的跨国公司最多（占 30.2%），欧盟企业次之（占 27.3%），其余为东盟、日本等国的企业。

一些跨国公司认为，现在是收购中国企业的最好时机：收购价格正像中国的劳动力一样，比欧美低得太多；还可以利用中国企业原有的销售网络、原材料和能源供给渠道以及品牌，再加上外商的资本和技术就可以逐步实现垄断中国市场的目标。

目前，国际啤酒巨头已把中国啤酒企业和市场瓜分得差不多了；可口可乐通过品牌战略，已使其饮料、浓缩液在我国市场占有很大份额；宝洁在中国的公司除上海沙宣是合资企业外，其余 9 家已全部独资；欧莱雅只用 50 天就整合了中国护肤品牌"小护士"；我国大型超市的 80% 以上已被跨国公司纳入囊中。

近年来，跨国公司已开始大举进军我国大型制造业，并购重点直奔我国工程机械业、电器业等领域的骨干企业、龙头企业。在调研中听到反映，有的外资企业对我国优质企业摆出一副爱你没商量、志在必得的架势。

恶意并购：任何主权国家都不允许

跨国公司来华并购企业原是市场行为，本无可厚非。中国继续积极利用外资的政策不会改变，也不应改变。只要符合双方利益、有利于中国经济发展而不影响国家经济安全的外资来华并购，我们任何时候都欢迎。

但是，必须坚决制止任何试图垄断中国市场的恶意并购。任何一个主权国家都不会允许这样的事情发生。

德国法律明确规定，禁止导致收购方产生或强化市场垄断地位的并购行为。加拿大规定，超过两亿美元的并购协议必须经过政府批准后方可生效。美国政府和国会对外国并购更是层层把关、多道设防。

国际分工：我们不能只当打工者

如果听任跨国公司的恶意并购自由发展，中国民族工业的自主品牌和创新能力将逐步消失，国内龙头企业的核心部分、关键技术和高附加值就可能完全被跨国公司所控制，甚至作为建设创新型国家的主体——我国企业特别是一大批骨干企业也将不复存在。

那样，我们将会出现核心技术缺乏症。跨国公司只会将商品生产中最没有附加利润的部分，比如组装环节，最耗费能源和原材料、最易造成污染环境的环节放在中国。而公司利润和新创造财富的绝大部分会被跨国公司拿走。在国际产业分工的总体格局中，我们就只能充当打工者的角色。

在这种发展模式下，看起来 GDP 增长很快、规模也很大，但却是"虚胖"。因为 GDP 是个地域的概念，虽然财富在这个地方（国家）创造出来了，而其所有权和支配权并不主要属于当地（本国）政府和人民。如果大量企业利润和社会财富的控制权掌握在跨国公司手里，尽管 GDP 总量很大，而我们国家的利益却受到严重损害，广大人民也得不到实惠，并可能直接威胁国家经济安全和国家主权。那样的话，我们到底为谁辛苦、为谁忙？

对策建言：全面提高对外开放水平

中国今后还将坚定不移地走改革开放的道路。新形势、新情况，要求我们必须不断提高对外开放的水平，逐步完善利用外资政策。

转变观念，把思想认识统一到中央的精神上来。五中全会通过的《中共中央关于制定国民经济和社会发展第十一个五年规划的建议》指出要"实施互利共赢的开放战略。"我们要从国家和人民的长远根本利益为出发点去利用外资，要学会外资为我所用，也让外商得到应有的好处。要着重引进先进技术、管理经验和高素质人才，做好引进技术的消化吸收和创新提高。国企改革不能一卖了之。老工业基地也应在改造上下苦功夫，而不是急迫地请外商来并购。

规范管理方式。外资对国有企业的并购，各级政府要按其职权范围认真把关；外资对民营企业的并购，地方政府也要尊重当地企业的意愿，不应为了完成招商引资指标而对企业施加压力，迫使其接受外资收购。

尽快制定外商来华并购企业的法律法规，与国际通用做法接轨。消极地抵制外商来华并购是不可取的，而是要尽快制定和完善旨在规范外资来华并购行为的法律或条例。特别对以垄断我国市场为目标的恶意并购行为，要有严厉的制裁手段。

对外资企业实行国民待遇政策。过去我们实行对外资优惠的政策是必要的，也是有效的。但在新形势、新环境下，应与时俱进。要按照世贸组织的规则，一视同仁地给予国内外企业国民待遇。实际上，真有本事的跨国公司并不在意什么"特殊关照"和"超国民待遇"，而是看重公平竞争的环境。

近几年经济社会发展和宏观调控经验总结

（2006 年 9 月 7 日）

党的十六大以来，我国经济社会发展保持良好态势，宏观调控也取得很大成功，积累了许多宝贵经验。

一、经济社会发展

经过 1993—1997 年反通胀、1998—2002 年反通缩整整十年的艰苦奋斗，2002 年四季度我国经济开始提速，2003 年一季度强劲增长，在二季度遭受非典疫情冲击的情况下（当季增长 6.7%），全年仍增长 10.0%，标志着我国经济已完全摆脱了亚洲金融危机的影响，进入一个新的增长周期。三年来，主要有如下成绩和经验。

（一）始终把"三农"工作放在重要位置。大力推进农村税费改革，结束了几千年来农民种田要交"国税皇粮"的历史，相反，国家对农民种粮还给适当补贴；成功进行了粮食流通体制改革；建立了农村新型合作医疗制度（试点覆盖面已达农业人口总数的 55.8%）；完善农村义务教育制度；推行农村综合改革试点；出台保护农民工利益的政策；粮食产量逐年增长，农民人均纯收入年均增长 5.8%。建设社会主义新农村写入十一五规划。农村经济社会蓬勃发展，农民生活水平稳步提高，为全国的稳定打下良好基础。城镇化率由 2002 年 39.1% 快速提高到 2005 年的 43%。

（二）坚持以结构调整为主线。

1. 产业结构发生了积极变化，经第一次全国经济普查核实，2004

年二产增加值占 GDP 比重由原 52.9% 降为 46.2%；三产比重由原 31.9% 上升到 40.7%，提高 8.8 个百分点，经济总量增加 2.3 万亿元。这种变化是结构调整的成果，经济普查只是更客观地反映了实际情况。

2. 我国制造业不仅规模迅速壮大，而且装备水平、工艺技术都有很大提高，产品质量在国际上受到普遍认可；基础设施建设成绩很大，高速公路达 4.1 万公里，居世界第二；网络、手机等通讯技术飞快普及，提高了生产效率和人们的生活质量；在经济继续保持高速增长的情况下，及时化解了煤、电、运的瓶颈制约；国有工业企业的改革也取得了重大成绩。三峡蓄水，青藏铁路通车，南水北调东、中线工程全面开工等，举世瞩目。

3. 服务业发展较快，三产增长速度 2004、2005 年都达到 10%，基本与 GDP 同步增长。2004 年底共有文化产业法人单位 31.8 万个，个体经营户 36.2 万户，呈现出一派繁荣景象；金融改革迈出重要步伐，几个大型国有商业银行改制取得实质性进展，不良资产率逐年下降，资本充足率普遍达到巴塞尔条约规定的 8% 以上；上市公司的股权分置改革基本完成，解决了一个老大难的问题，资本市场进一步发育；保险业也获得重大发展；各类咨询机构、中介服务、生活和社会服务业都非常活跃，餐饮业增长尤其快（2003—2005 年分别增长 11.6%、21.8%、17.7%）。

（三）高度重视社会事业发展。非典时暴露出经济社会"一条腿长、一条腿短"的问题，是认识上的一个重大飞跃。近几年明显加大了社会事业的建设发展力度，各地普遍建立起疾病控制中心，建立了疫情公开通报制度，在国际上也获好评。群众性健身活动、文化设施建设、社会公益性事业、教育、科技等都取得很大成绩。

（四）坚持以改革为动力。前述成就几乎都是与深化改革紧密相关的，改革为经济社会发展提供了强大动力。除经济社会的基本面外，上层建筑的改革力度也很大，出台了行政许可法、新的公务员法，强化行政监督等。市场配置资源的基础性作用进一步发挥。

（五）进一步扩大开放。抓住加入 WTO 的机遇和世界经济全面回升的时机，加快开放步伐，不断提高开放水平，使我国成为国际产业分工中的重要成员。世贸组织总干事拉米最近访华对我认真履行对 WTO 的承诺给予高度评价。2003–2005 年进出口总额年均增长 31.8%。

（六）连续三年经济呈现出高增长、低通胀的良好局面。2003 年 GDP 增长 10.0%，2004 年 10.1%，2005 年 10.2%，年均增长 10.1%；全社会固定资产投资年均增长 26.8%；国家财政收入年均增长 18.7%；居民消费价格除 2004 年上涨 3.9%，2003、2005 年和今年上半年都只上涨 1% 多一点。2002 年是负 0.8%。城乡居民收入和企业效益都有较多增长。

（七）经济社会发展最重要的经验是提出了科学发展观。在十六届三中全会上，胡锦涛同志指出："树立和落实全面发展、协调发展和可持续发展的科学发展观，是 20 多年改革开放实践的经验总结，是战胜非典疫情给我们的重要启示，也是推进全面建设小康社会的迫切要求。"科学发展观写入了三中全会的决定，成了全党全国经济社会发展工作的重要指导思想。围绕科学发展观这个基本思想，中央又相继提出了建设环境友好型和资源节约型社会、创新型国家，构建社会主义和谐社会等重要概念和目标。延伸到国际事务，又提出了建设和谐世界的思路，形成了一个比较完整的关于发展问题的思想体系。树立和落实科学发展观，也成了我国宏观调控的根本指导思想和最重要的任务。

二、宏观调控

正如计划和市场都是管理和调节经济的手段，而不是基本经济制度一样，市场机制和宏观调控也并非资本主义国家的专利，社会主义经济同样可以运用。这是人类的共同财富。我们坚持走社会主义道路，选择了市场经济的发展模式，就必须充分依靠市场机制去配置资源；同时为了避免市场自身的弱点，必须加强和完善宏观调控。我国正处在体制转轨、增长方式转型、并在许多方面与国际接轨的关键时期，经济社会又在高速轨道上迅猛发展，加强和改善宏观调控显得更加重要。近几年来，人们对宏观调控重要性的认识确实有了很大提高。

党的十六大确定了我国宏观调控的目标："促进经济增长、增加就业、稳定物价、保持国际收支平衡"。这个目标既符合国际上的通常做法，也符合中国的实际情况。几年来宏观调控的实践，又积累了许多宝贵的经验。

（一）见事早，行动快。2003 年 11 月下旬召开的中央经济工作会议上，胡锦涛同志针对当时经济生活中出现的一些问题，明确指出："一定要更加重视总量调控和结构优化，正确把握调控的时机和力度，引导经济平稳运行。"温家宝同志在总结时指出："现在我国经济发展正处在一个重要关口。"2004 年 3 月 15 日，温家宝同志在答中外记者问时说："这次考验不亚于去年 SARS 的考验。"经济生活中的问题刚出现苗头就看得很准，并提醒全党全国人民高度关注。针对 2003 年下半年粮价突然上涨，10 月份国务院及时召开了粮食工作会议，采取了有力的调控措施。当年中央经济工作会议上对宏观调控的目标、原则及具体做法都做了全面部署。

（二）对形势判断全面、准确，决策比较民主科学。坚持具体问题具体分析，不轻言经济过热。每个季度国务院都要召开经济形势专题分析会，在肯定成绩的同时，不回避矛盾。每年中央经济工作会议之前都要广泛听取党内党外各方面意见。制定宏观经济政策时，比较充分地做到了民主决策和科学决策。

（三）适时、适度。针对突出问题，抓住重点，采取有力、有效措施，实行区别对待、有保有压的方针，不搞急刹车，不搞"一刀切"。具体有以下特点：一是不等到经济生活中的问题相当严重时才提出加强宏观调控，而是把宏观调控作为常规的工作，一以贯之；二是根据我国地区发展差异较大的特点，不过多使用总量调控手段；三是如老子所说"治大国若烹小鲜"，关键在控制火候、把握分寸。这几年宏观调控措施的力度是比较恰到好处的。

（四）综合运用各种调控手段。2003 年下半年以来的这一轮宏观调控，综合运用了经济、法律、行政等手段，抓住了"看好土地、管好信贷"这两个闸门。在金融手段上，也不是主要靠直接压缩信贷规模，而是采用了调整利率、提高存款准备金率等综合性措施。对房地产业调控和土地管理都出台了一系列政策、法规和法律，8月31日国务院又发出了关于加强土地调控有关问题的通知，很有针对性，力度也比较大。

（五）坚持树立和落实科学发展观。几年来，坚持以人为本，树立全面、协调、可持续的发展观，促进经济社会和人的全面发展始终作为宏观调控的主旋律和根本指导思想。这一轮宏观调控政策的基本取向可以概括为：要发展，更要科学地发展。

（六）保证了经济又快又好、平稳发展，避免了大起大落。与改革开放以来历次防止经济过热的重大宏观调控相比，在这点上表现得尤为突出。1980年"反洋跃进"的调整、整顿，经济增长率从1980年的7.8%降到1981年的5.2%；1984年的调控使经济增长率从当年15.2%回落到1986年8.8%；1988年的压投资反通胀使经济增长率从当年11.3%回落到1989年的4.1%、1990年3.8%；从1993年开始的反通胀使经济增长率由当年14.0%回落到1998年的7.8%。几乎都有大起大落的过程，有的是事前调控不够及时，使经济起得太高；有的是调控过程中可能力度过猛而使经济落差太大。而这一轮调控中，经济运行表现得相当平稳。这说明，我们正确总结了历史经验，宏观调控显得更为成熟了，确实来之不易。

经济社会发展和宏观调控中
值得关注的几个问题

（2006 年 9 月 7 日）

一、正确处理中央和地方的关系，发挥两个积极性

胡锦涛同志 2003 年 7 月 28 日在全国防治非典工作会议治的讲话指出："我们讲发展是党执政兴国的第一要务，这里的发展绝不只是指经济增长，而是要坚持以经济建设为中心，在经济发展的基础上实现社会全面发展。我们要更好地坚持协调发展、全面发展、可持续发展的发展观。"这已深刻阐明了科学发展观的基本内涵。可以说，当前及今后一个很长时期，宏观调控的首要任务是全面落实科学发展观，即要把我国经济社会引向科学发展的轨道。宏观调控并不只是中央的事，地方各级党政是国家宏观调控政策的贯彻者、执行者，并要结合当地情况，身体力行，使之真正落到实处。

但是，在具体实施中往往不会是一帆风顺的。最近有一篇文章说："一些地方政府对中央政策'拆招卸力'，已经使宏观调控出现了'雷声大雨点小'的尴尬。两者似在博弈。"有些地方同志总结长期经验，得出"老实人吃亏，不怕闯红灯，只要经济上去了，就什么都好说"的结论，甚至提出"领导干部为发展经济犯错误是光荣的"。摩根斯坦利首席经济师罗奇最近写的"中国经济发展重大矛盾与 13 亿现象"一文说："北京实施宏观调控很大程度上为地方层面的根深蒂固的分散结构和独立自主作风所妨碍……其分散的结构比任何体系都更为'反宏观'"。

为什么会出现这些现象？要从体制上、机制上、结构上找原因。不能简单责怪地方领导。要保护好、引导好、发挥好地方的积极性。同时，中央各部门也要加强协调，增强大局意识，不断提高宏观调控水平。

对地方领导该批评的要严厉，说到要害，以儆效尤。但对大多数同志更需要的是关爱和鼓励。建议在中央经济工作会上可考虑对各地方的党委书记提出更高要求，明确他们是本地区贯彻和落实科学发展观的第一责任人。

二、宏观调控的视野要扩大到世界经济全局，不能就中国论中国

（一）看准我国在国际产业分工总体格局中的地位——处在产业链的低端。这是一个历史发展过程，我们对走过来的路无怨无悔。没有开放政策，就没有中国今天的繁荣进步。但也不能总是安于"打工者"的地位而不思进取。否则，转变经济增长方式也是很难实现的。当然，这个转变同样是一个历史性的过程。

（二）我国与亚洲各经济体不仅在产业分工上紧紧相连，而且在经济利益和经济政策（如汇率、利率、对外开放政策等）方面也密切相关。需多关注他们的情况。

（三）我们已比较广泛地加入世界经济合作与竞争的格局之中，我国经济的波动必然会对世界经济产生一定的影响，世界经济的任何风吹草动对我国的影响也都会比以往更敏感、更强烈。

（四）重视经济安全。目前世界上对冲基金有近万家，资金规模达数万亿美元，有4倍的杠杆放大效应。资本流动过剩是全球性的问题。我们在金融开放的过程中，必须对国际短期资本严加管理，政策底线是：决不允许国际短期（即一年或一年以内的）资本"说来就来、想走就走"。"走出去"战略也要稳步实施，QDII不可一哄而上，不能当作政治任务去完成，要分析国内外市场，最近就有一篇文章说QDII是"馅饼"还是"陷阱"。

（五）宏观调控部门要认真研究如何"调整和完善现有涉外经济发展模式"。这是一个带有发展阶段性的重大课题。全球经济失衡，"双循环"能走多远？根据联合国资料（UNIDO）：美国制造业占全球的份额1995年为22.3%，2005年为22.4%。十年来，世界制造业蓬勃发展，而美国占全球的比重不降反升，说明这期间美国制造业的发展比世界总水平还要快。看来，事实并非像一般概念说的那样，美国制造业大多转移出去了，经济已经空心化。其转移出去的主要是劳动密集型或高能耗、高污染产业。美国制造业处于产业的高端，凭借着掌握了最先进的技术和雄厚的资本，对世界制造业的控制力和影响力比以前更强了。美国进口的主要是日用产品，这种需求总有饱和的时候，外贸逆差不会无限扩大。中美两国在外贸、储蓄率、消费、投资、外汇储备、技术、生产等方面的情况都正好相反，表现出你高我低或你短我长，放在一起正好互补，要努力寻找最佳平衡点。FDI、外贸等一系列涉外经济政策如何调整和完善需要深入分析、全面权衡。从资金流量表上看，1994年以来我国一直是资金净流出的国家。我们在积极利用外资，而外国则更多地利用中资。2004年主要由于国际储备资产增加较多（外汇储备除了对外投资外，大多存放在第三国银行，至少可收利息），使我国资金净流出5682亿元（折成人民币），即有700多亿美元净流出。至2005年末我国累计净流出36598亿元，折4575亿美元。放在国外十年期的利率只有4%多一点，人家用我们的钱来投资工业项目，平均回报率为15%，在虚拟经济市场的回报率更高达30%—40%。我们需要认真研究，如何使我国这笔巨额的宝贵财富发挥更大的效益，甚至成为在国际事务中的重大砝码。

三、宏观调控还要关注虚拟经济

过去，我们在分析货币供应量的时候，主要把眼光放在（M_2）（广义货币）上。随着金融工具的发展，（M_2）已经不能准确描述流动性了。一家英国研究机构根据巴塞尔国际清算银行（BIS）的数据，计算了全球金融衍生品和证券化债权等的规模，得出以下结论：如果全球的流动性是 100% 的话，金融衍生产品占到了 3/4，其规模是全球 GDP 的 8 倍，膨胀速度比 GDP 增长快 5 倍。虚拟经济与实体经济之间已形成一个巨大的倒三角（见附图）。这就可以解释，为什么在全球泛滥的流动性推高了以房地产为主的资产泡沫，而全球的通胀水平却仍然比较温和。这是因为现在推高资产价格的不再仅仅是（M_2）这样的货币，还包括了抵押债券和衍生品在内的流动性，而后者只能在房地产和资本市场里流转，不会像（M_2）那样直接流入消费品市场。新货币主义下的流动性虽然推高了资产价格，却没有直接推高消费物价，其对消费物价的作用是间接的，且有滞后性。用这个观点来分析我国当前的经济现象，也是有意义的。因此，宏观分析光看（M_2）是不够的了，还要关注抵押债券和各种金融衍生品的流动性问题。导致将来世界金融市场震荡的最大破坏性因素可能就是虚拟经济。目前，我国虚拟经济所占比重还不太大，但国际上则是迅猛发展，我们必须学会应对。人家用钱挣钱，甚至用你的钱来大把挣你的钱。而我们如不关注虚拟经济，怕是要吃大亏的。我国企业一涉足国际期货市场就踏进人家设置好的陷阱，导致巨额经济损失，已有不少的教训。我国大量进口资源性产品（铁矿石进口已占全球贸易量的 43%），却毫无定价权，任人漫天要价，当了"冤大头"，也足以引起我们的高度关切。

四、宏观调控要善于运用大众心理学，正确引导人们对市场的预期

这是零成本甚至负成本的工具。有关部门该说话时要说，不能听任社会人士乱哄哄去左右市场预期。要尽量避免出现这种情况，加强前瞻性，积极主动正确地去引导舆论。毛主席说过，打天下要靠"枪杆子和笔杆子"，巩固政权也要靠这"两杆子"。如今我们党领导着这样大规模的社会主义现代化建设，更要靠这"两杆子"。

五、要重视劳动生产率的提高

主要依靠要素的大量投入来实现经济增长，是粗放型增长方式的典型特征。目前，我国正处在要素价格不断上升的时期，工资、利率、汇率、土地价格、环境成本等都在提高。最根本的出路在于千方百计提高劳动生产率，特别是全要素生产率。只要劳动生产率提高的速度超过全要素价格上升的速度，就能保持旺盛的竞争力。否则，我国经济增长势必会受到严重制约。技术进步、创新型国家、一切改革举措，都是为了解放和发展生产力，最终要体现在劳动生产率的提高上。而我们长期以来，对提高劳动生产率的问题尚未引起足够重视，连这个统计指标都没有建立起来。历史早已证明，提高劳动生产率与扩大就业不是相互对立的。随着劳动生产率的不断提高，社会财富加速积累，人民收入增加，消费水平提高，就会创造出更多的就业机会。

附图：

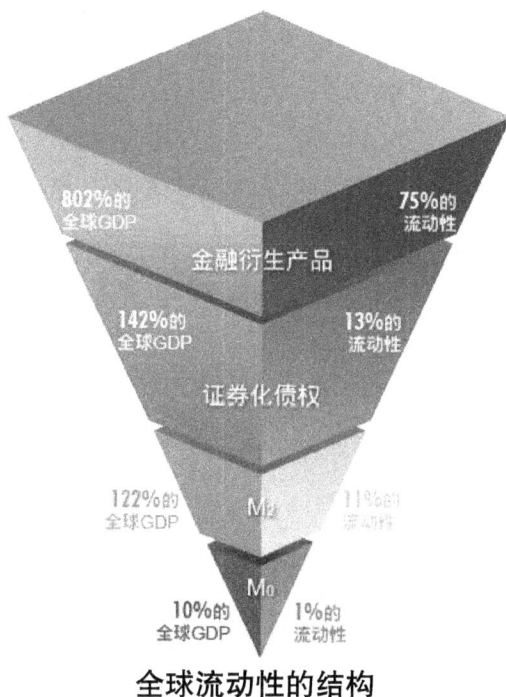

全球流动性的结构

中国经济发展的回顾和展望

（2006 年 9 月 30 日）

一、历史的简要回顾

中华民族有着绵延五千年的灿烂文化，在经济发展史上也创造过自己的辉煌。但在明清两代由于中国封建统治者实行闭关锁国政策，中国渐渐落后了。1840 年英国殖民主义者用坚船利炮轰开了中国的大门。从此，我国经历了一百多年半封建半殖民地的社会，中国人民饱受外来侵略和欺侮，经济社会极度贫穷落后。

在中国共产党领导下，中国人民英勇奋斗，1949 年建立了新中国。新中国成立初期，在当时特定的历史条件下，我们别无选择地走了计划经济的发展路子。在那个年代，包括苏联、东欧各国、亚洲的越南、朝鲜、蒙古等国都实行了计划经济的发展模式。这是人类历史上对经济发展模式的一个重要探索和伟大实践。我国在实行计划经济的年代，经济社会发展也取得了巨大的成就，为此后的现代化建设打下了一个较好的基础。但是，实践证明，计划经济的发展模式确实存在着效率和效益比较低下等弊端。1978 年，党的十一届三中全会作出了"改革开放"这个决定我国前途命运的重大决策，极大地解放和发展了生产力。

20 世纪 80 年代，在西方发达国家的大力倡导下，出现了新一轮经济全球化的浪潮，其目的是为它们的跨国公司凭借雄厚的资本实力和强大的技术力量在世界上利用更多的廉价劳动力和自然资源并占领世界市场，从而实现利润的最大化。推动经济全球化的主体则是跨国公司。据联合国统计，2002 年全球跨国公司总数 6.4 万家，控制了全球产出的近 50%，世界贸易的 60%，国际投资额的 90%，国际技术转让的 80%，国际研发的 90%。这些跨国公司主要属于美国、欧盟和日本。我国在改革开放政策的指引下，顺应和平、发展、合作的世界潮流，主动加入经济全球化的进程，而且积极促进经济全球化趋势朝着有利于实现共同繁荣的方向发展。我国的改革开放政策和经济全球化政策相结合，中国大量廉价劳动力特别是一亿多农民工和国际资本、先进技术及管理相结合，并进入国际生产和贸易体系之后，不仅改变了中国经济，而且对世界经济发生了重大而深远的影响。

改革开放以来，我国经济持续快速发展，综合经济实力显著增强，对外贸易迅速发展，人民生活水平不断提高，各项社会事业蓬勃发展，社会主义现代化建设取得举世瞩目的重大成就。从 1978 年到 2005 年，国内生产总值年均增长 9.6%，财政收入年均增长 13.1%，进出口贸易总额增长 68 倍，社会消费品零售总额增长 42.1 倍，普通高校招生增长 11.6 倍，城乡居民储蓄存款余额增长 669 倍，农村贫困人口减少 2.3 亿人，各项基础设施明显加强，城乡面貌日新月异。可以说，27 年来我国经济社会确实发生了翻天覆地的变化。特别是在改革开放的实践中，我们总结经验，确立了实行社会主义市场经济的发展模式，使人民群众的积极性和创造力得到充分的发挥，中国经济更加充满了蓬勃生机和无限活力。

同时，中国对世界经济也作出了巨大贡献。中国实行改革开放政策，加入了国际生产和贸易体系之后，引起了国际要素市场和商品市场相对价格发生改变，产生了以下效应：一是大量物美价廉的中国商品流向世界，产生了积极的供给效应；二是跨国公司的资本回报率大幅上升，产生了巨大的财富效应；三是对全球通胀起到了有效的抑制效应。

2003 年以来，中国经济与世界经济的总体趋势一样，进入了一个新的增长周期。2003 年我国 GDP 增长 10.0%，2004 年增长 10.1%，2005 年增长 10.2%，预计今年的增长率也将在 10% 左右，实现了持续高速平稳增长。当然，在经济社会生活中，也存在着这样那样的问题，有的还相当严重。但这都是发展中的问题，前进中的问题。我们已经找到了一条实现全面协调可持续发展的道路，这就是树立和落实科学发展观。

二、展望未来任重道远

我国正处在由传统计划经济向社会主义市场经济体制全面转轨的重要历史阶段，经济管理方式、技术直至产品标准等都在努力与国际接轨，经济社会又在高速运行的轨道上发展。我们面临的任务十分艰巨。我们将坚定不移地继续实行改革开放的政策，坚定不移地走社会主义市场经济的道路。为了保证我国经济又快又好、全面协调和可持续的发展，当前和今后一个时期特别需要关注和做好以下工作：

（一）始终把"三农"工作放在重要位置。中国革命是从农村包围城市、武装夺取政权取得成功的，27 年来的中国经济体制改革也是从农村开始的。历史事实充分说明，农村和农民是中国发展的巨大动力源泉和长期发展的战略基础。目前，我国还有 7 亿多农村人口，他们的生活水平还相当低，去年农村居民人均纯收入只有 3255 元。但这正说明，农村和农民中蕴藏着巨大的发展潜力和发展动力，建设社会主义新农村的首要任务是千方百计提高农民收入水平，缩小城乡差距，从而可以开拓出无可限量的市场潜力。

（二）应当看清我国在国际产业分工总体格局中的地位。中国经济与世界经济已经建立了十分紧密的联系，但在国际产业分工中我国仍处在产业链条的低端。高新技术如 IT 产品的生产能力虽然很大，出口数量甚至超过美国，但核心技术绝大多数掌握在外国公司手中，与其说是"中国制造"，不如说是"外国创造，中国组装"。把大量消耗劳动力、能源、原材料的生产环节放在中国，污染也留在中国，而利润的大头都是人家的，我们只收取了微薄的加工费。去年我国商品出口中，外商投资企业占 58%，对外贸易的总顺差中外商投资企业占 83%，其中许多是通过来进料加工的方式实现的。十多年来，美国的制造业大量向外国转移（2005 年末在中国就有 4.9 万家美国公司），但其生产能力并没有明显削弱，主要是制造业在经济中的比重下降较多。据联合国资料，1995年美国制造业占世界的份额为 22.3%，2005 年占 22.4%。这十年中世界制造业蓬勃发展，美国所占的份额不仅没有下降反而上升，说明其增长速度超过世界水平。另外，它在海外的子公司 2004 年还实现了 33830亿美元的销售额，为当年美国本土企业出口总额 10040 亿美元的 3 倍多。不仅如此，美国还掌握着世界最先进的技术，处于全球产业的最高端。可见，美国对世界制造业的控制力和影响力其实是比以前更大了。如果说中国已经是世界经济中的一个领袖，我们实在不敢当。在世界产业分工的格局中，我们实际上还处在"打工者"的地位，这是历史发展的必然阶段。对此，我们的头脑是清醒的。

（三）切实转变经济增长方式。我国经济高速增长实际上走的还是东亚传统增长模式，即通过高储蓄率来拉动投资，从而刺激经济增长。在现阶段和今后一个时期，中国要做的事情还很多，确实需要一个适当大的投资规模。但主要依靠能源、原材料、土地等资源的大量投入拉动经济增长终究是不可持续的。初步测算，改革开放以来我国资本投入对经济增长的贡献率为 47.1%，劳动投入的贡献率为 10.3%，劳动力和资本组合在一起即劳动生产率或叫做全要素生产率对经济增长的贡献率为 42.6%，而美欧等发达国家的这三项指标分别为 10%—20%、20%—30%、50%—70%。可见，我国资本积累对经济增长的贡献为美欧的三倍左右，而生产率的提高对经济增长的贡献又比它们低很多，说明我们的增长方式仍然是非常粗放的。要转变经济增长方式，就必须研究一种新的经济活动组织形式，着力提高全要素生产率，加强科技创新和科学管理，也就是说不能光靠流汗和消耗大量能源、资源去实现经济增长，而是要更多地发挥我们的智慧和灵感。在具体工作上要坚决纠正盲目铺摊子、不顾一切上项目，甚至搞低水平重复建设的错误倾向。在能源问题上，要坚持开源与节流相结合、把节约放在首位的方针，努力构筑稳定清洁的能源供应体系，国家能源安全实际上关乎国家经济安全，要努力建设节约型社会。

（四）不断提高对外开放水平。坚持实行对外开放政策，主动加入经济全球化趋势的进程，对中国经济发展起到了重要的历史性作用，也为世界经济作出了我们的贡献。对外开放的政策是不应该退也退不回去的。我们要根据不同的发展阶段，及时总结经验，不断提高对外开放水平。我们不是为了开放而开放，而是要以国家利益为最高利益；也不是通过损害别国利益而谋取我国的利益，我们要实行互利共赢的开放战略，努力与世界各国开创合作、共赢、和谐发展的新局面。加入世贸组织五年来，我国在降低进口关税、放宽市场准入等各个方面都很好地履行了我们的承诺和义务，得到国际社会的普遍好评。我们要努力推动加工贸易的转型升级，提高利用外资的质量，优化外商投资的产业结构和地区布局，规范招商引资的行为，创造一个公平竞争的环境。中国还将综合考虑经济发展、金融稳定和企业承受能力，并认真考虑对周边国家、地区及世界经济金融的影响，继续推进人民币汇率形成机制改革，逐步增强汇率浮动弹性。根据我国金融机构的资产质量和监管水平，目前还不具备资本项下人民币完全可自由兑换的条件，至少对国际短期资本即一年期和一年以内的必须严格监管，以防范出现金融风险。我们还要从保障全球能源安全的高度出发，坚持一次能源以煤炭为主体的方针，积极开发核能、风能、生物质能源。在这些方面我国有很大的潜力，例如，我国专家提出利用部分农作物秸秆、畜禽粪便、林区废弃物并种植一些高抗逆性的能源植物，每年生产的燃料乙醇、生物柴油和生物塑料就可以生产出相当于 5000 万吨的石油替代，创造出一个"绿色大庆"。我国的石油资源特别是天然气资源勘探程度还很不够，也有着巨大的发展前景。同时，我们也将适度利用国际能源市场，在平等互惠、互利双赢的原则下，加强与国外的合作，共同维护全球能源安全。

（五）加强和改善宏观调控。正如计划和市场都是管理和调节经济的手段而不是基本经济制度一样，市场机制和宏观调控也并非资本主义国家的专利，社会主义经济同样可以运用。这是人类的共同财富。我们坚持走社会主义道路，选择了市场经济的发展模式，就必须充分发挥市场机制配置资源的基础性作用；同时为了避免市场自身的弱点，也必须加强和完善宏观调控。实行宏观调控是政府管理经济的一项基本职能，是经常性、长期性的工作。2003 年以来，以防止出现经济过热为主要内容的这一轮宏观调控取得了很大成功，并积累了许多宝贵经验：一是见事早、行动快。2003年四季度经济生活中的一些问题刚出现苗头中央就采取了措施。二是对形势判断客观准确，坚持具体问题具体分析，不简单地下经济过热的结论。三是调控适时适度，针对突出问题采取有力措施，实行区别对待、有保有压的方针，不搞急刹车，不搞一刀切。四是综合运用了经济、法律、行政等多种手段，各种调控措施配合协调，宏观调控体系进一步完善，保证了经济又快又好平稳发展，避免了大起大落。更重要的是，坚持了以人为本、树立全面协调可持续的科学发展观作为宏观调控的主旋律和根本指导思想。要发展、更要科学的发展，成为这一轮宏观调控的基本政策取向。从当前的形势看，宏观调控的任务仍然十分艰巨，不能有丝毫松懈。在正确引导各地经济社会发展、充分发挥中央和地方两个积极性方面，还有大量工作要做。在经济全球化趋势进一步加强的大背景下，宏观调控还要从全球经济发展的广阔视野出发，不能就中国论中国。各项具体宏观调控措施的制定，要加强针对性、有效性，进一步提高宏观调控的权威性，并为充分发挥市场配置资源的基础性作用创造更有利的条件。

（六）全面落实科学发展观。树立和落实全面发展、协调发展和可持续发展的科学发展观，是20多年改革开放实践的经验总结，是战胜非典疫情给我们的重要启示，也是推进全面建设小康社会的迫切要求。科学发展观是我们全党全国经济社会发展工作的根本指导思想。科学发展观是一个总纲。围绕科学发展观这个基本思想，中央又相继提出了建设资源节约型、环境友好型社会，发展循环经济、建设创新型国家，构建社会主义和谐社会等重要概念和目标，形成了一个比较完整的关于发展问题的思想理论体系。5月26日，中共中央政治局召开会议指出："我们要构建的社会主义和谐社会，是在中国特色社会主义道路上，中国共产党领导全体人民共同建设、共同享有的和谐社会。构建社会主义和谐社会，必须坚持以人为本，始终把最广大人民的根本利益作为党和国家一切工作的出发点和落脚点，不断满足人民日益增长的物质文化需要，做到发展为了人民、发展依靠人民、发展成果由人民共享；必须切实抓好发展这个党执政兴国的第一要务，统筹城乡发展，统筹区域发展，统筹经济社会发展，统筹人与自然和谐发展，统筹国内发展和对外开放，转变增长方式，提高发展质量，切实把经济社会发展转入科学发展的轨道。"这段重要论述，十分精辟地为中国经济社会的发展指明了方向。

中国经济社会的发展有着巨大的潜力，中华民族的伟大复兴是不可抗拒的历史潮流。中国经济航船在世界经济的汪洋大海中航行，也随时可能遇到风浪和暗礁。但我们坚信，在党中央的英明领导下，13亿勤劳勇敢、充满智慧的中国人民齐心协力，我们一定能乘风破浪，胜利前进。

对 2003 年以来世界经济 和中国经济的简要小结

（2007 年 5 月 14 日）

（一）2003 年以来世界经济正处于 20 世纪 70 年代初以来最好的增长时期。第一，由于以信息技术为代表的科技创新突飞猛进，深刻改变了人们的生产方式和生活方式，极大提高了劳动生产率，降低了成本，也为经济全球化趋势加快提供了条件。第二，由于经济全球化趋势的加快，生产要素不再局限于一个国家内配置，经济活动包括生产、流通、消费越来越多地在全球范围内进行，资源配置更优化，效率更高。第三，世界大量人口，尤其是东亚和东南亚的半数人口参与到国际生产和贸易体系之后，形成一股巨大的推动力量。"金砖四国"即中国、印度、俄罗斯、巴西这四个块头较大、活力较强、发展速度较快的国家为世界经济的发展作出了突出贡献。在以上这三大因素的共同作用下，从 2003 年到现在的四年多，世界经济处于 20 世纪 70 年代初以来最好的增长时期。据 IMF 公布的这四年世界经济增长率分别为 4.0%、5.3%、4.9%、5.4%，而从 1973—2002 年 30 年平均为 3.6%，且波动较大。这是经历了 30 多年之后出现的新的上升期，表现为一个长周期。

（二）党的十六大以来即 2003—2006 年的四年，是改革开放以来、也是新中国成立以来我国经济社会发展最强劲、最稳健的时期，可以说是最好的时期。

1. 这四年的经济增长率分别为 10.0%、10.1%、10.4%、10.7%，非常平稳，没有大起大落，没有出现明显的通胀，社会就业稳步增长，

191

吸取抗击非典斗争的教训加大了社会事业发展的力度，使经济和社会发展的协调性明显增强，结构调整也取得重要成效，科学技术水平有很大提高。基本进入了又好又快发展的轨道。

2. 改革开放以来，只有 1992—1996 年经济增长都在 10% 以上，但出现了严重通货膨胀，1994 年商品零售价格上涨了 21.7%，居民消费品价格上涨了 24%，以至反通胀成为"九五"计划的首要任务，采取了强有力的宏观调控措施。

3. 从新中国成立之初到 1977 年年平均增长速度为 5.93%，其间只有 1963—1966 年增长速度都在 10% 以上（1963 年 10.2%，1964 年 18.3%，1965 年 17.0%，1966 年 10.7%），这带有三年困难时期之后的恢复性增长，1967 和 1968 年又分别出现负增长 5.7% 和 4.1%。

30 多年前的那一轮全球经济增长期，我国坐失良机，改革开放初期我们还常为此而痛心疾首。这一轮增长期我国赶上了，而且成为推动世界经济增长的一支重要力量。刚刚过去的这四年是中国、也是世界经济几十年来增长最好的时期，这不是偶然巧合，两者有着深刻的内在联系，而且是互相推动，互为补充的。

从孙中山先生 1894 年在檀香山成立中兴会时提出"驱除鞑虏，恢复中华"的口号算起，就有无数爱国志士、革命先驱为实现中华民族能自立于世界民族之林的崇高理想而英勇斗争。特别是 1921 年中国共产党成立以后，我们党领导中国人民浴血奋斗，2000 多万名共产党人付出了宝贵的生命，用了 28 年时间，推翻了旧社会，建立了新中国。从 1950—1978 年，又用了 28 年建设了我国社会主义经济的坚实基础。改革开放 28 年来，我们党又带领全国人民大胆探索、勇于实践，开创了今天这样的大好局面。目前，我国的经济总量居世界第四位，去年的 GDP 与世界第三位的德国相比，只差 2669 亿美元；我国有 172 类产品的产销量居世界第一；国际贸易总量居世界第三位；综合国力明显增强，中国在世界上的地位和国际影响力大大提高。我们这一代人确实是非常幸运的，要十分地珍惜这来之不易的好形势，并努力发扬光大。

（三）要特别重视经济的可持续发展。我国的基本国情是人多地少，许多重要资源的人均拥有量都远在世界平均水平以下，生态环境的承受能力也十分有限。我国 45 种主要矿产资源人均占有量不到世界平均水平的一半；"十五"期间耕地净减少 9240 万亩，年均减少 1848 万亩，现存耕地 18.3 亿亩，人均耕地只有 1.4 亩，不到世界平均水平的 40%；人均淡水资源量为 2200 立方米，仅为世界人均占有量的 1/4。但长期以来高投入、高消耗、高排放、低效率的粗放型经济增长方式，导致经济增长高度依赖能源资源投入，经济社会发展与资源环境的矛盾日益突出。

去年我国 GDP 占全世界的 5.5%，钢产量 4.23 亿吨，占全球 12.39 亿吨的 34.1%；生产水泥 12 亿吨，约占全球水泥产量的一半多；生产煤炭 23.8 亿吨，约占世界煤炭产量（2004 年为 43 亿吨）的一半；2006 年末发电装机 6.22 亿千瓦，（英国 0.8 亿，德国 1.21 亿，法国 1.16 亿，日本 2.5 亿）；各类矿石总消耗量 70 亿吨；二氧化硫排放量 2500 多万吨，居世界第一；化学需氧量排放 1400 多万吨。靠过量消耗资源和牺牲环境维持经济增长的路子再也不能继续下去了。

党的十六届三中全会及时提出了"以人为本，全面、协调和可持续发展的科学发展观"。树立和落实科学发展观是当前和今后一个相当长时期经济工作的根本指导思想和主旋律。去年中央经济工作会议指出："科学发展观是指导发展的世界观和方法论的集中体现，是运用马克思主义的立场、观点、方法认识和分析社会主义现代化建设的丰富实践，是深化对经济社会发展一般规律认识的成果，从而成为我们推进经济建设、政治建设、文化建设、社会建设必须长期坚持的根本指导方针"。这不仅是理论上的一个重大突破，而且有着重大的现实指导意义和长远的历史意义。年初英国《金融时报》一篇文章说："中国的快速发展仍然是一个不可阻挡又不可持续的奇怪组合。"不可阻挡是大家都看到的。不可持续主要是指不合理的经济结构和比较粗放的增长方式。这就要求以科学发展观为强大的思想武器，认真落到实处，只要假以时日，必能大见成效。在西方经济学的方程式中，中国共产党的坚强领导，社会主义制度的优越性，中国 13 亿人民建设社会主义现代化的强烈愿望、巨大热情和创造力，是永远无法计算的重要因素。

在国际产业分工的总体格局中，我们要不断提升产业水平和档次，更多依靠科技创新，大力调整经济结构，节能减排，提高效益等。

（四）结束语。成功与风险相生，机遇与挑战同在。我国正处于全面转轨和重要的发展战略机遇期。在我们的前进道路上还会遇到各种风险，特别值得关注的：一是粮食安全，这在任何时候都不能大意；二是金融风险，金融出问题往往是突发性的，极具破坏性，要特别谨慎；三是产业安全，关键要不断提高我国企业的竞争力。但最大的风险莫过于骄傲自满。美国前总统罗斯福说过"我们什么都不怕，就怕自己高枕无忧"。我国的孟子早在2500年前就讲过"生于忧患，而死于安乐"，说的是在忧患中生存、发展，在安乐中衰败、死亡。我们要经得起国外的吹捧，客观认识我国国际地位和国际影响力的提高，不说大话、过头话，要居安思危、踏实工作。我们要永远牢记毛主席在七届二中全会上说的"务必使同志们继续地保持谦虚谨慎、不骄不躁的作风，务必使同志们继续地保持艰苦奋斗的作风"。如果说建立新中国只是万里长征走完了第一步，那么新中国成立以来的这两个28年最多只能说是万里长征刚走完了第二步或第三步。前一个28年我们对计划经济体制作了认真实践和探索，发现主要是效率低下，终于走上改革开放之路；后一个28年我们坚持以市场为取向的改革，建立了社会主义市场经济体制，效率是大大提高了，但公平性问题尚需认真解决。改革开放初期我们是"摸着石头过河"，现在中国经济航船是在世界经济的汪洋大海中航行。我们要矢志不渝地坚持中国特色社会主义的方向，从必然王国胜利走上自由王国的光辉彼岸。当前，中国的发展正站在一个新的历史起点上，我们的任务还非常繁重，中国人民的未来一定会更加美好。

当前经济社会发展面临的主要问题

（2008 年 3 月 20 日）

温家宝同志在《政府工作报告》中明确指出："我们也清醒地认识到，经济社会发展和政府工作中还存在不少问题，国内外形势发展变化使我们面临诸多新的挑战和风险。"这里主要就固定资产投资增长过快等八个方面的问题作一些详细分析和阐述。

一、固定资产投资增长过快

我国固定资产投资增长过快，而且结构不尽合理，主要表现在以下几个方面。

（一）投资增速偏快、规模偏大。从 2003 年开始到 2007 年，全社会固定资产投资增长速度一直在 25% 左右的高位上，各年的增长速度分别为 27.7%、25.8%、25.7%、24.0%、24.8%。投资需求的快速增长对这五年经济增长的拉动作用表现得非常强劲。从投资规模来看，2002 年完成的全社会固定资产投资总额仅为 55567 亿元，而 2007 年高达 137239 亿元，增长了 1.47 倍。全社会固定资产投资完成额与当年 GDP 的比值，从 2002 年以来一直保持上升趋势，2007 年达到 55.6%。2007 年全社会固定资产投资项目的建设总规模已达到 39.6 万亿元，比当年 CDP 总量 24.66 万亿元高出 60.6%。由此可见，无论当年完成的固定资产投资工作量还是在建项目的建设总规模都是偏大的。从我国当前实际情况看，保持一定的固定资产投资规模是必要的。但更要在转变发展方式上下功夫，改变单纯依靠上项目、铺摊子，特别是不顾市场实际需求而盲目搞重复建设来求发展的思想观念。

（二）新开工项目增长较快，加大了投资反弹压力。2007 年城镇投资新开工项目 231894 个，同比增加 27931 个；新开工项目计划总投资 86258 亿元，比上年增长 28.7%，而且全年新开工项目计划总投资的增幅表现出逐季加快的态势，全年新开工项目计划总投资占全部施工项目计划总投资的比重达 33.0%，同比提高 2.1 个百分点。新开工项目规模扩张，为 2008 年投资继续高增长提供了条件，也增加了投资反弹的可能性，加大了宏观调控的难度。

（三）高耗能行业投资增长较快。2007 年城镇高耗能行业投资 19487 亿元，比上年增长 22.9%。从全年各季看，高耗能行业累计投资增幅也呈逐季加大的趋势。高耗能行业投资的较快增长，将使我国产业结构进一步扭曲，扩大本已不堪重负的能源和其他矿产资源的消费需求，以及会加大以后节能减排工作的难度。

（四）第三产业投资增速有所放慢。2007 年，城镇第一产业完成投资 1466 亿元，增长 31.1%；第二产业投资 51020 亿元，增长 29.0%；第三产业投资 64928 亿元，增长 23.2%，增幅比上年降低 0.1 个百分点。在第三产业投资中，信息传输、计算机服务和软件业投资增速仅为 1.3%，教育为 3.9%，公共管理和社会组织为 7.9%，卫生、社会保障和社会福利业为 13.4%，科学研究、技术服务和地质勘查业为 16.7%。当前，人们都知道应该加快第三产业发展，知道这是一个有着巨大潜力的发展领域。但具体发展什么、怎样发展的问题并未完全解决，总觉得还是上工业项目、搞建筑工程见效快、形象好。这些深层次问题不解决，势必影响第三产业的发展。

二、货币信贷投放过多

2007 年末，广义货币（M_2）余额 40.3 万亿元，比上年末增长 16.7%，回落 0.2 个百分点；狭义货币（M_1）余额 15.3 万亿元，增长 21.0%，加快 3.5 个百分点；流通中货币（M_0）余额 30334 亿元，增长 12.1%，增幅回落 0.6 个百分点。金融机构人民币各项贷款比年初增加

36323 亿元，比上年多增加 4482 亿元。其中，中长期贷款增加 25103 亿元，多增加 6172 亿元；短期贷款增加 15799 亿元，多增加 4674 亿元；票据融资减少 4414 亿元，上年为增加 1010 亿元。各项存款比年初增加 53878 亿元，多增加 4599 亿元。其中，企业存款增加 26029 亿元，多增加 8579 亿元；居民储蓄存款增加 10967 亿元，少增 9577 亿元。全年投放现金 3262 亿元，多投放 221 亿元。货币信贷投放过多的根本原因是，从整体上看我国资金流动性过剩。央行确实从来没有滥发货币，但由于国际收支不平衡，外汇储备急剧增长，央行不得不发行大量基础货币用于结汇，使外汇占款大幅增加，给看好信贷闸门带来很大困难。这在某种程度上又为固定资产投资规模的扩大、房地产及资本市场价格的上涨提供了资金支持，客观上也是推进居民消费价格上涨过快的重要因素之一。这是我国经济生活中一个非常突出的问题。

三、国际收支不平衡

国际收支不平衡集中反映在国家外汇储备的过快增长上。1978 年我国外汇储备只有 16.7 亿美元，到 2003 年末用了 25 年才达到 4033 亿美元。而 2004—2005 年两年就翻了一番多，达到 8189 亿美元。2006 年增加 2473 亿美元，2007 年又猛增 4619 亿美元，年末外汇储备总额达到 1.53 万亿美元。据摩根斯坦利测算，2007 年年末全球官方外汇储备总额为 6.35 万亿美元，我国占 24.1%，而西方七国加在一起官方储备只占全球总储备的 20.3%。从外汇储备来源渠道看，一是外贸顺差逐年加大。2003—2007 年，各年的外贸顺差分别为 254 亿美元、320 亿美元、1019 亿美元、1775 亿美元和 2622 亿美元。二是实际使用外商直接投资也呈逐年增长的趋势。从 2003—2007 年各年分别为 535 亿美元、606 亿美元、603 亿美元、630 亿美元、748 亿美元。三是外资银行对我国银行的股权认购以及我国金融机构和生产企业在境外上市募集的资金增加较多。四是由于国内外市场对人民币升值的过高预期，境外资金以各种方式、通过各种渠道，其中有合法的也有非法的，进入我国市场，经过结汇增加了国家外汇储备。例如，2007年个人结汇规模就高达1172亿美元，同比增长43%，其中又有一半是从境外汇入的职工报酬和赡家款。一般说，赡家款应该与一国的经济发展成反比，但这几年赡家款的流入却是迅速增加的，这反映了升值预期的作用。另外，近三年我国居民在金融机构的外汇存款每年减少100多亿美元，基本上也转化为国家外汇储备。国家外汇储备是宝贵财富，可以增强抗御风险的能力。但过度的不正常增长，必然带来诸多消极影响。这是近几年来我国经济发展中遇到的一个重大的新课题，必须认真应对。

四、长期形成的结构性矛盾仍然突出

从三次产业结构看，2003—2007年，第二产业的比重逐年上升，从2003年的46.0%上升到2007年的49.2%，而第三产业的比重则从2003年的40.4%下降到2007年的39.1%。这说明，工业化的趋势还在加快，产业结构调整的难度依然很大。

从投资与消费的关系看，由于近几年投资规模持续扩大、增幅过快，加大了投资和消费比例的不协调状况。到2007年，我国投资率已上升到42.1%，接近1978年来的最高值，消费率则下降到49.0%，为1978年来的最低值。

从消费、投资、净出口这三驾马车的关系看，净出口拉动GDP增长从2003年的0.1个百分点，上升到2007年的2.7个百分点，说明经济增长对出口的依赖度在迅速增大，结构改善尚不明显。

从工业内部结构看，虽然轻重工业都增长较快，但是轻重工业比重从2006年的30.5∶69.5变为2007年的30.1∶69.9；2007年重工业的增长速度为19.6%，比轻工业的增长速度高3.3个百分点。高能耗行业投资和生产增速虽略有回落，但仍然很快，节能减排的压力依然很大。

另外，城乡之间和区域之间的发展水平仍有很大差距。虽然近几年农村和中西部地区发展加快，但要解决好城乡之间、地区之间发展不够协调的问题仍是一项长期而艰巨的任务。可以说，结构性的问题普遍存在，也是一个永久性的主题。我们必须始终坚持不懈地抓好结构调整，促进经济健康、协调发展。

五、经济增长的资源环境代价过大

以 2004 年为例。2004 年，我国 GDP 占世界 GDP 总量的 4.4%，而能源的消费量却占世界的 13.7%，我国单位 GDP 电耗约为世界平均水平的 3 倍。

2007 年，我国能源消费总量高达 26.5 亿吨标准煤。其中，煤炭 25.8 亿吨，原油 3.4 亿吨，天然气 673 亿立方米。2007 年，生产粗钢 4.89 亿吨，水泥 13.3 亿吨，分别占世界产量的大约 1/3 和一半以上，除了净出口的钢材 4578 万吨外，基本是在国内消费的。2007 年，全年化学需氧量（COD）排放总量 1383 万吨，SO_2 排放总量 2468 万吨。以上说明，我国重要能源资源消耗量和主要污染物排放总量都居世界前列。一些地方污染排放远远超过环境容量，过度开发的后果逐步显现。

2007 年，七大水系的 408 个水质监测断面中，只有 50.0% 的断面满足国家地表水 III 类标准，26.5% 的断面为 IV—V 类水质，超过 V 类水质的断面占 23.5%。长期以来，许多地区把河道作为直接的排污场所，随意排放未经处理的工业废水、城镇生活污水，以及大量使用化肥、农药、除草剂的农田污水等，不仅严重影响了河流生态环境，而且恶化了人民群众的生存条件。过度的开发也加剧了水土流失。目前，全国水土流失面积约 357 万平方公里，占全国土地面积的 38%，平均每年流失土壤超过 50 亿吨。"十五"期间，各类开发建设项目引发水土流失总量将近 10 亿吨。2007 年，近岸海域 296 个海水水质监测点中，达到国家一、二类海水水质标准的监测点占 62.8%，比上年下降 4.9 个百分点；三类海水占 11.8%，上升 3.8 个百分点；四类、劣四类海水占 25.4%，上升 1.1 个百分点。2007 年，在监测的 557 个城市中，有 389 个城市空气质量达到二级以上（含二级）标准，占监测城市数的 69.8%；有 152 个城市为三级，占 27.3%；有 16 个城市为劣三级，占 2.9%。此外，固定废弃物的排放和城市噪音也严重影响环境质量。

以上可见，我国经济增长的资源环境代价确实是比较大的。如不尽快改变这种局面，我国经济发展终究不可持续。我们决不能只顾当前发展而不为子孙后代着想。这样干下去即使经济发展了，物质财富增多了，而人们的生存环境和条件却严重恶化了，呼吸不到新鲜空气，由于环境污染而造成的各种疾病频频发生，这样的发展又有什么意义呢？由此可以深刻认识到全面贯彻落实科学发展观的十分重要性和紧迫性。

六、农业基础薄弱

我国耕地面积逐年减少，而人口则刚性地逐年增长。这是一对尖锐的矛盾。至 2007 年，全国耕地面积比 1996 年净减少 1.4 亿亩，人均耕地已不足 1.4 亩。目前我国耕地面积只有 18 亿亩，仅占世界耕地总数的 8% 左右，人均耕地仅为世界平均水平的 40% 左右。我国现有耕地中，51% 缺磷，60% 缺钾，有效灌溉面积的比重仅占 45%，2/3 左右的耕地属于中低产田，8.5 万个水库中有 3.8 万个属于病险水库，亟需治理。

农村供电、通信、交通等基础设施还比较落后。至 2006 年，全国还有 17.4% 的自然村没有通公路，而西部地区还有 22% 的自然村没有通公路。大量青壮年劳动力进城务工，致使有些农村缺乏强劳力。在农业从业人员中，初中以下学历的占 95.7%，农业技术人员只占全部从业人员的 0.6%。农村劳动力素质较低直接影响了农业生产率的提高。目前，我国平均每个农业劳动力所生产的粮食不到世界平均水平的 10%，更不到发达国家平均水平的 4%。单位耕地拥有的大中型拖拉机台数只为世界平均水平的 50%、发达国家的 1/3。农业抗风险能力不强，保持农业稳定发展、确保国家粮食安全和主要农产品供给的基础尚不牢固，促进农民持续增收的难度很大。农业是国民经济的基础，"基础不牢地动山摇"。我们在加快城镇化、工业化的同时，决不能对农业发展有丝毫的放松，要始终把"三农"工作放在突出的位置。

七、通胀压力加大和其他一些涉及群众切身利益的问题

1998—2006 年，我国居民消费价格上涨一直处在较低的水平，2007 年 1 月份同比也只上涨 0.7%，2 月份上涨 1.0%。但从 3 月份开始，出现逐步上升的趋势，全年比上年上涨 4.8%，为 1997 年以来年度最高涨幅。食品、居住价格上涨是拉动价格总水平上涨的主要因素。分类别来看，食品上涨 12.3%，拉动上涨 4.0 个百分点；居住上涨 4.5%，拉动上涨 0.6 个百分点。在食品价格中，粮食上涨 6.3%，肉禽及其制品上涨 31.7%，蛋上涨 21.8%，水产品上涨 5.1%，鲜菜上涨 7.3%。其余商品价格有涨有落。

2008 年 1 月，由于中下旬南方地区较大范围受雨雪冰冻灾害影响加上去年翘尾因素，当月全国居民消费价格同比上涨 7.1%，涨幅为 1997 年以来最高的月份，其中，食品类价格上涨 18.2%。从具体品种来看，肉禽及其制品价格上涨 41.2%，油脂价格上涨 37.1%，干豆及制品价格上涨 27.8%。1 月居民消费价格环比也上涨 1.2%。

同时，房屋销售价格上涨较快。2007 年全年 70 个大中城市房屋销售价格比上年上涨 7.6%，上升 2.1 个百分点。经济适用房销售价格上涨 2.5%，涨幅回落 1.2 个百分点；普通住宅销售价格上涨 8.6%，上升 2.7 个百分点；高档住宅销售价格上涨 9.2%，上升 1.5 个百分点。新建商品住宅销售价格涨幅比较高的城市达到 17.6%。

另外，在劳动就业、社会保障、教育、医疗卫生、收入分配、住房、产品质量安全、安全生产、社会治安等方面，也还存在不少问题。党中央、国务院对居民消费价格上涨较快以及这些涉及群众切身利益的问题高度重视，采取了一系列重大措施。只要全国上下齐心协力，顽强奋斗，这些困难和问题一定能逐步得到解决。

八、国际环境变化不确定因素和潜在风险增加

从二战以来世界经济发展的过程看，大体经历了两次扩张。第一

次扩张是在 20 世纪 50 年代初到 1973 年第一次石油危机爆发，这一时期是西方发达国家持续高速发展的"黄金时代"。但由于当时西方国家对我国实行全面封锁，加上"文革"期间的十年动乱，我们未能赶上这一轮世界经济的扩张。第二次扩张始于 2003 年直到现在，主要由于一是经济全球化趋势加快；二是现代信息技术迅速普及，极大提高了劳动生产率；三是中国、印度等一大批发展中国家以大量的廉价劳动力、土地及其他资源与国际资本、先进技术及管理相结合，并进入国际生产和贸易体系之后，明显提高了世界经济增长的潜力，引起要素市场和商品市场相对价格发生重大变化。这三大因素使世界经济进入自 20 世纪 70 年代初以来增长最快、发展最平稳的时期。据国际货币基金组织（IMF）公布的世界经济增长率，2003—2007 年分别为 4.0%、5.3%、4.9%、5.1% 和 4.9%。而从 1973—2002 年 30 年的年平均增长率只有 3.6%，且波动较大。但是，自去年 8 月美国次贷危机爆发以来，世界经济前景出现了团团疑云。

据美国一家报纸的报道和德意志银行公布的数字：2007 年底美国次贷总额为 1.5 万亿美元。经过多次包装和证券化后，约有 10 万亿美元的交易额，2/3 在国际上销售，还贷拖欠高峰期将发生在今年二、三季度。近两个月来世界经济风云急剧变化，由美国次贷危机引发的金融恐慌正在迅速蔓延。2008 年 1 月 21 日，乔治·索罗斯说："当前形势比二战以来任何一场金融危机都要严重得多。"看来，这不仅是一个住房抵押贷款市场的信贷危机，而是已经演变成美欧金融体系核心层面的信用危机，危机的主角正是一大批世界顶尖的投资银行、对冲基金和结算银行。这是与 60 多年来发生在外围市场上的其他历次金融危机的根本区别。当前，防止经济衰退和遏制通货膨胀已成了全球的热门话题。

美国商务部于 2008 年 1 月 31 日发布报告称，去年第四季度美国经济增速大幅放缓，年增长率降至 0.6%，为 2002 年以来新低。美国劳工部 2 月 1 日发布报告，去年全年美国 CPI 上涨 4.1%，是 18 年来美国 CPI 出现的年度最大增幅。今年 1 月份欧元区的 CPI 也上涨 3.2%，创下 14 年来最高水平。另据报道，新兴市场通胀也在加剧，去年 11 月份越南通胀率高达 10%，印尼为 6.7%，俄罗斯年通胀率达 11.1%。IMF 总裁最近指出，次贷危机最坏的阶段尚未过去，必须做好准备，今年世界经济增长的情况不会很好。英国首相戈登·布朗新年后在一次采访中表示，"2008 年对英国和世界上其他经济体都是艰难而危险的一年"。

面对世界经济出现的这种新情况、新形势，我们必须保持清醒头脑。在经济全球化趋势加快的今天，我国经济已经和世界经济有着紧密的联系。世界经济出了问题，我国经济也不可能完全独善其身。国际上流行的一种所谓"中国经济发展可以脱离美国影响"的说法是没有根据的。

受次贷危机影响，美国金融机构严格放贷标准将导致企业和个人开支受到抑制，同时房价持续下滑导致家庭财富缩水也将限制消费开支的增长。消费下降和美国经济增长趋缓，也必然影响中国对美国的出口，国际贸易摩擦也会相对增多。更值得注意的是，在应对经济衰退和防止通货膨胀两个方面，美国的宏观政策取向是把重点放在防止经济衰退上。美联储已连续五次降息，美国联邦基金利率从去年 9 月的 5.25% 降至目前的 3%，而且市场预期在今年 3 月的决策会议中，美联储还可能降息 50 个基点，使其基金利率降至 2.5%。这必然加剧美元继续贬值。另外，为应对这次次贷危机，西方发达国家的央行已先后向金融体系共注资 1 万多亿美元，使国际上本已严重泛滥的流动性过剩雪上加霜。目前，人民币年存款利率为 4.14%，美元联邦基金利率则为 3%，两者的利率水平实际上已经形成了倒挂。而市场对人民币和美元的预期则是完全相反的两个方向：美元将进一步降息和继续贬值，人民币却还将升息和加快升值。在这样的背景下，人民币资产和作为人民币资本品载体的中国股市、房市等将成为全球为数不多的避风港，将会有更多的国际投机资本千方百计涌入中国，从而加剧我国际收支不平衡的状况，也会使我国流动性过剩的问题更加恶化，并增加中国资本市场的不确定因素，加大通货膨胀的压力。如何应对这种复杂局面？人民币和美元的这两种发展趋势什么时候、在什么条件下会发生逆转？又将对我国经济带来怎样的影响？这些情况说明，我们确实面临诸多挑战和风险。我国正处在改革发展的关键时期，必须充分做好应对国际环境变化的各种准备，提高防范风险的能力。

目前我国经济运行中存在的一些突出问题和困难，在很大程度上是我国基本国情和发展阶段性特征的客观反映，从根本上说是发展中的问题、前进中的问题。这也充分说明，全面认真贯彻落实科学发展观的重要性和紧迫性。解决这些问题和困难正是我们工作的重点，也是我国经济社会进一步发展的潜力所在。问题和困难任何时候都会存在。我们有着许许多多的有利条件，有坚强的信心、勇气和足够的能力，去战胜这些困难，解决这些问题。从国际经济环境看，我们面临的机遇前所未有，挑战也前所未有，总体上说仍然是机遇大于挑战。当前，我们特别要密切关注国际局势新的发展变化，做到未雨绸缪，对各种可能发生的情况要及早制定预案，妥善应对，趋利避害，尤其要注意维护金融稳定和安全，防范金融风险。任何困难也阻挡不了中国人民胜利前进的步伐！

对若干重大经济问题的思考与判断

（2008 年 9 月 3 日）

当前，世界经济和中国经济都处于一个重要的转折时期。最近一段时间又出现一些新情况，许多重大问题似乎都站在十字路口，需要我们去深入观察、思考并及时作出准确判断。把握好这些问题，对于正确认识形势和部署明年全国经济工作是很重要的。本文就此作了一些初步探索，以供领导同志参考。

一、世界经济进入一个调整期

世界经济过了五年好日子，2003—2007 年是从 20 世纪 70 年代初以来世界经济增长最快、最平稳的时期。但是，去年 8 月美国次贷危机爆发使世界经济形势急转直下，而且从一个住房抵押贷款市场的信贷危机迅速演变为美欧金融体系核心层面的信用危机。这是与过去发生在外围市场的历次金融危机的根本区别。全球 45 家最大的银行和券商都卷入其中。这场危机确实威胁到美国的核心利益，事态是很严重的。

目前，由于央行大量注资，从去年 12 月开始到 8 月 26 日，美联储已 20 次通过短期贷款拍卖方式向商业银行提供资金，累计已达 10350 亿美元；7 月 30 日布什总统签署了总额达 3000 亿美元的房市救助法案；有关金融机构也安排了相应拨备，次贷债在财务上有了一定缓解。但是，由次贷引起的这场金融危机还远远没有见底。除了次贷以外，优质贷款的违约率也大幅升高，美国信用卡和中小企业贷款共计约 8 万亿美元的余额中也出现了 10% 左右的坏账。次贷危机使美国金融机构资产减记和信贷损失总额已超过了 5050 亿美元。今年初到 8 月 29 日，美国已有 10 家银行宣告破产。联邦储蓄保险公司 8 月 26 日的季度报告说，截至 6 月 30 日，出现在高危名单上的银行已经从一季度的 90 家增加到 117 家。

这场危机对世界经济的影响十分重大。经济衰退和通货膨胀成了今年世界上最令人关注的话题。美国去年四季度经济出现负增长 0.2%。今年一、二季度 GDP 分别增长 0.9% 和 3.3%；7 月份 CPI 同比上涨 5.6%；7 月份零售额环比下降 0.1%；二季度旧房销售量同比下降 16%，房价下降 7.6%；生产者价格指数 PPI 同比上涨 9.8%；7 月份失业率达 5.7%。

欧盟统计局公布：二季度欧元区 15 个经济体产值比一季度萎缩 0.2%，同比增长 1.5%。其中德国比一季度萎缩 0.5%，同比只增长 1.1%；法、意均萎缩 0.3%。7 月份欧元区通胀率 4.1%，消费者信心指数从 6 月的 –17 降至 7 月的 –20，工业信心指数从 –5 降至 –8。有的评论说，"欧元区已走不动了"。英国财政大臣达林目前也公开坦承："英国经济处于六十年来的最低点，而且未来情况还会更坏。"

亚洲经济的情况是：7 月份 CPI 越南上涨 27%，泰国 9.2%，韩国 5.9%，印尼 11.9%。印度 6 月份通胀率 11.6%，预计 GDP 增长率将从去年的 9.3% 回落到 7%。日本二季度 GDP 按年率实际增长率为负 2.4%，出口和设备投资均出现下滑，个人消费也阴云密布，7 月份通胀率升至 2.4%。

所以，国际货币基金组织（IMF）最近对 2008 年和 2009 年世界经济增长的预期作了调整：全球经济增长率 2008 年从原预计 4.1% 调整为 3.9%；2009 年从原预计 3.9% 调整为 3.7%。而 2007 年为增长 5.0%。

总之，今年世界经济增长趋缓已是不争的事实，而明年更比今年差一些。以美国次贷危机为标志，世界经济确实进入了一个调整期。

二、全球通胀是否将回落？

8月24日美联储主席伯南克说："预计通胀将回落。"美国7月份CPI上涨5.6%，为17年来最高。伯南克在这种情况下作出这种判断，除了向世人暗示美联储决定近期内不准备提高联邦基金利率外，也许还真有一定道理。《华尔街日报》8月20日也刊登文章说："经济学家认为全球高通胀时期已到尽头，通胀担忧减缓。"石油价格已从7月11日的147美元/桶下降22%，国际稻米价格也从5月份的高位上下跌40%。另据联合国粮农组织7月21日报告：今年全球粮食产量将比去年增产2.8%，创下21.8亿吨的历史纪录。9月1日最新报导的数字显示：8月份CPI欧元区由7月份的上涨4.0%回落到3.8%，韩国也从7月份同比上升5.9%回落至5.6%，泰国更是从7月份同比上升9.2%回落到6.4%。美国银行首席策略师乔·昆兰分析，由于受次贷影响，以名义美元价格计算，预计今年全球个人消费顶多增长2%至4%，而2007年的增长幅度为11%。需求减缓，出现通胀回落的可能性是存在的。但防通胀的努力不能放松。

三、国际油价还会大涨吗？

这一轮油价上涨从根本上说不是供需关系失衡造成的。2002年油价才20美元/桶，从2002—2005年全球石油消费增长17%，而油价却上涨320%，近三年更是涨到天价。国际油价的暴涨主要是由于美元贬值和人为炒作造成的。炒作的主体是少数金融机构。《华盛顿邮报》8月21日文章称，"美国产品期货交易委员会初步查实，金融企业掌握着纽约商品交易所81%的石油合约。这少数金融投机商操控着国际石油期货市场，是石油价格波动的罪魁祸首。"他们炒作的主题是新兴市场实指中国和印度新增石油需求过快（印度石油75%靠进口）。他们恶意炒高石油价格，一方面为了牟取暴利，另一方面也成为西方遏制中国、印度发展的一项战略手段。最近《金融时报》刊登文章认为，因次贷危机影响全球经济增长趋缓，石油消费减弱，美国上个月石油消费同比下降3%，预计油价将在每桶90–100美元之间走稳。但高盛公司作为石油期货市场的炒家之一，最近则放话，预计年底前原油价格将升至149美元/桶，理由是石油供应增速放缓和新兴市场需求不断增加。国际油价非常敏感，可供炒作的题材很多，稍有风吹草动，都可能掀起惊涛骇浪，是世界经济中最难确定的变量之一。

但从我们自身来看，也确实应当努力控制石油需求的增长。据雷曼兄弟公司的报导，2003—2007年间，中国的石油需求累计增长48.54%，占全球新增石油需求量的35%以上。况且我国能源消费中煤炭占70%左右（2007年为69.4%），2007年中国消费的煤炭占全球煤炭消费总量的41.3%。在这种情况下我国还成为世界第二大石油消费国，确实需要认真反思。我国石油消费是不是将无止境地增长是一个很大的事情。虽然目前我国年人均石油消费量只有2桶，美国是25桶，日本是14桶，必然还会增加对石油的需求。但我们决不能选择浪费能源的美国生活方式，不应追求达到美国的人均消费水平。美国为石油而付出的代价实在太大，给世界特别是中东地区造成的灾难也实在太深重了。日本和韩国的经验是很值得我们借鉴的。日本从1973年每天消耗530万桶石油的最高峰以来，到2007年经济总量增长了12倍，而原油的消费总量却再也没有超过1973年的水平。这是由于1973年爆发第一次石油危机后，日本大力调整经济结构、全面推行节油技术的成果。目前日本的经济规模约为我国的两倍，而年石油消费量大约比我国少1.4亿吨，石油消费总量只相当于我国的62%。韩国1997年石油消费量达到每天240万桶的高峰，1997年金融危机后，迫使韩国放开油价，10年来韩国经济规模已经翻了一番，而石油的消费量至今没有超过1997年的水平。这两国的经验告诉我们，必须痛下决心，降低石油的消费，而且潜力是很大的。

四、我国通胀趋势是否到了转折期?

我国的CPI同比上涨幅度2月为8.7%、3月8.3%、4月8.5%，从

5 月份开始逐月回落，分别为 7.7%、7.1% 和 6.3%。从国内看，生猪的养殖明显加快，供给比较充足，夏粮连续五年增产，秋粮长势良好，丰收在望。另外，去年下半年涨价的翘尾因素到三、四季度也将逐渐消失。工业品出厂价格涨幅 7 月份达 10%，但由于制造业产能充足，未必能太多地转移到消费价格上去。从国际上看，石油、粮食等大宗初级产品价格的回落，对我工业企业成本升高的压力也会相应减弱，可以减缓我国通胀的压力。所以，初步判断四季度的物价走势，不会像 6 月份那样让人看不到边际，可以持谨慎乐观的态度。加上四季度适当出台新的调价措施，使全年 CPI 上涨控制在 7% 以内是可以承受的。但防止物价过快上涨的工作不能有丝毫放松。

五、美元贬值是否已经见底？

从 2002 年以来，美元对其他货币一路贬值，特别是次贷危机爆发以来，贬得更加厉害。但最近情况出现一些变化。8 月 18 日，《华尔街日报》发表一篇题为《走强的美元、带刺的玫瑰》的文章，说一个月来美元对欧元上涨 8%，而上个月欧元一度升至 1 比 1.6 美元。同时，美元对英镑升值 9%，对日元升值 5%。在美元狂飙的背后是普遍放缓的欧洲经济。我们也可以认为，这一次美元的升值是因为欧洲经济疲软造成的被动升值。另一方面，由于欧元在国际货币市场上对美元的挤出效应日渐明显，如果美元过分贬值，势将动摇其霸主地位，危及美国的核心利益，美国决不允许出现这种局面。实际上，美国已经采取了一些措施。但美元是否从此开始全面走强，还有待观察。美国出次贷引起的这场金融危机尚未平复，对经济基本面的影响在明年还将进一步显现。所以，这一轮美元升值只是暂时现象，而非长远趋势。美元升值的基本条件是美国金融动荡得以缓和，经济出现明显复苏。具体标志是：美联储提高基准利率之日，便是美元开始真正反弹之时。

六、人民币升值是否已经到头?

自从 2005 年 7 月 21 日汇改以来,人民币对美元一路表现为单向升值的趋势,今年一、二季度还分别升值 4.3% 和 2.3%,累计升值 22%。7 月 16 日达到 1 美元兑 6.8128 元人民币的最高值。此后,出现短暂逆转态势,到 8 月 14 日贬为 1 美元兑 6.8745 元人民币。这个拐点非常值得关注。它改变了三年来人民币对美元单边升值的局面,有利于改变国内外市场对人民币升值的过分预期;悄然打开了人民币对美元双向波动的新格局,有利于遏制国际短期资本为赌人民币升值而千方百计流入我国市场,从而有利于增强货币政策的主动性和改善宏观调控。但还要看到,在这段时间人民币对欧元、英镑等货币实际上还有不同程度的升值。制定什么样的汇率政策是一个国家的主权。8 月 5 日,国务院发布的《中华人民共和国外汇管理条例》第二十七条规定,"人民币汇率实行以市场供求为基础的、有管理的浮动汇率制度"。由此可以看出,人民币汇率形成机制已经没有参考一揽子货币的提法了。这个修改是从实际情况出发的,是完全正确的。以后我们要进一步把握好汇率政策的主动权,尊重市场规律,维护国家的核心利益。我们也不能根据最近的市场变化得出以后人民币汇率发展趋势将一路贬值的简单结论,还是要根据市场的具体情况,做好应对各种可能性的准备。

七、异常外汇资金大量流入的倾向出现逆转了吗?

2005 年以来,通过货物贸易、服务贸易、投资利润汇回、侨汇、外商直接投资、金融机构、地下钱庄等渠道,流入了大量异常外汇资金,使国家外汇储备非正常的过快增长,加大了宏观调控的难度。其根本原因是对人民币升值的过分预期。近来人民币对美元汇率出现贬值情况,大量异常外汇资金的流向是不是已经发生逆转,通过变现结汇大规模抽逃了呢?这需要作具体分析。由于美国次贷危机的影响,一些国外金融机构本部资金告急，抽回一些资金是完全可能的。但主要倾向还是国际短期资本流入的多一些。放眼看去，世界上还能找出几个经济发展有中国这样强劲、社会像中国这样稳定的国家和地区？中国的商机和投资的回报确实太多、太好了。对此要有一个基本的估计。我们不能简单地用外汇储备的增加额减去外商直接投资和外贸顺差得出的余额等于流入热钱数的公式去判断问题。国外有这样算的，但这不是一个普遍适用的公式。按这个公式推算，六、七两个月我国都表现为资本的净流出，并由此得出热钱已经大规模出逃的结论。判断异常资本的净流入和净流出还是应该从我国资金流量表上去深入分析。另外，还要考虑到近几个月央行允许金融机构以外汇缴纳存款准备金的新情况，而这笔外汇数额不算小却没有体现在国家外汇储备的增长上。总之，对于这个问题，我还是坚持今年3月在全国政协大会上发言的那句话："看好国门，决不允许国外短期资本想来就来，说走就走。"

八、我国股市见底了吗？

今年以来我国股市出现低迷景象。我在6月17日发表了一篇题为《中国股票市场完全可以实现稳定健康发展》的文章，从九个方面阐述了作出这种判断的理由。新华网转发之后，6月18日沪指上涨146.7点，当日报收于2941.45点。这足以说明市场对我的观点是认可的。我主要是从宏观层面作了一些阐述，以解疑释惑，提振信心。我至今仍然认为，中国经济基本面总体上很好，股票市场低迷是不正常的。正如三四年前我国经济增长势头很猛、而股票市场却相当低迷的情况一样，不是宏观经济的问题，而是另有其他原因。总之，当前股市行情有悖于经济"晴雨表"的原理，只能是暂时的现象。从管理层面说，需要更加深入调查研究，体察股民的合理诉求，规范市场秩序，特别要防止少数炒家兴风作浪，人为制造市场恐慌，切实保护广大股民的利益。从投资者来说，要真正看好所投企业的发展前景，要有长远的目光，要有耐心，不要为政策而投资，更不要跟消息去投资。总而言之，对中国股票市场是应该充满信心的。当然，中国股市行情与国际经济有着密切关系。如果美国次贷危机进一步恶化，也必将给中国股市造成巨大冲击。须及早防范。

九、我国房地产市场怎么了？

最近，市场上传出一些对房地产业的某种担忧。应该看到，前两年我国房地产价格上涨确实比较快，今年房屋销售面积有所下降，出现一些调整是正常的。6月份全国70个大中城市房屋销售价格同比上涨8.2%，总体上没有出现大的波动。我们无疑应当加强对房地产市场的管理和调控，更好地为广大人民群众谋利益。但对我国房地产市场的发展还是应该有个客观的估计。中国房地产贷款并没有像美国那样被证券化，不存在发生美国次贷危机那样的基本条件，中国发出的按揭住房贷款完全在金融机构的资产负债表之中，没有变成金融衍生工具在市场上流通。我国房价虽有一定泡沫，但与美国的房贷泡沫在性质上完全不同，程度上也不是一个数量等级。而且，中国市场对住房的需求仍然是很强劲的。一是80年代是我国人口出生的高峰期之一，平均每年出生的孩子达到2400多万人，而现在每年只有1600多万人，80后的孩子正处在成家立业的阶段；二是我国正处在城镇化加快发展的历史阶段，进城务工农民对住房的需求也很旺盛；三是住在现有旧房的城市居民对改善住房条件的愿望相当强烈，存在较大的潜在和现实的需求。发展房地产的根本目的是满足广大人民的住房需求，要努力防止房价过分炒作。

十、美国经济是否已到顶峰？

最近，美国的拜伦·韦恩教授在英国《金融时报》上发表了题为《美国正在走下坡路》的文章，他说"我在似乎充满了无穷机遇的美国长大，如今美国年轻人为何逐渐失去了乐观主义精神，让我感到沮丧。我们将自己视为服务型经济体，致使我们的国际收支逆差扩大到 GDP 的 6%，将我们的货币置于险境，因为我们的低储蓄率要求我们通过从国外借款来弥补差额。"他还从产业、科技等各个方面作了分析之后说，"英国在 1912 年达到峰值水平，荷兰在 1617 年达到巅峰，美国目前也达到经济的顶峰了。"8 月 26 日星岛环球网刊登的美国经济战略研究所所长克莱德·克里斯托维茨的文章指出，"美国经济之所以到目前还未陷入严重衰退，一个重要原因就是，世界经济尤其是新兴市场经济体经济仍然保持增长，这为美国扩大出口提供了可能。如果扣除外贸因素，今年上半年美国经济将会下降 0.2%，出口将美国经济从衰退中拯救了出来。"事实确是这样。上半年中国对美国出口同比只增长 8.9%，而美国对中国出口却大幅增长 24.5%。这位所长先生郑重地说："我们正在经历世界经济史上的一次重大转折：是世界其他国家在推动美国经济发展，而不是相反。"他还说："过去'美国经济打喷嚏，世界经济要感冒'的这种完全由美国主导的世界经济局面已经结束了。"

对以上观点，我们不妨附和一句：随着世界经济多极化的迅速发展，以次贷危机为标志，真也可能成为美国主导世界经济的局面开始发生变化的重要转折。美国巨额的外贸逆差和财政赤字造成的缺口是通过发行股票和债券的形式加以弥补的，而这些证券的利息和红利则通过印刷更多的"绿纸"来支付，当这些债券到期又要发行新的股票和债券。这一切都是"从纸张到纸张的运动"。这个运动之所以能进行主要是靠美元国际货币的霸主地位。但这个运动不可能永远进行下去，因为由此造成的世界经济失衡不断加剧便必将走向反面 ——不是世界经济被拖垮，便是美元地位动摇并最终为世人所抛弃。美国经济 70% 靠私人消费支撑，而这些消费大多建立在债务的基础上。据美国媒体研究中心调查，美国平均每人贷款余额约 1.9 万美元。美国消费者大把地花钱，花的却是他们并不拥有的钱。超前消费已成为这个国家的一种文化。试想，这种模式能永远持续下去吗？当然，美国仍是一个庞然大物，其硬实力和软实力还是世界上无与伦比的。说美国经济在走下坡路那也将是一个漫长的历史过程。

100年以后的经济学家自然会对2008年作出一个客观的评价。从目前情况看，美国的实体经济层面总体尚属正常，美国政府和货币当局在宏观调控方面还可以有较多作为，美国市场也有着较强的自我调节能力。美国国会、美联储、美国政府对这次次贷危机的处理应该说是比较及时、措施也是有力的。美国长期以来实行国际投资多元化战略，以分散风险，并到处设置货币陷阱，寻找替罪羊。在经济全球化的深度、广度空前加大的今天，加上美元世界货币的地位，确实为美国向外转嫁危机提供了太多的便利。我们切不可低估了美国的实力，也不可低估华尔街金融精英们的智慧和能量。对我们自己来说，要特别注意防范金融风险，妥善把握金融开放的节奏和幅度，以捍卫改革开放的成果，不断开创新局面。

十一、新经济自由主义的理论是否已经终结？

诺贝尔经济学奖得主斯蒂格利茨最近写了题为《新自由主义的终结》一文，他说，新经济自由主义是由一系列基于市场具有自纠功能、能有效地分配资源并很好地为公共利益服务的原教旨主义观念组成的混杂观点。就是这种原教旨主义支撑着撒切尔主义、里根经济学和所谓的华盛顿共识。在长达25年的时间里，那些追求新自由主义政策的国家不仅失去了增长的资本，而且当他们确有增长的时候，由此产生的利益也被不成比例的分配给了那些权势阶层。他还强调指出，新自由市场原教旨主义从来没有得到经济学理论的支持，而且现在看来显然也没有得到历史经验的支持。吸取这个教训，或许是现在乌云密布的世界经济的一线希望。斯蒂格利茨教授对新经济自由主义的这种强烈质疑确实是振聋发聩的。美国次贷危机爆发以来，国际社会的不少有识之士还在认真思索究竟应该走什么样的经济全球化道路，才能真正实现互利共赢、和谐发展等重大问题。世界经济风云的急剧变幻正孕育着一场伟大的变革，也呼唤着经济理论和国际经济新秩序的创新。

十二、我国经济处于深入贯彻落实
科学发展观的重要阶段

美国次贷危机和美元贬值使我国持有的巨额美元资产缩水受损，也影响我国出口，并导致进口成本大幅升高，从而使我国企业经营困难，加大就业压力和宏观调控的难度。美欧和我周边国家、地区的经济形势都比较严峻，这样的国际环境对我国经济发展实在是一个重大的挑战。

但从总体上看，我国经济运行的列车仍以巨大的惯性快速前进，各项经济指标都表现出平稳较快增长的良好态势，经济的基本面是好的。虽然国际经济的影响还有一个时滞效应，也许四季度和明年会更突出一些，但我国无论投资还是消费，扩大内需的空间都还很大。在抗震救灾中，全国人民表现出来的空前团结、不屈不挠、顽强战斗的精神风貌充分证明，任何经济困难都压不倒中国人民。刚刚成功举办的北京奥运会更使全国人民的爱国主义热情和民族自豪感得到最充分的展示，也是"更快、更高、更强"，勇于拼搏的奥林匹克精神的一次大普及。国际经济对我国而言，也不会因为美国次贷危机而改变"机遇和挑战同在、机遇大于挑战"这个基本判断，甚至还出现了一些新的机遇。

更重要的是，我们有科学发展观这个新时期建设中国特色社会主义的强大理论武器。国际经济环境出现一些新情况、新矛盾，我们可以借此加快贯彻落实科学发展观的进程。无论是宏观经济政策的制定，还是各地区、各部门的工作都要按照科学发展观的要求，着力推进发展方式转变、结构优化、科技创新、节能减排，着力加强关系民生的社会事业和"三农"等薄弱环节。在这些方面怎么努力也不过分。反之，如果不转变发展方式，继续走以大量消费能源和原材料、以污染环境为代价的粗放式的发展道路，即便国际经济环境再好，我们的发展也是不可持续的；在国际产业分工的总休格局中，我们就会总是处于产业的最低端，充当打工者的角色。根据党中央的部署，即将在全国开展深入贯彻落实科学发展观的教育活动。这是我们抓住机遇、迎接挑战的一次重大动员。这场学习教育活动关系到我国经济社会发展的前途命运，决不可以搞形式、走过场。

改革开放三十年的成功实践已经充分证明，中国特色社会主义道路是完全正确的。"中国发展模式"已经引起世界的广泛关注，展示了强大的生命力。当我们取得辉煌成就的时候要保持谦虚谨慎、戒骄戒躁；在面对国际经济环境比较严峻的时候要坚定信心、振奋精神。我们的责任就是和困难作斗争的，困难和挑战本身也是一种机遇。来自内、外部的各种压力可以使我们的头脑更加清醒，可以变为强大的动力，推进和激励我们更快地实现产业升级和结构优化，完成惊人的一跃，使我国经济社会的发展水平迅速登上一个新的台阶。

面对国际金融危机的中国经济

——在香港"一国两制"研究中心的讲演

（2009 年 1 月 15 日）

2007 年七、八月间爆发的美国次贷危机愈演愈烈，到 2008 年 9 月终于引发了一场以华尔街为震中的百年不遇的金融大地震。美国五大投资银行全军覆没，19 家商业银行倒闭，世界最大的保险公司 AIG 被政府收购——9 月的华尔街可以说是地动山摇，日月无光，一片恐慌气氛。由金融大地震引发的金融大海啸直扑大西洋彼岸，猛烈冲击着欧洲各国；同时也冲向太平洋西岸，引起了亚洲金融市场的急剧震荡，并迅速从发达国家传导到发展中国家，从金融领域扩散到实体经济领域，酿成了一场历史罕见、冲击力极强、波及范围很广的国际金融危机。这里，我想就怎样认识这场金融危机，它对中国经济的影响和我们的对策，谈谈个人的观点。

一、这场金融危机的深刻背景

在 2008 年 9 月 25 日，即正当人们惊魂未定的关键时刻，布什发表电视讲话："当前美国金融危机的罪魁祸首是海外投资者投入美国的大量资金，而非美国抵押贷款放款人及借款人的贪婪决定。"到 12 月 26 日美国《纽约时报》发表题为《中国的储蓄助长美国房产泡沫》的文章，说美联储主席伯南克曾创造出一种新理论，"他称问题不是美国人花钱太多，而是外国人尤其是中国人储蓄太多，他们能够以低利率借钱给美国，为美国人的消费提供经济支持……这导致美国一个历史性的消费狂潮和房地产泡沫。"2009年1月2日，美国财长保尔森在英国《金融时报》上又发表文章说："中国等新兴经济体崛起导致的世界经济失衡对全球金融危机的爆发也负有部分责任。"读了这三位大人物的讲话，不禁使人想起一个故事：从前有一位富家子弟，不务正业，经常出去打架斗殴，又偏好吸毒，还不断向左邻右舍借钱。家里出了事不去自查，反而责怪是邻居借钱害了他。

虚拟经济的产生和发展无疑是人类社会的一大进步。但虚拟经济必须植根于实体经济，并为实体经济的发展服务，才会有强大的生命力。而近十多年来，美国的经济过分虚拟化，特别是各种金融衍生产品完全脱离了实体经济，泡沫越吹越大、越飞越远，终究逃脱不了彻底破灭的命运。据有关资料，全球金融衍生商品总值从2002年的100万亿美元爆增到2007年末的516万亿美元，而当年全球GDP总额仅为54万亿美元；到2008年中期又高达大约600万亿美元，相当于全世界平均每人10万美元。其中美国约占340万亿美元。债券天王Bill Gross说，金融衍生商品是个新的"影子银行体系"，是企业与机构间的私人合约，是在正常的央行流动法则之外创造金钱，它不是真正的货币，跟美元相比衍生商品只是写有承诺的纸，它存在于正常的商业管道之外，缺乏有效监管。

对美国来说，通过这场金融危机至少应吸取以下教训：

一是不应依靠制造泡沫去发展经济。对待已形成的经济泡沫不应听之任之，甚至不断去制造新的泡沫以转移风险、转嫁危机。

二是资产的过度证券化带来了恶果。近十几年来，美国金融产品的创新可以说是令人目不暇接，眼花缭乱。例如房屋，本是一个很特殊的产品，属于不动产，非常本地化，流动性很差。但是，房屋贷款被证券化以后，其属性就发生了根本改变。中国人说"跑得了和尚跑不了庙"，而美国实行资产证券化策略，硬把庙变为一张纸片——有价证券可以在全世界自由买卖，而且价格越炒越高。于是产生了诸如不动产抵押贷款担保证券（MBS）、资产担保证券（ABS）和担保债权凭证（CDO）等数不清的金融新产品。

三是金融监管体系存在严重漏洞。美国金融衍生产品发展过快，而适应这种新情况的金融监管体系没有跟上。美国一直崇尚"最少的监管就是最好的监管"所谓金融自由化理论，实际上是有意放任衍生工具的泛滥。于是在金融产品和服务的生产与创新链条上出现了大片监管空白。

四是信贷机构的评级造假。为牟取暴利，优质信用评级可以转借，甚至还有伪造优质信用评级的情况，严重亵渎了金融信用。信用、信心、信贷这"三信"是金融市场的灵魂，灵魂丢了，金融市场必然出问题。

五是高度发达的资本主义出现了严重的结构性问题。20年来，美国的经济结构及其与世界经济的关系发生了历史性的深刻变化。两次世界大战都是由于帝国主义为争夺商品市场而爆发的。20世纪80年代中期美国商品国际贸易开始出现逆差，且不断扩大。美国的经济结构由物质商品生产为主转向了以金融产品生产为主体，对外关系则从物质商品输出转变为金融产品输出。其经济危机的形态也就从物质生产过剩危机转变成资产泡沫破裂所造成的金融危机。这一次几乎所有的金融机构都被套住了，金融危机又反过来极大地伤害了美国的实体经济。

这场危机使人们对"美国金融市场是最成熟的市场、监管制度最健全、法律体系最完善"的神话被打得粉碎。

美国之所以能够和敢于这样做，主要是依仗美元的霸主地位。

美元是美国权力和领导力的象征。1944年7月在华盛顿山饭店召开了一次治理世界经济、重塑世界金融秩序的历史性会议。会议通过了布雷顿森林计划，使各国货币与美元挂钩、美元与黄金挂钩，取消了其他货币的金本位制，确立了美元在国际货币中的领导地位。20世纪60年代末，美国由于深陷越战，国际收支赤字日增，美国政府为此忧心忡忡。当时尼克松政府得到一项关于"大量国际收支赤字对美国是有利的，但长期来说对世界经济的平衡发展不利"的报告，于1971年8月15日全面放弃美元与黄金挂钩，确立了美元本位制。美国从此不再受任何约束地放任自己的国际收支赤字扩大。美元就像一根魔棍，只要挥舞这根魔棍，世界财富就会滚滚流向美国。于是，美国的初级产品生产转移出去了，在海外投资或贷款给别国，可收取利润和利息回报，产品卖给美国，美国支付相应美元，出口国为寻找相对安全、回报稳定的投资项目，又转而将美元投向美国，买其国债等。转了一个大圈，美国只是支付了印制美元的成本（每张 4 美分）。所以，美国敢于靠"双赤字"过日子。美国巨额外贸逆差和财政赤字造成的"缺口"又通过股票和债券的形式加以弥补。而这些证券的利息和红利以及到期债券的还本等还是通过印刷更多的"绿纸"来进行支付。这一切，都是"从纸张到纸张"的运动。这个运动之所以能进行下去主要是靠美元国际货币的霸主地位。在这种背景下，美国人拼命地消费，吃喝玩乐皆成 GDP。但这个运动不可能永远进行下去，因为它必然造成世界经济失衡的不断加剧，矛盾总是要爆发出来的。不仅如此，美国的金融精英们还不断创新出各种金融衍生产品，使当代金融工具有着"预支未来"和"延后风险"的双重功能，即可以通过衍生品将预计的未来利润提前兑现，同时将现在的风险延迟到未来发生。所以大家只顾现在尽情地享受，唯一需要支付代价的只是未来。而这个"未来"总有一天要到的。今天的美国金融危机不正是昨日美国的未来吗？果然是到支付代价的时候了。

综合以上分析，可以说这场危机的本质是美元危机。成也美元，败也美元。随着美元本位制使得滥发的货币充斥全球，经济不稳定也蔓延到世界各地。"石油美元"的再投资造就了 20 世纪 70 年代的拉丁美洲经济繁荣，也引发了 80 年代的第三世界债务危机；20 世纪 80 年代末，日本对美国的贸易顺差推高了日本房地产价格，90 年代又导致地产泡沫破灭，使日本陷入了"失落的十年"；接下来是"亚洲奇迹"泡沫的兴起和破灭。这些经济体的每一次经济动荡，都源于美元的过度涌入和迅速撤离。这次危机是一不小心在华尔街着了大火并殃及全球经济。美元为什么会有这么大的威力？一靠美国强大的经济实力，二靠强大的军事力量，三靠强大的科技创新能力，四靠无所不用其极的外交手段。最近一位专家说："任何东西如果给了它至高无上的权力和威望，它就会产生罪恶，华尔街也一样。"

二、这场金融危机所处的阶段和发展趋势

对于这场金融危机目前究竟处于什么样的阶段、何时见底、今后的发展趋势如何，是人们十分关注的问题。据我个人分析研究，可否作出如下几点判断。

第一，美国金融危机的高潮大体已经过去。这场金融危机是由美国房贷引发的，美国房价的下跌开始于 2006 年 6 月，转眼就到三年整了。美国房价跌幅已超过 30%，继续下跌的空间已经不大。从 2008 年初以来，美国政府和美联储以各种方式向金融机构注资约 2 万亿美元，加上承诺担保的金额总计已达 7.8 万亿美元。美国金融的问题已经暴露得比较清楚，经过几个月的急剧动荡，大局也基本稳住了。虽然以后还会发生一些中小金融机构破产倒闭的案例，或者再次爆出像美国纳斯达克前主席麦道夫那样的金融欺诈丑闻，甚至可能出现多次小高潮，但像雷曼兄弟公司那样大型金融机构宣告破产的案子却是不会再发生、也不允许再发生了。雷曼兄弟公司破产的方式令支付和结算陷入了混乱，在全球范围内使市场参与者纷纷撤出市场，造成远远超出意料的严重后果，再也不能允许有第二个雷曼兄弟公司破产。虽然美国还存在着诸如信用卡不良资产、信用违约掉期证券（CDS）等金融"堰塞湖"，但像去年 9 月份那样金融危机大规模集中爆发的情况则是不可能发生了。美国金融危机迅速演变为世界金融危机。这场危机已经是全球性的了，但反危机的努力也是全球性的。世界各国都在救市、降息、刺激经济，许多经济体把国家的信用都押上去了。围绕着抗击金融风暴这个主题，去年 10 月以来各国首脑频频接触、共商对策，各种国际会议接二连三。在重大国际经济问题上，各国态度这样一致、行动这样协调、采取措施的力度如此强劲，可以说是人类历史上从来没有过的。况且，美国人民甚至于全世界对当选总统奥巴马都寄予很高期望，他是顺应了美国人民要求改变现状的强烈愿望并作出了有关庄重承诺而赢得选票的，人们相信他会有新的思维，上任以后一定能有所作为。所以，可以形象地说，去年 9 月以华尔街为震中的这场百年一遇的金融大地震已经爆发过了，这场金融危机本身的高潮

已经过去，当前人们正在经受着不断余震和金融海啸的折磨，突出表现为心理上的恐慌和信心不足。这是一个不可避免的发展过程。贪婪和恐惧是一对双胞胎，只是出生的先后不同，其对经济的破坏性是大体相当的。

第二，美国金融危机对世界金融和经济的影响还在扩散和加深。这场金融危机源自美国，美国自身无疑受到很大冲击，但受伤害更大的却是欧洲、日本和许多发展中国家。因为美国次贷证券总规模 11.8 万亿美元，有 2/3 是在国外销售的。可见，危机爆发之前美国就把风险的大部分转移到其他国家。实践证明，欧元区在 2008 年二、三季度经济增长均为 –0.2%，日本二、三季度分别为 –0.7% 和 –0.4%，而美国二季度为增长 2.6%，到三季度才出现 –0.5%，说明欧元区和日本经济整整比美国早一个季度进入衰退。美国金融危机已经导致国际资金突然停止流入新兴国家和发展中国家，甚至从这些国家大举抽逃，使这些国家和地区的经济发展受到突如其来的沉重打击。这场危机也使国际金融市场的支付和结算陷入一片混乱，使金融机构和实体经济融资处于极度困难的局面。最近，美国哈佛国际发展中心主任卡多·豪斯曼说，当前由于美元走强，美国可以创纪录的低利率发行美元债券，除了美国财政部，人们几乎不愿意借钱给任何人，这使得美国可以极低成本获得 5 万亿美元的国外资金来为金融系统纾困，并以相当规模的资金循环利用向其他国家再输出，既可放高利贷获利，又可得到政治上和经济上的其他好处。豪斯曼说，这是危机赋予美国新的金融权力。可以预计，美国经济的复苏也可能比欧洲、日本等要早一些。

第三，飘风不终朝，骤雨不终日。正因为这场危机来得迅速，势头凶猛，故去得也可能会快一些。在经济全球化的大背景下和高度发达的信息化时代，各方面的利益紧密相连，信息传递和资源调动效率极高，更不可能再度出现 20 世纪 30 年代"大萧条"那样的惨烈局面。老子曰："飘风不终朝，骤雨不终日。孰为此者？天地。天地尚不能久，何况于人乎？"物质财富和社会资金都是客观存在的，并没有因为危机的发生而消失，关键是人们的信心受挫，经济正常运行受阻，一旦解开这个套子，世界经济就会逐步地恢复正常。这是全世界人民和各国领导者的共同愿望。在市场大规模严重失灵的时候各国政府要考虑该做些什么，以最大的努力去激活市场；不要把兴趣放在寻找危机的底部，而是将更多的精力放在加强现金和抵押品管理来改变当前这种全球性的混乱局面。如果一定要作一次寻底之旅，那么也许我们正是处在危机的底部。"不识庐山真面目，只缘身在此山中"。难道目前我们不正是处在世界经济发展周期与金融危机相叠加的最困难的调整时期吗？而调整正意味着蓄势待发，特别是亚洲经济必将在调整中迎来新的更好的发展。

第四，关于前景展望。通过这场金融危机，改变现行国际金融秩序和货币体系成了世界普遍的呼声和诉求，在这方面欧洲各国表现得尤为强烈。从世界整体格局来看，美国在经济上的主要竞争对手是欧盟，美元的真正竞争对象是欧元。在欧元问世十周年之际，《金融时报》哈里斯开展了一项对欧元地位认识的调查，结果显示：大约70%的西班牙人和2/3的法国人"强烈"或"在某种程度上"同意欧元将在2014年（即5年后）取代美元在国际上重要性的说法，德国和意大利的这个比例分别是58%和62%，在美国也有48%的受访者同意上述说法。这反映了人们对建立国际金融新秩序的强烈愿望，也说明争夺国际货币的霸主地位将是今后一个时期世界经济生活中一个相当突出的矛盾。但是，要建立起一个各方面都能够接受、比较合理的新的国际货币体系，建立一个比较完善的国际金融监管体系是一项历史性的艰巨任务，需要一个漫长的过程。各国通过充分协商、求同存异，才可能逐步地实现这个目标。当务之急，是要在"去杠杆化"过程中怎样防止经济过快滑坡，特别要努力重建信用、提振信心，使信贷市场尽快活跃起来，以积极稳妥地消除有史以来最为严重的资产价格泡沫和信贷泡沫。只要各国切实加强合作，采取非常规措施，就一定能防止形势进一步恶化，并使世界经济尽早走出谷底。对世界经济的发展前景可否作出这样几点展望．一是通过这场危机的洗礼，世界经济发展格局会发生一些变化，但经济全球化的总趋势不会改变；二是各国政府维护市场经济秩序的责任会有所强化，但市场机制对资源配置的基础性作用不会改变；三是美元的地位可能会受到一定影响，但美国在国际金融领域的实力地位、美元作为主要国际货币的地位短期内不会发生根本改变；四是发展中国家和新兴市场国家的地位可能会有所上升，但发达国家综合国力和核心竞争力领先的格局还不会改变。我们应该用现实的和历史的眼光去看待这些重大问题。当然，也不能完全排除国际经济还会发生意料之外的特殊情况。但不论经历什么样的曲折和磨难，世界经济必将变得更加美好。

三、当前中国的经济形势

（一）外寒与内火的碰撞。从 2003 年到 2007 年，中国经济连续五年以 10% 以上的速度增长，并于 2007 年达到 13%。2007 年股市、房市都明显偏热，物价上涨较快，整个经济运行存在由偏快转为过热的风险。2007 年年底召开的中央经济工作会议，确定 2008 年的宏观调控任务是防止经济增长由偏快转为过热、防止价格由结构性上涨演变为明显的通货膨胀，这是符合当时的实际情况的，因而是完全正确的。随着宏观调控各项措施的落实，CPI 从 2008 年 2 月份的最高峰稳稳回落，国民经济过热的一些因素逐渐释放。到四五月份，美国次贷危机的寒流悄悄袭来，长三角、珠三角等地出口企业的订单有所减少，春季广交会的成交额也明显下降。"外寒"与"内火"的这种不期而遇，是很容易使经济发生感冒的。首先表现在钢材、有色金属等重要原材料价格从 7 月以后像过山车一样大幅下跌，工业增加值的增长速度 9 月份回落到 11.4%，比上年同期增幅回落 7.5 个百分点，10 月份增长率只有 8.2%，11 月份更是仅增长 5.4%，创下 1990 年以来月增长最低的纪录。GDP 增长率也从上半年的 10.4% 回落到第三季度增长 9.0%。国家财政收入 1 季度同比增长 35.5%，二季度增长 31.4%，到 9 月当月仅增长 3.1%。10 月当月全国财政收入同比下降 0.3%，其中中央财政收入下降 8.4%；11 月同比下降 3.1%，其中中央财政收入下降 8.4%。10 月份和 11 月份铁路货运周转量同比分别负增长 0.3% 和 6.1%，民航货运周转量同比分别下降 1.8% 和 10.8%，发电量同比分别下降 4% 和 9.6%。经济形势急转直下。当然，2008 年全年平均的各项主要指标看上去还是不错的。

（二）国际金融危机对我国经济的影响。这场国际金融危机对中国经济的影响是从沿海向内地不断扩散，从中小企业向大型企业逐渐蔓延的。

具体表现在三个方面：一是购买美国不良证券造成一些直接经济损失。但数额不大，从到目前为止各方面报出的数字看，损失敞口总额不到我国银行类金融机构总资产的0.06%。二是对我国外贸进出口造成较大的冲击。去年1—10月外贸进出口增长比较平稳。而刚公布的数字，11月和12月出现了出口同比分别下降2.2%和2.8%，进口分别下降17.9%和21.3%的双下降的情况。进口下降比出口的下降幅度更大与国际市场大宗商品价格大幅回落有一定关系。加工贸易进出口额的下降幅度都比一般贸易大得多，而加工贸易在中国内地的产业链比较短、附加值比较低，对GDP增长的影响相对要小一些，但主要是会影响就业。特别是珠三角等沿海地区，一批加工企业出现了经营困难。今年一季度乃至上半年外贸进出口情况都是不容乐观的。三是对市场信心的影响。这场国际金融危机来势凶猛，引起人们心理上的恐慌，对市场信心不足，由此可能使大量要素退出市场，影响经济的正常运行。流通领域的企业不敢进货，库存大量减少，失去了经济蓄水池的作用，生产企业销售出现困难，部分行业产能过剩的矛盾也显现出来了。

（三）果断决策，沉着应对。中央对经济形势的变化见事早、判断准、行动快，适时调整宏观调控的方向、重点和力度，增强了调控的预见性、针对性和实效性，使我们赢得了时间、争取了主动。在分析了上半年的经济形势后，党中央、国务院果断决策，于7月25日宣布，把宏观调控的首要任务从年初的"两防"调整为"一保一控"，即保持经济平稳较快增长，控制物价较快上涨。2008年9月，美国次贷危机急剧恶化，迅速演变成国际金融危机，世界经济增长明显减速，对我国经济的影响进一步显现，加上我国经济生活中尚未解决的深层次矛盾和问题，使我国经济运行中的困难增加，经济下行压力加大。在这个关键时刻，中央于11月上旬，明确提出宏观调控的重点是保持经济平稳较快发展，果断地把稳健的财政政策和货币政策调整为积极的财政政策和适度宽松的货币政策，进一步扩大内需，全力保增长。同时，中央出台了十项措施，提出了投资 4 万亿元扩大内需、促进发展、调整结构、改善民生的方案，在国内外引起了强烈的反响。在财政政策方面，通过较大幅度增加公共支出，保障重点领域和重点建设支出，释放更多扩大内需的能量。实行结构性减税，用减税、退税或抵免的方式减轻企业和居民税负，促进企业投资和居民消费。进一步优化财政支出结构，加大民生投入，支持科技创新和节能减排、先进装备制造业、服务业、中小企业、重大改革等。为稳定外需，出口退税率在 2008 年经历 4 次调整，为缓解出口企业困难提供了有力支持。为帮助企业开拓农村市场，对家用电器下乡实行 13% 的财政补贴。在货币政策方面，从 9 月份以来，央行已 5 次下调基准利率、4 次下调存款准备金率，以保持银行体系流动性充足，促进货币信贷稳定增长。12 月初，国务院公布了《关于当前金融促进经济发展的若干意见》，共 9 项措施 30 条意见，为促进经济发展提供了强有力的资金保障和支持。针对一些地方出现农民工返乡的情况，国务院出台了一系列有关措施，组织农民工培训，保障其合法权益等。我国扩大内需的最大潜力在农村，无论投资还是消费，农村都是一个广阔的天地。去年底，中央又召开了农村工作会议，为全面落实十七届三中全会精神、加强三农工作，提出了一整套政策措施。企业也纷纷表示要承担更多的社会责任，国有大企业带头提出"央企不裁员、高管要减薪"。今年初国务院还制定了七项措施帮助大学毕业生就业。议论了十多年的燃油税和增值税转型两项重大改革也在今年 1 月 1 日起正式实施。这一系列重大措施的出台增强了人们的信心。最近一个多月来，国内钢材、有色金属等价格出现明显回升，就是一个积极的信号，是个好兆头。还要看到，已经推出的这一批政府主导的建设项目只是"药引子"和方向标，可以有效激活企业和全社会的资源扩大内需保增长，调整结构上台阶。这些宏观调控措施不仅是面对当前困难的应急之策，更是长远发展的战略谋划；不仅对防止当前经济出现大的起落有重要意义，更可为增强经济发展的后劲打下坚实基础。

（四）紧紧抓住前所未有的战略机遇。目前我国经济面临着来自国际、国内的严重困难和严峻挑战。在工作上，我们宁可把困难估计得更充分一些，准备得更扎实一些，以争取更大的主动。但也必须看到，我国经济发展的基本面和长期趋势没有改变，我们遇到的困难是前进中的问题。经过改革开放 30 年的持续快速发展，我们积累了比较雄厚的物质基础，经济实力、综合国力、抵御风险的能力都显著增强。我们确实面临一场严重国际金融危机的影响和冲击，但我国本身并没有发生什么金融危机。我国金融体系资产质量好，四大上市银行不良资产率在 2% 左右；资本充足率达标的银行有 193 家，占整个银行总资产的 99.5%；中央从 1999 年开始果断剥离银行系统不良资产，至今累计已剥离约 3 万亿元，而且不断深化金融改革，使我们赢得了主动。在金融开放上，我们坚持循序渐进、实事求是的方针，还保留了一道金融防火墙，抵御国际短期资本冲击的能力比较强。目前，我国央行和各商业银行资金都很充足，金融结算、支付畅通无阻，根本不存在什么救市问题。我们还有 1.95 万亿美元的外汇存底；2008 年财政收入突破 6 万亿元，比上年增加约 1 万亿元；通胀压力也明显消退；加上去年我国粮食连续第 5 年丰收，再创历史新高，而且我们党和国家行政动员能力无比强大。可见我国在抗御这场国际金融危机方面，有着许多独特的优势。从我国的股票市场看，也可以说已经见底。A 股上证综合指数在 2000 点左右徘徊已持续半年之久，沪市总市值回落到 10 万亿元左右，平均市盈率约在 15 倍，再也跌不到哪里去了。况且 2008 年 9 月 18 日，中国汇金公司宣布将收购其下属子公司的股票，国资委表示支持央企对其上市子公司的股票进行回购，这两大保障措施是其他任何国家和地区所不具有的。股民关心的大小非解禁问题也总可以想出办法加以解决。当然，在目前这个国际大环境下，我国股市也不可能过快上涨，况且我们希望的是资本市场能平稳健康地发展，要防止大起大落。由于去年基数较高，当前的矛盾又比较集中，加上宏观调控的政策效应总会有一个滞后期，去年 11 月以来外贸出口骤减并不说明美欧等国实际消费需求下降了这么多，主要是受信贷紧缩影响一时资金转不过来，这种状况的改善也需要一个过程，所以今年一季度反映出来的经济运行的数字可能会不太好看。但我们观察和评价经济发展，不能只看一时一事，不能局限于一个季度或者半年，而要看内在的活力和总的发展趋势。最近，国外有一种观点，认为中国经济的增长率如果低于8%，好像天就要塌下来一样，其实没那么严重。改革开放30年来，有7年的经济增长速度是低于8%的，其中1990年只增长3.8%，但30年年均增长还是达到9.8%。我国经济没有也绝不会陷入衰退，只是受国际金融危机影响增长速度放缓一些而已。即便是这样，我们睁眼看去，世界上还有哪个国家和地区经济发展速度比中国更快的呢？如果还要追问中国经济何时见底？我看底就在脚下，底就在眼前。而且我国有条件、也完全有可能成为率先走出困境的国家之一。

改革开放30年，我国走过了一条艰难曲折的道路，取得了举世瞩目的辉煌成就，也为世界经济的发展作出了一份贡献。这场国际金融危机表明，我国新的30年是注定又要从危难中起步的。但是，这场金融危机对我国发展既提出了前所未有的挑战，也带来了前所未有的机遇。就拿股市来说，内地一些企业家就表示1800点左右肯定是在谷底了，"低位整合，高位融资"，目前正是企业收购兼并的大好时机，资金充裕的企业可以借此迅速做大做强。在经济低谷时，更是扶持创新型企业的良机，因为成本低、风险小、回报率高。通过对创新型企业的投资引导，可以促进产业结构的转型升级，甚至可以抢占世界科学技术的新高地。这场危机导致我国外部需求大量减少，客观上为我们扩大内需和调整结构提供了巨大的倒逼机制压力。在外需旺盛的时候，我们想要转型都很难。现在正可借助强劲的外力加快落实科学发展观，推进发展方式的转变和经济结构的调整，强化科学技术创新。国际能源资源和资产价格的回落为我国利用海外资源和先进技术带来了有利条件。在大国关系中，我国的战略回旋空间也增大了，因为维护国际金融市场稳定，改革国际金融体系，加强国际合作，哪一方面都离不开中国的参与和配合。

长期以来，香港一直是内地利用外资的主要来源地。香港的投资者特别是在座的各位嘉宾为内地的经济发展作出了卓越的贡献，也因此创造了香港新的繁荣。目前，内地工业化、城镇化快速发展，基础设施建设、产业发展、居民消费、生态环境保护等方面有巨大发展空间，扩大内需商机无限。香港背靠内地这样巨大的市场，占尽了天时、地利、人和的优势，是完全可以大有作为的。

从总体上看，我国经济运行的列车仍以巨大的惯性快速前进。无论国际经济风云如何变幻，对我国经济来说，"机遇和挑战同在，机遇大于挑战"的这个基本判断不会改变，甚至出现了许多新的机遇。中华民族历来具有不畏艰险、百折不挠、自强不息的品格。面对当前国内外的各种矛盾和困难，在党中央、国务院的正确领导下，中国人民有足够的智慧和能力迎接挑战，趋利避害，积蓄力量，使我国经济迅速提高到一个新的水平，至少可以继续保持二三十年平稳较快的发展。再过 30 年，我国就真正强大起来了，进一步发展的条件就更好了。

香港经济运行和受国际
金融危机影响的基本情况

（2009 年 1 月 20 日）

应香港一国两制研究中心理事会主席梁振英先生和执行委员会主席陈启宗先生的邀请，并经正式报批程序，我于元月 13 日晚抵达香港。14 日参加了一个有特区政府经济顾问、经济学家、金融专家、企业家等参加的座谈会；15 日在一国两制研究中心主办的专题讲座上作了题为《面对国际金融危机的中国经济》的讲演，并花 1 个多小时回答了提问，参加会议的有特区政府官员、经济学家、企业家、全国人大代表和全国政协委员等 200 多人；16 日参加了由中央政府驻港联络办公室安排的媒体负责人通气会，向他们介绍了中央的宏观经济政策并回答提问，17 日离港回京。整个过程都很顺利，各方面人士对讲演的观点比较认同，加深了对中央政策的理解，增强了经济发展的信心。在座谈和交流中了解到香港经济发展方面的基本情况。

一、经济运行情况

香港 GDP 增长率 2006 年为 7.1%，2007 年 6.4%，2008 年估计在 3%—4%，其中四季度出现负增长。香港的外贸进出口和物流业占 GDP 的 27%，去年 11 月、12 月进出口都是负增长；金融业增加值占 GDP 的 16%，去年恒生股票指数下跌 60%，基金收益下降，IPO 差不多没有了；旅游业对 GDP 贡献率约 5%—6%，去年外国游客大幅减少，大陆游客有所增加，总的影响不大；房地产业成交额略有下降，但房价最近有所上涨；建筑业受政府出台一些工程项目刺激，有可能出现回升；据香港统计处抽样调查，尚未发现企业裁员现象，失业率为 3.8%，比较正常，社会总体稳定。

二、国际金融危机对香港的冲击和影响

有关专家分析认为，这场金融海啸对香港的冲击是历次国际金融危机中最深刻的，对香港金融业的定位、监管制度、银行业的经营模式，直至金融文化都要重新考虑。如果说在外贸方面这次是受了"硬伤"，那么在金融方面则是受到"内伤"。一是香港的剩余资本买了不少美国的不良证券和基金，且是过去信誉最好而这次输得最惨的美国公司的金融衍生产品。二是香港的银行代理分销了雷曼兄弟公司的债券约 200 多亿港元，其中"迷你债券"120 多亿港元。银行只收了分销代理费，而投资者则血本无归，其中散户购买 127 亿港元。香港购买了雷曼债券的人数达 3.4 万人，提出申诉的有 1 万多人，上街闹事的"苦主"约几百人。特区政府明确提出应由分销代理的银行予以回购，而银行则认为这样有悖于市场规则，因当初没有人强迫他们买。此事至今尚未得到解决，这对本港也造成信用上的伤害。香港中银集团代销雷曼兄弟债券共约 70 亿港元，其中迷你债券约 40 亿港元。汇丰银行和渣打银行都买了相当数额的美国不良债券。三大发行港币的银行都不同程度受到拖累。三是业内担心香港金融机构对内地发放的贷款可能引起大量不良资产。四是外资金融机构在港没有零售业务，当地没有资金来源，其总部告急，有的已被国有化了，致使香港的融资业务在大量萎缩。有的专家感慨地说："香港是一叶小舟，既受国际大环境的冲击，又受内地经济的影响。"

三、对国际金融危机的判断

专家们认为，这场危机的本质是：从美元泡沫到美国消费泡沫，

再演变为严重的信贷泡沫破灭的金融危机。最动荡的时期已经过去，不会再有新的雷曼破产案发生，而且当初美财政部该不该让雷曼破产，最近美国也有颇多议论。但是，金融秩序的恢复是漫长的，信贷紧缩将是长期趋势，去杠杆化的过程中需要吸纳大量资金，在游戏规则不明确的情况下不可能出现金融和经济的活跃期。从中长期看，美元的贬值将会是有序的、逐步的，因为谁都不愿看到美国再出大事。美国经济至少要两三年后才能恢复元气。

四、对香港金融发展的考虑和有关建议

一位知名人士在会上提出，港元不应继续紧盯美元，而应与人民币挂钩，并尖锐批评特区政府在这个问题上缺乏战略眼光。参会人员反映，香港特首曾荫权最近提出香港"应从国际金融中心转变为中国的国际金融中心"，意在强调要为内地发展提供更多的金融服务。专家们认为这是对香港的一个新的定位，是重要的机遇。香港如能承担人民币结算、人民币发债以及与周边国家、地区的货币互换职能，对香港金融业的发展无疑是一场甘露。同时也有专家建议，人民币的区域化要稳步推进，不宜过急。要加强粤港合作，国家发改委公布的珠三角发展规划在港普遍反映较好。

还有的专家认为，经历这场金融危机之后，中国世界工厂的地位不可能消失，反而会得到加强。沃尔玛在美国销售的中国商品在国内市场看不到，是一个封闭的生产—销售体系。

要全面理解《政府工作报告》

——在"两会"期间全国政协举办的记者会上答记者问

（2009年3月6日）

英国《金融时报》记者： 请问李德水委员，在两天前我们都看到有关您接受采访的媒体报道，当中您提到温总理将有可能宣布新的经济刺激计划，世界股票市场因为预期中国将会出台新的经济计划而普遍上涨，但是昨天温总理在作政府工作报告的时候并没有提出任何新的经济刺激计划，请您介绍一下当时您在接受采访的时候作何考虑？您是否期待着在未来中国将会宣布新的经济刺激计划？

李德水： 这个问题我真的有心里话想跟大家说。首先我要澄清一下，在3月4日上午，有几个记者围着我，问我有没有什么新的政策出台、刺激方案出台，我说我不知道，因为我还没有看到《政府工作报告》，请你明天看电视，温总理要作政府工作报告，里边对今年的经济工作都有全面部署。结果记者就写了这样一条报道："李德水透露，明天温家宝总理将公布新的经济刺激方案。"当时我确实还没有看到过《政府工作报告》，也没有说什么"新的经济刺激计划"。加上其他一些消息，股票市场就猛涨了，当天A股沪市涨了6.2%，深市涨了6.9%。亚洲地区，甚至美国，昨天的股票也跟着涨。看来大家对中国经济的发展实在是非常关注的。我要对这位记者提出的问题做一个回答。首先，我认为你这个发问是不准确的，你说昨天温家宝总理没有提出任何新的经济刺激计划，这就完全不符合实际情况。我昨天晚上也看到了《华尔街日报》发表了一篇文章说"中国人大开幕，未承诺新刺激方案"，这是不客观的。想想昨天总理的《政府工作报告》，提出了全面实施促进经济平稳较快发展的"一揽子"计划，内容多么丰富啊！涉及扩大投资的措施、扩大消费的措施，涉及到各个方面。我随便报几个数字，除了中央财政直接的投资外，税费改革、减税退税，这就使居民和企业减轻负担5000亿元，直接增加城乡低收入居民的补贴、家电下乡等等，还补助低保的住房困难家庭的实物廉租房建设、地震灾区建设。"三农"投入就是7161亿元，这些都是很大的数字。包括大学生就业中央都出钱帮忙，怎么培训农民工都想到了。还有生态环境、进一步鼓励出口的政策，等等。科技投入力度也很大，达到1460亿元。还有提高中小学教师的待遇，离退休职工的待遇，等等，各个方面都想到了，都有明确的措施，提出了具体的、切实可行的方案，怎么能说没有提出新的措施呢？

你们所说的新的方案，我想是指前不久有的人这么猜想：四万亿不够，再来八万亿、十万亿的这样一些议论。其实这是空穴来风，是市场上的一种传闻，官方没有任何这样的说法。个别媒体借我的名义说会有新的刺激方案就是指的这个内容，这完全是一种误解，我根本就没有说过这个话。而且从我们中国当前的发展情况来看，没有必要搞那么大的投资。从实际需要出发，《政府工作报告》中这样的安排是适当的、合理的。这里，我还想强调两点：

第一，中国根本没有发生金融危机。现在中国的经济跟美欧日和其他一些正处在金融危机煎熬的国家情况相比是不一样的。美国、欧洲一些国家向金融机构大量注资救市，我们中国政府需要向哪个金融机构注资吗？根本不需要。我国金融机构资产质量很好，负债率很低，四大上市银行资产不良率只有2.5%左右，符合巴塞尔条约要求的资本充足率在8%以上的银行有193家，占我国整个银行资产的99.6%。所以我们的政策很好，我们的刺激经济方案不是去处理那些泡沫、处理那些垃圾，而是扩大内需、推动经济的增长，性质是很不一样的。不能要求中国刺激经济的方式跟西方的方式一样，我们为什么要按照他们的模式来处理呢？

我在这里要理直气壮地说一句：中国根本没有发生什么金融危

机！中国的银行和其他金融机构支付、结算畅通无阻，我国金融系统资金充足，贷款增加得很快，不存在像西方国家和其他一些处在金融危机煎熬的那些国家和地区那种银行无钱可贷的情况，我们只是受到国际金融危机的冲击和影响而已，不要把概念搞错了。

第二，我还想牛气十足地说一句：中国经济没有、更不会进入衰退！有些人讲话比较简化，什么经济衰退，把我们也说进去了，这不对。经济衰退是有严格定义的，是以前美国提出来的：GDP连续两个季度负增长叫做衰退，现在这个概念全世界都认同。我国经济增长率去年四季度为6.8%、全年9.0%，睁开眼睛看看世界，哪个国家有这么高的经济增长速度？所以中国经济并没有、也不会进入衰退，只是受到了国际金融危机的冲击和影响，增长速度放缓一些而已。我相信会继续增长，而且今年8%左右的增长是可以实现的。

另外给大家透露一个消息，今天是真正透露，那天我没有透露什么（笑）。大家要给我"平反"，3月4日的话报道有误。2008年中国的GDP总量300670亿元人民币，按照2008年平均汇率6.948：1美元，折合43274亿美元，2008年年初年末平均人口数为13.2465亿人，我们去年的人均GDP已经达到3266.8美元，登上了3000美元的新台阶。这意味着什么？国际经验表明，当一个国家或者地区人均GDP超过3000美元之后，城镇化、工业化的进程会加快，居民的消费类型、消费行为也会发生重大的转变，这对于我们今年扩内需、保增长、调结构恰逢其时、非常有利。

最后，我十分感谢英国《金融时报》这位记者向我提出这个问题，我也是《金融时报》的读者。我在这里想特别强调一下，我们要全面理解、读懂读透《政府工作报告》。这个政府工作报告的内涵非常丰富，它的含金量是很高的，它有着很大的杠杆效应，实行起来会产生数倍的乘数效应，有四两拨千斤的作用和意义，能够把社会资源极大地调动起来，它的力量是非常巨大的，一定要全面地认识这个问题。不要在四万亿、八万亿上纠缠不清，而应全面、准确地读懂、读透《政府工作报告》。

扩大内需必须坚持全面协调可持续发展

——在全国政协常委会上的发言

（2009 年 5 月 31 日）

主席，各位副主席，各位常委：

我受全国政协赴江西视察团的委托，作如下发言。

2009 年 4 月 15 日至 21 日，中共中央政治局委员、全国政协副主席王刚同志率全国政协视察团在江西省视察。视察团深入企业、乡村和工业园区，实地了解江西省在扩大内需、推动发展方式转变和结构调整、推进农村改革发展、保障民生和促进就业、加强生态环境建设等方面采取的措施及取得的成效，听取了江西省相关情况的介绍。

江西省委、省政府认真贯彻落实中央扩大内需、保持经济平稳较快发展的重大决策部署和一揽子计划，大力弘扬井冈山精神，全省上下展现出迎难而上、努力奋斗的高昂士气。他们突出科学发展抓项目，千方百计扩大固定资产投资；全力稳定企业生产经营；着眼于优化和调整产业结构，加快引进人才、技术和资金；贯彻落实惠农政策，保持农业良好发展势头；实施"家电下乡"和"汽车下乡"，带动消费快速增长；坚持以人为本，尽心竭力保障和改善民生。一季度，全省生产总值同比增长 10.2%，增幅比全国平均水平高 4.1 个百分点。视察团认为，江西省经济运行和社会发展情况充分证明，去年以来中央关于加强宏观调控的决策部署是完全正确的，进一步扩大内需、保持经济平稳较快发展的一揽子计划是非常及时而卓有成效的。

在国内外经济环境严峻复杂的背景下，江西省也面临出口困难，商品价格持续下降，企业效益大幅下滑，就业和农民增收难度加大等困难。总体来看，外需严重萎缩引发的部分行业产能过剩仍然是当前经济运行中最为突出的问题。

视察团认为，国际金融危机的影响还在继续扩散和深化，世界经济衰退的基本态势没有改变。虽然江西以至全国经济运行出现了一些积极变化，但基础尚不稳固，必须做好应对更长时间挑战和更加严峻复杂局面的思想准备和工作准备。视察团建议：一是着力消除民间投资的体制机制障碍。通过政府投资带动民间投资是充分发挥中央一揽子计划政策效应的关键。二是进一步扩大居民消费。看来各地在扩大消费需求方面普遍办法不多、投入不足，消费增长明显慢于投资增长。这种趋势持续下去，势必进一步扭曲本已不协调的投资与消费关系以及内需与外需的关系。同时，要加快推进收入分配体制、社会保障体系等改革。三是加快培育一批新的经济增长点。培育和发展一批战略产业，抢占下一轮国际竞争的制高点。四是积极推动沿海地区产业向中西部地区有序转移。五是大力发展服务业。这方面还存在工作力度不够、工作缺乏抓手的现象。六是加大对中西部地区生态环境建设的支持力度。视察团建议国家有关部门加强对鄱阳湖生态经济区建设的规划指导和政策扶持。国务院领导对视察团的报告作了重要批示。

通过这次视察活动，联系到全国的情况，我有两点感想：一是要防止高水平的重复建设。江西新余市已建和在建的高纯多晶硅将达年产3万吨能力，是目前世界太阳能领域产能最大的项目。据了解，省内有几个城市都在争上同类项目。全国至少还有11个省在竞相大力发展光伏产业。实际上，我国风力发电设备和光伏产业生产能力都已明显过剩，而核心技术都靠引进。建议国家有关部门要加强产业布局的统筹规划，重点支持基础较好的地区，坚决防止新技术产业的盲目重复建设。传统产业如钢铁、电力等也存在这个问题。一大批落后产能谁也不甘心被淘汰，在投资拉动经济的大环境下，大家都在搞技术改造、争上大型先进设备、扩大产能，这就可能出现高水平的重复建设和更严重的高水平产能过剩，由此必将对这些产业和银行系统等造成巨大的经济损失。对此，国家综合部门必须采取果断措施。因为许多项目是当地政府主导推动的，故调整结构不能单靠市场力量，而必须辅以强有力的行政干预。现在是调整结构的最好时机，下手要快、要重，越往后就越被动。二是必须摆正增长速度与科学发展的关系。在国际经济环境如此严峻的形势下，我们要千方百计不让经济增长速度过多地回落，但要全面准确地理解中央关于今年经济增长预期目标的提法。中央始终强调要保持经济平稳较快发展，加快结构调整和发展方式转变。而有的地方在实际工作中还存在过分追求增长速度的现象，把完成速度指标作为重中之重来抓，并且不惜代价，更有甚者在基层统计数据上做文章。这在一定程度上忽略了结构调整、经济转型和发展方式转变即深入贯彻落实科学发展观这个重大前提。这种倾向必须及时纠正。地方各级领导确实做了大量卓有成效的工作，但一定要坚持实事求是的原则，努力实现全面协调可持续发展。这是科学发展观的基本要求。

美国爆发金融危机后我国
应切实把握好的宏观经济政策

（2009 年 6 月 22 日）

2008 年 9 月美国爆发的金融危机，成了世界经济发展的分水岭，并迅速演变为一场自二战以来最严重的国际金融危机和国际经济危机。当前这场危机处在什么阶段，发展趋势如何？它对我国经济的冲击和影响表现在哪些方面，怎样评价目前我国经济的发展趋势？这些都是大家十分关心的问题。我汇报几点个人认识供大家参考。

一、对国际经济形势的基本估计

（一）世界经济陷入了全面衰退。这场危机是在国际金融的核心层爆发的，主要表现为虚拟经济泡沫的破灭、虚拟资本大幅缩水，导致市场的极度恐慌和信贷严重萎缩，从而破坏了经济活动的正常运行。目前，这场危机总体上没有见底，对经济的影响还在扩散和蔓延。美国、英国经济已连续三个季度、欧元区和日本已连续四个季度出现负增长。今年一季度，美国经济增长环比折年率 –5.7%，欧元区同比 –4.6%，英国同比 –4.1%，日本同比 –9.7%，俄罗斯同比 –9.8%，东欧和大多数发展中国家经济都出现严重负增长；西方国家只有澳大利亚增长 0.4%，发展中国家印度增长 5.8%，我国一季度增长 6.1%，二季度增长 7.9%。5 月 27 日联合国预计今年全球经济将下降 2.6%，6 月 22 日世界银行预计今年世界经济将回落 2.9%。与此同时，国际贸易也大幅萎缩。故从整体上看，世界经济确实已陷入了全面衰退。

（二）全球经济大局已基本稳住。经济全球化使各国之间有了更多的共同利益。这场危机影响全球，反危机的斗争也是全球性的。至5月7日，美联储和美国政府向金融系统直接注资和承诺担保的资金规模已达12万亿美元，并已到位实施3.9万亿美元；6月中旬，欧盟委员会报告，欧洲各国向金融机构注资或承诺担保的资金已达5.3万亿欧元。而美国全年财政收入约2万亿美元，欧盟各国全年财政收入一共不到3万亿欧元。他们不吃不喝也拿不出这么多钱来。一靠大举借债，二靠猛开印钞机，三靠开空头支票，总之是把国家的信用都押上去了。经过十来个月的艰苦努力，美国经济已出现一些向好的迹象。4月份单户型住宅销量环比增长0.3%，现有待销房总共只有373万套，新房待销仅31万套，可以说美国房地产业本身已经触底，而房地产抵押贷款证券问题则远未解决。6月份美国消费者信心指数达去年9月以来最高水平，5月份居民储蓄率达6.9%，6月份零售额增长0.6%，工业产成品出厂价环比上升1.8%。6月份以来，高盛、摩根大通等10家大银行已归还政府援助资金680亿美元，信贷也趋向活跃。欧洲和日本的情况比美国更困难一些，但也出现一些积极变化。5月份欧元区工业产值出现去年8月以来首次月度增长，环比上升0.5%。可以说，金融危机全面、集中爆发的高潮已经过去，经济自由落体般下跌之势也已缓解，大局基本稳住了。

（三）世界经济全面复苏尚需一个艰难曲折的过程。这场金融危机不仅严重伤害了世界经济，也影响了以美国为代表的西方人的消费观念和消费方式，而且震撼了主导西方30多年的新自由主义经济理论和传统的金融监管体制。这场危机本身充分证明，世界经济严重失衡的格局是不可持续的。目前，美国制造业利用率仅65.8%，比过去60年平均值低15个百分点（二季度我国工业产能利用率为75.8%）。金融危机本来就是资产负债失衡的一种恶性症状。当前，美国政府、企业（特别是金融机构）、家庭三者的资产负债状况都已严重恶化。到7月1日止，美国国债余额达11.5万亿美元，相当于GDP的约80%，平均每个美国人3.7万美元。金融危机爆发之前规模高达340万亿美元的金融衍生产品，大多尚未妥善解决。美国家庭的负债额高达6万亿美元。金融危机使资产大幅缩水，而负债却是白纸黑字，一个不能少，是刚性的。这就必然会严重打压个人和企业的消费、投资，并形成恶性循环。现在，虚拟经济创造货币财富和巨额货币收入的机制基本上瘫痪了，美国去杠杆化进程刚刚开始，金融秩序的恢复将是漫长的，信贷相对紧缩会是长期趋势。更重要的是，过去十年中世界科技水平没有重大突破，经济增长不是主要依靠科技进步这个最本质的动力，而是借助虚拟经济的泡沫化，过度依赖金融投机和超前消费，去推动资产型的经济发展，显然是不能持久的。而且，人们至今还不能清晰地看到带领世界经济进入下一个增长期的载体，也就是说还没有完全找到真正能带动创业活动集群式开发的新技术和能大幅度提高劳动生产率的新的财富创造机制。所以，世界经济全面复苏尚需一个艰难曲折的过程。今年内可望基本上止跌回稳，然后进入较长（约3—4年）的调整期，即总体低迷但又波动式的缓慢增长时期。如果各方面工作顺利而后就可望进入新一轮高速增长期。当然，世界经济也不能完全排除进一步恶化和提早出现景气这样两种可能。对此，我们的态度一是不怕，二是欢迎。在世界经济问题上，切不可低估了美国的应变能力和创新能力。

二、国内经济形势分析

（一）经济运行正处在企稳回升的关键时期。7月23日召开的中共中央政治局会议指出："当前我国经济发展正处在企稳回升的关键时期。"仔细领会，我觉得这个判断是非常正确的，且有丰富的内涵。此话有三层内涵：一是应充分肯定党中央、国务院年初部署的促进经济平稳较快发展一揽子计划和近几个月又出台的一系列新的政策措施是完全正确的。经济运行确实出现了企稳向好的积极变化，出现许多亮点，从统计数字和人们的实际感受都可以说明这　点。这是我国经济发展的主流和总趋势，确实来之不易。二是警示人们这些变化的基础尚不稳固，经济运行还而临诸多困难。"逆水行舟，不进则退"，在取得初步成效的时候决不能有经毫松懈，要继续把促进经济平稳较快发展作为经济工作的首要任务，要坚定不移地继续实施积极的财政政策和适度宽松的货币政策，全面贯彻落实好应对国际金融危机的一揽子计划，并根据形势变化不断丰富和完善。三是抗御国际金融危机必须做好应对更长时间挑战和更加严峻复杂局面的思想准备和工作准备。只要能从这三个方面去理解和把握，对当前经济形势的判断就比较全面、客观了。

（二）对我国外贸出口前景的分析。我国受国际金融危机冲击和影响最严重的是外贸出口。对外贸出口的前景可以作这样几点判断：第一，这场国际金融危机告诉我们，外需不足将是一个长期的趋势，像前几年那样外贸出口高速增长的时期可能一去不复返了。改革开放特别是加入世贸组织以来，我们抓住经济全球化的机遇，充分发挥比较优势，积极参与国际合作与竞争，对外贸易高速增长，为我国经济增长作出了重大贡献。但是，正如树不可能无限制地长高，我国的出口高增长时期也已经基本结束。从 2001 年到 2008 年，我国外贸出口年均增长约 25%，同期全球的外贸增长年均为 10%，我国外贸占世界外贸的份额也是 10%。假设我国出口和国际贸易都继续保持这样的速度增长，测算结果到 2020 年中国的出口将占全世界的 50%。这无论从经济上还是政治上都是无法接受的，也是不可持续的。而这场国际金融危机正好成了一个重要的转折点。我们不应指望，危机过后我国外贸出口又能重现前几年那种高速增长的景象。所以，我们必须痛下决心，实现经济转型，使过多地依靠出口拉动经济转变为更多地依靠内需拉动经济增长，要把扩大内需作为我国经济发展长期的根本性方针。第二，我国外贸出口像近几个月这样，以 20% 多的速度急剧下滑也只是暂时现象。美欧等国前段时间受金融危机影响，商业部门资金周转困难，普遍实行"去库存化"，新的订单大幅减少。最近，库存出得差不多了，老百姓生活的必需品、制造业的零部件等，还得从我国进口。实际上，五六月份以来我国出口企业的国外订单已经明显有所回升。现行的国际产业分工格局，不可能因金融危机而发生太大的变化，我国的比较优势也没有改变。美国提出振兴制造业，欧盟提出要搞第二次工业革命，谈何容易。因此，以后我国外贸出口还是可以保持一定增长的。回到 25% 以上的高增长是困难了，能有 10% 或 5% 的增长率也很好。第三，更重要的是不应单纯追求出口数量的增长，而是要通过科技创新和创造更多自主知名品牌，着力提高出口产品的附加值。例如，我们出口部 iPod 产品，出口价是 150 美元，而留在中国的附加值只有 4 美元。我们辛辛苦苦、热热闹闹的出口，只得了 2.7% 的好处。如果留在国内的附加值能增长一倍，在出口数量不增加的情况下，对我国经济的贡献就能翻一番。可见出口对拉动经济的作用有着十分巨大的潜力，是可以大有作为的。

三、切实把握好下半年的宏观经济政策

（一）坚定不移地继续实施积极的财政政策和适度宽松的货币政策。实践证明，去年末党中央、国务院制定的这个宏观经济政策是十分必要和完全正确的。如果没有这个政策，在国际经济环境如此恶劣、外需大幅下滑的困难背景下，我国上半年就不可能取得这样娇人的成绩。至于执行过程中产生一些偏差，例如贷款增长过快（年初设定调控目标为 5 万亿元以上，上半年各项贷款就增加 7.37 万亿元），则应从工作上找差距，提出改进工作的措施，而不应轻言改变或调整宏观经济政策。"适度宽松"是非常科学的提法，关键在执行中是否真正把握好了这个度。实际上，上半年新增的 7.37 万亿元贷款中，票据融资新增 1.7 万亿元（而去年同期只新增 49 亿元），占 23%，加上进入股市等方面的信贷资金，有相当多的新增银行贷款资金并没有进入实体经济，而大量中小企业特别是小企业、个体户贷款却十分困难。这都说明上半年的信贷结构和投向不合理。国家有关部门和各商业银行正在积极采取有力措施解决这个问题。因为如不处理好信贷工作中的这些偏差，就无法真正贯彻落实适度宽松的货币政策，不仅会伤害实体经济的发展，还可能造成潜在的金融风险。所以，下半年迫切需要的是加强和改善信贷管理，而切不可简单地去调整中央的货币政策。这两种提法有着本质的区别，处理的方法也不相同，产生的效果更会完全不同。当然，在坚持适度宽松货币政策的前提下，必要的货币手段

也是应该有所作为的。

（二）在扩大投资中要十分关注结构调整。目前，几乎世界各国都面临着需求不足和结构调整的共同问题。通过这场危机，美、欧、日等国正在深刻反思，研究新的发展战略，并都在大力调整内部的经济结构和对外部的经济关系。部分行业产能过剩是当前世界经济也是中国经济中十分突出的问题。上半年，在出口突然大幅下滑的情况下，我国主要得益于投资拉动（对经济增长的贡献率达 87.6%，拉动 GDP 增长 6.2 个百分点），保持了经济平稳较快发展，防止了经济发展大起大落，功不可没。固定资产投资既是扩大内需的重要方面，也是调整结构的有效手段。下半年要更多地关注投资的结构和方向，既要坚持防止低水平的重复建设，更要防止出现高水平的重复建设和高水平的产能过剩。当前，我国经济生活中的许多事情似乎都处在重大转折的紧要关口，需要很好把握，例如钢铁、电力、港口等产能都已达到数量的顶峰，都应从数量的扩张切实转向质量的提高和结构的优化。

（三）要努力实现全面协调可持续发展。鉴于上半年经济增长率已达到 7.1%，预计下半年投资、消费、出口三大需求不会减弱，而去年同期的经济增长基数又比较低（去年三、四季度分别增长 9.0% 和 6.8%），所以今年经济增长实现年初制定的 8% 左右的预期目标已没有多大悬念。我想，全年执行结果，能实现在 7% 与 8% 之间的一个实实在在的增长率就算完成了预期目标，在世界上更是"风景这边独好"。我这是就全国而言，今年受国际金融危机影响，东南沿海发展速度减缓较大，而中西部地区则仍保持强劲增长态势。这充分体现了国家大的优越性。我们要抓住这个宝贵时机，以深化改革为动力，调整收入分配，调整产业结构，发展社会事业，强化"三农"工作，扩大就业，着力增加消费需求等，为明年和长远发展创造更好的条件。努力实现全面协调可持续发展，是科学发展观的基本要求。

（四）选准科技创新的突破口。奥巴马政府把新能源作为带动经济复苏的发动机，并提出绿色新政；英国也在大力推动绿色制造业，把低碳经济作为新一轮技术革命的主攻方向。在这个领域，我国也有很多优势，我们应努力抢占技术上的新高地。同时，信息技术对经济社会的贡献也远远没有走到尽头。要密切关注西方国家在酝酿的"云计算"、"智慧地球"、互联网的第二次革命等新动向。在制造业上，如何把"中国加工、组装"转变为真正的"中国制造"，乃至于"中国创造"，任务还相当繁重。

（五）几个趋势的分析。一是通胀预期。由于产能普遍过剩的严峻现实，消费需求的启动比较缓慢，收入分配格局的调整更不是一蹴而就的事情，就业压力还相当大，信贷投放虽然较多，但相当一部分并未进入实体经济等，我国短期内不存在发生通胀的可能。从长远看，只要切实做好防范，也是可以避免的。二是人民币汇率预期。在国际金融市场还在动荡的大背景下，坚持人民币汇率的基本稳定是科学、合理的政策取向。

只要我们把思想和行动统一到中央对形势的分析判断和对工作的总体部署上来，坚定不移地认真贯彻中央制定的各项方针政策，全国上下努力奋斗，我们就一定能胜利闯过当前的难关，而且为我国经济登上一个新的台阶打下坚实的基础，中国是大有希望的。

关于"加快转变发展方式和结构调整，提高可持续发展能力"的认识和建议

——在全国政协专题协商会上的发言

（2009 年 7 月 13 日）

一、充分认识加快转变发展方式和结构调整，提高可持续发展能力的紧迫性

2008 年 9 月美国爆发的金融危机，成了世界经济发展的分水岭，并迅速演变为一场自二战以来最严重的国际金融危机和国际经济危机。目前，这场危机总体上没有见底，对经济的影响还在扩散和蔓延，世界经济已经陷入了全面衰退。经过大半年的艰苦努力，金融危机集中爆发的高潮已经过去，经济自由落体般下跌之势也已缓解，大局基本稳住了。预计今年内可望止跌回稳，但世界经济全面复苏尚需一个艰难曲折的过程，今后三四年内将处于总体低迷、但又波动式的缓慢增长时期。这场危机给我国经济带来了严重的影响和冲击。党中央、国务院见事早、行动快，去年 7 月就调整了宏观经济政策，今年初部署了促进经济平稳较快发展的一揽子计划，近几个月又出台了一系列新的政策措施。实践证明是完全正确的。我国经济运行已经出现了企稳回升的积极变化，这是我国经济发展的主流和总趋势，确实来之不易。当然，我国经济还面临着诸多困难。受国际金融危机的冲击和自身经济周期性因素的影响，加上我国长期积累的一些深层次矛盾和问题，三大因素交织在一起，经济生活中的许多事情似乎都处在重大转折的

紧要关口。目前，几乎世界各国都面临着需求不足和结构调整的共同问题。美欧日等国通过这场危机正在深刻反思，研究新的发展战略，并已经着手调整内部的经济结构及与外部的关系。这种形势迫切要求我们必须抓住机遇，加快发展方式转变和结构调整，努力提高可持续发展能力。这不仅关系我们能否成功闯过眼前这道难关，更决定着我国长远发展的根本大计。

二、加快出口企业的转型升级，着力提高出口产品的附加值

这场国际金融危机对我国经济冲击最严重的是外贸出口。严峻的现实告诉我们，外需不足将是一个长期的趋势。我们不应指望危机过后我国外贸出口又能重现前几年那种高速增长的景象。必须痛下决心，实现经济转型，使过多地依靠出口拉动经济转变为更多地依靠内需拉动经济增长，把扩大内需作为我国经济发展长期的根本性方针。为此，出口型企业尤其是来进料加工企业必须加快转型升级。一是要大力开拓国内市场，特别是农村市场。二是要千方百计提高技术创新能力。从国际市场的发展趋势看，我国外贸出口像前几个月那样以20%多的速度急剧下滑也只是暂时现象。现行的国际产业分工格局不可能因金融危机而发生太大的变化，我国的比较优势也没有改变，西方国家去库存化的过程结束之后，生产生活的必需商品还得从我国进口，以后外贸出口还是可以保持一定增长的，回到25%以上的高增长困难了，能有10%或5％的增长率也很好。这正可为我国出口型企业转型升级提供一段宝贵的时间。我们决不可以坐失这个良机。我们不应再去单纯追求出口数量的增长，而是要通过科技创新和创造更多自主知名品牌，着力提高出口产品的附加值。例如，我国出口一部 iPod 产品，出口价是150美元，而留在中国的附加值只有4美元，仅仅得了2.7%的好处。如果留在国内的附加值能增长一倍，在出口数量不增加的情况下，对我国经济的贡献就能翻一番。可见出口对拉动经济的作用有着十分巨大的潜力，是可以大有作为的。

作为一个过渡性措施，建议出台一项鼓励加工贸易产品出口转内

销的政策。我们在欧美市场可以看到大量中国造的价廉物美、款式新颖的商品，如玩具、服装、小型家电等，令人爱不释手。可是在国内市场上却根本看不到。即便有，也是从欧美市场再进口来的。增加了关税、运费以及海上保险等费用，在国内市场价格贵得不得了。例如美国的某名牌风衣，90% 是在中国生产的，在美国卖 98 美元一件，我们再进口回来在国内市场卖到 4500 元一件。究其原因，主要是我国对加工贸易长期实行进口原材料和出口产品一律免除关税的政策，意义之一是鼓励出口，增加外汇收入。而加工贸易企业的产品如直接在国内市场销售，则必须要交原材料的进口关税。现在我国外汇和外需的形势都已经发生了重大变化，应该允许加工贸易企业的产品在国内销售。但这又会带来加工贸易与一般贸易不平等的问题，因为一般贸易进口原材料是要交关税的。建议在目前特殊的情况下，有关部门可以挑选与一般贸易不同类型的商品，继续保持进口原材料免关税的政策，允许进入国内市场销售。可先筛选 500 来个税号国内市场没有卖的商品进行试验。这样做，对有关部门可能是很麻烦的一件事，但可以使一批出口企业活起来并带动大量相关配套企业，稳定了就业，国家可以增加税收，中国老百姓又能享受到更多称心如意的商品，有利于扩大消费，收到一举多得的效果，这个麻烦是值得的。

三、要防止过分追求增长速度的偏向

上半年，在出口大幅下滑的严峻形势下，尚能保持经济平稳较快发展，除了商品零售总额仍保持较快增长外，更主要的是得益于投资拉动。从在建和新开工项目的规模和资金、建设物资的支撑能力看，这个势头下半年是完全可以保持下去的。以扩大投资保持经济平稳较快增长，不仅见效快，而且可为长期发展打好基础，无疑是正确的选择。

半年多过去了，全年经济发展的态势已可见端倪。总体看，今年的经济增长是前低后高、逐季攀升的趋势。下半年投资、消费、出口三大需求不会比上半年减弱，而去年下半年的经济增长基数又比较低，估计全年实现 8% 左右的预期目标不会有什么悬念。由于在经济遇到困难的时候，在现行的体制下，有些基层统计部门的压力往往比较大，国家层面在核算时要留有一定的余地，这样可能更加符合实际情况。估计最后全年经济增长率能略超过 8%，在国际上可以说是"风景这边独好"了。当前，有些地方在实际工作中存在着过分追求增长速度的现象，把经济增长速度指标作为重中之重来抓，甚至不惜代价、不顾长远发展。这在一定程度上忽略了转变发展方式和结构调整即深入贯彻落实科学发展观这个重大前提。这种倾向必须及时纠正。

四、应更多关注投资的结构和方向

外需严重萎缩而内需又一时上不去，导致部分行业产能过剩是当前经济运行中最为突出的矛盾。中央安排的 4 万亿元投资项目中基本上没有用于增加一般生产能力的。但地方项目问题就比较多了。以钢铁工业为例，去年底我国钢的生产能力已达 6.6 亿吨，实际需求量仅 4.4 亿吨。按国家公布的钢铁工业振兴规划的标准，有 20% 的落后产能应该淘汰；按国际先进标准，约有 40% 的落后产能应该淘汰。现在是调整结构的最好时机，但没有退出机制。相反，落后产能谁也不甘心被淘汰，因为钢铁企业是当地财政的摇钱树、GDP 的重要支柱和就业大户。在投资拉动经济的大环境下，大家都在搞技术改造、争上大型先进设备、扩大产能。国家强调不让搞低水平的重复建设，下面搞高水平的重复建设也是值得关注的。如果不去算总账，不考虑市场的产需平衡，这样下去必将造成更加严重的"高水平"产能过剩，造成极大的浪费。建议国家有关部门要从产业布局的合理性出发，果断地停止那些拟新建和扩建的大型钢铁项目，首先确保现有的先进生产能力尽快发挥作用。这种情况在其他行业也不同程度地存在着。即便是基础设施也不能过分超前，高科技项目也不应一哄而上，关键是要把握市场需求，按经济规律办事。关于落后产能的退出机制问题，建议有关部门充分运用环保法规、提高技术质量标准和严格限定能源消耗、用水指标等，凡不符合要求的落后产能必须强令其关闭或转产。实际上前几年建成的低水平钢铁厂原始投资早就收回来了，流动资金贷款可用资产和土地变现来偿还。同时要积极开拓钢材使用的新领域，目前我国钢材中的板管材比重只占40%多，而发达国家已高达70%，我们却已出现板材销售困难、线材、螺纹钢价格高于板材的反常现象。钢结构进民宅、建设钢结构的立交桥等等，可增加有效建筑面积、提高建筑弹性和抗震性能、施工周期短、使用配套的隔热轻质墙板、复合楼板可节约能源和大量造砖的土地，好处是相当多的。在钢材消费结构上还有很多空间可以开发。建议建设部门尽快着手修改建筑设计标准，即便是传统的钢筋混凝土结构也要调整设计标准，以全面提高我国的建筑质量和档次。

五、加快服务业发展

发展服务业既是扩大消费的重要方面，又是提高劳动生产率的根本途径。20世纪80年代以来，世界经济出现了两大潮流，一个是经济全球化，一个是经济的服务业化。我国改革开放特别是加入世贸组织以来，抓住了经济全球化的机遇，充分发挥比较优势，积极参与国际合作与竞争，对外贸易高速增长，为我国经济发展作出了重大贡献。但还应该看到，主要发达国家的经济结构迅速地由工业型经济向服务型经济转变，制造业的提升主要依赖于研发、设计、品牌、营销等环节的专业化服务，成为国际产业竞争的制高点。世界产业链条的中端是制造业，前端是设计、研发，后端是营销、服务。由于经济发展阶段的局限性，我们无论从认识上还是实践上，都没有对经济的服务业化引起足够的重视，在世界产业分工的总体格局中，我国还处在世界产业链条的中端即制造环节的低端位置上，大量地从事低附加值的组装等生产活动。这虽然为安排就业作出了较大的贡献，但经济效益是相当低下的。我们看到厂房拔地而起、烟囱林立、产品从生产线上滚滚流出确实非常振奋。但切不可满足于此，不能忽视了可以创造更大价值的产前研发、设计、产后的营销和服务等重要环节。要以思想观念的转变去推动发展方式的转变。我国三大需求中最大的潜力在消费，三次产业中最大的潜力在服务业。从三次产业结构上看，要由工业经济向服务经济转型，大幅提高生产性服务业和专业性服务业，以及生活性服务业的比重。就一产来说，也离不开农村服务业的大发展，要有科技服务、生产服务、流通服务、营销服务等现代服务体系的支撑，才能实现由传统农业向现代农业转变。加快服务业发展也是解决我国就业问题的根本途径。建议国家将加快服务业的发展提到战略的高度上，从深化改革、扩大开放，调整收入分配等方面入手，制定强有力的政策措施。也呼吁我国的民营企业更多地向服务业转移，这是一个可以大展鸿图的领域。

六、加快推进小城镇建设

当前，工业化、城镇化和经济服务化构成了经济生活的主旋律。工业化主要是创造供给的，城镇化则可以创造大量需求，经济服务化既可创造供给又能创造需求。我国正处在工业化加速发展的关键时期。但传统的粗放式的工业化道路是已经走到头了，必须大力转变工业化的发展方式。我国城镇化的道路又该怎么走？有一点是肯定的：绝不可能把几亿农村人口都转移到大城市中去。我国的许多大城市在世界上都属于超大型的，在交通、供水、环境等方面都已经饱和了，不可能无限制地发展大城市。应该坚定不移地把全国 2003 个县城、33379 个重点乡镇作为城镇化的重要着力点，加快中小城镇的建设。使它们一头连着大城市，分担大城市的某些功能；一头连着大农村，带动农村经济的快速发展，使中小城镇成为承接农业转移人口就业的重要载体，成为城市带动农村、工业反哺农业的强有力纽带。建议，一是国家对小城镇的个体经营户和中小企业（包括中小银行）在启动资金和税收上要给予相应的政策支持；二是国家拟对农村危房、草房、土坯房共约 3000 万户（涉及 1 亿多农村人口）的改造原则上不搞原地重建，尽量向小城镇集中，腾出的宅基地既可增加农村的建设用地，又可增加耕地；三是希望房地产企业要积极投入小城镇建设，那里是一个广阔的天地。

七、切实加强和改善信贷管理，防范国际热钱涌入

6月份新增人民币各项贷款 1.53 万亿元，上半年新增贷款 7.37 万亿元，远远超过年初设定的全年调控目标。据有关专家分析，有不少信贷资金流入了股市和房市，还有 23% 即 1.7 万亿元是票据融资（多为存款在账户上搬家，属于空转的）。这对近几个月房价的上涨、股市的回升起了一定的推动作用。大量银行资金没有进入实体经济而在金融系统内部自我循环，可能导致金融泡沫和房市泡沫的形成，过快上涨的房价又使得真正购买自用房的居民望而却步。这种倾向值得密切关注。信贷按这个速度增长，全年新增贷款总额怕是 10 万亿都打不住。因此有人担心，下半年中央可能调整适度宽松的货币政策，全面收紧信贷。今年以来，政府背景的投资公司和大企业信贷资金非常充足，用不出去的钱又存入银行。调研时了解到，某省投资公司今年各家银行都主动向其贷款，有几十亿元现金实在没有项目可投只好又存入银行，贷款利率比企业活期存款利率高 5 个多百分点，还要白给银行付利息。这是守规矩的企业。有些企业则是将拿到的贷款与银行联手去搞五花八门的理财业务。而另一方面，许多中小企业却资金困难，嗷嗷待哺，求贷无门。由此可见，这些不正常的现象都是工作中的问题，是信贷结构和投向不合理的问题，应当坚决予以纠正。信贷工作中的这些问题不利于加快发展方式转变、调整结构，保持经济平稳较快发展。相反，会极大地伤害实体经济的发展，并造成潜在的金融风险。当前迫切需要的是加强和改善信贷管理而不可轻言调整中央的货币政策。这两个提法有着本质的区别，处理的办法也完全不同。如果着重于加强和改善信贷管理，则应果断锁定数额巨大、没有进入实体经济的信贷资金，并一一查清，按不同情况分别处理；如果简单地调整货币政策，则可能主要运用货币政策手段，收紧银根，全面紧缩信贷规模。两种办法带来的效果也不相同。后者会使违规行为得不到纠正，还可能冲击来之不易的企稳回升好形势。监管部门光发个紧急通知是不够的，建议还要对严重违规者加以惩处，以儆效尤。

另外，国际金融危机爆发之后，一方面资产泡沫破灭导致大量企

业和机构资金十分短缺，另一方面西方各国央行大量发行基础货币，又使流动性空前膨胀。据报道，目前有5000多亿美元国际游资聚集香港，准备涌入大陆的房地产市场和资本市场。对此值得密切关注。建议有关部门加强对跨境地下钱庄和洗钱行为的打击。在当前情况下，提倡加快人民币资本项下全面可自由兑换，显然不是明智之举。

这里还想说两个观点：第一，人民币的国际化是一个漫长的过程。需要国家强大的软、硬实力去支撑。而且只有在我国外贸出现较大逆差的时候，才需要不断把钱汇出去，人民币才能发挥铸币税的作用，才能成为贸易伙伴国的储备货币。所以，建议这件事要少说、积极稳妥地去做。第二，国际货币体系的改革是一件极为复杂的事情，涉及有关国家的核心利益。对此，我国是应该也可以有所作为的。但建议不要说得太多，要稳步推动，更要用巨大的政治智慧。

八、选准科技创新的突破口

历史经验证明，经济困难时期正是孕育科技革命的大好机遇。这场国际金融危机的一个深刻根源是过去十年中世界科技水平没有重大突破，经济增长不是主要依靠科技进步这个最本质的动力，而是借助于虚拟经济的泡沫化，过度依赖金融投机和超前消费去推动经济发展，爆发危机有其必然性。反之，危机之后世界经济要出现全面复苏，也必须依靠真正能带动创业活动集群式开发的新技术和能大幅度提高劳动生产率的新的财富创造机制。目前，奥巴马政府把新能源作为带动经济复苏的发动机，并提出绿色新政；英国也在大力推动绿色制造业，把低碳经济作为新一轮技术革命的主攻方向。能源是当代经济生活中的战略制高点，努力开发新能源对世界经济的可持续发展和环境改善都有着重大意义。我们在这方面无疑应该下大力气，努力开发有关核心技术，争取更大的主动。日本从1973年每天消耗530万桶石油的最高峰以来，到2007年经济总量增长了12倍，而原油的消费总量却再也没有超过1973年的水平；韩国1997年石油消费量达到每天240万桶的高峰，十多年来经济规模翻了一番，而石油的消费量至今没有超过 1997 年的水平。奥巴马新能源战略第二条指出："在十年内实现不需要从中东和委内瑞拉进口石油。"那么，我国通过节能和新能源的开发，电动汽车等的运用，将实现什么目标呢？最近，中国石油大学中国能源战略研究中心组织有关专家、教授对我国石油消费的顶板效应即峰值作了分析研究，初步推算我国在 2020 年前石油年消费量达到 5.4 亿吨的峰值是完全可以实现的。如能做到从此以后中国的石油消费总量不再增加，或中国从国外进口的原油量不再增加，将是很有意义的一件大事。同时，我们也不可把科研力量都扎在新能源这一个领域，还要努力寻找和开拓能带动社会生产率提高的其他多种新技术。例如，信息技术对经济社会的贡献就还远远没有走到尽头。建议大力加快我国信息化建设。一是用信息技术带动工业的改造；二是用信息化手段提升生产管理和服务的能力；三是用信息化手段提高社会服务管理水平和维护稳定的能力；四是要密切关注互联网第二次革命的新动向；五是用信息化建立全国企业、单位、个人的信用记录体系，谁要有不良信用记录，将付出一辈子的代价。如果有了这个体系和机制，解决中小企业和大学生贷款难的问题就会好办多了。还要尽快普及宽带，推动三网合一。3G 的发展要提高网络的覆盖度，不搞重复建设，提高终端产品的成熟度和产业化水平，加速拓宽 3G 的应用。这样，我们不仅要用信息化带动工业化，而且要使信息技术渗透到经济社会的方方面面，从而更加深刻地改变人们的生活方式和生产方式，更大地提高消费水平、生活质量和劳动生产率。同时，要努力避免在互联网上沉渣泛起，更要坚决防止互联网成为西方渗透的工具。这是一个十分严峻的挑战。

最后，建议国家尽快部署第十二个五年计划的编制工作，全面制定下个五年转变发展方式、调整结构，提高可持续发展能力的宏图大计。

努力实现我国房地产市场的平稳健康发展

（2010 年 2 月 25 日）

截至 2 月 23 日，由新华网发起的实时调查结果显示，在住房、物价、收入、就业、环保等十大选项中住房问题成为网民最关注的民生话题。房价上涨过快成了当前国内外普遍关注的一个热点。就此谈几点认识。

一、判断房地产市场健康与否的标准

根据世行和国际上大家公认的一些标准，判断房地产市场是否过热主要从三个方面看。

一是在售房中作为投资行为买房的是否控制在 30% 以内。

二是售租比一般 4—6 倍比较合适，到 8 倍以上就偏高了。

三是房价年收入比一般以 3—6 倍作为房价合理的区间。

二、今年以来房地产价格上涨较快的主要原因

一是去年初房价相对较低，带有恢复性的上涨。

二是 2008 年 10 月以后，为应对国际金融危机的影响和冲击，央行、财政部和地方政府都出台了一些支持房地产发展的政策。这对于保持我国经济平稳较快发展是必要的，也作出了重要的贡献，但政策的持续效应客观上推高了房地产市场的火爆。

三是强劲的需求拉动，特别是北京等大城市，全国各地的高收入

群体都来北京买房，当地居民改善住房条件也需要买房，外国居民和外商也到中国大城市买房，所以大城市和中小城市房价上涨的情况是很不一样的，要加以分析。

四是资金供应太多，社会流动性过大。例如去年有些大企业资金充足，也很容易得到巨额贷款，出现了一个比一个大的"地王"。

五是这是一个历史发展阶段。80年代是我国人口出生的高峰期，例如1986年我国新出生人口达到2600多万，当年死亡人口只有600多万。而2009年当年出生人口只有1615万，死亡人口达943万。80后的孩子要成家立业了，而且思想观念也在改变，家庭趋向小型化。按此趋势，二三十年以后，由于人口结构的变化，我国很可能出现住房过剩的现象。

三、努力实现我国房地产市场平稳健康发展的主要建议

（一）要澄清几个认识问题。

1.党的十七大提出"住有所居"，意即每个人都能有房子住，而不是"居者有其屋"或"居有其所"，就是说并非强调每个人都要有自己所有权的住房。美国1974年8月制定的《住宅与社区发展法案》，提出在社区多盖房子卖给低收入的人，圆美国梦，当时美国拥有所有权住房的居民只占63.3%。从2001年以后大力发展房地产业，直至这场金融危机爆发之前，这一比率才提高到68%。提高这4.7个百分点付出了极其沉重的代价。我国当前人均GDP只有美国的1/10，要实现"居者有其屋"或"居有其所"实在是为时尚早。

2.认为今后相当长时期内房价只会上升不会下降这个观点也是值得斟酌的。虽然我国居民对住房需求的潜力还很大，而用于房地产建设的土地的减少是刚性的。一旦某种商品的价格远远高过它的价值就会形成泡沫，而泡沫总会破灭的，泡沫吹得越大，破灭时损失就越惨重。日本、美国以及一些发展中国家都有过这方面的惨痛教训。中国决不可以重犯这样的错误。最近，英国《金融时报》总编巴贝尔撰文指出，在这场金融危机中，令银行遭受重创的是一场

押注于美国住宅与地产价格只涨不落的豪赌，监管机构、银行家和国会都曾自欺欺人地认为，地产价格只会越来越高。每个人都有权居有其所，即使他们信用很差或毫无信用——这就是美国梦的版本之一。

3. 认为房地产市场政府管不了、只能由市场自身去调节，这个观点也是有偏颇的。政府在调控房地产价格方面应当也完全可以有所作为，例如土地供给的调控、贷款政策、税收政策以及法律、法规等多种手段都可以发挥重要作用。规范房地产市场秩序、加强监管也是政府的职责所在，购房者和开发商的合法权益无疑都应该受到法律的保护。政府加大安居工程的建设力度，也可以平抑房地产价格。事实上，去年12月以来，国务院出台了一系列政策和措施，各地方也纷纷采取了一些适合当地情况的政策。这些政策和措施对保证房地产市场平稳健康发展的政策效应还将逐步显示出来。

（二）认真贯彻落实国务院出台的各项政策措施。特别是1月7日国务院办公厅《关于促进房地产市场平稳健康发展的通知》（国办发〔2010〕4号）。这是一个非常重要的文件，关键在于有关部门和各级政府要狠抓落实，还要制定一系列具体、可操作的配套措施。例如，文件中规定，"对申请购买第二套以上住房的，贷款首付款比例不得低于40%"。在实际工作中，同一个城市、同一家银行可以掌握购房者买二套房的资料，但同城异行或以父母和亲戚的名义就很难判定是否属于购买第二套房，客观上很难执行。这就需要建立一个全国联网的官方房屋产权登记查询系统。这对于加强我国房地产的管理有着非常重要的意义。

（三）改革土地批租制度。可以考虑借鉴香港土地管理制度，结合大陆的实际情况，实行批租制和年租制相结合的混合体制。现行的土地批租制把70年的土地批租收益一次性地花完了，很不合理，缺乏财政收入的可持续性，也无法获得未来土地升值的收益。把批租制和年租制结合起来是比较科学的，这样就可以把首次拍卖的费用降低，同时按年征收根据房地产租金市值评估值乘以固定租率确定的年租金。这样，地方财政收入就可以持续，又可以降低当前的地价。同时还可以参照香港的办法建立土地基金制度，也就是说土地批租的收入一部分归当期政府使用，留下一部分给未来的政府使用。

（四）政府多建廉租房。香港居民50%左右住的是廉租房，新加坡大部分居民住的也是廉租房，甚至五室两厅的豪宅也可以租的。现代社会人口流动频繁，何必拘泥于一地，当终身房奴。关键是当前廉租房资源太少，应该建更多的廉租房，满足人们的需求。从新中国成立初到20世纪末，在50多年里我国基本上是以廉租房为主体的，实践证明发挥了很好的历史作用。为了加快廉租房的建设，可以考虑建立廉租房基金。理性的投资者，不论金融机构还是个人投资者，都不会把全部资产投向高风险的领域，如果有一部分资金如1/3左右投向有长期稳定可靠回报的，哪怕回报率低一些，安全系数高，都是愿意做的。廉租房的产权归政府，由基金会聘请业内行家经营管理，给基金的投资者一个合理稳定的回报。目前国际国内都有很多钱在找出路，廉租房基金的资金来源根本不是问题，政府只要出土地，可以不花一分钱就能盖起广厦千万间，实现"住有所居"的目标。同时，可使商品房的价格保持在比较合理的水平上。

（五）在适当时候开征物业税。为了减少阻力，也可以采取"老人老办法、新人新办法"区别对待的政策。

（六）控制流动性，特别要防范热钱的流入，遏制输入型的资产泡沫。在应对这场国际金融危机中，西方主要国家实行了极度宽松的货币政策，印发大量货币，且实行几近于零的基准利率。这对防止经济崩溃发挥了积极作用，但也带来严重的后遗症。大量低成本资金在国际上从事利差交易，并制造新的资产泡沫。面对这场国际金融危机的冲击，我国沉着应对，实现了经济平稳较快发展的好形势。中国无疑成为国际游资的首选目标。国际游资以各种合法、非法的渠道和方法进入我国市场，央行为对冲外资流入被动地增发基础货币，以致流动性过大。一些外资换成人民币后进入房地产领域，抬高了房价。其本意绝不是要在华买房居住，而是炒作、投机。因此，加强外汇市场的监管，防止境外热钱流入，对当前和今后一个时期国家经济安全都有十分重要的意义。

　　房地产产业在国民经济中举足轻重，也是关系民生的大事。要通过舆论宣传、政策措施、法律手段等因势利导，调整中既要确保措施到位，又要把握好力度。我们完全有能力、有条件实现房地产市场的平稳健康发展。

中国大陆经济发展情况

——在全国侨联大会上的演讲

（2010 年 3 月 15 日）

一、历史的简要回顾

人类社会几千年的文明史是一个不断奋斗、不断探索的发展过程。中华人民共和国成立之初，我们面对的是一个满目疮痍的烂摊子。1949 年粗钢产量只有 16 万吨，粮食产量只有 11318 万吨，人均 209 公斤，进出口总额只有 11.2 亿美元，1950 年全国财政收入只有 62 亿元，1952 年国家外汇储备只有 1.39 亿美元。经过三年的恢复工作，进入了全面建设的时期。根据当时的国内外情况，我们别无选择地采用了计划经济的发展模式。到 1978 年我们认真反思，全面总结了 30 年来的经验和教训，虽然经济社会也取得了很大进步，但深刻认识到计划经济体制公平有余而效率不高（1952—1978 年经济年均增长 6.1%，而且经济效益低下），加上国际环境已经发生了巨大变化，我们义无反顾地实行了改革开放的政策。30 年来的实践证明，市场机制确实有着神奇的力量，可以极大地激活各方面的积极性，更有利于解放和发展生产力。同时我们又坚持把国家宏观调控和市场机制紧密结合起来，在中国共产党的坚强领导下，成功走出了一条中国特色社会主义市场经济道路。实行对外开放，充分利用国内外两种资源、两个市场，大量引进了国外的先进技术、现代化管理经验，人才交流也十分广泛，使经济发展如虎添翼，而且正好赶上了新一轮的经济全球化浪潮，确实受益匪浅。到 2008 年，粗钢产量达到 50092 万吨；粮食产量达到 52871 万吨，比 1949 年增长 3.7 倍，人均产量增长 91%；进出口总额达到 25616 亿美元；国家外汇储备 2006 年过万亿，达 10663 亿美元，2009 年末达 23992 亿美元。GDP 的增长率从 1952 到 2008 年年均增长 8.1%，从 1979 年到 2008 年年均增长 9.8%。在这样长时期内保持如此高的经济增长速度，在中外历史上都是罕见的。经过 60 余年的发展，综合国力大为加强，人民生活发生了翻天覆地的变化。

二、2009 年经济运行情况

2008 年第四季度，由美国次贷危机引发了严重的国际金融危机，使世界经济形势急转直下、险象环生。2008 年 9 月成了世界经济的分水岭。去年这个时候世界经济处在最低迷、最困难的阶段。在去年 3 月召开的"两会"期间，我在全国政协举办的一次中外记者招待会上明确表示："可以理直气壮地说，中国没有发生什么金融危机，也没有出现什么经济衰退现象，只是受到国际金融危机的冲击和影响。"但还应如实地看到，在经济全球化的大背景下，这场国际金融危机对我们的冲击也是十分严重的。主要是外贸出口急剧下滑，从 2008 年 11 月到 2009 年 11 月外贸出口连续 13 个月负增长，2009 年全年出口下滑 16%。改革开放以来，只有 1983 年外贸出口出现过下降 0.4% 的情况，在 1998 年受亚洲金融危机影响，出口也还保持了 0.5% 的正增长。而现在整个经济对外贸的依存度这么高的情况下，外贸出口突然下降这么多，对经济的冲击实在是非同小可。所以说，去年是进入新世纪以来经济发展最困难的一年。2009 年，在三大需求中，外需即净出口对经济增长的贡献率是 -44.8%，拉动经济增长 -3.9 个百分点。我们主要依靠内需特别是投资的强劲增长弥补了外需的不足，实现全年经济增长 8.7%，避免了经济的大起大落，保持了经济社会平稳较快发展，这个成绩是极其来之不易的。

"风起于青萍之末"。在 2008 年春天我们就已经感受到国际经济形势的严重性，沿海的出口企业首当其冲，对一场严重的国际金融危机即将到来也是在预料之中的。2008 年上半年和下半年，中央领导分别深入基层，开展密集调研。每年 12 月份召开的中央经济工作会议是分析形势、部署第二年经济工作的重要会议，但我们没有等到召开中央经济工作会议，在 2008 年 11 月 5 日就正式出台了应对危机、扩大内需的十项举措，及时推出并不断完善了一揽子计划。这个计划是一个兼顾当前和长远，应用市场和宏观调控两只手，调动中央和地方两个积极性的方案。我们的一揽子计划不仅仅是 4 万亿元投资，而是包括了四个方面的内涵：一是大规模的财政投入，包括结构性的减税；二是大范围的产业调整和振兴规划的制定；三是大力度的科技支撑；四是大幅度地提高社会保障水平。这四个方面构成了我们应对国际金融危机冲击的一个完整方案。在举国上下的共同努力下，我们全面实现了 2009 年的各项发展目标，率先实现经济形势总体回升向好。国内生产总值达到 33.5 万亿元，按年平均汇率计算，折合 4.9 万亿美元，比上年增长 8.7%。财政收入 6.85 万亿元，增长 11.7%。粮食产量 5.31 亿吨，再创历史新高。城镇新增就业 1102 万人。城镇居民人均可支配收入 17175 元，农村居民人均纯收入 5153 元，实际分别增长 9.8% 和 8.5%。在全面建设小康社会道路上又迈出了坚实的一步。

三、2010 年发展趋势和主要任务

2010 年是继续应对国际金融危机冲击、保持经济平稳较快发展、加快转变经济发展方式的关键一年。从三大需求看，去年全年全社会完成固定资产投资 22.48 万亿元，增长 30.1%；去年城镇固定资产投资新开工项目计划总投资 15.2 万亿元，同比增长 67.2%，施工项目计划总投资 42 万亿元，投资的摊子已经铺开，今年还处在投资的高峰期。从消费需求方面看，去年社会消费品零售总额实现 12.5 万亿元，比上年增长 15.5%。随着收入分配制度的改革和政府对中低收入居民帮困力度的加大，以及各项社会保障制度的进一步完善，预计今年的消费需求也可以保持一个较快的增长态势。在外需方面，据 WTO 总干事拉米宣布，2009 年全球贸易比上年下滑 12%，预计 2010 年将比上年增长 5.8%。大陆的外贸出口去年 12 月份已经出现 17.7% 的正增长，今年 1—2 月出口同比增长 31.4%（进口同比增长 63.6%）。这种高增长固然有外需增长的因素，更重要的是去年同期的基数太低。估计今年全年将出现恢复性的增长，比去年增长 10% 左右，出口总额恢复到接近 2008 年的水平是有可能的。所以从投资、消费、出口三大需求的拉动作用看，2010 年的经济增长速度实现 8% 左右的预期目标是完全有把握的。虽然今年的经济发展目标与去年设定的目标都是 8% 左右，但两者的背景、内涵和要求却有着重大的区别。去年特别是上半年我们工作的重点是要抵御国际金融危机的冲击，遏制经济下滑，所以把保增长放在突出的位置，而今年的情况是世界经济趋向好转，内需的增长也还比较强劲，我们要把工作重点切实转向加大结构调整的力度，提高经济发展的质量和效益。特别是要抓住这个宝贵的时机，推进经济发展方式的转变。这场国际金融危机使我国转变经济发展方式问题更加凸现出来。传统发展方式存在的主要问题：一是经济增长高度依赖国际市场，投资率偏高、顺差偏大、消费率偏低的增长格局不可持续；二是主要依靠物质投入的传统发展方式与资源环境的矛盾日益突出，资源环境承载能力有的已接近极限，外延型扩张模式难以为继；三是经济发展技术含量不高，企业创新能力不强，产业结构不合理，大量低水平产业粗放生产，部分产能严重过剩；四是居民收入在国民收入分配中的比重偏低，城乡居民、不同社会群体居民收入差距过大；五是还不能适应广大人民对生活水平和质量要求不断提高的需要。

今年，具体要抓好以下工作：提高宏观调控水平，保持经济平稳较快发展；调整优化结构，加快发展方式的转变；统筹城乡发展，强化农业、农村发展基础；全面实施科教兴国战略和人才强国战略；着力保障和改善民生，促进社会和谐进步；坚定不移推进改革，进一步扩大开放等。

四、中国大陆经济长远发展的潜力所在

今年的经济发展应该说是过得去的，但明年后年怎么办？这样高

速度的增长还能维持多久？这是大家都关心的问题。关于中国大陆经济增长的潜力，我只想从四个方面作一些分析。

（一）加快城镇化建设步伐。积极稳妥推进城镇化，提升城镇发展质量和水平是今年和以后相当长一个时期的重要任务。稳步推进城镇化建设，既是扩大投资的重要方面，更是扩大消费的根本途径。这里蕴含着巨大的内需潜力。2008年我国大陆的城镇化率为45.7%，正好与美国1910年的水平一样。可以说，在这方面我们比美国整整落后了100年。按照我们的城镇化率统计口径，城镇人口中包括了在城镇居住半年以上的农村人口，主要是农民工，即所谓常住人口。目前我国进入县城以上城市打工的农民工约为1.5亿人，离开土地在乡镇从事二、三产业的农民有9000多万人，共计大约有2.5亿农民工。虽然其中一部分人已经成了城市的常住人口，但在现行户籍制度的限制下，他们实际上并非真正的城市居民，没有享受到城市居民的相关待遇。所以说，我们的城镇化率是低水平的。由此可见，我国城镇化建设任务还相当繁重，发展的潜力也非常大。按照每年城镇化率提高一个百分点，也就是每年有两千多万农村居民真正转为城市居民，要达到美国现在的水平（81.7%），还需要努力奋斗30—40年。这是世界上绝无仅有的巨大工程，也正是我国经济在今后三四十年内还可以保持较快增长的一个重要条件和理论依据。加快城镇化建设可以为钢铁、水泥等行业过剩的产能找到新的出路，缓解产能过剩的压力，又可以使更多的农民真正转为城市居民，更多地享受现代文明，提高物质文化生活水平。

城镇化建设的重点要放在中小城市和乡镇，促进大中小城市和小城镇协调发展，而不是把大量的农村居民向大城市集中。因为像北京、上海等大城市，从人口规模来看，都是世界级的大都市，城市的环境、交通、供水等承载能力都已达到或接近极限，不能把大城市无限制地扩大。努力做大做强2000多个县城和33000多个重点乡镇，提高它们的工业化、现代化水平，使之成为统筹城乡发展的纽带和重要抓手。这些中小城镇一头连着大城市，承接大城市的先进技术、文化、人才和资金，并分担大城市的某些功能，发挥重要的配套作用；一头连着广大农村，带动我国农村经济的发展，提高农业产业化水平。

（二）大力建设社会主义新农村，加快实现农业现代化。在推动城镇化建设中，要严格保护耕地，切实保护好农民的利益，提高农业劳动生产率和农民的收入。只有善待农民，中国才有希望；只有广大农民真正富裕了，中国才算强大了。中国大陆廉价劳动力的红利已经差不多走到头了，当前农村的现实情况是，一方面大量劳动力需要转移出去，另一方面又存在农业劳动力严重不足、种田后继无人的问题。在统筹城乡发展的前提下，要着力改变农业生产方式，大力培养掌握现代化技术的新式农民。要努力做到让城里人羡慕农村，实现人才的双向流动。农村现代化建设的任务十分繁重，可以说是有做不完的事情，这也正是我们在今后较长时期经济可以保持平稳较快发展的基础。

（三）大力发展服务业。2009 年中国大陆服务业增加值占 GDP 的比重只有 42.6%，比上年上升 0.8 个百分点。而去年台湾地区的第三产业增加值占 GDP 的比重是 68.6%，正好差 26 个百分点。按照去年的上升速度，大陆要赶上台湾目前的水平，至少要 32 年，更不要说美国这个比重已高达 75%。这不又是一个巨大发展潜力之所在吗？

（四）加快科技创新。目前我们的科技创新水平还是很低的，许多出口产品虽然打着"中国制造"，但那只是一个生产地的标志，只是在中国加工组装，核心技术并不在我们手里。中国人非常聪明，悟性高，又勤奋好学，在科技创新方面是没有理由上不去的。2009 年我们在国外留学的人员有 112.34 万人，学成归来、报效国家的超过 10 万人，这是一支十分宝贵的技术力量。去年国内的在校研究生 140.5 万人，普通高等教育本科在校生 2144.7 万人，各类中等职业教育在校生 2178.7 万人。可见，我们的高科技后备力量、工程技术人员和高素质技工队伍资源非常充足。加上在职的科技人员，我们拥有一支十分庞大的科技队伍。随着科技教育管理体制改革的不断深化，科技创新环境的不断改善，必将迸发出无穷无尽的创造力。

仅从以上几个方面，我们就可满怀信心地说，今后几十年经济发展是充满希望的，实现到本世纪中叶达到中等发达国家水平这个战略目标，是完全有把握的。

五、对几个敏感问题的认识

（一）为什么说今年面临的形势极为复杂。这里我想着重谈谈国际经济问题。从总体上看，这场国际金融危机最危险的时刻已经过去，世界经济出现了明显回升的迹象，但全面复苏还需一个漫长而曲折的过程。这场危机不是通常的商业周期危机，而是发生在国际金融核心部位的百年一遇的金融体系危机，是一个积累了 30 多年的超级信贷泡沫最终破灭的严重金融危机。它对世界经济的伤害是十分深重的。世界主要发达国家经济并没有真正表现出活力，更不能认为已经进入全面复苏，甚至可以说还没有真正走出危机，随时可能爆发出新的问题。我估计至少在今后 3 年内世界经济是处在总体低迷、时好时坏的艰难发展阶段。世界经济尽管出现了许多积极的因素，但 2010 年甚至以后若干年内还面临着几大风险。

一是巨额不良金融资产没有得到妥善处置。据 IMF 报告，从 2007 年夏季美国发生次贷危机到 2008 年 9 月国际金融危机全面爆发，全球金融机构中的潜在损失高达 3.6 万亿美元，至今尚有一半没有暴露出来，主要是还没有到偿还期。巨额有毒资产目前只是暂时被"冷冻"而已，这个毒瘤随时可能复发和扩散。就拿美国来说，住房次贷问题尚未完全解决，商业房地产的危机又可能导致一轮破坏性的地区银行倒闭浪潮。目前在银行账户中商业房地产贷款余额为 3.5 万亿美元，将于 2010 年到期的约有 5000 亿美元，其中不少很难按期还贷，地区银行首当其冲，因为商业房地产贷款占美国地区银行贷款总额的一半以上。去年美国倒闭了 140 家地区中小银行，到今年 2 月 19 日又倒闭了 20 家。二是发达国家高债务和高赤字风险问题。去年 9 月《经济学人》杂志设立的"全球政府债务钟"显示，截至 2010 年 2 月，全球各国政府债务总额已突破 36 万亿美元。其中美、日、欧元区、加拿大是负债状况最糟糕的国家。2 月 9 日，福布斯发表题为《债务炸弹威胁全球经济》的文章指出，如果说 2008 年是次贷崩溃之年，那么 2010 年将成为一些国家走向破产的一年。在应对大衰退的两年中，世界发行了太多的债务，2006 年至今美国联邦债务总额已增加了 50%，美国公共债务余额与 GDP 的比例已达 86%，预计 2010 年美国财政赤字将达 1.6 万亿美元，相当于 GDP 的 10.6%。希腊主权债务危机爆发以来，欧元区的债务风波正愈演愈烈，葡萄牙、意大利、希腊、西班牙四国国家债务和赤字尤为突出，有人将这四国的第一个字母连起来戏称为"猪四国"（PIGS）。据美国穆迪公司分析，2007—2010 年全球公共债务将增加约 15.3 万亿美元，其中八成来自西方七国集团，主权信用风险急剧上升。今年 1 月 15 日，英国《金融时报》报道，经合组织（OECD，是世界发达国家的俱乐部）成员国政府赤字占 GDP 的比例已达 8% 以上，债务余额（尚不包括或有债务）占 GDP 的比例已经略高于 100%，而在 2007 年的时候，这两个比例分别只为 7% 和 25%。公共债务和赤字余额占 GDP 的比例出现这样高的增长是和平时期从未见过的，已经超过了人们的心理承受能力。这实质上是一场随时可能爆发的财政危机。美国前经济研究局局长最近撰文说，到 2012 年美国财政预算的 40% 将用于偿还美国国债的利息。可以说主权违约的幽灵正在富裕国家游荡。违约的方式可以是赖账、延期支付，也可以通胀、货币贬值、资本管制、征收特别税等多种形式发生，违约的对象既有国外的债主，又有国内的债主。欧美正在减赤字与就业之间走钢丝，各国试图在"保增长""保就业"与"削赤字"三者之间取得平衡，显得困难重重。为化解赤字危机而采取的征税、解聘、减薪等措施直接触及不同阶层的利益，反过来打压经济、促使失业率上升、财政收入下降。

三是高失业率问题。全球失业率在 8.6% 左右的高点上已经保持了六个月。在过去 18 个月内，全球失业率急剧上升了 3.2 个百分点。去年 11 月、12 月美国和欧元区的失业率都高达 10%，今年 1 月、2 月分别降为 9.7% 和 9.9%。美国失业率回落到 9.7% 不是因为经济发展而增加了就业，主要是今年美国开展人口普查，统计部门招聘了大批的临时调查员。元月 26 日，美国国会预算办公室报告，预计 2010 年美国失业率平均值将为 10.1%，到 2014 年才会恢复到 5% 的长期平均水平。日本的失业率也达到 5.1%。这必然使居民消费的增加更加艰难。于是出现了消费者不愿意支出、银行不愿意放贷、雇主不愿意招人、政府不愿意出台更多经济刺激措施的恶性循环。经济增长的动力何在呢？

四是全球性的资产泡沫风险。一年多来西方国家实行定量宽松货币政策，对抗御金融危机发挥了重要的作用，但也留下了巨大的后遗症：主要是低利率政策促使金融机构进行高风险的投机活动，他们正在利用本国超低利率拆借大量资金转投新兴经济体的股市、楼市，"热钱"滚滚而来，这对许多新兴经济体（中国无疑是他们首选目标）的宏观经济和金融稳定带来巨大风险，甚至导致全球金融市场因此被扭曲，产生新的金融失衡，制造一个极其可怕的新的泡沫。一旦形势逆转，有可能引发协同性的全球资产崩盘。

五是国际贸易保护主义抬头。自前年11月在华盛顿召开20国集团金融峰会至去年12月初，许多国家政府已累计推出197项贸易保护措施，多于去年的工作日。中国成为贸易保护主义最大的受害国。

六是美元汇率动荡。美元汇率的波动是难以捉摸的，它总是按照美国的需要和美国的利益说升就升、说贬就贬，而美元汇率的动荡对世界经济的影响力是相当巨大的。

七是主要国家经济刺激政策退出的时机面临两难的选择，处理得不好就很可能出现二次衰退。

以上七大风险如果同时爆发或者某一两项大规模的发生都可能使美国和全球经济的复苏被扼杀于萌芽状态。当然，谁也不愿意看到这种局面的发生。在经济全球化的大背景下，国际社会一定会加强合作，共同努力，是可以避免悲剧发生的。总之，2010年的国际经济和国际贸易都会比去年好。国际经济生活中面临以上诸多风险必然会影响到我国的经济发展，加上我们自身经济社会发展中存在的各种矛盾和问题，决定了我们今年面临的形势确实是极为复杂的。

（三）关于人民币汇率。3月15日，一个由130位美国众议院议员组成的两党连立团体给财长盖特纳和商务部长骆家辉致函，敦促政府动用一切可用资源促使中国改变汇率政策。参议院民主党和共和党五位资深议员3月16日提议国会立法，以便美国能够更容易宣布存在汇率偏差问题并采取纠偏行动。还声言要动员国际组织和其他国家对中国施压，甚至要实行贸易制裁，大有要让地球停止转动之势。关于人民币汇率问题，温家宝同志在 3 月 14 日"两会"闭幕后举办的中外记者会上已经作了精辟的论述。我想从另外的角度谈一些认识。

第一，人民币升值无助于增加美国就业。即便人民币大幅升值，美国的制造业也很难增加就业。因为美国制造业一方面是失业率较高，另一方面是技术工人和工程师十分短缺，而且劳动力成本过高。美国即便不从中国进口，也要从其他发展中国家进口。中国向美国出口的商品在美国多不生产，是不可替代的。《纽约时报》一篇文章声称 140 万美国人民被人民币人为低估而丢掉工作的言论是站不住脚的，只要人民币升值就可以提高美国的就业率实在是一个伪命题。要提高美国就业率，增加美国对华出口，实现中美贸易基本平衡的唯一办法，是美国发挥自身优势，放宽美国高技术产品的对华出口。据国际媒体报道，美国当局列入禁止对华出口的商品目录清单就达 7000 页纸之多。这样巨大的出口潜力硬是被美国自己的政策给束缚了。最典型的例子是 2008 年中国汶川发生大地震，我国向美方买一架大型直升机救灾，却遭到了拒绝。其实，技术封锁的作用是有限的。相反，倒是可促进我国加快自主研发的进度。最近，我国自制的大型直升机不是试飞成功了吗？美国的这种技术封锁政策使自己白白丢了中国这个大市场。

第二，为争夺选票大可不必把中国扯进去。最近，许多国际媒体在报道关于人民币汇率的这场争论时，一些专家深刻指出：美国政要突然对人民币汇率这样关注的重要背景是为了中期选举争夺选票。美国是这场国际金融危机的发源地。当前美国经济生活中有太多的事情要做，迫切需要各党派同心协力去克服困难、改变美国，巩固和发展经济复苏的好势头，防止发生二次衰退。在这个关键时刻，不集中精力去处理好国内问题，却硬把中国扯进去，在人民币汇率上大做文章，实在是本末倒置、大可不必的。美国号称是民主制度最健全的国家，在选举中最讲究的是公平竞争。谁的政策能真正反映多数美国人民的诉求，谁就一定能够胜出。全世界人民都期待着美国的中期选举能真正体现这些基本的民主价值。

第三，美国的真实意图或许是要中国分担其沉重的债务包袱。这场危机造成的数万亿美元亏空使美国政府债台高筑，无法填平这个大窟窿。美国需要通过美元贬值来转移债务、转嫁风险。玩这种游戏，美国有着极为丰富的经验。而希腊主权债务危机爆发后三个月来欧元对美元已贬值 8% 左右，欧元区的情况越糟糕美元升值就越多，美国的压力就越大。国际金融危机爆发以来日元已经升值很多了，日本持有的美元资产相当于损失了几千亿美元，日本经济复苏乏力，实有难言苦衷。唯有中国是一块"大肥肉"，拥有 2.4 万亿美元的外汇储备，又是美国的第一大债权国（美国财政部 3 月 15 日公布，1 月末中国持有美国国债余额 8890 亿美元，日本为 7654 亿美元），而且去年超过德国成为世界第一大商品出口国。世界上目前再无其他货币足以帮助美元贬值。在这种情况下，美国选择人民币汇率说事，紧紧咬住中国有其内在的必然性。人民币升值就意味着美元贬值，升值 10% 就意味着中国持有的美元资产缩水 10%，也意味着相应减轻了美国对中国的负债。或许，这才是美国要求人民币大幅升值的真实意图。

第四，逼人民币升值受害的不只是中国。中国大陆出口企业特别是来进料加工企业多半是微利的，其利润率也就是 3%—4%，其中很多出口商的利润率还不到 2%。在大陆的台商企业超过 8 万家，大多数是从事加工贸易的。台湾提供元器件到大陆加工组装，然后再出口到美、欧等发达国家，形成了一条完整的产业链。2009 年台湾对大陆出口 875.23 亿美元，从大陆进口只有 205.05 亿美元，对大陆贸易顺差 652.18 亿美元。如果人民币大幅升值，哪怕是升值 5%，大陆的加工贸易企业包括台商企业就难以为继，台湾对大陆的出口也就无从谈起，因为这一产业链条在大陆出口这个环节被卡住了，这对台湾经济的影响和冲击是可想而知的。中国大陆对日本、韩国、东南亚诸国贸易都是逆差，都形成了一种产业链的关系。如果中国出口严重受阻，受到冲击的不仅是中国，还会伤及亚洲一大片国家和地区的经济。对美国自身来说，如果按照美国要求的那样升值，美国从中国进口商品的成本必将大幅提高，最后以提高商品价格的方式分摊到美国消费者身上，从而严重抑制美国消费，也会拖累美国经济的复苏。

第五，公理自在人心。正当美国一些政要就人民币汇率问题对中国施压、闹得沸沸扬扬的时候，在国际社会上却和者甚寡，就连它的传统盟友们也发出了不同声音，甚至仗义执言，可见公理自在人心。英国《星期日电讯报》14日发表文章指出，美国无权干涉人民币汇率。次贷危机是美国一手造成的，但美国政府却拒绝承认错误，反而将危机归咎于新兴国家。文章说："将西方经济的衰落归咎于中国，这样做的结果是西方领导人更不可能达到其想要的目的。美国作为人类历史上最大的货币操纵国，没有理由对人民币汇率问题说三道四。"联合国贸易和发展会议16日发布最新一份政策简报指出，目前西方一些国家中普遍存在的中国应当将人民币升值的看法是不足取的，让人民币升值的要求没有考虑到中国的稳定及其对地区和世界的重要意义。欧盟驻华大使赛日·安博17日在北京称，有关国家就人民币汇率问题向中国施压无助于国际贸易问题的解决。此前一天，英国外交大臣米利班德也说，英国主张自由贸易，在人民币汇率问题上不应向中方施压。

第六，进一步推进人民币汇率形成机制的改革是我们的既定目标。任何事物都在不断发展变化之中，任何一项经济政策都需要在实践中不断加以完善，人民币汇率政策也不例外。我国有关部门一直在认认真真地研究这个问题。但汇率政策的变动关系重大，必须充分论证，要建立在科学合理的基础之上。人民币实行以市场供求为基础、有管理的浮动汇率制度是符合国际通行准则的。至于升值、还是贬值，升多少、贬多少，什么时候升、什么时候贬，要以市场供求为基础，更要考虑到世界经济的全局。在当前国际金融危机的阴影还在笼罩着全球，在国际经济生活中还存在着诸多风险的情况下（如：一些国家巨额不良金融资产没有得到妥善处置、发达国家高债务和高赤字可能酿成的主权违约风险、高失业率问题、新出现的全球性的资产泡沫风险等等），世界上任何一个大经济体货币币值的大起大落都将给世界经济带来巨大冲击，甚至使世界经济的复苏被扼杀于萌芽之中。所以，当前保持人民币汇率在合理均衡水平上的基本稳定，不仅有利于中国经济也有利于世界经济。我们注意到美国一些要员和经济学家关于人民币升值对中国有好处、是为中国着想的表示，他们的好意我们心领了。中国人民何尝不懂得人民币升值后可降低进口成本，用同样多的人民币可以在国外更潇洒地消费。但我们要注意综合分析、全面权衡利弊，更要从世界经济发展的大局出发。

美国是当今世界唯一的超级大国，中国是最大的发展中国家。中美两国有着许多共同利益，互补性也很强，加强长期合作是双方的共同心愿。发生一些磕磕碰碰总是难免的。为某些事情出现争论时，要作一下深呼吸，心平气和地进行平等交流，真正体现负责任的大国风范。

（三）关于通胀预期。政府工作报告中指出，今年的经济工作必须处理好保持经济平稳较快发展、调整经济结构和管理好通胀预期的关系。防止发生通胀是十分必要的，但今年的通胀率上涨也是完全可以控制的，不太可能发生严重的通胀现象。理由：一是今年世界经济的增长乏力，国际总供给大于总需求的格局不可能发生明显改变。目前，欧美的通胀率都在1%左右，日本还处在通货紧缩的状态。二是我国总供给大于总需求的局面也没有改变。钢铁、水泥等原材料的生产能力相当庞大，足以支撑固定资产投资和制造业的生产需求，受出口增长尚处在恢复性阶段的影响，大量制造业产品要在国内寻求市场，加上连续六年粮食丰收，都为防止通胀打下了坚实基础。三是虽然去年货币信贷投放较多，但存款也增加得很多，说明有一部分贷款没有用完，又回到银行去了。（去年人民币各项贷款余额增加9.6万亿元，而各项存款余额增加13.1万亿元。）还有一部分贷款进入了资产市场如房地产市场。总体看，以CPI为代表的通胀率是完全可控的，至于2月份CPI上涨2.7%是在去年同期−1.6%的基础上即去年基数较低而表现出来的现象，全年控制在3%左右是有把握的。更值得关注的是资产价格的过快上涨。

（四）关于房地产泡沫。去年下半年以来，房价确实上涨太快，社会各界反映强烈，国际上也关注中国是否会发生房地产泡沫。这个问题确实应该引起高度重视，我们绝不能重犯日本、美国和一些发展中国家曾经犯过的这种错误。国务院已经出台了一系列措施调控房地产市场。但也要看到，中国大陆大约有80%的城市居民已经拥有了自己的住房，而多数西方国家平均住房拥有率在60%左右，美国也只有 68%。而且我们的房地产市场与美国或迪拜的房地产市场存在着本质的区别。和美国次贷危机爆发之前家庭杠杆率的惊人涨幅不同，中国家庭债务大概只相当于 GDP 的 17%，而美国约为 96%，欧元区是62%。中国购房者在贷款前必须先支付最低 30% 的首付款，第二套房首付比例最低为 40%。这和美国次贷危机前零首付或根本无偿还能力者均可贷款买房的情况相比是完全不同的。美国次贷危机的核心诱因是过高的杠杆率和抵押贷款证券化的共同作用，而这两个因素在中国市场都不存在。所以，中国房价涨幅过高应当引起高度重视，但中国楼市不会崩盘。

中国大陆经济取得今天这样的发展成果确实来之不易。但我们面前还有很多的艰难险阻，需要我们继续探索，不断开拓前进。要实事求是地估计我们取得的成就，实事求是地看待我们对国际事务的影响力，实事求是地估计我国发展可能遇到的困难和挑战，更加自觉、更加坚定地贯彻坚持"韬光养晦，有所作为"的战略方针，切实维护和充分利用我国发展的重要战略机遇期，坚持改革开放不动摇，为实现中华民族的伟大复兴自强不息，奋斗不止。

（2018 年 5 月 23 日修改）

加强和改善宏观调控的建议

——在十一届全国政协第十四次常委会小组会上的发言

（2011 年 6 月 22 日）

一、当前宏观经济运行情况的基本估计

1—5 月份，我国经济继续保持平稳较快增长，运行态势总体良好，没有出现重大异常情况。这是非常宝贵也是十分来之不易的。但也有一些值得关注的问题。

二、三个热点问题的简要分析

（一）关于通胀。今年 1—5 月居民消费价格（CPI）分别同比上涨 4.9%、4.9%、5.4%、5.3% 和 5.5%，都超出了全年 4% 左右的调控目标。居民消费价格关系千家万户，甚至于每一个人，必须引起高度重视。我国粮食连续 7 年增产，今年夏粮丰收已成定局；工业品供大于求的基本格局没有发生变化；经济增长平稳，并未出现新的过热现象。应该说，当前我国并不具备发生严重通货膨胀的基本条件。今年 CPI 上涨较快，有国际大环境的影响，特别是美国在金融危机期间先后推出两轮量化宽松货币政策，总金额分别达 3.3 万亿美元（并非 FED 先前公布的 1.8 万亿美元）和 6000 亿美元，导致国际流动性泛滥、美元贬值和以美元计价的国际大宗商品价格急剧上涨。5 月份 CPI 同比上涨美国为 3.6%，欧元区为 2.7%，巴西和俄罗斯分别为 6.6% 和 9.6%。

国内去年下半年局部地区受自然灾害影响和劳动用工成本普遍有所上升，以及为应对国际金融危机的影响，我国前两年贷款增发共 17.6 万亿元（2008 年新增贷款仅 4.2 万亿元），形成货币供应量偏大的累积效应。还有一个重要原因是，受去年翘尾因素的影响，5 月份 CPI 同比上涨 5.5% 中有 3.2 个百分点是翘尾因素，而一年来新涨价因素只有 2.3 个百分点。6 月份，去年翘尾因素达到最高值，加上一年来的新涨价因素，6 月份 CPI 同比涨幅会比 5 月份更高一些。假定 6 月份没有任何新涨价因素，但由于去年翘尾因素在 6 月份达到峰值 3.9 个百分点，加上到 5 月为止的新涨价因素 2.3 个百分点，6 月当月的 CPI 同比涨幅就有可能出现破 6 的局面。对此，我们要有充分的思想准备。但从 7 月份开始，去年的翘尾因素将逐月递减。只要做好工作，预计全年 CPI 上涨控制在 5% 以内或者在 5% 左右是完全可能的。

（二）**房地产市场**。这也是人们普遍关注的一个问题。国务院出台的一系列调控措施已经见到明显成效，防止部分城市房价过快上涨的预期目标已经实现了。但我国商品房的泡沫依然存在，需要精心调控，让其有序自然消减。日本、美国这样高度成熟的市场经济国家都在房地产问题上跌了大跟斗，造成巨大伤害。中国决不允许重犯这样的错误。这就是大局，就是国家和全国人民的根本利益。其他各种利益主体的一己之利都必须服从这个大局。去年国务院推出了加强保障性住房特别是公租房建设的重大决策，对促进我国房地产市场平稳较快发展和落实党的十七大提出的"住有所居"有着重大的意义，但施工进度并不理想（临近年中，全国开工率仅 34%）。

（三）**外汇储备**。实现国际收支基本平衡，是宏观调控的四大目标之一，但多年以来都没有实现这个目标，形成了巨额的外汇储备（一季度末已达 3.0447 万亿美元，而全世界的外汇储备仅为 9 万亿美元）。如何管理这样巨大的外汇储备也是当前经济生活中一个十分突出的问题。

以上三个方面有着内在的联系。通货膨胀本质上是个货币现象；房地产市场也是有过多的资金在炒作，包括外资的进入，外资企业一方面大肆唱空中国楼市，另一方面又大举进军中国楼市，前 5 个月外商投资中国房地产资金同比增长 57.3%，而保障性住房又缺少资金来源；外汇储备占款已高达 24 万亿元人民币，而且这都是央行发出的基础货币，在流通中还有乘数效应，被动地放大了货币供应量。这三个问题都离不开货币供应量问题这样一条主线，是拴在一根绳子上的三只"麻雀"，叫的声音不美，有点闹人。比较来看，通胀影响面最广，防通胀要作为宏观调控的首要任务予以高度重视；房地产市场的利益主体多元化、潜在风险较大，需要综合治理；外汇管理难度最大，有许多国际因素不是由我们国家单独能够解决的。

三、对下一步宏观调控政策的几点建议

今年以来，为了防治通胀，货币政策工具运用比较频繁，也取得了明显效果。已经两次调整基准利率，一年期存款基准利率从 2.75% 调到了 3.25%，一年期贷款基准利率也达到 6.31%，实际发生的贷款利率还要高得多；连续 6 个月提高存款准备金率，从 18.5% 调到 21.5%，不断刷新历史最高纪录；公开市场票据发行力度也不小。应该说央行已动用了所有货币政策工具，为防通胀作出了巨大贡献。但也要看到，发生通胀现象原因非常复杂，不应把防通胀的责任都压在央行的肩上，那样既不客观也不现实，还是要采取综合治理的办法。为此提出如下建议。

（一）要充分估计动用利率政策可能带来的风险。目前，美联储还维持 0—0.25% 的基准利率不变，日本的基准利率更是只有 0—0.1%，只有欧元区的基准利率在 4 月份由 1% 调到 1.25%。虽然口径不完全一样，但我国的基准利率已经远高于美、欧、日。在这样的国际大背景下，如果再提高利率，不仅对抑制通胀收效甚微，反而会加快国际资本更多地向中国流入，给宏观调控带来更大的压力和困难。正如 6 月 8 日世界银行发布的《全球经济预测报告》指出的那样，发展中国家一旦提高利率，全球资本流动将出现不稳定风险。

（二）慎用总量政策。5 月末广义货币供应量（M_2）余额为 76.3 万亿元，同比增长 15.1%，增幅比去年同期降低 5.9 个百分点，取得明

显成效。按照目前的存款准备金率和存款余额粗略匡算，相当于金融机构约有 16 万亿元的存款资金被冻结在央行的大水池里，央行还要向金融机构支付利息，加上超额存款准备金利息，每年约需支付 3000 多亿元，而且都是发行的基础货币。央行的这些调控工具都是要付出相应成本的。另一方面，在我国金融市场上已经出现了"旱涝失调"的现象。中小企业特别是非公经济中小企业资金十分短缺，地下金融再度活跃，民间借贷利率飙升。如果处理不当，很可能影响经济的平稳较快发展。因此，建议存款准备金率的调整不必与 CPI 数字盯得太紧，特别是 6 月份 CPI 数字出来后要沉住气，不妨再观察两三个月。另外，还要注意货币政策的时滞效应。从政策出台到明显见效，一般有几个月的滞后。例如，2009 年新增贷款高达 9.62 万亿元，而当年的 CPI 却是 –0.7%，直到 2010 年 5 月份 CPI 才上升到 3% 以上。反之，收紧银根也是一样的道理，要顾及数月后乃至明年的经济发展。当前，信贷发放要重在为调整结构服务，坚持区别对待、有保有压的方针。

（三）加快中小金融机构的改革和建设，规范金融市场秩序。让具备条件的中小金融机构经审批合法地、堂堂正正地经营，为中小企业和个体工商户服务，并纳入监管范围。有关部门不能怕麻烦、害怕担风险，而延误了这项工作。

（四）适当控制结汇规模。央行可以对一些来源不清或需要限制的外汇科目列出一个清单，明示不予以结汇，从而改变来者不拒的传统做法。这样做并不难，只是担心会引起人民币汇率的过大波动。但这是理论上的东西，是在汇率形成完全市场化的条件下才会出现的问题。而我们实行的是有管理的浮动汇率制，每天由央行设定中间价，上下波动不得超过 5% 的办法，是完全可以控制局面的，还可起到藏汇于民的好效果。

（五）建立保障性住房建设基金。以省或市为单位，建立保障性住房建设基金，以调动吸引大量社会闲散资金，地方政府只需划拨土地就可确保保障性住房建设顺利进行。现在有大量社会资金要找出路。成熟的投资者不会把钱全部投在高回报、高风险的项目上，还需要找一些回报率虽不高却能有安全、稳定收益的项目。保障性住房建设基金正可满足投资者的这种需求，因公租房是有房租收入的。

（六）争取通过双边会谈和多边会谈，开展货币政策的国际协调。例如要求在下次中美战略经济会谈和 G20 会议议程中增加这方面的内容，发达国家与发展中国家能就各自的货币政策进行沟通和协调，能多了解一些彼此的关切和难处及政策取向等就是很好的，对推动全球宏观经济稳定将有重大意义。

（七）积极的财政政策还可以发挥更积极的作用。各级财政部门已经出台了不少措施，建议从各地的实际情况出发，加大对中低收入群体临时性补贴的力度。

（八）痛下决心治本而不是光治标。根本的出路在于必须认真贯彻落实党的十七届五中全会提出的"十二五"规划应以科学发展为主题、转变经济发展方式为主线的要求。一些地方和部门领导只把落实科学发展观停留在口头上，而实际工作还是按传统发展方式、继续走老路，那么再好的宏观调控政策也解决不了当前经济生活中的突出问题，而且我国经济社会的发展终将难以为继。

如何看待人们普遍关注的几个热点话题

（2011 年 7 月 26 日）

一、关于通货膨胀

今年以来，大家对物价上涨的感受比较强烈。1—6 月份，我国居民消费价格各月同比涨幅分别为 4.9%、4.9%、5.4%、5.3%、5.5% 和 6.4%。价格总水平确实在高位运行，并表现出不断上升的趋势。物价上涨关系千家万户，特别是对中低收入居民的生活影响较大。所以，国家把稳定物价总水平作为宏观调控的首要任务，并采取了一系列重大措施，是完全必要的。总体来看，当前我国不具备发生恶性或者严重通货膨胀的基本条件。第一，我国粮食总产量已经连续 7 年保持增长，在历史上从未有过。今年夏粮又实现了增长，秋粮播种面积增加了，而且长势很好。如不出现大的灾害，今年粮食生产很可能又是一个丰收年。粮食是最基本的商品，对物价影响最大，在农业生产方面中央和各级政府一直高度重视，出台大量的政策，保证粮食和其他农副产品的供给，并在加强市场流通环节的管理方面做了很多工作。农产品供应充足是我们生活的重要保障，也是居民消费价格稳定的基础。第二，工业品几乎没有哪一种是短缺的，工业品产能过剩、供大于求的基本格局没有发生改变。第三，中国经济运行是平稳的，2010 年中国经济增长率四个季度分别为 11.9%、10.3%、9.6% 和 9.8%，今年一、二季度分别为 9.7% 和 9.5%，呈现出涨幅平稳回落之势，说明经济并未出现过热。这种形势下怎么会发生严重的通货膨胀呢？所以，我们对通胀问题要有一个客观的估计。

那么，是什么造成目前居民消费价格（CPI）涨幅偏高的呢？主要原因如下。

一是输入型的。美国为了应对这场金融危机，先后出台了两次量化宽松货币政策，第一次是从危机爆发到 2010 年 6 月为止，它发行了多少货币呢？美联储原来公布的数字是 18000 亿美元，在 2010 年 12 月 1 日颁布新的《金融监管法案》时，美联储不得不披露实际情况，这一数字变成了 33000 亿美元。从去年 11 月 4 日开始，美联储推出第二轮量化宽松货币政策，又印发了 6000 亿美元用于购买美国的国债。美国大量地印钞票，使得国际资本市场上流动性严重泛滥，大量的美元流向新兴经济体，谋取高额回报，中国则是首选之地。中美两国利差就有几个百分点，加上对人民币升值的预期（去年人民币对美元实际升值 3.5%），只要把美元换成人民币存在银行，什么也不干就可以大赚一笔，回报率有六七个百分点，何乐而不为？所以大量国际资本通过各种合法、非法的渠道流入我国，中国人民银行为了收购外汇，被动地增发了不少货币，货币供应量增长较快。同时，由于美元贬值和人为炒作使得以美元计价的国际市场的大宗商品价格猛涨，我们采购大量的商品，比如说铁矿石、大豆等，使企业的生产成本增加。

二是为了应对国际金融危机，2009 年和 2010 年这两年我国新增贷款总额达 15.7 万亿元。这为抵制国际金融危机的冲击、保持我国经济平稳较快发展作出了重大贡献，这是主要的方面，应当予以充分肯定。但也在一定程度上带来了流动性过剩的滞后效应，对今年物价的上涨有一定的影响。

三是翘尾因素。2008 年我国 CPI 上涨 5.9%，2009 年为 -0.7%，2010 年上半年价格总水平还比较低，到 5 月份涨幅才突破 3%。到 2010 年下半年，CPI 上涨加快。今年上半年与去年上半年同比，由于去年同期的基数较低，而下半年涨幅较高的累积效应，也就是翘尾因素就会直接影响今年上半年的涨幅。例如，今年上半年和去年同比 CPI 上涨 5.4% 中翘尾因素就占了 3.3 个百分点，上半年新涨价因素只有 2.1 个百分点；6 月份与去年同期相比 CPI 上涨 6.4% 中，翘尾因素占了 3.7 个百分点，新涨价因素只有 2.7 个百分点。这两组数字中的当期新涨价因素的涨幅都没有超过 3%。

再从结构上看，上半年食品价格同比上涨 11.8%，拉动价格总水平上涨 3.5 个百分点，占 CPI 同比涨幅的 64.8%。在食品价格中，肉禽及其制品上涨 19.7%，水产品上涨 11.4%，蛋上涨 17.7%，粮食上涨 13.9%，鲜果上涨 25.8%。这无疑有利于增加农民收入。前面说到城镇居民家庭人均可支配收入同比增长 13.2%，而农村居民家庭人均现金收入同比增长 20.4%，这说明今年上半年农村居民收入增幅超过了城镇居民收入增幅。农村居民增幅达到 20% 在历史上也是很少见的，其中农民家庭经营现金收入增长 21.0%，可见农民还是得到一些实惠的。当然，农业生产资料价格上涨也增加了农民的生产成本。

今年 6 月翘尾因素达到全年的高峰，从 7 月份开始翘尾因素将逐月递减。只要我们坚定不移地按照中央的部署，强化政府职责，加强市场保障，降低流通成本，整治市场价格秩序，预计全年 CPI 涨幅控制在 5% 左右是完全有可能的。要正确引导市场对通胀的预期，密切观察物价上涨的走势，特别要关注中低收入群众的生活困难，建立社会救助和保障与物价上涨挂钩的联动机制。

二、关于外汇储备管理

改革开放的当年即 1978 年，我国外汇储备只有 1.67 亿美元，1980 年为 -13 亿美元，1996 年突破 1000 亿美元达 1050 亿美元，2001 年突破 2000 亿美元达 2122 亿美元，2006 年突破 10000 亿美元达 10663 亿美元，2010 年底达 28473 亿美元。今年 6 月末更是高达 31975 亿美元，同比增加 7432 亿美元，增长 30.3%。今年上半年外汇储备就增加了 3501 亿美元。目前，全世界的国家外汇储备约 9 万亿美元，我国占了 1/3 多。

有比较充足的外汇储备是好事，不仅可以为进口我国经济建设和人民生活必需的国外商品和服务提供有力的保障，并为我国企业"走出去"提供支撑，还可以增强由于国际金融市场风云变化对我国冲击的抗御能力。国际上一般认为，外汇储备能够保证 6 个月进口所需的外汇和短期债务的偿还就够了，这样算下来我们大概需要7800亿美元。外汇储备太多了也会带来诸多的问题。一是国家外汇储备都是央行用相应的基础货币去收购的。目前，我国外汇占款已高达24.6万亿元人民币。这些基础货币在流通中还会产生乘数效应，加大货币供应量，给通胀的管理带来很大的困难。二是外汇储备主要用于国际投资或存在国外银行，以获取投资回报或利息，实现增值。而在国外投资也是有风险的，投资什么、怎么投资是十分复杂的问题。

有的人说，既然外汇储备那么多，能否分给老百姓一点。其实，这是一个误解，是对外汇储备性质不了解。外汇储备又称为外汇存底，指一国政府所持有的国际储备资产中的外汇部分，是一个国家货币当局持有并可以随时兑换外国货币的资产。外汇储备是央行的资产，也是央行的负债。因为每一元外汇都要用相应人民币作支撑的。打一个不太恰当但较为形象的比方，就像在赌场里面，每个人进赌场玩游戏，直接用现金是不行的，必须先拿现金到柜台上去换相等价值的筹码，然后用筹码去玩游戏。不玩的时候如果你手上还有一大把筹码，可以到柜台换取相应的现金离去。如果是输光了就只能空手走人。所以柜台上的那些钱，并非是老板完全所有的，只有在最后收场的时候，剩下来的现金再扣除各种成本才算是老板赚了多少。同样的道理，外汇到了中国，因为事关国家主权外币不能直接流通，必须换成人民币再使用。这兑换的人民币就相当于赌场里的筹码，人家赚了钱就要用人民币换成美元离场的。也就是说，我们现在拥有的3.2万亿美元的外汇储备不是国家净赚的外汇资产，它的背后是和24.6万亿元人民币外汇占款紧紧连在一起的。谁要用外汇就得拿人民币来换，不管你是国家的哪个部门或者个人，一概不能例外。例如，依据《公司法》设立的国有独资公司——中国投资公司所需的注册资本金2000亿美元，从哪儿来的呢？并不是中国人民银行无偿划拨的，而是由财政部发行债券筹集相应的人民币交给中国人民银行换取的。所以外汇储备不可能分给大家。

当前要特别注意加强外汇管理，采取行政的、法律的、技术的等各种手段把热钱堵在国门之外。

三、关于房地产市场

为促进我国房地产市场平稳健康发展，必须解决几个认识上的问题。

第一，"住有所居"还是"居者有其屋"？党的十七大提出"住有所居"，意即要让每个人都能有房子住，不能露宿街头，而不是"居者有其屋"，并非强调每个人都要拥有自己有所有权的住房。美国 1974 年制定的《住宅与社区发展法案》，提出在社区多盖房子卖给低收入的人，当时美国拥有所有权住房的居民只占 63.3%。从 2001 年以后大力发展房地产业，直至金融危机爆发之前，这一比率才提高到 68%。美国提高这 4.7 个百分点付出了极其沉重的代价。尽管美国产生这场百年一遇的金融危机原因非常复杂，但毕竟是从次级房贷泡沫破灭引发的。我国当前人均 GDP 只有美国的约 1/14，要实现"居者有其屋"、人人都要拥有有所有权的住房实在是为时尚早。

第二，解决住房问题是一条腿走路还是两条腿走路好？ 1998 年的住房制度改革有着历史性的重大意义，推动了房地产业的迅猛发展，由此也对拉动中国经济的增长作出了相应的贡献。更重要的是，极大地改善了我国城镇居民的居住条件。1998 年我国城镇人均住房面积只有 15 平方米，到现在已经达到 33 平方米。我国城镇居民拥有自主产权住房的比例已经高达 85%，高于美国、西欧、新加坡及香港特别行政区。房地产有两种属性，一种是市场化的，一种是公益性的。因为对一些中低收入群体、刚参加工作的年轻人以及流动性的人口，他们凭住房公积金这点钱还买不起商品房，有的也不需要固定在某一地买住房。所以，在大力推进住房市场化的同时，作为政府的行政职能，建设廉租房、公租房、棚户区改造等公益性住房是不可或缺的，所以还是要坚持两条腿走路的方针。近几年，国家加大了保障性住房的建设力度，就是从这样一个现实情况出发的。今年国务院制定了开工建设 1000 万套保障性住房的计划，有着重大的意义。

第三，房价只会上升不会下降吗？房价只能涨不能跌的这种神话在前几年的媒体宣传中误导了市场。有人讲，到 2020 年以前中国的房价只会涨不会降。其理由是我国居民对住房需求的潜力很大，而可用于房地产建设的土地减少是刚性的。但市场经济的基本规律告诉我们，某种商品的价格远远高过它的实际价值就会形成泡沫，而泡沫总是会破灭的，吹得越大破灭时损失就越惨重。英国《金融时报》有篇文章指出，"在这场金融危机中，令银行遭受重创的是一场押注于美国住宅与地产价格只涨不落的豪赌，监管机构、银行家和国会都曾自欺欺人地认为，地产价格只会越来越高。每个人都有权居有其所，即使他们信用很差或毫无信用——这就是美国梦的版本之一。"

房地产市场一定要平稳健康发展，既不能大起大落，更不能放任不管。导致美国发生金融危机的原因很多，而突破口则是次级房贷危机。日本经济在 20 世纪 90 年代初也出现了房地产泡沫的破灭，直到现在日本经济始终低迷，"失去了二十年"。中国绝不允许在这个问题上重蹈日本和美国的覆辙，我们绝不允许犯这样的错误。这就是大局，是全国人民的共同利益。房地产市场的利益主体很多，但都要以大局为重，绝不能只强调一己之利而不顾大局，否则，改革开放的成果，实现长期经济平稳较快发展的目标就会受到冲击。要坚持不懈搞好房地产市场调控和保障性住房建设，坚持调控决心不动摇、方向不改变、力度不放松，坚决遏制住房价格过快上涨，确保落实保障性住房建设计划，确保建设质量，确保分配公平。

四、关于中国经济是否会在 2013 年遭遇"硬着陆"

4 月 16 日，美国纽约大学教授鲁比尼发表文章说看空中国经济。这位以预测出美国住房市场崩盘及随后的国际金融危机而闻名的学者，访问过两次中国后得出结论说，中国可能会在 2013 年以后遭遇一场硬着陆，会以一场金融危机或长期的低增长来谢幕。6 月 12 日，这位"末日博士"又在新加坡召开的一个国际研讨会上说了同样的话。同时，鲁比尼教授是一位治学严谨的学者，他在今年 4 月和 6 月的这两次谈话都在判断性的句子中前面用了"可能"，后面用了"以后"。在4 月份《金融时报》报道鲁比尼讲话的消息时就有人指出，可能不等于一定，2013 年以后更不等于就是 2013 年。鲁比尼教授还提出了明确的建议："如果要避免这一命运的话，中国需要降低储蓄率，减少固定资产投资，削减净出口占 GDP 的比例，并刺激消费所占的比重。"但是，近一段时间以来，国际上一些人对鲁比尼教授的讲话引起了强烈的反响甚至借题发挥、过分炒作，从各个方面试图唱衰中国经济。国内有的媒体，也没有能够全面准确地报道鲁比尼的讲话，而是简单地表述为"中国经济将在 2013 年遭遇硬着陆"，在一定程度上造成了思想的混乱。为引人注目，采取这样省略的报道是极不严肃的，也违背了鲁比尼教授的原意。如何正确认识这个问题呢？一是要把鲁比尼教授的讲话当作一个有益的忠告，也就是说，一定要坚持以科学发展为主题，转变经济发展方式为主线，不要过度沉迷于投资拉动，要着力扩大内需，改革收入分配制度，增加居民消费，确保我国经济的长期可持续发展。二是坚持从中国的实际情况出发，不能简单地套用西方经济学理论和经济规律来判断中国经济。新中国成立以来，西方经济学家认为中国经济即将崩溃的预测不知有过多少次了。但历史证明，他们的预言却总是落空。我国经济发展确实经历过许多的困难和风险，但我们总能度过难关，化险为夷，不断开创新局面而胜利前进。什么样的艰难困苦我们都走过来了，当前我国经济发展处在历史的最好时期之一，基础设施焕然一新，经济发展充满朝气，国家财政实力雄厚。在中国共产党的坚强正确领导下，全国人民团结一心，努力奋斗，没有什么困难不可以克服，任何力量都阻挡不了中国人民胜利前进的步伐。

五、努力为"十二五"规划开好局

"十二五"规划提出，要"以科学发展为主题，加快转变经济发展方式为主线"。开局之年能否真正贯彻落实这个要求，是关系到全局的。我们要紧紧把握"加快"和"主线"这两个关键词。"十二五"规划把"十二五"期间年均经济增长率定在 7% 左右，目的就是让各地经济不要去追求过高的速度，不要把弦绷得太紧，而给转变发展方式留出更多的空间。经济年均增长7%左右的预期目标并不是说就可以偷懒了，可以轻松一些了。相反，而是更艰难，需要下更大的力气。只要在转变发展方式和调整经济结构方面取得实质性的重大进展，经济增长质量和效益有了明显提高，经济增长的速度比以前略低一点是没有什么可怕的。在这里，着重谈两点认识，一是国际经济环境，二是调整产业结构。

首先要看到，这场百年一遇的国际金融危机的高峰期虽然已经过去，但伤痕仍在，危机之前存在的一系列重大问题至今还没有得到真正解决，并又引发出一些新的严重问题。当前，大西洋两岸即美国和欧元区都被笼罩在主权债务危机的阴影之中，世界经济和国际金融市场的震荡还将持续一个较长的时期。美欧的货币政策已经用到极致；即使可以避免发生债务违约，但大规模的财政紧缩政策必将给本已低迷的经济增长雪上加霜。尽管世界经济还有许多不可预见的因素，但有一点是可以肯定的：在近几年内世界经济很难出现全面复苏的新局面。这就是我们"十二五"期间面对的国际环境。所以我们不能过度依赖外贸出口来维持经济的增长，而要着力扩大内需。

关于调整产业结构，第一，要大力推进农业现代化。党的十七届五中全会提出，在工业化、城镇化深入发展中同步推进农业现代化，这是党中央站在新的历史起点上作出的重大决策。

第二，要大力推进新型工业化进程。工业的现代化应该从两个层次着手。一是对传统产业改造、升级不能够放松。传统的东西不等于是落后的，只有落后的产品和产能，没有落后的产业。人们的衣食住行这些基本需求大量地还是要依靠传统产业。通过改造创新，不断推出新的产品，提高其性能和功效，传统产业就有着无限的生命力。二是加快发展战略性新兴产业，抢占未来发展的制高点。我国已经确定了战略性新兴产业发展的重点方向、主要任务和扶持政策。从我国国情和科技、产业基础出发，现阶段选择节能环保、新一代信息技术、生物、高端装备制造、新能源、新材料和新能源汽车7个产业，在重点领域集中力量，加快推进。比如新一代信息技术，思科公司与重庆市联合打造城市智能信息管理平台，推动重庆智能化城市的建设。各种信息能够迅速地处理，整个社会的管理实现智能化，会深刻地改变人们的生产方式和生活方式，提高劳动生产率和生活的质量。但战略性新兴产业的发展也不应遍地开花，一哄而上，出现"高水平的重复建设"，造成巨大浪费。不管是传统产业的改造升级还是战略性新兴产业的发展，最根本的还是要靠科技创新，要以科学技术来支撑。中国现在科技人才队伍已经很庞大了，去年国家统计局和科技部联合搞了一个调查，中国科技人员数量居世界第一，但是我们的科研成果却比美国少得多，尤其是我们科研成果的转化率太低。我们要加快科学研究的体制改革，创新机制，大幅度提升中国自主创新能力，奋力推进由科技大国向科技强国的转变，争取早日实现跻身世界创新型国家行列的宏伟目标。

第三，更加重视第三产业的发展。虽然"十一五"时期，三次产业均保持较快的发展态势，2006—2010年第三产业年均增长11.9%，但是我国第三产业的比重仍低于世界平均水平，发展潜力很大，特别是现代服务业大有可为。要在转变思想观念、改革财税体制、加强人才培养等多方面采取重大措施。

第四，要特别重视加强生态环境保护。"十二五"规划纲要第六篇的主题是"绿色发展　建设资源节约型、环境友好型社会"，从第21章到第26章，用了六章的篇幅来讲这个问题。必须认真加以贯彻落实，全面实现"十二五"规划中提出关于节能减排和生态环境建设的各项约束性指标。

坚定信心，努力实现稳中求进

——在主要媒体集中采访会上的发言

（2012 年 1 月 8 日）

年前召开的中央经济工作会议对国内外经济形势作了深刻分析，充分肯定了我国 2011 年经济社会发展取得的巨大成绩，指出了经济发展中存在的矛盾和问题，并对 2012 年的经济工作作了全面部署。这里想谈几点学习心得。

一、关于国际经济形势

有人对 2011 年的世界形势作了这样的概括："阿拉伯之春、伦敦之夏、华尔街之秋、世界经济之冬"。总的看来，去年和今年世界经济环境都十分严峻复杂。实践证明，2008 年爆发这样一场百年一遇的国际金融危机对世界经济的冲击是巨大的，影响是深远的，不经过若干年的艰苦调整世界经济不可能在一两年内就实现全面复苏、进入新的增长周期。2009 年全球经济负增长 0.58%，2010 年出现恢复性反弹，增长 4.2%。全球贸易 2009 年负增长 12.8%，2010 年转为增长 15%。2010 年世界经济的复苏给市场带来了过高的期望。其实问题并没有那么简单，这场国际金融危机还没有过去，危机爆发前的一系列重大问题几乎都没有得到完全解决。2011 年爆发的美欧两大债务危机是金融危机的延续，又严重挫伤了世界经济出现复苏的苗头。根据有关方面的预测，2011 年世界经济和国际贸易的增长率分别只有 3% 和 6% 左右。最近，有关经济数据表明，美国经济出现向好迹象，消费者信心指数由10月份的40.9暴升到56.0、商品零售额、制造业都有所回升，失业率也从10月份的9%降至11月份的8.6%和12月份的8.5%。欧元区主权债务危机是2011年世界经济生活中十分抢眼的一件大事，给国际金融市场和世界经济发展带来深刻影响。但欧元区主权债务危机也有被人为过度炒作的因素。只要稍微留心观察就可以发现，发表唱衰欧元文章最多的也只是那么一两个国家。而实际上他们国家的债务情况比欧元区更为严重。例如，2010年末欧元区财政赤字和主权债务余额占GDP的比例分别为6.0%和85.8%，而美国的这两个比例分别为10.3%和94.4%。2011年夏天美国民主、共和两党为提高债务上限和削减赤字而展开的一场激烈的斗争虽然基本过去，但靠举债过日子的机制没有改变，美国国债的增长速度远远高于其经济的增长速度的局面没有改变，债务只会越背越重。到11月15日美国国债余额已突破15万亿美元，与上一年美国GDP14.66万亿美元比，已超过100%。唱衰欧元、打压市场对欧元的信心，客观上有利于把大量国际资本引向美国、降低发行美债的成本。12月9日结束的欧盟峰会，欧盟27个国家中有26个（除英国之外）同意加入"新财政协定"，并就推进欧洲稳定机制以及向国际货币基金组织（IMF）注资2700亿美元等三项重要事宜作出决定。这次峰会拉开了欧元保卫战的序幕，使世人看到了欧元区的希望。虽然这些措施的付诸实施还需要一个过程，特别是南欧国家的各项改革都还需要经过一段艰难的历程，但总体上看，加强欧盟经济一体化的积极作用会远大于导致欧元崩溃的可能性。这场危机已经远远超出经济范畴而上升到了政治的高度。捍卫欧元、维护来之不易的欧盟经济统一体，是欧盟大陆国家的共同利益和无可替代的政治抉择。就欧元区来说，还有很多解决危机的手段，远没有走到无计可施的地步。人们有理由相信，经过这场危机的洗礼，欧洲大陆的统一度会更高，欧元货币的地位会得到加强。另一方面，新兴经济体的发展虽然都受到发达国家的拖累，但仍表现出生机和活力，形成了此消彼长的世界经济新格局。概括起来说，2012年的世界经济形势是严峻的，但也有许多积极的因素，会不断暴出坏消息，也会经常传来好的消息；困难不会结束，经济也不会崩溃。今后若干年内世界经济总体上将处于相对低迷、时好时坏、缓慢增长的阶段。对此，要有充分的心理准备。我们说世界经济有许多不稳定不确定因素，是指在新的一年里世界究竟会发生哪些具体的大事件是难以确定的，而今年甚至今后几年世界经济的总体态势则是十分清楚的。这样的国际经济环境对我国是一个严峻的挑战，同时也孕育着许多新的机遇。

二、如何认识和估计我国的经济增长趋势

2011 年前三个季度我国经济增长速度分别为 9.7%、9.5% 和 9.1%，呈现增幅逐季回落的态势，工业生产、固定资产投资等指标也相应出现增幅回落。这和去年的国际经济环境有重要关系，受到了外部市场的影响；也是主动调控的结果，符合我们调控的目标。当前，不少人担心：今年我国经济要继续保持平稳较快发展，靠什么来支撑呢？如何防止苗头性、局部性的问题演变为趋势性的问题？这些担心是不无道理的，确实应当引起高度重视，但必须加以具体分析，不应单从感觉去判断。

（一）经济增速适度回落未必是件坏事。要客观地看到，2011 年经济增长速度除了俄罗斯略有加快以外，其他国家和地区都出现不同程度的回落。在经济全球化深入发展的今天，中国的经济受到一定影响是不可避免、也是完全正常的。如果我们要采取一些措施去刻意保持两位数的增长并非做不到，但不可持续，因而不可取。我们以实现全面协调、可持续发展为目标，主动调控使经济增速适度回落正是十分明智的选择。一定要转变思想观念，不必把增长速度看得过重，而是要着力提高经济增长的质量和效益。国家"十二五"规划纲要对经济增长速度的预期目标是年均 7% 左右，就是为全面落实科学发展观、转变发展方式、调整结构留有余地。2010 年我国单位 GDP 能耗是世界平均水平的 2.2 倍，主要矿产资源对外依存度逐年提高，石油、铁矿石等均已超过 50%。经济增长速度总是绷得那么紧，不仅国内的资源、环境难以支撑，不利于经济结构的优化，对国际市场也会造成一

定的影响。我们不应把两位数的超高速增长当作正常水平，而稍有回落就好像发生了不得了的大事儿。相反，要把外部影响转化为理顺内部经济关系的强大动力。因此，我们要以平常心去看待经济增长速度适度回落的现象。今年乃至以后若干年里，我们都要用更大力气在转方式、调结构、惠民生上下苦功夫，从而实现高质量、高效益的经济增长，这正是"十二五"规划纲要确定的"主题"和"主线"的要求。中央经济工作会议提出"稳增长"而没有强调"保增长"也就是这个道理。如果一味追求GDP的高速增长必然影响我国经济社会的长期发展。当然，对今年可能出现较大的下行压力也应引起高度重视，坚决防止经济大起大落。同时，更要坚定信心，冷静、客观地看到我们有条件、有能力实现经济继续平稳较快发展。

（二）2012年我国经济发展靠什么支撑。从拉动经济增长三驾马车的力度来看，具备了继续保持平稳较快发展的基本条件。一是我国社会消费品零售总额2011年1—11月同比增长17%，11月当月同比增长17.3%，实现了良好的发展态势。说我国消费不足是相对于投资而言的，试问世界上还有哪个国家商品零售总额增长速度有这么高的呢？在美国2011年11月份的消费有明显反弹的背景下，当月商品零售总额环比增长0.2%，同比也只增长6.7%。更要看到我国增加消费的市场潜力十分巨大。中央经济工作会议指出，要牢牢把握扩大内需这一战略基点，把扩大内需的重点更多放在保障和改善民生、加快发展服务业、提高中等收入者比重上来，强调要着力扩大内需，特别是消费需求，并提出了一系列相应的政策措施。随着这些政策的全面落实，今年我国消费增长必将更加强劲。二是我国固定资产投资仍将保持较大的拉动力度。2011年1—11月我国固定资产投资（不含农户）完成26.9万亿元，虽增速比1—10月回落0.4个百分点，但同比仍增长24.5%，这个速度并不低。当期全国使用的螺纹钢和线材就达2.2亿吨，超过了美国、日本全年钢产量的总和。还要看到我国民间投资比较活跃。所谓民间投资是指扣除了国有和国有控股、外商、港澳台及其控股之后的部分，即个体、集体、私营部分的投资。2011年前11个月民间投资增长速度达到33%，占整个固定资产投资的比重约为

60%。这反映了经济的内生动力在加强。从另一方面看，去年1—11月基础设施投资比去年同期只增长7.8%，其中道路运输业投资增长9.4%，铁路运输业投资同比下降19.9%。这也说明基础设施投资增长的潜力还很大，今年只要把在建、续建项目正常地开动起来，就可以形成较大的工作量。去年初，中央一号文件安排"十二五"期间水利建设投资规模4万亿元，今明两年正是水利建设的高峰期。环境保护正在快速成长为一个大产业。经过60余年的建设和发展，我国社会金属积累量已经相当大，废旧金属的回收加工也可以大有作为。现代物流产业方兴未艾，物流设施建设任务还相当繁重。文化产业正处在大发展大繁荣的时期，也需要大量投资。我国已掌握了世界最先进的核电技术，核电项目经过严格审核以后，在确保安全的前提下该开工的项目今年也差不多要开工了。新一轮农村电网改造和特高压输电线路的建设以及节能和现有企业的技术改造、升级换代，等等，要干的事情太多了，而且我国现在的财力和物力也完全可以支撑投资保持平稳较快增长。根据我国经济发展的阶段性特征，城镇化建设步伐加快，社会主义新农村建设正全力推进，投资对经济拉动的作用仍然不可以低估，只是要真正按照优化结构、提高投资效益的要求去努力。传统产业不能搞重复建设，高新技术产业也要防止重复建设的问题。初步分析，2012年我国固定资产投资扣除价格因素后的实际增长率不会低于去年的水平。三是2012年外贸出口形势虽然严峻，但仍可望保持一定的增长。我国对美欧出口的产品多数为人民生活所需要的日用品、家用电器和电子产品。无论美欧经济如何增长不振，人民生活必须的消费品还是要买的，我国出口产品的竞争力仍然保持着相对优势。2011年欧债危机闹得这么严重，前11个月我国对欧盟出口额仍增长15.1%。近几年来我国实施出口多元化战略已经初见成效，对非洲、拉丁美洲、俄罗斯、印度、巴西、南非等国家和地区的出口额明显提升。从内部看，要切实解决好出口企业所面临的资金等困难，推动出口产品的转型升级，也是保持出口增长的重要方面。

从城乡发展的维度上看，不仅城镇化建设有着巨大潜力，农业现代化和建设社会主义新农村更是中国最大的市场需求，只要集中相当资源解决好"三农"问题，中国的制造业和服务业便都能找到扩大内需的康庄大道。

（三）宏观调控可为经济平稳较快发展提供充分的保障条件。当前我国财政、货币两大宏观调控手段有着很大的余地。由于2011年实际经济增长速度比年初预期的高以及其他一些原因，预计全年国家财政收入将比预算增加1万多亿元。我国财政赤字与GDP之比不到2%，国债余额与GDP之比也不到20%。这与国外口径是大体可比的。比起美欧日的情况，我国财政的日子好过多了。地方投融资平台虽然有十来万亿负债，但也形成了一定的资产，许多项目现金流还是很好的。我国的货币供应量也非常充足。2000年以来广义货币供应量（M_2）增幅远超过GDP的增长速度。这说明资金并不短缺，也说明了经济增长的质量和效益还不够高，也正说明提高资金运用效率的潜力所在。这里还需要具体分析货币供应量中交易货币与储藏货币的区别。例如，目前我国各项存款余额约80万亿元，存款准备金率按20%计，沉淀在央行的准备金就有16万亿元。物价的回落也为更好地实施稳健货币政策创造了有利条件。可见，我国货币政策的调控能力很强，余地大得很，可用的手段也很多。

根据国内有关单位和多家国际机构的预测，2012年我国经济增长率约为8.4%—8.5%。这样高的速度还有什么可担忧的呢？当然，正如中央经济工作会议指出的那样，我国经济生活中还存在不少矛盾和问题，有的是长期积累的，有些是深层次的。对此，必须予以高度重视，认真加以解决。

中央经济工作会议要求，推动今年经济社会发展要突出把握好稳中求进的工作总基调，并对"稳"和"进"的科学内涵作了全面深刻的论述。我们从中可以得到这样一个重要启示："稳"绝不是可以无所作为、松一口气，而是要憋足了劲，更加努力地工作，在保持合理增长速度的基础上向夺取更高发展质量和效益，实现全面协调发展的目标前进。新中国成立60多年来，我国经济发展经历了许多困难和风险，但都胜利地走过来了。就拿亚洲金融危机来说，那时美欧经济都发展很好，日本受影响也不大。主要由于我们自身的抗冲击能力不强而遇到了较大的困难。当时中央以壮士断腕的伟大气魄，大力推进国有企业和国有商业银行等各项重大改革，并相应建立完善社会保障制度，大力发展民营经济等，做了大量艰苦卓绝的工作，为我国经济在新世纪头十年的蓬勃发展打下了坚实基础。历史经验证明，每当经过一次调整或受到一次外部冲击之后，我国经济就会迎来一次大的发展，上一个新的台阶。中国现在的抗风险能力已今非昔比，我们没有任何值得悲观的理由。

三、关于几个热点问题的认识

一是正确对待国内外"唱衰"中国经济的言论。2011 年 4 月 16 日纽约大学教授鲁比尼发表文章说，"中国可能会在 2013 年以后遭遇一场硬着陆"，6 月 12 日在新加坡的一个会上又讲了同样的话。当时《华尔街日报》曾有文章评论，认为鲁比尼的话等于没有说，可能不等于一定，2013 年以后没有具体年限，是敞口的，一百年还是一万年？而我们国内有的媒体在报道中，不知是为了省略文字还是吸引眼球，把鲁比尼的话简化为"中国会在 2013 年遭遇一场硬着陆"。这是极不严肃、极不负责任的态度，也违背了鲁比尼教授的本意。对国际上一些善意的批评和忠告我们应该认真听取，冷静思考。同时也要看到，西方的经济学家按照他们的经济理论和经济规律来观察、判断中国经济，往往是会犯错误的。几十年来西方经济学家认为中国经济即将崩溃的预测不知有过多少次，但历史证明他们的预言却总是落空。这主要因为他们不了解中国的国情，一厢情愿，过于主观。最近，预测中国经济崩盘的噪音又有所抬头。对此我们要保持清醒头脑，要看到有些人这样做背后的图谋，对其错误的观点要理直气壮地加以批驳，不能任其动摇我军心，更不能盲目去做他们的传声筒。去年 10 月 22 日，香港某教授在沈阳作了一次关于中国经济的演讲。他说，统计局发表数据 GDP 增长 9.1%，全部重复计算，是假的，通胀率 6.2% 也是假的，起码 16%。就算这两个数据真的，"你晓不晓得，GDP 增长怎么算的各位？9 减掉 6 你懂不懂啊，实际增长不到 3%，历史最低……忽悠你们还可以，忽悠我根本没可能，我是专家。"教授先生的这番话实在太不靠谱，而且脏话连连，大跌身份。更有甚的是，GDP增长率国内外都是按不变价计算的，即用平减指数扣除了价格因素，因此是可比的，而自称专家的这位先生却连这个基本常识都不懂，真不知是谁在忽悠。他还说，"中国每一个省都是希腊，从今年起中国各级政府将破产，中国政府一定破产。"好大的口气啊！真是语不惊人死不休。他的这篇讲话在社会上造成一定影响，而且至今还挂在某些网站上。

二是人民币汇率。据国际清算银行12月16日公布的数据，2011年初至11月末人民币实际有效汇率（对一揽子货币）升值4.69%，同期人民币兑美元中间价升值3.30%。但是至12月15日，人民币兑美元即期汇价却出现了连续12个交易日跌停的现象（即人民币对美元贬值）。一些文章认为，这是由于国际投资者对中国经济增速放缓、看空中国经济、看空人民币所导致的。实际上，深层次的原因是美欧市场资金紧张，自己家里揭不开锅了，把人民币兑换成美元撤回救急。例如，去年我国几家大型上市银行的经济效益都非常好而股价又比较低迷的情况下，有的战略合作伙伴却抛售所持部分股权，这显然是不正常的，是忍痛割爱的行为。西方投资者不仅在中国，在东南亚一带都在抛售他们手中持有的资产，包括银行等金融资产。据摩根大通报道：去年8—11月间，在印尼，外国投资者对本币债券持有量下降了51%，印尼盾兑美元汇率已下跌7%；在泰国，外国投资者将泰铢债券持有量削减了24%，资本也大举外流。如果说是担心中国经济可能硬着陆，难道东南亚诸国也存在经济会硬着陆的问题吗？人民币汇率市场的这个信息也充分说明，美国国会要求人民币大幅升值是毫无理由的。最近，人民币兑美元又有较大幅度升值。据分析，主要是为满足市场需求，央行出售了少量美元，既可减轻外汇储备的压力、减少一些外汇占款，又回收了相应的人民币。货币本身也是一种商品，汇率是货币交易的价格，制定什么样的汇率政策是国家的主权。我们的汇率政策还是要按照市场的实际行情坚持双向浮动。

三是资本市场。去年以来我国股票市场总体上比较低迷，与我国经济基本面形成了较大的反差。这主要受国际市场的影响，世界经济增长低迷、市场信心不足必然会直接影响到我国的股票市场。但也有国外、境外股票市场一片飘红的时候，内地股市反而看跌的情况。这既有偶然性，也要从深层次找原因。在市场经济的各个领域，股票市场是最敏感、最脆弱的一根神经，也是最容易被人为炒作的一个市场。信心和信用是市场经济的灵魂，有了信心、讲究信用，再大的困难都可以战胜；失去了信心、不讲信用，再好的局面也会急转直下。当前中国的资本市场并不缺钱，关键是要增强信心，讲究信用，整顿市场秩序，规范所有市场主体的行为，特别要对个别大额投资者操控市场的行为严加监管，切实保护普通股民的权益。这才是问题的实质。同时，上市公司要适当增加对股民的分红并制度化，让股民真正当一回老板、主人，把主要精力放在关注企业的成长、监督企业的经营，从股本收益中得到应有回报，而不是主要从炒股差价中获取利益。这样，才能真正从资本市场中培育出一批具有国际竞争力的好企业、大企业，并使以圈钱为主要目的的垃圾股被市场唾弃，股市也才会比较稳定。根据国际经济的大趋势，近几年内我国资本市场不可能出现井喷式的上涨，但跌也跌不到哪里去。因为中国股票市场有强有力的稳定器，国有企业在股票市场中占了70%左右的份额，一旦行情跌得太多，国有企业的母公司就可以出手回购其上市子公司的股份。这个稳定器在国际金融危机爆发之初已经尝试过了，实践证明是很有效的。在当前，只要母公司保持应有的自信，不去推波助澜，中国股市行情就会看好。中国还有一道金融安全阀，就是人民币资本项下还没有完全实现可自由兑换，国际资本大举进入炒高和突然撤资做空市场都不具备条件。这两条是其他国家所不具备的。随着我国资本市场的制度不断完善、管理不断加强，只要中国经济保持平稳较快发展，我们的股票市场也一定能够实现平稳健康发展。

四是房地产市场。近几年来，我国房地产开发投资基本上占固定资产总投资的20%左右。房地产投资对拉动经济和改善民生作出了重要贡献。但房地产市场也确实存在一些值得高度重视的问题。日本、美国这样成熟的市场经济国家都相继在房地产问题上跌过跟头，我们决不能重犯这种错误。这是大局，所有利益主体都必须服从这个大局。

两年来，防止房价上涨过快的宏观调控措施已经取得明显成效。根据当前的形势，要坚持房地产调控政策不动摇，以防止其反弹。在调控的方式、方法上还应根据形势发展变化，从实际出发不断地加以完善。从更深处看，要深化改革，理顺各种利益关系，并切实加强管理，规范房地产市场秩序。同时要抓好保障性住房的建设，这是一项重要的民生工程、民心工程。按照"十二五"规划安排，建完3600万套保障性住房，就能覆盖20%的城市居民，可以基本解决安居问题，是功德无量的一件大事，对商品房价格实现缓缓下降、理性回归也会发挥积极作用。相信我国房地产市场一定能够实现平稳健康发展。

在新世纪第一个十年战略机遇期里，我国经济社会蓬勃发展，综合国力大大增强。只要我们继续抓住和用好第二个十年的重要战略机遇期，充满信心、坚定不移地按照中央的决策和部署，深入贯彻落实科学发展观，着力转变经济发展方式，加大科技创新力度，把稳增长、控物价、调结构、惠民生、抓改革、促和谐更好地结合起来，就必将取得社会主义现代化建设新的伟大胜利。

要正确认识和沉着应对
我国经济增长速度回落

——在全国政协经济委员会三季度经济形势分析会上的发言

（2012 年 10 月 18 日）

去年以来，我国经济增长速度已连续七个季度回落。这引起了国际社会和国内的广泛关注。我认为要以平常心去看待这个问题。

一、经济增长速度回落的必然性

这场百年一遇的国际金融危机已有五个年头了，危机前的许多重大问题都没有得到根本性的解决，又爆发了美国的国债危机和欧元区主权债务危机，世界经济处在艰难的调整时期。今年一、二季度美国经济分别增长 1.9% 和 1.7%，欧元区分别同比负增长 0.1% 和 0.9%，新兴市场国家和发展中国家普遍增速回落。在这种国际环境下，我国经济增长必然受到重大冲击。加入世贸组织十多年来，国际市场对我国经济的拉动作用越来越重要，如今外需严重萎缩，扩大内需又要兼顾结构优化，一时不容易补上这个缺口，增长速度减慢一些是必然的。能保持这样的速度已经是很不容易了，世界上还有哪个国家有这样高的增长速度呢！从我们国内看，即便是外需不存在问题，也不应继续维持以能源、其他资源的高消耗和以牺牲生态环境为代价的高速增长。适度放缓增长速度是转方式、调结构的客观要求。当前，无论是世界经济还是我国经济，都处在一个周期性与结构性矛盾相叠加的调整时期。

二、我国经济有条件实现长期平稳较快发展

从国际上看，尽管美国经济社会有着许多深层次的严重问题，但美国房市大体见底，消费者信心指数、制造业采购经理人指数（PMI）等都有明显回升，科技创新很有生气，特别是 3D 打印等先进制造技术崭露头角，页岩气的开发优化了美国的能源结构。在西方世界中，美国很可能是率先复苏的国家；这场灾祸起自美国，但由于实力所在和转嫁风险的手段之多，到头来美国很可能是获益最大的国家。欧元区至少在年内经济还在继续下滑，IMF 预计全年经济下跌 0.4%，明年将增长 0.2%。但也不能只看到欧债危机还在蔓延和恶化，而低估了欧盟委员会、欧洲央行和 IMF "三驾马车" 两年来所发挥的重要作用。欧洲稳定机制于 10 月 8 日正式启动，欧洲央行承诺 "无限量" 购买国债，欧洲银行业联盟的计划正被认真地讨论，绝大多数欧盟政治家和商界翘楚从没有像现在这样深切地体会到欧盟进一步一体化的迫切性和必要性。这场危机的倒逼机制很可能打造出一个更加团结、更加统一的欧洲。当然，这还需要一个较长、曲折的过程。

从国内看，也不能简单地断定中国已经告别了高速增长阶段，进入了中低速发展的时期，何况发展速度高、中、低没有绝对的标准。改革开放 30 多年来，我国经济发展本来就不是一帆风顺的。1979 年到 2011 年，GDP 年均增长 9.9%，其中 1989 年只增长 4.1%，1990 年更是仅增长 3.8%；亚洲金融危机期间即 1997—2002 年，增长速度也都比较低。经过五年艰苦的调整和推进了一系列卓有成效的重大改革，为 2003 年开始的新一轮经济增长周期打下了坚实的基础。经过这场国际金融危机的考验和国内经济的调整，我国经济运行的质量和效益以及整体素质将大幅提升，必将进入一个平稳健康、较快发展的新阶段。理由是：科学发展观正逐步深入人心，坚持科学发展已成了全党、全国人民的共识；经过几十年的发展，我国已经积累了比较雄厚的物质基础和驾驭宏观经济的丰富经验；我国目前处于并将长期处

于社会主义初级阶段，工业化总体上处于由中级向高级阶段加速发展的时期，城镇化刚刚开始加快，社会主义新农村建设大有可为；技术创新和科技进步对发展生产力的贡献越来越突出；服务业发展方兴未艾；二、三线城市和县城的迅速成长必将迸发出巨大的消费潜力；新生代农民工的消费观念正在发生深刻的变化。所谓廉价劳动力、全球化、改革三大红利正在消失导致我国发展后劲减弱的提法很值得商榷。我国劳动力的素质已今非昔比、劳动生产率正大幅提高，IMF 分析中国至少还要十年以后才能出现"刘易斯拐点"，全球化是不可阻挡的历史潮流，深化改革、与时俱进更是无穷尽的，新的更加丰厚的"红利"将会不断地涌流出来。最重要的是，我国已经走出了一条中国特色社会主义道路。因此，我们有充分理由坚信，中国经济一定能够保持长期平稳较快发展。在世界经济和中国经济新一轮的增长期到来之后，某些年份出现两位数的增长率也是可能的。我们要坚决告别的是过去那种以大量消耗能源和其他资源、牺牲生态环境为代价的粗放式的高增长，要执着地追求高质量、高效益、低消耗科学发展、又好又快的增长。

三、经济发展趋势分析

我国经济总量大，经济运行的惯量也大，如果经济增速下滑成了一种难以控制的趋势，将是很危险的。但从我国的实际情况看，发生这种情景的可能性极小。理由是，第一，正如前面分析的那样，我国经济可以实现长期平稳较快发展的有利条件非常充分，要做的事情很多，发展的潜力很大，可以说新的增长点不断涌现，还有着不竭的发展动力。就当前来说，财政政策、货币政策都有较大的空间，项目储备也很充足，仅对十多个省市 6 月份以来发布的稳增长措施粗略估算，涉及金额就达近 20 万亿元。第二，中央今年采取的一系列预调微调宏观经济政策，以及各级地方政府推出的大量稳增长措施，要完全见效，总有几个月的滞后期。建设项目的批准立项和资金到位直至形成工作量，也需要数月至半年的时间。第三，连续 7 个季度以来我国经济增长速度呈缓缓回落的态势，这正是实现软着陆的重要标志。三季度的增长率 7.4% 已经回落到经济学家们常说的潜在增长率 8% 和国家年初确定的 7.5% 预期目标以下，已经越过了底线。我们有足够的手段防止它继续下滑，因而增速下滑的趋势是可控制的。第四，虽然三季度的经济增长速度较低，但如从分月的情况看，9 月份的数字显示，主要经济指标是普遍回升的。例如，全社会固定资产投资从 5 月份起就呈现企稳回升之势，前三季度同比增长 20.5%，9 月当月则是同比增长 22.2%，比 8 月份提高了 3 个百分点；商品零售总额前三季度名义增长 14.1%，9 月份同比增长 14.2%，由于今年 CPI 涨幅明显回落，致使前三个季度商品零售总额的名义增长率比去年回落 2.9 个百分点，而扣除价格因素的实际增长率则是比去年同期高出 0.3 个百分点；消费者信心指数从 7 月份以来一路上扬，9 月份达到 100.8% 的最高点；外贸进出口总额增幅 9 月份比 8 月份高出 6.1 个百分点，其中出口高 7.2 个百分点，进口高 5 个百分点。以上数字看出，8 月份是低谷，拖累了第三季度的增速下降，而 9 月份的投资、消费、外贸等一系列指标都显露出回暖的迹象。根据上面四点分析可以看出，中央各项宏观调控政策和地方各级政府出台的稳增长措施确实已初见成效，经济运行是完全可控的，并已经出现了回稳态势。但四季度未必就能出现强劲增长。因为不少企业经营还相当困难，大量经济关系的理顺尚需时日，况且全球经济都处在时好时坏、波动式缓慢增长的阶段，我们还要随时作好应对可能出现更严峻情况的准备。

10 月上旬，世行和亚行都预测今年中国经济增长率为 7.7%，IMF 预测数为 7.8%。我估计，执行结果完成年初预期的增长 7.5% 或者更高一些是有把握的。

四、正确处理短期需求刺激和着力解决长期存在的深层次问题的关系

虽然 9 月份的经济增长出现了回稳的苗头，但还比较脆弱，不能完全排除出现反复的可能性，必须密切关注当前经济运行态势，制定

几套短期刺激需求的方案。同时更要兼顾解决长期存在的深层次矛盾和问题。经济增长不是绷得那么紧，下行压力较大，正是转方式、调结构的大好机会。当前，特别要加强对投资项目的科学论证，防止重复建设，如果一哄而上，势必导致经济结构的进一步扭曲，为以后的发展留下严重后患。要尊重市场优胜劣汰的规律，尊重企业的市场主体地位和人民群众无穷无尽的创造力。我们既要高度重视应对经济增速下行的压力，也不能把眼光和精力都放在保速度上。解决长期存在的深层次问题关键在于深化改革。

五、防范金融风险和财政风险

从 2008 年至 2011 年我国广义货币供应量（M_2）逐年增长速度分别为 17.8%、27.7%、19.7%、13.6%；而同期美国（M_2）逐年增速分别为 10.0%、3.4%、3.4%、9.1%。可见近年来，我国广义货币供应量增长速度比美国还高。货币发行较多，最主要是由于外汇占款较大被动造成的。我国（M_2）和 GDP 之比 1995 年为 1.00，2011 年达到 1.80，货币流通速度 1980 年为每年周转 1.53 次，2011 年则只有 0.56 次。出现这种情况的原因很多，如经济结构、投资方向、市场化程度，以及大量资金沉淀等等。目前存在央行的存款准备金和央行票据余额大约 18 万亿元，这是一个重要的蓄水池和调控手段。但至少说明，我国银行资金运用的效率不高，经济运行的质量并不理想。IMF10 月 10 日在东京年会上发布了《全球金融稳定报告》，其中提出了警示中国影子银行风险，指出中国银行业的不良贷款率依然较低，但也要注意防范风险，对中国非银行中介的信贷风险、流动性错配和道德风险提出了警告，尤其是信托和理财产品的相关风险。中国信托企业管理的资产总额在今年 6 月底已达 5.3 万亿元，约占 GDP 的 11%，两年内增幅高达 90%。理财产品总额约为 8 万亿—9 万亿元，占银行存款总额的约 10%。信托公司、商业银行的理财产品以及大量看不见的投融资活动等，本质上都是为了获得较高的贷款利率，使生产和流通企业徒增了融资成本。这些现象都应该加强监管，不能任其泛滥。近年来公司债也发展得非常迅猛，公司债是一个很好的融资手段，但不能变为"人情债"，一定要有偿债能力，防范风险。根据我国的体制和传统观念，很多金融风险最终都会转嫁到财政上去，老百姓吃了亏，必然找政府，因为这都是政府批准或认可的，从而转变为财政风险。必须加强审慎监管和市场纪律，避免风险的过度积累。我国资本市场还很不完善，股市这面镜子不能真实反映经济运行的实际情况，是一面哈哈镜。股市开户的投资者中87%为散户，持有股票三个月以内的占50%，持有半年以内的占70%，大多数是短期行为。股指期货应主要发挥对冲功能，而不应做空，打压市场信心。放宽QFII门槛，大量引入国外资本来托市，必须慎重行事。人民币的国际化也应该稳中求进。

2010年底地方投融资平台的债务余额10.7万亿元，去年到期应偿还2.5万亿元（其中有部分展期），今年到期偿还的有1.7万亿元。去年地方投融资平台的贷款是零增长，今年是负增长。对此要加以具体分析，既要严格审核，也不可简单化，对那些现金流较好、有还贷能力的项目，银行还要给予更多的支持，地方政府也要尽量增加投融资平台的资本金。全国上下都要准备过几年紧日子，改善民生的承诺要量力而行，地方政府的形象工程要尽量少搞。

六、始终把农业放在国民经济的重要基础地位

十年来我国农业生产取得了举世瞩目的重大成就，实现了粮食产量九连增，农村经济日趋活跃，农民收入大幅度增加。但"三农"问题也存在一些隐患。一是种田后继无人，一旦老一代农民丧失劳动能力，农业生产有可能出现滑坡。二是如何通过深化改革推动土地规模化经营。三是土地质量恶化，地力下降，例如黑龙江三江平原的黑土地50年代初厚达90—120公分，现在只有30—60公分，再过30年是什么情景？农业生产使用了大量化肥和农药。据调查，农药利用率仅5%左右，化肥利用率也只有30%，农业面源污染已经成为影响我国环境的最大污染源，而且直接影响到食品的质量和安全。

七、努力促进房地产市场平稳健康发展

日本、美国都相继在房地产问题上栽了跟头，中国绝不能重犯这种错误，这是大局，所有利益主体都要服从这个大局。几年来中央加强对房地产市场的宏观调控是完全必要的，而且基本实现了防止部分城市房价过快上涨的原定目标。如果商品房价格真的出现大幅度下跌，就意味着泡沫破裂了，那才是真正的噩梦。建议下一步对房地产市场的调控政策要把限购与促销相结合，对真正自用的购房者要出台一些优惠政策，鼓励他们购房；对以投资和投机为目的的购房者还是要严格控制，并从简单的限购转向税收等经济手段来调控；更要严厉打击从征地、建设到销售等各个环节的腐败现象。

八、大力发展新能源

我国青藏高原北支西风带是世界的风口，风源质量高，风向稳定，风力充足，主要处于新疆、甘肃一带。根据政协经济委专题组上月去西北的调研，这两省区风能资源的理论储量达十几亿千瓦；太阳能的发电储量更是十分丰富，仅酒泉一市理论储量就达 20 亿千瓦。而我国到去年底各种发电装机总容量为 10.2 亿千瓦。在茫茫戈壁滩上建设风力发电和太阳能发电装置，既不要征地拆迁，也不需用水，又没有污染，可以说这里是我国可再生能源的巨大宝库。建成这个新能源基地对保障我国的能源安全有着十分重要的战略意义，也是实现到 2020 年我国能源消费总量中非化石能源要达到 15% 以上目标的重要保障。当前，多晶硅价格暴跌，光伏企业的产能约有 84% 处于停产状态，风力发电设备制造企业产能利用率只有 50% 左右，正是建设太阳能、风能发电的大好时机，又可帮助这些企业走出困境。同时要加快电网和特高压长距离输电线路建设。

九、妥善处理中日经济关系

去年9月22日，英国《经济学家》周刊报道，到2020年中国经济总量将超过美国。不久，奥巴马就发表讲话："美国决不当第二。"今年美国便高调宣称重返亚洲，实际上都是为了遏制中国经济发展。我国南海和钓鱼岛领土争端问题从根本上说是美国挑起来的。美国在不与我国撕破脸面的前提下，总在从各个方面给我国制造麻烦。中日建交40年来，两国经济联系不断加强。对日本来说无论出口还是进口领域，中国都是它最大的贸易对象国；去年中日两国贸易额达3429亿美元；日本现有在华企业约2.3万家。在主权问题上，我们绝不能让步，必须坚决斗争，但要把广大日本商界、政界的友好人士以及广大日本人民与少数日本右翼分子区别开来，实施"团结大多数、孤立一小撮"的策略。在处理两国经济关系时要十分慎重。中日经济两败俱伤，正是美国所愿意看到的。

十、大力整顿市场经济秩序

市场经济的核心是竞争，前提是公平。要坚持市场经济公平竞争的原则，就必须下大力气根除权力寻租、钱权交易现象。否则，势必扰乱正常的市场秩序，使经济运行效率和效益下降，导致资源配置错位和社会财富的分配不合理，更是滋生腐败的温床。从长远看，如果听任这种不良风气发展下去，泛滥成灾，将会成为引发社会根基动摇和社会动乱的祸根。下决心治理解决这些问题，本身就是一场重大而艰难的改革。其实只要把香港廉政公署的那套办法移植过来，并且坚决执行，也是可以做好的。还要规范市场主体的行为，大力倡导遵纪守法、崇尚诚信，全面提高国民素质。要做好这一切，关键在加强党的领导，建设好我们这个党，始终坚持为人民服务的根本宗旨。通过几年的努力，使市场经济秩序规范化，做到风正气顺，社会和谐。

今后十年是我国经济社会发展十分关键的时期。只要全党全国人民按照党的十八大精神，努力奋斗，继续保持经济平稳较快发展，到2020年我们不仅可以成功跨越"中等收入陷阱"，还能提前实现人均GDP比2000年翻两番的目标。本世纪中叶即新中国成立一百年之际我国进入中等发达国家的行列，基本实现现代化的宏伟目标，也是可以提前实现的。

建设和完善中国特色社会主义宏观调控体系

——学习党的十八大精神的一点心得

（2013 年 3 月 29 日）

一年一度的中央经济工作会议在部署下一年工作任务时，开宗明义第一条几乎都是强调要加强和改善宏观调控。党的十八大报告在总结过去工作的时候指出，"现代市场体系和宏观调控体系不断健全"；在加快完善社会主义市场经济体制和加快转变经济发展方式部分中指出，要"健全现代市场体系，加强宏观调控目标和政策手段机制化建设"。如何准确认识和深入贯彻这些精神，非常重要。这里想就建设和完善中国特色宏观调控体系谈一些认识。

一、加强和改善宏观调控是社会主义市场经济的本质要求

（一）宏观经济调控理论的由来。宏观调控是国家管理经济和社会发展的一项重要职能和手段。从市场经济发展几百年的历史进程来看，政府的宏观调控从来都是不同程度存在的，是保持经济正常运行不可缺少的。市场经济在私有制和资本主义基础上发展起来，这个发展过程大体经历了自由市场经济和现代市场经济两个发展阶段。在第一个阶段里，虽然也存在一定程度的政府干预，但各经济利益主体的经济活动基本处在以价格机制、供求机制、竞争机制为基本内容的市场机制作用下，通过市场竞争，价值规律自发调节社会供求、配置资源，最终使生产要素流向效益最高的部门和行业，使市场主体实现利润最

大化。也就是说，在自由市场经济阶段，"看不见的手"在经济运行中始终起着支配作用，经济运行基本上靠市场自身去调节。而市场调节往往存在着自发性、盲目性、滞后性等严重缺陷，难以调节社会公益事业，并容易导致垄断和分配不公，产生两极分化。市场机制的缺陷往往导致事后以破坏性的形式对经济结构、资源配置、财富隶属关系进行调整。这就表现为周期性的经济危机。随着社会化大生产的不断发展，单靠市场机制调节显得越来越不能适应，特别是20世纪30年代发生的世界性经济大萧条之后，强调运用财政政策、货币政策等手段干预经济和资源配置的"凯恩斯主义"应运而生，标志着历史进入现代市场经济阶段，宏观经济调控理论也逐步形成，并不断得到发展。从一般意义上讲，市场经济的宏观调控主要有两方面的作用：一是弥补市场机制不足；二是创造充分发挥市场作用的宏观环境。进入20世纪90年代，西方经济学界重新认识政府在市场经济中的作用。后凯恩斯主义经济学家保罗·萨缪尔森认为，政府主要有三个方面作用：第一，矫正市场失灵，提高效率；第二，用税收和政府开支向特殊群体再分配，促进公平；第三，通过货币供应量调节，保持经济增长与稳定，减少失业，降低通货膨胀。他还说，政府在市场经济中的三项职能是不能偏废的。实际上这也是宏观调控的基本要求。

（二）社会主义市场经济更需要宏观调控。人类社会的发展，经历了漫长岁月的多种多样的探索，形成了各种不同的发展道路和模式。中国选择社会主义，是中国的历史条件和现实环境决定的。历史和现实都告诉我们，只有社会主义才能救中国，只有中国特色社会主义才能发展中国。这是历史的结论，人民的选择。建立社会主义市场经济体制，是把社会主义和市场经济结合在一起，这是人类发展进程中面临的一个全新课题。社会主义与市场经济的兼容在中国的成功实践，是世界政治经济发展史上没有先例的一件大事，是"中国经验"、"中国模式"的真谛所在，具有划时代的意义。1992年，江泽民同志在党的十四大报告中指出："我们要建立的社会主义市场经济体制，就是要使市场在社会主义国家宏观调控下对资源配置起基础性作用"，"同时也要看到市场有其自身的弱点和消极方面，必须加强和改善国家对经济的宏观调控。"正如计划和市场都是管理和调节经济的手段，而不是基本经济制度的本质特征一样，宏观调控和市场调节也并非资本主义制度的专用品，社会主义经济同样可以运用。这是人类的共同财富。我们坚持走中国特色社会主义道路，选择了市场经济的发展模式，就必须充分发挥市场配置资源的基础性作用；同时，为了避免市场自身的弱点，也必须加强和完善宏观调控。尤其像我们这样发展中的大国，又处在体制转轨的过程中，市场发育不完善，地区间发展不平衡，又面临日趋激烈的国际竞争，单靠市场机制的作用是远远不够的，加强宏观调控显得更为必要。社会主义制度本身要求消除两极分化，最终实现共同富裕，这就更加需要通过实行有效的国家宏观调控去解决。因此，完善国家宏观调控体系是社会主义市场经济的本质要求，也是发展中国特色社会主义的重要手段之一。宏观调控是社会主义市场经济的有机组成部分。可以说，现代经济运行包括两个最基本的方面：一是微观经济的自由竞争机制，二是宏观经济的调控机制，这两者都是不可或缺的。如果把现代经济运行比作一部汽车，那么市场竞争机制是动力机制，宏观调控是汽车的控制机制。社会主义市场经济在现代市场经济的基础上，还应有更高的要求。始终要坚持社会主义的正确方向，坚定不移地追求社会主义的宏伟目标。所以，发展中国特色社会主义必须要建设与之相适应的中国特色宏观调控体系。

二、我国宏观调控的光辉历程和主要经验

（一）曲折的道路，辉煌的成就。由于主客观的种种原因，经济发展的平衡总是相对的、暂时的，而不平衡和波动则是绝对的，不可避免的。宏观调控一般说是即期调控，其重要职能之一是熨平经济波动，促进平稳健康发展，核心内容是促进总需求与总供给的积极平衡。经济运行一个阶段以后，各种矛盾积累到某种程度往往会表现出一定的周期性。这时候宏观调控的作用尤其重要，主要形式是逆周期的调控，使经济运行沿着正确健康的轨道发展。因此，坚持做好宏观调控工作，力争经济社会持续健康协调发展，是政府的重要职责，也是一个国家

领导经济工作水平的重要体现。回顾 60 多年来我国经济社会发展的历史，国家的宏观调控经历了艰难曲折的过程，取得了辉煌的成就。

1. 改革开放前的简要回顾。新中国成立之初，全国人民在中国共产党的领导下，以极大的热情艰苦努力，迅速荡涤了旧社会留下的污泥浊水，清理了战争造成的残垣断壁，生产建设很快走上正轨，社会基本稳定。这就是新中国成立之初的三年恢复期。宏观调控的概念是改革开放之后从国外引入并正式提出的。在改革开放前和改革开放初期，我国实行的是计划经济体制，商品的生产、流通、定价，人财物的配置，基本上都按国家计划进行，市场调节的比重很低，故还没有建立起真正意义的现代宏观调控体系。但是，国家对经济运行的调节或者调整也是非常频繁的。从 1953 年进入第一个五年计划，开展大规模经济建设以后，我国经济发展经历了几次大的起伏。1953 年下半年出现了明显的经济过热，当年经济增长 15.6%；1954 年进行调整，当年经济增长率回落到 4.2%。1956 年全国社会主义改造胜利完成，下半年经济再次出现明显的过热；1957 年进行调整，开展了当时所说的"反冒进"。1958 年提出了经济建设要"大跃进"和"超英赶美"等口号，全民大炼钢铁，当年经济增长 21.3%，整个经济建设出现了空前的过热，经济平衡严重失调。1959 年本应进行调整，但由于当时对"左"的倾向造成的危害仍然认识不足以及其他原因，却开展了反右倾斗争，继续坚持"大跃进"，加上三年困难时期的影响，社会生产力受到重大破坏，全国人民吃饭都成了问题，不少地区出现严重饥荒。1960 年到 1962 年经济产出分别比上年下滑 0.3%、27.3% 和 5.6%，经济从大起转为大落。1962 年中央提出了"调整、巩固、充实、提高"的方针。到 1965 年经济初步恢复到 1960 年的水平。商品零售价格从 1963 年到 1972 年几乎一直是负增长。从 1966 年开始的十年动乱，我国经济更是到了崩溃的边缘。

从新中国成立到十一届三中全会这 28 年里，中国经济建设经历了波澜壮阔、艰难曲折的过程。当时，我们别无选择地采用了计划经济发展模式。由于市场主体和市场机制的缺失，社会经济活动基本上完全由政府主导，国家对经济的调控或调整，也是通过政府对经济运行的直接干预来实施的。在全党和全国人民的努力奋斗下，1953—1977年实现经济年均增长 6.8%，集中力量办成了许多大事，初步建立了我国社会主义的工业体系，各项事业都获得了较大发展。但实践证明：企业作为经济的细胞，其生产经营没有什么自主权，缺乏活力；政府通过计划来安排整个经济活动，客观上难以做到真正按价值规律办事；特别是如果决策者主观上对经济运行发生误判，就会给经济发展带来重大损失甚至灾难性后果。这 28 年经济发展的风风雨雨给我们带来了许多宝贵的经验和极为深刻的启示。"总设计师"邓小平同志正是在这个基础上经过深思熟虑，描绘了改革开放的蓝图，使我国经济发展进入一个新的时代。

2. 改革开放以来的历次宏观调控。我国经济体制改革的核心内涵是使传统的计划经济运行模式转向社会主义市场经济的运行模式。30多年改革实践证明，市场经济确实有着某种神奇的力量，可充分调动人的积极性，激发出无穷的经济活力，从而解放和发展生产力并创造出巨大的社会财富。但是，随着市场经济体制的建立和不断发展，市场自身的弱点也明显暴露出来了。这个时候，真正意义上的现代宏观调控体系和现代市场体系这一对孪生姐妹同时成长起来，"看得见的手"与"看不见的手"既有博弈又有合作，共同推进着经济社会的迅猛发展。纵观改革开放以来我国宏观调控的伟大实践，真是丰富多彩，令人回味无穷。

具体说，从 1979 年以来经历了至少七次较大的宏观调控过程。

第一次：1979—1981 年。处于改革开放的初期，对计划经济体制改革还没有真正展开，经济运行仍以计划指导为主。当时经济逐步恢复发展，同时也出现一些突出矛盾和问题：总需求增长过猛，总供给能力不足，加上当时有关方面提供了一个对我国石油储量高估的信息，建议要建设 20 个大庆即我国石油年产量将达 10 亿吨水平，似乎我国可以大量出口石油挣外汇，以放手进口国外先进设备和技术，于是刮起了一股"进口风"，后来有人称之为"洋跃进"。1980 年外贸进口总额比 1978 年增长 83.8%，连年出现外贸赤字，国家外汇储备 1978 年末为 1.67 亿美元，到 1980 年末变为亏空 12.96 亿美元。当时中央提出了"调整、改革、充实、提高"的八字方针，强调搞好综合平衡，缩短基本建设战线等，取得明显成效。

第二次：1985—1986 年。随着农村改革的成功和改革向城市推进，宏观经济又出现了过热现象。1984 年和 1985 年经济增长率分别高达 15.2%、13.5%，全社会固定资产投资分别增长 28.2% 和 38.8%。货币发行超量，工资奖金增长过快，通胀问题突出。调整的主要措施是控制投资和信贷规模，加强物价管理等。

第三次：1988—1989 年。由于当时体制转轨刚刚开始，投资饥渴症、盲目扩张的冲动依然存在，"价格闯关"又提高了居民对通胀的预期，一些地方出现抢购风，居民消费价格 1988 年和 1989 年分别比上年上涨 18.8%、18.0%。这一次推出了以"治理经济环境、整顿经济秩序"为内容的宏观调控，主要手段还是紧缩财政和信贷，压缩总需求，增加有效供给，整顿经济生活中的混乱现象。由于这轮调控是在连续几年粮、棉、油生产徘徊的背景下进行的；某些方面的调控力度可能偏大，例如 1989 年全社会固定资产投资增长速度从上一年的 25.4% 跌落到负增长 7.2%；更重要的因素是当年"六四"政治风波特别是西方国家对我实行经济制裁直接影响了经济发展，致使 1989 年和 1990 年我国经济增长率只分别为 4.1% 和 3.8%，到 1991 年回升到 9.2%。可以称得上是经济运行的一次"硬着陆"，当时经济确实面临很大困难。

第四次：1993—1996 年。当时经济生活中出现了"四热"（房地产热、开发区热、集资热、股票热）、"四高"（高投资、高工业增长、高货币发行和信贷投放、高物价上涨）和"一乱"（经济秩序乱特别是金融秩序混乱）的问题。通货迅速膨胀，1994 年居民消费价格上涨 24.1%。中央适时果断地采取了宏观调控。这是我国 1992 年确立了社会主义市场经济发展模式后的第一次重大宏观调控，其思路和措施也展现了新的面貌。一开始就强调了需要把握的三点原则：一是统一思想认识；二是着眼于加快改革步伐；三是主要运用经济办法，配之以必要的行政手段和组织措施。中央提出的 16 条措施中有 10 条是货币金融方面的，实现了由传统计划经济时代宏观调控偏重于直接调控和行政手段向以间接调控和运用经济办法为主的重大转变，具有划时代的意义。调控力度的掌握比较适度，既有效地抑制了通货膨胀，又保持了经济的适度较快增长，到 1996 年成功实现了"软着陆"。

第五次：1998—2002 年。如果说上一轮宏观调控的主要目标是反通胀、防过热，那么这一轮的调控则主要是反通缩、保增长的扩张性调控。经过连续 5 年的反通胀努力，1997 年居民消费价格回落到比上年上涨 2.8% 的正常水平。由于 1997 年下半年爆发东亚金融危机的影响，我国外贸出口受阻，1998 年出口总额只比上年增长 0.5%；1998 年国内又发生特大洪涝灾害；加上体制转轨、经济转型进程加快，国内商品的供需矛盾逐步由卖方市场转向买方市场，需求不足问题成为主要矛盾，国有企业与商业银行改革滞后和经营困难的问题也凸现出来。从 1998 年起连续 5 年商品零售价格负增长，出现明显通货紧缩的现象。1998 年初中央采取"积极的财政政策和稳健的货币政策"进行宏观调控，并推出一系列扩大内需的重大措施。同时，以壮士断腕的巨大勇气对国有企业和商业银行进行大力改革，一方面对其巨额注资、改制重组，另一方面普遍进行减员增效、下岗分流，国企下岗职工达 2000 多万人。经长期努力，2001 年我国正式加入了世界贸易组织。这一轮宏观调控与推进改革开放的有机组合，保持了国民经济持续稳定快速增长，积累了反通货紧缩的宝贵经验，也为从 2003 年开始的新一轮经济增长周期奠定了坚实基础。

第六次：2003—2007 年。前 5 年扩内需措施积蓄的发展潜能开始强劲释放，加上第十个五年规划全面实施和加入世贸组织后经济对外开放的广度深度迅速扩大，我国经济增长从 2002 年下半年便出现提速，2003 年虽在上半年受"非典"影响，但全年增长速度还是登上两位数。既要紧紧抓住我国发展的重要战略机遇期，又要防止出现过热，这一轮宏观调控不但动手较早，而且力度适当；采取了"区别对待、有保有压"的方针，坚持在发展中调结构；不是全面收紧，而是把握住"看好土地、管好信贷"两个"闸门"。特别是在科学发展观的指导下，宏观调控更加注重全面协调可持续发展，更加自觉地运用了统筹兼顾的根本方法。因此，取得了较好的效果：连续五年经济增长率始终保持在 11% 左右，居民消费价格年平均上涨 2.6%，劳动就业稳步增长，企业效益大幅度提高，国家综合国力明显提升。

第七次：2008年到现在。2007年GDP增长率攀上1992年以来的最高峰达14.2%，居民消费价格涨幅达4.8%。所以，2008年初确定当年宏观调控的方针是"防过热、防通胀"。但是，美国次贷危机愈演愈烈，到9月份终于爆发了严重的国际金融危机，而且来势汹汹，迅速蔓延全球。我国经济与国际经济的关系已经非常密切，欧美又是我国主要的出口目的地，这场国际金融危机对我国经济的冲击是非同小可的。2009年我国外贸进出口总额下跌16%，其中出口更下跌18.6%。对美国次贷危机可能演变为严重的国际金融危机和经济危机，中央早有觉察，并且作了大量的研究和准备。当年我国经历了"5·12"汶川特大地震灾害、8月举办北京奥运会以及9月发生国际金融危机的影响三件惊天动地的大事。从"双防"政策转向扩张性的宏观调控政策，关键在选择时机和把握力度。2008年10月上旬，中央科学判断、果断出台了进一步扩大内需、促进经济平稳较快发展的10项措施，实施了"积极的财政政策和适度宽松的货币政策"。这里包括两年新增4万亿元投资的计划，其中中央财政投资1.18万亿元，主要用于保障性安居工程，农村民生工程，基础设施、社会事业、生态环保、自主创新等方面建设和灾后恢复重建。这一揽子重大措施，提振了市场信心，有效稳住了经济增长。2009年，全球经济负增长0.7%，是几十年来全球首次出现负增长，美国、欧洲、日本、南非、巴西、俄罗斯都陷入了衰退，而我国经济还是实现了9.2%较高速度的增长。这一系列宏观调控措施不仅为我国成功抵御了国际金融危机的冲击，避免了我国经济从大起跌进大落，也为世界经济的稳定作出了重要贡献。还有两点应当关注的是：适度宽松的货币政策只执行了两年，就及时调整为稳健的货币政策；在从2011年一季度到2012年三季度出现连续7个季度经济增长速度回落的情况下，中央沉着应对，没有出台大的刺激措施，而是坚持落实科学发展观，在经济增长的质量和效益上下功夫，驾驭着中国经济的航船平稳健康地前进。

（二）我国宏观调控的主要经验。通过以上对新中国成立以来特别是改革开放以来历次宏观调控的简要回顾，我国经济社会取得今天这样的发展，人民共和国能以昂扬的姿态屹立在世界东方，确实来之不易，是在党的领导下，经过几代人艰苦探索、勇敢实践一步步走过来的。面对复杂多变的国内外经济环境，中央通过宏观调控等手段成功驾驭和领导了中国经济社会发展不断从胜利走向胜利，逐步建立和完善了中国特色宏观调控体系，丰富和深化了宏观调控的理论与实践，并积累了许多宝贵的经验。概括起来，主要有以下几个方面。

1. 坚持建立健全与我国国情相适应的具有中国特色的宏观调控体系。宏观调控体系与市场体系都是市场机制的有机组成部分，也是现代市场经济的基本特征。宏观调控体系包括调控的目标、任务、手段以及调控主体等。计划经济时代，宏观调控着重强调总供给与总需求的基本平衡，调控的方式以直接调控为主，调控的手段以计划为主体，并主要通过行政手段加以实施。改革开放以后，在借鉴西方宏观调控理论和经验的基础上，注重从我国的实际出发，逐步建立了与社会主义市场经济相适应的中国特色宏观调控体系。首先是宏观调控始终坚持中国特色社会主义的方向，始终代表着最广大人民的根本利益，而不是代表少数集团的利益。这正是中国特色社会主义与西方资本主义的根本区别。在宏观调控的具体目标上，我们也成功借鉴了西方国家普遍采用的促进经济增长、充分就业、物价稳定和国际收支平衡。在促进增长方面，1979—2012 年，我国经济实现年均增长 9.9%，特别是1991—2012 年这 20 年，年均增长 10.4%，创造了世界上经济高速增长持续时间最长的奇迹。而且今后相当长一段时期，仍将保持平稳较快增长的良好态势。在接纳了两亿多进城务工人员的情况下，城镇登记失业率基本维持在 4% 左右的水平。在改革开放初期，出现了几次物价的较大波动。进入新世纪以来，年均居民消费价格涨幅仅为 2.3%。在国际收支平衡方面，1978 年末我国外汇储备只有 1.67 亿美元，到2012 年已高达 3.31 万亿美元。外汇储备太多未必完全是好事，但这是一个历史发展的过程，也是由我国作为世界制造业大国的国际分工格局决定的。在调控手段上，既借鉴了西方国家以财政政策、货币政策为主要手段的办法，也注意发挥计划、法律和必要行政手段的作用。西方国家强调货币政策的独立性，在制定财政政策时各党派根据各自的利益总是争吵不休，而我国的宏观调控体系是坚持统筹协调、集中统一的模式，这不仅提高了效率，效果也是好的。

2. 坚持建立和形成一整套行之有效的宏观调控方法和制度。西方的宏观调控，往往是事后调控，等到问题出来了才出台调控政策。这和西方自由市场经济理论是密切相关的，他们过分相信市场的自我调节能力，政府原则上不得干预经济运行，到了出现全局性重大问题的时候，不得已才出手调控。对这个问题，党的十八大报告作了科学深刻的总结："经济体制改革的核心问题是处理好政府和市场的关系，必须更加尊重市场规律，更好发挥政府作用。"人民政府始终坚持为人民服务的根本宗旨，并带领人民、引导市场向着预定的宏观调控目标，积极稳妥地推进经济社会的发展。随着社会主义市场经济的建立和不断完善，我国政府的宏观调控经验也不断成熟，建立了行之有效的工作制度，例如建立科学预测制度。在20世纪90年代，国务院几乎每个月都要开一次经济形势分析会，及时发现问题，提出解决办法。20多年来，每年一次的中央经济工作会议全面部署下一年度的经济社会发展工作，到第二年的"两会"上，充分发扬民主，共商经济社会发展的大计，全年宏观调控的目标、政策取向、具体措施等都集中体现在政府工作报告上，经全国人大表决通过，具有法律效力。这一整套工作方法和制度，极大地提高了我国宏观调控的预见性和前瞻性。

3. 坚持科学合理地选择宏观调控的政策组合。改革开放以来，特别是1992年确立了社会主义市场经济体制以来，根据不同阶段经济运行中表现的突出问题，采取了不同的宏观调控政策组合。在发生经济过热、出现严重通货膨胀的时候，采取从紧的货币政策和财政政策，实行紧缩性调控。在经济增长疲软、出现通货紧缩的时候，采取积极的财政政策和适度宽松的货币政策这样一种扩张性的调控。在经济增长总体平稳、通胀率也比较正常的情况下，采用财政、货币"双稳健"政策组合的宏观调控，即中性调控。我们在调控中注意了化解短期波动与长期结构调整相结合。一般说，货币政策主要是管总量的，但我们也尽量考虑发挥调结构的功能，例如中央提出对不同行业、不同地区实行差别化利率；财政政策重点是调结构的，但我们在运用财政政策的时候，对总量的调控也发挥了重要的作用。在具体调控中，还注意适时适度的微调，实行灵活多样的"点调节"，把握调控的节奏和力度，提高调控的技巧和策略。还值得强调的是，在坚决改革传统计划经济体制的同时，还注重发挥计划调节手段的作用。计划作为调节手段，包括经济预测、中长期规划，制定产业政策、战略目标、内容和实施步骤等。对于使用计划手段的必要性，连美国也引起了重视。2011年12月2日《华盛顿邮报》发表一篇文章说，"我们已经认识到规划能力正是美国所缺少的。在中国为下一代制定五年规划的时候，美国却只在规划下一次选举"。在宏观调控中，我们还十分注意树立市场信心，正确引导市场预期。

4. 坚持发挥市场调节机制的"增长发动机"和"内在稳定器"的双重作用。在计划经济时代，政府对企业承担了"严父"与"慈父"的角色。企业的生产经营活动都要按政府的指令进行，遇到困难也只有向政府求助。改革开放以来，政府不断转变职能，对企业放权让利，在实践中总结出"股份制是公有制的实现方式"，大规模地对国有企业实行股份制改造，建立现代企业制度。同时，开放市场，大力发展民营、个体经济，努力吸引港澳台资和外商投资企业。把市场这只"看不见的手"从束缚中解脱出来，就会产生无穷无尽的创造力。各类企业和个体经营者作为市场活动的主体会千方百计去发现商机，不断开拓新的经营领域，使社会生产力不断涌流出来。这就是市场调节机制"增长发动机"的功能，从而为整个经济发展注入强大的活力。由于市场本身存在的缺陷，国家又必须实行有效的宏观调控，确保经济在平稳健康的轨道上运行。把市场体系与宏观调控体系有机结合起来，形成完整有效的市场机制，正是我国改革开放以来创造出经济长期高速增长的一条重要经验。总供给与总需求从不平衡走向新的平衡，从而不断把经济社会发展推上新的水平，有两种力量在驱动：一个是国家层面的宏观调控，另一个是微观层面的市场调节机制。市场调节机制每时每刻都在发挥着资源优化配置的基础性作用，各种要素总是向效益最好的领域流动，没有市场需求、没有经济效益的生产经营活动必然会受到淘汰，从而实现经济结构的优化。这就是市场调节机制"内在稳定器"的作用。只要利用好、引导好市场调节机制的这两个功能，国家宏观调控就能起到事半功倍、"点石成金"的作用。观察和判断经济运行失衡与否的一个重要标志就是价格信号，无论宏观调控主体还是市场主体都非常关注价格信号的变化。在防通胀和防通缩两个方面我们都积累了宝贵的经验。

5. 坚持准确把握宏观调控的差异性和针对性。在计划经济时代，人们常说"以中国之大，不搞一刀切，也得切一刀"。这是在当时的经济运行体制、调控对象和调控主体特定条件下的历史产物。实际上，我国经济发展不平衡是普遍存在的，特别是地区差异，城乡差异，同一个地区内也存在着很多差异。过去中西部地区的同志经常抱怨，宏观调控使沿海地区"砍了尾巴"，而我们是"砍了脑袋"，或者是"拦腰砍断"。改革开放以来，国家实施了西部大开发的重大战略以及中部崛起和振兴东北老工业基地的战略，对这些地区不仅给予了许多税收方面的优惠政策，中央财政转移支付的数额也逐年增大。目前，中央财政转移支付的规模已经很大，其中 80% 以上是转移给这些地区的，有力支持了这些地区经济的快速发展。在信贷政策上，各大商业银行也给予了宝贵的支持。在经济工作和宏观调控方面，我们的一条非常成功的经验是始终把"三农"工作放在重要位置，下大力气巩固和加强农业基础地位。这为宏观经济的平稳快速发展和社会的稳定提供了强有力的保障。特别是直到去年实现了历史上从来没有过的粮食产量连续九年增长。从 2008 年到 2012 年，中央财政"三农"累计支出达4.47 万亿元，年均增长 23.5%。发展的不平衡还表现在不同产业和行业、不同利益群体、经济和社会之间，以及投资和消费、内需与外需、民营和国有、内资与外资、大中型企业和小微企业之间。进入 21 世纪以来，在宏观调控上对这些差异和不平衡的方面都予以高度关注，对薄弱部分的发展给予了更多的支持，使短腿变长。在宏观政策上，创造了"区别情况、分别对待、分类指导、有保有压"的宝贵经验。例如，在控制"两高一低"工业的同时，加快现代农业、先进制造业、服务业、生态环境产业和循环经济的发展。

6. 坚持通过深化改革实现科学发展的目标。坚持深化改革，不仅为经济社会发展提供了强大动力，也为宏观调控的顺利实施提供了重要保障。改革开放初期，市场机制刚刚萌芽，宏观调控的方式和内涵基本上也还是计划经济年代的传统做法，主要是自上而下的调整、整顿，所以常常表现出"一管就死、一放就乱"的尴尬局面。随着改革的不断深化，市场主体的日益壮大，市场自我调节的功能也日益显现出来，为宏观调控方式的转变创造了重要基础和有利条件，也增强了宏观调控的有效性。宏观调控逐渐由直接调控为主向间接调控为主转变，各种手段的运用也更加得心应手。两种调控机制的有机结合使宏观调控政策本身显得更富有弹性，经济运行更趋健康，稳定性也得到明显提高。特别是进入新世纪以后的这十多年，经济基本保持了高速运行的态势，而经济的波动性却是最小的，可以说基本上没有出现大起大落的现象。实践告诉我们，只有坚持深化改革，才能保证宏观调控的成功实施。胡锦涛同志在十六届三中全会上指出："树立和落实全面发展、协调发展和可持续发展的科学发展观，是二十多年改革开放实践的经验总结，是战胜非典疫情给我们的重要启示，也是推进全面建设小康社会的迫切要求。"科学发展观成为全党全国经济社会发展工作的重要指导思想。围绕科学发展观这个基本思想，中央又相继提出了建设资源节约型和环境友好型社会、创新型国家，构建社会主义和谐社会等重要概念和目标。延伸到国际事务，又提出了建设和谐世界的思路，形成了一个比较完整的关于发展问题的思想体系。党的十八大全面总结了这十年的奋斗历程，指出"科学发展观同马克思列宁主义、毛泽东思想、邓小平理论、"三个代表"重要思想一道是党必须长期坚持的指导思想"。毫无疑问，深入贯彻落实科学发展观，实现科学发展的目标，是建设中国特色宏观调控体系的根本指导思想和最重要的任务。

（三）值得认真反思和着力改善的几个问题。我们在回顾新中国成立以来历次经济调整和宏观调控的历程、总结宏观调控的历史经验中，实际上已经包含了许许多多的教训，可以说经验的取得也付出了不菲的学费。经过这60多年的不懈努力，我国的宏观调控水平已经有了极大的提高，宏观调控体系也不断健全。但也必须清醒看到，宏观调控工作还有许多不足，还存在一些值得认真反思和需要着力加以改善的问题。

一是宏观调控如何服务于"五位一体"的总体布局？从理论上说，宏观调控的主要任务是对宏观经济运行情况进行有效调控。宏观调控是国家对经济社会等各个领域进行全面管理的重要手段之一，但不能代替国家的全面管理，它本身不可能包揽一切。但从我们几十年的实践来看，宏观调控只注重于促进经济平稳较快发展、增加就业、物价稳定以及国际收支平衡，似乎还不够。党的十八大报告明确指出，要"全面落实经济建设、政治建设、文化建设、社会建设、生态文明建设五位一体总体布局"。在我国的现实生活中，经济建设和生态文明建设的不协调是比较突出的矛盾。表现在我们干部在政绩观上更多的看重经济增长，而对生态文明建设重视不够，甚至不惜以牺牲环境为代价去保经济增长。例如，大气污染问题特别是不久前出现影响 140 万平方公里的雾霾现象，虽与大气环流出现异常有关，但人为因素有着不可推卸的责任；北方某些地区"逢河必干、有水必污"以及地下水质恶化也令人十分揪心；工业发达地区的重金属等对土壤的污染相当严重，治理的难度很大。这一切都是没有坚持科学发展、忽视了生态文明建设造成的后果。在解决这些问题上宏观调控虽然不能代替一切，但也应当有所作为。例如，在货币政策上，对"两高一低"行业可以实行信贷限制或者提高贷款利率，在财政政策上对高污染的行业苛以重税等。同时对环保工作做得好的企业和改善环境的项目，货币政策和财政政策都给予适当的激励和支持。在环境治理方面，法律和必要的行政手段尤其需要加大力度。另一个应当引起高度重视的问题是，我国收入分配的差距已经相当大，2012 年我国基尼系数已突破 0.4 这个国际上公认的比较合理界线而达到 0.474。连西方经济学家都把"用税收和政府开支向特殊群体再分配，促进公平"作为宏观调控的三大职能之一，我国的宏观调控无疑更应该承担起这项神圣的职能。让一部分人先富起来是为了最终实现共同富裕。这是社会主义的性质所决定的。这方面我们已经出台了许多措施，但尚需加大工作力度。

二是如何加强宏观调控各种手段的协调性？几十年来，在调控中为了解决经济生活中的某一个突出问题，往往各种手段一起扑上去。例如，过去一度食糖供应过于充足，糖价下跌，就采取下达指标减少甘蔗、甜菜的播种面积，严格控制进口，大面积关闭糖精生产厂，增加库存等，各种措施力度都很大。一两年后又出现食糖供不应求，价格上涨，于是又鼓励农民增加糖料的播种面积，大规模增加进口，恢复糖精厂生产。总是唱"多了多了、少了少了"的曲子。往往一种倾向掩盖了另一种倾向。正如弹钢琴一样，指挥一声令下，十个手指头全部猛力按重音，是弹不出优美动听乐曲的。这种情况在计划经济时期表现得更为突出。但在现行体制下，如何提高各项调控政策和措施的协调性，仍需着力加强和改善。

三是宏观调控如何与信息化相结合？当前，我国重复建设和产能过剩的现象相当严重，干什么事都是一哄而上的老毛病还没有从根本上解决，由此造成了巨额的经济损失。除了与发展观念的转变滞后、体制机制以及国内外市场的变化等深层次问题有关外，信息不对称，在宏观调控上没有充分运用现代信息手段，也是重要原因之一。在现代信息社会，世界最大最快速的计算机中国也能造出来了，全国的信息网络也比较健全，完全有条件掌握全国基础设施和制造业产能的布局以及市场需求等重大信息，及时予以公布，以指导市场主体的投资行为和地方政府的决策。但实际上，在这方面我们运用得还很不够。官方统计数据是最综合、最具权威性的经济社会发展信息，是制定宏观经济政策的重要依据。我国统计工作改革力度很大，在方法制度上已与国际全面接轨，广大统计工作者也是努力的。可以说，我国的官方统计数字完全可以反映经济社会发展的总水平和总趋势。但因统计数字是地方干部的政绩单，虽然绝大多数同志都能正确对待，而个别地方也确有人为干预的现象。如何加强统计工作，为市场主体提供更丰富有效的统计信息，建设服务型统计，严格执行统计法，还需下更大功夫。

四是宏观调控如何把国际收支平衡作为重要着力点？我国的广义货币供应量（M_2）增长很快，（M_2）和 GDP 之比 1995 年为 1.00，到 2012 年则高达 1.88，这个比值在世界上也是相当高的。虽然这两个指标存在一定的不可比性，但至少说明我国经济运行中资金运用的效率是低下的，资金周转的速度也是下降的。直观地说，1995 年用 1 元钱的广义货币供应，可以支撑 1 元钱的国民经济产出，而到 2012 年，则要 1.88 元才能支撑 1 元钱的经济产出。从 2008 年到 2011 年，我国广义货币供应量（M_2）逐年增长速度分别为 17.8%、27.7%、19.7%、13.6%，而同期美国在实施量化宽松货币政策的情况下，（M_2）逐年增长速度分别为 10.0%、3.4%、9.1%、3.4%。可见，近几年来我国（M_2）增长速度比美国还高。当然，美国还有 M_3 的概念，主要是大额定期存款、机构持有的货币市场基金余额等，多是用于各类金融衍生产品领域的资金。据英国《每日电讯报》报道，美国 2010 年末 M_3 约达 14 万亿美元，与当年 GDP 之比为 96%。美联储现在已经不对外公布 M_3 数字了。故我国的（M_2）与美国的可比性不是很大。我国基础货币发行较多的主要原因是由于外贸顺差、外商直接投资以及国际热钱的流入，使外汇储备急剧增长。据国际货币基金组织统计，世界 144 个国家外汇储备总额在去年三季度末总计 10.78 万亿美元，而我国为 3.29 万亿美元，占 30.5%。为了保持人民币汇率的相对稳定，央行不得不被动地收购外汇。由于外汇占款大幅度上升，导致了货币发行过多，而且是基础货币，有较大的乘数效应。另外，我国居民收入和储蓄增长都较快，个人存款在各项存款中占的比例达到 46%。货币供应量这么大，确实潜在着发生通货膨胀的危险，所以防通胀的问题任何时候都不能松懈。但实际经济生活中我国的通胀水平和货币供应量的快速增长并非是同步的。这里一个重要原因是大量的货币沉淀了，没有进入流通。例如，存放在央行这个大水池里面的存款准备金和央行票据回笼的资金就将近 20 万亿元，是完全可控的。另外，在房地产市场也沉淀了一些资金。还有一些高收入者出于各种各样的原因将自己拥有的巨额现金直接"窖藏"起来了，等等。巨额的居民存款，正如动物园里的老虎，在正常情况下是不会跑出来的。从另一方面看，在货币供应量相对充足的情况下，实体经济贷款难的问题也长期困扰着我们，特别是小微企业更是难上加难。出现这种现象的根本原因是体制和机制问题，导致了从宏观上看货币供应量很大、而资金却流不到中小企业主要是民营企业这片干渴的土地上去。这个问题单靠货币政策从总量上调控无济于事，根本出路在于深化改革。在宏观调控四大目标中，实现国际收支平衡的难度相当大，需要着力研究解决。

五是宏观调控如何以科学的财政预算制度为支撑？去年我国财政收入 11.7 万亿元，支出 12.6 万亿元。这几年实施积极的财政政策，对促进经济平稳较快发展、调整结构、改善民生发挥了重要作用。随着结构调整和税制改革，以后的财政收入不可能像前些年那样高速增长。而民生支出是刚性的，不能减只能增。用于宏观调控的开支原则说也是不能减的。为此，除了压缩政府开支外，财政支出结构还有很大的调整余地。以 2010 年为例，全国财政收入中，中央财政收入占51.1%，地方财政收入占 48.9%；在财政支出中，中央本级财政支出占全部财政支出的 17.8%，包括国防、外交等。如不考虑国债等因素直观地来看，全国财政总收入中有约 33 个百分点也就是有 1/3 是通过中央财政以转移支付、专项等形式拨付给地方使用的。这近 3 万亿元的巨额资金在安排使用上的科学性、合理性究竟如何确实是很难把握的。财政支出的分配历来注重基数，当年的分配主要是增量的分配，一旦进入基数差不多就被固化了。任何一个既得利益者都不会愿意把好处吐出来。正如计划经济年代分配统配钢材时，就出现过有的企业早就关闭了，却一直拿着钢材分配的指标。在价格双轨制时代，指标就是钱。为什么一些早已实际脱困的贫困县总不肯甩掉贫困县的帽子呢？为什么"跑部"就能够"钱进"呢？向财政尤其是向中央财政要钱的项目有多少不"头戴三尺帽"呢？其中的弊病显而易见，挖掘宏观调控可支配财力的巨大潜能也蕴藏在这里。关键在于进一步提高财政预算制度的科学性。

中央政治局关于改进作风的八项规定和习近平总书记对舌尖上的浪费一文的批示发出后，得到全党拥护、人民赞扬，人们的精神为之一振，长期形成并愈演愈烈的吃请送礼奢靡之风为之一扫。这使大家提振了信心，看到了希望，也得到深刻的启示：只要中央下决心，率先垂范，并以"踏石有印、抓铁有痕"的气概狠抓落实，就没有办不成的事情。当然，如何使之进一步规范化、制度化，能长期坚持下去而不出现反弹，还需做大量工作。例如，从各级政府的财政预算制度和企业的财务会计制度上实行改革，采取釜底抽薪的办法，使违规吃请送礼的钱无法开支就是切实可行的一着。同时，这些方面节省下来的大量财政性经费如何合理回归，真正用于公益事业上去，发挥更大的社会效益，也需要抓紧研究落实。

六是如何加强法制、整顿市场秩序为宏观调控创造良好条件？法制不健全、市场行为不规范是宏观调控面临的重大难题。突出表现在国内市场不够统一，存在人为分割的现象；企业进入和退出市场的机制不完善，进也难、退也难；市场主体违法乱纪行为屡禁不止，存在着"为了挣钱什么都敢干、有了钱什么都能干成"的现象；法律、法规不健全，执法力度不够，诚信缺失，消费者的权益得不到切实保障，等等。尤其值得注意的是，竞争的规则不健全。市场经济的核心是竞争，活力也在于竞争，而竞争的前提是公平。可是在现实生活中，存在着靠编织关系网取胜的现象，这违背了市场经济公平竞争的原则。许多市场经济中的好办法如公开招投标等，背后都因为有关系而流于形式。再好的经也被念歪了。这些问题不解决好，势必扰乱市场秩序，使宏观调控措施的效果大打折扣，也使经济运行效率和效益下降，导致资源配置错位和社会财富的分配不公，更是滋生腐败的温床，甚至将会成为引发社会根基动摇和社会动乱的隐患。

最后一点是，现代市场体系和宏观调控体系之间的关系还没有完全理顺。一方面，宏观管理职能还存在不少错位、越位和缺位现象。另一方面是现代市场体系还不够健全，市场配置资源的基础性作用在自然资源包括土地、金融等要素市场还没有充分发挥出来，而在某些该由公共财政管的领域如教育、医疗等却又过分地推向了市场。

三、建设中国特色宏观调控体系的若干建议

（一）毫不动摇地坚持中国特色社会主义的方向。宏观调控已经成为世界的共同语言，几乎所有国家都在搞宏观调控，每个国家的做法以及一个国家在不同时期所使用的调控方式和内容也都不尽相同。我

国在改革开放过程中，既积极借鉴和引入国外宏观调控的成功经验，又密切结合自己的国情，而不是简单地照搬套用。实践告诉我们，只有坚持中国特色社会主义方向，坚持科学发展观，我国的宏观调控才有强大的生命力，宏观调控绝不是要么踩刹车、要么踩油门那样简单，时时刻刻把握好方向盘是最重要的。发展是硬道理。推动我国经济社会长期平稳健康发展是深入贯彻落实科学发展观的第一要义，也是宏观调控的首要任务。

（二）自觉服务于"五位一体"的总体布局。建设中国特色社会主义的总体布局是"五位一体"，党的十八大明确把生态文明建设列入总体布局之中，有重大的现实意义和针对性，也有长远的战略意义。宏观调控的四大目标特别是促进经济增长都应该体现"绿色"的要求，也就是要十分重视生态文明建设，绝不能再走以破坏生态环境为代价、单纯追求经济增长的老路。在这方面，宏观调控的各项手段包括财政、货币、计划、法律及行政手段，都是可以大有作为的。同时，还要深入研究宏观调控如何更好地承担起调整收入分配关系、促进社会公平的职能。

（三）深化改革，转变政府职能。宏观调控方面的改革，关键是转变政府职能。要明确现代市场体制条件下的政府职能究竟是什么。要把市场能够实现的调节经济的职能完完全全地交给市场，也就是把错装在政府身上的手换成市场的手，而不是由政府大包大揽。政府这只"看得见的手"不能伸得太长，不能总是闲不住，处处干预，更要坚决砍断利用权力寻租的那只黑手。要更加尊重市场经济规律，充分发挥市场配置资源的基础性作用。在调控的方式上，也要更多地运用间接调控、运用经济的手段以起到四两拨千斤的作用。政府机构改革的核心也在于职能的转变，要总结几十年历次机构改革从精简到膨胀、又精简再膨胀这样不断循环往复的教训。这一点，在理论上没有任何人怀疑，而在实践上一不小心就会走老路。

（四）强化综合部门职能，提高宏观调控的协调性。国务院各综合部门无疑都要根据职能分工做好分管工作。但分析判断经济形势、制定宏观经济政策，确实需要一个能站在全局高度、综合协调的职能部门，作为党中央、国务院经济和社会发展工作的主要参谋部。60年来，原国家计委、现国家发改委实际上就是这样一个角色，发挥了很好的作用。存在的主要问题是这个部门管理的具体事务太多，而研究制定和执行宏观调控政策的职能，特别是协调各有关部门之间的职能显得不足。比如，发改委和财政部、央行"三驾马车"中，在制定宏观经济政策时谁是"辕马"、谁牵头协调似乎不很明确，也没有赋予它这种职能和权力。实际上更多是起到汇总的作用。具体表现在发改委分析经济运行态势、提出宏观调控政策综合报告时，对财政和金融问题往往就涉及较少，分析得不够深透。加强国民经济和社会发展的综合平衡，全面协调有关部门意见，对于提高宏观调控政策的协调性、有效性和科学性，为党中央、国务院把关分忧，是十分必要的。

（五）调动各方面积极因素，制定和贯彻好宏观调控政策。政府是宏观调控的主体。根据全党以经济工作为中心的要求，人大、政协等部门对宏观经济政策的制定与执行也发挥了重要作用，不仅积极建言献策，还承担着监督的重大使命。但这些方面还有待于进一步加强并且制度化。还要正确处理中央和地方的关系。地方各级党政无疑都是国家宏观调控体系的重要组成部分，他们在一线工作，对经济运行的实际情况比较了解，对需要什么样的宏观调控政策也有亲身的感受。中央各有关部门应该主动听取他们的意见，加强沟通。他们又是国家宏观调控政策的贯彻者和执行者，中央在制定宏观调控政策的时候要尽可能符合地方的实际，让地方有施展空间，更好发挥基层的首创精神。地方要强化全国一盘棋的理念，自觉维护党中央、国务院的权威，做到令行禁止。还要调动社会各方面的力量，特别是各种智库的作用，引导他们为中央制定宏观调控政策贡献智慧。

（六）建设高素质、作风过硬的公务员队伍。宏观经济政策的制定和贯彻都是靠人去做的，人的因素第一。而社会上反映，现在的国家机关公务员队伍与过去相比，学历越来越高，思想素质和协调能力却明显下降，工作作风也大不如前。这与社会大环境有关系，也与机关的政治思想工作薄弱有关，还与年轻一代公务员缺乏实践经验有关。有些人整天守着电脑去研究政策、写报告，深入调研不够。要培养公务员尤其是领导干部全心全意为人民服务的奉献精神和思想情操，不应以追求个人的仕途和实惠为目标。国家机关要建立良好的风气，为年轻人的健康成长创造有利条件，注重培养干部的大局意识、宏观意识，还要培养一些综合型的骨干。周恩来同志曾说过，"专业干部好找，综合人才难求"。建立相关的制度，包括激励机制、惩罚和淘汰机制，以及打破实际存在的公务员铁饭碗制度。

（七）宏观调控要有全球视野。我国已经比较广泛地加入了世界经济合作与竞争的格局之中，已经和全球经济紧密联系在一起。我国经济的波动必然会对世界经济产生明显的影响，世界经济的任何风吹草动对我国经济的影响也会比以往更敏感更强烈。所以，宏观调控要密切关注世界经济的运行情况，不能就中国论中国。最近在南非召开的金砖国家首脑峰会就提出了要加强宏观经济政策的协调。制定宏观经济政策的时候，一方面要应对国际经济波动给我们带来的挑战，另一方面要把握对我国发展的宝贵机遇。从当前和长远看，密切关注巨额国际资本的流动，做到趋利避害，是一个十分重要的问题。金融是现代经济的核心，也是引发现代经济危机的祸端。金融市场的开放和人民币的国际化既要积极推动，更要坚持稳中求进的方针，切实防范风险，保障经济安全，任何时候都要坚决守住不发生系统性和区域性金融风险的底线。

（八）统筹国内发展和对外开放，坚持把扩大内需作为国家宏观调控的长期政策取向。13亿人口的大国努力实现现代化在人类历史上前所未有。吃饭问题永远是天大的事情，农业生产在任何时候都要放在首要和基础的位置，要确保粮食安全。我国粮食生产虽然实现了九连增，但这十年来影响居民消费价格波动的主要因素仍然还是食品。食品供给总体上相当丰富，而质量却是下降的，食品安全始终是一大心腹之患。从当前应对国际金融危机和长远发展看，我国要保持经济持续健康发展，必须长期把立足点放在扩大内需上。中国的新型工业化、信息化、城镇化、农业现代化要做的事情还多得很，蕴藏着无穷无尽的内需潜力可以逐步释放出来，特别是科技创新、产业升级、服务业的发展和城镇化都还可以成为不竭的财富增长的源泉，完全可以支撑我国经济的长期持续健康发展。把中国自己的事情办好，这本身就是对世界经济的巨大贡献。同时，要适应经济全球化新形势，必须实行更加积极主动的开放战略，完善互利共赢、多元平衡、安全高效的开放型经济体系。各级政府实施的民生工程，重点要放在为适龄劳动者就业和创业营造良好的环境和保障没有劳动能力的困难群体的基本生活上，决不可以实施养懒人的政策。

（九）牢牢把握舆论主动权，正确引导市场预期。在革命战争年代，我们靠"枪杆子"和"笔杆子"打天下，巩固政权也要靠这"两杆子"。如今我们党领导着这样大规模的社会主义建设，同样离不开这"两杆子"。把握舆论主动权，正确引导市场预期，是宏观调控中的一门大学问。去年欧元区主权债务危机最困难的时刻，欧洲央行行长德拉吉在9月6日宣布："欧洲央行将无限量、有条件地收购欧元区内主权国家的短期国债。"这一句话就使市场信心大增，局势很快就得到扭转。西班牙、意大利等的国债好卖了，回报率也大幅下降。而直到现在欧洲央行还没有花费一分钱付诸这项行动，成了在宏观调控上不发一弹而扭转全局、不战而屈人之兵的经典案例。当今我们处在网络充分发达、开放的时代，社会上和国外的各种意见、观点铺天盖地，要把握好舆论的正确方向，确实面临着巨大的挑战。但同时也提供了前所未有的强大的舆论手段，关键看我们怎样运用。邪不压正，要相信人民的鉴别能力。对不同的意见不能简单压制，也压制不了。一是要有海纳百川的胸怀，并加以正面疏导；二是政府和主流媒体要加大宣传中央政策的工作力度，而且不讲套话、空话，要用鲜活生动的语言，报道有真知灼见的观点，反映广大人民群众的心声和合理诉求，并始终坚持以中国特色社会主义理论统领舆论阵地，我们就一定能够牢牢掌握宣传工作的主动权，营造出一个心情舒畅、生动活泼、积极向上的社会舆论氛围。

（十）建立规范化的现代市场体系。现代市场体系和现代宏观调控体系是调控经济的"两只手"，我们也要两手抓，两手都要硬。要从法律和制度上使市场行为规范化，让这只看不见的手变得更加健康和强大有力；使之在法律和制度的框架下运行，不能乱动。没有一个规范化的现代市场体系，再好的宏观调控政策也难以实施。整顿和规范市场秩序本身就是一场重大而艰巨的改革，必须和经济管理体制这个上层领域的改革同步进行，整个经济社会才能更加健康高效地发展。我们有充分的有利条件，只要下决心，就一定能办成。

如果说改革开放初期我们是摸着石头过河，那么在中国共产党的领导下，中国人民经过努力探索和卓越的实践，以党的十四届三中全会确立社会主义市场经济模式和党的十八大报告《坚定不移沿着中国特色社会主义道路前进 为全面建成小康社会而奋斗》为标志，我们已经找到并确立了适合中国国情的发展模式和发展道路。从这个意义上可以说，河是已经过来了。但必须看到，在我们前进的道路上还会有许多艰难险阻。如今我们面对的不是一条河，而是汪洋大海，前头有无尽的惊涛骇浪。正如习近平总书记指出的，我们党领导中国人民，实现中华民族伟大复兴的"中国梦"，要有"如履薄冰、如临深渊"的自觉。中国特色宏观调控体系也需与时俱进，不断地加以完善，使宏观调控的水平不断提高。在制定和实施宏观调控政策的过程中，要有"治大国若烹小鲜"的境界，把握住分寸，控制好火候。我们坚信，中国经济社会这艘伟大航船一定能从必然王国胜利驶向自由王国。

加快经济转型　迎接新的发展机遇

——在浙商大会上的演讲

（2013 年 6 月 27 日）

一、经济转型是当前国际的大趋势

经济转型指的是资源配置和经济发展方式的转变，包括发展模式、发展要素、发展路径等等的转变，也可以说是一个国家或地区的经济结构和运行状态在一定时期内发生的根本性变化。经济转型永无止境，但在一种新的运行状态和机制形成之后，也会表现出相对稳定的阶段性。在这场国际金融危机的冲击下，整个世界经济都进入深度转型调整期。谁转得快、转得好，谁就能抢占先机。20 世纪 80 年代以前，美国制造业蓬勃发展，也是世界最大的债权国。此后美国把制造业不断地转移出去，出现了产业空心化，并利用美元的霸主地位，美元的发行又可以不与黄金挂钩，于是美国只要开动印钞机，世界的财富就会源源不断地流向美国，过着极其富裕的生活。于是，一边拼命地印钞票，一边拼命地消费，吃喝玩乐皆成 GDP，消费成了美国经济增长的主动力，一般占 GDP 的 70% 以上。只有外贸保持巨额逆差，才可能输出美元货币；只有财政保持赤字，才需要举债。如今，美国国债余额占 GDP 的比重已超过 100%，成了世界第一大债务国。美国的这种发展模式是不可持续的，一旦国际社会对美元的信心丧失，美元地位动摇，将会给美国经济带来巨大灾难。美国迫切需要实现经济转型，所以奥巴马提出了再工业化的策略。再看欧洲，世界银行 4 月 25 日发布的一个报告指出，欧洲如今在社会保障方面所投入的金额占全世界社会福利公共支出的 60%。这场欧元区主权债务危机也充分证明，欧洲的高福利社会制度和发展方式也是难以为继的，必须实现经济的转型。

我们在新中国成立之初别无选择地采用了计划经济的发展模式，经过近 30 年的艰难实践取得了伟大的成绩，但也暴露出这种经济运行模式效率不高，不能充分调动人的积极性。党的十一届三中全会提出改革开放之后，中国经济开始了一轮历史性的大转型。经过十几年的探索，到 1992 年十四届三中全会确立了社会主义市场经济模式。社会主义与市场经济的兼容在中国的成功实践，是世界政治经济发展史上没有先例的一件大事，具有划时代的意义，极大地解放和发展了生产力。以 2001 年加入世贸组织为契机，又紧紧抓住了从 2002 年下半年开始世界经济进入新一轮增长周期的战略机遇期，从 2003 年开始我国经济赢得了一个十年黄金发展期，经济总量跃居世界第二位。改革开放 30 多年，经济实现年均增长 9.8%，期间虽经历了亚洲金融危机和美国引发的国际金融危机的冲击，却还能保持着强劲增长的态势。但新的国际经济环境和我国经济发展的实际情况都已经警示我们，这种主要靠投资和出口拉动、大量消耗能源资源和以牺牲环境为代价的发展方式是不可持续的。全面贯彻落实科学发展观、加快经济转型已经成了全国上下的共识。我国转变经济发展方式正处于一个关键阶段。从国内外经验看，经济转型是一个过程，且常会伴随着巨大的阵痛。但只要坚持下去，实现了产业升级和结构优化，就会迎来新一轮较长的经济发展机遇期。

二、着力打造中国经济升级版

党的十八大报告指出，加快形成新的经济发展方式，把推动发展的立足点转到提高质量和效益上来，着力激发各类市场主体发展新活力，着力增强创新驱动发展新动力，着力构建现代产业发展新体系，着力培育开放型经济发展新优势，使经济发展更多依靠内需特别是消费需求拉动，更多依靠现代服务业和战略性新兴产业带动，更多依靠科技进步；提出了促进工业化、信息化、城镇化和农业现代化同步发展的新四化目标。还强调了经济建设、政治建设、文化建设、社会建设和生态文明建设五位一体的总体布局。这对我国经济转型的方向、目标、内涵以及实施途径都作了全面深刻的概括。关键在于我们如何准确理解和积极地行动起来。下面我想就经济转型中需要把握好的几个问题谈些体会。

（一）为经济转型营造一个适度宽松的环境。习近平主席6月8日在与美国总统奥巴马会晤时表示，今年一季度中国国内生产总值增长7.7%，这样的增速有利于调整经济结构，有利于提高经济增长质量和效益。当前我国经济运行总体是平稳的，1—5月规模以上工业增加值同比增长9.4%，全国固定资产投资增长20.4%，其中房地产开发投资增长20.6%，社会消费品零售总额增长12.6%。虽然增幅都有所回落，但仍属较高的发展速度。主要受煤炭的影响，1—5月份铁路完成货运量同比下降3.1%；1—5月份全国用电量增长4.9%，增幅回落较多，有的省甚至负增长。这两个指标正反映了经济转型和结构调整已初见成效。1—5月的社会消费品零售总额中，餐饮收入同比增长8.5%，比去年同期的增幅回落了4.7个百分点，其中餐饮业的限上企业收入更是出现同比下降2.5%。这在相当程度上是中央八项规定显现出的效果。有效整治了用公款吃请的奢靡之风，有什么不好？这也说明经济增长的质量提高了。这件事有利于作风转变和廉政建设，是不能用钱计算的。虽然经济发展中存在着错综复杂的问题，但我们完全有条件、有办法使总体平稳的趋势保持下去。在经济转型过程中，对增长速度略有回落要有容忍度。过去常说的中国经济增长速度必须保持在8%以上，否则就过不去。这是1998年由于亚洲金融危机的影响，原国家计委、国家统计局和中国社科院根据当年的情况和新增就业的需求测算的概念，并不是一个规律性的命题。

（二）着力激发各类市场主体发展新活力。经济转型归根结底是要靠市场主体去实现的。市场配置资源的基础性作用充分发挥了，市场主体的活力最大限度地迸发出来，就会产生无穷无尽的力量，什么人间奇迹都可以创造出来。民营经济已占我国经济总量的大头。当前的突出问题是，要为民营经济的发展创造更好的条件，打破妨碍他们发展的体制性障碍。国有企业也是市场主体之一，要公平地参与市场竞争。国有企业在法人治理结构和建立现代企业制度方面，改革的任务还相当繁重。要坚定不移地贯彻"两个毫不动摇"的方针。

（三）切实转变政府职能。本届政府从机构改革入手，狠抓简政放权，已经迈出了坚实的步伐。按照李克强总理的说法，"开弓没有回头箭"。在实际经济生活中行政审批的科目实在是太多太滥，往往贻误了商机。必须把市场能够解决、企业能够作主的事情，还给市场和企业去办。但政府审批职能是不可能完全取消的，哪个国家都有行政审批。所以更重要的是，必须加强政府自身的建设，严格纪律，整肃风气，提高效率。政府机关中，确实存在有人自己把人民赋予的权力"私有化"了，甚至利用这种权力作为谋取私利的手段。他把审批一个项目当作对下级政府和企业的恩赐，故意刁难，从而实现权力寻租。这种人虽然为数很少，但影响极为恶劣。在政府机关内部，某种程度上也存在以邻为壑、不能资源共享的现象。这些年来考公务员成了学子就业最热门的选择。这不能说明大家都是乐意去当人民的公仆，从根本上来说是"官本位"在作怪。要下决心把政府建设成服务型、指导型、监督型，全心全意为人民谋利益的人民政府。同时要加强宏观调控和行政执法的职能，把握经济发展的大方向，保护人民群众的切身利益。

（四）积极稳妥推进新型城镇化建设。城镇化的实质是逐步消除城乡二元结构，实现城乡一体化，是经济结构、社会结构的重大转型，也是转变经济发展方式的重要内容。30多年来劳动力红利、土地红利这两个要素对我国经济的迅猛发展功不可没，中国农民作出了巨大的贡献。历史上每当面临重大转折的时候，我们党都会把目光投向农村，农村成为中国解决问题的关键所在，成为开启未来的一把钥匙。大革命时期毛泽东同志去农村找到了革命的基础；改革开始邓小平同志又在农村找到了发展的源泉。在经济发生重大转型的今天，我们同样需要到农村去寻找我国经济发展的新动力。只有善待农民，实现城乡一体化，中国才有希望。我们的未来在希望的田野上。在实行新型城镇化建设的工作中，要认真处理好几个问题：必须按照因地制宜的原则，制定合理的城镇化总体规划布局；改变过去那种片面重视土地开发和房地产经济，坚持以人为本，更加强调人口的城镇化；城镇化必须要有产业支撑；城镇化要解决好土地问题，做到城乡要素平等交换，保护农民的合法权益；坚持集约用地，守住基本农田的红线；解决城镇化的投融资问题；以及城镇化人力资源开发和人才队伍的培养问题，实现新的"人口红利"。城镇化建设必须和农业现代化同步进行，决不允许削弱农业在国民经济中的基础地位。同时，要加快新农村建设，发展农村社区，让农民都能享受现代文明。

（五）着力增强创新驱动发展新动力。技术进步和科技创新是全要素的重要组成部分。我国科技创新突飞猛进，成绩巨大。但还要看到，我国已经是世界专利申请数量第一大国，但很多专利在睡大觉；我国发表的科技论文在世界上也是名列前茅的，但不少被束之高阁，无人问津，许多科研成果没有转变为现实的生产力。这是对科技资源的极大浪费。要改革对科研人员绩效考核的制度，并加强科研成果转化的中介机构建设。另据中国企业家调查系统最新公布的调查结果显示，有近四成的企业家认为"创新动力不足"是目前中国经济转型的主要困难之一。说白了，我们要使创新成为经济增长的新动力，那么创新的动力又在哪里呢？有的企业在年初预算中安排了技术研发的经费，但不知道怎么用，年年花不完。究其原因，一是市场竞争不充分，企业日子过得去，而且过得还不错，缺乏外在的压力和创新的动力。二是存在着知识产权保护不善等体制机制方面的障碍。企业投入大量人力物力开发出的新产品，由于知识产权得不到保护，产品一上市就被盗版了，谁还有积极性去干？这些问题都应该很好地加以解决，才能激发创新的活力，进而成为推动经济增长的新动力。

（六）发挥金融在经济转型中的作用。金融是现代经济的核心，没有发达的金融体系、没有金融的大力支持，经济转型是无法实现的。我国金融发展总体平稳，为经济增长和转型作出了重大贡献。金融的发展一定要坚持为实体经济发展服务的原则，虚拟经济只有植根于实体经济才有生命力，企业家也要切实纠正"脱实向虚"的倾向。在现实经济生活中，广义货币供应量急剧增长，5月末（M_2）已达104万亿元。6月7日人民银行发布的《2013年中国金融稳定报告》中指出："近年来，商业银行表外业务种类和规模不断扩大，已成为各家银行新的业务和利润增长点。截至2012年末，银行业金融机构表外业务（含委托贷款和委托投资）余额已达48.65万亿元。"按此推算，2012年末表外业务已占商业银行存款总额的51.6%。而广大中小企业主要是民营小微企业贷款难的问题仍然十分突出。据了解，现在借钱是容易了，但都是高利贷。中小企业是就业的主渠道，科技创新的孵化器，是经济增长的重要基础，也是社会的稳定器。如果广大中小企业特别是小微企业被高利贷压垮了，经济增长和经济转型都将受到不可估量的伤害。6月20日又集中出现了"钱荒"现象（当日上海银行间隔夜拆借利率大幅飙升至13.44%，隔夜拆借利率最高的达30%，7天质押式回购利率最高价达到28%），这是多个因素碰在一起的综合效应。总的来说，我国金融系统不缺钱，主要是一些银行只顾追求高利润，从事大规模的同业批发业务，片面理解利率市场化，盲目发展所谓的"创新"产品，而且期限严重错配，在金融体系内部形成了大大小小"资金堰塞湖"所导致的后果。对这种金融乱象应予以高度重视，坚决加以治理；但也大可不必惊慌，相信是完全可以解决好的。2008年爆发的这场国际金融危机充分说明，金融不仅是现代经济的核心，也是引发现代经济危机的祸端。在金融上出了问题，破坏力极强，绝不容许在这方面犯大的错误。我们在任何时候，都要坚守不发生系统性和区域性金融风险的底线。

（七）努力建成"两型"社会。党的十八大把大力推进生态文明建设单列一个部分作了全面部署。这30多年粗放式的发展对生态环境的破坏已经造成了严重的后果。今年春季出现影响140万平方公里的雾霾现象，到了让人无法容忍的地步，北方某些地区"逢河必干、有水必污"以及地下水质恶化，也令人十分揪心。不少地区重金属等对土壤的污染相当严重，治理的难度很大。前几年，听一位部长对我说，他春节回到位于长三角的老家探亲，很是伤感。小时候小桥流水人家的美景已荡然无存，河水变黑变臭，村里办了几家工厂，大家都富了，住上小楼，每家都有汽车，但是诺大一个村子，60岁以上的人全死光了，60%以上的病人都是患癌症，三年招兵挑不出一个身体合格的小伙子。环境破坏了，人的身体搞垮了，这样的发展又有什么意义呢？其实，西方国家在工业化的过程中也有过同样的遭遇，20世纪60年代末日本东京由于空气严重污染，不少人带着防毒面具上街，城市里开设氧吧也成了一个产业。日本是经过30年污染、30年治理，现在这种现象已经不复存在了。我们现在下力气抓生态文明建设，也是亡羊补牢、为时未晚。今年5月29日人民日报刊登的一篇《浙江万千工程建设巡礼》的文章说，2003年在习近平同志的坚强领导下，浙江省委省政府就作出重大决策，坚定不移实施千村示范、万村整治工程，取得了很好的成效。安吉荣获了"联合国人居奖"，联合国环境规划署还授予浙江长兴"环境可持续发展奖"第一名的殊荣。可见，事在人为。经济转型一定要把建设资源节约型和环境友好型社会放在十分突出的位置。

（八）为经济转型创造良好的市场环境。诚信是企业家立身之本，是进入市场的入场券。但由于诚信的缺失和法制不健全，存在着有的人"为了挣钱什么事都敢干"、有的地方"有了钱就什么事都能干成"的现象，消费者的权益得不到切实保障，食品安全问题时有发生。市场经济的灵魂是竞争，活力也在于竞争，竞争的前提则是公平。而在现实生活中比较普通地存在着违背市场经济公平竞争原则的现象。许多市场经济中的好办法，如公开招标等，背后都因为有关系而流于形式。早在2001年国务院领导在国务院全体会议上就讲过，政府采购是个好办法，但要防止分散的腐败变成集中腐败，小腐败变成大腐败。实际上，不少地方存在着同样一种商品政府采购的价格却要比市场价贵得多的怪现象。市场经济秩序不建设好，必然使经济运行效率和效益下降，导致资源配置错位和社会财富的分配不公，更是滋生腐败的温床，甚至将会成为引发社会根基动摇、社会不稳定的隐患。

市场秩序好坏，也是一种文化现象；经济转型还包括追求更加文明的增长。它反映了一个国家和地区的精神风貌，反映了人与人、人与自然的关系，是人们价值观的一种体现。我们有些人把在国内的坏习惯也带到国外去了，损害了国家的尊严和形象。邓小平同志说物质文明和精神文明两手都要抓，两手都要硬。看来抓精神文明的这只手该多给些力了。

以上这一切归根结底是要靠人去做的，人才的培养和国民素质的提高是推动经济转型的第一要素。在努力培养国内各类人才的同时，还可以从国外引进人才，助推经济转型升级。我看到一个报道，浙江省把引智项目与实施重大产业战略、与企业重大技术攻关紧密结合起来，去年引进各类国外、境外专家约 2.5 万人次，取得很好的效果。我们坚信，只要按照十八大的精神，坚定不移地走中国特色社会主义道路，全国上下共同努力，就一定能够胜利实现经济转型，打造中国经济的升级版。

三、我国正处于一个新的战略机遇期

（一）还可以争取一个比较长时期的和平环境。虽然国际上各种矛盾错综复杂，但和平与发展仍然是当今时代的两大主题，国际环境总体上对我们发展是有利的。随着综合国力的提升，我国在国际上的地位也明显提高，影响力加大。特别是本月 7—8 日习近平主席和美国总统奥巴马在安纳伯格庄园的会晤就加强中美合作、建立新型大国关系取得了广泛共识，在全世界产生了强烈而积极的反响。我理解，中美新型大国关系的内涵概括地说就是"相互尊重、相互包容、合作共赢"。这对于亚洲和太平洋地区的和平乃至世界和平与发展都有着重大而深远的意义。在会晤中，奥巴马重申"美国欢迎中国继续和平崛起为世界大国，中国持续在成功的道路上迈进也合乎美国的利益"。我们必须紧紧抓住这样一个新的战略机遇期，心无旁骛地打造中国经济的升级版，努力实现到 2020 年全面建成小康社会的宏伟目标。

（二）国际经济形势虽然复杂严峻，但也出现一些亮点。这场国际金融危机给世界经济带来深重的伤害，可以说危机还没有真正过去。在今后几年，可能仍将表现为时好时坏、缓慢复苏的态势。据 IMF 的报告，从这场危机的爆发到进入新的增长期大约需要十年左右。世界经济已经出现了一些积极的变化。例如，美国居民家庭债务已经降到 2003 年以来的低点；家庭债务与收入之比从 2007 年 130% 降至 2012 年末的 105%，接近长期趋势水平，说明家庭去杠杆化基本完成；美国的房市已经触底反弹，危机爆发后美国的房价平均下跌 30%，从去年 2 月份开始逐步回升，到今年 2 月成品房销售价格中值同比上涨 11.6%，房屋销售量同比增长 10.2%，目前的房价相当于 2004 年 11 月份的水平，比较正常；失业率 4 月份回落到 7.5%，5 月份虽然又上升到 7.6%，但领取失业救济金的人数却是五年来最低的；5 月份消费者信心指数 76.2，为五年来最高。看来，美国经济虽然还有这样那样的问题，但很可能在西方国家中率先复苏。再如欧元区，去年欧元区主权债务危机处于最危急的阶段，但这两年来欧盟委、欧洲央行、IMF 三驾马车组织欧盟各国做了大量卓有成效的工作，通过了财政契约，设立了欧元救助基金，并就建立统一的金融监管机制达成共识。欧元区解体、欧元崩盘这种风险已经得到成功化解。在应对主权债务危机的过程中，他们有板有眼、一步一个脚印地推动着欧元区的联合。本月 8 日欧盟委员会通过了拉脱维亚加入欧元区的申请，还有罗马尼亚、捷克在排队等着加入欧元区。欧元区尽管还处在经济衰退的状态中，但只要按照这个路子走下去，一个更加统一、更加强大的欧洲一定会展示在世人面前。我国加强与欧洲国家的合作潜力非常巨大。金砖五国的合作在南非召开的会议上也出现了新的气象。北非虽然处在动乱之中，但撒哈拉沙漠以南的非洲土地上却正在发生着一场真正的革命，在去年世界发展最快的 10 个经济体中，有 6 个在中南部非洲，冈比亚、赞比亚、莫桑比克、加纳等国的经济增长速度都超过 8%。这样的国际经济环境对我国来说，既有挑战更孕育着巨大的机遇，中国的企业"走出去"也是大有可为的。

（三）国内经济的发展机遇。经过 60 多年特别是改革开放 30 多年来的经济建设，我国经济已经打下了坚实的基础，一百多种工业产品的产量占世界第一位，基础设施已经比较完善，高速公路总里程去年已达 9.62 万公里，发电总装机今年将达 12.4 亿千瓦，产业配套齐全。在这样一个基础上，发展的条件比较优越，机遇也是很多的。可以说中国处处有商机，遍地是黄金。比如，新型城镇化建设既可增加投资，又能带动消费，今后十年将出现人类历史上最大规模的农业人口转移。再如现代服务业的发展更是潜力无穷。单是城镇化率和三产在GDP 中的比重这两个指标要达到目前世界的平均水平，就需要花好几年的时间，要达到发达国家水平，更是需要几十年的努力。所以，中国经济完全有条件长期保持平稳较快增长。从消费来说，随着人们收入的不断提高，13.4 亿人的消费潜能也是无可限量。5 月 20 日，由全国政协副主席董建华牵头、中美交流基金组织、中美两国智库参与研究的《中美经贸关系的未来十年：迈向更新层次的互惠合作》课题报告在美国发布，产生了强烈的反响。报告指出 10 年后中国中产阶层人口将超过 6 亿人。中国将因此而成为既是"世界工厂"、又是"世界市场"。这是多大的商机啊！中国地区经济发展很不平衡。从中央实施西部大开发战略和中部崛起战略以来，中西部地区发展加快，表现了明显的后发优势，到处都有投资的机会。在科技创新方面，无论世界还是中国都在孕育着一场新的革命。美国 2005 年出版的《奇点临近》一书说，21 世纪刚刚开始，这是人类历史上充满变革、最激动人心的时代，科技正以史无前例的速度发展。今年 3 月 13 日新华社报道，安徽科大的消息说，继键盘、触屏之后，语言将成为新一代人机交换的界面，这一定是革命性的，在不久的将来，电脑、智能手机等机器将能直接听懂人类的指令，他们将不再是毫无生气的机器，而更像贴心的仆人。随着科技领域的各项重大突破，必将迸发出巨大的生产力。

浙商在我国经济建设中是一支非常活跃的力量，以其勤劳勇敢和经商的智慧走遍全球。衷心祝愿你们把握住中国新的经济发展机遇，为加快经济转型作出更大的贡献！祝愿你们的事业更加兴旺发达！

当前经济工作要更加关注防风险

（2014 年 5 月 15 日）

一、能否有效防控风险是当前经济
生活中的一个关键变量

（一）对当前国际国内经济形势的基本评价。1—4 月份的数字表明，国际经济形势比去年更明朗，发展势头更好一些。例如，美国 4 月份的失业率为 6.3%，比上月降低 0.4 个百分点，一季度经济增长虽然只有 0.1%，但二季度会明显提速；欧元区一季度经济增长 0.2%，低于预期，总算扭转了经济下滑的局面；4 月份，我国对美国出口同比增长 12%，对欧盟出口同比增长 15.1%；日本一季度经济增长 5.9%，但受 4 月 1 日起提高消费税税率影响，二季度增幅必将回落。今年以来，我国经济运行总体符合宏观调控目标和发展预期，而且还有不少亮点。从 4 月份国内的经济指标看，工业、投资、商品零售总额等的增幅虽然略有回落，但基本还在合理区间之内，经济没有出现大的起落，而是继续向着结构优化、转型升级的正确方向迈进的。实现中高速增长的常态化是件好事。当前，我们一方面要努力适应经济增长放缓的新常态，另一方面要坚决防止出现趋势性下滑的局面。目前人们更担心的是后者，也就是说中高速增长的常态化能否长期维持下去。

（二）防风险是稳增长的重要保障。从我国当前所处的发展阶段，城镇化水平，服务业的巨大潜力，特别是改革和科技进步的无穷推动力等基本面看，我们完全有条件实现长期平稳较快发展。从经济工作的角度看，一个关键的变量是如何认识和有效防范风险。中共中央政治局 4 月 25 日召开了研究经济工作的会议，会议强调"统筹处理好稳增长、促改革、调结构、惠民生、防风险的关系"。过去的提法是统筹前四个关系，这次加上了"防风险"，为什么？风险何在？

关于风险的梳理：一是担心经济出现趋势性下滑而不可收拾的局面；二是担心为了保增长而出台重大刺激措施，把调结构、转方式刚刚出现的好苗头打压下去；三是几个具体方面的风险，例如地方投融资平台、房地产泡沫、产能过剩、金融风险。后几个具体风险，任何一个出现大问题，都可能导致经济下滑甚者引发社会不稳，与第一个风险是因果关系。几个具体方面的风险又集中反映在金融问题上，因为地方投融资平台、房地产泡沫、产能过剩出了问题一般都以债务违约为主要形式暴露出来。所以，当前需要防范的最大风险是金融风险。

（三）金融风险分析。中国的货币信贷存在三大体系：一是常规银行信贷，目前仍然是主体。至 2013 年末我国商业银行不良贷款率上升到 1%，但不良贷款的拨备率达到 250%，也就是一块钱的不良贷款准备了 2.5 元的拨备，这是世界最高的，故这方面的风险并不大；二是以信托公司为主体的体制内的影子银行；三是连影子也看不见的民间借贷，或称之为体制外的影子银行。目前，影子银行的信贷占整个银行信贷的 1/3 左右。我们信托投资公司的资产规模从 2004 年末 1635 亿元大幅增加到 2013 年末 10.9 万亿元，今年一季度末又达到 11.7 万亿，过去 10 年信托资产规模年均增长 30%，2008 年以来年均增长更是达到 57.3%。信托公司资金来源是：约 1/4 是从居民和企业高息直接筹得，其余 3/4 则主要来自银行。银行通过向储户销售高于存款利率的理财产品获得资金，供信托公司去放贷，而这些贷款不会反映在银行的资产负债表上。这样做的动因，一是追求高额利润，二是突破存款利率的限制，加速实现利率市场化。信托产品杠杆率高，期限逐年缩短，短期资金长期使用，资金成本持续上升等问题很多。加上信托系统自有资本金严重不足，并且资金所投的对象都是一些很糟糕的项目，都是救急、救命的领域，偿债能力很差，风险很大。一些地方政府投融资平台、房地产开发商、产能过剩企业等为了防止违约或度过生产难关，再高利率的贷款也得借，明知是一杯毒药也要喝下去。

这个大背景又为影子银行的过度膨胀提供了市场基础。由此又抬高了整个资金市场的贷款利率水平，一方面加重了实体经济融资成本，常规贷款实际利率都在两位数水平，不堪重负；另一方面，一些实体经济包括有的央企也玩起金融去放高利贷而不务正业了。

根据中信证券的估算，2014 年信托到期承兑的量可能在 4 万亿到 4.5 万亿元，还有接近 3000 亿元的企业债面临兑付，主要集中发生在今年的 5 月到 9 月，二、三季度是偿债高峰。国内外都非常关注，我们会不会在这个期间出现兑付违约风险。如果出现了大的问题，后果将相当严重。我国的老百姓认为，不管银行也好、信托也好，都是建立在国家信用基础上的，如果出现兑付问题，非得去政府闹事不可，且可能产生大规模连锁反应，影响稳定大局。1 月份中诚信托有 30 亿到期资金不能偿还，当时工行信誓旦旦地表示绝不为中诚信兜底，全世界都关注着如何处理，最后还是有人支付了。4 月份江苏射阳农信社因一个谣言出现挤兑风波，国家花了 7 亿多元才得到平息。5 月 9 日中国社科院金融所和社会科学文献出版社发布的《中国金融监管报告（2014）》指出，中国的广义影子银行体系的规模，即体制内和体制外不受监管的信贷活动之总规模约 27 万亿元。假如其中 1% 出现违约，就是 2700 亿元，既无不良资产拨备，又无其他保障措施。能否顺利挺过二、三季度特别是七、八、九三个月的偿债高峰期，是一个严峻的考验。当然，对这些偿付风险，可以采取借新还旧的办法，甚至央行也可搞量化宽松货币政策，但其后果是很严重的。如果不打破理财产品的刚性兑付，不允许某些高风险金融产品出现违约，则会产生严重的道德风险，会助长金融秩序更加混乱。对此。一定要有充分准备，做好应对预案。

二、对人民币利率市场化改革的再认识

党的十八届三中全会决定和去年底中央经济工作会议都提出要加快推进利率市场化，这是完全正确、非常必要的。但究竟怎么化法还有许多问题需要深入研究和重新认识，绝不是只要取消了利率管制便

实现了利率市场化改革那样简单。需精心设计方案，有的问题还需要不断完善。例如：

（一）利率市场化之后央行的基准利率形成机制如何建立。美联储等所有市场经济国家的央行都把基准利率作为重要货币政策工具之一，在宏观调控中发挥着十分重要的作用。我理解，十八届三中全会决定第12条中"加快推进利率市场化，健全反映市场供求关系的国债收益率曲线"的表述是要逐步使国债收益率作为制定央行基准利率的依据，只是我国国债市场交易规模还不大、交易品种太少，目前还难以起到这个作用。美联储从2008年12月将基准利率定为0—0.25%就是通过把其收购国债的利率定为–2.5%来实现的。我国去年推出Shibor作为基础利率，完全由十家大型银行报出的利率数去掉一个最高分和一个最低分后取平均值作为市场利率的基准和标杆，实际上还是由商业银行说了算，这等于是放弃了央行基准利率这一重要手段。央行虽然也挂出了存贷款基准利率，但起不了调控作用，徒有摆设而已。现在我国货币政策工具只剩下调控货币供应总量一个手段，在当前恰好是弃长守短之举。目前正需要降低利率，却束手无策。

（二）理论上的误解。认为凡是价格都应由市场决定，宏观调控只能用总量调控，不能用价格手段。十八届三中全会决定第10条说："凡是能由市场形成价格的都交给市场，政府不进行不当干预"，反过来可以说不能完全由市场形成价格的政府则应予正当干预。利率市场化后的国家都用央行基准利率间接有效地干预市场利率，体现国家意志以实现宏观调控目标。利率市场化绝不等于利率完全自由化。市场定价的前提是健康规范的市场，如果市场是扭曲的，其配置资源的结果也必然是扭曲的。有效的市场和有为的政府两者缺一不可。

（三）时间安排不能过急。利率市场化的核心问题是存款利率市场化，美国从20世纪70年代初提出利率市场化设想，到1980年3月制定了《存款机构放松管制的货币控制法》，决定分6年逐步取消对存款利率的限制，最终是在1986年4月实现了利率市场化。美、日、韩利率市场化都经历了16年左右才完成。而同在70年代初拉美国家却采取了激进式改革，例如阿根廷从提出利率市场化到全面市场化仅用了两年多时间，结果是名义利率和通胀率一起大幅攀升，银行呆坏账大量增加，货币汇率大起大落，引发了 20 世纪 80 年代著名的拉美债务危机。危机之后阿根廷利率又重回管制，前功尽弃。智利利率市场化改革只花 1 年多时间，最后比索贬值导致智利银行体系处于实际破产状态，政府不得不对银行重新国有化，利率也重回管制，以失败告终。

（四）还要做大量配套工作。最主要的是必须把能够间接有效地调控市场利率的央行基准利率建立起来。其他方面，例如立法要提上重要议事日程；建立存款保险制度要提上重要议事日程，4 月末我国存款余额总计 108 万亿元，其中住户存款余额 48 万亿元，一时到哪里弄那么多保费；建立银行破产制度也是说着容易做来难；我国居民风险意识和责任意识的建立等等都需要一个过程。

三、结论

我国经济的基本面没有变，仍处于重要战略机遇期。不要为经济增长率低了零点几个百分点而过于担心，更不要为高能耗、高污染行业和发电量的增长速度慢了一些而着急。这正是结构优化的必然结果。当前也可以适当采取一些稳增长的措施，以提振市场信心。政府更要把重点放在防风险特别是金融风险上。当前我国金融风险是严重的，风险链条比较长，连成一串，互相影响。但完全还在可控制的范围之内。我们有足够的手段和能力去防范风险。只要真正做到尽快消除风险，不使潜在的风险演变成现实的危机，我国经济就一定能长期实现在中高速的水平上运行。防范风险要内外有别，讲究策略，少说多干，要注意稳定市场信心，防止风险预期的自我实现。政府有关部门更要勇于面对风险，不护短，敢担当，不坐而论道贻误战机，要采取切实有效措施尽快行动起来。

如何应对经济下行压力

（2014 年 9 月 20 日）

一、我国经济下行的压力从何而来？

改革开放以来，我国经济一直保持高速增长（除 1989 年 4.1%、1990 年 3.8% 外），1979—2013 年平均每年增长 9.8%，1991—2013 年年均增长 10.2%，2012 和 2013 年都回落到增长 7.7%。今年一季度同比增长 7.4%，中央采取了一系列微调措施，5、6 两月经济企稳回升，二季度增长率回到 7.5%。但 7、8 两月经济下行压力再度显现。从 6 月到 8 月主要几项指标都是逐月回落的，比如：工业增加值分别为 9.2%、9%、6.9%；社会消费品零售总额分别为 12.4%、12.2%、11.9%（当月扣除价格因素后与 7 月持平）；固定资产投资增速分别为 17.3%、17%、16.5%，8 月当月仅同比增长 13.3%。经济下行的压力确实是很大的，一些地方领导和部分企业的感受可能更严重一些。

出现经济下行的压力有其客观必然性，主要有以下几方面。

第一，我国经济经过几十年高速增长，主要是量的扩张，已创造了世界奇迹，转向质和经济效益的提高是必然要求。例如，去年我国经济总产出只占世界约 12%，却消费了全世界 20% 的能源、40% 的铝和铜、50% 的钢和煤炭，而且对环境造成严重污染，这种发展模式不改变，经济社会发展是不可持续的。必须调结构转方式。

第二，世界经济运行比年初预计的差。最近，IMF、OECD 都调低了今年增长预期。这也必然影响我国经济运行。

第三，投资拉动和出口增长速度回落。从三驾马车来看，过去几十年拉动我国经济增长最主要的因素，一是大规模固定资产投资，二是对外贸易的迅猛增长。从 1982 年到 2013 年我国全社会固定资产投资年均增长 21.2%，"十一五"期间更是年均增长 25.5%，从去年降到 20% 以下为 19.3%，今年 8 月份又降到了只增长 13.3%，这必然对经济增长带来较大影响。其中最明显的是房地产投资增速回落。装备制造业受行业产能过剩如钢铁设备、施工机具等需求减少投资也远不如前几年。加入世贸组织以来我国出口年均增长 19.3%。如今这种高速增长的时代已经过去了，也必然影响我国 GDP 的增长速度。其实，我国经济的再平衡已经开始，消费支出对 GDP 增长的贡献率已大于投资的贡献率，而且我国消费的热潮不容低估，例如：去年中国笔记本电脑销量达 2440 万台，而美国仅 1700 万台；去年中国空调销量达 6400 万台，而美国仅 780 万台；去年中国汽车销量达 2198.4 万辆，美国虽创六年来最高也只有 1560 万辆；手机用户 7 亿多户等等。中国本身已经是一个绝妙的消费题材。这正是经济发展和结构调整成果的体现，也是经济保持长期平稳较快发展的重要基础。当前，我国虽然面对经济下行的较大压力，但我们宏观调控的手段还很多，企业也都在努力，不至于出现大幅度下滑的局面。

二、确保我国经济长期平稳较快
健康发展应重点抓好几个方面

（一）全面准确理解党的十八届三中全会精神，正确处理政府与市场的关系。有效的市场和有为的政府两者缺一不可。5 月 26 日中央政治局关于使市场在资源配置中起决定性作用和更好发挥政府作用的专题学习会上，习近平总书记指出："各级干部特别是领导干部要学会正确运用'看不见的手'和'看得见的手'，成为驾驭市场和政府关系的行家里手。"由此可见，两只手都要驾驭好，各级干部特别是领导干部责任重大，要以高昂的精神面貌去做好各项工作。但现实生活中，一些领导干部在认识上存在一些问题，《人民日报》6 月 25 日发表的评论员文章题目是"不贪不占，岂能也不干——一论领导干部要奋发有为"。26 日又发表评论员文章：要调心态，更要在状态——二论领导干部要奋发有为，指出，"一些人没了工作劲头，松松垮垮、拖拖沓沓、不思作为；一些人放松工作要求，大事小办、急事缓办、推诿扯皮；一些人丧失工作激情，得过且过、草率敷衍、消极懈怠。"这怎么得了！毛泽东同志说过，人民靠我们去组织。我国改革开放 30 多年取得了这样辉煌的成就，最主要的经验就是坚持中国共产党的坚强领导，一个有作为的政府与高效率的市场机制紧密相结合。这也就是中国特色社会主义市场经济的核心内涵。全球搞市场经济和对外开放的发展中国家很多，为什么没有发展起来？他们所缺的正是中国的这些优势。李克强总理前几天在天津夏季达沃斯论坛开模式的致词中指出，要拿出完整的"权力清单"、"负面清单"和"责任清单"，作为领导干部和公务员不尽心尽力履行职责是要受责任追究的。总体而言出现前述情况是少数人，但这极少数人的影响很不好。

（二）要全面深化改革。党的十八届三中全会已作全面部署，方向已明确，关键在落实。这里着重谈谈深化金融体制改革，切实做好防范风险的工作。建议央行尽快出台基准利率或者说政策利率，用短期和中期的政策工具来引导市场利率水平，使我国货币调控手段既有数量调控又有价格调控。利率市场化的难点在于存款利率市场化，建立基准利率是利率市场化改革的核心进程。金融改革必须坚持为实体经济发展服务的正确方向。但从 A 股披露的数字看，上半年我国上市公司净利润中，16 家上市银行上半年实现净利润 6854.84 亿元。数量只占 A 股上市公司 0.6% 的上市银行，净利润则占到全部上市公司净利润的 54%。说明银行对实体经济利润的挤占是很明显的。把实体经济挤垮了，金融业也只好去喝西北风，因而这种格局是不可持续的。其实银行职工也很辛苦，为实现利润目标千方百计地干，问题在于金融业作为服务业如何定位，如何获得合理的回报需要规范化。在金融面前，产业经济是弱势群体，但又是金融的基础和根本依托。对金融风险要全面把握，动态监控，做好预案，妥善处理，坚决守住不发生系统性、地区性金融风险的底线。

（三）紧跟互联网时代的大潮流，大搞研究开发创新。以互联网为代表的现代信息技术的出现和发展是一场伟大的革命，标志着一个新的时代的到来。农业经济时代的主要资源是土地，工业经济时代的主要资源是能源，那么网络经济时代的主要资源则是信息。互联网、大数据、云计算等数字化技术在为我们带来极大便利的同时，也给各种职业带来永久性、颠覆性的冲击。各种公司也将被迫转型，否则只能消亡。一场产品的制造和销售、人的生活方式、社会管理等各方面智能化改革已经开始。产能过剩这个市场经济长期没有解决的难题，可从互联网获取供需关系的平衡点而避免由于盲目生产导致的经济危机。经济社会发展的进程将出现重大突破，发生重大的转折。这是迎面扑来的时代浪潮。正如 1831 年法拉第发现了电磁感应现象即有了发电技术以来的 180 多年间带出了一系列以电为核心的技术发明和创造一样，信息技术必将带来无穷无尽的发明和创造，从而不断改变人们的生活方式和生产方式，不断提高生活质量和劳动生产率。招商银行原行长马蔚华在天津夏季达沃斯论坛上说，"传统银行若不改变，就会成为 21 世纪行将灭绝的恐龙。拥抱互联网思维已经成了时代前进的主题。将来的发展趋势是传统金融与互联网的深度融合，优势互补，深度合作。"我想，各行各业的发展和社会管理，都要跟上互联网时代的大潮流，增强互联网思维，大力开展各种科技创新，包括研究如何防止和应对信息技术可能带来的负面作用。在这方面我国的技术水平与发达国家非常接近，而且是同时起步的，我们更有巨大的市场优势，完全可以成为我国的一个新的经济增长点。阿里巴巴将首次公开招股（IPO）的发行价定在每股 68 美元，意味着可募集 218 亿美元，打破高科技企业 IPO 的纪录，如行使超额配售选择权则将筹集 250 亿美元，从而创下史上最大规模上市纪录（阿里巴巴集团 9 月 22 日晚间宣布，阿里巴巴 IPO 的承销商已经行使了超额配售权，此次 IPO 融资额达到 250.3 亿美元，刷新了全球 IPO 融资规模）。党的十六大就提出要以信息化带动工业化，现在正是大有作为的时候。其他如新能源、环保产业等都有巨大潜力。

（四）加强软实力建设，提高劳动生产率和资源利用率。我国现代化大厦的框架已经建立起来，并已成为世界第二大经济体。有 100 多种工业产品产量在世界居第一位；高速公路总里程 10.4 万公里，2012 年就已超过美国；发电装机 12.47 亿千瓦，也超过美国，且大部分是先进水平的新装机。钢的生产能力更是达到 10 亿吨，产能过剩 3 亿吨，比美日欧总和还要多，中国经济已处于超供给状态，我们不应继续简单地扩大产能，盲目增加供给能力，而要着力扩大需求。这包括消费、投资、出口三大需求。更重要的是加强软实力建设，例如加强市场秩序、商业诚信、精神文明等建设。做好这些建设也能解放和发展出无穷无尽的生产力，使有限的资源创造出更多的社会财富。实现我国经济中高速增长的常态化，归根结底要靠不断努力提高劳动生产率去驱动 GDP 的长期增长。2012 年我国每个劳动力创造的 GDP，即 GDP 比总的就业人数按购买力平价法计算仅 15868 美元每人，居世界第 57 位，相当落后，也正是潜力之所在。在这方面，要从教育、管理、科技创新、社会管理及制度建设等多方面采取切实有效的措施。还要着力调整收入分配结构，实现共同富裕，充分调动各方面的积极因素。

（五）坚持依法治国、抓紧建章立制，迎接我国经济社会发展的新时代。十八届四中全会主题是依法治国。中国改革发展正处于关键时刻，也面临着发生重大历史转折的宝贵时机。把经济下行的压力转变为一种倒逼机制和新的强大动力，并发挥市场优胜劣汰的功能，促进加快改革，加快科技创新、结构调整和转型升级过程。经过努力奋斗，使我国真正走上科学发展的道路。我们必须把握住这个机会。党的十八大以来反腐斗争保持高压态势，形成了强大的震慑力，广大党员干部和人民群众坚决拥护。要以把反腐斗争进行到底的坚定决心，不断总结经验，抓紧建章立制，规范政府和市场的行为，坚决铲除滋生腐败的土壤，真正实现社会的公平和正义。这样，就会迎来一个良币驱逐劣币的新时代，形成风清气正的大环境，中国特色社会主义市场经济就会得到极大的完善和升华，为实现中华民族伟大复兴的中国梦打下坚实基础。

三、对明年和中长期发展的展望

从我国当前所处的发展阶段,城镇化稳步推进,服务业的巨大潜力,特别是改革开放和科技进步的推动力等基本面看,我们要做的事情实在太多了,完全有条件实现长期平稳较快发展。不仅可以实现中国经济保持中高速增长的新常态,而且能够使经济社会发展稳步迈向中高端水平。一些传统产业至少在数量上已达到高峰期,而新的更高水平的经济增长点需要有个培育和成长的过程,这就是经济转轨和产业升级过程中的"阵痛"期。这完全符合发展的规律,没有什么大不了的事。只要全国坚定不移地按照中央的各项部署去做,充分激发市场活力,全年实现年初设定的各项预期目标是完全有可能的。

明年还要按新常态的基本要求即以转变发展方式、调整结构、提高效益为重点,向干部作风的优化、社会风气的改善、改革开放的深化、科技创新的开展等方面寻找增长动力。中国经济不可能出现增速大幅降下来的情景。中国崩溃论、硬着陆等我们听得太多了,但西方的一些预言家总是一次次地在事实面前失败。明年以至今后一个时期内我国经济继续保持中高速增长即 6%—7% 的增长是完全可能的。

通货紧缩压力分析和对策建议

（2015 年 1 月 29 日）

最近，国家统计局公布了 2014 年我国经济社会发展的数据，总体上看经济运行情况是好的，且有许多新的亮点。但 4 季度特别是 12 月份的数据同比增幅下降较多，例如：居民消费价格指数（CPI）全年上涨 2%，而 12 月份同比只上涨 1.5%；工业品出厂价格指数（PPI）已连续 34 个月同比负增长，其中 12 月当月同比下降 3.3%，是跌幅最大的一个月；2014 年全国规模以上工业企业实现利润比上年增长 3.3%，而其中 12 月当月同比却下降 8%。这些情况引起了人们的某种关注，有的文章直呼"2015 年需警惕通缩风险"，市场对通缩的预期有所加大。对通货紧缩压力的分析，实际上就是对我国经济下行压力和发展趋势的判断，值得引起高度重视和深入研究。

一、世界经济增长和通胀的趋势分析

世界经济仍处在国际金融危机之后的深度调整期，还很难走上稳定复苏的轨道。新年以来，主要国际组织纷纷下调了对今年世界经济增长的预期，也调低了对通胀率的预期。

（一）2014 年全球通缩通胀两重天。影响通胀率变化的因素很多，包括一个国家制定的货币政策、汇率变动、债务水平、储蓄结构、总供给和总需求的关系变化以及地缘政治等等。根据世界银行数据库提供的数据，2013 年世界消费者价格同比上涨为 2.8%，其中发达国家为 1.5%，发展中国家为 4.3%。2014 年从 1 到 11 月的逐月数字推断，全世界消费价格同比上涨约为 3.2%，比 2013 年涨幅要高 0.4 个百分点，其中发达国家约为 1.5%，发展中国家可能在 7% 左右。由此可以看出，发达国家 CPI 涨幅较低、通缩压力较大，而发展中国家则表现为通胀率高企。根据英国共识公司的最新预测，2014 年 GDP 增长率和 CPI 涨幅，美国分别为 2.4% 和 1.6%，欧元区分别为 0.8% 和 0.4%，日本分别为 0.2% 和 2.7%。据国际货币基金组织最新预测，2014 年新兴市场与发展中经济体的 GDP 增长率和 CPI 涨幅分别为 4.4% 和 5.4%。由于西方对俄罗斯的多轮经济制裁和国际油价大幅下跌，导致国际资本纷纷外逃，卢布对美元贬值约 50%，2014 年 12 月俄罗斯的消费价格同比上涨 11.4%。另据 1 月 21 日报道，2014 年委内瑞拉经济萎缩 2.8%，通胀率高达 64%。世界经济政策在分化，通胀率的表现也是明显分化的。

（二）2015 年发达经济体通缩风险明显加剧。1 月 14 日世界银行发布的最新《全球经济展望》、1 月 19 日联合国发布的《世界经济形势与展望》、1 月 20 日 IMF 发布《世界经济展望》最新预测以及英国共识公司最新预测，都下调了对 2015 年世界经济增长的预期，也纷纷下调了 2015 年世界 CPI 涨幅的预期。例如英国共识公司最新预测 2015 年 CPI 涨幅美国将从 2014 年的 1.6% 降为 0.7%，日本将从 2014 年的 2.7% 降为 1.2%，欧元区将从 2014 年的 0.4% 降为 0.1%，亚太地区将从 2014 年的 2.7% 降为 2.2%，印度将从 2014 年的 6.7% 降为 5.9%，中国将从 2014 年的 2.0% 降为 1.8%。拉美等国今年 CPI 仍将在高位运行，全世界的 CPI 涨幅将比 2014 年回落 0.4 个百分点。发达经济体通缩风险呈明显加剧的趋势。

二、我国通缩压力的分析

（一）还不能认为我国已出现明显通货紧缩。通货紧缩是消费者价格持续下降的一种货币现象，判断它的标准众说纷纭、莫衷一是。国际上一般认为，CPI 同比涨幅出现负增长并持续 3 个月以上即可视为出现通货紧缩。我国去年 CPI 同比涨幅最低发生在 11 月份，为 1.4%，全年上涨 2.0%。西方各大经济体的央行，包括美联储、欧洲央行、日本银行，都把 CPI 上涨 2.0% 作为苦苦追求的理想调控目标。从这个意义上可以说，我国去年的通胀率水平是处在国际上公认的最佳水平和理想状态，似乎不应以此为烦恼，而应当高兴才是。更何况我国当前的货币存量比较大，（M$_2$）已达 122 万亿元，约为去年 GDP 的 2 倍，（M$_2$）与 GDP 比值如此之高在世界上是十分罕见的；2014 年 10 月末，美联储公布的（M$_2$）近 10 万亿美元，按官方汇率计算，美国的（M$_2$）绝对量约为我国的一半；服务价格还在上涨，随着公务员、企事业单位包括工人工资的上涨，也是推动居民消费价格上涨的重要因素；另外，水、电力、煤气等事关民生的资源产品都在搞阶梯价格改革，也会在一定程度上推动物价向上走。以上因素说明，推高我国 CPI 的因素很多，故无须过于担心通胀率的下滑。

（二）更值得关注的是工业品出厂价格指数（PPI）过于低迷。我国工业品出厂价格已连续 34 个月即两年零 10 个月处在同比负增长的状况下，虽然去年全年下跌 1.9%，但是从去年 8 月到 12 月出现了加速下滑的现象，12 月同比降低 3.3%。原因不外乎是国际和国内两个方面。外部主要是国际油价和大宗商品价格大幅下跌，影响了国内工业品出厂价格加速下降；另一方面，从国内看最根本的问题还在于产能过剩，供需关系失衡，以及其他一些因素。

1. 国际原油和其他大宗商品价格下跌直接拉低了我国 PPI，但这主要是利好。国际油价下跌原因错综复杂，从地缘政治上看是美欧制裁俄罗斯的一记狠招；从经济上看由于美国页岩油的供应增长强劲，OPEC 为了保持市场份额坚持不减产与美国抗争，以及全球需求相对疲弱等。油价从 2014 年 6 月 20 日开始大幅度下跌，至 2015 年元月 25 日，布伦特原油收盘价为 48.55 美元，下跌 60%，这和我国工业品出厂价格指数从去年 7 月份开始逐月加速回落的态势是相吻合的，也可以说国际油价大幅下跌是导致我国去年下半年 PPI 加速下滑的重要原因之一。去年我国进口原油达到 3.1 亿吨的历史最高水平，特别是下半年进口量逐月增长，12 月份达到 3037 万吨。这对我国经济来说是个大利好，降低了我国用油成本。据中国行业研究网文章分析，

2014 年我国进口原油约节省 250 亿美元。今年 1 月 26 日,国内成品油价格迎来"十三连跌",每升 97 号汽油和零号柴油价格已全线回归到"5 元时代",开车上班族每月可比先前节省油费约 200 元。这也是影响居民消费价格水平回落的因素之一。国际市场大宗商品价格的下降也促进了我国工业品出厂价格的下跌,我国钢铁、铜、铅、锌等金属的消费量均占世界消费总量的一半左右,其中相当多的原料是靠进口的。国际大宗商品价格大幅下跌,对降低我国工业品加工成本也是大利好。例如,去年我国进口铁矿石 9.3 亿吨,平均品位按 62% 计算,全年我国进口铁矿石到岸价暴跌 47%,即平均每吨比上年便宜 29.2 美元,全年进口铁矿石由于降价因素为我国省下 272 亿美元。而铁矿石的成本约相当于钢铁厂生产总成本的 50% 左右。所以在钢材价格跌至 20 世纪 90 年代初水平的困难情况下,去年我国钢铁企业利润却达到约 280 亿元,是 3 年来最好的表现,日子还过得去。由此可见,国际原油价格和大宗商品价格的下跌对我国经济的影响主要是积极利好的。当然,国内的油田和铁矿山等初级产品生产企业也遇到了很多困难。据了解,国产铁矿石的资源税如果由按量计征改为按价计征,仍然是有竞争力的。导致 PPI 低迷的源头发生在产业链的上游,且又主要在国外,这是天赐良机并不足虑的,关键还是要从我们内部找原因。

2. 国内供需关系发生逆转,出现产能过剩是 PPI 低迷的最根本原因。我国经济经过几十年高速增长,创造了世界奇迹。从 1982—2013 年我国全社会固定资产投资年平均增长速度为 21.2%,"十一五"期间更是年均增长 25.5%。其中房地产开发投资约占总投资的 20% 以上,从 1991—2013 年 22 年间房地产开发投资年均增长约 30.1%;基础设施投资约占总投资 16%—20%;制造业投资占总投资 30% 以上,这三大块占整个固定资产投资的 70% 左右。改革开放 30 年来,我国进行了投资规模和投资强度都是人类历史上没有先例的伟大建设。另外,从 2001 年加入世界贸易组织到 2008 年我国外贸出口年均增长 29%,一跃而成为世界第一制造业大国和第一出口大国。与此同时,社会消费水平和人民生活质量也发生了翻天覆地的变化。这三大需求的强劲增长不仅推动我国经济总量的突飞猛进,也打造出一个庞大的工业体系、形成了巨大的工业生产能力，目前已有 200 多种主要工业产品产量占世界第一位。但是，去年固定资产投资的增速从 2013 年的 19.6% 回落到 15.7%，其中房地产开发投资更是从上年 19.8% 的增幅回落到 10.5%，几近于"腰斩"，这并不是人为的控制，而是市场供需关系发生了变化。由于世界经济总体上不景气，我国外贸出口的增长速度像国际金融之前的那种强劲态势已经一去不复返了。2014 年外贸出口只增长 4.9%，进口还下降 0.6%。固定资产投资和外贸出口两大需求增长速度的大幅回落便突显了产能过剩的问题，而且还导致了去年工业产成品的库存急剧增加。工业产成品库存资金 2014 年的一季度同比增长 10.7%，一至二季度增长 12.6%，一至三季度增长 15.1%，一至四季度增长 13.6%，到去年 11 月末工业产成品库存占用资金达到 3.75 万亿元，各种存货包括产成品、原材料、中间产品等高达 10 万亿元，企业应收帐款 10.8 万亿元。1991 年国务院治理"三角债"时，全国工业企业不正常拖欠款为 2000 亿元，与当年 GDP 之比为 9.5%。而当前全国工业企业应收帐款占去年 GDP 之比已高达 17%。当然，存货中还有相当一部分是合理的周转量。从以上几个数字可以看出，工业品出厂价格下跌与工业企业实现利润的大幅下滑有其必然性。而且这种情况一时还看不出能发生好转的迹象，这才是令人十分担心的。

3. 影子银行的急剧膨胀降低了资金的流动性，提高了工业企业融资成本。从另一个角度看，通货紧缩毕竟是一种货币现象，而金融是现代经济的核心，也像是一个机体中的血液。由于血液流通不畅，或者是失血了，它就不能把吸入的营养和氧气输送到机体的各个有效部位。近年来，国务院为此采取了一系列重大举措，也有一定成效，但企业尤其是小微企业融资难融资贵的问题始终没有得到完全解决。这里一个特别值得关注的问题是影子银行的急剧膨胀。2014 年 11 月 1 日报道了 G20 金融稳定委员会的报告，中国影子银行在 2013 年继续以极快的速度增长，增速达 37%，规模近 3 万亿美元；中国社科院研究的数据显示中国影子银行规模可能达 27 万亿元（约 4.39 万亿美元）；2014 年 9 月 22 日穆迪公司报道中国影子银行资产规模到 2013 年底达 37 万亿元人民币，约占 GDP 的 66%；2014 年 7 月 21 日，世行前中国业务局局长在《金融时报》上发表文章说，中国影子银行占新增贷款的比例从 2008 年的约 20% 翻了一番，2013 年 6 月达 40%，他还指出真正令人担心的问题集中在信托公司和银行的理财产品方面。中国的影子银行与国外不一样，国外是在银行之外搞的金融活动，而我们是以银行为主体联手信托公司等机构搞资金的体外循环，用放高利贷的形式获取高额利润。2014 年上半年，数量只占 A 股上市公司总数 0.6% 的 16 家上市银行其净利润却占全部上市公司净利润的 54%，可见银行对产业经济利润的挤占是很明显的。而且，各种理财业务还人为延长了资金链条，使资金利率节节上升，并且形成了大大小小的"资金池"和"金融堰塞湖"，降低了资金的流动性。在这种金融生态环境下，工业企业特别是中小企业日子是不太好过的。更值得注意的是，我国出现了经济金融化的倾向，有些大企业包括一些央企和大型民营企业不是把心思主要放在如何转型升级上面，而是去从事金融活动；有的中小企业把银行按照政策导向放给它的贷款不用于主业的发展也进入放高利贷的行列。有些企业同志反映，"干什么都不如玩金融挣钱容易。不转型是等死，转型是找死，有钱投向理财产品更实惠"。这种现象势必会使经济建设和社会发展的许多商机被错过了，使实体经济中的许多有效需求难以激发出来，而且蕴育着巨大的风险。在这种情况下还呼吁央行以降准、增加再贷款等方式继续"放水"，显然是无济于事的。

（三）产生通胀的可能性分析。我们在关注可能发生通货紧缩的同时也要密切注视发生通货膨胀的可能性。发生通胀的最大因素是伴随着经济强劲反弹社会总需求急剧膨胀，但从目前国内外环境看，都不具备这样的条件和可能。但如果发生大的自然灾害导致农业产品特别是粮食、蔬菜等减产较多，加上社会货币供应量基数很大，居民手持现金也比较多，很有可能就会引发通货膨胀；如果国际货币市场急剧震荡，国内经济下滑太多使得市场信心动摇，国际资本大量出逃，导致人民币大幅贬值，也是可能出现严重通胀甚至滞胀的；如果不能正确认识、主动适应和积极引导新常态，宏观调控政策刺激过猛，也可能导致发生通胀或产生资产价格泡沫。以上种种都是需要密切关注、严加防范的。

（四）敢问路在何方和发展趋势判断。习近平总书记在年前的中央经济工作会议上指出："我总的看法是，新的增长点不但有，而且大量存在，潜力巨大。'敢问路在何方？路在脚下'，就在我们身边，就在党的十八大提出的新型工业化、信息化、城镇化、农业现代化之中。"这给我们以极大的启示，当前我国经济发展水平与新四化的发展要求还有很大的差距，而差距就是商机，无论企业、城乡、经济和社会、环境和生态，都有许许多多的事情要做，特别在科技创新方面，更是没有穷尽的。中国经济增长率 2010 年为 10.4%，2011 年开始回落到 9.3%，告别了两位数的增长，2012 年和 2013 年增速均为 7.7%，2014 年进一步回落到 7.4%。可以说，中国经济进入新常态至少已有 3 年时间，经济转型、结构调整、科技创新等各方面也都取得很大的成绩，也就是说大规模的深度调整也至少进行 3 年了。所以，中国经济已经接近实现"软着陆"，只要不发生大的意外不至于发生"硬着陆"的现象。从三次产业看，农业发展比较稳健，有一个好的基础；三产发展比较强劲，总量和增长速度都已超过二产。房地产市场也趋向平稳和理性化，去年 11 月人民银行对买房政策做了微调，当月住房销量和销售额都创造了年内月最高水平，12 月份 70 个大中城市新建商品住宅成交量环比增长近 9%，新建商品住宅和二手住宅价格环比平均降幅分别为 0.2% 和 0.3%，均比 11 月收窄 0.2 个百分点。房市的这种表现，给人一种有点阳光就灿烂的感觉。我国城市住房的刚性需求依然是强劲的，房价略有下降是正常回归。房地产市场虽有一点泡沫但并非十分严重，只要政府妥加引导，市场有能力将其消化。最关键的一是工业部门在结构调整、机制转型、提质增效等方面要下一番大苦功，取得扎扎实实的成效；二是金融必须坚持为实体经济服务的正确方向不断深化改革，坚决防止发生地区性和系统性的金融风险。国际油价低迷的状态不可能维持太久，下半年有可能出现一定的回升，我国工业品出厂价格相对低迷的状况估计还会维持两年或多一些时间。预计到"十三五"规划的中后期，我国经济新常态之花将会开得更加艳丽。

三、政策建议

（一）正确认识、主动适应、积极引导经济新常态。要真正把中央的精神转变为全党全国人民的实际行动。

（二）采取有力措施促进农业生产稳定发展，促进服务业的快速发展，加大对工业、建筑业企业的结构调整、转型升级、提质增效。要坚持以问题为导向，各级政府要发动企业、帮助企业，解决面临的各种困难和问题。

（三）努力开拓国内外市场，加快实施"一带一路"，加快中国装备走出去。国际市场的潜力非常巨大，制造业企业要不断创新，提高产品的质量和性能，满足客户的需要，是可以大有作为的。各级政府要推进公共服务，提供更多的公共产品。

（四）整顿和规范金融秩序，使金融更好地为实体经济发展服务。建议在做好充分准备的基础上，在今年底或明年初召开一次中央金融工作会议，对金融机构实行分业经营还是混业经营、分业监管还是混业监管、影子银行特别是理财产品是金融改革和创新的必然产物还是需要加以整肃的风险隐患等重大问题进行充分讨论，统一大家认识。在近代世界经济史上，每一次经济危机都是由金融危机引发的，中国经济已发展到这样高的水平，对此不得不防。

（五）客观判断、正确引导通货紧缩的预期。不要见到风就是雨，夸大通缩的可能性。市场对通缩的预期太大，人们就不敢投资或者不愿意消费，抱着等待观望的态度，会形成恶性循环。宏观调控要把握这种大众心理学，宣传部门要引导好舆论。

（六）鉴于今年国际上通缩的趋势比较明显，国内的供需关系很难有大的逆转，今年的通胀率预期目标估计不会太高，把去年提出的3%左右调整为2%左右可能更合适。

对我国经济现状和发展趋势的粗浅分析

（2016 年 10 月 20 日）

一、我国经济运行见底了吗？

国际金融危机以来，我国经济增长速度表现出持续回落的趋势。大家都很关心，中国经济运行见底了没有？我认为，如果要做一次探底之旅的话，中国经济运行的底是见到了，底就在脚下，底就在眼前。理由如下。

第一，从改革开放以来的发展规律看，1984 年经济增长速度达到 15.2% 的峰值，经过调整加上 1989 年的政治风波影响，1990 年经济增长率降到 3.9% 的谷底，这期间历时 6 年；由于邓小平同志南方谈话的推动，1992 年经济增长率又达到 14.3% 的峰值，之后由于亚洲金融危机的冲击 1998 年增长率降到 7.8%，1999 年更是进一步降到 7.6% 的谷底，这个过程经历了 7 年；2007 年我国经济增长速度又达到一个峰值 14.2%，由于美国金融危机的冲击，2008 年猛降到 9.6%，2015 年又降到 6.9%，今年预计可能是 6.7%，这个过程年头最长已达 9 年，应该是基本见底了。

第二，从今年经济运行情况看，总体是平稳的。一、二季度都增长 6.7%，三季度总体情况更好一点，8 月份、9 月份的经济指标让人眼前一亮，以至于国际机构纷纷上调对中国经济增长的预期，说明目前已基本稳住了，而且稳中有进、稳中提质、好于预期。

第三，我国经济增速回落的余地已经不大。在去年召开的党的十八届五中全会上，习近平总书记代表党中央作"十三五"规划建议说明时指出：从国内生产总值翻一番看，2016—2020 年经济平均增长的底线是 6.5% 以上，按照居民人均收入增长和经济增长同步的要求，"十三五"时期经济年均增长至少也要达到 6.5%。如果今年经济的增长速度为 6.7%，已基本接近中央提出的年均增长 6.5% 以上这个"底线"了。

第四，我国有充分的有利条件可以实现经济中高速增长。我国改革开放 38 年来积累了相当的财富和家底以及丰富的宏观管理经验，具备了应对困难的实力。传统产业的改造升级正全面推开，科技创新和新兴产业蓬勃发展，推动经济增长的新动力正在迅速成长，改革开放全面深化，特别是城乡统筹推进城镇化建设，加快服务业发展都有着巨大的潜力。中国社会消费呈现出多样化、个性化的发展，20 世纪 70 年代到世纪末出生的年轻人共有约 6 亿人口，庞大群体的文化素质比较高，掌握现代生产技能，消费观念新颖，且重视环保，有健康意识，他们不仅是创造财富的生力军，也是推动社会消费的主要力量。中国经济正处在充满朝气、蓬勃向上的发展阶段，我们没有任何悲观的理由。

二、我国经济发展还需经历一段艰难的调整期

我国经济运行虽然已经见底，但触底而不反弹，还将经历一段艰难的调整期或者波动期。首先是全世界都处在经济调整期，2008 年美国爆发的金融危机对世界经济的冲击还没有完全过去。根据世贸组织的资料，2015 年全球货物贸易总额还比 2014 年下滑 12.7%。最近经合组织报告称，"随着全球化进程陷入停滞，今明两年的全球经济将艰难增长，增长幅度之低也将是金融危机以来罕见的。"特别是国际政治风云变幻，出现了许多新的复杂因素，必将对世界经济的复苏带来重大影响。国际因素对我国经济必然会产生很大的影响，改革开放以来我国经济和国际经济的关系已是密不可分的了。由于亚洲金融危机的影响，1998 年我国外贸出口比 1997 年多了 9.2 亿美元，增长率为 0.5%，打了一个平手，国内经济就遇到了严重的困难，

企业职工下岗达 2000 万之多；由于国际金融危机的影响，我国外贸出口 2009 年比 2008 年减少了 2290.8 亿美元，负增长 16%；2015 年比 2014 年减少 673.4 亿美元，下滑 2.9%，可见外需的不足对我国经济的影响是很大的。

第二，从国内看，经济生活中还有很多突出矛盾和困难，如整体负债率特别是企业负债率偏高，防范、化解金融风险的任务还十分繁重，包括债务违约风险、影子银行和理财产品及信贷风险、股市风险、互联网金融风险以及人民币币值波动的风险等。金融改革必须坚持为实体经济发展服务的原则。世界上没有一个国家金融是可以完全自由化发展的，例如号称金融自由化程度最高的美国有 7100 多家银行，其中 98.9% 是为当地中小企业和居民服务的中小银行，全国性的银行很少，它们不是不想发展扩张而是受到法律和各级政府的限制；德国各个州各个城市也都有地方性的银行，法律限制它永远做不大，也不允许它上市。2015 年美国金融、保险业增加值占 GDP 的比重只有 7.1%，而我国已高达 8.5%，这种结构是否合理也是值得分析的。近年来相当一些实体经济企业也在发展金融，它不是筹集资金发展自己的主业而是进入社会搞资本运作，实际上是放高利贷，这就会造成经济形态的扭曲和产业结构的恶化。互联网确实对改变生产方式和生活方式产生了巨大的影响，"互联网＋"在很多领域都取得了明显成效，但我们对互联网发展可能引发出一些问题是预料不够的。例如，互联网上的经济活动会使国家税收受到一些影响；同时对银行业产生不小的冲击，一定程度上导致银行存款搬家并减少了银行可用于贷款的资金；利用互联网搞金融诈骗时有发生；对网上采购怎样防止卖假货等网络欺诈行为也需找到切实有效的办法。如何扎扎实实地发展以制造业为代表的实体经济，让所有服务业都更好地为发展实体经济和改善人民生活服务，是一个永恒的主题。在实体经济中，去过剩产能的问题也十分复杂而又艰难。另外，市场经济秩序还比较混乱，市场主体也还存在缺乏诚信的问题，等等。这一切都会影响经济的健康发展，我们绝不可以简单地认为经济运行见底了就会马上出现反弹。我们过去常说只要经济增长上去一切事情就都好办了，这有一定道理却不完全是这样简单的逻辑关系。同时要看到，当前保持我国经济中高速增长是必要和可能的。但经济增长上去也不能简单采取传统的刺激措施，例如放松银根等等。更要靠加强党的领导，团结全国人民按照中央制定的方针政策齐心协力顽强奋斗，特别是干部要有好的精神面貌，敢于担当、有高度的责任心和使命感，要加强法制建设和文化建设，要坚持改革开放不动摇。

可以预见，明年我国经济工作的内外部环境可能比今年还要困难一些，影响经济中高速增长的不利因素也会显得更加错综复杂，但不能由此断定明年的经济增长速度一定会比今年更低，关键还要靠我们去努力战胜困难。我们虽然面临着从未有过的复杂局面，但我国经济发展也面临着从来没有过的大好历史机遇。

大家还关心的一个问题是这个调整期会有多长？这取决于国际经济环境的变化和国内的工作做得怎样。在正常情况下，再经过 3 到 4 年的努力，就会取得较大成效。但如果国际政治、经济、军事发生重大变故，国内防范化解金融风险等事情没按中央的要求办好，这个调整期就有可能长一些甚至可能出现较大的波动。从历史规律看，市场经济本来就是靠发生经济危机来实现自我调节的，而且是破坏性的调节。如美国建国 240 年来大体上每 30 年发生一次小危机、60 年一次大危机。我国实行的是社会主义市场经济体制，我们能够使有效的市场与有为的政府结合起来，抗风险、防危机的能力比西方自由市场经济要强大得多。

三、调整之后中国经济将出现崭新局面

中国经济在当前和今后一段时间是上升的动力与下行的压力急剧博弈的时期。经过几年调整之后新动力必将蓬勃发展并占绝对压倒之势，制造业的新产业、新技术、新模式将茁壮成长，服务业将更加健康地成长，为经济增长作出更大的贡献。中华民族伟大复兴的中国梦一定会变为辉煌的现实。实践证明，我们离这个现实已经越来越近了。在近代史上中华民族遭受了巨大的苦难，中国共产党成立以来带领全

国人民浴血奋战，在建立新中国和现代化建设的进程中，不知经历了多少艰难险阻，从胜利不断走向新胜利。当前，我们的国际地位和综合国力不仅今非昔比，已经让国内外的敌对势力感到坐立不安，我们自己有什么理由不充满信心呢。

当前我国经济形势分析

（2017 年 4 月 20 日）

今天跟大家交流几个方面的问题：第一，我国经济运行已经见底；第二，要把防控金融风险放到更加重要的位置；第三，经济全球化的潮流不可逆转；第四，经济周期规律依然存在。

一、我国经济运行已经见底

2008 年国际金融危机以来，我国经济增长的速度表现出持续回落的趋势。2007 年经济增长速度达到峰值 14.2%，2008 年陡然回落到 9.6%，2015 年降到 6.9%，2016 年是 6.7%。2016 年整个上半年国际上普遍对中国经济充满了担忧，担心中国经济会不会出现硬着陆，就是经济发展急剧下滑，出现零增长或负增长这种局面；又担心人民币汇率会不会不断下跌，总之充满各种忧虑。国内许多同志也很关心，我国经济运行见底了没有。2016 年 10 月我写了一篇文章，对我国经济走势做了一个基本判断，我认为如果要做一次"探底之旅"，那么中国经济运行的"底"是见到了，"底"就在脚下，"底"就在眼前。作出这样的判断有很多理由。

第一，从改革开放以来的发展规律看。1984 年中国经济增长速度达到 15.2% 这样一个峰值，当时是防过热。经过调整，以及 1989 年政治风波后西方国家对我国普遍进行经济制裁，1990 年我国经济增长速度降到 3.9%。现在 6.7% 的增长速度我们都觉得低，可是大家不要忘记 1990 年我们只有 3.9% 的增长率。这次从高峰到谷底历时六年。

1992 年邓小平同志南方谈话，经济增长速度又拉起来了，到了14.3%，"九五"期间我们的主旋律是防过热反通胀。由于亚洲金融危机的冲击，1998 年我们的增长速度又回落到 7.8%，1999 年下降到7.6%，到了谷底。这次从高峰到谷底历时七年。

这一轮从 2007 年的峰值到 2016 年已经九个年头，按这个规律看，应该见底了。

第二，我国经济增长速度回落的余地已经不大。在 2015 年召开的党的十八届五中全会上，习近平总书记在代表党中央作的关于"十三五"规划建议的说明中指出："从国内生产总值翻一番看，2016至 2020 年经济年均增长的底线是 6.5% 以上，按照居民人均收入增长和经济增长同步的要求，'十三五'时期经济年均增长至少也要达到6.5%。"我们 2016 年是 6.7%。6.7% 和 6.5% 以上的增长速度相去几何？还有退路吗？所以我们可以说这 6.7% 是见底了。

第三，从 2016 年四季度和 2017 年一季度的经济运行情况看，已经证明是见底了。2016 年前三个季度增速都是 6.7%，到四季度开始有些回升，到了 6.8%。2017 年一季度实现了开门红，我国的 GDP 增长达到 6.9%，环比增长 1.3%。总的看，2017 年一季度我国经济运行延续了稳中向好的发展态势，实现了良好开局，宏观调控的预期目标都完成得不错，表现出了经济增长速度回升、价格总体平稳、就业规模扩大、国际收支改善的良好格局。

我国经济再平衡，也取得了一些重大成绩。

一是产能出清取得实质性的进展。2016 年中国削减粗钢产能 6500万吨，这可不是一个小数字。美国钢产量也就是八九千万吨，日本一亿吨左右。今年 6 月底要全部清除"地条钢"，不是关闭而是连生产线都要摧毁。2016 年中国压缩煤炭落后产能 2.9 亿吨。

二是去杠杆开始步入收获期。2016 年去杠杆工作取得了成效，这也是多年来努力的结果。比如工业企业的负债，从 2010 年开始同比增长 20% 逐年回落，到 2016 年同比增长只有 6%；工业企业中长期贷款余额同比增长也由 2010 年的 16% 下滑到 2016 年的 2.9%。

三是房地产去库存接近尾声。2017 年 3 月末，我国商品房包括居民住房、办公用房，商业营业用房这三大块待售的面积为 6.88 亿平方米，其中居民住宅的待售面积减少 1643 万平方米。估计 2018 年前后，房地产的开工和销售将会重新回到基本平衡的水平。市场需要多少，建设多少，提供多少，大体上平衡，当然不是绝对的，总要有一些储备。

我国大部分地区的房价已经基本触顶了，这是重要的判断。虽然这几个月还在涨，但涨幅降低了。除了个别地区可能还会涨，大部分地区看起来已经基本触顶了。自从 2016 年 9 月 30 日新一轮楼市调控以来，已经有 45 个以上的城市出台了各种调控政策 145 次，从限购限贷到限售。房子是住的，不是用来炒的。尽管房子也是商品，有商品的属性，但不能这样炒，它主要的功能还是满足人民住房的需要，改善人民生活。2015 年 10 月份以来的这一轮房价上涨，就是人为的炒作引起的。这种做法扰乱市场秩序，制造恐慌，是不能容忍的。发展房地产市场的根本目的是为了解决广大人民的居住问题，房地产的恶性发展必然形成巨大的泡沫，这个泡沫一旦破灭就会引发金融和经济危机。20 世纪 80 年代末的日本和 2008 年美国的金融危机都是深刻的教训。中央下了决心，总书记下了决心，就没有做不成的事情，对此我们要有信心。不要侥幸认为房价还会怎么大涨，当然房价也不能够过急下降，要稳稳的缓缓下降，逐步回归理性。

第四，遭遇金融危机将近十年，全球的经济复苏也变得普遍而稳固。美国、欧洲、日本以及一大批发展中国家，近年特别是今年，经济都表现出明显复苏的迹象。当然，由于政治的不确定性，还会出现波折，但大的趋势是向着复苏的方向迈进的。今年 4 月 18 日，国际货币基金组织上调了全球 2017 年的增长预期，把全球的增长率从去年估计的 3.1% 调升到 3.5%，对中国 2017 年的预计从 6.5% 调升到 6.6%，美国调到 2.3%，英国从 1.5% 调到 2%，日本从 0.8% 调到 1.2%，普遍看好世界经济在回升，尽管复苏不是很强劲。

我国经济运行虽然已经见底，但是触底而不反弹，还将经历一段艰难的调整期或者叫波动期，不会马上进入一个新的增长期。目前，全世界都处于经济调整期，特别是国际政治风云变幻，出现了很多新的复杂因素，必将对世界经济的复苏产生重大影响。从国内看，经济生活中还有很多突出矛盾和困难。比如，整体负债率特别是中国企业的负债率是偏高的，防范化解金融风险任务还十分繁重，包括债务违约的风险，影子银行和理财产品以及信贷风险，股市风险，互联网金融风险，以及人民币贬值风险等，这些风险哪一个出问题都会使我们经济发展受到冲击。再比如，我国传统产业的转型升级和去产能的任务还相当艰巨，市场经济秩序还比较混乱，诚信不足。所以我们不能简单的认为，经济运行见底了就会马上出现强劲反弹，经济回升将是波动式的，我们要有足够的耐心，付出艰巨的努力，创造一切有利条件，去迎接新一轮经济增长期或者上升期的到来。

二、要把防控金融风险放到更加重要的位置

2016 年 12 月，习近平总书记在中央经济工作会议上明确指出，要把防控金融风险放到更加重要的位置。改革开放以来，我国金融业迅速发展，金融作为现代经济的核心，为我国经济和社会发展作出了重大贡献，否则我们就不可能有今天这样的大好局面，这一切都是应该充分肯定的。但近些年来，经济生活中出现的脱实向虚、过度金融化的苗头以及金融市场上的混乱现象，也是十分严重的，值得引起高度重视。主要表现在以下几个方面。

第一，至少在五年前金融和实体经济失衡的现象就已经露出了端倪。2013 年 7 月 21 日，习近平总书记在视察武汉重型机床集团有限公司时指出，工业化很重要，我们这么一个大国要强大，要靠实体经济，不能泡沫化。学习了习近平总书记的重要讲话以后，我写了一篇文章，题目叫《我国金融改革要坚持为实体经济服务的正确方向》，很多领导都作了批示。我在文中举了三组数字。第一组数字是 2012 年全国商业银行实现净利润 1.238 万亿元，比上年增长了 18.96%，有的银行甚至增长百分之几十，有的银行说这钱挣得都不好意思，太多太快了，利润太高了。而同年全国规模以上工业企业的利润却比上年下降 9.5%，出现鲜明反差。第二组数字是《财富》杂志公布的 2012 年世界

500强名单中，中国大陆上榜的企业有85家，仅次于美国的132家，中国的85家500强企业里边银行占了9家，而这9家银行的实现利润占上榜的85家企业总利润的57.6%。相比之下，美国上榜的132家企业中银行只有8家，这8家银行的利润占美国上榜企业总利润的比例只有11.9%，难道中国的金融业比美国还要发达吗？这不正常。当时就有评论说，中国经济已经出现过度金融化了。第三组数字是A股上市公司金融板块净利润占了大半壁江山，2012年A股2494家上市公司，合计实现净利润是1.95万亿元，而52家金融类上市公司实现利润1.09万亿元，占55.9%。

以上三组数字充分说明，我国金融业与实体经济之间的利润分配关系已经呈现出此消彼涨的明显趋势和严重扭曲。在这样的背景下，金融业占经济的比重加快发展上升，工业特别是制造业比重在下降。2015年美国的金融业增加值占GDP的比重是7.1%，同年中国金融业占GDP的比重高达8.5%，这显然是不正常的。2008年金融危机以后，美国发生了占领华尔街运动，连奥巴马都说华尔街这些金融大鳄们无耻、贪恶。我国金融业这几年在中国经济中所占比重比美国都高，这是结构性的重大失衡。

第二，影子银行、理财产品乱象丛生。按照国际通常的理念和基本的道德准则，影子银行都是一个贬义词，是见不得人的、拿不到桌面上来的一种金融交易活动，而当前这样一种违规违法的机构和金融行为却没有得到遏制。他们的本质是把资金放在银行的平衡表外，逃避监管单位的监管，获取高额的回报。受人之托，代人理财，这本来是信托公司的基本业务，而这些年来商业银行等各种金融机构都搞创新，创新出五花八门的理财产品，吸引大量的社会资金，然后再以更高的利息借给急需要资金的企业或者个人。

理财产品标准差距很大，套利的机会太多，投机性过强。有一些理财产品还嵌套利息，就是从金融系统的一个行业的一个公司到另外一个行业的一个公司，来回在系统之间转，跨市场层层的嵌套，底层资产看不见底，哪儿有空子就往哪儿钻，最终流向无人知晓，使得监管部门无法监管。理财产品每发生一次交易就要提高一次利息，延长了资金的链条，钱转来转去却没有转到实体经济中去，人为地形成了大大小小的资金池和金融堰塞湖，使钱在金融体系内部循环。

2016年底，我国的广义货币供应量（M_2）已经达到155万亿元，到2017年3月底已经是159万亿了，与当年GDP总量74.4万亿元之比已经达到208%，这在世界上都是少有的。但据3月份统计局的调查问卷显示，3月份反映资金紧张的企业比重有所反弹，升至41.1%，超过5成的小型企业反映融资难、融资贵。原因之一就是大部分的资金在金融系统内部沉淀了，虽然钱很多，但是没有充分流到实体经济中去，小微企业更是拿不到。利率市场化不等于可以漫天要价，市场化也有制约因素，要有央行的基准利率这个定海神针，有管理手段，而我们对资金的价格管理没有完全跟上的时候就全面放开，就给金融机构投机炒作提供了合法的理由。这就大幅度提高了实体经济部门的资金使用成本，降低了社会资金的流动性，加上各种收费五花八门，实体经济部门的利润就这样不断地向金融部门转移，这就是金融部门脱实向虚的主要表现之一。2016年底，全国银行系统理财产品的资金账面余额达到30万亿元。

第三，实体经济部门也出现脱实向虚的苗头。金融部门通过理财产品等活动而经济效益大增的示范效应，使得实体经济部门的企业，包括许多民营企业、工业企业、国有企业甚至于大部分的央企都在办金融，在大搞理财产品，充当起影子银行的角色，而且完全不在金融监管部门的监管范围之内。1998年整顿金融秩序的时候，朱镕基同志签发"总理令"，规定凡是没有经过中国人民银行批准的金融机构都是非法机构。我们现在好多搞金融的人，哪有经过中国人民银行批准，完全自己去干，无法无天。还有一些企业利用自己的信用从银行贷款，不是用于发展本业，而是用理财产品包装起来放高利贷，最后也有一些收不回来，自己就被套死，于是企业破产，老板跑路或者跳楼，造成一些严重的后果。中国人民对高利贷历来是深恶痛绝的。有人分析清代的近5000件命案记录，发现在借贷纠纷引发的命案中，绝大部分被杀者都是放高利贷的人。

2016年A股首发融资IPO和再融资的规模一共达到13300亿元，

这些钱本来是要用于上市公司的发展上，但是这些上市公司却把其中的58%拿去认购了银行的理财产品，这完全违背了资本市场为实体经济发展融资的初衷。

现在社会上更是出现了一哄而上干金融的现象，各种类金融和准金融机构遍地开花，五花八门。中国的金融机构多吗？不多。美国的银行有7140家，但美国跨地区的大型银行没几家，大部分是地区性的银行、社区小型银行。德国也是这样，欧洲其他国家也是这样，不是一味追求做大做强，去占领全国市场，还要走向世界，不是这样的。有法律规定这些小银行不得跨区域发展、不得上市、不得盲目膨胀。奥委会主席萨马兰奇退休以后回到西班牙老家，在一个社区银行当董事长，就一个几千人口的社区，每家的情况和信用都清清楚楚，提供贷款帮助大家解决困难和发展，没有金融风险。如果我们把社区银行、地方银行都搞好，小微企业就不至于那么为难了，中国银行、工商银行这些大银行给小微企业贷款成本实在太高，由于政治上对他们有要求，他们也只能勉为其难。我们在政策设计上要更有效更实际一些，不要一哄而上，不要过分扩张。

第四，资本市场本身也需要不断完善，加强监管。2015年6月发生的股市风波大家还记忆犹新，成功应对这场风波实质上是有效防止了一场很可能爆发的系统性的金融风险。这一场风波的原因错综复杂，当时场内融资融券和场外的配套资金主要来自于哪儿？不是社会资金，而是银行改头换面，间接进入了股市，导致股票市场的银行化，大量的游资为寻求一夜暴富而人为炒作，加上个别监管人员监守自盗，而且和金融大鳄内外勾结操控市场，这种情况非常严重、十分恶劣。为了平息这场风波，国家花了很多钱，很多散户也付出了惨痛的代价。而当年那些呼风唤雨的金融机构和这些投机者腰包塞得满满的。实体经济部门也并没有得到什么实惠，这一场股市风波确实有很多经验和教训值得很好的总结。

另外资本市场也应该以培育和支持优秀的企业发展为目标，这些好企业带动全社会的经济发展意义是很大的，而不应该以追求募集资金规模、企业数量、财富效应等作为工作的目标，并且以此去评价资本市场的成败优劣，这是没有什么实际意义的。

以上几个方面的情况足以说明经济过度金融化必然使实体经济不堪承托，并受到严重的伤害，金融业如果脱离了实体经济，过度自我循环，不仅不可持续，而且最后必将出现系统性风险。经济过度金融化必然导致泡沫化，泡沫化到了一定程度，泡沫破裂就是系统性风险或者是金融危机，再进一步就是全面的经济危机，市场经济的规律就是这样。我国选择的是社会主义市场经济，决不能走西方传统市场经济的老路。实体经济部门转型的方向是要通过技术创新不断提高劳动生产率，改善产品的质量和增强核心竞争力，而绝不应该是闹哄哄地都转去搞金融，那样的话，大家岂不都要去喝西北风了，国家还能够存在吗？金融与实体经济的失衡是当前中国经济面临的三大结构性失衡之一。所以必须要回归实体、发展实体。金融企业要回归本元，改变不顾风险、片面追求规模和利润的倾向，专注主业，提升服务实体经济的质量和水平。

中央经济工作会议强调坚持稳中求进工作总基调，把防控金融风险放到更加重要的位置，并要求着力振兴实体经济，这些判断和决策是完全正确的。从统计学的行业分类标准来说，金融业属于服务业，是为实体经济和社会发展服务的，实体经济是金融业的根基和立身之本，也是我国经济发展，在国际经济竞争中赢得主动的根基。实体经济是最重要的，金融业不能以追求自身的利润最大化为主要目标。现在金融业的很多创新是"伪创新"。很多新的金融产品，搞得复杂化、神秘化了。创新是有特定内涵的，判断其真伪的标准就是能否推动生产力发展，是否有利于广大人民生活水平提高、有利于国力增强和社会进步。对于不以诚实劳动致富、而用"魔幻"般的手法把人民的钱弄到自己口袋里的"创新"是不应提倡的。

我国经济生活中出现脱实向虚和过度金融化的苗头，应当引起高度重视，但是这些问题是发展中和前进中的问题，其中有一些已经得到纠正，有的正在解决之中，从整体上看，我国金融风险还是完全可以控制的。国务院对防范金融风险做了具体的部署，银监会要求银行远离投机，提出来六项监管新举措，银行业风险控制大幕已经拉开了，强调落实十五个字的方针：重服务、防风险、强协调、补短板、治乱象，我们看到了希望。

三、经济全球化的潮流不可逆转

在美国主导世界之前，上一个全球化的版本是英国对全球的殖民统治，英国几乎统一了整个地球，靠的是殖民掠夺。两次世界大战把英国主导的全球殖民体系撕成了碎片，于是英国把霸主的权杖和遗产都移交给了美国。美国靠金融掠夺和战争去推动全球化，实质上是谋求其全球霸主地位。这就决定了他们的统治不能够长久，经济全球化的始作俑者也是西方国家，经济全球化是全球化中的一部分，也是西方国家倡导的。

最新一轮的经济全球化浪潮是 20 世纪 80 年代的里根时期，美国为首的发达国家大力倡导经济全球化，其目的是为他们的跨国公司凭借雄厚的资本实力和强大的技术力量，在全球利用更多的廉价劳动力和自然资源，并且占领世界市场，从而实现它的利润最大化。虽然经济全球化由跨国公司担任主力推动，可是一旦中国等广大发展中国家主动参与到经济全球化的浪潮中去以后，就引起了一场规模空前的全球产业链的重组，为经济全球化赋予了新的含义，带来了巨大的活力。经济全球化为世界经济增长提供了强大的动力，促进了商品和资本流动、科技和文明进步以及各国人民的交往，经济全球化已经成了滚滚向前的时代潮流，它是不可能逆转的。

近年来美国为什么出现反全球化的呼声呢？主要是两个因素，一是进入新世纪，美国打了阿富汗和伊拉克两场战争，花了 4 万多亿美元，负债累累。美国政府的国债到上一个财年达到 19.5 万亿美元，相当于美国 GDP 的 106%，是美国当年财政收入的 6 倍。打利比亚的时候，美国就没有钱打了，外包给欧盟去打，让法国带头去打利比亚，这是美国政府财力不支的典型表现。二是在全球化过程中，美国的中产阶级受到了很大的伤害。2008 年金融危机之前，美国中产阶级占比 70% 还多，目前不到 50%。中产阶级是社会稳定器，两头小中间大，这个社会就稳定；中产阶级在缩小，收入下降，这个社会就很难稳定。美国政府对这两件事情很伤脑筋，但是美国不从自身去找原因，而是简单地把这两个问题归咎于经济全球化，这是没道理的。在经济全球化的过程中，美国跨国公司的老板们是挣了很多钱的，而他们又把大量的财富藏到国外的避税天堂，这是资本家的本性。根据美国乐施会2017年4月13日公布的数字，美国最大的50家跨国企业，在海外藏的钱达到16000亿美元，其中苹果公司第一，在海外存有2000多亿美元，其次是辉瑞制药1936亿美元，再是微软1240亿美元。这个报告指出，为了寻求避税的跨国公司每年使美国遭受1350亿美元的税收损失，实际上是跨国公司和美国政府之间的矛盾，这些责任不应该推到经济全球化上去。

从根本上说，是经济全球化所带来巨大的财富在分配上出现了问题，是分配的不合理，而不在于经济全球化本身。经济全球化的本质就是在全球范围内，让市场在配置资源中发挥决定性作用，实现投资便利化和贸易自由化，建立共同富裕的人类美好家园。这一过程充满着曲折和斗争，形式也是复杂的，我们不要过于大意和乐观。当前，反全球化、逆全球化兴起，西方国家一些民众也质疑全球化的路是不是走错了，美国在全球化面前进退失据。4月18日，美国总统特朗普签署了关于"买美国货、雇美国人"的行政命令。这是典型的排外，保护主义。新的全球性问题不断出现，其背后的原因是复杂的，需要新的思维和方式去应对和治理。2017年1月17日，习近平主席在达沃斯世界经济论坛发表主旨演讲，给经济全球化赋予了崭新的内涵，并以巨大的政治智慧，对世界经济治理和发展模式提出了中国的主张，在全球产生了强烈的反响，有着重大深远的意义，相信中国人民和全世界人民一道共同努力，一定能使经济全球化不断健康成长，为全体人民谋利益，共筑人类命运共同体作出积极的贡献。

四、经济周期规律依然存在

前几年中国经济增速下行的时候，流行这样一种说法：中国经济进入新常态以后，好像经济周期就不存在了。事实上有市场经济就有经济周期，新常态是指中国发展过程中的一种新阶段，并不是说新常态将来就是平平稳稳的没有周期规律的。在经济升级的过程中，仍然会有经济周期，既然我国经济增长速度的回落已经见底，而且这个底还筑得比较坚实，那么我们就可以预期新一轮增长周期并非遥不可及。我的判断是再有两到三年的调整，也许就可望迎来一个更加亮丽的新局面，理由如下。

第一，工业化进程正在持续推进。衡量工业化水平的一个重要指标就是非农就业人口，我国非农就业人口人数占总就业人口的比重，从 2010 年到 2016 年平均每年提升 1.6%，目前已经达到了 71.1%。

第二，近几年稳增长的措施为新一轮的经济增长期拓展了空间，打下良好的基础，有利于提高劳动生产率。

第三，城镇化加速会激发投资和消费者需求。按照常住人口的口径来计算，中国城镇居民人均社会零售额是农村居民的 5 倍。当前中国已经推出让 1 亿非城镇户籍人口落户的方案，必将极大拓展消费市场，激发更大的教育、医疗、文化、基础设施等方面的投资需求和消费需求。

第四，消费升级为新一轮的增长期提供动力。例如汽车，2016 年我们销售量达到 2800 万辆，增长速度是 13.5%。我们现在每千人汽车拥有量还不到 150 辆，而发达国家是 700 到 900 辆，这个差距还很大，增长的潜力也是非常大的。

第五，科学技术突飞猛进。当前无论是固定资产投资还是工业增加值的增长速度，高技术产业都远高于传统产业，反映出新的动力增长非常强劲，说明大量先进技术正在迅速转化为现实的生产力。中国 20 世纪后 30 年总计出生的人口有 6 亿，这 6 亿人现在都是青壮年，这个庞大的群体文化素质比较高，掌握现代化的生产技能，消费观念也新颖，他们不仅是创造社会财富的生力军，也是推动社会消费增长的主要力量。正在不断富裕起来的 13.8 亿人口的中国，市场的潜力实在是无法限量，对新的经济增长期的到来是可以期望的。这个新的经济增长期不是经济增长速度的简单重复，其根本特征是：我国经济将从高速增长期进入高质量发展的新阶段。

资本主义市场经济也有明显的经济周期。1925 年苏联经济学家康德拉季耶夫在美国发表的《经济生活中的长波》一文中首先提出，资本主义经济中 50 年到 60 年会出现一个经济长波周期的理论。1939 年美国经济学家熊彼特提议全世界的经济学家接受康波周期的理论，这个理论大家都认可。有位英国经济学家写过一本书，他画出了美国建国以来经济波动的曲线，正好是 30 年左右发生一次小的经济危机，60 年左右发生一次大的经济危机。市场经济如果按照自由主义市场经济理论，完全由市场来决定、来调整，经济盲目增长到一定程度就会引发严重的产能过剩，然后泡沫破灭，爆发经济危机，进行破坏性的调整。20 世纪 30 年代美国经济大萧条，1929 年到 1932 年美国的银行倒闭了一半多。当年在美国住旅馆，旅馆的服务员就问是想跳楼自杀还是住房，跳楼自杀给安排高一点。人们对这种问话习以为常，一点都不奇怪，所以西方市场经济自我调节是非常残酷的。30 年正好是一个代际，从萧条期到成长期再到繁荣期，而后开始新的循环，周而复始。天体运动也是有周期性的。中国祖先把 60 年定为一个甲子，是通过长期对天体的观察推断出来的，很科学。1988 年，我到西北去调查，西北电力局的总工程师给我一份潼关水文站的历史材料。从明朝开始，黄河水从丰水年到平水年到枯水年再回到丰水年，这样的周期很清楚，30 年左右一个小的周期，60 年是一个大的完整的周期。有句话说：三十年河东，三十年河西。山西省永济市，就是唐朝诗人王之涣写的《登鹳雀楼记》"白日依山尽、黄河入海流。欲穷千里目，更上一层楼"那个地方，正好印证了这句话。这个楼并没有动，黄河改道了，30 年黄河在楼的东面，30 年又跑到西面了，是洪水期汹涌的黄河水夹带着大量泥沙东奔西突导致了河床的变迁。

天行有其道，地行有其常。人的活动也不例外。经济周期规律还是有的，不会消逝。中国经济在当前和今后一段时期是上升的动力和下行的压力相互博弈的时期。经过两三年的调整之后，中国经济增长新动力必将以绝对的压倒优势蓬勃发展，制造业的新产业新技术新商业模式将茁壮成长，服务业也将更加健康迅速地发展，为经济增长和人民生活的改善作出更大贡献。我国正处于一个伟大新时代到来的重要转折关口，到 2020 年就要实现全面建成小康社会的目标，之后我们将在更高的起点上以更加坚定的步伐迈入实现中华民族伟大复兴的历史新长征，开启新的 30 年，从 2020 年到 2049 年实现第二个百年目标也是 30 年左右。让我们努力奋斗，去迎接伟大的新时代。

三、世界经济与美国金融危机

美国经济近期表现及其他

（2001 年 8 月 27 日）

一、上半年经济持续疲软

GDP：一季度增长 1.2%，二季度增长 0.75%（不是最后数，可能调低）；风险投资：二季度下降 61%（大量风险投资基金从硅谷抽逃，去年二季度投资硅谷 324 亿美元，今年同期只有 9.28 亿美元）；企业固定资产投资：二季度下降 13.6%，为 19 年来最大降幅，其中，设备和软件投资下降 14.5%；出口：一季度下降 1.2%，二季度下降 9.9%；进口：一季度下降 10.2%，二季度下降 10%（去年同期增长 20%），其中信息技术设备进口下降 50%；个人消费开支：一季度增长 3%，二季度增长 2.1%，比上季度增幅下降 0.9% 个百分点；消费物价指数：7 月下降 0.2%；股票指数：二季度末与去年最高水平相比，道·琼斯指数下降 11%，纳斯达克指数下跌 55%，标准普尔 500 种股票指数下跌 21%；利率：年初以来七次降息，联邦基金利率和贴现率分别降到 3.5% 和 3%，两项利率总降幅均达 3 个百分点；失业率：六、七两月均为 4.5%，上半年裁员 77 万人，7 月又裁员 20.6 万人；劳动生产率：一季度下降 1.2%，由于裁员和缩短工作时间，二季度上升 2.5%；劳工单位成本：一季度上升 6.3%，二季度上升 2.1%；企业盈利：平均下跌 20%；房屋开工：由于降息，7 月房屋开工量上升 2.8%，是各项经济指标中唯一的亮点。8 月 21 日公布的盖洛普民意调查结果显示，认为美国经济还在恶化的民众高达 59%。

二、美国经济究竟出了什么事

美国经济刚刚创造了历史上最长的扩张期（二战以来的前八次经济扩张最长 106 个月，平均 55 个月，而这次长达 117 个月），并且表现出高增长、高就业、低通胀的新特点，如今突然步履蹒跚，风光不再。美国的理论界有两种看法，以格林斯潘为代表的经济学家认为，主要是由于需求疲软，迫使企业采取措施降低库存而导致经济增长速度下降，故只要降息就能重振雄风。而欧美传统学院派则唱反调，认为这轮经济低迷与战后历次的经济萧条有根本区别，是在没有通货膨胀的情况下长期过度扩张、消费者和企业债务超常积累引起的，属于"投资增长和衰退"型的周期模式，消费者和企业现在一门心思要降低自己的债务，对利率下调并不关心，降息无法有效刺激消费需求，更难以刺激投资需求。因此，不少美国人认为，格老可能是用错了药，而且从去年的多次加息开始就错了。在没有出现通胀的情况下，央行不该针对股市上扬而采取加息的金融政策。在股市有暴利可图的狂热时期，提高利率无济于事，反而会扼杀了经济增长的内在活力。布什政府实行减税的财政政策也难奏效。按其减税方案测算，1% 最富有的人将获得减税总额的 38%，而这少数人已占据美国社会总财富的 40%以上，不会因减税而增加消费。今年减税总额 400 亿美元，绝大多数人摊不到几个钱。更重要的是信心问题，如果拿到退税支票后用于还债或存入银行，也不能变为现实的消费。

美国经济问题的实质，是对 IT 产业的过度投资而导致经济泡沫的破裂，人们对 IT 产业炒得太热，期望值太高。1991—1999 年，美国计算机和软件投资年均增长 15%。其中，计算机投资年均增长 34.7%，累计投资 3.48 万亿美元，占同期设备投资的 45.3%，出现了供求关系的严重失衡。目前，美国 IT 产业产品库存销售比达 96%；拥有光纤6200 万公里，足够绕地球 1566 圈，花费投资近 1000 亿美元，而光纤网络的真正使用率仅为 2.6%；IT 产品生产能力超过实际需求 2—3 倍，重复建设相当严重。而人们却只顾在股市上疯狂炒作。IT 产业尤其是网络公司又未找到令人们满意的挣钱方式，反而成了烧钱的机器。投资者的耐心终于超过极限，纳斯达克股票指数狂跌。IT 产业类股票总市值占美国 GDP 的 25%，它的大跌必然使整个经济受到重大影响。

今年美国经济的疲软拖累了原本很有生气的欧盟经济和刚刚出现复苏苗头的日本经济。美欧日三大经济板块占全球经济总量（GDP 约 30 万亿美元）的 80%。这对全球经济的冲击是可想而知的。多家国际权威机构预测，今年世界经济增长率将从去年的 4.8% 降为 2.5% 左右；世贸组织预测，今年全球贸易额增长将由去年的 12% 降至今年的 7%。也就是说，今年世界经济和贸易的增长率都只有去年的一半左右。由于巨大经济惯性的影响，估计明年的世界经济形势可能更严峻。

然而，美国经济出现的问题并不说明 IT 产业的衰落。从世界几次重大技术革命（第一次是纺织业为代表，第二次是铁路，第三次是汽车）的历程看，前三次技术革命都是从低速增长（约 30 年）到进入高速增长期（约持续 50 年）再走上平缓增长的高原平台。IT 产业从 1939 年出现首台计算机到 1969 年正好经历了 30 年的低速增长期，此后迅速发展，目前正处于高速增长的壮年期，可以说是方兴未艾。相信经过这次全球性的重大调整，IT 产业必将获得更大的发展，并更深刻地改变人们的生产方式和生活方式。

当前美国的经济问题与 30 年代相比也有重大区别：一是国际环境变了，有大量国际资本和廉价的国际商品作支撑；二是美国传统产业发展还比较平稳；三是美国银行的金融资产质量较高，并有比较完善的监管和风险分散机制。因此，美国经济是处于一个商业周期的调整阶段，不可能出现 30 年代那种大萧条的严重局面。

三、强势美元到底能走多远

今年以来，美国经济疲态毕现，利率频降，股市重挫，贸易逆差持续扩大，而美元汇率却一反常规一路走高，欧元、日元及其他货币则不断遭贬。今年上半年，美元总体升值 11%，欧元和日元兑美元跌幅均达 10%，英镑跌 9%，东南亚许多国家的货币贬值 20%—30% 不等。对此，美国人又爱又恨。

　　强势美元有利的方面：一是可以保证国际资本持续大规模地流入美国，以保持美国金融市场的稳定和国际收支平衡。目前，美国实际上利用了全世界净储蓄额的72%，2000年净流入美国的国际资本达7076亿美元。大量外资流入使美国出现的投资"赤字"累计达1.47万亿美元，外资持有美国9080亿美元的公司债券，持有1.3万亿美元的政府债券（占政府债券总额的41%）。这些年来美国主要是靠资本项下的大量盈余去弥补经常项下的巨额赤字。1996—2000年，美国外贸逆差分别为1110亿美元、1550亿美元、2360亿美元、3314亿美元和4756亿美元，逐年大幅增加。如果美元出现较大贬值，就可以导致国际资本流向的逆转，外国人不仅不敢再向美国投资，而且会纷纷抛售手中持有的美国金融资产，就将出现灾难性的后果。二是强势美元可以维持进口商品的较低价格，有利于抑制通货膨胀，支持国内低成本的消费，而个人消费占美国GDP总额的70%以上，从而推动美国经济的增长。

　　美元坚挺的弊端：一是使美国的产品在海外市场售价提高，降低竞争力；二是很多设在海外而总部在美国的企业由于外币换算成美元后价值减少了，结果达不到以美元计算的利润目标；三是由于美元升值使美国公司的竞争力下降，收益也相对降低，而导致外国投资者卖掉美元资产，使美元被釜底抽薪；四是强势美元妨碍了美联储重新启动美国经济的努力。

　　看来，美元的强势已经基本走到头，大幅贬值也不可能，估计会在波动中呈微跌的趋势。

四、美国经济与中东局势

　　留心观察一下国际局势，会发现这样一种现象：美国经济好的时候，中东局势相对稳定；美国经济越是疲软，以色列对巴勒斯坦的态度就越是强硬。这是不是偶然现象，两者之间有没有内在联系，在以色列的背后有没有高手指点？很值得深思。从历史上看，美国经济遇到困难时，总要从政治或军事方面想方设法在国际上制造一点麻烦。

在国外发动一场局部战争，军火商就会大发其财，而军火工业的产业链是很长的，可以带动整个经济的增长。目前中东局势已经相当紧张，但能否打一场战争，有多大规模，还有许多复杂因素。据美国国防情报局上校希利说，很可能打一场导弹战；俄罗斯专家更是普遍认为，中东即将爆发一场以色列与大多数阿拉伯国家之间的战争，他们连时间表都有了，说可能在 9 月下旬点燃导火索，这正好是巴以冲突爆发一周年的日子。另外，美国会不会在其他地方找点其他什么事，也值得关注。

中国不应总是为发达国家打工

（2005 年 4 月 28 日）

当前，国际产业分工呈现出加速调整的新格局。发达国家越来越多地将加工工业转移到发展中国家特别是亚洲地区，以充分利用发展中国家的廉价劳动力和丰富资源，而本国则主要发挥技术优势，从事技术开发、产品设计和制定技术标准。加工工业纷纷从发达国家外包出去，是当今国际产业分工的一个总体特征，也是一个大趋势。正如美国《洛杉矶时报》4 月 17 日文章《对华贸易逆差是误导》一文所说："贸易赤字是有误导性的统计数据。商品贸易数据没有考虑在今天的全球经济中，产品是如何制造出来的。南加利福尼亚的服装公司负责设计，决定衣服的样式、颜色、尺寸和规格，但生产都在其他地区。衣服样本和说明通过因特网传给负责生产的中国工厂。随后它们经由洛杉矶和长岛的港口运回来，摆上货架。由于在网上传出去的衣服样本不算'出口'，而从港口回来的服装成品却算作'进口'，于是人们就说贸易'逆差'加大了。玩具行业的情形也是这样的。实际上，经济学家估计，中国制造商只得到了所生产的出口品价值的 20%。"

发达国家的这种国际化经营是靠其跨国公司来实现的。跨国公司客观上已经成为经济全球化时代配置世界资源的主体。目前包括跨国公司间和公司内部贸易，涉及跨国公司的贸易大约占全球贸易总额的 2/3。跨国公司利用对核心技术、品牌、国际营销网络等垄断性资源的控制，在全球市场获取了丰厚的利益。

新的国际产业分工应该是互利互惠的。发展中国家既缺乏技术，更缺乏资金，客观需要也真心欢迎外商来投资，以促进本国经济的发展。我国改革开放以来也是走的这样一条路子，已经累计吸引外资5700亿美元。通过这种方式，我们学到了一些国际先进技术和现代化管理经验，不仅解决了大量的就业，而且转变了人们的思想观念，极大地开阔了眼界。其历史意义是怎么估计也不过分。但在这个过程中，我们自觉或不自觉地在国际产业分工格局中承担了重要的生产者角色。中国成了真正的"世界工厂"，而工业污染也留在了这里。2004年的出口总额中，外商投资企业出口所占比重已高达57%。出口产品的利润大头是在外商投资企业手里，我们在很大程度上只是打工者，而且还枉担了顺差太大、向外倾销等坏名声。

目前，中国企业最突出的问题是"两头空"：前头技术开发严重不足，后头销售和服务网络很不健全，只是担任着中间加工甚至组装的角色。不少企业重生产，轻研发；重引进，而不太重视对引进技术的消化、吸收和创新。2003年，全国大中型企业中，拥有技术研发机构的仅占1/4，其中有实际技术研发活动的又只占1/3，科技研发投入占销售收入的比重仅为0.75%。多年来，引进技术的投入与对引进技术消化、吸收、创新投入的比例只有1：0.07，而日本和韩国的这一比例则高达1：8左右。我国目前医药95%、芯片80%以上、数控机床和纺织机械70%以上、汽车90%以上的专利都是外国的。我国生产的DVD在同时向国外几家公司交专利费后再扣除成本，已无利可图。出口产品在批发和零售环节价格大幅提高，利润的大头也在这个环节。而我们的企业苦于缺少国际营销网络，这些好处也大多让国外经销商拿走了。另外，我们的企业更不注重服务，这与国外一些跨国公司形成鲜明对照。比如，美国IBM公司基本上已经不是一个生产和销售计算机的公司了，其营业收入的50%以上来自于全球服务，其他部分则主要依靠每年投入的50亿—60亿美元的研发经费生产专利、出售技术获得。

我们的一些企业家往往追求或满足于"眼见为实"，看见厂房林立，机器轰鸣，产品从流水线上滚滚涌出，就很高兴，很知足；而对无形资产，如知识产权、产品研发、销售网络、市场开拓等则研究不够，重视不够。由此不仅丢掉了利润的大头，而且严重制约了企业的长远发展。这是传统计划经济思维方式的反映，受此局限实在是很吃亏的。这也是我国工业生产规模很大而实际新增的国民财富不多的重要原因之一。我们在积极迎接国际产业向我国转移的同时，要找准自己在国际产业分工总体格局中的地位，不能心甘情愿地永远只当打工者。

国际竞争在很大程度上是知识产权的竞争。谁掌握了知识产权，谁就掌握了主动。一些发达国家已将专利战略上升为国家发展战略的重要内容，把专利战略与国家经济发展有机结合起来。日本过去是提倡"贸易立国"，后来推行"技术立国"，现在又改为"以知识产权立国"，全方位构建知识产权保护体系。美国政府也出台了21世纪专利发展纲要。跨国公司在一定程度上已经形成了对我国技术市场的垄断，而我们却至今没有反垄断的法律去对其进行相应规范。另一方面，当中国大陆的高科技企业在某些领域正兴奋于找到新兴经济国家后发优势的一点感觉的时候，却面临着前所未有的"围追堵截"。从台积电起诉中芯国际，思科起诉华为等，到被寄予厚望的贵州微硬盘遭日立公司起诉，知识产权的纠纷让中国企业付出了高昂的代价。

我们还必须看到，中国的优势主要不在于劳动力资源丰富，而在于至今仍没有发育完全的国内市场。外资之所以看好中国，大量涌入中国，从根本上说是看好中国市场的巨大潜力。13亿中国消费者是影响世界经济格局的重要力量。因为再好的技术、专利、产品和服务，最终是要靠广大消费者来实现其价值的。我们始终不要忘记中国是世界上最大的发展中国家。中国的发展需要实施发展中大国的战略、努力开发国内大市场的战略。只有不断开发国内的大市场，中国的企业才能随着市场的变大而迅速成长；只有企业规模变大后，才能支撑更深入的技术研发，从而不断提高我国企业的竞争力。

携起手来，共同应对世界经济不平衡

——在博鳌亚洲论坛上的书面发言

（2006 年 4 月 22 日）

近年来，世界经济发展不平衡已成为全球普遍关注的一个问题。人们都对此表现出各种各样的担忧，并由此引发了国际贸易摩擦的不断增多。

一、世界经济不平衡的主要表现

以美国财政、外贸"双赤字"为主要标志的世界不平衡现象是确实存在的。克林顿政府任期最后一年，财政盈余达 1250 亿美元；而到 2005 年已转为财政赤字 4270 亿美元。美国经常项下的赤字，2004 年已经达到 6681 亿美元，2005 年到了 8049 亿美元。这种状况，令人怀疑美国经济的这种发展模式是否具有可持续性。

目前，世界经济已形成物质产品由发展中国家特别是中国等亚洲国家流向发达国家；而资本、专利、核心技术等由发达国家流向发展中国家；资金、财富则又以各种方式从发展中国家流向发达国家的这样一个新局面，从而导致"南北"的差距在继续扩大，在发达国家内部收入差距也在扩大，全世界的社会财富进一步向少数人手里集中。这就是世界经济发展不平衡的最根本表现。由此引发了各种社会矛盾的不断涌现，在国际经济上则表现为贸易摩擦和其他一些争论的加剧。这种不平衡状况若不采取有力措施而任其发展下去，不仅美国经济能否顺利发展下去是一个问题，而且将直接影响全球经济的健康发展。

二、产生世界经济发展不平衡的主要原因

出现这种不平衡现象，从根本上说是世界经济一体化的必然结果。跨国公司财富积累到一定程度后，要求为其资本在国际市场上寻求出路，需要利用其他国家的劳动力和原材料进行低成本的生产，并更多地占领国际市场。这是经济发展的客观规律，是必然的选择。如美国，劳动力密集型和高能耗、高污染产业纷纷向国外转移。而国内则着重于发展技术研究、技术创新、金融等服务业。另一方面，美国的批发零售业也采取了全球采购的策略，哪里便宜去哪里买，从而出现大量产品进口，产生了巨额的国际贸易逆差。由于各种要素在全球范围内配置，产业在国际上的重新分工，使世界经济出现了全新的局面，传统的平衡关系和发展格局发生了深刻的变化。

三、客观评估世界经济发展不平衡问题

在发展失衡的同时，经济却在高速地增长着。为什么？这不免令人十分迷惑。一些主流经济学家对此现象也十分担忧，认为这种以美国"双赤字"为主要特征的失衡，会对世界经济产生严重的威胁，并称维系当前世界经济发展的是一种"刀刃上的平衡"。IMF主席拉托就说过，这种不平衡将导致世界经济无法实现可持续发展，并对世界繁荣产生严重威胁。美联储前主席格林斯潘也指出，美国一方面是经常账户赤字大幅攀升，另一方面是经济保持快速增长，这是一个"谜题"。

按照凯恩斯主义的外贸乘数理论，顺差对经济增长是有利的，而一个国家如果出现较大的外贸逆差，就会出现经济衰退和高失业率。但美国从1992年开始，外贸逆差由当年的391亿美元，逐年攀升到2005年的8049亿美元，却没有出现经济衰退和高失业率现象。相反，

1992 年美国的经济增长率为 3.3%，失业率为 7.5%；而到 2005 年，经济增长率为 3.6%，失业率却只有 5.1%。看来，凯恩斯的外贸乘数理论失灵了，传统的经济理论已不能解释这些现象。

为什么会出现这种状况？从根本上说，这是经济全球化和国际产业分工调整的必然产物。如美国，多年来其制造业大量向外转移，但美国现在的制造业还占世界总量的 1/4。不能说美国经济已经完全"空心化"了。美国主要是把劳动密集型的产业或生产环节转移出去了，不少耗费人力的服务业也外包出去了。同时美国很多人力和资金又转向了技术研发和其他重要的服务业。美国的国际收支是如何平衡的呢？主要有四个渠道：一是美国境外企业，即不在美国本土的子公司收入大量增长。根据联合国的资料，美国的境外企业 2004 年实现了销售额 33830 亿美元，而当年美国本土企业出口才 10040 亿美元。前者是后者的 3 倍多。这些原本是美国的企业，实际上相当于美国的出口。但由于搬出去了，不仅没有算在出口账上，美国海外公司卖回美国的商品，却成为美国的进口。这主要是传统的国际统计规则造成的。进出口统计是以海关的统计数为准的，传统的国际贸易是地域概念、产地的概念，不是所有权的概念。因此，从海关数据看美国的巨额逆差，确实掩盖了不少真相。根据 2005 年 3 月美国国家经济分析局报告，美国公司 2003 年在海外盈利高达 3150 亿美元，比上年增长 26%。其中相当一部分汇回了美国。二是美国的服务贸易迅速发展，文化产品如音像制品等，已成为美国除军火外的第一大出口产品。金融和其他各种服务业出口的收益也是颇丰的。但这些产品在海关上是统计不了或是统计不全的。如中国买断一部美国大片的发行权，只用把钱打过去就行了，海关是统计不了的。三是美国大量的技术、专利、商标、标准等，这些无形产品的出口，在海关上也是无法统计的。四是亚洲国家购买大量的美国国债等美元资产而使巨额资金流入美国。由于这几个因素，造成美国国际收支平衡表所反映的结果与海关统计的经常项下的巨额赤字，是完全两码事。据国际货币基金组织的数据库资料显示：2003 年，美国国际收支总平衡结果仅为亏损 15 亿美元，2004 年为亏损 28 亿美元，说明美国的国际收支是基本平衡的，更何况美国还掌握着美元的印制、发行权。

由此可见，美国目前的巨额外贸赤字就不足为怪了。当代世界经济与凯恩斯时代相比已经发生了天翻地覆的变化。格林斯潘先生所说的"谜题"，其实也没有太大的奥秘。从这个意义上说，不必把世界经济发展不平衡特别是美国经济的不平衡，估计得过于严重。

四、共同应对世界经济发展不平衡

和平、发展、合作是当今世界的潮流。随着世界经济一体化趋势的加快，全球经济已经形成了"你中有我，我中有你"的关系。这是与二战以前的国际政治、经济关系相比，所发生的最深刻的变化；也是与"冷战"时期美苏政治、经济关系的根本区别（那时美苏之间的贸易额几乎为零）。现在不是谁吃掉谁，谁战胜谁的问题。而是要谋求共同的发展，走和平发展的道路。要互利互惠、公平竞争、互相合作。这符合世界各国人民的根本利益。世界上无论哪个大国，如果经济出现严重问题，都会影响到其他国家，影响全球经济。谁要是打算遏制别的国家发展，他自己也不能独善其身。所以，唯一的出路就是大家携起手来，共同面对现存的问题。从今年世界经济发展态势看，美国增长很好，欧洲明显回升，日本也基本结束了多年低迷的局面，走上复苏之路。各方面的预计都认为今年世界经济发展会好于去年。对这样一个好的局面，大家都应该十分珍惜。当然，对于世界经济发展不平衡的问题绝不能掉以轻心。不平衡是绝对的，平衡是相对的。但过份的不平衡，就可能引起世界经济的动荡，每一个负责任的国家，都应该正视这个问题。当前值得关注的是，如果人为地让人民币大幅度升值对世界经济可能产生什么影响。从全球看，美元仍是最强势的货币，没有其他货币可以与之匹敌。如果人民币大幅升值就意味着美元的大幅贬值，这不仅解决不了中美贸易的差额问题，而且可能引发人们对美元信心的动摇，进而导致美国和世界经济发生震荡。这是大家都不愿意看到、也不允许发生的。近一个多月来，全球的黄金、白银以及铜等贵重金属价格急剧上涨，加上石油价格飞涨，在某种意义上说明美元在贬值，因此要注意防止出现全球性的通货膨胀。

应对世界经济发展不平衡问题，首先，要准确、客观地认识当前世界经济发展不平衡的深层次原因和实际情况，不要夸大其严重性，但也不能麻痹大意；其次，国与国之间的贸易争端，要通过协商、谈判解决，不可动辄就实行制裁，要按 WTO 原则，寻找各方都可以接受的解决方式；第三，发达国家要加强对发展中国家的支持援助，要客观公正地评估资本和技术的价格及其在财富分配中的作用；第四，作为一名统计工作者和曾任联合国第 36 届统计委员会副主席，我建议国际统计界同行抓紧研究建立能反映企业和产品所有权的国际贸易统计制度和方法，以全面真实地反应国际贸易的面貌；第五，在世界经济一体化的大背景、要素在全球范围内配置和流动的新格局下，必须从世界的大视角去观察经济问题，不能孤立地只看一个国家。新时期需要新的经济理论来解释当前的经济现象，并指导世界经济的发展。伟大的时代在呼唤着经济理论的发展和创新，也必将造就出一批凯恩斯那样的杰出经济学家。

如何正确认识中美贸易统计误差

——在"中美贸易统计误差研讨会"上的总结讲话

（2006 年 10 月 24 日）

    今天一天的研讨会非常辛苦，7 位专家做了很精彩的发言，这些论文都是高水平、高质量的，大家的提问也很有水平，大家本着认真务实的态度探讨问题，畅所欲言。这个会议学术性很强，都是高水平的研讨。大家从实证分析、计量经济学的理论，从数学模型、投入产出表等各种渠道，对中美贸易统计的误差进行了分析。我相信对我们大家都会有很好的启发。

    贸易统计上产生的误差，是由多种因素造成的。出口国海关用的离岸价（FOB），进口国海关登记的是到岸价（CIF），商品出口之后总是要增值的，还要支付海上的运费、保险费。有不少商品离开大陆口岸后要到香港甚至其他国家加工或包装后再出口到美国，这之间又会冒出一大块增加值，这一块在中国大陆的统计中都反映不出来的，而在美国的海关统计中则会充分反映出来。由于贸易额是按照贸易的价值量来衡量，而不是用实物量来衡量，所以最核心的问题是价格问题，中间商在中国采购的价格，和在美国卖出的价格，肯定有一个很大的差价。还有汇率的因素，出口退税的因素，也会影响价格。例如，去年由于市场对人民币升值过高的预期，有一笔热钱通过贸易的方式进入中国，把出口价格高报，多打进外汇来，期待着人民币大幅升值后可以换取更多的外汇出去。这种人为的因素，数学模型、投入产出表等就反映不出来了。中国的海关总署在外贸统计、货物统计的方法和制度上，包括一些统计的口径，比如 IT 产业的口径，高科技产业产品的口径，与美国是基本一致的。由于上述种种原因造成了中美贸易统计数字有较大的差异。另外，我们研究中美贸易问题的时候，必须从经济全球化趋势加快这一大的视角去观察。中国对美国贸易有大量的顺差，是国际产业分工的结果。我们对东南亚各国有着 200 多亿美元的逆差，对中国的台湾地区去年有 582 亿美元的逆差，对韩国有 400 多亿美元的逆差，对日本也有 200 来亿美元的逆差，而对美国和欧盟却有大量的顺差，这是为什么呢？这是国际分工，形成几个产业链条的产物，就是说从东南亚、中国台湾、韩国、日本生产的大量元器件到中国组装然后向欧美出口，所以中国大陆是一个最终出口的场地。而整个这个链条很长，这种对美国巨额的顺差，实际上是东南亚许多国家和地区综合的效果。也是东南亚许多国家地区对美国贸易顺差的叠加。比如以前日本对美国是第一大顺差国，但现在日本很多产业转到中国来最后组装加工，向美国出口，中国处在对美出口的第一线上，而日本对美的顺差相应减少了。同样，美国跨国公司在中国的投资企业，产品出口到美国也加大了中国对美的贸易顺差。到去年年底，美国在华的投资企业 49000 家，累计投资 511 亿美元，它的产品有相当一部分，是看好中国市场，在中国销售的，但是也不可否认它有一部分产品是要返销美国的。由于这些产品是在中国这个土地上生产或者组装，然后出口美国或者欧盟，这就变成中国的出口，从而产生中国巨大的外贸顺差。由此我想提出一个问题，国际贸易按照原产地统计确实存在局限性，应该研究怎样按照所有制、反映企业所有权的外贸关系来统计恐怕更能反映各国的利益关系和外贸的实质。今年 4 月份在海南岛的博鳌论坛上我也呼吁了这个问题。

再看看美国的情况吧。美国确实有大量的制造业向国外转移。根据联合国的资料，美国 2004 年在国外的企业实现的销售额达到 33830 亿美元，而美国本土企业的全部货物出口额只有 10040 亿美元，如果把美国在外国的企业所实现的销售额视同于美国的出口，那么美国应当是世界最大的顺差国。但由于现行的国际统计制度，美国在境外企业实现的销售额不能放在美国的出口额中，这些企业生产的产品返销到美国去，还属于美国的进口，这是统计方法和制度的规定，而财富的分配是最实质的东西。美国外贸出现巨额逆差只是统计数字上的表面现象，美国跨国公司和官方是发了大财的，而美国制造业的蓝领甚至白领阶层倒是真正吃亏的。对美国产业已经空心化的说法也要具体分析。世界银行写的一篇文章分析美国制造业占世界制造业的份额1995年是22.2%，2005年是22.3%，这十年中世界制造业蓬勃发展，美国所占的份额不仅没有减少反而还是上升的，美国制造业的发展在过去的十年中超过世界平均水平。美国转移出去的主要是劳动密集型、能耗高的或者对环境影响大的一些产业，即便是高新技术产业同样有劳动密集型的生产环节是可以转移出去的。但是美国拥有强大的技术创新能力、雄厚的资金实力，它始终站在世界制造业的高端。可以说，美国制造业对世界制造业的控制力和影响力不仅没有减弱，而是比以前更强了。

另外，海关统计的是货物贸易，还不包括技术专利、标准和其他无形的贸易。所以美国的赤字说起来8000多亿，但是它的国际收支平衡表是基本平衡的。对于美国的外贸赤字问题，还是要有一个准确的客观判断。既不能把它看得无所谓、无足轻重，也不能把它估计得过高、过于严重。

中美贸易统计的误差，绝对量是逐年增加的，但是由于中美贸易的总额增长的更快，相对来说应该是逐步缩小的。就是按照美国政府公布的统计数字，从2000年到2005年，中国对美国的出口和美国对中国的出口，在这五年之间都各自翻了一番。如果我们把美国公布的对中国的贸易逆差数做分子，中国公布的统计数对美国的顺差做分母，比一下，可以看到10年来比值逐步下降，1995年该比值是3.942倍，而2005年只有1.765倍，从将近4倍回落到不足2倍。这让我们感到高兴。中美两国贸易的发展对我们两国都是有好处的，我们的目标是要互利共赢。对存在的问题，特别是统计数字上的一些误差，可由专家、学者包括政府官员努力去研究找清原因并提出解决办法，其他一些方面的问题可以通过协商交流，是没有解决不了的。我衷心希望通过我们今天的研讨会能把中美贸易统计误差这个课题的研究进一步继续下去，中美双方在这方面加强合作，我们一定能把事情说清楚，不断追求真实，为科学决策服务。

如何客观认识中美贸易不平衡

(2007 年 7 月 27 日)

在对华贸易赤字继续增长的情况下，美国国会的少数议员将中美贸易失衡的原因归咎于中国，并积极酝酿多项针对中国的贸易制裁法案，例如制裁"货币失调国家"的提案等，很是热闹。当前，关于世界贸易不平衡特别是中美两国贸易不平衡问题，确实是全球都十分关注的大事。要妥善解决这个问题，基本前提是必须客观、准确地认识产生这种不平衡状况的原因，然后通过平等协商，共同努力，实现双赢。

一、中美贸易不平衡的根本原因是什么

第一，这是经济全球化大背景下，出现国际产业分工新格局的必然结果。20 世纪 90 年代初，以美国为代表的发达国家大力倡导经济全球化战略，他们把许多制造业的生产转移到亚洲的发展中国家。于是出现了大量物质产品在亚洲生产出来，向美国、欧洲出口的新局面。参与这种国际分工的亚洲国家和地区普遍都有较大的外贸顺差，外汇储备也都增长较快，不单是中国出现这种情况。到去年底，全球官方外汇储备 4.87 万亿美元，亚洲国家和地区就占了 3 万多亿美元。

第二，在中国制造的产品具有较强国际竞争力的主要原因在于劳动力成本低廉。目前我国经济活动人口达 7.8 亿，大量农村剩余劳动力向城市转移，劳动力成本低的优势确实明显。目前我国制造业劳动力成本仅相当于美国的 2.9%、日本和加拿大的 3.1%、法国的 2.8%、

德国的 2.1%、巴西的 22.1%、墨西哥的 26.8%、韩国的 5.8%、台湾的 11.2%、香港的 12.2%。中国的产业工人包括农民工是作出巨大贡献的。此外，在中国制造的产品往往没有把环境保护和节约资源的费用充分打入成本。

第三，中国对美出口的主体是在华外商投资企业。2006 年，在华外商投资企业出口占中国出口总额的近 60%。中国对美国贸易顺差中有 85% 左右来自在华经营的外资企业，其中大部分又是美国企业。中国出口美国的许多产品都贴着西方企业品牌商标，由西方企业设计，执行的是西方企业的质量标准，只是在中国生产，企业的利润当然归企业产权所有者。

第四，中国对美欧贸易的大量顺差是亚洲许多经济体的叠加效应和综合结果。我国与东南亚、东亚国家和地区已形成相对完整的产业链条，许多产品的零部件是在外面生产，再到中国大陆加工组装后向美欧出口的。中国大陆成了亚洲地区大量商品的集结地。中国对美欧贸易虽有较大顺差，但对日本、韩国、中国台湾以及东南亚大多数国家的贸易都是逆差。这部分产品在中国实现的增加值顶多只占 1/3，或只收了微薄的加工费，我们是"过路财神"。例如，过去日本产品直接向美国出口，是美国最大的逆差国。这些年来，日本把许多产品的后步加工组装工序转移到中国完成，再向美国出口，他们退居二线了，但企业利润大头还是他们的。根据美方统计资料分析，在美国的贸易逆差中，中美逆差占的比重从 1997 年的 27% 上升到 2006 年的 28%，而美国对东亚其他国家的贸易逆差所占比重则从 1997 年的 43% 下降到 2006 年的 17%。

第五，近几年我国进出口总额和外贸顺差的快速增长是加入 WTO 后的积极效果。在 WTO 的总框架下，我国有权享受相关国家的贸易优惠条件，同时我们也承担了自己应尽的义务和责任。2001 年 12 月 11 日加入 WTO 后，我国进口关税平均税率从 15.3% 降低到 2005 年的 9.9%，修改了 2000 多项法律、法规，废除了 800 多项法规。

第六，美国对华贸易逆差，在相当程度上是美国严格限制对华出口造成的。美国本来完全可以对中国多出口一些产品，中国也是需要和欢迎的。但据国外某网站报道，由于政治上的偏见，美国制订的对华禁售商品目录长达 7000 页纸。6 月 17 日美国商务部又发布对华高科技出口管制政策，确定 20 类严格限制出口产品。

以上六个方面充分说明，导致今日中美贸易不平衡的原因非常复杂，有着历史的必然性，决不能简单归咎于人民币汇率问题。从 2005 年 7 月 21 日至今年 6 月末，人民币对美元已升值 8.68%，而中国对美国的顺差并未减少而是继续增加。这个事实也足以说明人民币汇率解决不了中美贸易的不平衡。

二、需要澄清的几个概念

第一，美国外贸的巨额逆差实际上只是一个统计上的概念。据联合国资料，2004 年美国在国外的子公司实现销售收入达 38830 亿美元，这些企业的所有权是美国的，实现利润也主要属于美国，只是生产场地发生了变化，相当于美国的出口。而同年美国本土企业的出口额仅 10040 亿美元，不足美在境外企业销售额的 1/3。海外美国企业向美国反销产品却要算是美国的进口，反映在美国的外贸逆差上。如果国际统计规则改为按所有权来统计外贸数，情况就会完全是另一种结果。另据有关报道，到 2006 年末美国对外股权投资的价值已高达 9.1 万亿美元，当年在外国股市中的收益率约为 25%，美国是发了大财的。所以，福布斯最近刊文指出：继经济全球化之后，美国投资者又迎来投资全球化的时代。

第二，美国制造业空心化的说法尚难成立。据美国全球财经研究公司公布，美国制造业占全球的份额从 1995 年的 24.0% 上升到 2006 年的 25.5%。这十年多，世界制造业蓬勃发展，美国所占比重也是上升的，而且控制着高端产业或产业的高端环节，说明其对世界制造业的控制力和影响力实际上比以前更强了。

第三，中国对美大量出口商品抢了美国人饭碗的说法也不符合实际。美国目前的失业率仅为 4.5% 左右，是历史上最低的时期之一。1996 年至 2005 年间美国共减少了 300 万个制造业就业岗位，但同时却创造了 1500 万个服务业新岗位。美国把那些高能耗、生产过程中高污染的产品、劳动密集型产品推出去，自己不生产了，即便不从中国进口也得向其他国家进口。

第四，美国进口中国商品没有吃亏而是获得巨大的经济利益。过去十年，中国出口产品共为美国消费者节省了 6000 亿美元，仅在 2004 年一年就节省近 1000 亿美元。联合国的研究报告指出，2001—2005 年间，因中国低廉的出口产品价格使美国通胀率每年下降 0.28 个百分点，欧盟每年下降 0.37 个百分点，日本每年下降 0.65 个百分点。况且，进口中国商品到美国，从批发到零售基本上都由美国经销商经办，他们从中获得了高额的利润。美国从中国得的好处实在是很多的。

第五，两年后中国的经济总量将赶上美国是无稽之谈。今年 5 月末，美国中央情报局（CIA）发布报告称，中国的经济总量已经是世界第二了，只需两年将超过美国。这在美国舆论界有很大影响，似乎是一个很权威的判断。实际上，这个说法是难以成立的。从 CIA 报告的数字分析，他们是用购买力平价法（PPP），并采用了世界银行选取的人民币与美元的换算系数进行推算得出的概念。这里有两个问题：一是应该肯定购买力平价法作为用于国际比较的一种理论是值得研究的，但毕竟太理想化，因而有着明显的缺陷。PPP 只有在两个完全彼此开放的国家，价格形成机制、经济发展水平基本一致，消费水平和结构、商品和服务的品质都是可比的条件下，才有可比性和实际意义。而且要求统计数据采集的方法和能力基本一致。这里的不可比因素和变量太多，调查统计的工作量太大，要作出科学准确的 PPP 数字实非易事，全世界都还处于研究和探索的阶段。二是在世界银行出版的《世界发展指标》一书中人民币与美元的比价数是有问题的。中国统计部门从来没有认过这个账，且多次向世行作了交涉。他们是在中国某大学教授于 20 世纪 80 年代个人研究的 PPP 数的基础上，并根据中美两国消费价格指数的变化作修正，提出 2005 年人民币与美元的比值为 2.08∶1，并以此推出中国 GDP 折算为美元的数字写入《世界发展指标》。这显然是太过粗略，因而不能反映真实情况，也是不可以相信的。国际社会和世界经济组织包括世界银行通常都用官方汇率法去表述各国折算成美元的 GDP 数额，都没有把 PPP 法折算成美元的 GDP 数当回事。因为这个方法还太不成熟，得出的数也无人认同。中国国家统计局与世界银行合作正在 11 个城市进行的购买力平价法研究课题，也只是一项研究而已。因为调查数据的准确性、代表性、可比性都有许多难以解决的问题，故只能是个参考，不得作为确定中国购买力平价的结论，更不得作为计算人民币汇率的依据。中国国家统计局领导多次向世行有关负责人严肃表达了这些意见和要求，世行有关负责人也作出了明确的承诺。中国的软实力和硬实力总体上与美国相比都还有着很大差距，中国经济总量要赶上美国也是相当遥远的事情。中国人不会因为听说只需两年就可以赶上美国而飘飘然，美国人更不必因此而大肆惊慌。

三、解决中美贸易问题不能依靠制裁

由查尔斯·舒默和林赛·格雷厄姆等四名美国参议员提出一项法案，说美国将对中国商品征收惩罚性关税，从而迫使中国政府让人民币升值。据英国《金融时报》7 月 6 日报道，希拉里·克林顿和贝拉克·奥巴马也同意共同支持这一项法案。看来，这个做法值得全面分析、权衡利弊、慎重决策。因为美国如果真的对华实行贸易制裁，恶化中美贸易关系，受到伤害的不仅是中国，还有亚洲许多与中国配套生产的国家和地区，其中包括日本、韩国、东南亚许多国家以及中国的香港、台湾等地区都将遭受巨大经济损失。而且美国本身也在所难免。对美国的影响至少有以下几个方面：

一是将影响美国出口，进一步扩大其外贸逆差。15 年来中国是促进美国出口的最大动力，2001—2006 年美国对华出口增长了 190%，中国已成为美国第三大出口市场（包括香港），仅次于加拿大和墨西哥。美国商务部公布的数据显示，美国对华出口增长率是同期美国对其他国家出口增长率的 13 倍。中国购买的美国产品比法国人多了 3 倍，而且潜力巨大。假若美国真的对中国商品实行严厉惩罚性措施，中国作为主权国家理所当然地要作出相当反应，出现大家都不愿意看到的两国经贸关系恶化局面。而如果丢掉中国这个市场，美国经济必将受到重大影响。如果美国减少从中国进口商品，不得不从其他国家进口价格更高的商品，从而使其国际收支状况更加恶化。

二是不利于美国的国际收支平衡。中国有 1.3 万亿美元外汇储备，据美国财政部 6 月 18 日公布，中国 4 月末持有美国国债余额 4140 亿美元，对美国的国际收支平衡作出了重要贡献。如果中国对美贸易受到严重伤害，就无力继续购买美国国债了。

三是伤害美国本土制造业。美国的许多产品，无论是电脑还是大众电器，是由中国提供部件的，如东莞市生产的鼠标就占全球产量的 50%—60%，一旦停供美国制造业后果不堪设想。临时建新厂，不仅不上算而且也来不及。

四是美国在华企业将受重创。到今年 3 月末，美国在华企业 52887 个，许多美国企业的产品是返销美国的。如果美对华惩罚，在华的美资企业将首当其冲受到影响。

五是美国的商业界将遭受巨大经济损失。经营中国商品的美国批发商和零售企业有着极大的利润空间。如美对华实施贸易惩罚，这些人的生计将难以为继，使美国的失业率急剧上升。

六是美国人民将成为最终受害者。美国广大消费者支出负担将大幅增加，并推高美国的通胀率。

七是违背 WTO 规则。假定美国制造种种借口，使得强加给中国的罪名成立，但在 WTO 胜诉并非容易的事情。国外有关方面估计，按照既定程序，至少要到 2010 年这场官司才能见个分晓，谁胜谁负也还难说。

舒默等几个议员代表了美国某些人的利益，但上述这些方面的利益集团也有他们的政治代表人物，他们不会不明白这些利害关系。所以，对中国所有商品征收 27.5% 惩罚性关税的法案是不容易通过的，美国政府就不会同意。7 月 19 日美联储主席本·伯南克也指出："人民币升值不太可能解决贸易失衡"，并提醒国会不要以立法手段解决同中国的巨额贸易逆差问题。

四、平等协商，谋求共赢

中美两国有着许多共同的利益。从经济发展上看，可以说谁也离不开谁。众所周知，为解决中美贸易不平衡，中国政府已经并正在继续作出巨大努力。两国间贸易不平衡不仅是中美两国的事情，而且是整个东亚、东南亚许多国家、地区与美国、欧盟经贸关系的一个缩影，因而是一个关系世界经济全局的重大问题。采取单方面贸易制裁的办法实在是过于简单化了，绝非负责任的大国所应当做的。我们两国已经建立中美双方战略经济对话和中美战略对话的重要平台，而且开展了几次卓有成效的对话。我们要继续开展这样的平等协商，以谋求共同发展，实现中美双赢。

关于美国次贷危机的若干判断 [*]

（2008 年 7 月 25 日）

美国是当今世界唯一的超级大国，确实很强大。从 2002 年以来美国经济发展也很快。但去年七、八月爆发次级房地产贷款危机以来，形势急转直下，并引起全球金融市场的震荡和某种程度上的恐慌，让人看不到底，似乎一场更大的金融风暴即将来临。

一、美国次贷危机的由来

2001 年，美国发生了 IT 泡沫破灭和"9·11"爆炸案两件大事，对美国经济造成巨大冲击。美联储为了防止经济衰退，采取了大幅降息政策，使 1% 的联邦基金利率维持了一年多，从 2001 年 9 月到 2004 年 5 月短期利率一直在 3% 以下。在银行借贷容易、贷款成本很低的情况下，房地产业蓬勃发展，住房价格的上涨引发了建筑业投资大幅增长。2002 年美国经济增长率为 0.7%，其中有 0.5 个百分点是由房地产业创造的，其他方面只占 0.2 个百分点。为了让低收入阶层即还贷能力较差的人群也能买房，并使之有所区别，金融系统将房地产按揭贷款根据还贷能力分为优级和次级。在金融创新大潮的催动下，次级房贷也被人为包装，实行证券化，成为一种新的金融衍生商品。在贷款成本很低、房价节节上升的环境下，次级房贷证券的买卖成了人们发财的一种好手段，受到广泛追捧。据去年 11 月《华尔街日报》报道，美国次贷余额达 1.5 万亿美元（国际货币基金组织报道为 1.2 万亿

＊ 本文发表在《求是》杂志社主管主办的《红旗》文稿第 14 期。

402

美元），经过多次证券化之后，总规模已达 10 万亿美元以上，而且有 2/3 在国际上销售。但是好景不长。美联储为了控制流动性过剩，从 2004 年 6 月至 2006 年 6 月连续 17 次加息，使联邦基金利率从 1% 提高到 5.25%，翻了两番半。从 2006 年 2 季度以后，美国房地产价格连续下跌，抵押品价值下降，还贷压力大幅度上升，次级贷款的购房者开始放弃房产，止损出局。接着引起了次贷债券价格下跌和抛售风潮，直到 2007 年七、八月酿成了全面的危机。

二、美国次贷危机的严重性

前几年，美国房地产业红红火火。出现次贷危机之后，泡沫破裂，不到半年时间美国房地产市场一落千丈：2007 年全年新房销售量仅为 77.4 万套，比 2006 年剧跌 24.8%，创历史最大跌幅；旧房销售量也只有 562.5 万套，比上年下跌 12.8%，为 1982 年住房市场危机以来的最大跌幅；新房开工率也比上年大跌 24.8%，为 1980 年以来的最大跌幅。今年 3 月份新房开工率同比下降 11.9%。由于次贷危机，导致去年第四季度美国的经济增长率从三季度的 4.9% 跌至 0.6%，全年也放慢到 2.2%，为 2002 年以来最慢增速，同时带来了股市的急剧震荡和频频下跌。与去年 10 月上旬的最高点相比，2 月底道琼斯指数已下跌近 1900 点，跌幅达 13.4%。最近几天虽然略有反弹，但总体上 3 月、4 月两月美国股市继续波动，殃及全球股市下跌。

如果只是传统意义上的房地产市场泡沫问题倒也不算什么，但问题并不这样简单。次贷危机的爆发，标志着从一个住房抵押贷款市场的信贷危机迅速演变为美欧金融体系核心层面的信用危机，而危机的主角正是世界顶尖的投资银行、对冲基金和结算银行。这是华尔街金融巨头们自导自演的一场玩火的游戏，是与过去发生在外围市场（如墨西哥、东南亚、俄罗斯等金融危机）的历次金融危机的根本区别。据有关统计，从 2004—2006 年涉及次贷业务的银行、贷款组织和抵押公司多达 2500 家以上。据加拿大媒体公开报道的资料统计，到 3 月 11 日为止，次贷危机带来的损失已达 1882 亿美元，全球 45 家最大的银行和券商都卷入其中。在损失额中，资产减记总额 1624 亿美元，占 86%，其中最多的是美林证券达 245 亿美元；信贷损失额为 258 亿美元，占 14%，其中最多的是英国汇丰银行，达 94 亿美元。几个月来，受次贷影响，被迫辞职的华尔街金融高管有贝尔斯登总裁、美林执行长、花旗集团执行长、摩根斯坦利联席总裁（克鲁兹，女）等。法国兴业、瑞士银行等都纷纷出事。去年 12 月 25 日日本 6 大银行集团公告，受美国次贷影响，去年上半财年（2007 年 4 月到 9 月），日本 6 大银行的纯利润同比下降 45.4%。今年 3 月 15 日经合组织发表一项报告称：预计美国次贷危机造成的损失将达 4220 亿美元，而国际货币基金组织（IMF）接着发表文章说，美国次贷危机将造成全球 9450 亿美元的损失。美国次贷的还款高峰期在今年二、三季度，还不知道会出些什么事儿。所以，今年 1 月 21 日乔治·索罗斯说，当前的形势"比二战以来任何一场金融危机都要严重得多"，并指出"令人惊讶的是没有几个人明白这一点"。

为应对这场危机，西方各主要央行空前地步调一致，在没有任何附加条件的情况下，已累计向金融机构注资 1 万多亿美元。3 月 11 日美联储又宣布，将通过短期贷款拍卖方式再向金融机构提供 2000 亿美元资金。英国广播公司（BBC）4 月 18 日报道，"英国央行将会在本周公布，动用 500 亿英镑（折 999 亿美元）的政府债券救助英国商业银行。"从去年 9 月以来，美联储连续 6 次降息，使联邦基金利率从 5.25% 降到 2.25%。美国实行弱势美元政策，美元大幅贬值。3 月 17 日 1 美元兑日元达 98.04 日元；4 月 17 日 1 欧元兑 1.595 美元，2000 年 10 月欧元币值最低时 1 欧元只能换 0.8226 美元，而现在美元兑欧元贬值将近 100%；4 月 10 日美元兑人民币 1 比 6.9920，"破七见六"，正式迈入"六时代"。国际金融市场急剧震荡，弄得大家日子都不好过。由于美元贬值，大量资金转向追逐商品市场，使石油破百美元一桶（4 月 18 日达 116 美元 / 桶）、黄金破千美元一盎司（3 月 17 日达 1002.6 美元 / 盎司），国际粮价也大幅上涨。由此又推动了其他商品和服务价格的上涨。3 月份 CPI 同比上涨：英国 2.5%，法国 3.2%，欧元区为 3.6%，美国 4.0%。几个月来经济衰退和通货膨胀已成为全球的热门话题。英国首相布朗新年后在一次采访中就表示："2008 年对英国和世界上其他经济体都是艰难而危险的一年。"

美国连续三个月就业人数下降，劳工部宣布 2 月份减少了 6.3 万个工作岗位之后，3 月 16 日《全球观察》上的文章就说"就业报告证实美国经济衰退已成定局"，并预计一、二季度美国 GDP 将分别下降 0.5% 和 0.2%。3 月份又报出减少 8 万个工作岗位，失业率达 5.1%。

在防止经济衰退和反通胀之间，美国政府和货币当局"两害相权取其轻"，毫不犹豫地把工作重点放在防止经济衰退上。在债台高筑的背景下，国会于 2 月 7 日通过了减税 1680 亿美元的刺激经济方案。下一步还可能被迫推出更大力度的公共财政计划。用我们的话来表述，美国当前的宏观经济政策是实行积极的财政政策和极其宽松的货币政策。他们这样做还有一个更深层次的原因和难言的苦衷。2 月 19 日《纽约时报》载文"美国经济再坏下去 CDS 将成为下一个次贷"。CDS（Credit Defaults Swap）即信用违约交换这样一种金融衍生产品，其做法是债券保险公司把自己三 A 级的最高信用评级"借给"发债者，让这些债券也有最高的债信评级或直接由保险业者发行债券，让银行和企业承购，如果企业出现无法清偿债务的情况，债务可由发行 CDS 的机构承接、保底，而且这种合约可以转让。这就具有很大的诱惑力、隐藏着巨大的风险。目前 CDS 的市值（从无到有仅十年间）就已达到 45.5 万亿美元，相当于美国股市总市值的两倍。如果美国经济继续下滑，不知哪个环节的资金链条一断，下一波很可能烧及替 CDS 发行者做保险的公司。一旦出事，就会产生整个金融市场的连锁反应，那可是惊天动地的大事。《华尔街日报》3 月 30 日报道，美国继金融业者之后，科技业也会掀起一波资产减损热潮。由于许多科技公司为了增加资产收益率而握有大量标售利润型证券（Auction Rate Securities，即 ARS），如今这些证券价格已因信用紧缩而大幅下跌，估计从 4 月份起将有一长串科技公司爆料。

问题的严重性还不仅在于此。据国际清算银行（BIS）3 月份公布的调查结果，全球金融衍生商品总值从 2002 年的 100 万亿美元已爆增到 2007 年末的 516 万亿美元，为全球 GDP 总额 48 万亿美元的十多倍。*Market Watch* 主笔 Paul B. Farrell 最近撰文指出，尽管有人说除了那 2% 的不良部位，金融衍生商品的本质并不可怕，但这 2% 不良部位所产生的小火花，很可能引起 516 万亿美元资产的连锁爆炸，其大规模毁灭的威力，简直与核弹不相上下。债券天王 Bill Gross 最近说，金融衍生商品是个新的"影子银行体系"，是企业与机构间的私人合约，是在正常的央行流动法则之外创造金钱，它不是真正的货币，跟美元相比衍生商品只是写有承诺的纸，甚至只是一个电子符号，它存在于正常的商业管道之外，缺乏有效监管。但这个不断变大的泡沫，却也面临着随时可能自爆的危机。斯蒂格利茨先生上个月在中国人民大学演讲指出："目前美联储的政策是要阻止一个很快就要到来的崩溃，同时也带来了新的风险。"最令人担心的是，由次贷危机引起系统性的金融风险。一旦出现这种情况，多达数百万亿美元的各类证券都要求变现，那么各国央行无论怎样注资都将无济于事。同时，在信贷紧缩的表象之下，必将出现国际流动性的恶性泛滥。

从以上分析可见，次贷危机的严重性是让人触目惊心的。次贷危机的本质所在及其破坏性，主要是伤害了金融市场的"三信"：信用上，发生了道德风险；信贷上，使正常运行的信贷链条突然紧缩；信心上，引发了人们的恐慌心理。而这"三信"正是金融市场的灵魂。金融市场出了问题，实体经济必然也会受到损害。

三、美国从次贷危机中应吸取的教训

（一）不应依靠制造泡沫去发展经济。对待已形成的经济泡沫不应听之任之，甚至不断去制造新的泡沫以转移风险、转嫁危机。*Market Watch* 主笔 Paul B. Farrell 称格林斯潘为"泡沫先生，让美国银行体系过了 18 年多的快乐日子后，开始乐极生悲了。"

（二）资产的过度证券化带来了恶果。近十几年来，美国金融产品的创新可以说是令人目不暇接，眼花缭乱。例如房屋，本是一个很特殊的产品，属于不动产，非常本地化，流动性很差。但是，房屋贷款被证券化以后，其属性就发生了重大改变。美国实行资产证券化策略，即将缺乏流动性的资产转换为可以在金融市场上自由买卖的证券。于是产生了诸多不动产抵押贷款担保证券（MBS）、资产担保证券（ABS）和担保债权凭证（CDO）之类数不清的金融新产品。这种变革使得几乎所有人都可以轻易地获得住房抵押贷款，无论他们的信用品质如何。由此形成了"借贷狂欢"的局面。

（三）金融监管体系存在严重漏洞。金融创新确实为美国经济发展发挥了重要作用。问题在于，适应这种新情况的金融监管体系没有跟上。美国一直崇尚"最少的监管就是最好的监管"所谓金融自由化理论。于是在金融产品和服务的生产与创新链条上出现了大片监管空白。最近保尔森说"美国金融是先创新后规范"。等到爆发了危机再去规范实在是太晚了一些，监管当局早干什么去了呢？保尔森最近推出的一套金融监管体制改革方案，什么时候能够付诸实施，效果又如何，还很难说。*Market Watch* 主笔 Paul B. Farrell 说：衍生商品市场可说是全球最大的"黑市"，因为它就跟走私军火、毒品、烟酒、艺术品赃物等一样，是既能获得暴利又不受政府监管、不必缴税的赚钱方法。现在没有人能破解这道难题。

（四）信贷机构的评级造假。为牟取暴利，优质信用评级可以转借，甚至还有伪造优质信用评级的情况，严重亵渎了金融信用。

四、阻碍美国成功解决次贷危机的几个主要因素

（一）政府被捆住手脚。美国政府本应直接干预房地产市场，提升回赎率，但以其坚持自由市场的意识形态，怕是难以有多少实质性作为。

（二）"看不见的手"有点黑。所谓市场"看不见的手"，实际上是由一群高薪又贪婪的政府官员和金融巨头暗地操控着。他们不会倾家荡产去救市，而是在打美国百姓和全世界人民的主意。日本京都大学教授中西辉政写的《帝国的消亡》一文中说："美国自建国以来就一直是奉行'全球游戏'的国家，恐怕'不赚钱就不是美国'这一点从一开始就是这个国家的本质。"美国实际上是在实行分散风险、转嫁危机

的战略，以使自己的损失降到最低。弱势美元政策实质上是输出衰退、输出通胀，搜刮全世界的财富。

（三）美国大选年因素。这是将使美国经济衰退期延长的关键因素。即将卸任的政府仍将拒绝面对问题，没有人敢于承担衰退的责任。可能出任新总统的人选有多大能耐还看不出来，像弗兰克林和罗斯福那样能力挽狂澜的强势总统几十年也难遇。

（四）技术上的障碍。Marking to Market Price 即以市场价计算资产价值的会计制度使银行将那些陷入流动性偿付能力循环的资产所出现的亏损必须计入资产负债表，这会加快螺旋式下跌的速度，重创人们对金融体系的信心。美国的会计准则至今不肯与国际通用会计准则接轨。一年到期的短期金融资产都不需要提列资本金，导致这些投行手上持有的金融资产一旦提列损失，很多就把资本吃光。

五、美联储的两难选择

次贷危机不解决，随后就可能引爆 CDS 危机、乃至 516 万亿美元金融衍生商品的危机，招致巨大灾难性后果。所以，美联储不得不暂时抛开对通胀加剧的忧虑，而集中力量对抗经济衰退和金融市场的动荡。但源源不断地往金融系统灌钱进去，不可能是无穷尽的，因为这是一个无底洞。而另一方面基础货币发得太多势必导致美元的恶性贬值和严重通胀。由此将带来一个可能从根本上伤害美国核心利益的重大问题：美元霸主地位的动摇。现在，导致可能形成这种局面的三个基本条件均已出现：一是美国已从世界最大的债权国沦为最大的债务国，2007 年 11 月美国财政部宣布，国债余额已突破 9 万亿美元的历史记录。2001 年布什上任时只有 5.7 万亿美元。二是美国持续的经常项目巨额逆差。近几年美国的商品贸易逆差都在七八千亿美元。三是真正可以替代美元的货币——欧元已经出现。虽然目前欧元只占世界外汇储备的 1/4（美元占 1/3），但据世界银行报告称，2006 年 12 月中全球流通的欧元纸币为 6280 亿欧元，而美元纸币则为 7600 亿美元，仅折合 5850 亿欧元；另据国际清算银行报告称，2006 年末以欧元发行的未偿付债务余额价值约相当于 4.84 万亿美元，占全球 45%，而以美元发行的未偿付债务余额为 3.89 万亿美元，只占 37%。从这两组数字看出，欧元在国际金融市场上对美元的挤出效应已非常明显。威斯康星大学和哈佛大学两位教授合写的分析文章说，通过模拟推导显示，欧元会在未来 10—15 年内取代美元成为世界最主要的储备货币。美元加速贬值，只会缩短这个进程。以上三个条件是过去美国实施美元贬值策略让世界为其买单时，所从未遇到过的。如果美元失去世界外汇储备的主导地位，不仅会导致美国政治力量的丧失，美国的大国地位也将由此而衰落。美国绝不会容忍这种局面的出现。所以，美联储决不敢让美元价格成为"自由落体"。

六、对美国次贷危机发展趋势的初步判断

首先，应当充分认识美国次贷危机的严重性。现在是整个美国金融体系的核心出了问题，这也是全球经济的核心。日本金融大臣渡边喜美 3 月 23 日对《金融时报》表示："美国当前的危机比日本在不良贷款崩盘期间的危机还要严重。"在次贷危机背后还挂着两串巨型彩色气球似的炸药包：CDS 和整个金融衍生商品。所以，说这场危机已近尾声是不能让人相信的，而且可能误了大事。

但也要看到，美国的实体经济层面总体尚属正常，美国政府和货币当局有很多宏观调控的手段，美国市场又是世界上最成熟的市场，有着较强的自我调节能力。美国长期以来实行国际投资多元化战略以分散风险，并且到处设置货币陷阱，寻找替罪羊。还要看到，美联储主席伯南克先生是研究金融危机的专家，写了一木书叫《大萧条》，应该说处理金融危机的理论功底比较深厚。财长保尔森更是华尔街的操盘高手，有着极为丰富的实战经验和巨大的政治智慧。所以，有人说"由保尔森和伯南克两人执掌美国财政金融大权是最佳组合，美国次贷危机应当可以无忧。"我们更要看到，从去年 9 月以来美国说是要坚持强势美元，而实际上采取大幅降息和弱势美元的这种"嘴硬手软"战术，实际上早已让中国、日本、东南亚及欧洲各国等为美国买单了。

布什、保尔森、古铁雷斯、格林斯潘都说美国经济具有很强的"韧性"。其"韧性"的主要表现是可以凭借美元的世界霸主地位，通过货币政策，将危机分散到全球，把世界上的财富吸引到美国去。人们切不可低估华尔街金融精英们的智慧和能力。在经济全球化的深度、广度空前加大的今天，确实为美国向外转嫁危机提供了太多的便利。用中国人的一句老话说"美国的气数未尽"。除了经济手段，它还可以利用地缘政治、意识形态、舆论宣传、甚至不惜发动一场局部战争来缓解危机。

从半年多来美国采取的一系列措施可以看出，美国当局对这场危机是高度重视的。危机的高峰期将发生在今年的二、三季度，因为这正是次贷债券还款高峰期。在这期间，虽然有时会出现一些利好消息，局势出现某种反弹，但更多的是会不断传出坏消息，有的甚至让人胆战心惊。美国 4 月份消费者信心指数为 63.2，创下 1982 年 3 月以来的最低水平。80 年代初是美国经济的滞胀时期，1980 年美国 GDP 下降 1.6%，失业率高达 7%，CPI 上涨 13.5%。据美联社 4 月 10 日电，美国从事金融研究的塞伦特公司预测，在今后 12 至 18 个月中，美国商业银行业将削减 200 万个工作岗位中的 20 万个，这将是非常严重的情况。4 月 17 日金融机构高度集中的伦敦市有 1000 多名员工被解雇，其中一多半是金融体系的，被媒体称为"血腥的一天"。瑞士银行宣布今年 6 月前将解雇 900 名在伦敦分行的员工，美林证券 18 日宣布将解雇全球的 4000 名员工，其中在伦敦的就有 400 人被迫离职。花旗银行计划遣散 1000 名在伦敦办公室的员工。就连在过去历次金融危机中一直充当"救世主"角色的 IMF 这一次也自身难保了。4 月 8 日 IMF 表示，计划在未来几年中出售 403.3 吨黄金（按 850 美元／盎司计，可筹集 110 亿美元），并计划裁员 380 人即 15%，以稳定资金储备和减少业务调整引起的财务亏损。这是 IMF1945 年成立以来从未发生过的事情。目前 IMF 有 185 个成员国，黄金储备 3226.4 吨，雇员 2600 名。在去年 8 月底，总资产为 9080 亿美元，但至今已售出或贷出国库券约 3000 亿美元，用于救市。从以上情况看出，说美国次贷危机已经见底是没有根据的，而是正处在发酵期。目前国际金融市场情况总体上持续恶化，不论债券或股票及货币交易市场，都没有好转的迹象。最乐观的预计是：如果能顶过这半年，到今年末也许能出现转机，美元也可能适度转强。但如果处理得不好，迈不过三四季度这道坎就会爆发一场严重的金融危机，给美国乃至世界经济带来的后果将不可想象。

　　一个这样复杂的国际经济环境将对我国经济发展带来什么影响？我们该如何去应对？确实需要认真研究。当然，天是塌不下来的。上面所说的都是风险的一面，世界经济也有许多积极的因素和有利的条件。泡沫本来是人为吹成的，既是人为的事，人们总能想到办法去解决，要相信物质不灭定理。对我国来说，挑战与机遇同在，机遇大于挑战的总体判断不会因国际上出现一些新情况而改变。关键在于我们如何很好地去把握。

美国次贷危机终于演变为
严重的金融危机

——在第三届"中国能源战略国际论坛"上的发言

（2008 年 10 月 4 日）

一、华尔街地动山摇，日月无光

世界经济过了五年好日子，2003—2007 年是从 20 世纪 70 年代初以来世界经济增长最快、最平稳的时期。但是，去年 8 月美国次贷危机爆发，使世界经济形势急转直下，到今年 9 月底，这场危机已经出现了五轮冲击波，而且一次比一次强烈。一是去年 8 月 9 日巴黎银行宣布因次贷证券造成巨额损失，而使道指当天下跌 2.83%，揭开了次贷危机正式爆发的序幕；二是去年底至今年初，美林、花旗、摩根斯坦利等金融机构也因次贷暴出巨额亏损，一大批世界顶尖金融机构的头头纷纷落马；三是今年 3 月美国第五大投行贝尔斯登宣告破产被 J·P 摩根收购；四是 7 月 11 日爆出大型房屋贷款银行印地麦克银行（加州）宣布倒闭和两家最大的住房抵押贷款机构——房利美和房地美传出巨额亏损，股票开盘即遭腰斩的重大事件。二房资产总额 5.3 万亿美元，且有联邦政府的背景，规模大到绝不允许破产的程度，苦撑到 9 月 7 日终于由美国政府接管了二房，并撤换了二房的 CEO；五是 9 月 14 日，雷曼兄弟公司在求救无门的情况下，宣布申请破产保护，这是有 158 年历史的百年老店，资产 6000 多亿美元，同一天，美林公司以 500 亿美元卖给了美国银行（90 年代美林是世界最大的投行）。9

月 16 日美联储宣布向 AIG 提供 850 亿美元紧急援助（AIG 为世界最大保险公司，资产总额为 1.04 万亿美元，1919 年成立于上海，1949 年搬到纽约），并由美国政府接管这家保险巨头，政府持 AIG79.9% 的股份，并有权否决普通股和优先股股东的派息收益，这笔贷款将以 AIG 的全部资产作抵押。雷曼兄弟、美林、AIG 三件大事都在 96 个小时之内发生，使华尔街出现一片恐慌。到 9 月 21 日晚，Fed 又采取了一项非同小可的惊人举措，批准摩根斯坦利和高盛两大投行转型为传统的银行控股公司，可以经营吸收存款的业务同时要接受 Fed 和美国政府的严格监管。9 月份的华尔街可以说是地动山摇、日月无光。到目前为止，美国的五大投资银行已经全军覆没，华尔街一群从事证券买卖、为客户提供咨询服务、很少受到监管的独立金融公司已经全部寿终正寝；今年以来，全美已有 12 家商业银行宣告破产，出现在监管部门高危名单上的商业银行还有 115 家之多；在美国 8500 家商业银行中，受到次贷牵连而经营状况不良的至少 2000 多家。所以说，美国的次贷危机已经迅速演变为一场严重的金融危机，格林斯潘说是百年一遇的金融危机。而且，这场危机很快向欧洲等地区蔓延，已经酿成欧美金融体系核心层面的严重信用危机。这是与过去发生在外围市场的历次金融危机的根本区别。这场危机确实威胁到美国的核心利益了，事态是十分严重的。

二、美国政府、美联储救灾忙

从去年 12 月开始到今年 8 月 26 日，Fed 已经 20 次通过短期贷款拍卖方式向商业银行提供资金，累计已达 1.035 万亿美元；7 月 30 日布什总统签署了总额达 3000 亿美元的房市救助法案，有关金融机构也尽量安排了相应的拨备。但是，这场金融危机不仅没有得到缓解，而是愈演愈烈。除了次贷以外，优质贷款的违约率也大幅升高，美国信用卡和中小企业贷款共计约 8 万亿美元的余额中也出现了 10% 左右的坏账。9 月 20 日美国政府向国会提交一份总额 7000 亿美元的金融援救计划，由政府收购金融机构的不良资产，并要求将美国国债最高法定限额从现有的 10.6 万亿美元提高到 11.3 万亿美元，以筹措所需援救资金。该计划在 9 月 28 日被众议院否决，29 日道指暴跌 778 点，创历史最大点数下跌，市场上弥漫着一片恐慌情绪。美国政府又提出一个 8500 亿美元的救市计划并于 10 月 2 日由参议院通过。修改后的计划新增了两个关键条款：一是增加减税措施，即 1100 亿美元的延长税务宽减措施；二是把银行存款保险上限由 10 万美元提高到 25 万美元。昨天众议院以 263 票对 171 票通过修改后的救援方案，布什闪电签署，方案正式生效，是好消息。但要用这些钱买下美国金融机构的全部不良贷款也是根本不可能的。光是上述信用卡和中小企业贷款中的坏账就达 8000 亿美元左右。更何况美国的金融衍生产品的总规模高达近 300 万亿美元，按最理想的不良资产率 2% 计算，就有 6 万亿美元的不良资产。一旦这些问题都冒出来，简直是天大的窟窿。所以说，这 8500 亿美元要去买金融机构的不良资产只是杯水车薪，也不应该都由政府买下。它的真正意义在于通过这个计划买回一些市场的信心，只要市场信心得到提振，金融机构能重新建立信用，社会上的资金就会很快回流到金融市场，从而发挥数倍乃至数十倍的杠杆作用。信用、信心是现代金融市场的灵魂，如果金融机构能恢复人们对它的信心，就能恢复融资能力，信用良好的企业也就能够获得金融机构的资金支持，那么 8500 亿美元可能还用不完。昨天虽通过救市方案，开始道指猛涨 300 点，但人们仍心存疑虑，当天三大股指均跌，跌幅均超过 1%，道指跌 160 点，标准普尔跌 1.35%，纳指跌 1.48%。欧洲各国股市纷纷上涨。至于不能用纳税人的钱去买金融机构的不良资产的说法也值得推敲。美国政府早已没有钱，其国债余额已达约 9.3 万亿美元。救市所需的这 8500 亿美元都要靠向全世界发行新的国债来解决。当代的美国纳税人不仅出不了这笔钱，而且还可从中享受到退税的好处。经济全球化和美元的世界主要储备货币的地位，为美国分散风险、转嫁危机提供了十分便利的条件。如果这场危机发生在 1929 年，美国怕是早已陷入经济大萧条之中了。

三、美国发生这场金融危机的深刻背景和深远影响

一是美元本位制下，使美国有可能长期实施经常项下和财政双赤字的政策，从而导致世界经济的严重失衡；二是因为货币是经济交流的媒介，经济全球化必然导致全球经济的货币化。十多年来美国各种金融衍生品空前发展，总规模超过其GDP20多倍，靠玩钱去大把挣钱，试图用虚拟经济去支配全球的实体经济，特别是去影响或掌控全球的价格。市场经济玩来玩去就是"价格"两个字，汇率、利率、房市、股市、粮价、油价等等，谁掌控了定价权谁就可以掌控世界经济。在这些方面，美国实在是玩得太过分了。所以，爆发这场危机有其必然性。

两个星期来，当人们都把眼光盯住美国政府救市计划的时候，却忽视了美国经济中非金融行业即实体经济出现的新情况。前天美国劳工部公布美国失业率创下7年来的最高纪录；商务部称美国企业的产品订货量8月份下滑4%，而7月份还是上升1.3%。10月2日对实体经济最敏感的股票板块领先下跌：基础材料类股跌幅达8.4%，工业类股跌7.2%，能源类股跌6.2%，道琼斯交通运输指数下挫8.7%。这都加剧了投资者对美国经济陷入严重长期衰退的担忧。

这场危机对美国经济和世界经济的影响和冲击是十分严重而又深远的，也标志着六年来美国经济和世界经济增长上升周期的结束，从而进入一个调整期。

9月24日英国《金融时报》报道一位西方高级银行家的话说：当上周全球金融体系在崩溃的边缘摇摇欲坠时，中国官员和银行家们"好像站在另外一个星球上看待这些事情"。事实并非像这位银行家说的那样。中国政府和全中国人民都在密切关注着美国的这场金融危机并在努力进行着防范这场"金融海啸"的冲击。在经济全球化趋势加速发展的今天，美国发生了如此严重的金融危机，世界上哪个国家也难以独善其身。它对中国经济的冲击也已显现出来，主要是：使我国

持有的巨额美元资产缩水和直接受损；美欧需求疲软，必将影响我国出口；美元贬值和人为炒作使国际大宗商品价格猛涨导致我进口成本大幅上升，从而使我国企业经营出现诸多困难，也加大了就业压力和宏观调控的难度。预计四季度和明年，我国经济将面临更加严峻的挑战。出口作为推动经济增长主力军的时代也可能基本结束了。

但从总体上看，我国经济运行的列车仍以巨大的惯性快速前进，各项经济指标表现出平稳较快增长的良好态势，经济的基本面是好的。无论投资还是消费，扩大内需的空间都还很大；我国经济虚拟化程度较低，实体经济处于绝对主体的地位；央行和各类金融机构的资金都非常充足，流动性比较宽裕，调控余地很大，而且中国各商业银行的经济效益即利润率是世界上最高的；从抗震救灾、成功举办北京奥运会到"神七"成功飞天，大大激发了全国人民的爱国主义热情和民族自豪感，也为我们战胜当前来自国外和国内的经济困难做好思想上的动员。正在全国开展的深入贯彻落实科学发展观的学习教育活动，更是为我们抓住机遇、迎接挑战进行着强有力的思想动员。无论国际经济风云如何变幻，对我国经济来说"机遇和挑战同在、机遇大于挑战"的这个基本判断不会改变，甚至还出现了一些新的机遇。我国政府倡导各国通力合作，共同应对国际金融动荡。中国保持强有力的、平稳较快的经济增长态势，不出现大的起落，这本身就是对世界经济的最大贡献。

对国际金融危机爆发一年来
经济形势的回顾与展望

——就当前经济形势接受凤凰卫视记者的采访

（2009 年 9 月 16 日）

凤凰卫视记者问： 昨天是美国雷曼兄弟公司申请破产保护一周年，以此为标志，这场国际金融危机爆发也整整一年了，请问您对当前国际经济形势有些什么看法？

李德水答： 这场国际金融危机对世界经济的影响是很大的。2008 年 9 月成了世界经济发展的一个分水岭。对当前的国际经济形势有两点估计。

第一，这场国际金融危机使世界经济总体上陷入了衰退。美、英经济连续 4 个季度，欧元区、日本连续 5 个季度出现负增长。2008 年美国经济增长率为 –1.8%。白宫 8 月 25 日报告：预计今年美国经济将萎缩 2.8%，明年增长 2.0%。5 月 27 日联合国预计今年全球经济将下降 2.6%，6 月 22 日世界银行预计今年世界经济将回落 2.9%。

第二，大局已经稳住，出现了明显回暖。美国 GDP 一季度折年率环比 –6.4%，二季度 –1.0%；欧元区一季度 GDP 环比 –2.5%，同比 –4.9%，二季度环比 –0.1%，同比 –4.6%。德、法两国二季度各增长 0.3%，走出衰退；日本二季度为五个季度来首次正增长，环比增长 0.9%。

出现这种变化的原因如下。一是这次危机应对与 20 世纪 30 年代大萧条时是有区别的。当时美国的货币政策：央行和一些大银行对出现严重困难的商业银行持袖手旁观的态度，眼看着 50% 以上的银行倒闭。财政政策：死守平衡预算的教条，政府不救市反加税，使金融机构和企业雪上加霜。外贸政策：1930 年出台了《斯穆特－霍利关税法案》对 3000 多种进口商品征 60% 的高关税，大搞贸易保护主义。欧洲各国则"以牙还牙"，挑起了一场极为严重的国际贸易战，到 1932 年全球贸易量不到 1929 年的一半。而这一次应对危机的做法有着重大区别。

二是经济全球化的大背景。经济全球化把各国利益更紧密地联系在一起。这场危机影响全球，反危机斗争也是全球性的。两次 G20 会议充分表现了各国领导人同舟共济、相互合作，一致应对这场百年一遇严重国际金融危机的意志。一年来，各国均实行了非常规的财政和货币政策，以刺激经济。在重大国际经济问题上各国认识如此一致、合作如此协调、措施这样有力，在世界经济史上是从来没有过的。至 5 月 7 日，美联储和美财政部向金融机构直接注资和承诺担保的资金规模达 12 万亿美元，其中到位实施 3.9 万亿美元；到 6 月中旬，欧盟各国此数已达 5.3 万亿欧元。8 月 8 日 IMF 报道，全球应对金融危机已耗资 11.9 万亿美元，接近全球年产出的 1/5。由此，世界经济的大局基本稳住了，人们已经逐步从危机的恐惧中走了出来。

三是去库存化基本结束。美国 7 月份批发库存环比下降 1.4%，至 3872 亿美元；企业库存已连续 11 个月下降。现在该补充库存了。

问：对世界经济的发展前景怎么估计？出现全面复苏大约还要多长时间？

答：世界经济进入了一个调整期。全面复苏还需一个漫长的过程。看来至少需要 3—4 年。理由如下：（1）各国内部经济结构调整刚刚开始。（2）西方国家金融机构去杠杆化和不良资产的处置工作远未完成。（3）7 月份美国制造业产能利用率仅 65.8%，为历史最低点，比 60 年平均值低 15 个百分点。（4）失业率高企。美国 7 月份失业率为 9.7%，美官方预计年内可能达 10%；欧元区 7 月份失业率为 9.5%。（5）消费不振。美国 7 月末消费信贷余额比去年同期下降 10.4%，至 2.47 万亿美元。（6）大多数企业还不能进入良性运转，效益低下。（7）美国政府、企业、家庭资产负债状况的恶化亟待调整。7月1日国债余额11.5万亿美元，家庭负债6万亿美元。（8）前两次G20会上共同关注的建立新的国际金融监管体系，至今没有方案，难度极大。经济全球化与金融监管的主权化是难以解决的矛盾。（9）全球性经济关系的失衡更是没有明显改变。（10）至今不能清晰看到真正能带动创业活动集群式开发的新的科学技术和能大幅度提高劳动生产率的新的财富创造机制。

在世界各国共同努力和相互配合下，在这么短的时间里就有效遏制住这场百年一遇国际金融危机进一步恶化的趋势，避免了发生"大萧条"的局面，而且已出现明显回暖，确实值得庆幸。但认为全球金融危机和经济衰退已经完全过去还为时尚早，弄得不好还可能出现较大的反复，经济全面复苏更需漫长的过程。8月23日德国央行行长韦伯说："德国的GDP在2013年之前不会恢复到2008年的水平。"预计今年内全球经济可望止跌回稳，然后进入较长的调整期，即总体低迷但又波动式的缓慢增长时期。然后将进入新一轮高速增长期。也不能完全排除另两种可能：进一步恶化和提早出现新的景气。

问：目前，世界上对于非常规的财政、货币政策刺激经济做法的退出问题讨论得很热闹。您对这个问题是怎么认识的？

答：各国都处于政策选择的十字路口，争议确实颇多。

1. 退出时机选择的原则。这场国际金融危机对世界经济的打击是沉重的。正如一个人的身体得了一场大病一样，该不该抢救、谁去抢救？西方经济学上就有两大体系：自由市场经济理论和凯恩斯理论。一年来各国政府和央行果断出手了，故前一阶段都是处于抢救和打吊针的时期，并取得明显成效。

"退出"的依据或原则是：看经济回暖是否可持续的增长，市场活力恢复程度，消费、投资、出口三大需求回升情况，就业是否好转。如果还是财政刺激的短期效应，消费不振，就业艰难，逆差扩大，则不可轻言退出，针头一拔病情就会反复。故要观察增长是否已成定局，以决定"退出"的时机，否则将前功尽弃。

1937—1938 年美国货币政策过早改变出现的"罗斯福萧条"就是先例。73 年前，由于担心商业银行利用其存放在美联储的巨额资金发放贷款而使信贷失控，于是美联储提高了存款准备金率以吸收这些资金，结果葬送了 1933 年以来出现的复苏势头，导致了 1937—1938 年间的经济严重衰退。20 世纪 90 年代初日本财政政策过早改变也造成严重的后果。这些历史经验值得借鉴。

2. 在基本经济政策取向不动摇的前提下，经济刺激手段的力度是可以也应该从实际出发调整的，正如医生治病，病情刚有点缓和不宜急忙拔掉针头，但注入的剂量和药物则是可以根据病情的好转作适当调整的。美国从去年 9 月金融危机爆发后大量向金融机构注资就是抢救；现在那些受援的金融机构已开始向财政部和 FED 偿还资金了。但奥巴马上台后推出的 7870 亿美元刺激经济计划的资金大部分要明年到位。美国经济增长的动力现在还很虚弱，特别是消费增长乏力，失业率年内可能到 10%，又反过来会影响消费。在这种情况下，美国如退出经济刺激计划，提高基准利率显然是不可取的。

3. "退出"问题的讨论有三重内涵：一是时机选择——属于技术层面上的；二是从一开始政府该不该救市到现在退出的讨论是两种经济理论的博弈；三是各种利益集团矛盾的反映，是对金融机构监管与反监管的斗争。

问：国际金融发展中有什么新的动向值得关注？

答：不能用新的泡沫去代替旧的泡沫。创新包括金融创新是有积极意义的，应充分肯定。但关键在为谁创新，不是所有创新都是有益的。例如，小偷创新了更高明的盗窃技术，对社会的危害不是更大吗？2004 年格林斯潘说："美国成功解决了泡沫的后果，而不是泡沫本身。"我看这句话用到现在也很贴切。商业周刊 8 月 17 日文：一些美国大银行已开始向企业、消费者和投资者兜售新一代风险产品。有的银行向急需现金的消费者提供工资日贷款（payday loan），实为高利贷；有些大银行向小投资者推销"结构型债券"，把信贷产品与短期利率和信用违约互换（CDS）相联系，打包销售；华尔街正开始把人寿保险单"证券化"后牟利，寿险贴现颠覆了人寿保险的本来面貌，变成了赌博产品。高杠杆融资也有卷土重来之势。这些问题都值得高度注意。

问：第三次 G20 会议很快就要召开了，您对这次会议有什么期待？

答：我希望看到，一是各国要进一步加强合作，求同存异；二是认真吸取这场金融危机的教训，切实加强对金融机构的监管，坚决防止金融领域的道德风险，金融巨头们要为自己的不良行为承担责任、立"生死状"；三是坚决反对贸易保护主义，不要做两败俱伤、大家共输的蠢事，9 月 11 日美对华轮胎征高关税就是贸易保护主义的典型案例，是违背 WTO 规则的，应当予以纠正；四是正确把握经济刺激措施退出的时机；五是各国共同努力特别是经济学家们要行动起来，重塑 21 世纪的经济学理论，促进世界经济协调发展。

问：中国有没有发生金融危机和经济衰退？这两个问题外界有些议论，您怎么看这两个问题？

答：我可以郑重地说，中国没有发生什么金融危机，更没有发生经济衰退。我国金融系统资本充足率很高（达 11.1%），流动性充足，全社会的资金也很宽裕；去年以来我国季度 GDP 环比从未出现过负增长，这是与直接发生金融危机国家的根本区别。我们主要受国际金融危机的冲击和影响。最突出的是出口大幅下滑，外需严重不足。从去年 11 月开始已连续 10 个月出口大幅下降，今年 1—8 月我国出口同比负增长 22.2%，8 月当月负 23.4%。1998 年受亚洲金融危机影响，当年出口增长 0.5%，比上年多 9.2 亿美元，就出现了非常严重的困难，2000 万国企职工下岗。这次是我终端市场出事，冲击人多了。1 年来，我国国有企业和几大国有银行的改革、改制取得巨大成功，民营经济蓬勃发展，国家整体实力也大多了。2008 年与 1998 年相比，财政收入为 6.2 倍，外汇储备为 15.4 倍，固定资产投资规模为 6.1 倍，货物进出口总额为 7.9 倍，社会消费品零售总额为 3.3 倍，企业利润总额为 16.5 倍。所以，我们现在的抗风险能力也比当年大得多了。

问：4 万亿元投资刺激计划发挥的作用如何？还需要注意些什么问题？

答：外需的减少要靠增加内需来弥补。早在去年 11 月 5 日中央就公布了应对国际金融危机的一揽子计划，今年又根据实际需要不断地加以补充完善，相继出台了一系列新的措施。这个一揽子计划，是以扩大内需为主、消费和投资拉动相结合的；既有应对当前困难的重大措施，又有长远发展的谋划；是政府与市场作用相统一、发展与改革相促进的计划；既是促进经济平稳较快发展，又是努力改善民生的计划。因此，不能简单地理解为只是一个 4 万亿元的投资计划。那是非常片面的。另一方面，今年以来，我国固定资产投资增长快一些有其必然性。因为我国扩大投资的空间非常大，要做的事太多。消费的特点是，比较平稳，一时不易大落，也难大增。投资的特点是，面对国际金融危机冲击，投资者容易望而却步，实行捂紧钱袋，现金为王的策略，以致出现投资大幅萎缩的情况，例如今年一季度美国的固定资产投资就下滑 40%；如能扩大投资，则其对经济的拉动作用又最明显、见效最快。1—8 月我国社会消费品零售增长 15.1%，不算慢，请问世界上还有哪个国家和地区消费增长有这么快的？而固定资产投资同比增长 33%，增长更快。上半年，在 GDP 增长的三大需求中，最终消费对经济增长的贡献率为 53.4%，拉动 GDP 增长 3.8 个百分点；资本形成总额对经济增长的贡献率为 87.6%，拉动 GDP 增长 6.2 个百分点；净出口对经济增长的贡献率为 –41%，拉动 GDP 增长 –2.9 个百分点。可见，固定资产投资对保持经济平稳较快发展确实发挥了积极的作用。

说到需要注意的几个问题我觉得，一是要防止重复建设。无论低水平、还是高水平的重复建设都不能搞。二是加强宏观指导和市场信息披露。三是要把扩大投资与优化结构相结合，使投资成为调整结构的一个重要手段，不能错过时机。四是投资对当前是增加需求，对将来是增加供给，具有双重功能，要把握好总供给与总需求的合理平衡。五是要尽最大努力推动科技创新。

这些问题中央都已高度重视并作了重要部署。有些同志和朋友担心今年我国固定资产投资增长这么快，可能使本已不太合理的经济结构更加扭曲，或是使供给大于需求的情况进一步恶化。这个担心是有道理的，也是应当特别注意、努力防止的。中国政府为此已经采取了一系列措施。另外，从固定资产投资的结构看，大方向和主流是好的，难免会有少数项目不尽合理，我们也应尽最大的努力去加以纠正。

问：对我国外贸出口前景，您怎样判断？

答：这场国际金融危机对我国经济冲击最严重的是外贸出口。第一，严峻的现实告诉我们，外需不足将是一个长期的趋势。我们不应指望危机过后我国外贸出口又能重现前几年那种高速增长的景象。从2001年加入世贸组织到2008年我国外贸出口年均增长约25%，同期全球年均增长10%，我国外贸占全球约10%。按此推算到2020年中国的出口将占全世界的50%左右。这无论从经济上和政治上都是难以接受的，因而是不可持续的。这场国际金融危机正好成了一个重要的转折点。故必须痛下决心，实现经济转型，使过多地依靠出口拉动经济转变为更多地依靠内需拉动经济增长，要把扩大内需作为我国经济发展长期的根本性方针。第二，从国际市场的发展趋势看，我国外贸出口像前几个月那样以20%多的速度急剧下滑也只是暂时现象。现行的国际产业分工格局不可能因金融危机而发生太大的变化，我国的比较优势也没有改变，西方国家去库存化的过程结束之后，人们生活的必需商品和制造业元器件还得从我国进口，以后外贸出口还是可以保持一定增长的，回到25%以上的高增长困难了，能有10%或5%的增长率也很好。这正可为我国出口型企业转型升级提供一段宝贵的时间。我们决不可以坐失这个良机。第三，我们不应再去单纯追求出口数量的增长，而是要通过科技创新和创造更多自主知名品牌，着力提高出口产品的附加值。例如，我国出口一部iPod产品，出口价是150美元，而留在中国的附加值只有4美元，仅仅得了2.7%的好处。如果留在国内的附加值能增长一倍,在出口数量不增加的情况下,对我国经济的贡献就能翻一番。可见出口对拉动经济的作用有着十分巨大的潜力,是可以大有作为的。

问:七、八两月新增贷款明显减少,是否说明适度宽松的货币政策实际上已经作了调整?

答:首先,适度宽松的货币政策是完全正确的。目前不能轻言改变,也不需要微调。其次,对上半年信贷增长较多要作具体分析:商业银行贷款规律是早贷早收益;地方和企业希望早拿到贷款额度,手中有钱,心里不慌。但贷出的这么多钱实际上花不完,大量的资金又变为银行存款。上半年贷款新增 7.37 万亿元,其中票据融资 1.7 万亿元,占 23%;存款新增 9.98 万亿元。所以,七、八两月货币信贷投放(7 月份新增贷款 3559 亿元,8 月份 4104 亿元)速度放缓一些是正常的,不会影响当前的实际资金需求,也不能说明是抽紧银根了,更不表示适度宽松的货币政策发生了改变。当然,切实加强信贷管理是十分必要的。在这方面,中国银监会做了大量工作。商业银行和客户都应规范信贷行为。为解决小企业贷款难的问题也已采取了一些重要措施。总之,要认真落实适度宽松的货币政策,关键在把握好度。

问:中国扩大消费的潜力何在?

答:13 亿多中国人民这个庞大的消费群体是扩大消费的最重要基础。就拿汽车来说,8 月份汽车销量达 114 万辆,同比增长 81.7%,销售量连续 6 个月保持在百万辆以上,已基本达到美国的销售水平。这在前几年是想都不敢想的。1—8 月全国商品房销售面积 4.9 亿平方米,同比增长 42.9%。汽车和住房的消费带动的产业链都很长,围绕这两大消费的服务业十分庞大,也可为增加就业提供大量的岗位。中国更大的消费潜力是在广大农村。近几年农村盖了许多新房,但内装修、家具、电器等大多尚未配套。另一个重要领域是服务消费。美国的消费中,商品消费只占 25%,服务消费占 75%。而我国的这个比例则是"倒三七"。这与我国经济的发展阶段有关,也是扩大消费的重要潜力之所在。

问：由于今年信贷比较宽松，人们对通胀的预期逐渐提高，您对这个问题怎么看？

答：当前世界和中国面临的实际情况是通缩问题。1—8月我国CPI涨幅为 –1.2%，而全年的调控目标是上涨幅度控制在4%以内。近期不太可能出现通胀的理由：一是普遍产能过剩，总供给大于总需求；二是消费需求启动有个过程，比较缓慢；三是收入分配格局的调整更不是一蹴而就的事；四是就业压力还相当大；五是信贷投放虽然较多，但并未变为居民收入，没有太多增加居民的实际购买力；六是农业生产形势好，粮食产量连续六年丰收，渔业和畜牧业都增长很快。但对发生通胀的潜在风险是应该加以防范的。我甚至觉得，出现适度的通胀也许正标志着内需真正启动了，未必是坏事。

问：能否从宏观上对中国经济发展的前景作一展望？

答：当前，全球经济基本面还相当脆弱，虽然经济衰退最糟糕的局面已得到遏制，并出现许多积极因素，但小的波动和反复在所难免。世界经济总是在曲折中前进的。面对这种国际环境，我们将继续把保持经济平稳较快发展作为首要任务。应对国际金融危机的影响是一项长期艰巨的任务。"逆水行舟，不进则退。"因此，我们要把深化改革开放作为根本动力，把调整经济结构作为主攻方向，真正实现全面协调可持续发展。经济结构调整的内涵包括内需与外需关系的调整、收入分配结构的优化、统筹城乡发展、三次产业结构调整、制造业升级，等等。中国经济发展的潜力是十分巨大的。新中国成立60年特别是改革开放30年来，我们走过了艰难曲折的道路，取得了举世瞩目的辉煌成就。社会主义现代化建设的任务还相当繁重，我们还会遇到各种各样的困难。但是，任何力量也阻挡不了中国人民胜利前进的步伐。这场国际金融危机对中国而言，挑战和机遇同在，机遇大于挑战的总体格局没有改变，而且出现了许多新的机遇。只要我们全面深入贯彻落实科学发展观，把握好机遇，中国经济至少可以继续保持二三十年平稳较快的发展，到那时中国就真正强大了，发展的条件也就更好了。

美国应牢记资产过度证券化的教训

（2009 年 10 月）

一、这场金融危机的深刻背景

2007 年七、八月间爆发的美国次贷危机愈演愈烈，到 2008 年 9 月终于引发了一场以华尔街为震中的百年不遇的"金融大地震"，并从金融领域迅速扩散到实体经济领域，酿成了一场历史罕见、冲击力极强、波及范围很广的国际金融危机。

虚拟经济的产生和发展无疑是人类社会的一大进步。但虚拟经济必须植根于实体经济，并为实体经济的发展服务，才会有强大的生命力。而近十多年来，美国的经济过分虚拟化，特别是各种金融衍生产品完全脱离了实体经济，泡沫越吹越大、越飞越远，终究逃脱不了彻底破灭的命运。据有关资料，全球金融衍生商品总值从 2002 年的 100 万亿美元爆增到 2007 年末的 516 万亿美元，其中美国约占 340 万亿美元。金融衍生商品是企业与机构间的私人合约，它存在于正常的商业管道之外，缺乏有效监管。

对美国来说，通过这场金融危机至少应吸取以下教训：一是不应依靠制造泡沫去发展经济、转嫁危机；二是资产的过度证券化带来了恶果；三是金融监管体系存在严重漏洞，美国一直崇尚"最少的监管就是最好的监管"所谓金融自由化理论，实际上是有意放任衍生工具的泛滥；四是信贷机构的评级造假。五是高度发达的资本主义出现了严重的结构性问题。20 年来，美国的经济结构及其与世界经济的关系发生了历史性的深刻变化。美国的经济结构由物质商品生产为主转向

426

了以金融产品生产为主体，对外关系则从物质商品输出转变为金融产品输出。其经济危机的形态也就从物质生产过剩危机转变成资产泡沫破裂所造成的金融危机。金融危机又反过来极大地伤害了实体经济。这场危机把人们对"美国金融市场是最成熟的市场、监管制度最健全、法律体系最完善"的神话打得粉碎。

美国之所以能够这样做，主要是倚仗美元在国际货币体系中的霸主地位。美元是美国权力和领导力的象征。1944 年 7 月通过的布雷顿森林计划确定了美元在国际货币体系中的领导地位，1971 年 8 月美国又全面放弃美元与黄金挂钩，确立了美元本位制。美国从此不再受任何约束地放任自己的国际收支赤字扩大，通过发行债券、调整基准利率以及使美元升值或贬值等货币政策手段演绎了一场从"纸张到纸张"的运动，使世界财富滚滚流向美国。美国人则拼命消费，吃喝玩乐皆成 GDP。美国金融精英们不断创新出的各种金融衍生产品有着"预支未来"和"延后风险"的双重功能，大家只顾现在尽情享受，唯一需要支付代价的只是未来。今天的美国金融危机正是昨日美国的未来，果然是到支付代价的时候了。所以，这场危机的本质是美元危机。成也美元，败也美元。随着美元本位制使得滥发的货币充斥全球，经济不稳定也蔓延到世界各地，从 20 世纪 80 年代爆发的第三世界债务危机到日本陷入"失落的十年"，直至"亚洲奇迹"泡沫的兴起和破灭，这些经济体的每一次经济动荡都源于美元的过度涌入和迅速撤离。美元为什么能起到这样的作用？一靠美国强大的经济实力，二靠强大的军事力量，三靠强大的科技创新能力，四靠无所不用其极的外交手段。一位专家说："任何东西如果给了它至高无上的权力和威望，它就会产生罪恶，华尔街也一样。"

二. 对国际金融危机所处阶段的分析

第一，美国金融危机的高潮大体已经过去。这场金融危机是由美国房贷引发的，美国房价的下跌开始于 2006 年 6 月，转眼就已三年，房价跌幅超过 30%，继续下跌的空间已经不大。美国金融的问题已经暴露得比较清楚，经过几个月的急剧动荡，大局也基本稳住了。虽然以后还会发生一些中小金融机构破产倒闭的案例，或者再次爆出金融欺诈丑闻，还存在着诸如信用卡不良资产、信用违约掉期证券（CDS）等"金融堰塞湖"，但像雷曼兄弟公司那样大型金融机构宣告破产的案例却是不会再发生、也不允许再发生了，像去年9月份那样金融危机大规模集中爆发的情况则是不可能发生了。当前人们正在经受着不断"余震"和"金融海啸"的折磨，突出表现为心理上的恐慌和信心不足。这是一个不可避免的发展过程。

这场危机已经殃及全球，但反危机的努力也是全球性的。世界各国都在救市、降息、刺激经济，许多经济体把国家的信用都押上去了。特别是G20会议发挥了积极作用。占全球经济总量80%的20国元首齐聚一堂，协调宏观经济政策，共商大计十分可贵。在重大国际经济问题上，各国态度这样一致、行动这样协调、采取措施的力度如此强劲，可以说是人类历史上从来没有过的。况且，美国人民乃至全世界对奥巴马总统寄予较大期望，相信他在应对金融危机上能有所作为。当前国际上安全可靠的投资目标较难寻找，加上美元走强，美国能以创纪录的低利率发行债券，这使得美国可以极低成本获得大量国外资金来为金融系统纾困。可以预计，美国经济的复苏很可能比欧洲、日本等早一些。

第二，美国金融危机对世界金融和经济的影响还在扩散和加深。这场金融危机源自美国，美国自身无疑受到很大冲击，但受伤害更大的却是欧洲、日本和许多发展中国家。因为美国次贷证券总规模11.8万亿美元，有2/3是在国外销售的。可见，危机爆发之前美国就把风险的大部分转移到其他国家。实践证明，欧元区和日本经济整整比美国早一个季度进入衰退。美国金融危机已经导致国际资金突然停止流入新兴国家和发展中国家，甚至从这些国家大举抽逃，使这些国家和地区的经济发展受到突如其来的沉重打击。这场危机也使国际金融市场的支付和结算陷入一片混乱，使金融机构和实体经济融资处于极度困难的局面。

三、关于前景展望

在市场大规模严重失灵的时候，各国政府正以各种办法去努力激活市场，而且在进一步加强国际合作。在经济全球化的大背景下，各国利益紧密相连；在信息化高度发达的时代，信息传递和资源调动效率极高，人们完全有条件、有能力遏制这场危机的蔓延，更不可能再度出现20世纪30年代"大萧条"那样的惨烈局面。

从世界整体格局来看，美国在经济上的主要竞争者是欧盟，美元的真正竞争对象是欧元。据国外某机构调查，大约70%的西班牙人和2/3的法国人"强烈"或"在某种程度上"同意欧元将在2014年（即5年后）取代美元在国际上重要性的说法，德国和意大利的这个比例分别是58%和62%，在美国也有48%的受访者同意上述说法。这反映了人们对建立国际金融新秩序的强烈愿望，也说明争夺国际货币的霸主地位将是今后一个时期国际经济生活中一个相当突出的矛盾。但是，要建立起一个各方面都能够接受、比较合理的新的国际货币体系，建立一个比较完善的国际金融监管体系是一项历史性的艰巨任务，需要一个漫长的过程。当务之急，是要在"去杠杆化"过程中怎样防止经济过快滑坡，特别要努力重建信用、提振信心，使信贷市场尽快活跃起来，以积极稳妥地消除有史以来最为严重的资产价格泡沫和信贷泡沫。

对世界经济的发展前景可否作出这样几点展望：一是通过这场危机的洗礼，世界经济发展格局会发生一些变化，但经济全球化的总趋势不会改变；二是各国政府维护市场经济秩序的责任会有所强化，但市场机制对资源配置的基础性作用不会改变；三是美元的地位可能会受到一定影响，但美国在国际金融领域的实力地位、美元作为主要国际货币的地位短期内不会发生根本改变；四是发展中国家和新兴市场国家的地位可能会有所上升，但发达国家综合国力和核心竞争力领先的格局不会改变。我们应该用现实的和历史的眼光去看待这些重大问题。当然，也不能完全排除国际经济还会发生意料之外的特殊情况。但不论经历什么样的曲折和磨难，世界经济必将变得更加美好。

对欧元区主权债务危机的分析和对策建议

（2011 年 11 月 25 日）

2011 年 10 月 23 日至 11 月 5 日，我随同领导同志赴希腊、荷兰、德国三国访问，实地感受了欧元区主权债务危机的情况，并尽可能作了些调研。现将有关情况和建议整理如下。

一、欧元区主权债务危机的由来

欧元区主权债务危机首先是 2009 年底在希腊出现的，接着爱尔兰、葡萄牙的主权债务违约问题又相继浮出水面。整个欧元区财政赤字与 GDP 的比例 2007 年为 0.7%，在欧盟公约允许的范围内，由于受国际金融危机的冲击，2009 年迅速上升到 6.3%。据欧盟委员会 2010 年 12 月 1 日公布，从 2008 年 10 月到 2010 年 10 月两年的时间里，欧洲各国为应对国际金融危机，对欧洲金融业的担保、资产救助和补助总规模达 4.5 万亿欧元，使得欧洲几乎每个国家国债余额与 GDP 之比都超过了欧盟公约规定的 60% 上限。目前，欧元区主权债务总额将近 8 万亿欧元。其中，希腊国债余额已达 3540 亿欧元，与 GDP 之比超过 150%，到期的债务还不起就可能造成债务违约。由于信用下降，即便用很高的利率借债也很难借到（目前，希腊国债两年期的利率为 70%，一年期的为 117%），葡萄牙、西班牙、意大利等都处在违约的边缘，于是爆发了严重的欧元区主权债务危机。

从国债危机最严重的希腊来看，爆发这场危机的主要原因：一是产业结构不合理。没有能够支撑国民经济的大型企业特别是制造业，第三产业的比重占 77%，国家缺少税收大户。二是外贸逆差导致没有货币支付，只有借债。去年，希腊出口 226 亿欧元，进口 606 亿欧元，这个缺口要靠发债弥补。三是税率定得过高。例如，港口企业的所得税税率高达 42%，消费税税率也高达 23%，这使得一些大企业如航运公司纷纷到海外注册，寻找"避税天堂"。消费税过高又抑制了消费增长和经济发展，使税源更趋枯竭。四是一些政客为了拉选票，作出各种超出国家能力的承诺，并实行脱离实际能力的高福利政策。在 1000 多万人口的国家里，公务员队伍达 80 多万人，前些年在经济几乎停滞甚至负增长的情况下，每年还照样给公务员涨工资 10%。国有经济占整个经济的比重高达 40%，而且国有企业的员工如医务人员、公交司机、机场工作人员、码头作业工人等都享受公务员待遇，劳动纪律松懈，工作效率低下，工资却年年增长，以至比德国同等工人工资水平还高。希腊的高福利政策表现在诸多方面。例如，按照一个船长的收入，从参加工作到 60 岁退休，个人和单位缴纳的养老金约为 40 万欧元，退休之后按活到 80 岁计算，则可以得到 120 万欧元的社会养老金。五是从民风上看，一些希腊人躺在古代文明的光环上，乐于社交，崇尚空谈，缺乏吃苦耐劳的精神，把历史的辉煌变成了包袱。六是公民照章纳税的观念不强。在奥斯曼帝国统治时期，逃税被誉为爱国行为，至今仍习以为常，而且税收制度很不健全，还靠税务人员上门收税，纳税人可以通过私人关系和行贿，轻松逃税。七是出于逃税目的和对金融机构出现风险的担心，富人把大量资金转移到国外而不存放在国内，使得银行资产严重缩水。凡此种种，国家财政入不敷出，便利用欧元区统一货币的有利条件，在欧元区以较高的利率，大量发行国债。以上问题，在南欧的葡萄牙、西班牙、意大利都不同程度地存在。这些国家实际上是在吃欧元的"大锅饭"。总的来看，欧元区主权债务危机的发生，是在有统一的货币体系而没有统一的财政政策这样一种制度缺失的情况下长期积累的，也是应对 2008 年这场国际金融危机所付出的沉重代价，更是南欧一些国家治国无方、内部管理不善、吏治腐败，民风懒散、贪图享受而造成的。从深层次看，欧盟经济一体化之后按市场规律，各国人才、资金、资源都源源不断地流向高效率、高收益的地方，却又没有走共同富裕道路的理念和机制，客观上进一步拉大了各国间贫富差距所导致的结果。

二、IMF 和欧盟、欧洲央行应对欧元区主权债务危机的主要措施

由于去年欧洲经济复苏态势尚好和欧洲各国从各自的利益考虑，国际货币基金组织（IMF）和欧盟、欧洲央行对希腊等所谓"猪五国"的债务危机没有引起足够重视。今年以来，南欧几个国家的债务危机急剧恶化。希腊经济总量虽然只占欧元区的 2.5%，可以说微不足道，但其国债余额 3540 亿欧元中，欧元区的商业银行买了 2060 亿欧元，其中 60% 是德国和法国的银行购买的，欧洲央行也买了 500 亿欧元，IMF 和欧盟委员会贷给了 560 亿欧元，希腊出现债务违约将直接影响到这些债券购买者的切身利益，并且会在葡萄牙、西班牙、意大利等国引起连锁反应。如果意大利也出现债务违约（国债余额为 1.9 万亿欧元），下一个可能就是法国要出大问题。欧元区主权债务危机是 2008 年爆发的国际金融危机的延续。因为国债主要由银行系统所购买，如果国债危机处理得不好，必然又会牵出一场新的金融危机。

今年特别是下半年以来，IMF、欧盟委和欧洲央行再也坐不住了，采取了一系列重大措施。IMF 于 9 月 21 日，重新启动了总额为 5710 亿美元的特别支持，帮助应对欧债危机。前不久，欧洲央行从一级市场购买了意大利和西班牙 400 亿欧元的国债，虽然数量不大，也显现出欧洲央行在不得已的情况下，推出量化宽松货币政策的征兆。9 月 28 日，欧洲议会通过了欧盟委去年就提出的一揽子 6 项立法建议，赋予了欧盟能以更严格的法律形式，对违反财政纪律的国家进行纠正和惩罚的权利。特别是在我们访欧期间，欧元区首脑经过近 8 个小时的艰苦谈判后，于 10 月 27 日凌晨出台了一揽子欧元区救助方案，其主要内容：一是欧洲金融稳定基金（EFSF）通过杠杆化从 4400 亿欧元扩大至 10000 亿欧元；二是银行业减记所持希腊的债务 50%（约 1000 亿欧元）；三是要求约 90 家欧洲大型银行的核心资本充足率提高到

9%（约需增加 1000 亿欧元资本金）；四是加强财经纪律，欧元区将致力于加强经济监管、加快财政与经济一体化进程，并强化财政纪律和深化经济融合。但这只是一个原则框架，具体细节将留在 11 月份欧盟财长会议继续落实。为形成以上救助方案，德国和法国承担的责任最多，发挥的作用也最大，展现了力挽狂澜的中流砥柱形象。但这个方案还需经过欧元区 17 国议会的通过。具体的法律程序和工作过程还相当复杂，充满变数。该救助方案出台近一个月来，区内民众抗议浪潮此起彼伏，国债收益率持续攀升，希腊、意大利总理换人。欧元区的整个局面表现为主权债务危机与金融危机叠加、经济危机和政治危机交织的复杂态势。

三、欧元区前景分析

人们对欧元区能否成功渡过这次危机，欧元和欧元区是否会瓦解议论纷纷。对此，谁也不能作出绝对肯定的判断。但要历史地看到，二战结束以来，建立欧洲经济联盟、实现经济一体化是欧洲各国共同的强烈愿望；欧元问世 12 年来，也确实为欧元区经济发展带来了许多便利和好处。如果欧盟出现分崩离析、欧元解体，不仅会对欧元区造成不可想象的伤害，而且对世界地缘经济政治格局也会带来巨大冲击，后退是没有出路的。何况整个欧元区财政赤字及主权债务余额占 GDP 的比例都比美国低得多（2010 年末，这两个比例欧元区分别为 6.0%、85.8%，美国分别为 10.3%、94.4%），欧洲总体上不缺资金，又拥有雄厚的经济基础，强大的科技创新能力，完善的市场环境以及高素质的人才队伍，人们有理由相信，欧洲有能力去克服当前的困难。

从三巨头（IMF、欧盟、欧洲央行）与德国、法国对发生债务危机国家救援的态度可以看出，这场危机已经远远超出经济范畴上升到了政治的高度。捍卫欧元、维护来之不易的欧盟经济统一体，是欧盟国家的共同利益和无可替代的政治抉择。就欧元区来说，还有很多解决危机的手段，远没有走到无计可施的地步。目前，美国对欧债危机表现冷淡，一方面是自顾不暇，而且要吸引大量国际资本流向美国买其国债；另一方面也许认为还不到该出手的时候。美国既不情愿欧洲强大，却也决不能让欧盟崩溃，因为欧洲是美国的核心战略利益之所在、是遏制俄罗斯的重要力量。人们在担心欧元区解体的同时，也提出了建立统一的资产负债表、修改《里斯本条约》和《欧盟条约》、扩大欧洲央行的职能、建立财政联盟、发行欧元债等建设性意见，甚至出现了建立欧元区联邦政府、欧洲合众国等呼声。现在几乎所有方案都难以达成共识。看来，欧元区似乎乱得还不够，这种各类力量争吵不休、互相角力的局面至少还得持续到明年下半年。从大乱到大治，自有英雄人物出来收拾残局。11月23日，德国外交部长在英国《金融时报》发表了题为《德国拯救欧元承诺不会变》的文章。欧洲"铁娘子"、德国总理默克尔有智有勇，2013年连任可能性极大，是值得世人期待的人物。经过这场危机的洗礼，欧洲的统一度会更高，德国对欧洲的影响力和控制力可能大为增强。当然，完全解决危机，也需一个痛苦曲折和较长的过程，特别是负债率较高的几个国家，可能要经历一场深刻的社会变革，甚至出现强烈的社会震荡。

四、关于我国应对欧债危机的政策建议

根据国际上的报道，我国外汇储备有1/4，即约8000亿美元的欧元资产在欧洲地区，加上我国企业、个人在欧洲的资产和投资，总额将近1万亿美元。如果欧元区主权债务危机不能得到有效遏制，必将使我国的利益受到重大损失。欧盟是我国第一大出口地区，如果欧盟的经济出了大问题，也必将影响我国的经济。因此，支持和帮助欧元区实际上也是我们自身的需要。但如果投资的时机、方式、规模等把握不当，也可能把我国拖进"欧洲陷阱"。从另一方面看，帮助解决欧债危机对我国增进与欧盟国家的合作、促进国内经济的发展，也是一个绝好的机遇。在访欧期间，看到欧洲报纸一篇文章的标题就是"欧洲不能没有中国"。在欧元区主权债务危机问题上，我们的应对策略正确与否，直接影响到我们能否真正抓住和用好新十年的战略机遇期。根据这次出访调研所了解的情况，提出以下几点建议。

第一，明确表示中国高度重视同欧盟的关系。坚定不移地支持欧盟一体化建设，支持欧盟应对主权债务危机的努力，相信欧洲人民有足够的智慧和能力克服当前的困难，保持经济稳定和增长。希腊议长在会见代表团时就说，在债务危机最困难的时刻，中国领导人率领中国代表团访问希腊，这本身就是给我们投了信任票。媒体报道说，"中国人够朋友"。建议国家领导人以后还要继续表明中国将对欧元区提供实际帮助的意愿。

第二，购买欧元区的国债要慎重选择。从安全性上看，投资于IMF专项用于应对欧债危机的"新贷款安排计划"，是比较稳妥的选项，只是人情都让IMF得了，我们难以获得实质性的好处。中国直接购买欧洲金融稳定基金发行的债券和欧盟主席巴罗佐提议的"欧元债券"，因为对方还未拿出具体方案，故目前尚不具备条件。建议有关部门组织权威的专家组，先去欧洲作深入的考察，掌握更多第一手材料，并提出评估报告，供中央决策参考。每一笔投资都要经过充分论证，发挥最好的效果。同时，要关注美国对欧债的态度，协调美国的立场。

第三，支持欧元区国家内部的各种改革。建议由中国国际经济交流中心等民间机构，组织强有力的专家组，去希腊等国帮助咨询。这符合国际上的惯例，也就是说既然要我买你的国债，就有权利帮助你在改进管理方面提供咨询。希腊各派政治力量对我国都很友好，希腊是欧洲的门户，加强与希腊的全面合作有着重要的战略意义。建议有关部门予以更多的关注。

第四，组织我国企业特别是民营企业增加对欧元区的直接投资。现在是欧洲资产价格最低的时候。我们绝不是乘人之危，而是本着互利共赢的原则，开展全方位的技术经济合作。在希腊访问期间，遇到几位温州的企业家说他们已经行动起来了，收购了雅典一些小企业和店铺，销售国内运来的产品，既解决了当地人的就业，又使希腊人买到了物美价廉的商品，很受欢迎。我国企业去购买一些欧洲资产，确是一个很好的机会。建议国家对我国企业特别是民营企业进入欧洲，在外汇安排上提供必要的支持。在这方面要十分讲究策略，宜多干少说或只做不说，更不可一哄而上。

第五，增加从欧盟国家的进口。西欧国家有很多高端科学技术和先进产品可以购买，过去一些限制向我出口的技术和产品，现在都有所松动，是采购的好机会。我们努力增加对欧元区的直接投资和从那里进口技术与产品，实际上就是向欧元区输入需求，有利于促进其经济发展。

第六，切实加强统筹协调。以上各项措施，都要精心筹划，全面协调，把握好时机和力度。建议国家有关部门加强合作，密切配合。另外，我驻外使馆同志还建议，国家能否成立对欧元区的合作与援助基金，安排专项外汇额度统筹使用。

第七，尚须防范欧元贬值。从目前了解的情况看，欧洲央行还不会实施大规模的量化宽松货币政策，即开足印钞机，大量发行欧元货币。但是，既然美国早就这样做了，欧元也是响当当的国际储备货币，在关键的时候，修改《里斯本条约》，使欧洲央行承担最终贷款人角色也是完全可能的。届时，必将人为制造欧元贬值，人民币就会对欧元大幅升值。我国 3.2 万亿美元的外汇储备，约 3/4 投向了美欧。我国要坚决避免出现被美元、欧元两大国际储备货币共同绑架的被动局面。因此，在人民币汇率上，我们一定要顶住压力，坚持自己的严正立场。

第八，密切关注美国动向。美国两党为减少财政赤字方案而争吵不休，超级委员会工作几个月一事无成。而债台却越筑越高，到 11 月 15 日国债余额突破 15 万亿美元，与 GDP（去年为 14.66 万亿美元）之比已超过 100%。另一方面，美国已调整了战略，淡化了反恐。今年以来，在中东北非制造一系列事端，唯恐天下不乱；又在亚太地区频频抛子布棋，试图围堵、遏制我国。在这一连串的事件中，都可以看到美国军火商的身影，让人预感到今后几年世界或许真会爆发什么惊天动地的大事。对于美国的挑衅行为，在原则问题上我们要义正词严地表明立场。

"患难见知己"。在解决好欧元区主权债务问题上，我国是可以有所作为的。只要处理得好，必将大大密切中国和欧洲的战略伙伴关系，为我国经济更好地发展创造许多有利条件。一个繁荣稳定的欧洲，对中国和全世界都是有利的。

欧元区正面临生死存亡的历史性抉择

（2012 年 8 月 18 日）

2008 年在美国爆发的这场国际金融危机还没有过去，又出现了美国的国债危机和欧元区主权债务危机，世界经济正处于艰难的调整时期。特别是欧元区似乎已经到了筋疲力尽的地步，处在生死存亡的关头，何去何从成了国际社会关注的焦点。我想对此做几点分析。

一、欧债危机不是欧元货币本身的过错

1999 年 1 月 1 日欧元诞生之后，对欧元区的经济发展发挥了很好的作用，欧元货币的运行也是很顺利的。到 2007 年，整个欧元区财政赤字与 GDP 之比仅为 0.7%，主权债务余额与 GDP 之比为 66.2%，欧盟公约设定的允许范围分别为 3% 和 60%。爆发这场欧债危机，主要有以下三方面。原因第一是受国际金融危机的冲击。据欧盟委员会 2010 年 12 月 1 日公布，从 2008 年 10 月到 2010 年 10 月的两年时间内，欧洲各国为应对国际金融危机对欧洲金融业的担保、资产救助和补助总规模达 4.5 万亿欧元，使 2009 年欧元区财政赤字与 GDP 之比、主权债务余额与 GDP 之比分别迅速上升到 6.3% 和 79.3%，2011 年末欧元区债务余额达 8.22 万亿欧元，与 GDP 之比为 87.2%。先是欧洲的金融机构买了太多的美国金融衍生品，金融危机爆发后，金融机构资产严重缩水，政府出面救市，于是金融危机转化为财政危机和主权债务危机。所以，欧元区主权债务危机的爆发是应对 2008 年这场国际金融危机所付出的沉

重代价。第二是由于欧元区只有统一的货币体系而没有统一的财政政策这样一种制度缺失。主要是南欧一些国家产业结构不合理、内部管理不善，却无所节制地大量举债，吃欧元"大锅饭"等长期积累的问题集中暴露出来了。第三是从深层次看，欧盟经济一体化之后按市场规律，各国人才、资金、资源都源源不断地流向高效率、高收益的地方，却又没有走共同富裕道路的理念和机制，客观上进一步拉大了各国间的贫富差距。没有坚强的政治联盟，出现这种现象是不可避免的。所以，不能把欧元区主权债务危机简单地归咎于欧元货币。相反，如果没有建立欧洲货币联盟，2008 年这场国际金融危机对欧元区国家的冲击肯定还要严重得多。

二、根本出路在于建立广泛的政治联盟

去年，随着南欧诸国债务危机的急剧恶化，IMF、欧盟委员会和欧洲央行采取了一系列重大措施：9 月，IMF 重新启动了总额为 5710 亿美元的特别支持，欧洲央行从一级市场购买了意大利和西班牙 400 亿欧元的国债；9 月 28 日欧洲议会通过了欧盟委员会提出的 6 项立法建议；10 月 27 日欧盟峰会出台了一揽子欧元区救助方案。今年 3 月 2 日欧盟峰会通过了财政契约，默克尔当时指出："契约的签署释放出强烈的信号——我们都从危机中汲取了教训，我们将聚焦于未来，一个政治上更团结的欧洲。"法国前驻英国大使撰文说："拜这场严重金融危机所赐，欧洲货币联盟不再形单影只，一个具备一体化法规、共同的平衡预算纪律和相互监督机制的财政联盟将与之相伴。"今年 6 月 29 日欧盟峰会又就一系列举措达成一致：允许欧元救助基金直接向银行业注资重组，可购买没有纳入救助计划国家的国债，确定该基金为 5000 亿欧元，还敲定 1200 亿欧元的增长协定。这些措施意味着，欧元区统一的金融监管机制正在形成，也表明在紧缩财政支出、减少赤字的同时也注重加快经济发展了。以上这些充分说明，三巨头一年多来的工作是卓有成效的。自 2010 年至今年 6 月底，希腊获得的救助总额已达到 3470 亿欧元，其中 2400 亿欧元贷款，1070 亿欧元的债务减

免。这一额度相当于希腊 GDP 的 1.5 倍，也相当于每位希腊人获得了 3.1 万欧元的援助。

但是，欧元区的经济形势却每况愈下。一季度经济零增长，二季度同比下跌 0.4%；失业率不断攀升，6 月份达到 11.2%，其中西班牙二季度失业率达 24.6%，在发达国家中排名第一；国外客户纷纷抛售欧元资产，大量资金外逃；融资成本不断上升，西班牙和意大利国债收益率两个月来一直逼近 7% 的临界值，等等。加上穆迪公司 7 月 23 日宣布将德国、荷兰和卢森堡三个 AAA 主权级别的评级展望从"稳定"调为"负面"，真是一片风声鹤唳，以至全世界都在谈论几个月后欧元区是否仍旧存在的话题。欧元区为什么会出现这种局面呢？一是欧盟峰会推出的这些措施有的只是原则，还要通过复杂的法律程序才能生效，变为可操作的实施细则更尚需时日，市场在兴奋几天后又信心动摇。二是国际上有人刻意唱空、唱衰欧元，以吸引更多国际资本，降低其推销国债的成本。三是欧元区实施"先置其于死地而后生"的一种策略。四是组建财政联盟和统一的金融监管体系意味着每个国家都要让渡部分主权，阻力确实很大。

欧元区后退是没有出路的。5 月 17 日国际金融协会估计，希腊破产和退出欧元区带来的全球损失在 1 万亿欧元左右。希腊国家银行 5 月 29 日发布报告称，退出欧元区将使希腊的人均收入减少 55%，经济衰退将超过 22%，新货币出台通胀率将达 30%，失业率将达 34%。如果欧元区解体，对该地区经济社会带来的破坏和损失以及对世界经济的伤害更是无法估量的，代价实在太昂贵了。去年 10 月 6 日美联储前主席格林斯潘发表文章说："除了建立全面政治联盟外，可能没有其他方法能够确保欧元生存，建议欧元区建立更紧密的联盟。"德国前总理施罗德去年 9 月也说，"成立欧洲合众国或可化解危机"。从经济合作开始逐步实现全面的联合是欧洲各国的共识，也是欧洲经济共同体产生的重大历史背景。从 1950 年签订《欧洲煤钢联营条约》到 1999 年欧元出台，欧洲都朝着一体化方向前进，这是历史的潮流。国际社会因为有着共同的利益，也不愿意看到欧元区解体。在欧元区内，法德轴心已经初步形成，这两国经济总量占欧元区的近50%，举足轻重。他们都旗帜鲜明地坚持继续推进欧洲一体化。默克尔说在探讨此类问题时应当无所顾忌，奥朗德更具体提出希望在欧元区内部深化一体化。欧洲央行行长德拉吉说各成员国必须放弃一些主权。在加强统一化的前提下，欧洲央行才能发挥更大的作用。限制欧洲央行职能的《里斯本条约》也是可以修改的，使之成为像美联储和英国央行那样赋予最终贷款人的职能，欧洲央行就可以出面收购一些困难国家的国债；只有实现更加紧密的联盟，才能避免信用平摊，发行欧元债券也将成为可能。总之，化解危机的办法是很多的。欧洲有雄厚的经济基础和先进的科学技术，是人类现代文明的发祥地，在这里率先产生了资本主义，也诞生了马克思主义。人们没有任何理由对欧元区的发展前景过于悲观。

三、生死存亡的历史性选择

过去几年的经验证明，没有更广泛的政治联盟，建立经济联盟是不可靠的。德国、法国、意大利、西班牙等国都在构思欧洲的未来，风险共担必须以更深入的政治、经济整合为前提，"生死劫"必将催生重大变革。现在是考验欧元区乃至整个欧盟各国政治家们的智慧、胆识和勇气的时候。不是在暴风雨中灭亡，便是获得新生。如果只从一个政治派别和一国的小利益出发，不顾大局，缺乏互信，一味地争吵下去，那么此前所作出的一切努力必将前功尽弃，欧元区或许真的末日将至，并给欧洲和世界经济带来巨大的灾难。9月12日对欧元区来说又是一道坎，这一天德国联邦宪法法院将就成立欧洲稳定机制的条约是否符合德国宪法作出裁决。10月份，欧元区将迎来偿债高峰。估计今后几个月欧元区的局势还会继续恶化。德意志银行8月1日发表报告称，欧元区经济衰退很可能会持续到今年年末，全年GDP增长为 –0.5% 左右，将在年内度过最糟糕的时期，明年经济将略有回升。只要政治家们顺应历史潮流，从欧元区人民的根本利益出发，抛弃一己私利，励志改革，坚定不移地朝着更加统一的方向前进，那么历史将会证明，欧元区当前面临的困难只是黎明前的黑暗，一个更加统一和更加繁荣富强的欧元区必将展示在世人面前。

　　欧元区的局势对世界经济也是一个重大考验。让暴风雨来得更猛烈些吧。

对日本经济的两重性和中日关系的几点认识

（2013 年 1 月 8 日）

一、日本经济的两重性

二战之后，日本人民勤劳发奋，加上没有国防开支，全力搞经济建设，实现了 1955—1970 年年均 9.9% 的经济增长率，建成了庞大的现代工业体系，一举跃居世界第二大经济体，创造了经济增长的奇迹。但自从 20 世纪 90 年代初经济泡沫破灭以后，日本经济几乎停滞不前。1991—2000 年经济年均增长率仅为 1.1%，2001—2011 年年均增长率更只有 0.6%，即所谓遭遇了"失去的二十年"。2011 年日本经济萎缩 0.9%，2012 年二、三季度经济分别为负增长 0.1% 和 3.5%（折年率），日本政府宣布经济再次陷入衰退，同时出现了严重的通货紧缩。日本政府负债累累，到去年 9 月份债务余额与 GDP 之比已高达 241%，该比值分别为欧元区和美国的三倍和两倍多，除了津巴布韦外是世界上最高的。而且似乎还看不清楚日本经济的出路究竟在哪里？在外界看来，日本经济在世界经济中的地位已江河日下，日薄西山，正在挣扎着摆脱危机。

然而，这只是日本经济的一个方面。人们往往忽视了另一个重要事实，就是日本在海外还有着巨大的经济实力。几十年来日本一直着力在海外扩张，其本土虽然没有铁矿和煤炭资源，但在澳大利亚却有它自己开办的铁矿、煤矿，不仅能够充分保证国内的需求，而且有着国际市场价格的定价权。20 世纪 80 年代末的收购潮买了一些美国的地产，出现了一些败笔，但 20 多年来日本在海外的收购一直没有停过，收购的行业也更加广泛。2012 年当年收购的国外企业首次超过 500 家，总耗资约 830 亿美元。日本信息技术巨头软银公司去年斥资 200 亿美元收购美国斯普林特公司，成为日本企业有史以来进行的最大手笔海外收购。日本在巴西购买的土地面积相当于日本国土总面积的两倍，当年日本天皇访问巴西时为此向当地的日本投资者鞠躬致意。在第一个"失去的十年"中，日本在海外企业的销售额年均增长 13.9%。目前，日本的海外资产总值比其海外债务多出大约 3 万亿美元，而美联储经过三轮量化宽松货币政策，大量印钞票，到目前为止其资产负债表的总规模也只有 2.8 万亿美元。日本海外资产的收益非常好，每年为日本带来 1665 亿—1785 亿美元的收入，这还不包括海外企业留在当地扩大再生产的利润。可见日本企业"走出去"是成功的。同时，日本还是世界上最大的债权国，持有美国国债就达 1 万多亿美元。日本在"失去的二十年"中正闷声地在海外发财。从经济规模来看，他们在海外又建成了一个乃至几个日本。纽约日本协会前会长说，日本现在是一个富裕、世界化的国家。这也正是日本的国债余额和 GDP 之比如此之高却没有发生债务危机，仍能挺过金融危机冲击的重大背景，而且其国债 80% 以上都是日本人自己买的。因此，人们决不可以低估了日本的整体实力和调动国际资源的强大能力。

就从日本本土来看，虽然存在体制、机制、产业结构以及老龄化（2010 年日本总人口 1.27 亿，人口增长率为 –0.1%，总人口中 65 岁以上的人占 22.7%，而世界平均为 7.6%，中国为 8.2%）等问题，但事实上也并不像有些人说的那样糟糕。爱尔兰常驻日本记者、经济评论员埃蒙·芬格尔顿去年初在《纽约时报》上发表文章说，"日本在所谓'失去的二十年'中表现良好，在一些重要领域日本比美国做得好。1989—2009 年日本人的平均预期寿命从 78.8 岁延长到 83 岁，比美国人多活 4.8 岁；全球上互联网最快的 50 个城市中，日本占了 38 个，美国只有 3 个；日本失业率 4.2%，只有美国的一半；日本 2010 年外贸顺差 1960 亿美元，为 1989 年的 3 倍以上，而美国同期经常项目逆差则从 990 亿美元增至 4710 亿美元；近几年改造的现代化大型机场令美国无法与之相比；日本的优势主要体现在质量而非数量上，其人均发电量是美国的两倍。许多西方人的心态在主动贬低日本，往往在刻意唱衰日本。"

2010 年日本国内生产总值为 5.4978 万亿美元，中国为 5.8786 万亿美元，名义 GDP 中国首次超过日本。今年 1 月 7 日《日本产经新闻》发表题为《以反超中国为反攻目标》的文章，作者田川秀男说，"日本反攻的终极目标应该是名义 GDP 反超中国，中国 2010 年的名义 GDP 折算成美元超过了日本，但中国存在着通货膨胀，日本处于通货紧缩中，如果去除了通货膨胀和通货紧缩这两个因素，按照 2000 年当时的价格计算，日本 2011 年的名义 GDP 是中国的 1.42 倍，远高于中国。"虽然这个数字尚待核实，但从统计理论上说这个算法是有一定道理的。

二、中日关系

中日建交 40 年来，两国经济联系不断加强。对日本来说，无论出口还是进口领域中国都是它最大的贸易对象国；2011 年中日两国贸易额达到 3429 亿美元；日本现有在华企业约 2.3 万家。中日两国已经形成了一个庞大的产业链，实现了经济合作、互利共赢的初衷。几十年来中日之间由于日本某些领导人不能正确对待二战历史，发生过多次关系紧张，但维持了"政冷经热"，政治关系也很快得到修复。而这次日本围绕钓鱼岛主权问题发难，使中日关系跌落到建交以来的最低点，甚至发展到随时可能爆发武装冲突的边缘。这有着极为深刻的国际背景。2011 年 9 月 22 日，英国《经济学家》周刊报道，到 2020 年中国经济总量将超过美国。按照他们设定的参数和发展趋势推算，再过 8—10 年中国经济超过美国是完全可能的。这无疑触动了美国的中枢神经，美国真的着急了，坐不住了。不久，奥巴马总统就发表讲话："美国绝不当第二。"去年美国便高调宣示重返亚太，实际上都是为了遏制中国经济发展。我国南海和钓鱼岛领土争端问题从根本上说是美国挑起来的。美国在不与我国撕破脸面的前提下，总在从各个方面给我国制造麻烦，并企图在东亚、东南亚打造对中国的包围圈。所以，当前中日之间的斗争，从根本上说是美国和中国之间的较量。如果日本和中国发生军事冲突，实质上也是美日与中国的战争。一旦出现这种局面，东亚将永无宁日，我国的周边环境将会急剧恶化。

二战结束初期，美国为阻止日本军国主义东山再起，对日本实行了军事占领，替日本制定了一部和平宪法，签订了美日安保条约，承诺对日本实行核保护。时任驻日盟军最高司令麦克阿瑟将军还与日本当局签订了秘密协定，即以东京为圆心、至富士山为半径的范围内不得设立日本兵营，这一地区的安全保卫由以横须贺美军基地为核心的美军负责。这种格局一直延续至今。可以说，日本是经济上的大国，政治上的侏儒，军事上是美国的殖民地。这一系列措施被基辛格称为美国对日政策的"瓶盖论"，犹如潘多拉盒子一样把军国主义这个魔鬼关在瓶子里了。而为了冷战、反苏、反共以及为了遏制中国发展的需要，美国对日政策不断进行调整，加大扶持力度，不时打开瓶盖，放出一些军国主义的阴霾为其所用。正如过去美国利用以色列对付苏联、如今又用以色列来看守中东（2012年2月下旬美国前国务卿基辛格说，"现在是以色列全力以赴攻击阿拉伯人的时候了。顺利的话中东一半领土都将是以色列的。"）一样，美国要把日本作为东亚的以色列。在美国的棋盘中，日本是制约中国的一个大棋子。

日本是大和民族一统天下的单一民族国家，1.27亿人口生活在37.8万平方公里的国土上，而且71%的国土面积是山区和丘陵，很是"憋屈"，历来有向外扩张的心理。日本人的心态非常矛盾和复杂：最亲密的盟友是美国，而内心最痛恨的也是美国。两颗原子弹在日本爆炸，给日本人民留下的伤痛永远无法抹去。驻日美军的种种丑行也使日本民众极为反感。7年来日本换了7位首相，前5位首相的下台都与普天间美军基地的搬迁处置不力而引起民愤有关。美日安保条约既为日本提供了保护，也是套在日本脖子上的一个枷锁。上个月朝鲜发射卫星，日方兴师动众要拦截，而卫星发射没有、在什么高度、进入什么轨道等基本的信息都必须由美军向它提供。可见日本在军事上是没有什么自主权的。美日之间一直存在控制与反控制的斗争。有时日本挟美自重，谋求对外扩张，不惜为美国在国外发动战争掏钱出力；时而又高喊要修改和平宪法、建立国防军，甚至要轰走美驻日军事力量。美国玩这种危险的"瓶盖"游戏，很可能会把亚洲甚至世界拖向灾难，使历史悲剧重演，美国自身也难以幸免。

根据以上分析，处理好中日关系关键是要协调好中美的关系。

三、中日关系何去何从

中日两国是一衣带水的邻邦。常言道：远亲不如近邻。我们山水相连、交通便利，经济上互补性极强，无论进口还是出口中国都是日本第一大贸易伙伴，我们两国没有理由搞不好关系。

二战时，日本侵略了中国，给中国人民带来了深重的灾难。但那是日本军国主义者犯下的罪行，不是日本人民的错，日本人民本身也是受害者。正确对待历史、坚持以史为鉴，就是永远要走和平发展的道路，决不重蹈历史的覆辙。

1968 年，日本经济跃居世界第二，与美国、欧洲形成三足鼎立之势。中国政府和中国人民发自内心地为日本高兴。1972 年中日建交，两国签署了《中日两国政府联合声明》，声明中规定了有关台湾问题和历史问题的诸原则，为中日关系恢复正常化奠定了政治基础。1978 年，中日签署了《中日和平友好条约》，在该条约中，两国在双边及地区与安全方面达成了共识，使中日和平友好关系的内涵得到深化。

可是，就在日本经济成为世界第二之后，却引起了美国的警觉。以广场会议为标志，美国出手狠狠打压了日本。日本的伤痛至今尚未完全抚平。2010 年中国的经济总量超过日本，成了世界第二大经济体，美国当即表示"美国决不当第二"，并出手打压中国，利用日本挑起钓鱼岛事件给中国添乱，使中日关系受到伤害。看来，谁成了世界第二大经济体，谁就会成了美国算计的对象。美国不会容忍中日走近。可以说，不让亚洲任何一个国家真的强大起来和亚洲团结，是美国的长期战略。日本的政治家们应当看清这个道理。

但是，和平、合作、发展是不可阻挡的时代潮流。相信中日两国的关系一定会在和平相处、合作共赢、共同发展的康庄大道上前进的。

发达国家全面实施极度宽松的货币政策
导致全球流动性泛滥

（2013 年 5 月）

　　这场金融危机爆发以后，美欧日都实施了极度宽松的货币政策。一方面是全面推行低利率政策，例如美联储基准利率几年来一直保持在 0—0.25%；欧洲央行主要再融资利率几年来都控制在 0.75% 的低水平，今年 5 月 2 日欧洲央行决定将主要再融资利率下调 0.25 个百分点至 0.50%，存款利率维持在零不变，边际贷款利率从 1.50% 下调至 1.00%，同时欧洲央行行长还表示对进一步放宽货币政策持开放态度。日本更是长期实施零利率政策。另一方面，实行量化宽松货币政策，例如美联储 2009—2010 年初实行了 QE1，购买了 1.25 万亿美元的抵押债权，3000 亿美元政府债券，1750 亿美元的两房债券，共 1.725 万亿美元。2010 年 8 月底至 2011 年，美联储推出 QE2，购买了 6000 亿美元的政府债券，2012 年 9 月 13 日，美联储又宣布实施 QE3，即从 9 月 15 日开始每月购买 400 亿美元的住房抵押贷款支持证券（MBS），而且是无限期的。2012 年 12 月美联储又决定每月再多购买 450 亿美元的长期国债。这样每月将购买总共 850 亿美元的债券。这一政策要实行到美国的失业率降到 6.5%、经济出现明显复苏时为止。美联储每次实施量化宽松货币政策，本质上都是开动印钞机大量发行基础货币。据美联储分析，90% 以上的新增货币都流到了国外，主要是新兴经济体国家，2008 年 9 月以前的五年中，流通中的美元年均增速为 3.8%，之后平均增速达到 7.5%，危机爆发后的五年来国外所持美元现金占比已从 56% 提高到 66%。欧洲央行虽然不像美国那样大搞量化宽松货币政策，在发行基础货币上比较谨慎，但采取了间接的量化宽松货币政策，欧洲央行向商业银行提供 1—3 年的流动资金，以使银行将一部分用于购买本国国债，两轮累计达 1 万亿欧元。日本新一轮的量化宽松货币政策，更是提出了三大目标：一是压低日元汇率以增强出口竞争力；二是保持低国债收益率，为庞大的财政赤字融资；三是提高或者制造通胀率，来刺激居民消费与企业投资。目标是使国内通胀率达到 2%。4 月 4 日日本央行行长黑田东彦以令市场惊讶的方式，宣告日本货币政策进入黑田时代，其购债计划甚至三倍于美联储的定量宽松，人们将黑田称为 QE 狂人。日本央行公布，本轮 QE 实施时间初定为两年，4 月当月购买 6.2 万亿日元日本国债，自 5 月起每月购入 7.5 万亿日元的日本国债，以发行基础货币为主要操作手段，即印钞票，按次推算，日本央行在今后两年将向市场注入 150 万亿日元。日本央行竭力通过该政策把投资者赶出债券市场，迫使他们把资金放到别处去。日本的问题不在于货币政策，而是结构性的，在死气沉沉的本国经济找不到盈利机遇的日本各商业银行必然继续投资到邻国，流动性很大一部分将溢出到国外，主要是亚洲新兴市场。

四、金融改革与开放

关于人民币汇率问题的几点思考

（2003 年 3 月 18 日）

去年以来，美元、日元、欧元出现了争先恐后贬值的局面，似乎成了一场相互比慢的竞跑。美、日、欧三大货币这种特殊方式的角逐，是世界经济不景气的集中表现。在这样的背景下，我国经济却充满活力，蓬勃发展。于是，关于人民币应该升值的言论一时间在国际上传得沸沸扬扬，"中国输出通货紧缩"的论调也尘嚣日上。这里透着什么信号、他们究竟要干啥？值得我们予以高度重视。

一、警惕踏入日本设置的"陷阱"

2002 年 12 月 4 日，日本副财长黑田东彦在英国《金融时报》发表署名文章称，"中国的通缩经出口扩散至台湾、香港甚至全球，中国应该承担起将人民币升值的责任。"在 2003 年 2 月 21 日召开的西方七国集团（G7）财长会议上，日本财长言川正十郎公然在会上宣称："不仅日本的通缩是因为进口了太多的中国廉价商品，全球经济不景气也缘于此。"并抛出一份全球反通缩计划的提案，要求 G7 会议通过"与 1985 年针对日元的'广场协议'类似的文件"，要求人民币升值。会上由于美英等国正准备发动对伊拉克的战争而无暇他顾，日本提案就此流产。但这件事本身是十分严重的。在 G7 会议的历史上，尚无讨论非成员国货币问题之先例。日本此举是粗暴侵犯我国主权的行为，并为我国设置陷阱，要让我们重蹈他们的覆辙。

回顾 20 世纪 70 年代后期，日本经济红红火火，如日中天。当时日本正筹划对拉丁美洲、亚洲和非洲进行大量工业投资，以扩大本国工业品的出口市场。而美国国家安全秘书布热津斯基告诉日本："你们不能帮助墨西哥，因为美国无法容忍边境周围出现一个新的日本。"还针对日本准备卖给中国核电设备问题说："这样做相当于向美国国务院宣战，日本不会这样做，有一个广岛就足够了。"这就是著名的布热津斯基原则。日本在可能失去美国核保护伞的威胁下，被迫同意了美国的要求，并转而向美国大量出口消费品。这样一来，到80年代日本对美贸易出现了巨额顺差，美国又对此大加指责。1984年至1985年间，美国财政部长多纳德·里甘对东京进行了一系列访问，要求日本抬高日元比价，接受美元大幅贬值，并全面放开对国内金融市场的管制。到1985年9月19日在纽约召开的G7会议上，日本终于接受了日元对美元大幅升值25%的决定。这就是导致日本经济走向衰退的"广场协议"或叫普拉扎协议。此后日元一路升值，对美元的汇率从80年代初最低的380：1升到后来最高79：1的惊人水平。以美元计算的日本财富无形中翻了几番，致使许多日本人的头脑也一下子膨胀起来。当时美国正值房地产过热，日本人却不皱眉头地买下了帝国大厦、洛克菲勒广场等一大批房地产。日本人到法国看了一下说："法国除了凡尔赛宫值几个钱，没有什么可买的"，真是狂到了极点。在日本国内，从1986年起地价、股价持续5年上涨，城市地价平均上涨2倍多，股票日经指数从1万多点暴涨到3.8万点，大量的银行和企业资产流入房地产和股票市场，染上了严重的金融艾滋病。1990年1月"泡沫"开始破裂，使日本经济持续13年一蹶不振。

如今，日本在光天化日之下搬出当年美国收拾它的故伎来对付我们，试图对中国克隆一个新的"广场协议"，实在是欺人太甚。日本通缩已持续13年，与中国何干？日本的外汇储备早已超过4000亿美元，外贸顺差也比我国大得多，按他们的统计，2002年日本光对中国的顺差就高达2.7456万亿日元。何况中国出口到日本的商品中，有很多是初级或中间产品，日本再加工后向世界各地输出最终产品，谁得的好处多是一目了然的。

二、更加难缠的是美国

日本实在是没有资格对人民币说三道四，其论点也是不堪一击的。更值得关注的是美国。美国商务部 2 月 20 日发表的贸易统计显示，2002 年美国进口 14082.11 亿美元，同比增长 3.8%；出口 9729.95 亿美元，下降 2.5%。逆差 4352.16 亿美元，比上年增长 21.5%，创历史新高。按美方统计口径，2002 年美国自中国进口 1251.68 亿美元，增长 22.4%；从日本进口 1214.94 亿美元，下降 3.9%，中国超过日本，成为美国第三大进口国。从其统计看，2002 年美国对中国逆差为 1031.15 亿美元，比上年增长 24.1%，中国已连续三年成为美国最大逆差国；对日本贸易逆差为 700.55 亿美元，增加 1.5%。过去几年美国巨额外贸赤字是靠大量外资流入来弥补的。但从 2001 年以来，国际资本大量向美国集中的势头开始出现逆转，据联合国贸易与发展会议估计，2002 年全年美国的国际直接投资净流入仅为 440 亿美元（最近又调减为 301 亿美元），比上年同期下降 66.4%，与 2000 年的 3356 亿美元的历史记录相比降幅更为显著。这主要是由于欧元区的资本流向发生了根本性的逆转。2003 年 2 月 26 日，美国国际经济研究所所长伯格斯腾在有美国国会、财政部、美联储、美贸易代表办公室等代表参加的会议上讲的一番话十分耐人寻味。伯氏说，近 5 年来美国外贸赤字占 GDP 的比重以每年一个百分点的速度递增，2002 年已达近 5%；美国对外净负债也同时增长，2001 年已达 1.9 万亿美元；2002 年美元汇率政策已处于调整的过程中，全年美元对欧元贬值 24%，对日元贬值 13%；为减少外贸赤字，美元需在现有基础上再贬值 20%—25%，而且目前无通涨是贬值的最好时机；为了实现美元贬值的目标，需明确哪些国家和地区要承担相应的责任，使其本币升值。根据美联储采用的贸易加权美元指数所反映的美国贸易伙伴币值的影响程度，2002 年依次为加拿大元（17.0%）、欧元（16.3%）、日元（13.3%）、墨西哥比索（10.4%）、中国人民币（8.0%）；从贸易量上看，美国最大的贸易伙伴依次为加拿大、墨西哥、中国、日本。伯氏首先排除了日元升值的可能性；墨西哥是其后院，对整个拉美地区经济稳定至关重要，比索也不宜大幅波动。他说，随着中国经济快速发展，产品竞争力大幅提高，中国已成为年度吸引外国直接投资最多的国家，贸易连年顺差，外汇储备急剧增加。从经济学观点看，一国外汇储备的增加以其他国家外汇储备的减少和硬通货发行国的货币流出为前提，这就存在国际协调的问题；另一方面，一国持有外汇的数量也应有一个合理的界限。因此，现在应重点研究中国人民币的汇率问题。他提出，人民币应放弃和美元挂钩，不应随着美元汇率的下调而继续贬值。伯格斯腾及其领导的研究所对美国经济政策乃至外交政策的制定都有较大的影响力。他的这番讲话应引起我们的高度关注。

俄罗斯《共青团真理报》3月11日刊登了俄著名学者、时事评论家亚力山大·季诺维也夫的访谈录。季诺维也夫认为伊拉克之后，打击中国将是西方超级社会的头号任务。从战略上看，此话并非危言耸听，以美国为首的西方超级社会绝不会喜欢社会主义中国日益强大起来。他们对中国的方针一贯是接触加遏制。有时接触多一点，那是为了利用、而且也离不开我们，接触也是为了实现遏制甚至控制的目的。为了实现祸水外引的战略意图特别是一旦从中东事务中腾出手来，他们就会给我们制造这样那样的麻烦。从军事上和政治上，很可能在台湾或朝鲜问题上做手脚。但从今后一个时期看，最有可能、也最便捷的是从经济上发难，而首当其冲的是调动国际社会力量逼我人民币升值，把中国推进第二个阴谋陷阱。

三、最大的担心还在我们自己

一是要保持清醒头脑，顶住压力，决不可自乱阵脚。在某些国家发出要求人民币升值信号的时候，国内大多数经济学家都以冷静的态度，理直气壮地发表了很好的意见。但也有些同志提出了一些附和国外错误论点的意见，大谈人民币盯住美元制的代价、外汇储备过多增加的成本、央行持有过多美元可能的风险和对财政的压力等等，制造人民币应该升值的舆论。实际上，国际经济发展还面临着许多不确定性因素，各种货币的汇率变化还难以准确预料。我国经济只占世界总规模的 1/32（2002 年全球 GDP 为 32 万亿美元），人民币汇率对世界经济的影响是很微弱的。国际金融市场竞争的主体还是美、日、欧三大货币，我们不具备条件参与这场角逐，更不要去引火烧身。如果不能正确引导舆论，人为地去提高人民币升值的预期，就将改变居民、企业对货币汇兑的行为，甚至带来整个经济和社会的不稳定。这比升值本身更具危害性。所以，无论国外对我毁誉如何，都要做到心中有数，不可头脑发热。汇率是牵一发而动全身的大事，直接影响人民币的利率、对外贸易、物价以及经济生活的方方面面，要慎之又慎。

二是总有一些同志对全面推进人民币汇率市场化、利率市场化以及人民币完全可自由兑换过于心急，似乎只有这样才能体现我们大国的地位和风范。从当前我国微观竞争主体预算约束还不够硬、宏观经济结构调整的任务还很艰巨、金融机构资产质量不高、金融监管亟待加强以及金融整体实力不够强大等方面看，我们还远远不具备推行金融自由化的条件。如果人家一吹捧我们就忘乎所以，那将是十分危险的。二战以来的经验证明，凡是谁受到美国的吹捧，谁就要大祸临头了：80 年代哈佛大学写的一本名为《日本：世界第一》的书畅销全球，不久日本出现经济泡沫，陷入 13 年的经济衰退；当年美国吹捧戈尔巴乔夫，爱称其为"乔夫"，结果不费一枪一弹就导致了苏联的解体，他本人也在政治舞台上消失；90 年代中期，美国吹捧东南亚国家，说什么 21 世纪是亚洲的世纪，1997 年就出现了东南亚金融危机。现在又在吹捧中国经济如何了得，实际上是在捧杀我们。

三是工作作风不够深入，缺少调查研究。对许多情况还掌握得不太清楚。例如，我国出口商品的价格形成机制究竟是怎样的？一年花 1000 多亿元出口退税有多少好处是被外商拿走了？上海和江浙一带个人炒作国际货币成风，究竟有多大规模、是怎样运作的？在周边国家到底有多少人民币在流通，又有多少外汇通过非正常渠道流出国外等等，都还说不清楚，不利于决策。

四是从战略上研究问题少，而在技术层面上讨论较多。在如此复杂而又险恶的国际环境中，如果不能从中国的实际国情、国家的根本利益和国际环境的全局上去把握，而是就事论事，则专业知识越是高深，研究的结论却可能越加荒谬。

五是应急机制不健全。主要是对可能发生的重大国际金融问题前瞻性研究还不够，未能制定应对各种情况的不同预案。这样，一旦事到临头，就可能比较被动。

四、人民币升值情况的初步分析

在计划经济时代，人民币汇率只是计划核算的工具，外贸实行财政补贴，且外贸规模很小，人民币汇率并不起眼。随着改革开放的深入，人民币开始走上价值回归之路。人民币对美元从 1979 年的 1.5∶1 到 1985 年的 2.7∶1，再到 1994 年的 8.7∶1，一直在贬值。1994 年外汇管理体制改革，实行有管制的浮动汇率管理制度，既解决了长期困扰外贸企业的币值高估问题，又确定了由市场决定的汇率形成制度。从 1994 年以来，实际上人民币对美元一直是平稳升值的。据国家外汇管理局分析，从汇率并轨到 2001 年的 7 年间，人民币名义汇率升值已达 5%，按贸易权重计算的名义有效汇率升值 20% 以上。如果剔除物价因素，人民币对美元实际上升值 40% 左右。而在同一期间，美国由于经济高速增长、股市泡沫膨胀，国际金融市场对美元的需求大幅增加，美元对国际其他主要货币也升值了 40% 以上。由此可见，人民币对国际其他货币是双重升值，其幅度实在是相当大了，凭什么还要求人民币继续大幅升值呢？况且，在亚洲金融危机期间，中国从大局出发，坚持人民币不贬值，防止了金融危机的进一步扩散和恶化，是为亚洲乃至世界经济作出了重大贡献和牺牲的。近年美元适度贬值是前几年经济泡沫破裂的必然后果，为什么要中国来为之承担成本呢？中国出口美国的商品多是服装、鞋类、玩具等日常用品，客观上帮助美国人民解决了部分生活必需品，是美国的进口商拼命压低我们的出口价，怎么能怪我们输出通货紧缩呢？

五、研究人民币汇率政策必须坚持的原则

面对人民币升值的种种压力，很有必要组织各方面力量开展对策研究。在这项工作中，建议应坚持以下原则：

（一）必须充分肯定 1994 年外汇管理体制改革以来取得的成绩，充分肯定我国现行汇率政策、汇率制度的正确性，保持政策的连续性。

（二）坚持人民币资本项下不可以自由兑换的基本政策，认真查找并堵塞资本项下变相或黑市自由兑换的各种漏洞。在今后一个时期内，不急于追求人民币的国际化。

（三）坚持独立自主的人民币汇率制度，任何时候不为国外干扰、胁迫所动，维护国家主权和尊严。

（四）按照与时俱进的精神，深入研究国际金融市场发展的新情况、新趋势以及国内情况的新变化，制定人民币汇率微调的多种预案，但都必须确保外汇市场的稳定。要切实将其作为执行稳健货币政策的一个重要组成部分。

关于构建我国金融风险防范
政策体系的若干思考

——都江堰水利工程的启示

（2006 年 7 月 17 日）

国家外汇储备增长过快，是当前经济运行中最值得关注的问题。国家外汇储备是由央行用相应人民币换来的，不是直接的财政收入，并非都可以随便使用。去年末外汇占款已达 7.1 万亿元人民币。外汇占款属基础货币，在存存贷贷的过程中有乘数效应（目前为 5.1 倍），故使社会货币供应量大幅度增加，由此造成了银行资金流动性过剩的现象。商业银行出于自身利益，总是要把钱贷出去。银行信贷投放过度，又推动了固定资产投资规模过大，加剧了部分行业的产能过剩和产业结构的扭曲。如果硬让这样巨额的资金沉淀在银行，则中国的金融系统日子将过不下去；如果任其出笼，则它冲向哪个领域，那里就要出泡沫，就要泛滥成灾。面对我国外汇储备象洪水一般急剧暴涨的新形势，我们迫切需要建立起一个新的防范体系，或者说，要构建我国金融"都江堰"。

上月我去成都开会，重游了都江堰。历史上岷江经常泛滥成灾，德阳市三星堆出土的 3000 多年前的文物就是见证。但岷江泛滥造就了一个成都平原（它由 7 个冲积扇组成）；2260 年前李冰父子建的都江堰驯服了岷江，更打造了一个天府之国。都江堰共有四大工程：鱼嘴、飞沙堰、宝瓶口、还有成都平原上星罗棋布的水渠。可以实现四六分水、二八分砂，真是巧夺天工。如果说，目前中国的钱太多了，那是

457

笑话，我们有很多领域缺少资金；但目前银行资金流动性过剩，表现出钱多为患却也是不争的事实。广东人说"水就是财"。都江堰的治水理念是"乘势利导，因时制宜"。我们可以从中得到一个重要启示——努力构筑我国金融的"都江堰"。国家外汇储备是宝贵的财富，不能让它泛滥成灾，而要建立有效的机制，使它真正造福于人民。

一、"鱼嘴"——内外分流

（一）打破市场对人民币升值的非理性预期。不少同志认为，如果已经出台的各项调控措施仍难见效，就只有动人民币汇率，即让人民币对美元升值了。甚至有人建议，干脆让人民币一步升值到位。现在的情况是，美国一直在压我人民币升值，我们许多同志也觉得人民币应该升值。关键的问题在于升值以后会出现什么样的情形和如何升值。"一步到位"这个位究竟在哪里？是 7 元、5 元、4 元，还是世界银行说的 2 元比 1 美元？如果我们一次猛升 5%—10%，也可能把市场的胃口吊得更高，市场也许就会"得陇望蜀"，寄予更高的期望，加剧炒作，涌入更多的热钱，形势就会进一步恶化。应该说，去年 7 月 21 日国家出台的人民币汇率形成机制是很成功的。但一年来，在汇率问题上也常常出现一些错误的信号，客观上起到了逆向调控的作用，强化了人民币升值的预期。建议在具体操作上：第一，大家都要把思想、言论和行动统一到去年 7 月 21 日出台的人民币汇率形成机制的口径上来，无论政府官员还是经济学家，都不要向社会发布混乱信号；第二，实行"有管理的浮动汇率制"需要在"有管理"三个字上做文章，坚持渐进式升值的方针，协调好国内人民币利率和美元利率的关系，升值的进度把握在使投机者的成本高于可能的获利，同时适当扩大浮动的幅度，而且力求有上浮也有下浮，使汇率显示出双向走势，令人捉摸不透，给投机者带来一定压力和风险。

（二）加强对国际短期资本的管理，包括进入和出走。主要是严格控制一年以内的短期资本的开放。这种短期资本的开放对经济没有任何好处，中国也不缺少短期资本。短期资本进来后由于随时可以拿走，也不敢使用。而国际对冲基金又正是从这种渠道进入，去卖空某一种货币的。6月27日，美国新任财长亨利·保尔森在国会接受就职听证时说："美国需要督促中国改革和进一步开放金融市场，此举将在华引发更广泛的经济转变。"看来，他瞄准的正是试图攻破我国对短期资本的管制。实际上，许多国家都制定了控制短期国际资本进入和出走的有关法律和措施，如智利规定外国资本进入之后在一年之内不许动用；瑞士规定外籍人士如持有瑞士法郎，其存款利率要降低一个百分点；东南亚有些国家规定，凡借短期外债的要多交 0.25% 的手续费，逼其拉长贷款期限。我国股票市场对有资格的国外机构投资者（QFII）也制定了严格的准入审批制度，但这不够，还要制定防止资金出逃的措施，比如可以规定 QFII 如要将人民币兑成外汇出走，必须提前三个月向证监会申报，届满 90 天才能汇出外币，而且必须在规定的时间内汇出，不走也不行。这就可以防止大量的外汇一个方向走，避免恶性炒作。另外，在外汇管理上，还要妥善地处理资本项下和经常项下外汇混用的问题。

（三）尽早给外商投资企业以国民待遇。对外商投资给予优惠政策发挥了重要的历史作用，但也应该与时俱进。不必担心外商会转移投资别国，国际产业分工的总体格局和产业链条的形成以及外商在华的既有利益决定了外资不可能大量转向他国。国内企业也强烈希望有一个公平竞争的条件。这样做，也就可以堵住各种形形色色的假外资。另外，各地要改变把招商引资数量作为硬指标层层分解的做法，更不能以此作为对干部考核和奖惩的依据，要不断提高利用外资的水平和效益。

二、"飞沙堰"——溢洪排沙

（一）积极稳妥地实施"走出去"战略。

（二）提前偿还外债。目前我国外债余额 2810 亿美元，可以仿效俄罗斯的办法，用外汇储备提前清偿外债。去年末，国务院各部委外债余额为 330 亿美元，可用国家外汇储备一次性提前偿还。企业所欠外债也可以尽量用国家外汇储备帮其提前清偿，实现外债转内债。同时，严格限制企业新借外债，以防投机炒作。目前俄罗斯的外汇储备为 1985 亿美元。最近，俄罗斯财政部长库德林透露，俄此次将支付 230 亿美元用于提前清偿外债，其中 7 亿美元为本月清偿金额，10 亿美元作为对债权国利息损失的补偿，付给德国、法国和英国。由于提前结清债务，最终将为俄罗斯省下 77 亿美元的利息支出。说明这条路是行得通的，而且比较合算。

（三）海关从货价上把关。海关可参照国际市场行情，通过抽样查验进出口货物的真实价格，发现假报货价的要予以重罚，以堵住从外贸渠道混进的热钱。这也是国际上常用的办法，不能光听货主报多少是多少。

（四）有些外汇可暂存境外。把三大国有银行、交行以及各地方银行、保险公司、信托公司等吸引国外战略投资者入股的资金（根据报道的数字汇总，约有 180 亿美元以上）以及内地银行和其他金融机构在境外上市募集的资金（已上市和即将上市募集的资金估计有几百亿美元）尽量存放在国外、境外的中国银行或其办事处，可根据需要分期分批入境结汇。我国金融机构以后只将少量资产在香港和海外上市，大部分资产在国内 A 股上市，这同样可达到改善公司治理结构的目的，又可扩大中国民众的投资渠道，繁荣国内资本市场，并可减少外汇流入。

（五）外商直接投资房地产业不应作为外商直接投资（即 FDI），以减少热钱利用此渠道流入。

三、"宝瓶口"——总量调控

（一）央行可以继续发行票据，实行对冲。

（二）根据需要，再调高法定准备金率。

（三）必要时，调高存贷款基准利率。

（四）通过发布产业政策，冻结或禁止对某些类别的新上项目贷款。

这四条措施都是控制银行资金的流动性的，即控制社会货币供应总量。但是，央行发行票据和提高存款准备金率等，都体现为央行负债的增加。目前我国央行的负债余额估计已超过 8 万亿元，都远远大于主要商业银行不良贷款余额（约 1.2 万亿元）和国债余额（约 2.9 万亿元）。所以，这些调控措施不可能无限制地使用，要更多地发挥"鱼嘴"和"飞沙堰"的作用。

四、"疏通水网"——灌溉造福

（一）商业银行要转变观念和经营作风。鼓励商业银行积极主动向中小企业、科技项目、服务业和"三农"项目组织贷款。现在许多地方都在实施大项目战略，一个大项目上去确实对当地经济带动力很大，这正迎合了商业银行的需要，因为大项目的贷款成本比较低。但是，大项目的贷款风险也大。

（二）用好储蓄国债。财政部即将发行储蓄国债，可用此钱积极兴办一批公益性项目。

（三）加强农村信用社建设。央行可继续在资金上给予适当支持，切实改变农村资金大量流向城市的局面。

（四）在有条件的地方可以稳步开办股份制的民间银行。但要严格审批，严格监管，规范化经营。据温州市反映当地有 3000 多亿元民间资本要寻找出路，他们强烈要求能使地下交易转为正规化的金融活动，希望建立民间银行。

（五）积极发展资本市场，提高直接融资的比重。

（六）制定相关政策，鼓励居民消费。完善社保、医保、低保等制度，以减少居民消费的后顾之忧。中央关于解决收入分配问题的政策付诸实施后，必将发挥重要作用。一方面，可能在某种程度上带动企业工资水平的提高；另一方面，正如发行基础货币的原理一样，财政拿出的这 3000 亿元，在买买卖卖的过程中也会产生乘数效应，增加几倍于此的购买力。届时，农副产品等消费品和服务类价格也将会有一定回升。

以上只是针对当前国家外汇储备增长过快这个突出问题提出的一些初浅的想法。目标是应建立起一个强有力的防范金融风险的政策体系。这些措施也未必同时都用上，可按实际情况分步组织实施；在力度上也要把握好分寸、控制火候，防止出现大起大落。要解决当前我国经济生活中的问题，还需要从多方面采取措施，并建立起防范金融风险、保障国家经济安全的长效机制。

都江堰看水，青城山问道。站在都江堰仰望青城山，不禁想起老子在《道德经》里说的"治大国若烹小鲜"。小鲜即小鱼。老子的本意并非说治理大国只是小菜一碟，轻而易举，而是要像烹小鱼一样精心，既不能烧糊了，又不可夹生，更不要搅烂了。此所谓"烹小鲜者能治大国"。宏观调控的关键也在善于把握分寸、控制火候。

也谈如何应对"流动性过剩"

（2007 年 5 月 7 日）

一、大好形势下的近忧

由于以信息技术为代表的科技创新突飞猛进和经济全球化趋势加快以及亚洲发展中国家特别是中国的迅猛发展，从 2003 年到现在，世界经济正处于 20 世纪 70 年代初以来最好的增长时期，是经历了 30 多年出现的新的上升期，表现为一个长周期。从国内看，历史数据证明，党的十六大以来即 2003 年到现在的这 4 年多，是改革开放以来、也是新中国成立以来我国经济社会发展最强劲、最稳健的时期。中国不仅赶上了这一轮世界经济新的增长周期，而且成了推动这一轮世界经济增长的重要力量之一。我国已经实现了较长时间的高增长、高就业、高效益、低通胀的发展态势，形势总体很好，确实来之不易。

然而，在大好形势下也存在着一些突出的问题。例如，固定资产投资和银行信贷增长过快，房地产价格居高不下，等等。这些问题的背后是银行体系流动性过剩。可以用多个指标去衡量银行体系流动性的大小，国际上比较常用的是看广义货币供应量（M_2）与当年 GDP 的比值。2006 年末我国（M_2）已达 34.56 万亿元人民币，当年 GDP 为 20.94 万亿元，两者相比货币存量相当于 GDP 的 165%。2006 年末美国（M_2）为 7.11 万亿美元，当年 GDP 为 13.24 万亿美元，货币存量只相当于 GDP 的 54%。恐怕世界上没有哪个国家这个比值有中国这么高的。

出现流动性过剩的根本原因又在于国家外汇储备增长过猛。我国外汇储备 1978 年仅 1.67 亿美元，1978—2003 年用了 25 年的时间达到 4033 亿美元。2004—2005 年两年就翻了一番多，达到 8189 亿美元，去年又增加 2473 亿美元达到 10663 亿美元，今年一季度就增加 1357 亿美元，达到 12020 亿美元。按照一季度这样的增长速度，外汇储备年末将达到 1.6 万亿美元，明年就可以突破 2 万亿美元，而去年年底全球各国官方外汇储备总量只有 4.6 万亿美元。这在世界经济史上是绝无仅有的特殊现象。国家外汇储备每一分钱都是央行用相应人民币换来的。2006 年末外汇占款已达 9.3 万亿元人民币。外汇占款属于基础货币，在存存贷贷的过程中有 5 倍以上的乘数效应，故使社会货币供应量大幅度增加，由此造成了银行体系流动性过剩的现象。过量的流动性像洪水一样，冲向哪个领域哪里就要出泡沫，就要泛滥成灾。几年来固定资产投资增势强劲，房地产价格上涨过快，特别是今年以来股市疯涨，原因虽然很多，无一不与流动性过剩有很大关系。

人民银行不会印制美钞，这么多的外汇是从哪里来的呢？我国外汇储备的增长有其历史的必然性和合理性，但也确实存在一些非正常的因素。可以说，我们正面临着国际资本在中国下的大赌注。我们宏观调控的对象不仅是国内各类市场主体和地方政府，而且还有十分强悍的国际炒家。我国资本价格的泡沫已经很大了，一旦泡沫破裂对经济乃至政治的影响都将会是非常严重的。

二、市场在赌什么

国内外市场主体对我国经济社会的发展有这么四种预期：

一是经济增长速度只会快不会慢；

二是人民币只会升值不会贬值；

三是股市只会涨不会落；

四是社会只能稳定不许乱。

同时，对政治上还有这样一个预期：党的十七大前和北京奥运会之前中国政府都不会出台重大的宏观调控措施，因为稳定是压倒一切的。

所以西方媒体称，中国股市虽然泡沫已经很大（4月底A股市盈率为40倍，去年同期为20倍，世界平均为18倍，韩国12倍，美国18倍），但还可以持续两年。也就是说，在中国还有很大的炒作空间可以赌一把。但实际上我国资本市场的稳定性已经很脆弱。4月19日因统计局关于一季度经济数据的新闻发布会推迟5个小时，本是很正常的现象，却被市场精英们炒作，就使当天股市蒸发7000亿元的案例，便足以说明这一点。任何海外市场的波动和国内的突发事件，甚至只要领导同志在敏感问题上说几句重话，都可能使股市倒悬，那些机构投资者脚底是抹好油的，最后被套牢的是近一亿普通股民。

我国资本市场目前的这种状况是否能再支撑一年多，我们能不能允许这种态势继续发展下去，是很值得认真研究的。尤其7、8、9三个月，从历史上看常常是多事之秋。如果在党的十七大召开之前出了问题，又将造成怎样的不良影响。

三、对策建议

解决流动性过剩问题的办法是很多的，政府完全可以大有作为。正如有人说的，一亿股民未必敌得过四百名基金经理，四百名基金经理未必敌得过政府出台一项政策。这是一件高度敏感又关系全局的大事，值得下一番大功夫去谋划。对社会，要坚持"内外有别、内紧外松"；对国内外，要实行"攘外与安内并重"的方针，不可把眼光只盯在国内。在战术上要采取"攻防结合，以攻为主；疏堵结合，以堵为主"，就是说要从源头上防止国际资本的大量流入。当前，可以加大对冲的力度，对新增外汇储备所带出的流动性过剩实行全额对冲。这在理论上没有大的风险，因为在其背后有实实在在的外汇作后盾。关于应对流动性过剩的具体措施，各部委都提了很多好的意见，这里想从另一个角度提出几点建议，供领导参考。

（一）深入调查，摸清情况。建议由国务院组织若干个专题调查组，由央行牵头会同有关部门组织精干力量，开展广泛深入的调查，真正做到心中有数。重点查清以下几个问题：

一是我国外贸中虚报出口、通过关联交易、内部转移定价高报出口价格等手段混进的热钱究竟有多少。海关对进出口货值的统计虽然每一笔都是真金白银，但问题在于出口货物是否真值这么多钱，进来的钱是干什么的。只要对比一下同类产品的国际市场价格是不难发现问题的。查出典型案例要予以重罚，并公之于众。

二是 FDI 中假外资究竟有多少，混进来的热钱有多少。

三是外汇储备增量中除去 FDI 和外贸顺差之外的那一大块（其中也有一些境外上市公司募集汇回的资金、侨汇等）究竟是什么钱。从一季度的数字看，就有 600 多亿美元说不清楚来历。

四是通过地下钱庄从境外进入的外汇有多少，从网上报道的情况看，是一笔很大的数字，完全在体制外循环，大有失控之势。

五是出口企业和其他方面对人民币升值的承受能力究竟有多大。为什么近两年来，人民币越升值出口却越强劲，奥妙在哪里。

这五个问题至今只有含糊的概念，拿不出比较详尽的分析数据，必然影响决策。在调查方法上，可对已有线索作重点调查，面上的要设计出具有代表性的样本框作抽样调查。这方面统计局能提供技术支持。且不论调查结果如何，仅此举动本身就可形成一定的威慑力量。

（二）开专题会议，定具体政策。在充分调查研究的基础上，建议由国务院组织有关部门在六月份召开一次针对流动性过剩问题的专题工作会议，请主要有关部门的负责同志和专家参加，也可以请少量经济学家参加。会议要有严格纪律，绝对保密。可以找一个清静的地方，开它三五天或更长时间。领导同志不在会上作主题报告，不先定调子，让大家敞开谈，允许不同意见的争论。可由央行先介绍全面情况，列出若干个重大问题，让大家充分发表意见。会议的成果不是一篇领导讲话稿，而是一个简单明确、可以执行的具体政策方案。

（三）加强舆论宣传，积极引导市场。在革命战争年代，我们党依靠枪杆子、笔杆子夺取了政权。在社会主义现代化建设的今天，"两杆子"仍然至关重要。宏观调控不仅是依靠经济手段、法律手段和必要的行政手段，还要善于做好舆论宣传，需要运用大众心理学的原理，正确引导人们的市场预期。近一段时间来，对经济生活中的一些敏感问题少有人发表意见，连一些主流经济学家也不太说话了，显得有些沉闷。而外国一些投资机构的首席经济学家之类人物却滔滔不绝地发表议论，对人民币还可能升值多少倍作出预测，对中国资本市场发展还有多大的发展空间作出漫无边际的报道，也有的对我国宏观经济政策出这样那样的主意，例如建议我们加快金融市场的开放步伐，越快越好，要允许外资对中国商业银行控股，等等。好像只有他们才是中国经济问题的行家里手。他们的话有些是对的、或者是善意的，值得参考。但也要看到，这些洋人或者吃洋人饭、替洋人做事的华人，是绝不可能代表中国绝大多数人民的根本利益说话的。而我们正面的声音却不多，对一些谬论也少有人站出来反驳和澄清。这种状况必须加以改变。建议：

一是必要时组织主流经济学家开个通气会，舆论阵地必须掌握在我们自己手里。

二是发挥全国人大和全国政协有关专业委员会的作用。美国国会那几个议员提出制裁中国的议案就那么咄咄逼人，美国政府和国会一个唱红脸、一个唱白脸，配合默契。我们的人大和政协也可以就一些重大问题，公开发表我们的意见，摆事实、讲道理，以配合政府的对美谈判。

三是国家主流媒体要加强对市场舆论的正确引导。应严格要求其下属记者、编辑等不得跟风炒作，必须遵守新闻纪律。

（四）加强隐蔽战线的斗争，阻击经济杀手。最近，市场上流行一书叫《一个经济杀手的自白》，作者约翰·珀金斯，是美国的一名职业经济杀手。书中揭露的情况让人触目惊心。所谓经济杀手是美国专门培养的一批经济间谍，他们披着经济学家、银行家、国际金融顾问等的合法外衣，表面普通而谦恭，总是宣称要为其他国家人民带来种种好处，冠冕堂皇地谈论着经济增长的奇迹，但暗地里无所不做，通过贿赂、色情、威胁、敲诈甚至暗杀等手段，拉拢、控制别国的政治、经济精英，蓄意作出错误的宏观经济分析和产业投资建议，诱骗发展中国家落入预设的经济陷阱，让大量资金源源不断地流入美国，甚至制造颜色革命，让别国深陷贫困的泥潭而无法摆脱对美国的依附。西方敌对势力绝对不会高兴看到在共产党领导下的社会主义中国迅速发展强大起来，他们会采取一切办法对付我们。美国全球隐蔽经济战争的规模已经十分巨大，中国绝不会成为他们"被遗忘的角落"。在应对流动性过剩的问题上，对那些表面上谦恭的朋友们的谏言一定要加以分析。

（五）要着重研究和把握好的几个问题。

1. 明确我国金融开放的底线究竟在哪里。美国国际经济研究所的伯格斯坦等写的《中国：平衡报告》一书也承认，中国市场的开放程度在发展中国家是最高的，甚至于超过许多发达国家。就拿美国来说，我们对美资银行是开放的，但它却不让我们的建行、工行等在美国设分行。在 1997 年亚洲金融危机爆发时，我们是靠资本项下不可以完全自由兑换这个阀门和坚持人民币不贬值避免了冲击、赢得了信誉。而现在资本项下的管理在不断地放宽，汇率又不停地变动。两项政策同时动是危险的，对资本项下特别是短期资本的管理更不能轻易放开，应该明确几条不可逾越的底线。失去防火墙的金融体系很容易被击溃。今天从什么渠道混入的外汇，明天还可以从这些渠道席卷而去，必须要有防范措施。

2. 重点要打破市场的非理性预期。主要是引导人们对人民币汇率、股市、房价等的非理性预期。要综合运用各种办法。

3. 要把握好调控措施出台的力度和时机。既要综合运用多种宏观调控措施，又要防止齐头并进、狠下猛药，一定要确保经济社会的稳定发展。去年 12 月 19 日，泰国央行出台一项措施（规定进入的外资先扣留 30%，一年后才许使用，以防止外资过分投机），当天外资大量出逃，股市急挫 15%，央行被迫当晚收回成命，成了典型的朝令夕改。如果我国出现这种情况就会十分被动，必须坚决避免。

我国有句古话："圣人无死地，智者无困厄。"党中央、国务院有足够的能力和智慧，可以解决好流动性过剩这个难题。通过这场斗争，我们将积累宝贵的经验，并加深对现代金融的认识，提高驾驭现代金融的能力，这对中国经济社会的长期稳定协调健康发展有着重大的战略意义。

为什么近期不太可能发生严重通货膨胀

（2007 年 9 月）

通货膨胀和流动性过剩是两个密切相关的命题，而且是互相影响、互相推动的。从国际上看，从 20 世纪 80 年代至今，全球流动性急剧扩张，而全球经济的通胀率却相当温和。这主要有三个原因：一是以 IT 为代表的高新技术迅猛发展，深刻改变了人们的生产方式和生活方式，极大提高了劳动生产率，降低了成本。二是在经济全球化趋势加快的背景下，中国等亚洲国家十几亿廉价劳动力进入了国际化的生产和流通领域，产生了巨大的供给效应，有效遏制了全球通货膨胀。这就是所谓的劳动力红利，同时也付出了环境透支的代价。三是全球急剧增长的流动性主要追逐的不是基本消费品，而是金融资产，其中的大部分被资产价格的持续上涨包括股市、房地产市场、石油、矿产等所吸收。

今年以来我国 CPI 上涨较多，8 月份达到同比增长 6.5%，1—8 月累计上涨 3.9%。这个情况引起了人们的普遍关注，也确实应当予以高度重视。但还不能简单地由此作出已经出现严重通货膨胀或者全面涨价局面的结论。因为：第一，本轮通胀发生在产能释放的大背景下，不像 20 世纪 80 年代、90 年代发生的通货膨胀往往先从生产资料价格猛涨开始，再传导到消费品价格。目前的工业品和消费品随着生产能力的提高，普遍处于供过于求的状态。导致 CPI 上涨的商品类别中的结构性表现十分明显，仅食品一项就带动了接近 90% 的 CPI 上涨幅度。而同工业制品相关性较高的耐用消费品价格从年初开始一直呈现增幅缓步下降的态势；衣着、交通通信工具及文化教育娱乐的价格还在持续下跌。另外，由于中西部地区群众食品消费占其总消费额的比重较高，故中西部地区 CPI 的上涨幅度也明显高于东部沿海地区。这充分说明本轮涨价主要是结构性的，而不是全面上涨。第二，食品价格上涨又主要是由肉禽蛋和粮食价格上涨引起的，这里有些是属于季节性因素，通过努力在短期内是可以扭转的。第三，今年以来城乡居民收入都实现两位数的增长（上半年城镇居民人均可支配收入实际增长 14.2%，农村居民人均现金收入实际增长 13.3%），促进了消费需求趋旺，1—8 月社会消费品零售总额同比增长 15.7%，8 月份更是同比增长 17.1%。因此在一定程度上拉动 CPI 上涨，有其合理的一面。

另外，由于近两年世界粮食减产，粮食库存下降，国际上用粮食生产乙醇替代汽油的产能增长较多，导致粮价上涨。这也会影响我国粮价的上涨，从而推动我国肉禽蛋等生产成本的提高。从这个意义上可以说，今年我国 CPI 的上涨在一定程度上也有国际输入的因素。

至于流动性过剩对 CPI 的影响还相当有限。一是由于目前股市、房市正旺，市场流动性主要还是投向资产领域；如果资本市场情况变化，财富效应衰减，则将影响社会购买力，只会导致 CPI 下降。二是中国人的消费观念和对未来支出的预期，以及生产资料和生活资料供给都比较充足的基本条件，都决定了人们不会去过多地增加消费，更不可能出现抢购商品的局面。

还要看到我国粮食储备比较充足，今年夏粮获得丰收，"八月十五见光明"，全年的农业生产形势已成定局，很可能是连续第四个粮食丰收年。国家为增加粮食生产和生猪生产采取了一系列重大措施，其效果已经并将会进一步显现出来。

另据报道，美国已决定明年玉米的播种面积将扩大 15%。美国玉米生产量占世界产量的 40% 以上，可贸易量占世界市场的 70% 左右。美国明年玉米播种面积大幅增加是一个利好消息。

根据以上分析，今年以来的 CPI 上涨，既有总量的因素，也有结构性因素。前者表现为整体上的流动性过剩，但对 CPI 上涨尚未发生直接和明显的影响；后者即结构性矛盾则是主要和基本的原因。只要国际上不发生重大的变故，我国 CPI 在高位运行的状况虽然还可能持续一段时间（因去年同期的基数较低），但不太会出现严重通货膨胀的局面，是完全可以控制的。当然，我们对此也不能有丝毫大意，要坚决防止出现价格全面上涨的情况。

再论流动性过剩

（2007 年 9 月）

当前，总体经济形势非常好。我国正处在改革开放以来也是新中国成立以来经济社会发展最强劲、最稳健的时期。同时，我们也面对一些新的情况，需要密切关注和深入研究。流动性过剩和通货膨胀便是较为突出的问题。这里汇报一些个人的学习体会，供领导同志参阅。

一、什么叫流动性

今年《政府工作报告》指出："固定资产投资总规模依然偏大，银行资金流动性过剩问题突出，引发投资增长过快、信贷投放过多的因素仍然存在，外贸顺差较大，国际收支不平衡矛盾加剧。"这是第一次在《政府工作报告》中正式提出流动性的概念。

为便于全国人大代表审议报告，中国人民银行在"两会"上发表了权威解释："银行体系流动性由金融机构在中央银行的超额存款准备金和金融机构持有的库存现金构成，是金融机构创造货币的基础。"流动性（liquidity）通俗地说，就是金融体系里的货币，泛指可以直接或间接用于支付的现金和可以变现的各类金融资产。所谓流动性过剩，简单说就是金融体系里的钱太多了。

5月底，德意志联邦银行（德国央行）发表了《全球流动性"充裕"与资产价格上涨》的研究报告。他们认为流动性概念一般有两种定义：货币流动性和市场流动性。货币流动性与宏观经济变量，如短期利率、货币供应量有关。货币供应则由央行创造，并通过信贷、债

472

券等渠道不断扩张；市场流动性指大宗交易能否在价格影响最低的情况下得以实现。两个流动性是互有联系的。

从经济运行的整体上看，我更赞成把流动性概括为央行货币发放、商业银行头寸和市场流动性三个层次。

二、当前我国流动性过剩的主要表现

（一）货币供应量持续快速增加。近几年，我国各个层次的货币供应量都表现为快速增长。今年 8 月末，广义货币供应量（M_2）（余额为 38.72 万亿元）同比增长 18.09%，增幅比上年末高 1.15 个百分点；狭义货币供应量（M_1）（余额为 14.10 万亿元）同比增长 22.77%，增幅比上年末高 5.29 个百分点；市场现金流通量（M_0）（余额为 2.78 万亿元）同比增长 15.04%。今年 1—8 月累计净投放现金 750 亿元，同比多投放 596 亿元。

（二）银行体系资金过多。一是金融机构人民币各项存款余额一直大于贷款余额。2000 年末的存贷差为 2.44 万亿元，2003 年末达 4.81 万亿元，2006 年末达 11.01 万亿元，今年 8 月末达 12.03 万亿元。

二是贷款继续大幅增加。1—8 月份人民币各项贷款增加 3.08 万亿元，已经超出年初预定的 2.9 万亿元的全年调控目标。

三是银行间市场利率水平偏低。8 月份银行间市场同业拆借月加权平均利率为 2.00%，比上月和上年同期分别低 0.33 和 0.4 个百分点；质押式债券回购月加权平均利率为 2.05%，比上月和上年同期分别低 0.48 和 0.26 个百分点。这说明各家银行资金相对充足。

（三）市场流动性充足。今年以来股票市场证券保证金规模上涨已超过 300%。上证指数年初为 2715.72 点，8 月末报收于 5218.83 点，涨幅为 92.2%。8 月份 70 个城市房屋销售价上涨 8.2%。资产价格上涨较快，充分反映了市场流动性过多。另外，企业存款 8 月末余额达 14.55 万亿元，比年初增加近两万亿元，增长 15.2%。

三、外汇储备增长过快是导致流动性
过剩的最直接原因

说中国钱太多了，腰包都胀得不行，那是笑话。在现实经济生活中表现出流动性过剩现象的同时，很多经济社会发展领域的资金需求得不到有效满足，特别是广大农村和中西部地区、教育和医疗等社会事业、生态保护和节能降耗、科技创新和中小企业发展等融资都还比较困难，这反映了我国金融体系的不健全，还不能主动、合理、创造性地配置资源，造成了我国经济中资金过剩与资金短缺并存的现象。但我国金融体系不健全是个老问题，由来已久，随着改革的深化近几年还有明显改善，不致于导致整体上的流动性过剩。

只要分析一下我国外汇储备变化情况就可以看出，国家外汇储备增长过快是导致流动性过剩最显眼、最突出的因素。这两件事的发生又几乎是完全同步的。

我国外汇储备 1978 年仅 1.67 亿美元，1978—2003 年用了 25 年的时间达到 4033 亿美元。2004—2005 年两年就翻了一番多，达到 8189 亿美元，去年又增加 2473 亿美元达到 10663 亿美元。今年 6 月末达到 13326 亿美元，每个月都增长四五百亿美元。估计 8 月末肯定突破 1.4 万亿美元。按照这样的增长速度推算，我国外汇储备年末将达到 1.6 万亿美元，明年就可以突破 2 万亿美元。而去年年底全球外汇储备总量只有 4.87 万亿美元。

国家外汇储备每一分钱都是央行用相应人民币换来的。2006 年末外汇占款已达 9.3 万亿元人民币，到今年 8 月末外汇占款已达 12.03 万亿元人民币。外汇占款属于基础货币，在存存贷贷的过程中有 5 倍左右的乘数效应，故使社会货币供应量大幅度增加，由此造成了银行体系流动性过剩的现象。

人民银行不会印制美钞，这么多的外汇是从哪里来的呢？我国外汇储备的快速增长有其历史必然性和合理性，但也确实存在一些非正常的因素。外汇储备增长较快的必然原因主要是：在经济全球化趋势加快的大背景下，出现了国际产业分工的新格局；由于劳动力成本低廉和技术进步使中国的出口产品具有较强竞争力，而且国际市场有较大需求；加入世贸组织的积极效果等，使我国外贸出口增长强劲，顺差增加较多。而从 1997 年以来我国实际使用外商投资数则是比较均衡的，每年都在 600 亿美元左右。

导致外汇储备增长过快的非正常因素，主要是由于市场对人民币升值的过高预期，为谋取利益使大量外汇从各种渠道涌入。人民币在 1997 年亚洲金融危机之后，本是面临着大幅度贬值的环境。但中国政府从大局出发，坚持人民币不贬值，为亚洲经济乃至世界经济的稳定作出了贡献，得到了世人的普遍赞誉。转眼之间，人民币却又面临着升值的压力。

这个压力是从哪里来的？2002 年 12 月 4 日，日本副财长黑田东彦在英国《金融时报》发表署名文章称"中国的通缩经出口扩散到台湾、香港甚至全球，中国应该承担起将人民币升值的责任"，第一个跳出来要求人民币升值。2003 年 2 月，日本财长盐川正十郎更是公然在西方七国财长会上抛出提案，要求 G7 会议通过"与 1985 年针对日元的'广场会议'类似的文件，迫使人民币升值"。这种粗暴侵犯我国主权的行为理所当然未能得逞，但却掀起了第一波市场对人民币升值预期的浪潮。近年来，日本倒是不吭声了，因为这两年中国已取代美国成为日本的第一出口国，日本在与中国的贸易中得到了太多的好处。而美国却又来劲了。在 2004 年 10 月的 G7 会上，美国挑头对中国施压。2005 年 4 月，美国国会民主党参议员舒默和共和党参议员格雷厄姆提出议案，说如果中国不同意对人民币升值，美国将要对中国商品征收 27.5% 的关税，并要求布什政府宣布中国为操纵汇率的国家。国际各种投机基金更是兴风作浪，一面大造舆论，一面调集数千亿美元来赌人民币升值。两年多来，大量热钱以各种方式和渠道进入我国市场，以期等到人民币升值后换取更多的美元。由此出现以下情况。

一是在外贸进出口环节混进热钱。主要是通过虚假出口，即通过虚构出口货物事实或空箱报关，以少报多、以次充好等手段；再就是通过关联交易、内部转移定价人为高报出口价格等，将热钱从进出口贸易渠道大摇大摆地混入国内。例如，去年我国出口手机平均单价

84.1 美元 / 部，而进口手机仅 65.4 美元 / 部，凭什么？据发改委宏观经济研究院的报告称，去年 8—12 月因虚假出口导致顺差同比虚增约 175 亿美元，占同期顺差的 17%。从 1999 年到 2004 年，我国外贸顺差一直保持在每年 300 亿美元左右，为什么 2005 年突然跃上 1020 亿美元和 2006 年 1774.7 亿美元的高台阶？而且正好与人民币升值预期升高是同步的。这两者有着深刻的内在联系。另外，2006 年国货复进口就达 733.6 亿美元，使我国成为自己的第七大进口国。此数相当于去年外贸顺差 1775 亿美元的 41.3%。这主要是加工贸易中出现的问题。他们进口材料、零部件可享受减免税优惠，一些企业就将这些产品先出口且可得到出口退税的好处，再通过加工贸易名义进口，又可免税。此类进口一般不记入，而出口却正常计算，造成了顺差的虚增。

二是 FDI 中也有一定数量的假外资。

三是由于市场对人民币升值的过分炒作，千家万户都抛外汇，外汇大都集中在央行，人为造成国家外汇储备增长过快。国有商业银行、企业、居民、外交官都赶着把外汇换成人民币，使得"存汇于民"的政策难以实施。2007 年 6 月末日本国家外汇储备为 9136 亿美元，而民间持有的外汇量有 3 万多亿美元。我国今年 8 月末民间外汇存款只有 1627 亿美元，原先企业和个人约各占一半，但居民外汇储蓄存款从 2004 年以来每年减少 100 亿美元左右，目前只有 500 多亿美元。2004 年春节密云公园踩踏事故的案例说明，千军万马都去挤上一个独木桥是要出问题的。

四是通过地下钱庄从境外非法进入的热钱。从网上报道的情况看，数额很大、效率很高、很守信用。大量的是原来出逃的黑钱，通过洗钱混进来的。珠三角、长三角这种地下钱庄比较活跃。

据"境外资金非正常流动课题组"的调研报告显示：初步估算，通过各种渠道非法进入中国的热钱现有存量是 2500 亿—3000 亿美元。主要投向股市、房市、国企原始股等。他们内外勾结，用不同的身份证去开户炒股，或按揭炒楼。还发现一次性买上百套房屋的个体案例。也有以成立公司的方式进行大量购买的案例。

可以说，国家外汇储备的过快增长就意味着必然出现更多的流动性过剩。或者说，我国之所以出现流动性过剩，最直接的原因是外汇储备增长过快，两者是完全正相关的。而流动性过剩又为经济生活中的投资增长过快、信贷投放过多，提供了最基本的条件。当前，汇市、房市、股市的预期同时被炒得很高（三高），更是值得引起高度重视。

四、全球流动性过剩的重大背景

前述德意志银行发布的研究报告指出："全球流动性过剩是发达国家超宽松货币政策所致，而流动性过剩是全球范围内资产价格快速上涨的主要原因。"30多年来，世界经济发生的重大变化之一是实体经济和虚拟经济的严重背离。世界经济体系里的货币总量和信用总量大幅度增长，无论其增长速度还是存量规模都远远超过全球实体经济或真实财富。我们可以看这样一组数字：

从1970年到目前，全球基础货币存量从几百亿美元增加到五万多亿美元；

全球信用总量从几千亿美元增加到400多万亿美元；

全球外汇交易量从微乎其微到现在的每天交易规模3万亿美元，全年超过800万亿美元；

全球债务规模从几千亿美元到数十万亿美元，仅美国联邦政府的国债余额就达8.6万亿美元，平均每一个四口之家要摊上11.2万美元，而且国债总额以每秒2万美元的速度增长；

全球私募基金公司两三年前只有1500家左右，现在发展到近万家，掌控资产1.5万亿美元，可募集的资金达数万亿美元，正千方百计向全世界有投资机会的市场渗透，中国无疑是他们的首选之地；

而从1973—2002年的30年中，全球实体经济（GDP）年均增长只有3.6%。

特别是从2001年以来，当年美国发生了IT产业泡沫破裂和"9·11"事件，美国经济出现低迷下滑，美联储连续降息，联邦基准利率从7.5%一直降到1%。宽松的货币政策为后来的全球流动性过剩、资产价格泡沫埋下了伏笔。日本也长期采取低利率甚至零利率政策，导致日元流动性的空前增长。为了防止经济衰退，欧元区也保持了五年之久2%的低利率。全球三大经济体长时间实行宽松的货币政策，不仅加大了全球经济失衡，也导致了全球流动性的进一步泛滥。

这么多的钱都到哪里去了呢？绝大部分流向了虚拟经济领域。去年，英国一家研究机构（Independent Strategy）根据巴塞尔国际清算银行（BIS）的资料，计算了全球金融衍生品和证券化债券等的规模，得出以下结论：如果全球的流动性是100%的话，金融衍生产品和证券化债权占了近90%，（M_2）只占11%。金融衍生产品的膨胀速度比GDP增长快五倍，虚拟经济规模相当于实体经济（GDP）规模的9.44倍，形成了一个巨大的倒三角。实际上，货币流动性已远远超过传统的广义货币供应量的范畴，按此新的口径计算的广义流动性已是全球总产出的10倍多了。全球流动性过剩的直接后果是推高了资产价格，如股票、房地产、黄金、石油，等等，新的流动性过剩主要以资产价格泡沫迅速膨胀的形式表现出来。

美元本位制的国际金融体系，似乎失去了基本约束，成为一个完全弹性、没有锚的货币体系。债务货币创造了美元，债务美元的爆炸性扩张和储备中心货币即美元之发行缺乏约束，导致了美元的泛滥。这是全球流动性过剩的基本源泉。那些发出去的大量货币就变成了亚洲美元、石油美元、矿石美元等。在经济全球化加速的趋势下，世界经济形成了一个新的动态循环：美国人得到了全世界最好、最廉价的产品，中国等发展中国家通过出口获得了美元，然后拿着这些美元去投资于美国的资本市场，实现了动态的均衡。美国确实是"钱货两收"，由此保障了美国能在低通胀的环境里实现经济的增长。美国在这种循环中尝到了很大的甜头。反正美元是它印制的，一张美钞的成本只有四美分，而且大量的交易无需使用现钞，只是一个电子符号而已。但美国觉得这样还不够过瘾，三番五次要求人民币加快升值，好像心甘情愿要支付更多美元来买中国的产品。看起来不可思议，实则用心良苦。从深层次看，其战略目标是间接影响中国的货币发行，进而逼迫我们全面开放金融市场，达到从经济上遏制乃至控制中国的目的。我们并不反对人民币升值。实际上，从2005年7月汇改以来，人民币对美元已升值 9% 以上。一国货币升值与否，要由国内外市场的实际情况决定。关键在于，要看清美国压我人民币升值的真实意图是什么。他们这样做已经取得显著成效，当前的直接后果是，通过这种方式把国际流动性过剩源源不断地输入了中国。

随着对人民币升值预期的大肆渲染，使得全球资本以各种名目，如直接投资、间接投资和战略投资等；以各种身份，如房地产投资基金、股权投资基金、风险投资基金，还有改头换面的对冲基金，通过公开的或地下的渠道，一拨一拨涌进中国，通过结汇把全球过剩的流动性输入了中国。

中国人民银行从来没有滥发过货币，是国际过剩流动性的输入而被动地发行货币。目前外汇资产占人民银行全部资产的比重已由 1993 年的 10.5% 上升到近 70%。这意味着我国货币政策的实施已在相当程度上受到外汇资产的影响和制约，其有效性便必然大打折扣。

因此，完全可以说我国当前的流动性过剩主要是国外输入的。

五、对我国流动性现状和发展趋势的初步判断

去年流动性过剩问题凸现出来后，已经引起了各方面的高度重视。我国当前的流动性过剩问题比起国际上某些发达国家的情况要好得多，主要是金融衍生工具的品种还很少、规模也小得多，特别是人民币资本项下尚未实现完全可自由兑换，还有一道防火墙，故从总体上看尚处在可控制的范围。去年以来，人民银行连续十次调整存款准备金率，从 7.5% 调高到 12.5%。今年以来，人民银行共进行了五次存贷款利率的调整。6 月 29 日，全国人大常委会批准财政部发行 1.55 万亿元特别国债，购买约 2000 亿美元外汇储备。这一系列重大措施，都对控制流动性起到了很好的效果。为了缓解外贸进出口的不平衡，国家多次调整部分商品出口退税和关税政策。有关部门还对境外热钱假借各种渠道流入境内进行了检查，加大了打击的力度。这些措施已经收到一定成效，而且还会进一步显现出重要的作用。可以肯定地说，如果中央没有实行这一系列卓有成效的宏观调控措施，就不会有今天这样的好

形势。

从前面说到的流动性三个层次看，由于近期股市行情强劲上扬，出现储蓄存款搬家，股市吸纳了较多资金，商业银行流动性头寸明显减少，有些中小银行甚至出现流动性偏紧的情况。但银行体系流动性过剩的基本格局没有改变。从货币发行部门看，过去四年通过购汇增加的基础货币不到8万亿元人民币，而四年来央行通过发行央行票据和提高存款准备金率一共收回流动性5万多亿元。这四年来我国经济持续高速增长，基础货币供应量本来也应该有相应的增长。所以，虽然当前确实存在流动性过剩的问题，但可以说流动性的主要部分已经被有效对冲了。数万亿元的流动性被锁定在央行这个"大水库"里。这当然也需要付出一定管理成本。而市场的流动性则是相当充裕的。因为央行对冲手段可以有效改善银行系统的资产负债表，抑制银行系统的流动性过剩，但对于企业和居民，央行无论如何回笼不了他们来自国际收支顺差带来的财富增长，他们的资产负债状况不会因此而改变，他们的消费和投资行为也不会受央行回笼与否所限制。也正因为这样，货币政策的调整对股市几乎没有影响，有时股市不降反升，表现出逆反现象。同样，对冲办法也改变不了我国流动性过剩主要来自国际收支不平衡的这一基本现状。

当前，国际收支不平衡的情况还没有出现明显的改善，可以说正处在一个僵持和胶着的状态。特别值得注意的是，美国次级债券危机出现后，美国、欧洲、日本的央行都向商业银行注入大量资金，客观上加重了全球流动性的过剩，出现了流动性总量严重过剩和局部发生支付危机并存的特殊情况。美国次级房地产贷款余额1.5万亿美元，经过包装和多次证券化并在全球交易以后，其杠杆作用和放大效应都很大，可能会有十多万亿美元的交易量。几个中央银行注资数千亿美元，只能暂时缓解商业银行的支付危机，远远消除不了这个巨大泡沫破裂可能造成的震撼。下一步将会怎样发展，对美国经济和世界经济以及国际金融市场的影响究竟有多么严重，还有待观察。我们特别要防止它对中国流动性的冲击。

在美次贷危机不断发酵背景下，我国防范金融风险需研究的重大问题

（2008 年 1 月 29 日）

　　近两个月来，世界经济风云急剧变幻，由美国次贷危机引发的国际金融恐慌正在迅速蔓延。元月 21 日金融大鳄乔治·索罗斯称当前形势"比二战以来任何一场金融危机都要严重得多"，并指出"令人惊讶的是没有几个人明白这一点"。索罗斯的话是有道理的。因为从一个住房抵押贷款市场的信贷危机，经过多次衍生和打包，已演变成美欧金融体系核心层面的信用危机，危机的主角正是世界顶尖的投资银行、对冲基金和结算银行，是华尔街自导自演的一场玩火的游戏。这是与 60 年以来发生在外围市场的其他历次金融危机的根本区别。防止经济衰退和遏制通货膨胀已成为全球的热门话题。英国首相戈登·布朗新年后在一次采访中表示"2008 年对英国和世界上其他经济体都是艰难而危险的一年"。我国情况虽然不同，但在经济全球化趋势加快的今天，我国经济发展不太可能完全独善其身。实体经济运行会受到一定影响在所难免，更须防范的是这场国际金融危机可能给我国金融市场带来的冲击。为此，我们拟就以下若干重大金融问题开展深入研究。

一、流动性过剩的对策研究

　　流动性过剩问题已成为当前我国经济中的一个突出问题。在 2007 年 3 月的政府工作报告和 12 月的中央经济工作会议中，都专门论述了这一问题。而外汇储备的过快增长是导致流动性过剩的最直接原因。

481

由于市场对人民币升值的过分预期，把通过合法和非法的多种渠道流入的外汇拿到人民银行去结汇。人民银行并没有滥发货币，而是为了满足结汇需要和维护人民币汇率的相对稳定，被动地大量发行基础货币去收购外汇。至去年 11 月底，外汇占款已达 12.57 万亿元，相当于央行资产的 70%。严格地说，央行已失去货币发行的自主权。发出去的这些基础货币在存存贷贷的过程中会产生 5 倍左右的乘数效应，故使社会货币供应量大幅度增加，由此造成了我国资金流动性过剩的现象。这又为我国建设投资规模过大、信贷投放过多、价格包括消费价格和资产价格上涨过快提供了资金支持。央行主要依靠向银行机构发行央行票据和提高法定存款准备金率两项措施进行调控。到 2007 年 11 月末，通过这两项措施从原本在银行体系里的资金，"抽水"锁定在央行这个大水库里的余额已高达 9.1 万亿元。多亏了这笔巨款被沉淀下来了，否则早已泛滥成灾。

应该充分肯定，这两项措施是完全正确、行之有效的，大量发行央行票据还具有我国独创性的意义。但也有以下几个问题。一是成本不薄。央行发行一年期票据的收益率为 3.9%，法定存款准备金的年利率为 1.89%，按照 2007 年的规模初步匡算，当年央行为银行机构支付的这两项利息约高达 2000 亿元。二是存在一定风险。央行这个水库不可能无穷大，不能无限制地吸纳银行系统的剩余资金。况且这些资金的所有权本不属于央行，而是银行系统的资产。随着通胀加剧，一旦资金严重紧缺，出现银行系统都向央行挤提又将如何是好？三是局限性很大。央行对冲手段可以暂时有效改善银行系统的资产负债表，抑制银行系统的流动性过剩，但对于企业和居民，央行无论如何回笼不了他们来自国际收支顺差带来的财富增长，他们的资产负债状况不会因此而改变，他们的投资和消费行为也不会受到央行回笼货币与否所限制。过剩流动性资金既不属于央行也不属于银行体系，真正的主人是企业和居民。正因为这样，货币政策的调整对股市几乎没有作用，有时股市不降反升，表现出逆反现象——市场不买账。话说回来，如果不是股票市场吸纳了大量资金，我国的通货膨胀也早已不是今天这个水平了。2007 年我国固定资产投资资金来源中，国内贷款所占比例和自筹资金所占比例出现此消彼长（全年固定资产投资资金来源中国内贷款只占 16.9%，上年为 18.5%；而自筹资金占比从前年的 55.6% 上升到 57.0%）的明显趋势也充分说明资金的使用权是在企业和个人。同样，对冲办法也改变不了我国流动性过剩主要来自国际收支不平衡这一基本现状。

今年美日欧等主要经济体的宏观调控基调都是"防衰退、防通胀"；根据我国实际情况，我们宏观调控的首要任务是"防过热、防通胀"。由此产生了货币政策的不同取向：以美国为代表的西方国家是减息、放松银根，美元贬值；我国是加息、收紧银根，人民币升值。从去年 9 月 18 日以来，美联储已 4 次降低利率，联邦基准利率累计降低 1.75 个百分点，降到 3.5%，市场预测元月底可能还要减息 0.5 厘；我国去年 6 次提息，到 12 月 21 日一年期存款基准利率已提高到 4.1%。这样，中美利差实际上已经出现倒挂，而且将呈继续扩大之势，我国自然会成为如惊弓之鸟的巨额国际资本躲避风险、追逐暴利的理想之地。市场对 2008 年人民币升值幅度的普遍预期为 8%，加上中美利差，进入中国的国际资本什么都不干也能坐享 9% 以上的无风险年收益。这种天大的好事，足以吸引全球投机资本打破脑袋涌进中国，从而可能加剧我国的流动性泛滥、通货膨胀，加大股市泡沫和人民币升值压力，甚至陷入可怕的恶性循环。这种形势，的确使我们面临诸多两难的选择，实在是考验我们大智慧的时候了。

然而，从总体上看主动权仍牢牢掌握在我们国家手里。就应对流动性过剩这项工作而言，至少有以下几个方面是可以做的。

（一）找准导致我国出现流动性过剩的主要原因。近两年，我国经济生活中出现资金流动性过剩的问题已是不争的事实。但对产生的原因，人们的认识却还很不一致。大概念是由于国际收支不平衡所致，而具体原因的说法就很多了，且各执一端。有的说是经济结构不合理，长期过于追求发展外向型经济造成了经济结构的扭曲，不从根本上调整结构就没有办法解决这个问题；有的说是外贸管理不善，导致顺差过大；有的认为是外汇管理体制僵化致使外汇储备增长过多；有的认为主要是汇率政策保守，如果一次升值到位，就不会出现这种情况；

更有的抱怨央行发行货币太多，没有看好总闸门，等等。不能说这些观点完全没有道理，调整经济结构等内部工作也丝毫不能放松。但上述意见的一个共同特点是都忽视了国际因素，没有看到或回避了来自外部的干扰与压力。我们天天讲改革开放，但在研究具体问题时如果不用经济全球化的眼光去观察，是找不到正确答案的。其实，胡锦涛同志在去年12月初召开的中央经济工作会议上就已高瞻远瞩，作出了"近年来，我国资金流动性总体过剩，社会资金特别是境外资金通过各种渠道进入国内房地产市场、股票市场……"的科学判断。从我国外汇储备的增长具有突发性这样一个事实，就可以印证这个论断是完全正确的。我国外汇储备从1978—2003年用了25年才达到4033亿美元，2004—2005年两年就翻了一番多，达到8189亿美元，2006年增加2473亿美元，2007年又猛增4619亿美元。异常的过快增长必然有非正常的因素在作祟。2004年10月的G7会议上，美国开始对人民币升值施压，2005年4月，美国舒默和格雷厄姆两位参议员提出议案，说如果中国不同意对人民币升值，美国将要对中国商品征收27.5%的关税。这27.5%正是他们认为人民币对美元被低估的数值。此后美国频频挥舞这根大棒呼风唤雨，挑起了国内外市场对人民币升值的过高预期，导致大量国际过剩资本趋之若鹜，通过合法、非法的各种渠道进入国内；国内企业（包括外企）也在外贸环节通过虚假出口，以少报多，关联交易和内部转移定价人为高报出口价格等手段，将热钱从进出口渠道大摇大摆地混进国内；我国居民外汇存款近三年每年减少100多亿美元，连外交官也把在外积攒多年的美元换成人民币，形成了千军万马挤上独木桥的局面，我国外汇储备必然会急剧膨胀。可以断定，虽然不是全部但这确实是导致近几年我国外汇储备增长过快的主要原因。

然而，对于混进大量热钱一事，并没有引起人们的普遍关注，有些同志甚至对此讳莫如深，认为"热钱"这个概念本身就无法界定，更无从防范。但是，广东省社科院去年9月发布研究报告称：进入我境内的热钱存量为2500亿—3000亿美元；星岛网站年前一篇报道称：混入大陆的热钱保守估计有5000亿美元；去年5月我在南方调研，地方同志说：地下钱庄多得很，且效率高、讲信用，从境外汇入美元非常方便；央行去年下半年发布的《中国反洗钱 2006》报告称：2006 年央行向侦察机关移送涉嫌洗钱犯罪线索 1239 件，涉及金额折合 3871 亿元，捣毁地下钱庄 70 多个，662 家银行业金融机构受到不同程度处罚。有人估计，央行反洗钱局查出的案子能占实际发生数的 20% 就算不错了，查到的案子中真能办下去的又只占 50% 左右。按此推算，实际涉案总额是相当触目惊心的。

（二）坚决打击各种非法外汇交易。对通过各种渠道和各种方式非法进入外汇的行为必须予以坚决打击，决不能允许那些非法和违规的交易活动肆意横行。这件事涉及国家主权和法律尊严，关系国家的核心利益和经济安全。我们有强大的国家机器，又有广大人民的支持，就像 20 世纪 90 年代打击伪造增值税发票和打击走私那样，该抓的抓，该杀的杀，没有不怕的。这是我们的政治优势，也是依法治国的客观要求。建议国家采取紧急措施，周密部署，摆开一副下决心要对非法热钱"关门打狗"的架势，从海关、银监、加工贸易、外汇管理等各个环节布下天罗地网，并请中纪委和司法机关直接参与，开展严查狠打，及时公布一批大案要案的处理结果，就一定能形成强大的震慑力量。同时，建立健全管理制度和有关法律法规。现在正是最佳时机，等到国际上看空人民币的时候，热钱就会从混进来的渠道并挟带更多的外汇资产迅速溜走，造成极其严重的后果。

（三）提前偿还外债，停止向外举债。去年 9 月末我国外债余额为 3457 亿美元，其中短期外债余额为 1976 亿美元，占全部外债余额的 57.2%，已大大超过国际上 20% 的警戒线。我们何不仿效俄罗斯的成功做法，用国家外汇储备提前清偿外债。各部委所欠主权外债 346 亿美元，可由国家一次性提前还清，企业所欠外债可强制性地由国家帮其提前偿还，实行外债转内债。同时，要严格禁止企业新借外债，以防止投机炒作。

二、金融改革开放的几个重大课题研究

（一）我国国际收支中资本项目开放的战略研究。在我国国际收支中，资本项目尚未完全自由流动。资本项目的有效管制是我国防范国际金融风险的一道重要屏障。但随着经济全球化的日益深化，资本项目的管制已经日益松动。从长远看，最终要实现人民币的完全可自由兑换。但这是一个长期的过程。条件不成熟时过早拆除防火墙会带来巨大风险和灾难。应通过研究十分明确现阶段我们的政策底线在哪里，以便在实际操作中有所遵循，也给市场一个准确的信号。

（二）推出港股直通车的可行性研究。温家宝同志指出，港股直通车的实质意义就是允许一部分国内资本流动，因为香港资本是开放的。但是中国的资本全流动还需要有相当长的时间，因此必须要有相应的法律法规加以监管，否则会引起中国资本市场的波动。同时，大量资金涌入香港资本市场，会给香港股市带来什么影响要做科学的判断和分析，保护香港资本市场的稳定。这些判断是完全正确的。据香港报道，从去年 8 月 20 日有关部门提出港股直通车到 11 月下旬，大陆炒家纷纷入港抢滩，累计流入香港的资金高达约 1 万亿港元，恒生指数上升近 1 万点。由于总理讲话果断、及时且很有策略，坚决阻止了事态的进一步发展。

但是，此事并未完结。上个月香港金管局长任志刚先生还呼吁开通港股直通车，内地也有一些同志持这个意见。所以，我们还需要对港股直通车方案进行更为认真、细致、全面的研究。实行所谓"资金自由行"本质上是要实现人民币完全可自由兑换。这里至少要考虑到两种情况：一是大陆股市比香港价位高，香港又比欧美高，而香港股票与欧美股票是可以替代的，港股直通车一旦开通，大陆的外汇资产可能迅速渗漏到全球，1.5 万亿美元的外汇储备可能会如"泥牛入海"，消失得无影无踪；二是开通港股直通车的本意是开闸放水，减轻内部外汇储备和流动性过剩的压力，但一旦打开了资本全流通的大门之后，由于国际资本市场流动性过剩比国内更加严重，外部的势能远比国内大，在我国经济景气时期可能引来大量境外资本流入，形成"海水倒灌"，甚至发生"大海啸"，对我国金融市场造成巨大冲击，而一旦我国经济情况出现逆转，又会出现"大海退"，把我国的财富席卷而去。因此，一项这样重大的决策必须作出完整的可行性分析报告，对推出港股直通车可能带来的各种后果进行综合研究。

（三）推出股指期货的可行性研究。股指期货的全称是股票价格指数期货，是指以股价指数为标的物的标准化期货合约，双方约定在未来的某个特定日期，可以按照事先确定的股价指数的大小，进行标的指数的买卖。股指期货具有价格发现和风险转移的功能。

中国证监会自 2006 年以来积极筹建金融期货市场，也做了大量的相关工作。

股指期货作为一种金融衍生品，其高杠杆性所带来的高收益特征对很多投资者有着很高的吸引力。但我国很多投资者对于如何在实际操作股指期货中控制和管理自己面临的风险知之甚少。股指期货的操作和股票的操作也有着很大的区别。更重要的是，股指期货可以成为国际资本和敌对势力唱衰和打压中国股市的重要手段，从某种意义说可能会授人以柄，失去对股市调控的自主权。20 世纪 90 年代初日本的股市泡沫就是被美国人用股指期货这个武器捅破的。我国当前推出股指期货时机是否成熟？股指期货的推出对证券市场有何影响？如何防范被别人操控的风险？要看到我们面对的是十分强大的国际金融市场和无数老谋深算的国际金融高手和大鳄。而当前我们的管理水平和金融人才以及广大股民的素质能否适应这种残酷的竞争，需作出客观准确的估量。

（四）金融服务业开放的战略研究。在三次中美战略经济对话中，金融服务业的开放都是美国力图突破的主要方面。2007 年 9 月，美国众议院以 404 票赞成、4 票反对通过一项议案，要求财政部长保尔森在下次中美战略经济对话中向中国施压，要求中国取消在银行、寿险、资产管理和证券公司等所有权（即股权）比例上对外资的限制。这就等于要求中国整个金融领域都可以让外资来控股、控制。金融是现代经济的核心，对金融的控制权是国家主权的重要标志之一。在关系国家根本利益的重大原则问题上，我们必须有一个明确的态度。目前我国金融市场的开放程度究竟如何，开放的底线又在哪里？对于来自美国的压力，需要制定一个怎样的策略去应对？都需要认真研究。

（五）汇率形成机制改革的战略研究。自 2005 年 7 月 21 日汇改以来，在坚持渐进性、可控性、主动性的原则下，人民币对美元已累计升值 13% 以上。经过两年多的实践后，需要认真加以总结。这种汇率形成机制是否非常成功，还有哪些方面有待改进，如何继续坚持渐进性、可控性、主动性的原则，如何实行双向浮动策略以打乱市场的单向预期？国内物价上涨，意味着人民币购买力的贬值，也标志着企业出口成本的上升，本应有利于缓解汇率上升的压力。但在实际操作中特别是近期以来人民币对美元加速升值，表现出"对内贬值、对外升值"的巨大反差，使企业出口承受双重压力。如何解释这种现象？如何应对国外要求人民币加快升值的压力？人民币汇率形成机制改革的最终目标是什么？什么时候、什么情况下人民币升值达到高峰，并可能突然转为大幅贬值的压力？这些问题要有一个整体设计和长远谋略。

（六）外汇管理体制改革的战略研究。外汇管理体制包括结售汇制度，外汇的使用、保值增值等制度安排。结售汇制度曾是国家筹集外汇、用于进口必要物资，保障国家发展的一项重要制度。随着我国外汇储备的迅速增长，结售汇制度已经作了许多重大的改革。例如去年外管局公布了企业结汇率可以从 100% 至 0% 的新规定，但企业还是主动要求尽量多结汇。售汇额度的放宽同样不见明显效果。这都是由于对人民币升值预期很高的大环境决定的。但在风云突变时又如何防止外汇资产发生大规模流失？

外汇储备是国家的宝贵财富，如何有效地使用外汇，实现外汇的保值增值也是值得研究的一个重要内容。我国的外汇储备除了现有的这些安排外，能否针对当前美国次贷危机引发的国际金融震荡的形势，抓住机遇，使之有更大的作为？也值得积极探索，充分论证，伺机而动。

（七）应对美国"金融快速反应部队"密谋对华出手的战略研究。据英国《每日电讯报》披露：年前，美国银行、美林、雷曼兄弟等美国重要金融机构在华盛顿召开了半公开的研讨会，会议的主要议题是利用所谓的"金融快速反应部队"即金融机构与对冲基金组织，针对中国发动一场"没有硝烟的战争"。他们认为，这是最后一个"延缓或阻止中国崛起"的机会。该报道指出，墨西哥、阿根廷、东南亚和俄罗斯都遭遇过美国的金融袭击，而且损失惨重。统计资料显示，美国金融巨头采用"休克疗法"制造的金融危机，使数万亿美元从俄罗斯流出；1997年印尼人均GDP约为1110美元，金融危机后的2000年降到600美元；阿根廷的人均GDP在20世纪90年代初为1万美元，金融危机后的2004年只有3000多美元。

这些国际"金融大鳄"和"市场秃鹫"通过谋划和布局，于斗室之中简单地点击鼠标，就能使新兴经济体遭遇"金融安乐死"。于是，这些国家或地区的巨额财富在瞬间"蒸发"，从境内账户流向境外金融机构和基金组织的账户。这种财富转移的"戏法"至今仍不断在一些新兴的发展中国家上演。美国窃走的是这些国家和地区人民多年辛苦积攒的财富，留下的是经济发展停滞甚至倒退，还可能导致剧烈的社会动荡和严重的政治危机。该报还指出："近年来，美国不断以贸易逆差为借口，制造一轮又一轮摩擦，逼中国开放金融市场，这是一个明显的信号。美国隐蔽的'金融快速反应部队'正在针对中国谋划一场无硝烟的战争。"

对此，英国人已看得如此透彻，我们自己更应作好打一场金融防卫战的充分准备。熟读孙子兵法，有着五千年文化沉淀的中国人民是有足够信心和能力的，但在战术上必须予以高度重视。

三、坚决捍卫我国金融安全

从以上分析可以看出，我国面临的金融形势是相当严峻的。许多同志，从高级领导到基层干部对此都有不同程度的担忧。金融决策绝不允许有大的失误，哪个国家都错不起。因为它影响全局，极具破坏性。年前，英国《金融时报》发表一篇叫《美元"阳谋"》的文章说："目前的全球经济越来越象是个'局'。世界就是这样矛盾，当美联储开闸放水时，亚洲经济尤其是中国却是已经泡在流动性的汪洋之中，大洗'桑拿浴'：汇率升值、流动性过剩、通胀压力、资产泡沫已经使这些国家的宏观管理部门焦头烂额。"并且指出，"一个可以预见到的结局是，一旦美元见底并重拾升势、一旦亚洲国家的利润率再也无油可榨，与此同时亚洲国家的汇率也将见顶，或许这就是亚洲的盛宴结束之时。20 年前的日本证明了这一点，1997 年的东南亚金融危机也证明了这一点。谁又能保证，这场悲剧不会在未来的几年内在亚洲再次重演呢？只是主角很有可能换成中国。"

国内外的经济形势十分严峻，国际金融市场的这场"地震"将释放出多大的能量，目前尚难以预料。不少同志都有这样一种感觉：今后五年我国经济发展的道路可能会比前五年艰难一些。特别是美国次贷危机引发的金融风暴即将袭来的重要关头，怎样确保我国金融安全，如何设计我国金融改革开放的方案和选择出台的最佳时机，都需要深入研究，准确把握。

论通胀预期的是是非非

（2009 年 11 月 12 日）

最近，人们对通胀的预期日渐多起来了。《瞭望》周刊最新一期发表文章称，明年的经济工作重点是调结构、防通胀。在企业和居民中也出现了对通胀的较大关注。对通胀预期的判断是制定宏观经济政策的重要基础之一，也涉及明年经济工作的重点和改革措施的出台，更影响市场心理和市场行为。担心明年可能发生通胀的依据主要有两个方面：一是下半年以来国际金融危机有所缓和，出现了一些积极因素，特别是美国经济三季度结束了连续四个季度负增长，报出环比折年率增长 3.5% 的好消息，有些人认为"V 型"走势已成定局，世界经济进入全面复苏，总需求将强劲增长；二是美欧日各国一年来实行定量宽松的货币政策，发行了大量基础货币，我国上半年信贷投放和货币供给也出现超常规的增长。判断通胀的可能性，最主要的是要从分析总供给与总需求的关系变化入手；同时通胀毕竟是货币现象，还要看货币供应的流向如何。对此做一些具体的分析。

一、社会总需求与总供给的变化趋势分析

（一）世界经济复苏需要一个漫长的过程。这场国际金融危机对世界经济的伤害是深重的。2008 年 9 月成了世界经济发展的一个分水岭，全球经济总体上陷入了衰退。据国际货币基金组织（IMF）和英国共识公司 10 月初同时报出的预测：2009 年世界经济将萎缩 2.3%。世界经济进入了一个重大的调整期。这场危机不是通常的"商业周期危

491

机"，而是发生在国际金融核心部位的百年一遇的金融体系危机。世界经济的全面复苏，将是一个漫长曲折的过程，至少在今后三至四年内世界经济的发展是处在总体低迷、时好时坏的艰难发展阶段。因为西方国家金融机构去杠杆化刚刚开始，其有毒资产数额巨大，目前只是暂时被"冷冻"而已，这个"毒瘤"随时可能复发和扩散；美国失业率9月份达9.8%，10月份更上升为10.2%，欧元区9月份失业率也达9.7%，西方发达国家失业率居高不下的态势一时难以改变；美国制造业的开工率目前在70%左右，比1972—2008年的平均水平低约11个百分点，供给能力普遍过剩；美国政府、企业、家庭资产负债状况的恶化亟待调整，美国财政部7月1日公布其国债余额已高达11.5万亿美元，美国家庭的总负债约6万亿美元；美国9月末消费信贷余额比去年同期下降7.2%，至2.456万亿美元，消费不振；民间投资严重不足，二季度美国私人国内投资同比降幅高达28.3%；金融危机爆发前存在的金融机构"大到不能倒"和监管体系不健全等一系列重大问题至今一个都没有得到根本性的解决；目前还看不到真正能带动创业活动集群式开发的新的科学技术和能大幅度提高劳动生产率的新的财富创造机制。新能源产业多是高成本的，缺乏商业竞争力，难以迅速成长为拉动经济复苏的主动力。8月23日德国央行行长韦伯说："德国的GDP在2013年之前不会恢复到2008年的水平。"德国尚且如此，欧洲其他国家更是好不到哪里去。所以，世界经济的总需求不可能在短期内迅速增长。

（二）如何评价美国第三季度GDP增长3.5%？10月29日美国公布三季度GDP环比折年率大涨3.5%。但尚需对这个数字作具体分析。在3.5%的增幅中，2.2个百分点与汽车销售和住房销售有关。"旧车换现金"政策8月底已到期；房市复苏是因为政府向首次购房者减税，第三季度的所有住房抵押贷款支持证券中，政府担保的贷款占98%，这两项政策的有效期到11月底止。这三项都是以纳税人的钱支撑的刺激措施。另外，库存增加拉动三季度GDP增长1.3个百分点。这两项加起来正好拉动三季度增长3.5%，说明其他消费和投资几乎没有什么增长。但财政刺激难以持久，补充库存也是短暂的。

就在美国公布三季度 GDP 增长 3.5% 的第二天即 10 月 30 日，加利福尼亚国民银行等 9 家银行宣布倒闭，被称为遭遇"黑色星期五"。11 月 6 日又有五家中小银行倒闭。至此，今年以来全美已有 120 家银行倒闭。11 月 1 日拥有百年历史的美国中小企业商业贷款机构 CIT 正式申请破产保护，其客户有约 100 万家中小企业。CIT 破产案成为仅次于雷曼兄弟、华盛顿互助银行、世界通讯及通用汽车的第五大破产案。另外，联邦存款保险公司公布的濒危银行名单还有 410 家。奥巴马在公布 3.5% 的数字后发表书面讲话称：这显然是个好消息，不过距离全面经济复苏、摆脱当前经济危机还有很长的路要走。当天财长盖特纳也向议员表示：经济形势好转，但目前仍未摆脱衰退。11 月 2 日美商务部长骆家辉对记者说，美政府和国会正在讨论是否提出第二次刺激方案。

美国是这场国际金融危机的发源地，世界经济的复苏也主要看美国的经济表现。以上分析说明，美国经济三季度的增长主要是靠政府刺激政策的作用，经济并未表现出活力，而是十分脆弱的。美国经济还没有走出危机，随时可能爆发新的问题。华尔街日报 10 月 29 日报道：美国经济正在日本化，有可能陷入像日本 20 世纪 90 年代那样的长期持续低迷。

（三）我国实体经济的运行趋势。在国际金融危机的强劲冲击下，我国出口严重受阻，1—10 月出口同比下降 20.5%，已整整 12 个月连续负增长。中央从去年 11 月初就出台了应对国际金融危机的一揽子计划，今年又相继出台了一系列新的措施，实现了经济社会平稳较快发展。固定资产投资出现了强劲增长的态势，1—10 月同比增长 33.1%；社会消费品零售总额也基本表现出逐月平稳较快增长的良好局面，前 10 个月累计同比增长 15.3%。但由于外需减少太多，产能普遍过剩，总供给大于总需求的基本格局没有发生改变。1—10 月份，居民消费价格指数同比下降 1.1%，预测全年累计还是负增长的。

从明年看，我国投资和消费都还可以实现平稳较快的增长，出口的形势虽会有好转但还是不能过于乐观。从刚刚闭幕的广州秋交会上订货情况看，此次广交会比春季广交会交易额增加 16.2%，但比去年秋交会仍下降3.4%，比前年的秋交会下降17%，且以小额、短期订单居多。故明年出口对经济的拉动作用仍然比较脆弱。到今年粮食产量已经连续六年丰收，渔业和畜牧业都增长很快，为当前乃至明年物价稳定提供了重要基础。收入分配格局调整、消费需求出现更大提高也需要一个较长的过程。所以，2010年我国供需关系不易逆转，CPI也不会过快上涨。

国务院7月份分析上半年经济形势的时候指出，我国经济出现企稳向好，但基础尚不牢固；10月份分析1—3季度的经济形势时指出，回升向好的趋势得到巩固，但当前我国经济社会发展仍处在企稳回升的关键时期。老子说"企者不立"，即踮起脚用脚尖站立是不稳当的。南极洲的企鹅就是踮起脚尖行走的，靠两个翅膀摆动保持身体的平衡，所以中国人叫它"企鹅"而不说"南极鹅"。企稳就是踮起脚尖站起来了，但基础尚不稳固。从我国经济运行的这种态势看，还没出现明年可能经济过热和发生通胀的基础条件。

二、关于货币供应情况

（一）西方主要国家大量发行的货币到哪里去了？ 8月8日IMF报道，全球应对金融危机已耗资11.9万亿美元，接近全球年产出的1/5，主要是由央行和财政部向金融机构直接注资和承诺担保，以增加金融机构的流动性。危机爆发前美国金融衍生产品的总价值为340万亿美元，现已大幅缩水到200多万亿美元。美联储和财政部投入的这些资金一部分充填到业已破灭的泡沫之中，如泥牛入海，消失得无形无踪；另一部分美元除了进入美国资本市场外，更多的则流向世界各地了，成为利差交易的主要融资货币，而流入实体经济的钱很少。马克思通过对1847—1848年和1857—1858年欧洲发生两次经济危机的分析，深刻指出：这两个危机不但是经济危机，还是金融危机。社会资金被分为两部分——10%进入个人消费领域，90%在债券、股票等领域进行资本运作了。所以这两次危机和过去的危机完全不一样，这是第一次全球化的金融危机。用马克思的这段话来观察当前这场国际金融危机和西方国家发行大量货币的去向，同样可以给人们极大的启示。在这种背景下，以居民消费价格过快上涨为主要标志的通货膨胀率怎么上得去呢？

（二）我国货币投放的情况。年初确定今年新增贷款规模是 5 万亿元以上。5 万亿毕竟是个数量级的概念，如果可以超过 6 万亿、7 万亿就不必说 5 万亿元以上了。但今年上半年新增贷款就达 7.37 万亿元，显然偏离了适度宽松的货币政策。10 月末广义货币（M_2）同比增长29.4%，（M_1）增长 32.0%，（M_1）的增长速度快于（M_2），形成了"反剪刀差"，确实值得高度关注。但从 7 月份以来，信贷的增长速度明显放慢，7—10 月新增贷款只有 1.55 万亿元，说明从下半年开始信贷增长已经回到比较正常的轨道上。今年 7 月以来我们没有使用总量调控的货币工具如提高利率和存款准备金率等，主要是通过窗口指导和央行发行定向票据等办法使信贷投放过快的情况得到有效遏制，又没有出现社会信贷资金紧缺的现象，取得了良好效果，体现了货币政策调控的灵活性，调控的节奏和力度把握得比较好。这就是中国的国情。还要看到，上半年放出的大量贷款，主要进入了固定资产投资领域和房地产市场，而变为居民增收和形成现实购买力的并不多。

（三）从货币需求理论去考察。传统的货币必要量公式是：货币供应的必要量乘上货币流动速度等于总产出乘以价格。在货币流通速度和产出总量没有太大变化的情况下，货币的大量供给必然带来价格的急剧上涨。可见，人们担心明年会出现通胀是不无道理的。但是，还需要进一步考察货币供应量的结构。上半年得到贷款较多的大中型企业和有政府背景的投融资平台的大量资金并没有花出去，又沉淀在银行里了。1—10 月份金融机构各项贷款比年初增加 8.92 万亿元，同期各项存款则增加 12.04 万亿元，其中企业存款增长 36.96%，这一块基本上是活期存款，出此拉动了（M_1）的快速增长。企业随时可提取的活期存款一般对直接拉动 CPI 上涨的作用很小，除了扩大生产和增加投资外，更须注意的是有大量资金流入资本市场。实际上，今年信贷投放和货币增长虽然偏大但对 CPI 的影响并不明显，而资本市场、房市却是另外一番景象。故不能只重视 CPI，而更值得关注的是在资本市场上形成泡沫，如股市、债市，同时也抬高了房价、金价等。实际经济生活错综复杂，不仅要看总量，还要更多地从信贷结构和资金的去向上深入分析，才能更好地揭示深层次的问题，制定综合配套的经济政策。

三、关于输入型的通胀

一是从世界经济的发展趋势看，估计明年国际油价和大宗原材料价格大涨的可能性比较小。二是国际游资大量涌入可能引起的通胀。由于看好中国经济的发展和投资的高回报，以及对人民币升值的预期，国际游资会通过各种合法、非法的渠道流入我国。9 月底外汇储备达 2.273 万亿美元，第三季度外汇储备增加 1410 亿美元，当季外贸顺差为 392.7 亿美元，实际外商投资额（FDI）为 207.6 亿美元，尚有与外贸、FDI 无关的不能完全说清来历的外汇高达 809.7 亿美元，占当季新增外汇储备的 57.4%。国际游资进来后换成人民币，会大量增加央行基础货币的发行，加上货币乘数效应，仅这 809.7 亿美元，就能增加 2.76 万亿元人民币的货币供应量。这是最应当防范的。11 月 9 日 IMF 指出，美元创纪录的低利率正在助长全球性的套利交易，担心新的金融失衡正在形成。美国纽约大学教授鲁里埃尔·鲁比尼 11 月 5 日在英国《金融时报》发表文章指出，美联储近于零利率、定量宽松、放宽信贷的货币政策，加上美元疲软，已经形成一场大规模的共同交易：做空美元、买入全球高风险资产。美国正在制造一个极其可怕的泡沫。一旦形势逆转、美元突然升值，杠杆化的利差交易将急速平仓，投资者将大举撤退，并引发一场有史以来规模最大、协同性的全球资产崩盘。对此，我们应当予以高度警惕。

四、历史经验值得借鉴

（一）去年初，Reinhart 和 Rogoff 两位经济学家研究了自 1977 年西班牙危机到 1992 年日本危机的五次危机和美国最近四轮的衰退，得出一个结论是：危机和衰退过后通常是低通胀时期。

（二）受 1997 年亚洲金融危机的影响，我国从 1998 年起也由反通胀转入了反通缩的艰苦斗争。1998 年制定的 CPI 预期目标为 3% 以内，1999 年为 4% 以内，而实际结果是 CPI 分别为 –0.8% 和 –1.4%，直到 2003 年才走出通缩的阴影，当年 CPI 实际上涨 1.2%。

（三）分析我国几十年来发生通胀的规律，基本上都是由固定资产投资快速膨胀而导致钢材等原材料价格的急剧上涨和煤电油运全面紧张，同时过多地增加货币供应量，最后出现严重通胀。而今年我国固定资产投资规模的增长幅度之高在历史上是少见的，却没有引起钢材等原材料价格的大幅上涨，主要是由于供给能力大大超过了投资需求的较快增长，投资的扩大不足以改变供大于求的基本格局。目前，我国钢的生产能力已接近 7 亿吨，发电装机总容量已达 9 亿千瓦，产能都已经很大了。今年，在投资规模这么大的情况下，1—10 月份工业品出厂价格反而下降 6.4%，就是最好的实证。所以，也不能简单地用短缺经济时代的经验来作出明年必然出现通胀的判断。

（四）通过不同货币的利息差和货币交换价格即汇率的变化，进行交易谋取暴利，是国际金融炒家们惯用的手法。他们选准主攻国家或地区，调集大量资金制造虚假繁荣，吹大资产泡沫，等到时机成熟突然抛掉手中的高风险资产，变现离去。这就是西方金融炒家屡试不爽的手段。他们带走的是巨额财富，给当地留下的是严重的经济危机。几百年的资本主义发展史，这样的闹剧和悲剧一直在伴随人们的狂欢和恐惧交替地演绎着。只是在网络时代和经济全球化背景下，经济泡沫的周期大大缩短了，对世界经济的影响更广泛了。

五、结论和建议

根据以上分析，人们确实有理由担心明年可能出现通胀现象；但从中国内部的情况看，明年尚不具备 CPI 会大幅上涨的基本条件，而资产价格和房地产价格的过快上涨则更现实、对经济社会的稳定健康发展影响更大。故不宜笼统地说防通胀，而是要把 CPI 和资产等价格的调控区别开来，采取不同的对策。特别是要严控国际游资的大量涌入，但只要处理得好，也是完全可以防止的。

为了使明年价格不要继续低迷，又不致出现明显的通胀，提出如下建议。一是要把大家对通胀的预期统一到中央的正确判断上来。10月 21 日国务院常务会分析前三季度的经济形势时指出，要管理好通胀预期。正确把握对通胀预期的舆论导向十分重要。二是要保持宏观经济政策的连续性和稳定性。货币政策要慎用总量调控手段，重点在通过其他行之有效的办法，使信贷投放和货币增长真正回归到适度宽松的基本政策上来，要在"适度"二字上下功夫。三是进一步采取果断措施，坚决防止热钱的大量流入，把输入型的通胀因素和资产泡沫风险挡在国门之外。进一步鼓励外商直接投资的新政策和在股市上继续放宽 QFII 额度的政策，应更加慎重或暂时放缓。四是适时出台调整收入分配的改革举措，为扩大消费增加内在的动力。在毫不动摇地积极扩大内需的同时，也要坚持扩大开放，努力开拓国际市场。

要高度警惕输入型的资产泡沫

（2009 年 11 月 18 日）

一年来，西方各国央行实行非常规或者说极度宽松的货币政策，为控制金融危机的蔓延和恶化发挥了至关重要的作用，扭转了经济急剧下滑的趋势。但也产生了巨大的副作用。发了那么多的钱都到哪里去了呢？主要有三个去向：一部分是向泡沫行将破灭的金融机构直接注资、纾困，保住了这些机构不致倒闭。这些钱如泥牛入海，消失得无形无踪。另一部分经过中间转移进入了本国的资本市场，出现了在发生严重金融危机的背景下，股票市场的价格却迅猛上扬的反常现象。如美国道琼斯指数从 3 月 9 日的 6547 点又回升到 1 万多点，上涨了70% 左右。还有一部分则是流向世界各地搞套利交易了。11 月 8 日国际货币基金组织（IMF）指出，美元创纪录的低利率正在助长全球性的套利交易。由于投资者能够以接近零利率的成本从美国借到钱，交易商把这些钱投入到风险更大的资产中，市场可能因此被扭曲。在套利交易中，投资者从实施低利率的国家借钱，转而投向高收益的资产。目前，日本 0.1% 的基准利率和美国 0—0.25% 的基准利率，使其成为投资者寻求套利交易时偏爱的融资目标。过去 7 个月里美元相对外汇市场的一揽子主要交易货币下跌了 13%。IMF 担心新的金融失衡正在形成。美国纽约大学教授鲁里埃尔·鲁比尼 11 月 5 日在英国《金融时报》发表文章指出，美联储近于零利率、定量宽松、放宽信贷的货币政策，加上美元疲软，使美元成了套利融资的主要货币，已经形成了一场大规模的共同交易：做空美元、买入全球高风险资产。美联储及其他决策者有意无意地正在制造一个极其可怕的泡沫。一旦形势逆转、美元突然升值，高杠杆化的利差交易将急速平仓，投资者将大举撤退，并引发一场规模巨大、协同性的全球资产崩盘。昨天英国卫报发文说：新泡沫掩盖旧泡沫，我们正在重复格林斯潘的错误，但这次的泡沫规模更大，在新的一年将会出现另一次大爆炸。我们但愿这些说法有点夸张，但却不能不防。这件事并不是离中国很遥远，更不是与中国无关。

由于看好中国经济的发展和投资的高回报，以及对人民币升值的预期，国际游资正通过各种合法、非法的渠道流入我国。9月底我外汇储备达 2.273 万亿美元。第三季度外汇储备增加 1410 亿美元，当季外贸顺差为 392.7 亿美元，实际外商投资额（FDI）为 207.6 亿美元，尚有与外贸、FDI 无关的不能说清来历的外汇高达 809.7 亿美元，占当季新增外汇储备的 57.4%。国际游资进来后换成人民币，会大量增加央行基础货币的发行，加上货币乘数效应，仅这 809.7 亿美元，就可能增加 2.7 万多亿元人民币的货币供应量。而今年 7—10 月四个月里我国各项贷款增加额只有 1.55 万亿元。国际游资进入我国造成货币供应量的增加额已远远大于贷款的增加额。这也是推动我国股市、房价较快上涨的重要因素之一。估计今年第四季度国际资本大举进入我国市场的势头将有增无减。

通过不同货币的利息差和货币交换价格即汇率的变化，进行交易谋取暴利，是国际金融炒家们惯用的手法。他们选准主攻国家或地区，调集大量资金制造虚假繁荣，吹大资产泡沫，等到时机成熟突然抛掉手中的高风险资产，变现离去。他们带走的是巨额财富，给当地留下的却是严重的经济危机，甚至以此颠覆一个国家的政权。几百年的资本主义发展史，这样的闹剧和悲剧一直在伴随人们的狂欢与恐惧交替地演绎着。只是在网络时代和经济全球化背景下，经济泡沫的周期大大缩短了，对世界经济的影响更广泛了。对此，我们要有充分认识，保持清醒头脑。输入型的资产泡沫对我国经济的影响和伤害，比传统概念上的"通胀"要严重得多，危险性也要大得多。但我们也有强大的抗御能力和足够多的手段去抵制输入型的资产泡沫。

关于国际货币体系改革和
人民币国际化的几点建议

（2011 年 2 月 14 日）

美联储推出第二轮量化宽松政策以来，各方争论激烈，要求对现行国际货币体系进行改革的呼声持续高涨。世界银行行长佐利克提出"新金本位制"；中国人民银行行长提出以创造超主权储备货币作为国际货币体系改革的目标，充分发挥特别提款权（SDR）的作用；法国总统萨科齐呼吁在 2011 年法国接任二十国集团（G20）轮值主席国期间推动形成一个围绕 SDR 的建设性方案，希望加强与中国的合作，并计划于今年 3 月在中国举行 G20 专门研究国际货币体系改革问题的国际研讨会。

近日，全国政协经济委员会邀请中国人民银行、中国国际经济交流中心有关方面的专家学者，就国际货币体系改革和人民币国际化等问题进行座谈，现将有关情况汇总如下：

一、澄清认识，理清思路，把握好金融改革的大方向

（一）美元在国际货币体系中的主导地位由历史和现实决定，短期内不会改变。二战后美国的经济实力和国际地位达到鼎盛，1944 年 7 月，44 个国家在美国布雷顿森林镇召开了联合国货币及金融会议，确定了各国货币与美元挂钩、美元与黄金挂钩的美元金本位国际货币体制。各国普遍接受和认同美元既作为主权货币，也作为国际储备货币。由 1971 年美国取消了美元与黄金挂钩的制度，特别是近年来美国经济

实力有所下降，尤其是为摆脱金融危机滥发流动性，各国普遍感觉现行国际货币体系有弊端，新兴经济体要求变革的呼声也越来越强烈。但也要看到，美元在危机时刻依然是全球流动性的首选避风港，其他货币均无法获得如美元一样的市场信任，短期内不可能挑战其主导地位。况且维护美元在国际储备货币中的主导地位是美国的重大核心利益。虽然国外有人提出"构建美元、欧元、人民币三足鼎立的国际货币新格局"，但无论从中美两国首脑达成的"彼此尊重对方的核心利益与重大关切"协议，还是从现实可能性出发，我们都不应跟着提这个口号。必须十分注意策略，把长远目标与当前该做和能做的区别开来。

（二）沉着冷静，妥善应对各种新情况和新问题。我国经受住了金融危机的严峻考验，成就令人瞩目，但仍要保持头脑清醒。有的政协委员提出，对我国金融存在的问题不可掉以轻心。另外，我国金融创新不足，表现为金融产品单一，金融服务滞后于实体经济需要。因此，还是要切实地推进金融改革。也有委员提到，我国银行的资本充足率水平普遍优于外国银行，更有条件实施"巴塞尔协议III"的监管标准，但应注意到西方实体经济相当程度上依赖于直接融资，我国则主要依靠间接融资，更高的资本充足率要求将大大削弱商业银行的信贷投放能力，不利于我国经济的长期发展。还有近来国际上流行的"系统性重要银行"概念，可能会被用来以监管的名义对我大型银行海外布局设置障碍，对此要有足够认识。

（三）分清虚实，把握好对外宣传与具体操作的口径。委员们认为，有些工作只能进行方向性的讨论和原则性的表态，有些工作则要多做少说或者只做不说，这两类情况应区分清楚、内外有别，不能混为一谈、自我强化。

具体到本次 G20 国际研讨会和 SDR 来说，G20 是一个发言的平台，会谈成果大多为方向性的，缺乏约束力。可以利用这一机制积极参与、充分展示，但不宜对 G20 在具体问题上能够发挥的实际作用抱有过高期望。有委员提出，在方式方法上要注意策略，不露锋芒、更不为人捉刀；在会谈中要采用打太极拳的战术，虚实结合，把握主动权。

二、加强沟通，凝聚共识，积极推动国际货币体系改革

此次金融危机广泛蔓延的重要原因之一在于世界经济过分倚重于一种储备货币，而理论上的"特里芬难题"仍然存在，储备货币发行国无法在为世界提供流动性的同时确保币值的稳定，这是当前国际货币体系系统性风险的根源。

为解决国际货币体系的这一内在缺陷，建议与有关国家加强沟通配合，推动建立三个机制：一是国际储备货币的多元竞争机制。只有多种储备货币互相竞争、互相制衡，才能迫使货币发行国对货币币值负责。为达到这一目标，不仅中国要实现外汇储备货币的多元化，还要呼吁我们的贸易伙伴更多地认可和支持非美元储备货币。前段时间我们购买欧洲一些国家的主权债，关键时刻对欧元区施以援手，是非常正确的。二是国际储备货币的监管机制。充分利用国际货币基金组织（IMF）这一平台，与有关国家加强沟通配合，共同应对储备货币汇率波动对开放实体经济带来的冲击，使储备货币及其发行国受到必要的约束。三是国际金融危机的救助机制。近期内 SDR 还不具备成为结算手段的条件，更现实的是改革 SDR 的运行机制，使之发展成为面向 IMF 全体成员国的一个救助手段。中国也要争取在 IMF 决策中的投票权、发言权、管理权。

三、积极探索，务实操作，稳步提高人民币国际化水平

有委员指出，人民币国际化与人民币自由兑换相辅相成，但并不等同。泰国铢、俄罗斯卢布、新加坡元等都可自由兑换，但都没有承担国际货币职能的实力；人民币虽然还没有实现资本项下完全可兑换，却在周边国家日常使用和贸易货物跨境结算等方面已经实现了一定程度上的国际化。

委员们普遍认为，人民币国际化的程度最终取决于我国的经济实力和影响力。只要我们继续保持经济平稳较快发展，树立起人民币币

值比美元、欧元更趋稳定，长期内又不断上升的形象，使各国相信使用人民币是安全的、方便的、可靠的，人民币的进一步国际化便可水到渠成。

建议：一是稳妥推进人民币资本项下可兑换。由于国际流动性泛滥，我国在金融专业人才、企业管理水平、市场发育程度等方面仍有较大欠缺，因此在人民币自由兑换问题上应坚持不作承诺，不设具体时间表，把握好开放的时机和节奏。二是积极拓展境外人民币的回流渠道。自2009年7月开展跨境贸易人民币结算试点工作以来，人民币结算试点不断增多，规模不断扩大，大大提高了人民币国际化的程度。下一步要继续开辟境外人民币的回流渠道，让持有者享有投资获利的机会，这样才能使人民币得到更多的认可和使用。三是探索构建独立的人民币清算体系。除港澳外，其他国家和地区的人民币清算将来可能都要走环球银行间金融通信协会（SWIFT）提供的通讯平台，既不安全也不方便。建议提早谋划，依托海外布局网点比较多、网络比较强大的主要商业银行，探索构建专门用于人民币清算的通讯系统。这件事不宜过多宣传，但应扎扎实实地研究推动。

金融稳定是实现经济平稳发展的关键

（2013 年 7 月 11 日）

一、对国内外经济形势的基本判断

当前，世界经济都处于深度转型调整期，增长速度普遍较低。中国上半年经济增长 7.6%，增幅略有回落，这有利于调整经济结构，有利于提高经济增长质量和效益，仍属于较快的发展速度，且经济运行总体平稳。国际经济环境依然严峻复杂，但也出现一些积极变化。例如，美国居民家庭债务与收入之比回落到长期趋势水平，说明家庭去杠杆化基本完成；美国房地产市场从去年 2 月稳步回升，售价和销量都增长了 10% 以上，说明房地产市场已经触底反弹；5 月份，美国申请领取失业救济金人数为 5 年来最低；消费者信心指数上升到 76.2，为 5 年来最高；上半年股市创下 1998 年以来最佳半年的好纪录。再如，欧元区主权债务危机最严峻的时期已经过去。最近，拉脱维亚和克罗地亚分别被批准加入欧元区和欧盟，欧元区可能崩盘的危机已基本化解，经济虽然低迷，但已能看见希望的曙光。日本出台的量化宽松货币政策虽然不可持续，但对刺激国内投资和消费已见到一些成效。所以，下半年的世界经济有望进一步向好，至少不致于恶化，对我国是有利的。我国经济今年不会出现过热，也不至于增速过多回落，大概率趋势仍然是平稳发展。从经济层面看，确保金融稳定是关键。

二、要高度重视金融市场的风险

我国金融发展总体平稳，为经济增长和转型作出了重大贡献。但金融市场存在的风险不容低估。主要表现在以下几个方面。

（一）广义货币供应量增长过快。广义货币供应量（M_2）和 GDP 之比，1995 年为 1.00，到 2012 年则上升为 1.88。直观地说，1995 年以 1 元钱的货币供应可以支撑 1 元钱的经济产出，而到 2012 年则要用 1.88 元的货币供应才能支撑 1 元钱的经济产出。虽然有许多客观原因和不可比因素，但至少说明我国经济运行中资金运用的效率低下，资金周转的速度也是下降的。再从横向比较，从 2008 年到 2011 年，我国（M_2）逐年增长速度为 17.8%、27.7%、19.7%、13.6%，而同期美国在实施量化宽松货币政策的情况下，（M_2）逐年增长速度只分别为 10.0%、3.4%、9.1%、3.4%。

（二）在货币供应量大幅增长的背景下，却出现了流动性短缺的现象。其实，银行业金融机构出现流动性偏紧现象已持续近一年时间。6 月 20 日由于多个因素碰在一起产生的综合效应，集中发生了银行间隔夜拆借利率大幅飙升（当日上海银行间隔夜拆借利率升至 13.44%，最高的达 30%）并拖累了股市暴跌的所谓"钱荒"现象。此事引起了国内外的高度关注。这确实是个偶然事件，而且是完全可控的，实际上很快就得到缓解。但一切偶然性都包含在必然性之中。由于金融系统内部存在问题的不断积累，总会在某个时候集中发作的，只是时间的早晚和程度的轻重不同而已。

"6·20"现象应当报道但决不可在媒体上过多炒作。因为银行市场最重要的是信心和信用，才有健康的信贷。如果动摇了公众的信心，世界上最讲信用、资产质量最好的银行也逃脱不了被挤兑而破产的厄运。但在我们内部是应该对这件事加以认真总结研究的。不能简单地把这件事看作是央行与商业银行之间的一场博弈，也不单是央行该不该释放流动性的问题。中国金融系统不缺钱，主要是一些银行只顾追求自身的高利润，从事大规模的同业批发业务，片面理解利率市场化，盲目发展所谓的"创新"产品，而且资金期限错配等因素导致的后果。

6月7日，人民银行发布的《2013年中国金融稳定报告》中指出："近年来，商业银行表外业务种类和规模不断扩大，已成为各家银行新的业务和利润增长点。截至2012年末，银行业金融机构表外业务（含委托贷款和委托投资）余额已达48.65万亿元。"按此推算，去年末表外业务已占商业银行存款余额的51.6%。央行报告还指出，"至2012年末，银行存续理财产品3.1万支，资金余额6.7万亿元，同比增长64.4%，比同期各项存款的增长速度高出50.3个百分点。信托计划余额7.47万亿元，证券公司管理受托资金规模从年初的3000多亿元猛增到1.89万亿元，基金管理公司管理的公募基金和专户理财资金规模约3.62万亿元"。这只是2012年底的数字。经过今年这半年的迅猛发展，理财产品和表外业务的规模更是令人惊心动魄了。在中国老百姓心目中，银行是代表国家的，买金融产品出了事政府不会不管，对理财产品缺乏风险意识。监管部门有规定，买理财产品的客户风险自担，卖方不承诺保本付息。但一些基层银行和推销员在认购协议书上刻意抹去关于风险问题的文字，诱导居民购买。这一切，实际上是在绑架国家的信用。

广义货币供应量很大，银行等金融机构又从社会上吸引了大量资金。那么，钱到哪里去了？

一是通过理财业务等吸纳的表外资金，经层层批发人为拉长了资金的链条，使流动性减缓了。

二是金融机构把短期资金滚动对接用于长期投资项目而沉淀了，到期的短期融资无法偿还，出现支付困难。据业内人士估计，银行业这部分资产的期限错配平均大约在半年以上。

三是一些效益本来很差、不产生现金流的投资项目，为偿还到期的贷款本息，被逼到以远高于银行利率的水平去进行融资，钱流进这些黑洞之中了。

四是地方投融资平台债务余额十多万亿元，也形成了相应的资产，有些资产质量还是不错的，但确有些投资项目还贷能力较差，而且又遇上还债高峰期。据社科院金融所估算，2013年地方投融资平台的还本付息规模将达4.16万亿元，偿还难度很大。地方政府怕出事，再高利息的钱都敢借，把矛盾延后。

五是高成本融来的资金经银行与信托投资公司合作等多环节的批发，每转手一次都提高了资金的价格，有些钱没有找到最终的有效需求，而在金融体系内部形成了大大小小的"资金堰塞湖"或叫"资金池"，钱还不到地头就死了，转不动了。于是，银行及各种代理商又以更高的利率发行理财产品，吸收更多社会资金去支付到期理财产品的本息，或又流入"资金池"里去了。这与"庞氏骗局"的做法如出一辙。如此循环往复，资金总有转不动的时候，一旦资金链条断了也就失去了流动性，并推动了银行间隔夜拆借利率的飙升。

在这种情况下，央行释放流动性无异于向无底洞里放水。这些问题不只发生在局部地区，而是全国性、系统性的。一旦出现风险，很可能就是系统性的风险。

（三）金融市场确实有点乱。例如：

——"6·20"金融市场的波动虽然很快过去，但事情还没有完结，一些深层次的矛盾还没有解决。直到现在各种理财产品活动毫无收敛，反而愈演愈烈，推销理财产品的电话满天飞，利息也高得出奇。

——表外业务可不受规模限制、不受监管、不受利率限制，随着规模的膨胀，金融泡沫也在加大，风险在不断上升。信托、券商、基金、保险、民间金融机构，甚至个别大企业也都参与进来，一些基层银行也向民间的小额贷款公司批发高息贷款，形成了一个庞大的"影子银行"体系。

——有的国企利用其信用从银行贷款，再由自建的小额贷款公司放高利贷。

——有的民营企业家觉得办实业太辛苦，提出公司转型升级要走经营资本、发展金融的"战略"。

——据西南财大发布的《银行与家庭金融行为》调查结果显示，目前我国民间借贷参与率很高，有33.5%的家庭参与了民间借贷活动，借贷总额达8.6万亿元。这主要是居民之间的借贷活动，如加上居民参与金融机构的融资活动人数和规模就更多、更大了。

——有的地方出现由专门机构从民间吸收存款卖给基层银行以应

对监管部门冲时点，检查过后就把这笔假"存款"还给专门机构，银行要支付 10% 的利息。银行间不惜以高利率争夺存款也拼得很惨烈。

——许多理财产品收回期限按月末、季末、年末时点前几天设计，收回后即转入存款项下报上去，过了检查时点，又变为理财产品批发给下家金融机构，导致存款余额数的"虚高"。

——对可能发生违约的客户，不少银行采取向其发放新贷款的办法，用此偿还到期贷款本息，使风险后移，稀释不良率。

——近年来我国债券市场发展迅猛，产品种类日益丰富，但证券的交易主要集中在银行间市场，而不是交易所市场。2012 年 9 月我国债券市场债券托管量达 25 万亿元，其中银行间债券市场债券托管量占 96.4%。而银行间市场中非金融机构投资者交易非常活跃，且大部分通过丙类账户即监管不到的账户来进行交易。一个金融掮客往往操纵几十个账户，搞关联交易，通过自己买进或卖出来操控市场。

现在，非法集资和放高利贷的现象比较普遍。有的地方反映，现在小微企业甚至农民贷款都不难了，多是送上门的高利贷。这种乱象如不整治，实体经济特别是民营中小企业必将受到严重伤害。调研时听有的企业家说：一个利率、一个汇率要把企业压垮了。金融系统如此状况，又怎能实现我国经济保持平稳健康发展？

三、原因分析

如果跳出技术层面看，我国金融市场出现这样一些问题乃是转型过程中和发展过程中的问题，许多事情都在探索、在实践中去学习，有时也难免要交点学费。所以，不能简单怪银行家不努力，监管者未尽责。还有三个重大理念值得深入研究。

（一）对银行业金融机构的效益要求。银行业金融机构讲究"效益性、安全性、流动性"，这也是监管部门对银行考核的基本要求。银行作为企业特别是上市企业，要对股东回报，追求利润最大化也是理所应当的。据银监会年报，2011 年全国商业银行净利润 10412 亿元，2012 年达 12386 亿元，增长 18.96%，有的银行甚至增长百分之几十。而全国规模以上工业企业的利润则从 2011 年的 61396 亿元降低到 2012 年的 55578 亿元，下滑 9.5%。此消彼长，形成鲜明反差。产业部门在金融机构面前明显成了"弱势群体"。监管部门对银行等金融机构利润目标考核的方式和要求，使下面压力很大，而且大家都这么干，你想规范经营也就难以立足。

（二）实现利率市场化目标。这也是全国都在提倡的。但利率市场化不等于利率自由化。即便将其视同于自由化也必须按市场规则由供需关系确定利率。在西方国家利率也是央行实行宏观调控的重要货币工具之一。各国央行都要发布基准利率，并通过央行公开市场操作有效地引导市场利率围着基准利率转。但我国还是实行法定利率制，只是贷款有较大浮动区间，且存贷款利息差在世界上都是比较高的。我国央行公开市场操作的规模还太小，不足以影响和引导市场利率。这个时候，银行要实现利率市场化，就会设法把资金挪到表外运行，出现畸形的市场。

（三）提倡金融创新。近些年来，大家都在讲金融创新，但创新的目的是什么，为谁创新？是首先需要明确的大前提。为了储户的方便，为了更好地支持实体经济的发展，提高服务质量和水平，金融创新本是可以大有作为的。如果一些银行等金融机构只顾自身的扩张，规避监管，一味追求自身的高额利润，这种创新就可能出现偏差。特别是 2008 年美国爆发金融危机之后，有许多惨痛的教训还没有来得及研究、汲取，我们的一些金融机构却还去追求已经被实践证明是错误的那些创新，如高杠杆化、大力发展金融衍生产品、人为制造金融泡沫等。在 2009 年 6 月 17 日奥巴马总统就正式公布了全面金融监管改革方案，经过一年多的反复讨论，2010 年 7 月 15 日美国国会正式通过了多德弗兰克法案。其核心内容是扩大监管机构权力，破解金融机构"大而不能倒"的困局，限制金融高管的薪酬；设立新的消费者金融保护局，全面保护消费者的合法权益；采用沃尔克规则即限制大金融机构的投机性交易，尤其是加强对金融衍生品的监管。我国的金融创新应当借鉴美国这些从惨痛教训中总结出来的规则，不可一说到创新就什么都可以干了。

党中央、国务院一再强调要注意防范金融风险，为什么我国金融市场还出现这些乱象，深层次的原因是对以上说到的这三大理念，还缺乏统一的认识，出现不少偏差。

四、几点建议

6月20日发生的这场金融市场风波震惊了世界，更给我们敲响了警钟。看来，要贯彻去年中央经济工作会议提出的"坚守不发生系统性和区域性金融风险的底线"难度很大，任务还相当繁重，这是关乎经济社会发展和稳定全局的大事。为此，提出如下建议。

（一）切实用好增量，盘活存量。当前我国金融市场存在的风险的确应该引起高度重视，但仍然是可控的，而且和美国当时的金融危机情况有着根本性的不同。我们的金融产品中衍生品的占比还不大，至少房地产贷款没有证券化。我们是基础产品出了问题。当前的首要任务是要确保金融市场的稳定，不能搞急刹车，不搞休克疗法，不能让资金链条断裂，不能使群众产生恐慌。要坚持内紧外松的方针，管住并用好增量，严格控制和规范理财产品的发行和运作。盘活存量重点是把沉淀在金融系统内部的"资金堰塞湖"疏通，要引导金融机构把资金池里的资金转为正常贷款流向实体经济。维护金融稳定是央行的重要职责之一。在必要和合理的前提下，央行也要及时输送流动性。当前是最容易发生卖空资产的时候，必要时可采取措施禁止卖空。我国金融市场不整顿，可能引发系统性风险；如整顿不当、简单化，则会加速风险的发生。所以，工作方案必须精心设计，缜密实施。

（二）整合商业银行业务，实现其职能定位的回归。商业银行要回归到主营业务上来，要适当"瘦身"而不是扩张。商业银行是配置社会资金的重要平台，而不应大量占用社会资金。在考核中，对商业银行等金融机构的利润增长不要施加太多压力，相反应该控制一个合理的利润率。必要时还可以对商业银行制定一个标准，即资金流向实体经济要达到一定的比例，比如不低于60%或50%。还可以考虑把银行的理财产品剥离出来，与银行脱钩，成立单独的公司。

（三）理顺分业监管和实际上的混业经营之间的关系。20 世纪 30 年代美国大萧条之后，美国立法规定金融机构必须实行分业经营，分业监管，即银行、证券、保险三个分开。到 1996 年美国金融界冲破了这个框框，又变成混业经营。朱镕基同志担任总理的时候，顶住了当时国内金融界一些同志要求实行混业经营的意见，实行了分业经营、分业监管的体制，设立了银监会、证监会、保监会。但近些年来，许多金融机构实际上都在搞混业经营。监管出现了大量漏洞，监管部门的责任也很难厘清。

（四）制定规范金融市场秩序的制度、法律和法规。我国现行的金融市场管理制度虽然已经很多，但是一是不够严格，二是表述的内涵比较含糊，不好操作。例如规定"高风险理财产品在银行总资产中占比不得超过 4%"，高风险如何界定？理财产品都是有风险的。这条规定看似严厉，但实际上无法执行。

（五）实行问责制。对一些违规、违法经营的人员和机构，要严肃查处，以儆效尤。不处理人，所有规则、法律都不能起到震慑的作用。

（六）正确对待西方金融机构和媒体的评论。西方金融机构和媒体对中国金融、经济的评论和建议，许多是客观善意的，但也有不少是带有自身立场和利益的成见，更有的所谓权威机构简直就是教唆犯，是设圈套让我们去钻。对这些我们要冷静分析判断，择其善而从之；对那些恶意的欺骗性的，要识破它，绝不可让这些人牵着鼻子走。国内媒体也要客观公正的报道，禁止炒作，要正确引导市场。

（七）进一步深化金融体制改革。要高举改革的旗帜，以改革来促进金融市场的健康发展。又要在发展中进行改革，不断净化我国的金融市场。要从我国的国情出发，制定总体规划，把握好具体实施的进度、节奏和力度。当前国际金融市场风起云涌，国内金融市场很多关系没有理顺。信贷资产证券化和人民币资本项下的完全可自由兑换这两大措施的出台要特别慎重，不设定具体时间表。

（八）加强金融理论研究，建立中国特色社会主义的金融体系。金融业是服务业，是为经济社会发展服务的重要产业，这是金融系统一切工作的出发点和基本归宿。中国特色社会主义理论是涵盖一切领域的，中国的金融体系当然不能例外。正如统计工作的方法制度要和国际接轨才有可比性的道理一样，金融的方法和运行制度也是应该与国际接轨的，否则无法开展国际金融业务。但我国的金融必须按照中国特色社会主义的理论要求建立中国特色的金融体系，为中国特色社会主义伟大事业服务。在这方面，还有大量的理论和实践问题需要深入研究。中国金融体系的建设和发展决不可以简单照搬国外的模式。其实国外的金融体系和制度设置也不是完全一样的，有各自的特点。

2008 年爆发的这场国际金融危机充分证明，金融不仅是现代经济的核心，也是引发现代经济危机的祸端，在金融上出了问题破坏力极强，绝不允许在这方面犯大的错误。

我国金融改革要坚持为
实体经济服务的正确方向

（2013 年 9 月 4 日）

7 月 21 日，习近平总书记在视察武汉重型机床集团公司时指出：工业化很重要，我们这么一个大国要强大，要靠实体经济，不能泡沫化。习总书记的重要讲话深刻指明了我国的强国之路，也指出了金融要坚持为实体经济服务的正确方向。但从以下三组数字看，我国金融与实业之间的关系有些不太正常。

1.据银监会年报，2012 年全国商业银行净利润达 1.238 万亿元，比上年增长 18.96%，有的银行甚至增长百分之几十。而根据国家统计局年鉴，2012 年全国规模以上工业企业的利润却比上年下滑 9.5%。

2.从 7 月 8 日公布的 2013 年《财富》世界 500 强最新名单看，中国大陆上榜企业 85 家，仅次于美国的 132 家。85 家中，民企仅 7 家，银行占 9 家；有 10 家为亏损企业，33 家企业的净利润比上年负增长，这些都是非银行类企业。而这 9 家银行的利润总额占 85 家企业总利润的 57.6%。相比之下，美国上榜的 132 家中，银行只有 8 家，这 8 家银行的利润占美国上榜企业总利润只有 11.9%。难道中国的金融业比美国还要发达？怪不得有的评论说：中国经济过度金融化了。

3.A 股上市公司中，金融板块净利润占了大半壁江山。2012 年，A 股 2494 家上市公司合计实现净利润约为 1.95 万亿元。其中，工商银行、农业银行、中国银行、建设银行、交通银行 5 大银行共实现净利润 7746 亿元，16 家上市银行共实现净利润 1.03 万亿元，包括银行、保险、券商在内的 52 家金融类公司共实现净利润 1.09 万亿元，分别占 A 股上市公司利润总额的 39.6%、53% 和 55.9%。而剔除上述金融类个股后，A 股上市公司的利润规模仅为 0.86 万亿元，较 2011 年 0.94 万亿元的利润规模反而下降了 8.5%。

以上三组数据都印证了这样一个概念：我国金融类企业特别是商业银行去年实现的净利润占全社会各行各业实现利润中的份额已经相当高了，而且银行业与实业之间的利润分配关系呈现出此长彼消的明显趋势。这反映了社会财富往哪个方向流动的问题。这种现象值得我们深思。美国正是过度发展虚拟经济、大搞金融衍生品、制造泡沫，导致 2008 年爆发了国际金融危机；德国正是坚持发展制造业不动摇，在国际金融危机和欧债危机中岿然不动并成了欧洲的中流砥柱。金融业是服务业，永远要坚持为实体经济发展、为改善人民生活服务的正确方向，而不应过度追求自身的高额利润，在对银行考核导向上也不应太看重利润业绩。当前我国一方面货币供应量过多，另一方面企业特别是中小微企业贷款难、贷款贵，说明许多关系尚待理顺。中央政治局 7 月 30 日全体会议的新闻稿指出："加大金融支持实体经济的力度，把钱用在刀刃上。"各金融机构应深刻领会，认真执行。最近习近平总书记在视察辽宁大型制造企业时又语重心长地指出，要大力发展实体经济，实体经济是我们的本钱，是我们的立足之本。所以，在研究我国金融体制改革的时候，一定要坚持金融为实体经济发展服务的正确方向。金融业的发展不能脱离实体经济的发展而孤军前进。把实体经济掏空了，金融业的发展也是不可持续的，整个经济社会发展都要受到严重伤害。要加强对金融机构的监管，决不可盲目追求美国金融业在 2008 年金融危机爆发之前搞的那些已经被实践证明是错误的金融创新，如高杠杆化、人为制造金融泡沫等。美国汲取这场金融危机的教训之后，推出的多德·弗兰克法案，倒是值得我们加以借鉴的。我国在推进汇率和利率市场化、人民币资本项下完全可自由兑换、人民币国际化、资产证券化等方面，如何把握好时机和力度，控制好风险，都需要十分慎重。当前，国际金融市场风云变幻，游资泛滥，如何防范其对我国的冲击，更需要周密制定有效对策。实践是检验真理的唯一标准，衡量实践成败得失的唯一标准则是邓小平同志提出的"三个有利于",即有利于发展社会主义社会生产力、有利于增强社会主义国家的综合国力、有利于提高人民的生活水平。要切实加强金融理论研究和创新,努力建设中国特色社会主义金融体系。

我国发生系统性金融风险的可能性分析

——学习中共十八届五中全会精神体会

（2015 年 11 月 19 日）

习近平总书记在党的十八届五中全会上对"十三五"规划建议的说明中谈到加强金融监管时指出："坚守住不发生系统性风险的底线。"为此，我们必须对发生系统性金融风险的可能性和主要诱因作出深入分析，从而提出防范和化解措施。

一、可能引发系统性金融风险的几个国内因素

金融危机是以资产价格急剧下跌和企业等经济主体因资金链条断裂，发生严重违约而纷纷倒闭为主要特征的金融市场动荡乃至恐慌现象，并紧随而来的是出现经济活动的严重紧缩。从国内因素看，当前值得关注的有以下几个方面。

（一）人民币持续贬值的风险。自从 2005 年 7 月 21 日实施人民币汇率形成机制改革以来，人民币对美元大幅升值 25%。今年 8 月 11 日人民银行为适应国际金融的复杂形势，决定进一步完善人民币汇率中间价报价机制，当天中间价报价为 6.2298，比上日对美元贬值 1.9%，创历史最大降幅，8 月 11—13 日，三天人民币中间价累计贬值 4.6%，令世界为之震惊。汇改十余年来，押注人民币升值的资本一波一波地涌入，在我国股市和房市及其他企业中积累的数量是相当大的。在人民币贬值预期下，这些资本可能撤离，引发房价和股市意外波动等。

517

我国外汇储备已从去年 6 月末的近 4 万亿美元降至今年 9 月末的 3.5 万亿美元，既有合理正常的因素，也与市场对人民币贬值预期有一定关联。况且这类外向型企业的债务工具往往是以外币计值的，当本币出现贬值时，这类国内公司的债务负担就会加重；由于这类公司的资产通常以本币计值，本币的大幅贬值，必将导致公司资产负债表的恶化及其净值的下降，从而加剧这类企业对贷款的狂热追求和道德风险，并最终把风险传染到银行等金融机构。

但由于我国实行的是"有管理的浮动汇率制"，政府有许多手段和足够的能力去调控汇率。况且自 8 月 11 日以来，人民币兑美元累计也只贬值 1.86%（至 11 月 6 日），一二线城市房地产价格平稳且略有回升。从我国经济发展总趋势看，不可能出现人民币将长期贬值的问题。过去一年半来，欧元兑美元贬值 28%，日元兑美元贬值 30%，而人民币兑美元中间价一直稳定在 6.15 左右。美国对欧日为何如此宽容，而人民币略贬值一点就大呼小叫，并制造出人民币将进入长期贬值新轨道的谣言？这不仅极不公平，而且是借题发挥，企图动摇国际市场对中国经济发展的信心。反过来说，我们也要从中总结经验，中国经济在全球的份量和影响力已比较大了，涉及国际性的重大政策调整需要先通气，下点"毛毛雨"以便于理解和接受。人民币对外币币值出现一定波动是正常现象，我们的政策目标是要保持人民币币值的基本稳定。

（二）债务风险。一个国家的总债务由该国的居民家庭、非金融类企业、金融机构的流动性资产、中央和地方政府的负债构成。

1. 至 2014 年末我国债务总量和构成分析。根据 2015 年 8 月 30 日国务院提请全国人大审议议案中数据，至 2014 年末我国地方政府一类债务余额为 15.4 万亿元，政府有担保责任和可能承担一定救助责任的二、三类债务共 8.6 万亿元。但这二、三类债务的直接承担者主要是非金融类企业，故应算在企业户头上，不应在政府和企业两边重复统计。2014 年末中央政府债务余额为 9.8 万亿元，故中央和地方政府直接债务余额共计为 25.2 万亿元。根据有关资料，2014 年末我国居民家庭负债余额为 22.8 万亿元，银行流动性资产 48 万亿元。2015 年

5月25日《人民日报》头版头条文章《正视困难、保持定力、前景光明——权威人士谈当前经济形势》指出："这几年债务增长较快的是非金融类企业，其债务余额已占到GDP的125%"。据此推测为80万亿元。以上各项合计，2014年末我国债务总额为175.8万亿元，居民家庭、非金融类企业、金融机构的流动性资产、中央政府、地方政府的债务各占总债务的份额为13.0%、45.5%、27.3%、5.6%、8.8%。有人说，美国次贷危机是由于居民过度负债，欧债危机是由于政府超额负债，中国当前的金融风险主要表现为企业部门债务过高，而且还在不断攀升。不单是企业债务占比高，而且其债务结构不好、偿债能力差。例如不少中小型房地产企业，因前些年挣钱容易，便不惜以高利率从亲友和社会上吸收资金或直接向信托公司借高息理财资金投入再开发，而如今三四线城市商品房销售低迷，积压严重，不能变现，资金链断了，有的开发商为躲债或"失联了"、或跳楼了，或主动去公安局投案请求拘留。再比如钢铁行业，由于产能严重过剩，市场竞争激烈，建筑用钢一吨仅卖1000多元，比白菜还便宜，钢铁企业全行业亏损，全系统3万亿元的负债余额何时还得清？

2. 麦肯锡的研究结果。2015年5月12日麦肯锡全球研究所的报告说：2014年中期，中国债务总额达172万亿人民币，7年来举债水平增长了4倍；居民、政府、非金融类企业的债务有一半同房地产有直接或间接关系；中国有约1/3的未偿债务是由影子银行提供的。

3. 企业应收账款数量惊人。还有一笔账是，至2014年末，规模以上工业企业应收账款已高达10.5万亿元。1991年国家清理"企业三角债"时，全国规模以上工业企业不正常拖欠款为2000亿元。国家花500亿元解开了这个债务链。按此比例推算，要解开当前工业企业间的债务链至少需投入2.5万亿元。虽不可能再由政府解决这个问题，但由此可见工业企业经营之困难。

（三）影子银行和理财产品及信贷风险。

1. 影子银行和理财产品办得太乱。影子银行发展过快，理财产品搞得太滥，是当前经济生活中一个比较突出的问题。G20金融稳定委员会报告：中国影子银行在2013年增速达37%；穆迪公司报道中国影子银行资产规模在 2013 年底达 37 万亿元人民币；世界银行前中国业务局局长撰文说，中国影子银行与新增贷款之比从 2008 年的约 20% 提高到 2013 年 6 月的 40%。真正令人担心的问题集中在信托公司和银行的理财产品方面。中国的影子银行和国外不同，国外主要是在商业银行之外搞的金融活动。例如，美国次贷危机的主角是世界顶尖的投资银行、对冲基金等。他们玩的工具主要是证券化以后的各类金融衍生品，终因泡沫破裂，发生百年一遇的国际金融危机。而我国是以商业银行为主体联手信托公司、券商等机构创新出五花八门的高息理财产品吸纳社会资金，再以更高的利息借给急需资金的企业或个人，以获取高额利润。理财业务延长了资金链条，使资金利率节节上升，并人为形成了大大小小的"资金池"和金融"堰塞湖"，大大提高了资金的使用成本，降低了社会资金的流动性。中国银行业协会发布的《2014 年中国银行业理财业务发展报告》显示：2014 年全年累计发放的理财产品 19.13 万支，同比增长 27.53%；累计发放规模 92.53 万亿元，同比增长 35.9%；年末余额 15.03 万亿元，同比增长 46.78%；其中个人理财募集的资金达 60.17 万亿元，占比达 65.03%。前些年，银行系统通过理财产品等创新活动经济效益大增，以至有的银行领导说"挣钱太快，都有点不好意思了"。这种示范效应，使得保险等其他各类金融机构，甚至实体经济部门中的企业包括许多民营工业企业和不少央企也都纷纷仿效，大搞理财产品，充当起影子银行的角色，其中不少根本就不在管理部门的监管范围之内，实际上已经到了失控的地步。

2. 由此带来的风险分析。影子银行和理财产品过度发展带来的风险至少有以下几个方面。一是降低了货币政策的效率。今年央行已 5 次降低基准利率，虽在某些方面利率有所回落，如购房贷款和银行间拆借利率等，但总体上看，经济对其敏感度不高，目前市场融资实际成本仍在年息 10% 以上，比美国的贷款利率高多了，也比央行目前执行的金融机构一年期贷款基准利率 4.35% 高多了。为什么央行连续 5 次降息，而市场特别是中小企业还不断反映"贷款难、贷款贵"？因为利率受到央行基准利率间接调控的贷款数量极少，而金融市场由规模庞大、利率极高的理财产品在发挥着主导作用。从这个意义上可以说我国客观存在着利率双轨制。放贷者无不追求高息回报，于是严重冲销了货币政策的成效。货币作为特殊的商品，其使用价格也要服从供需关系，这正是利率市场化的依据所在。但货币与实物商品有着本质的区别。实物商品的供给者是该产品的各个生产环节，需求者是产品加工的各个环节和最终消费者。而货币供应者的起点在央行印钞机，印制钞票的成本极低，以美元为例，每张纸币（1 美元至 500 美元都一样）仅需 4 美分。由此可见，货币不能等同于一般实物和服务商品，其使用价格即利率是不可以完全由市场的供需关系来决定的。央行的基准利率是国家意志的表现，是宏观调控的重要货币政策工具。看看美联储对利率政策的运用是何等得心应手。所以，我国利率市场化改革的方向决不是利率完全自由化，也不是要逐步淡化甚至取消央行基准利率，而是要从央行直接规定存贷款利率并称之为法定利率的做法转向由央行对市场利率的间接调控，并不断完善和加强央行基准利率的宏观调控功能。二是影响实体经济的发展。一方面不少企业被融资高成本压得喘不过气以至垮掉了；另一方面，伤害了企业对产业投资和科技创新的积极性，不少转向搞房地产和其他投机性行业。例如某著名服装公司高管就说，做服装千针万线太辛苦、回报率太低，公司用 70% 资金投向房地产和金融业，用于本业的投资只占 30%。干什么实体经济企业的回报率都赶不上玩理财产品的高，这必将导致我国经济过度金融化。三是居民个人认购巨额的理财产品造成银行存款大搬家，也潜藏着巨大的风险。如前所述，2014 年单是银行系统个人理财募集的资金就高达 60.17 万亿元，加上其他金融机构和实体企业发行的理财产品，总规模肯定远大于当年全国总产出（GDP）的 64 万亿元。这不仅加大了银行吸收存款的难度、削弱了正常贷款的能力，而且由于理财产品的高风险特性，解决不好也是影响社会稳定的因素。看来，对影子银行和理财产品应重新认识，调整政策，要对其实现全覆盖和强有力的监管。商业银行凭借其体制优势低利率吸收广大居民、政府和企业的存款，又去搞高利率的理财产品，这之间的界限谁分得清楚？企业特别是国有企业凭其信用和政策优势从银行借得低息贷款不干实业而去搞理财产品放高利贷是否应该严格禁止？这些问题都值得好好研究。

3. 商业银行的风险已露端倪。我国商业银行放出的债务遭遇违约的风险是显而易见的。货币金融学里有一个专业名词叫"逆向选择"，说的是最有可能导致不良后果的人往往就是最希望获得贷款的人。我国非金融类企业和地方政府都负有重债，加上道德风险，我国商业银行的潜在不良贷款率可能远不止公布的 1.59%（三季度末）那么低的水平。当前的实际情况是，"贷款难、贷款贵"与"资金宽裕、信贷需求不足"两种现象并存的局面。"皮之不存，毛将焉附？"实体经济部门经营艰难，金融部门的好日子也是过不长的，银行利润率今年已出现大幅回落。我国的货币供应量已经够大的了（今年 10 月末广义货币量（M_2）达 136.1 万亿元，相当于去年 GDP 的 2.1 倍），若只指望央行多放水是难有实效的，这水不少从暗河里流走了，而且总有一天会泛滥成灾的。

（四）股市风险。今年六七月间发生的股市风波，实质上是有效防止住了一场很可能爆发的系统性风险。梳理公开发表和正式披露的信息，回顾一下这个过程或许可总结出一些经验来。

1. 这场股市风波的来龙去脉。从去年 11 月 22 日（周六）央行宣布降息，11 月 24 日（周一）上证指数开盘价为 2505 点，那天起由金融股率先一路上涨，成了不回头的疯牛行情。今年 5 月 8 日《人民日报》海外版发表文章，题为《股市长期牛市不会变》；5 月 28 日《人民日报》第 28 版发表署名文章《警惕金融业过度发展》。6 月 5 日沪指报收 5023.10 点，深成指报收 17649.09 点，两市成交额均破万亿元，共 2.3 万亿元。6 月 6 日《经济日报》头版发表署名文章《中国的资本市场不会停步》。当时有关部门还推出一个人可以开 20 个账户的政策以吸引更多资金入市，一些股票专家更是高喊"8000 点就在眼前，1万点也不是梦"。6 月 12 日上证综指创本轮行情最高点 5178.19 点。至此，中国股市总值突破 10 万亿美元，去年 11 月中国股市市值按美元计刚超过日本，6 月 12 日已比日本股市市值多 5 万亿美元，从年初以来中国股市市值增加了 102.4%。以当天（6 月 12 日）证监会宣布严肃整顿场外融资融券业务为导火索，出现狂抛，股价大幅下跌，至6月19日一周内市值蒸发9万亿元。

2.严肃整顿场外配资的是与非。这场股市风波的发生原因错综复杂，有其必然性。作为体制内或场内的融资融券机构——中国证券金融公司到5月底两融规模已超过2万亿元，为去年同期的4倍、去年底的2倍。同时不知不觉地，场外的配资规模也达2万亿元，而且最高杠杆率倍数达10倍，即投资者拿1万元则该机构就能给你配9万元资金（当然是高利率的）共可买10万元的股票，在股价高速上涨时大家都可获利。当股票价格降至接近或等于配资机构的盈亏平衡点时，配资机构就自行强制地抛掉该股票变现保本。当证监会行文要严肃查处场外配资机构时，这些配资机构自然就会抛售平仓。这也带动了体制内两融机构的抛售，形成市场的抛售恐慌和股价狂跌。无论是场内两融还是场外配套资金，都主要来自银行，银行资金通过金融创新间接地进入股市，打破了分业经营的边界，导致了股票市场的银行化。证监会在这个问题上也许是碍于分业监管的分工，动手太晚了。如再不整肃场外配资，势必导致股市更大的泡沫。

3.救市措施。7月3日（周五）沪指报收3686.92点，跌5.77%。7月4日国家批准中国保险投资基金规模3000亿元，首期1000亿元，并决定暂停IPO发行；21家券商筹资1200亿元救市。7月5日晚证监会发出一则短短的通告说："中国人民银行将协助通过各种形式给予中国证券金融公司流动性支持，以维持市场稳定。"7月8日沪指又重挫5.9%，报收3507.09点，当天有关部委同时发声救市：

——财政部表示，股市异常变化期间，财政部在履行出资人职责时，承诺不减持所有的上市公司股票，并支持国有金融企业在股价低于合理水平时予以增持；

——中国人民银行发言人声明，为支持股市稳定发展，中国人民银行积极协助中国证券金融股份有限公司通过拆借、发行金融债券、抵押融资、再贷款等方式获得充足流动性；

——证监会表示，呼吁控股股东增持，并发通知，自即日起6个月内上市公司的控股股东和持股5%以上的股东和公司高管不能抛售所持股票；

——保监会表示，提高保险资金投资蓝筹股票监管比例，上限由总资产的 5%，提升至 10%；

——国资委表示，企业在股市异动期间不能减持。

由此可见，为了维护资本市场的稳定，我们有关部门出台的措施很及时、很给力、很有效。自 8 月最后一周以来，股价总在 3000 点上方这个区间内波动，说明见底稳住了，有效防止了一场眼见就要爆发的系统性金融风险。

4. 是谁挣了钱？当然，在这场股市风波中，我们也是付出了很大的代价。一方面，在国际上对此议论纷纷，批评声不断，造成一定不良影响；另一方面，伤害了股民对资本市场的信心和积极性。据高盛公司 9 月份估计，"中国政府在过去 3 个多月动用了多达 1.5 万亿元人民币（折合 2360 亿美元）支撑股市。"这些钱到哪里去了呢？上半年股市上涨都是谁挣了钱？根据有关公开报道和信息披露汇总如下：

——上市公司高管及时减持套现约获得 5000 亿元，在 5 月 27 日沪指报收 4941.71 点的那天，市场上就传出获利盘高位出逃的消息；

——IPO 募资，上半年 A 股 IPO 共 187 家，融资总额 1461 亿元；

——证券交易印花税前 5 个月进账近千亿元；

——场外配资的暴利；

——券商、银行的利息和佣金达数千亿元，其中证券公司上半年收入 3305 亿元，超过去年全年，其中的上市证券公司上半年实现利润 808 亿元，比去年同期增长 337%；

——保险业上半年利润同比增长两倍，中国保监会 7 月 28 日发布行业上半年数据，利润总额 2297.84 亿元，同比增长 203.91%；

——中国证券金融公司上半年业绩超过前三年总和，净利润达 32.5 亿元；

——一些提前离场的散户和炒股专家也着实挣了一些钱；

——外资携前期盈利成功提前出走也挣得不少钱；

——一些不法分子内外勾结，做空或操作证券期货市场，获取暴利，最近公安机关公布的一起案例就非法获利 20 多亿元。

5. 西方主要发达国家企业外部融资是以直接融资为主的命题可能不准确。对美国等西方国家资本市场的规模和作用也要有客观的认识。长期以来，我们总以为西方主要发达国家非金融类企业外部融资主要来自直接融资即股市和债市，而间接融资即银行贷款占比很少。可是，美国哥伦比亚大学教授、国家经济研究局研究员弗雷德里克 S. 米什金编写的《货币金融学》（原书第 2 版）中列出了 1970—2000 年美国、德国、日本、加拿大四国非金融类企业外部资金来源的构成，其中银行贷款和非银行贷款美、德、日、加各占 56%、86%、86%、74%；债券各占 32%、7%、9%、15%；从股票市场融资各占 11%、8%、5%、12%。他们是以直接融资为主，还是以间接融资为主，一看就明白了。该书还提到，"事实上，美国企业 2/3 的投资资金是通过内部融资获得的"。

（五）互联网金融风险。近年来国内互联网金融蓬勃发展，互联网金融用户规模持续扩大。中国互联网金融行业协会预计 2015 年国内的互联网金融用户将达到 4.89 亿人，渗透率达到 71.91%。据其统计，截至 2015 年一季度国内互联网金融市场整体规模约 10.6 万亿元。其中，支付市场规模为 9.22 万亿元，占据主导地位，这主要得益于中国电商的高速发展。而基金销售规模超过 6000 亿元，财富管理规模 100 亿元，网络小贷 5000 亿元，网贷（P2P）市场 1000 亿元，众筹规模 100 亿元仍处于初步发展阶段，金融机构创新市场 2000 亿元。

互联网金融的快速发展也引起游资不断涌入。2015 年以来，"互联网 + 金融"可以说是最炙手可热的主题概念之一，也成为沪深两市百元以上高价股的集中营。目前参与互联网金融概念股炒作的都是一些中小散户，有些中小散户原先持有好几套房产的，不少把多余的房产卖掉加仓进了股市。

值得注意的是，互联网金融作为一种新业态蕴含着多重风险，需加强监管多措并举防范风险，也要加强与金融监管部门的协调，鼓励金融创新与完善金融监管协同推进，引导、促进互联网金融这一新兴金融业态健康发展。

二、可能引发系统性金融风险的国际因素

当前的国际环境与前几年相比，经济全球化的氛围有些淡化了，大国间的政治博弈增强了。估计在五年之内世界经济仍处在深度调整之中，还难以进入新一轮的增长周期。但举目望去，世界上最有发展潜力和投资价值的还是中国和美国。我国经过 30 余年的高速扩张，积蓄的动能非同小可；我们有制度优势，坚持走中国特色社会主义道路，有以习近平同志为总书记的党中央的坚强领导，我国公共政策追求的目标是一种高质量、包容性的增长，创新被当作优先发展理念，党的十八届五中全会绘制了全面建成小康社会的壮丽蓝图；在互联网等现代信息技术方面与美国的差距正在迅速缩小，市场潜力可能比美国更大；"智慧和勤劳"这一方程式是我国经济的基础，中国人与其他国家一样聪明，但比他们更能吃苦、更加勤劳。这些中华民族的特殊资源说明我国有着十分巨大的增长潜力。美国对中国的快速崛起是非常不爽的。前几年世界在议论中国何时赶上美国时，奥巴马说："美国决不当第二"；10 月 5 日 TPP 达成协议后奥巴马说"不能让中国这样的国家制定全球经济规则"。中国经济发展得越好，国际上的朋友越多，美国就越不自在，越要从多个方面捣乱和制约我们。

美国对中国的策略是"遏制加接触"，我们的策略是"建立新型大国关系加反遏制"。美国遏制中国的措施包括军事上、政治文化上以及经济金融上的。在军事上美国频频出招，但想用军事手段吃掉中国是绝无可能的；政治上搞"颜色革命"，意识形态渗透，正如不用开一枪一炮就把诺大的苏联弄垮、东欧倒戈，但再用这些手段对付中国是不容易得逞的；正如 20 世纪 80 年代末日本的经济崛起美国逼日元升值，以及这十几年来美国打压新的竞争对手欧元那样，美国从经济上特别是从金融上对中国使坏，可能成为我国发生系统性金融风险的重要国际因素、我们对此必须加强防范。

当前，特别要准确理解和把握党的十八届五中全会关于"十三五"规划建议中"有序实现人民币资本项目可兑换，推动人民币加入特别提款权"的内涵和关系。早在 1993 年中央的金融改革方案中就提出了

要有序实现人民币资本项目可兑换的思路，而且一直是这么做的，并已实现了绝大多数资本项目的可兑换。十八届五中全会指出的"有序实现"不等同于"完全实现"，更没有设定时间表。国际货币基金组织在考虑将人民币纳入特别提款权货币篮子时，对此也是充分理解和关照的。

三、结论

（一）我国发生系统性金融风险的可能性不可低估。从以上分析看，我国发生系统性金融风险的可能性是比较大的，决不可掉以轻心，而要采取切实措施，以改革为导向坚决防范和化解各种金融风险。

（二）发生系统性金融风险的各种因素还在完全可以控制的范围之内。我们有体制优势、制度优势，更有中国共产党的坚强领导，金融系统存在一些风险因素，但终究难以掀起大浪，天塌不下来。

（三）要敢于面对风险，认真做好预案。如经过努力，还是出了点事，也没有什么了不起，在与风险的斗争中，我国金融市场必将变得更加成熟。从荷兰阿姆斯特丹的东印度公司算起，西方国家发展股票市场已有 400 多年，而新中国开办股票市场至今才 25 年，上半年总市值已达全球第二，出点乱子是不足为奇的。孟子说，生于忧患而死于安乐。我们要作好最坏的准备，争取最好的前景。

（四）处置风险要十分讲究策略，慎之又慎。因为金融市场靠的是信心，怕的是恐慌，又牵动着广大群众的切身利益，故极易产生"蝴蝶效应"。例如 6 月 12 日严肃整顿场外配资，明明是理所应当、势在必行的事，但由于把握的时机和力度不够适当，下力重了些，结果在股市掀起一场轩然大波。

（五）金融改革和创新必须坚持为实体经济服务的正确方向。美国的金融创新是为华尔街金融寡头服务、为维护美国全球金融霸主地位服务的。近几年，我国金融系统把美国搞的所有高风险金融工具都学来了，如果只是为了实现金融机构自身利润最大化，那实体经济部门怎么也玩不过金融机构。无论是什么制度的国家，如果企业家不能健康成长，实体经济不能得到发展壮大，都是没有希望的，永远成不了经济强国。

（六）切实加强金融监管，严防道德风险。习近平总书记在十八届五中全会上作的关于"十三五"规划建议的说明中，对我国金融监管体系的改革作了重要指示。要求"坚持市场化改革方向，加快建立符合现代金融特点、统筹协调监管、有力有效的现代金融监管框架"，方向和原则都十分明确，关键要抓紧落实。之所以我国地方政府和非金融类企业债台高筑，影子银行和理财产品超高速发展，其背后都隐藏着严重的道德风险。他们以"维护一方稳定"为由头，或多或少总是心存中央或国家最终是会给予解决的依赖。所以金融监管改革，不仅是解决分业和综合监管的问题，而且要把所有金融机构、金融产品的生产和销售以及金融市场中的广大消费者行为都纳入有效监管，使违约者受到重罚，形成强大震慑力，建立和完善信用制度，严防道德风险。

对防控金融风险的若干建议

（2017 年 6 月 12 日）

一、我国金融风险成因和当前主要风险点分析

如果以资金的供需关系将整个国民经济划分为金融部门和实体经济部门的话，自 2008 年美国金融危机爆发之后，我国实体经济部门增速和投资回报逐步走低，与金融部门规模的快速膨胀和资金成本的逐步走高相叠加，使两大部门关系出现严重失衡，导致金融潜在风险不断积累，是形成当前金融风险困局的根本原因。2009 年我国外贸出口由上年的同比增长 17% 猛跌到同比负增长 16%。为防止经济出现断崖式下滑，我国加大了投资力度和货币投放的强度。2009 年全国固定资产投资同比增长 30.0%，主要是回报率较低的基础设施投资；当年（M_2）同比增长 28.5%，（M_1）同比增长 33.2%。2009 年（M_2）即货币和准货币比上年增加 13.4 万亿元，全年人民币新增贷款 9.59 万亿，而同年 GDP 仅比上年增加 2.9 万亿元，一方面是钱多得花不出去，另一方面是经济的投入产出比实在太低。

2012 年又出现一个转折点。一方面从资金供给侧看，金融部门全面开展金融创新，全国商业银行实现净利润比上年增长 18.9%。2016 年第一季度，中国金融业增加值占 GDP 比重高达 9.5%。金融业价值附加反映的是金融业提供中间服务时的收费水平，金融中间环节越多，收费越多，对经济贡献率就越高。9.5% 表明我国金融行业中间环节太长、太过复杂。同一指标，美国在过去 130 年中平均为 4%—6%。另一方面，从资金需求侧看，实体经济部门从 2012 年开始增速回落、效

益下降，进入了困境。以工业为例，2012 年工业增加值增长速度从上年的 10.8% 降至 7.9%，规模以上工业企业总利润比上年下降 9.5%；工业品出厂价格从 2012 年 3 月起出现连续 54 个月的负增长，直至 2016 年 9 月才转正。从 2012—2016 年银行对非银净债权从 1 万亿元上升到 10.8 万亿元，今年一季度末又上升到 12.3 万亿元。2016 年底实体部门（剔除地方融资平台重复计算部分）债务余额达 168.8 万亿元，全年利息支出为 8.24 万亿元，为当年全国 GDP 增量（5.5 万亿元）的 1.4 倍，即当年增量 GDP 用来支付债务利息还远远不够。2008 年全球金融危机爆发之前，我国非金融企业杠杆率稳定在 100% 以内。危机之后，企业杠杆率较快上升。根据国际清算银行（BIS）测算，2015 年底我国企业杠杆率高达 170.8%，远远高于美国、德国、日本和韩国等。供给侧的影子银行、理财产品等却是大发展，不仅导致大量资金在金融系统内空转，更炒高了资金成本；需求侧则正处于产业转型的艰难时期，先进产业虽增长很快，但体量不足以完全对冲庞大传统产业增速的回落，国民经济在一定程度上依靠债务式投资尤其是低回报的基础设施负债投资来支撑稳增长，而其资金来源基本上又是高成本的。金融业高杠杆与实体经济高杠杆并存，不仅加剧了两大部门的失衡，而且酝酿了整体性的金融风险。一方面是金融部门的内生风险，另一方面是实体部门债务违约的风险。两大部门的企业都存在着道德风险，都面临着建设现代企业制度的紧迫任务。消除中长期金融风险根本出路靠深化改革，应对即期或短期风险，则要准备一些"消防"措施。

今年是我国偿债高峰期，据万得资讯（WIND）估计，仅到期债券就达 4.45 万亿元，加上企业当年到期贷款的还本付息额是个相当庞大的数字。企业债务违约可能是当前最主要的风险点，须特别加以防范。2012 年以来，美元进入新一轮增长周期。从目前情况看，相对于其他主要发达国家，美国经济恢复较快，美联储加息进程不断提速，因此，今年美元指数将继续保持升值态势。美元持续升值会对发展中国家形成挑战，尤其是那些本币汇率与美元挂钩或者大量负债以美元计价的国家和地区。对此，我们必须保持高度警惕。

二、防控金融风险工作方针的选择

在 4 月 25 日中共中央政治局会议新闻报道中，习近平总书记在会上指出，"切实把维护金融安全作为治国理政的一件大事"，并要求"坚决守住不发生系统性金融风险底线"。可否理解，这就是党中央确定的防控金融风险工作的总方针。遵此，防控金融风险工作不宜选择急风暴雨的模式。我国防控金融风险的斗争是一个较长的过程，要有政策耐心和战略定力。但也不能因此而没有紧迫感，工作松懈，不敢担当。金融风险从生成到恶化到危机爆发往往十分迅猛，决不允许我们有丝毫怠慢，并要未雨绸缪，主动释放和消除一些风险点。金融市场靠的是诚信和信心，故要坚持内紧外松的方针，防止出现"蝴蝶效应"和踩踏事件。美、欧、日的经验证明，无论采取哪种方式去杠杆，其共同特点是，风险过后金融业、非金融企业及居民个人的杠杆率都下降了，而政府债务却都会不断上升。西方国家尚且如此，我们可能更加在所难免。对此，我们要有足够准备，目前中央政府负债率虽然不算高，但要为急需时留有余地。

三、努力破解"资金荒"和"资产荒"的怪圈

所谓"资金荒"不是社会资金短缺，而是低成本的资金难求；"资产荒"也不是没有资产可买，而是高回报的资产太少，投资者以高成本融来的资金去买低回报率的资产，怕吃亏故不肯出手。"资金荒"和"资产荒"本质上都是由于融资成本太高，与实体经济投资回报率下降出现较大反差的结果，而且形成了交替产生或同时存在的怪圈。

为了能够获得高于资金成本的收益，金融创新出现新一轮高潮，货币创造渠道由贷款创造和同业创造向投资创造转变，银行影子参与货币创造导致货币供给快速增长。在新形势下，我国影子化的信用创造链条可简单表述为：中央银行向大型商业银行发行基础货币—中小商业银行和广义基金等出于扩张欲望，不惜高价向大银行发同业存单

以吸收资金—同业理财—委外投资—二级市场或实体项目,每一个交易环节都要得到好处即层层加息,最终资金成本就很高了。加上我国基础货币发行机制发生了变化,2014年之前,中国基础货币投放是依靠外汇占款被动而为的。2005—2012年间,中国外汇占款规模持续超过基础货币规模,这意味着中国对冲外汇占款的规模不足,于是就通过不断提高存款准备金率和发行票据来控制货币流通量。2014年以后由于净出口减少和资本流出增多,当年央行外汇占款只增加6400亿元,2015年和2016年更是分别减少2.2万亿元和2.9万亿元。为了填补由此造成的流动性缺口,央行亟需构建新的基础货币发行渠道。2015年央行通过再贷款、贴现窗口和公开市场操作等工具投放的基础货币所占比重大约为10%,2016年则上升到近30%。以外汇占款方式投放基础货币是不收利息即无成本的,而央行这些政策工具投放的基础货币是要收利息的。其中通过七天逆回购投放给商业银行的资金,目前利率水平在2.45%左右,而大型商业银行的法定存款准备金率仍在16.5%的高位上,央行支付给商业银行的利率仅为1.62%,由此商业银行多支付了0.8个百分点的资金成本。这些基础货币流入银行体系,派生出来的流通货币成本也就会水涨船高。在新形势下,央行总是要主动投放基础货币的,如果调整一下政策工具以降低存款准备金率来替代公开市场操作,就会使商业银行获得基础货币的成本明显下降。这样,商业银行不仅可以为实体经济部门提供成本较低的贷款,而且能更有效地提供较多的长期信贷资金。为此,提出如下建议。

一是央行在主动投放基础货币时,可综合采用多种政策工具。当前可适当降低法定存款准备金率,这是优化了基础货币投放结构,而不是开闸放水,且有利于从源头上降低资金成本。目前,商业银行放在央行的存款准备金约有23万亿元,央行可根据基础货币投放的需要自主决定何时放和放多少。

二是引导货币流通的各个环节,例如同业存单、同业理财、委外投资等同步降息,同时尽量缩短资金流通链条,以降低资金最终使用的成本。

三是一些金融产品(理财产品等)如果实在买不到合适的资产,

就不要硬撑着，可采用赎回的办法，双方都让点利以避免将来受大损失。一季度末，商业银行的资产托管规模达 114 万亿元，如能赎回一小部分，银行和整个市场的资金就会非常充裕，"资金荒"将不复存在；由于资金使用成本下降，资产端的投资回报率便可相应提高了，"资产荒"也就能得到缓解。可以从根本上有利于经济稳增长。

以上思路可概括为：各退一步，海阔天空；都让点利，全盘皆活。我们完全可以发挥体制优势，组织金融系统自己解放自己，相互挤泡沫，共同降杠杆，尽快开创出一个良性循环的新局面。只有中国共产党领导的社会主义中国才能干好这件事。

四、尽快完善央行基准利率

央行基准利率代表着国家经济政策意向，是宏观调控的重要货币政策工具之一。各国央行都有基准利率，例如美联储基准利率调整 0.25 个百分点就会引起全世界的极大关注。美联储的基准利率是短期国债利率；这个利率是政策利率，也是目标利率，是美国货币政策的目标；美联储通过公开市场操作实现该利率，即当市场利率高于目标利率时，美联储就购买短期国债，释放货币，使得市场利率回落到目标利率范围之内，当市场利率低于目标利率时则进行反向操作。其调控效果非常灵验。

2015 年全面取消利率管制后，我国的利率市场化改革进入新的阶段，强化金融机构的市场化定价能力和进一步疏通利率传导机制成为利率市场化改革的重点。但由于我国推行利率市场化改革才几年时间，而美联储的这套管理办法已实行一百多年，且国情不同，所以央行基准利率的完善是需要一个过程的。从利率传导的角度看，未来中国市场化的利率体系可以大致划分为三个部分，即中央银行基准利率体系（也叫政策利率体系）、金融市场基准利率体系和金融机构存贷款利率体系。具体讲：（1）中央银行基准利率体系，包括短期政策利率和中长期政策利率，短期政策利率可以通过公开市场操作予以调节，中长期政策利率包括中期借贷便利（MLF）、抵押补充贷款工具（PSL）等；

（2）金融市场基准利率体系通常由金融市场上交易最活跃的利率组成，例如隔夜利率和7天期质押式回购利率，5年和10年期国债收益率等，金融市场基准利率主要反映市场资金供求关系的变动情况；（3）金融机构存贷款利率体系，包括金融机构贷款利率和金融机构存款利率等，在计划经济下，金融机构存贷款利率主要由政府决定，在市场经济下，金融机构存贷款利率主要由市场供求关系决定；（4）一般来讲，中央银行基准利率的变动会影响到金融市场基准利率变动，金融市场基准利率变动会影响到金融机构存贷款利率变动，金融机构存贷款利率的变动会影响到企业投资和居民消费，从而影响到整个实体经济。这就是我国央行正在探索和试行的方案，但似乎路径太长，作为反映国家宏观调控意志的央行基准利率在传递过程中可能逐步消减。

为了进一步完善货币政策调控机制，一方面要加快选择和培育中央银行基准利率体系。在市场经济中，中央银行基准利率可以向市场和公众昭示货币政策意图，引领预期。在已经取消了政府对金融机构存贷款利率管制之后，目前我国还未确定哪个利率是中央银行基准利率。虽有一串数字挂在那儿，形同虚设，对市场利率基本起不了指导作用。这种状况的长期存在，不利于引导市场预期，也有碍货币政策透明度的提高。另一方面要进一步完善金融市场基准利率体系。金融市场基准利率体系是中央银行利率传导的主要渠道。通过活跃国债市场交易、尽快推出短期国债、完善国债做市制度等措施，构建更加完善的金融市场基准利率体系。在此基础上，进一步提高金融机构自主定价能力。

货币虽然也有商品的属性，但它是一种特殊的商品，它的使用价格即利率不能完全简单地按照供需关系来决定。金融要成为资源配置和宏观调控的重要工具，必须尽快完善央行的基准利率，既不能走法定存贷款利率的老路，又不能走利率自由化的道路，要建立目标鲜明、可操作性强、符合市场化要求并具有较大影响力的央行基准利率。

五、坚持分业经营的体制

在 2001 年那一轮金融体制改革时，搞混业经营、混业监管也是选项之一。因为美国于 1999 年取消了于 1933 年开始实行的分拆银行储蓄信贷与投行业务的《格拉斯·斯蒂格尔法》（鲁宾财长提出，克林顿总统批准），我们似乎也可跟进美国走混业的道路。但当时党中央、国务院全面权衡后还是决定搞分业模式。但几年之后，下面仍想方设法去搞混业经营。实践已经证明，打乱仗式的混业经营效果并不好，带来的后遗症是严重的。而且，实行混业经营 18 年后的美国最近也在反思，5 月 1 日特朗普总统说要在美国分拆银行储蓄信贷和投行业务，也就是重回分业经营之路。而且美国一些经济学家和政治家也认为，正是《格拉斯·斯蒂格尔法》的废除在不到 10 年便导致了雷曼兄弟公司的破产，并引发了 2008 年的金融危机。在这种背景下，我国采用混业经营特别是办了一大批全牌照金融机构，对金融稳定和有效监管可能不利。我国金融企业要真正做到分工明确，各负其责，回归本源，专注主业。具体提出以下建议。一是商业银行去影子化。银行的所有资产都纳入平衡表内，实行公开透明操作，逐步消除影子银行。二是商业银行原则上不再搞理财产品，已有的逐步消化，不再推出新的理财产品。三是收回金融创新权限。金融创新应放在提高服务质量上，而不应把创新作为银行创收的主要手段。全国性银行的创新产品应由总行审批并报国家监管当局备案。四是监管当局不再向商业银行等金融机构下达利润考核指标。

六、大力发展地方和社区银行

至 2015 年底，我国银行业金融机构共计 4261 家，地方和社区银行数量已经不少而且还有相当发展空间。关键是我国的地方和社区银行的经营理念总是追求做大做强，有着强烈的扩张欲望，而缺少为当地中小企业和居民提供优质金融服务的心气。美国有 7146 家银行，但跨地区的全国性银行却没有几家，德国各州、市都有自己的银行，但不许上市、不跨区域，不求做大，对稳定金融、支持地方经济和小微企业发展发挥了很好的作用。前奥委会主席萨马兰奇退休后回到西班牙老家在一个社区银行当董事长，他觉得很有意义。建议：

一是我国地方和社区银行要改变经营观念，脚踏实地，以为当地中小企业和居民提供优质金融服务为己任；

二是国家要制定有关法律法规以支持地方和社区银行的发展，又要限制其盲目扩张。最近银监会发文要求各大型银行都要设立普惠金融事业部以支持中小企业的贷款。这非常必要。考虑到一些小微企业的贷款需求，建议该机构不完全直接面对中小企业，有条件的把一部分钱拨给当地的地方和社区银行，给小微企业发放贷款，但地方和社区银行不得加息，只收合理的手续费并负责还贷。这样效率会高一些，资金发放的风险也会小一些。

金融改革要抓住利率这个"牛鼻子"

——学习党的十九大报告重要精神心得

（2017 年 10 月 28 日）

学习了习近平总书记在党的十九大上所作重要报告后深受鼓舞。现就报告中关于深化金融体制改革、利率市场化和守住不发生系统性金融风险的底线等重大命题，谈一点初浅的学习心得。

一、利率是经济运行中最受关注的变量之一

银行存贷款利率是资金使用的价格。利率影响着是把钱更多地用于消费，还是拿去储蓄；是去购买住宅、债券、股票，还是增加存款等个人经济决策。利率更影响着将资金用于投资购买新设备、开办新企业，还是存入银行等工商企业的经济决策。由此可见，利率关系到经济生活的方方面面。

利率又是市场经济中最敏感的变量之一。既然利率是资金使用的价格，而价格从某种程度上说则是市场经济的灵魂。工商企业经济效益的好坏主要取决于其产品或服务价格的高低，房地产和股市、债市等市场的泡沫皆因价格的暴涨而引起，泡沫破灭也因其价格暴跌而产生，市场上所有的投机者炒来炒去都是在炒作价格。一个经济体如发生系统性金融风险，从深层次看，通常与利率这个资金使用价格的严重扭曲有着非常直接的关系。

537

二、利率市场化的本质是国家对银行存贷款
利率由行政指令转向间接调控

货币确实具有商品的属性，使用资金是要讲价格的，要有相应收益和回报。但货币并不等同于实际财富，而只是实际财富的一种标志，是用来进行商品交换和支付各种服务费用的媒介和工具。记得 20 世纪 50 年代初那会儿，孩子们用国民党留下的金圆券折纸扇或三角包玩，因无论其面值有多大也只是一张质量较好的废纸而已。所以，不能将货币等同于一般商品那样看待，其使用价格即利率也不能简单地按供需关系的原理完全由市场自由决定。

发行货币是国家主权的重要标志之一。货币不是由市场生产出来的，而是央行受国家委托根据经济运行情况开动印钞机发行的。利率和货币供应量是国家货币政策的两大核心内涵，也是宏观调控的重要手段。美、欧、日等成熟的市场经济国家以及其他发展中国家的央行都有其基准利率，用以指导市场利率。从某种意义上可以说央行基准利率是国家意志的表现，是各种市场利率的风向标。由此可作出这样的判断：我国利率市场化改革的本质是国家对银行存贷款利率要由行政指令的直接调控转向间接调控，而不是完全由市场说了算，更不是单由商业银行说了算。利率市场化绝不等同于利率自由化。

三、我国急需建立和完善央行基准利率这个"定海神针"

我国于 2015 年全面取消了银行存贷款利率管制，但至今还没有建立起一个富有权威性和较强影响力、可以及时有效调控市场利率的中央银行基准利率。美联储基准利率只要调整 0.25 个百分点，就会引起全世界金融市场的关注和波动。而我国人民银行网站发布的存贷款基准利率主要是为少数产品（如个别债券或房贷等）确定利率时做参考的，实际作用很有限，更承担不了资源优化配置和宏观调控的重大使命。目前，我国有两个指导市场利率的体系，一个是央行的政策

利率体系,包括短期利率和中长期利率,但都还不够完善。另一个利率体系是市场利率,由三部分组成:(1)上海银行间同业拆借利率(SHIBOR),即由信用等级较高的工、农、中、建、交五大银行及中信、浦发、兴业、民生、招商等18家银行报价,去掉一个最高分和一个最低分,取平均数得出SHIBOR利率,这是借鉴了英国LIBOR利率生成的办法。(2)贷款基准利率(LPR),是商业银行对其最优质客户执行的贷款利率,其他客户的贷款利率则在此基础上加减点数生成。(3)各金融机构根据资金松紧情况和客户信用度以及同业竞争的需要而自行确定的存贷款利率。这三条实质上是存贷款利率都由商业银行说了算。中央银行的政策利率体系和市场利率体系都过于复杂,有些新名词(如借贷便利、利率走廊等)业外人士听不懂,两大利率体系之间的关系也说不清楚。

英美央行的基准利率管理办法已有一两百年历史,我国利率市场化改革才几年时间,建立和完善央行基准利率确实需要一个过程。央行和其他有关方面为此做了大量探索,也已取得了很多成效。我国财政部过去发行的短期国债规模很小,今年以来已大量发行。这为形成完整的国债收益率曲线提供了有利条件,为央行公开市场操作增加了一个重要政策手段。鉴于这只是刚刚开始,央行与财政部的相互磨合尚需一个过程,相信财政政策与货币政策一定会更紧密、更协调地运作的。这是美联储的办法。我们可以博采国外的成功经验,并结合我国国情尽早完善中国特色的央行基准利率。

四、贷款利率失控孕育了金融风险

我国银行存贷款利率从严格执行央行的法定利率到全面市场化是分步实施的,先是放宽贷款利率的波动幅度,到2013年全面放开贷款利率,到2015年则全面放开了存款利率。由于存款利率一直保持在早先的低水平(年息比1%略多一些,低于通胀率水平);而贷款则完全放开了,利率上升,使得存贷款的利息差扩大,加上贷款规模增长较快,银行业的利润就大幅增加。在这一过程中,商业银行为了提升业绩，还把公共存款拿出一部分放在表外转变为各种理财产品，同时也通过其网点直接向社会公众推销理财产品，形成一个以商业银行为中心，银行分别与信托、证券、保险、基金等合作共同构成的庞大复杂的"影子银行"体系。理财产品享受着多重便利，可以不缴纳存款准备金、委外投资可以避税，且可以规避监管通过加杠杆、加久期、降信用实现套利。理财产品的销售价格比存款利率要高很多，以吸引社会资金，此后每发生一次交易都要提高一次利息，到最终用钱的客户手里年息就涨到 10%—20% 甚至更高了，放高利贷的行为明目张胆，肆无忌惮。民间借贷者和中小企业受害尤其严重。

2016 年底，我国影子银行的总规模约为 60 万亿元，2017 年 4 月底银行理财规模约为 30 万亿元。还有几十万亿元资金是在金融系统内空转，形成了大大小小的金融堰塞湖，沉淀在里面了。贷款利率出现某种程度上的失控，便是我国广义货币供应量（M_2）与 GDP 之比已达 209.1%，比美、欧、日高出近 100 个百分点，并且 1—9 月金融机构新增贷款已高达 11.16 万亿元的背景下，而企业却总是反映贷款难贷款贵的主要原因。我国金融业增加值占 GDP 的比重，2006 年为 4.5%，2010 年为 6.2%，2015 年为 8.5%，2016 年一季度达最高峰为 9.5%，而美国这一比例 2015 年仅为 7.1%。今年上半年非金融上市公司实现净利润占上市公司整体利润的 46.91%，而金融上市公司净利润占上市公司整体利润的 53.01%，虽然与去年同期相比已下降 6.76 个百分点，但金融业的利润仍占大半壁江山。此消彼长，物质不灭，可见金融业对实体经济利润的"虹吸效应"是很强劲的。

从另一方面看，2016 年底我国实体经济部门（剔除地方融资平台重复计算部分）债务余额达 168.8 万亿元，杠杆率（与 GDP 之比）高达 226.9%。全年利息支出为 8.24 万亿元，为当年全国 GDP 增量（5.5 万亿元）的 1.4 倍，也就是说去年 GDP 的全部增加量用来支付债务利息还远远不够。

金融业高杠杆与实体经济高杠杆并存，互相影响，不仅加剧了两大部门的失衡，而且酝酿了整体性的金融风险。

五、对贷款加息说"不"，确保经济平稳健康发展

遵照习近平总书记在 2016 年 12 月中央经济工作会议和今年 4 月 25 日中央政治局就维护国家金融安全集体学习会以及 7 月中旬召开的全国金融工作会议上一系列重要讲话精神，"一行三会"和金融系统的同志们为防范金融风险开展了大量工作，经过半年来的整治，同业、理财、表外等领域的乱象得到初步遏制，金融业的大多数指标得到明显改善，只是人民币贷款利率还在上涨。6 月末金融机构人民币贷款加权平均利率（不含表外的理财产品等利率）为 5.67%，较去年同期上升 0.41 个百分点；9 月末，上海银行间同业拆借利率（SHIBOR，一年期）为 4.40%，比上年同期上升 1.38 个百分点；去年债券融资很受大企业青睐，因为其发行利率比银行贷款利率要明显低一些。而今年 9 月末债券市场中各期限品种的平均发行利率均较去年同期上升，五年期债券的发行利率约为 5.4%，十年期约为 6.2%。

当前特别值得关注的是，世界主要经济体出现了同步复苏的增长局面，美、欧、日等各大央行货币政策开始作出重大调整，进入了缩小资产负债表规模和加息周期。美国 9 月份通胀率已上升到 2.2%，超过 2% 的宏观调控目标，二、三季度经济增长率均达 3%，其年内再加一次息将变得非常现实。对此，国内外市场都很敏感，加息的预期正在升高。这对我国经济会有什么冲击和影响是应该很好研究的。但是，我们必须看到我国货币政策与西方国家的重大区别。2008 年美国金融危机爆发以来，美、欧、日等西方国家都实行了量化宽松货币政策，而且是增加货币供应量和降低基准利率双管齐下的。例如美联储的资产负债表从 2007 年的 8000 多亿美元增加到目前的 4.51 万亿美元，主要是通过收购企业和政府债券的方式向市场投放大量基础货币的。现在日本央行和欧洲央行的资产负债总规模也分别达 4.5 万亿美元和 4 万亿美元。我国 2016 年末央行资产负债表总规模达 34.37 万亿元人民币，按去年年均汇率折合 5 万亿美元，比美、欧、日央行都高。但在过去较长时间，我国央行主要是通过外汇占款的方式去发行基础货币的，央行资产负债表的 5 万亿美元中，有 3.1 万亿美元是外汇储备，

所以基本不会出现中国央行也将抛出手中债券以收回市场货币的情况。同时，十年来美、欧、日都实行了低利率政策，其央行基准利率长期保持在零甚至负利率水平。而这个期间，我国正在推进利率市场化改革，贷款利率并未下降反而是升高了。所以，我们一定要从中国实际情况出发，我国的商业银行绝不应该因为美国等央行要提升基准利率，也乘势再上调贷款利率。只要充分发挥我国的制度和体制优势，这件事是完全可以掌控的。

我们面对的现实是，由于贷款利率居高不下而且还在上涨，1—8月规模以上工业企业的利息支出同比增长 4.5%，企业财务成本的不断上升已经明显影响到制造业和民间资本的投资热情。前三季度，制造业固定资产投资同比只增长 4.2%，民间资本同比增长 6%，分别比上半年回落 1.3 和 1.29 个百分点。如果贷款利率问题处理不好，很可能影响明年我国经济增长，高利率也会传导到消费品的价格上去。弄得不好，可能出现经济增速明显回落而通胀率出现较大上升的局面，经济学上就叫作"滞涨"。这是绝对不能允许的。

五、我国统计改革与发展

贯彻党的十六大精神
加快统计改革和建设

（2003 年 6 月）

政府统计是国民经济运行和社会发展的"晴雨表"、"温度计"、"血压表"。科学、规范、依法开展的统计工作，是实行正确决策和科学管理的一项不可或缺的基础性工作，是国家宏观调控体系的重要组成部分。贯彻落实党的十六大精神和"三个代表"重要思想，要求统计部门加快改革和建设，充分发挥统计的职能和作用，提供优质高效的统计服务。

一、积极推进统计管理体制和制度方法改革

党的十六大指出："发展必须坚持和深化改革。一切妨碍发展的思想观念都要坚决冲破，一切束缚发展的做法和规定都要坚决改变，一切影响发展的体制弊端都要坚决革除。"目前，我国统计管理体制和制度方法上存在的问题主要表现为：

——统计体制不顺，纵向监督乏力，横向协调困难。目前我国基本统计信息主要依靠地方各级统计部门收集。在现行体制下，个别地方领导对统计数据进行人为干预的时候，地方统计部门很难顶住压力；国家统计局也缺乏制约手段，很难实施有效的监督。横向来说，国家统计局与有关部门之间对统计业务的协调职能执行得很不够；部门统计存在机构不健全、工作不够规范和数据发布混乱，基层负担较重等问题。

　　——统计制度方法不够完善，与国际一般规则还存在一定的差距。统计调查方法还不够科学、灵活，反映结构调整、经济效益、科技进步、就业和社会保障、可持续发展的统计指标还有待完善，社会、科技、环境统计薄弱，对新情况、新问题的统计调查不够灵敏。统计分类标准与国际一般规则还不能完全接轨，影响国际比较。

　　这些问题，都会直接影响到统计数据的真实可靠性，必须切实加以解决。要按照党的十六大的要求，以改革的精神，坚决冲破统计管理体制和制度方法对发展统计事业的束缚，增强统计的抗干扰能力，提高统计数据质量。

　　（一）改革统计管理体制。统计管理体制是统计改革的关键，对保障统计数据的准确性、及时性，提高抗干扰能力和统计工作效率至关重要。统计管理体制改革的重点是，要科学规范中央统计部门和地方统计部门的职能和权限，理顺中央政府和地方政府的统计工作关系。同时要按照统一管理、科学分工、信息共享、协调发展的基本思路，理顺政府综合统计与部门统计的关系；还要按照统计工作的内在规律，理顺统计机构内部工作关系。通过统计管理体制改革，构筑起符合社会主义市场经济体制要求，保障统计信息的客观采集和高效运行，满足政府、公众和国际社会需要的统计行政管理机制。国家统计局将组织专门班子对统计管理体制改革进行新的探索，开展深入细致的调查研究，广泛听取各级统计部门、三支调查队和地方党政部门的意见，充分了解相关部门的管理体制情况，研究国际上先进的统计管理体制，认真分析我国现行统计管理体制的利弊得失，提出改革方案，适时报国务院审定。

　　（二）建立具有中国特点并符合国际一般规则的统计制度和方法。当前，要重点抓好以下几项工作：一是积极研究建立全面小康社会的统计监测方法，提出全面小康指标体系，开展对全面小康社会实现进程的全方位、全过程的监测，从统计的角度描绘"经济更加发展、民主更加健全、科教更加进步、文化更加繁荣、社会更加和谐、人民生活更加殷实"的美好前景。二是实施《中国国民经济核算体系（2002）》，与联合国推荐的 SNA 全面接轨。三是根据市场经济条件下各级党政领导对统计工作的新要求,不断充实新的统计内容,增加反映结构调整、经济效益、科技进步、人民生活、可持续发展等方面的内容,加强人口社会科技统计,建立健全环境、失业、社会保障、民营经济等项统计制度。四是改进调查方法和计算方法,完善周期性普查制度,适当精简、合并普查项目,重视利用行政记录,大力推行抽样调查,推行新的工农业发展速度计算方法。五是改进数据报送方式,大力推行重点企业联网直报和超级汇总。六是改进数据披露方式,增加透明度,提高时效性和规范化水平。七是积极采用国际标准,全面实施新的《国民经济行业分类》标准,研究制定《产品分类标准》,其他标准也要与国际一般规则接轨。

二、加强法制建设,杜绝弄虚作假

实事求是,既是在统计工作中贯彻党的十六大精神、坚持党的思想路线的要求,也是执行《统计法》的要求。坚持实事求是,反对弄虚作假、虚报浮夸,是统计部门重要的政治任务,也是统计部门的法定职责。要充分认识这项工作的重要性、复杂性和长期性,坚定不移、长期不懈地抓下去。

坚持实事求是,反对在统计上弄虚作假,必须坚持依法统计。依法统计,是现代统计成熟和进步的标志,是维护统计工作秩序、提高统计数据质量的根本保障。统计部门能否代表最广大人民群众利益,取决于统计部门是否依法从事统计调查、依法维护被调查者隐私和商业秘密、依法查处弄虚作假行为、依法公布统计数据。

当前,统计法制建设还存在不少问题,主要表现在:全社会包括少数统计人员统计法制意识不强,与《统计法》相配套的法律法规还不够健全,统计执法检查力量薄弱,执法监督机制不健全,统计违法案件查处难度大,难以有效遏制在统计上的弄虚作假。针对这些问题,当前应做好以下几项工作。

一是以纪念《统计法》颁布20周年为契机,把"四五"统计普法引向深入，增强广大统计人员和全社会的统计法制意识。要教育广大统计人员做学法、懂法、守法的模范，发扬坚持原则、尊重科学、严谨求实、遵守纪律的优良作风，坚持实事求是，坚决反对和制止在统计数据上弄虚作假，忠诚统计，不出假数。要加强对全社会特别是各级领导干部和企事业单位负责人的统计法制宣传，使每个公民、法人和其他组织认识到：向统计部门如实报送统计数据是其法定义务，虚报、瞒报、拒报或者干预统计人员如实报送统计数据要承担法律责任。

二是要制定和完善与《统计法》相配套的法律和行政法规。目前需要制定的主要有《普查法》《统计调查项目管理条例》《统计信息管理条例》和《统计执法检查条例》等。

三是要加大统计执法力度，严肃查处在统计上弄虚作假的行为。要按照《统计法》的规定和国务院领导同志的要求，明确统计部门是执法部门，统计局的队伍同时是一支执法的队伍。统计局内部应设置独立的执法机构，建立健全执法队伍，负责查处各种违反《统计法》的行为。统计部门和统计人员要增强执法意识，敢于执法，严格执法，坚决查处在统计上弄虚作假的行为，维护统计工作的严肃性和权威性。同时，要增强责任意识，规范执法，公正执法，完善统计执法监督机制，严格履行执法程序，提高执法队伍素质和执法水平，自觉接受社会监督。

三、加强统计信息化建设和人才培养等基础工作

（一）推进统计信息化。目前，我国统计信息技术装备水平不高，统计信息化建设投入不足。要用先进生产力武装统计工作，以统计信息化带动整个统计事业的发展。按照国务院领导同志的要求，"把统计信息化建设作为我国电子政务建设的一个重点，使统计部门在信息化建设方面走在前面。"这是现代统计发展的必由之路。

统计信息化建设要着眼长远，通过广泛应用现代信息技术，改变统计设计和数据采集、传输、处理、存储、分析、发布的方式方法，

实现统计电子政务管理，提高统计服务水平。

要进一步完善国家统计信息主干网，建设结构合理、安全高效、快速反应的统计信息网络平台；建设面向宏观决策和公共服务，与统计业务和政务管理流程相结合的数据库体系，建设国家和省级统计数据中心；开发建设统计业务应用系统，用于支持各项统计业务；构筑以文档管理、事务管理和知识管理为核心，与网站和业务系统有机联系的政务管理系统，实现网上协同办公；建设面向统计系统、政府部门和社会公众的，具有业务和政务管理等多项功能的统计门户网站；加强标准体系建设，实行统一的网络与安全标准、数据处理与交换标准；加强安全体系建设，确保网络与数据安全。

当前，为了适应信息化、网络化的新形势，要充分利用现代信息技术改造传统的统计工作方式，积极实施"十五"统计信息化建设规划。"十五"期间的建设，主要是延伸信息网络，加快运行速度，加强数据库开发，提高应用水平和服务能力，力争在利用计算机和现代信息技术应用方面有新的进展。

（二）加强统计队伍建设。统计工作的原则性很强，要求统计人员必须政治上过硬，具备良好的思想品质和职业道德。统计工作的专业性也很强，需要一大批精通统计科学、掌握现代信息技术、熟悉经济管理的专门人才。

现在的统计队伍是一支能吃苦、能战斗的队伍。但是离统计工作的要求还存在差距，突出表现在：一些统计人员的思想观念和知识结构还不能适应新的形势和环境；基层统计部门人员少，经费相当紧张，工作条件艰苦，工作压力很大；个别统计人员原则性较差，甚至违法违纪，制假造假。这些问题削弱了统计队伍的凝聚力和战斗力，影响了统计事业的发展。

统计队伍是统计事业不断发展的决定性因素。统计工作的性质和现状迫切要求统计部门把队伍建设放到战略高度，努力培养和造就一支坚持原则、精通业务、作风扎实的统计队伍。要把各级统计机构办成培养干部学习理论、提高政治素质的学校，求真务实、恪守职业道德的学校，知法守法、培养法律意识的学校，更新知识、继续学习的学校。只有统计部门形成上上下下讲团结、讲大局、讲调查研究、讲深入基层，比学习、比贡献、比作风、比进步的良好风尚，才能形成能够留住人才、吸引人才、使人才脱颖而出的良好环境，真正做到团结和谐、人才辈出。

国民经济指标和经济形势分析方法

——在第十届全国人大常委会法制讲座上的发言

（2004 年 6 月 25 日）

今天汇报的这个题目有两个内容：一是主要的国民经济指标有哪些，二是怎样分析和判断经济形势。

一、关于主要指标

国民经济指标非常多，仅《中国统计年鉴》中发布的统计指标就有数千个。就宏观经济指标来说，至今国际上也没有一个完全统一的宏观调控指标体系。经过长期探索，并借鉴一些国家的经验，党的十六大确定了我国宏观调控的主要目标是促进经济增长、增加就业、稳定物价、保持国际收支平衡。这里重点报告一下这四大指标。

（一）经济增长。经济增长是衡量经济发展的主要指标，是一个宽泛、综合的概念，是国力增强和人民生活水平提高的重要体现。所以，几乎所有国家都把经济增长作为宏观调控的首要目标。

考察经济增长的最常用指标是国内生产总值（GDP）及其增长速度。GDP 代表一个国家或一个地区所有常住单位和个人在一定时期内全部生产活动（包括货物和服务）的最终成果，是社会总产品价值扣除了中间投入价值后的余额，也就是当期新创造财富（包括有形和无形）的价值总量。国内生产总值是对一国总体经济运行表现作出的概括性衡量，具有国际可比性，是联合国国民经济核算体系（SNA）中最重要的总量指标，为世界各国广泛使用并作国际比较。诺贝尔经济学奖获得者萨缪尔森在《经济学》教科书中把 GDP 称作是"二十世纪最伟大的发明之一"。GDP 核算有三种方法：一是生产法，由一、二、三产业增加值的总和来表示，各产业增加值的计算方法是各产业总产值减去中间消耗；二是收入法，用劳动者（个人）收入、国家税收（含规费）、企业利润和折旧的总和来核算；三是支出法，用居民消费、政府消费、固定资本形成、存货增加、净出口几项的总和来核算。实际上，任何国家的核算结果都不可能绝对准确地反映实际情况。但只要按照科学的态度去做，核算出的 GDP 及其增长率是可以基本反映总体经济增长水平和发展趋势的。

GDP 是考察宏观经济的重要指标，但它也有一定的局限性，并不是万能的。一是它不能反映社会成本，二是不能反映经济增长的方式和为此付出的代价，三是不能反映经济增长的效率、效益和质量，四是不能反映社会财富的总积累，五是不能衡量社会分配和社会公正。如果只注重经济总量和速度的增长，而不顾资源损失、环境污染、生态破坏，就有可能造成经济增长了，而人民生活质量却下降了的局面，甚至经济本身也不可能持续增长。因此，我们应该采取科学的态度对待 GDP。既需要高度重视它，却又不能片面地去追求其增长速度。

很多人都注意到这样一个现象，就是我国各地区 GDP 的汇总数比国家核算的 GDP 数要大。从 2000 到 2003 年，各省区市核算的 GDP 增长速度的平均数，比国家统计局核算的全国数分别高出 1.7、2.0、2.6 和 2.8 个百分点，差距呈逐年扩大趋势。出现这种情况的原因是多方面的。一是价格因素。以前地方统计工业产品大多使用 1990 年不变价，而十几年来工业产品的结构和内涵已发生很大变化，国家统计局在核算时考虑了这些因素，做了适当调整。经国务院同意，国家统计局决定从今年起全国和各地区工业和农业不变价增加值一律采用价格指数缩减法计算，以解决这一问题。二是跨地区的人员、物资、资金流动规模越来越大，在地区核算中是难以区分的，往往出现重复计算的问题。跨地区的大公司（企业集团），其总公司和分公司的经营活动在地区核算中也容易产生重复统计的现象。三是统计方法不同。如年销售收入 500 万元以下的非国有工业企业，很多地区还沿用全面报表数据进行统计。国家统计局对规模以下工业则是通过直属企调队抽样调查资料进行计算的。四是统计制度不健全。目前，我国的统计网络还不能完全覆盖第三产业的各个方面。由于第三产业统计领域的薄弱，为地区调整核算留下了很大的空间，往往"总量不够三产凑"。五是受年初预期目标的影响。各级政府制订的经济增长预期目标，往往自上而下层层加码，于是统计数据就相应自下而上层层加"水"。多年来的数据显示，各省区市汇总 GDP 增长率高于全国核算数 2 个百分点左右，而省内各地市汇总的增长率又高于省级核算数 2 个百分点左右，各县级汇总的增长率又高于市级核算数 1—2 个百分点。六是思想认识有偏差。有的地方按 GDP 增长率等指标排队，统计数据成了基层干部的"政绩单"，上报数字时往往左顾右盼，相互攀比，甚至不惜弄虚作假。

为了解决这个问题，需要改革统计体制，加强基础工作，改进统计方法。比如，可以借鉴国外经验，实行 GDP 下算一级的办法。美国、德国、意大利等许多国家，各州、省都不进行本地区 GDP 的核算，而是由国家统计部门统一核算后分解到各地区。省对地市也下算一级。同时，国家统计局正在从数据采集、方法制度以及信息发布等各个环节积极推进 GDP 核算制度的改革。

另外，根据科学发展观的要求，国家统计局正在积极开展绿色 GDP 的研究。绿色 GDP 是在传统 GDP 数量的基础上，扣除或增加环境、资源和生态变化的价值量因素。但具体核算非常困难，至今还没有一个国家真正实施，都处于研究阶段。去年，国家统计局已经会同有关部委、科研部门、大专院校等单位，就绿色 GDP 问题开展课题研究。作为一个过渡性措施，我们在 2003 年统计公报中已设立了一个"卫星账户"指标体系，即在公布 GDP 数据等各项指标的同时，把环境、资源、生态等的变化情况单列出来，由此可以看出为实现经济增长在这些方面付出的代价，以警示世人；或者反映出在这些方面取得的成果，以激励大家。

（二）就业。就业状况通常用失业率来衡量。目前我国主要使用城镇登记失业率来反映。2003 年我国城镇登记失业率为 4.3%。城镇登记失业率指标有一定的局限性，不能完全反映就业情况。比如，外来劳动力中的失业人员、不愿进行登记的失业人员和已经登记失业但实际处于隐性就业的人员还不能得到完全反映。所以，还需要按国际通用做法建立劳动力调查制度，通过科学设计调查方案，采取抽样调查的办法，获得调查失业率数据。对此，国家统计局作了长期探索，并在部分地区作了试点。从几年的试点情况看，调查数据可以基本反映我国劳动力就业情况，为制定宏观经济政策提供有关依据。2000 年人口普查的直接调查失业率为 7.12%，据今年 5 月对 48 万个样本量调查，与国际同口径的城镇调查失业率为 5.5%（未公布），比登记失业率高一些。最近，统计局已与发改委、劳动和社会保障部、财政部联名就建立劳动力调查制度问题向国务院提交了报告，制定了具体实施方案，技术准备已完成，一经批准很快就可以在全国城镇开展调查失业率的统计工作。为满足有关部门用于失业保险金的发放和对特殊困难群体提供就业帮助的需要，登记失业率统计还将继续保留。

（三）价格。目前，我国从生产、建设领域到流通、消费领域，已形成一套比较完整的价格指数体系。主要有居民消费价格指数、农业生产价格指数、工业品价格指数（包括工业品出厂价格指数和原材料燃料动力购进价格指数）、固定资产投资价格指数、房地产价格指数和商品零售价格指数等。

这里仅以居民消费价格指数（CPI）为代表作一说明。该指数反映城乡居民购买消费品和服务项目价格水平的变动情况，是分析和制定货币政策、价格政策、居民消费政策、工资政策以及进行国民经济核算的一个重要依据。按国际惯例，居民消费价格指数还是反映通货膨胀或通货紧缩程度的重要指标。我国居民消费价格的调查范围是城乡居民日常生活消费的全部商品和服务项目，主要包括食品、烟酒及用品、衣着、家庭设备及用品、医疗保健、交通和通信、娱乐教育和文化用品、居住等八大类。根据全国 550 个市县、近 12 万户城乡居民家庭（其中城市 5 万户、农村 7 万户）的消费支出资料，并结合相关市场资料，从中选取了 251 个基本分类、约 700 个品种、120 万个以上价格，作为经常性调查项目，并计算其相应的权数和指数。具体是由国家统计局直属的全国调查系统以定时、定点、定人的直接调查方式采集数据的。随着人们生活水平的提高和消费结构的变化，消费品类的权数已由 1995 年的 91.0% 下降到 2004 年的 76.64%，其中粮食的权数相应由 6.37% 降到 3.12%；而服务类的权数则由 1995 年的 9.0% 上升到 2004 年的 23.36%。我国选用的品种数、调查价格数、调查地区数都比西方国家多，计算方法也采用了国际通用的链式拉氏公式。经国际专家严格论证，国家统计局发布的居民消费价格指数和工业品价格指数已登上国际货币基金组织的全球数据通用公布系统（GDDS）网站，因此不仅具有法定的权威性，而且方法是科学的，结果也是可信的。

（四）国际收支。国际收支是在一定时期内一个国家与其他国家商品、服务贸易和资本流动的结果。实现国际收支基本平衡是保持国家宏观经济稳定的重要条件之一。在经济全球化趋势加快的形势下，维持国际收支平衡对稳定物价、促进经济增长更有重要意义。当然，适度的顺差或逆差是允许的。

国际收支平衡由经常项目（主要是货物和服务进出口，生产经营要素收入）、资本项目和统计误差三个部分组成。

由于国际收支表一般比较滞后，我国在月度、季度分析中经常通过进出口贸易和外商直接投资以及国家外汇储备等情况来观察国际收支状况的变化。

（五）其他几个重要指标。除了前面所讲的指标外，固定资产投资、市场销售、工业生产、居民收入等也是需要重点关注的基本指标。

固定资产投资。全社会固定资产投资由两部分组成：一是城镇固定资产投资，通过全面报表层层上报汇总得出，按月公布。城镇固定资产投资是今年开始采用的新口径，与原来的国有及其他经济类型固定资产投资相比，增加了城镇集体、私营个体投资以及城镇工矿区私人建房的投资。目前（2004 年一季度）约占到全社会固定资产投资总额的 80%。二是农村固定资产投资，采用抽样调查方法取得，只有季度数据。所以，全社会固定资产投资只有季度数据。固定资产投资额不能等同于固定资本形成总额。固定资本形成总额是 GDP 核算中的数据，要在固定资产投资额中扣除土地购置费、旧建筑和旧设备的购置费等项目，因为这些不属当期新增财富。同时，还要加上商品房销售增值等项目。

社会消费品零售总额。该指标是采用全面报表，层层上报汇总取得的，每月都公布数据。它不能等同于最终消费，最终消费也是核算概念，既包括商品消费，也包括服务类消费。

工业增加值。分为两个部分，一是规模以上工业增加值，二是规模以下工业增加值。规模以上工业增加值是指全部国有工业企业及年产品销售收入 500 万元以上的非国有工业企业实现的增加值，是通过全面报表取得的，为月度公布指标。规模以下工业增加值是年产品销售收入低于 500 万元的非国有工业企业的增加值，是采用抽样调查取得的，为季度公布指标。目前（2004 年一季度）规模以上工业增加值占总的工业增加值约近 70%。

居民收入。通常分别用城镇居民人均可支配收入和农村居民人均纯收入来表示。农村居民人均纯收入指农村住户人均当年从各个来源得到的总收入相应地扣除了家庭经营费用支出、税费、生产性固定资产折旧、赠送农村外部亲友等支出费用后的收入总和，反映农村居民的实际收入情况。在季度调查中，只有农村居民人均现金收入指标，它与人均纯收入的区别在于没有包括实物性收入，没有扣除相应的生产费用支出。社会上常有人反映统计局发布的居民收入数与他们自身的情况差别很大，于是批评统计部门数据不真实。而我们公布的是全国平均数，具体个人一般是难以完全对号入座的。平均数也确实掩盖了收入分配的差距。

改革开放以来，我国主要经济指标体系不断得到改革，逐步与国际接轨。但反映新兴产业、新业态的指标还很不健全，特别是反映第三产业的指标覆盖面远远不够。这一切，都需通过深化统计改革，进一步加以完善。

二、怎样分析和判断经济形势

怎样分析判断经济形势，我也作不出什么高度的理论概括，只是根据自己的实际工作体会谈几点认识，不妥之处请批评。

（一）看总供给与总需求的关系。分析经济形势，首先需要重点考察总量情况，即总供给与总需求的状况。总需求主要是投资、消费和出口这三大需求。总供给主要是三次产业的生产。理论上说，有效供给和需求总是相等的，而且很难找到一组合适的指标来直接测算总供给和总需求。所以往往通过对一些重要指标的观测来判断总的供需状况。

宏观调控的四大目标就是最重要的几个总量指标。在市场经济条件下，最直观、最敏感的又是价格指数。投资、消费、出口这些需求的变化，供给能力的变化，最终都会在价格上反映出来。货币供应的变化导致需求改变，也会反映在价格上。所以，价格是反映社会总供需变化最集中、也是最灵敏的指标。以1993年那一轮经济扩张为例，当年全社会固定资产投资增长61.8%，社会消费品零售总额增长28.4%，原材料、燃料、动力购进价格上涨35.1%，财政支出增长24.1%，广义货币供应量（M_2）增长37.3%，我国经济出现了全面过热的局面。也就是总需求过于旺盛，明显超过总供给能力。经过一个传导过程，到1994年居民消费价格上涨24.1%，商品零售价格上涨21.7%，造成了严重通货膨胀。针对当时经济过热的问题，中央果断采取了宏观调控措施，1996年中国经济成功实现软着陆，1997年居民消费价格涨幅回落到2.8%。1997年7月2日爆发了亚洲金融危机，到1998年初这股寒流吹上了我国大陆。主要表现为，一是出口严重受阻，企业开工不足，也就是那个时候提出了"减员增效、下岗分流"，不少国有企业职工下岗了；二是外商直接投资大幅减少，当年实际利用外资额比上年下降9.1%。这两者都表现为总需求的明显不足。接着就出现了连续5年的物价低迷（居民消费价格同比变化为：1998年 -0.8%，1999年 -1.4%，2000年 0.4%，2001年 0.7%，2002年 -0.8%），我国经济又面临通货紧缩的压力。1998年初中央及时提出了坚持扩大内需的方针，实施积极财政政策和稳健货币政策，采取发行建设国债搞基础设施建设、高校扩招、"五一"和"十一"放长假等措施以拉动经济增长。由于总供给与总需求的两次明显失衡，我国经历了5年反通胀，又经历了5年反通缩压力的斗争。这两场斗争充分说明，如总需求过于强劲，太多地超过供给能力，最终就会反映到价格猛涨上，即出现通胀，经济表现过热；如总需求增长乏力，供给能力过剩，也会反映到价格低迷上，即出现通缩，经济发展表现疲软，失业率也随之上升。我们这十年走过的道路确实是非常困难而又很不平凡的。不仅保持了经济较快增长，加强了基础设施建设，而且积累了宏观调控的丰富经验。经过十年的艰苦调整，党的十六大提出了全面建设小康社会的宏伟战略目标，加上国际经济环境也进一步改善，到2003年我国经济具备条件也应当进入加速发展的轨道，也就是说进入了一个新的增长周期。从去年经济运行情况看，全国人大确定的四大宏观调控目标都完成得很好：实现GDP11.69万亿元，增长9.1%，为7年来最快的速度；市场物价基本稳定，居民消费价格上涨1.2%，商品零售价格下降0.1%；城镇新增就业859万人，比预期目标800万多59万人；国际收支状况良好，年末外汇储备达4033亿美元。应该充分肯定，去年我国经济形势总体上是很好的，也是我们企盼已久的。从总供给与总需求的关系看，也没有出现大的问题。值得关注的是，去年货币供应和信贷规模偏大一些。广义货币供应量（M_2）增长19.6%，本外币各项贷款余额比上年增长21.4%，都超过了经济增长率加通胀率再加5个左右百分点的经验数。特别是去年上半年银根放得太松，半年就完成了全年新增贷款的调控目标。到下半年特别是四季度，主管部门采取了重要调控措施，并取得了明显成效。

（二）看结构。看总量指标、判断总的供需情况固然十分重要，但总量指标就像一个平均数，往往会掩盖掉一些具体的、结构性的问题。我国经济生活中的问题大量是结构性问题。例如投资与消费的关系，2003年固定资产投资增速比社会消费品零售总额的增速高17.6个百分点，投资对经济增长的贡献率达到70.9%，固定资本形成率达到42.9%，是改革开放以来最高的，表明经济生活中投资与消费结构不合理的问题比较突出。再如一、二、三产业之间的关系，2003 年工业生产增长速度比第三产业高 6.0 个百分点，比第一产业更高出 10.2 个百分点。工业对经济增长的贡献率达到 50.4%，第三产业占 GDP 的比重仅 33.1%，远低于世界平均占 67.7% 的水平（世界银行公布的 2001 年数）。还有地区发展不平衡等等，可以说结构问题无处不在。

去年我国经济形势这么好，中央为什么要提出加强宏观调控的措施呢？我的理解，既要从总量上去找原因，更要从结构上去查问题。去年我国经济生活中究竟出现了哪些问题？概括起来主要有以下三点。

第一，粮食生产滑坡。在党的领导下，我国用不到世界 10% 的耕地解决了超过世界 20% 人口的吃饭问题。这是一个伟大的奇迹。我国粮食产量从 1949 年的 1131.8 亿公斤上升到 1998 年 5122.9 亿公斤，达历史最高水平。1998 年全国人口 12.48 亿，比 1949 年的 5.42 亿增长 1.3 倍，而粮食产量却增长 3.53 倍。当时出现了粮食胀库、农民卖粮难、种粮效益差、粮食价格逐步降低等一系列问题。一种倾向往往容易掩盖另一种倾向。1998 年以后粮食生产明显削弱，粮食播种面积逐年下降，粮食产量连续 5 年减少，2003 年降到 4306.9 亿公斤，与 1998 年相比减少 816 亿公斤，退回到低于 1991 年 4352.9 亿公斤的水平，而这 12 年我国人口则净增长 1.34 亿人。粮食主销区既不愿种粮又不想存粮，以粮食为原料的工业企业也搞零库存以减少流动资金，居民存粮也明显减少，于是粮食这个宝贵而又沉重的"包袱"主要放在国库里（最高时达 2500 多亿公斤）。当年的粮食产需关系失衡了（去年粮食消费 4850 亿公斤，产消缺口 550 亿公斤），一旦有点风吹草动就会引起市场的震荡。去年 10 月份出现了部分地区粮价猛涨的现象，确实令人吃惊不小。好在国库有粮，国家采取紧急调运等措施，及时稳住了粮食市场。这个信号强烈地提醒我们，在工业生产高速发展的时候，农业特别是粮食生产增长缓慢甚至滑坡，则表明一、二产业的关系失衡，经济结构要出问题。历史上多次经验告诉我们，这两种情况同时出现时，如不及时调整而任其发展下去，到了问题很严重时再去调整就会付出沉重代价。

第二，投资增长过快，规模过大，低水平重复建设严重。去年全社会固定资产投资增长 26.7%，是 1995 年以来增幅最高的一年。这一轮投资扩张有其客观原因：一是我国正处于城镇化提速、重化工业加快发展的历史时期；二是国外一些加工工业正向我国转移等。但投资需求增长过快，带动了重工业的过快增长，反过来又拉动了钢铁等相关行业的投资，并进一步推动整个投资规模的扩张。投资与重工业之间的这种循环，与社会消费相脱节，就可能造成经济结构的扭曲，形成部分行业产能过剩的"泡沫"（如我国钢的生产能力已达 3.1 亿吨，在建能力还有 1.3 亿吨，比美、日、德、法、英等国的总和还多），并且使得煤电油运新的"瓶颈"制约再度突现，经济运行绷得比较紧。一旦市场发生变化，就会导致部分企业倒闭、失业增加、银行坏账增多，最终造成经济大起大落，从而对经济发展造成巨大破坏，恢复起来需要更长的时间、付出更大的代价。这一条反映出二产内部结构的不合理，也说明二产与三产之间的发展是很不均衡的。

第三，滥用耕地现象相当突出。在生产诸要素中，用地扩张是造成固定资产投资增长过快的重要根源。去年，一些地方流传这样一句话："吃饭靠财政，发展靠土地"。从某种程度上可以说，去年投资过快增长是从大量征地开始的。所谓经营城市实质就是经营土地。土地低进高出就有钱搞政绩工程，用廉价土地就可以招商引资。一些企业用相对低的成本获得了土地，又以土地作抵押获取贷款。这都成了一些地方和企业实现投资扩张的重要条件。这一次圈地规模之大相当惊人，问题确实是非常严重的。其中不少是风水宝地、高产良田。去年一年占补平衡后，我国还净损失耕地 3806 万亩。而且还造成了数以千万计的无地、无业、无社会保障的农民，是一个重大的不稳定因素。一些地方以损害农民的根本利益为代价去谋求经济增长，引发了许多社会矛盾，在土地运作中还产生了一些腐败现象。"民以食为天，食以土为本"。大量占用并极为粗放地经营耕地，不仅推动了固定资产投资的过快增长，也是造成近几年粮食大幅减产的最直接原因。

面对上述问题，加强和改善宏观调控就显得十分必要而又紧迫。中央总揽全局，及时采取了果断措施。去年 10 月份国务院召开了农业和粮食工作会议，四季度发出了制止钢铁、电解铝、水泥行业盲目投资若干意见的通知，召开了全国电视电话会，并在全国范围坚决清理整顿各类开发区等。去年11月底召开的中央经济工作会议对上述问题都作了全面深刻的分析和具体的工作部署。更重要的是，党的十六届三中全会根据改革开放25年来的经验和抗击SARS的启示，并针对经济生活中存在的这些问题，提出了坚持五个统筹，以人为本，全面、协调、可持续的科学发展观，同时强调各级领导干部必须树立正确的政绩观，从理论的高度指明了正确的方向，提供了强大的思想武器。

（三）看效率和效益。国民经济的运行效率和效益如何也是分析经济形势的重要内容。我们不仅要看经济增长速度，更要关注劳动生产率和科学技术水平提高了多少、老百姓在经济增长中得到了多少实惠，国家的综合国力和国际竞争力提高了多少。而且还要看为实现经济增长付出的成本。例如，我国去年消费钢材2.7亿吨、煤炭15.8亿吨、水泥8.4亿吨，分别相当于2001年世界消费总量的38%、32%和55%。消费原油2.52亿吨，也超过日本，居世界第二。而去年创造的GDP还不到世界的4%。即便按购买力平价的汇率计算，我国单位GDP消耗的资源也是世界最高的国家之一。许多大宗消费的战略性资源对国际市场的依赖程度已经很高，且80%以上要经过900公里长的马六甲海峡，万一有点什么情况，将直接影响和威胁到我国的经济安全。再如，在分析外商直接投资指标时，不仅要看引进外资数额的多少，更要关注在以市场换技术特别是核心技术方面我们究竟得到了多少好处，怎样防止我国经济出现"拉美化"现象。且不说美国无时无刻不在谋划着对付中国，就是日本也是一直把眼睛盯着中国的。去年11月日本相泽幸悦出了《欧元对美元》一书，提出了亚洲、欧洲、美国"三分天下之计"，描绘了建立亚洲经济共同体的蓝图，具体分工是："中国、台湾、韩国负责生产部门，日本负责高科技、军事技术，香港、新加坡负责金融业。"这不明摆着要我们在他们的控制之下，永远只当打工仔吗？

（四）密切关注人们对市场的预期。宏观经济管理或调控还必须研究和运用大众心理学。在金融上叫做"羊群效应"。无论什么事情，如果广大群众的心理预期发生了逆转，都会产生一种不可抗拒的力量。

假如人们对某家银行失去信心，储户都去挤提资金，那么世界上最强大的银行也会顷刻倒闭的。在经济调控中正确的舆论引导显得非常重要。例如，去年我国外汇储备增加 1169 亿美元，而外贸顺差只有 254 亿美元，外商直接投资 535 亿美元中有相当一部分是以设备或在华企业的利润再投资的。外汇储备增长这么快很重要的原因是日美压我人民币升值，而国内市场上也不断炒作人民币升值，提高了人们对市场的预期，纷纷抛美元换人民币，等待人民币升值后好换到更多的美元，可见主要是人为造成的。再如，去年 10 月粮价上涨，中央及时采取措施，特别是今年中央 1 号文件和一系列支农政策出台后，迅速改变了人们对粮食市场的预期，就有效遏制了粮价上涨的趋势。

（五）看国际环境。随着改革开放步伐的加快，我国经济与国际经济的关系已经非常密切。国际经济风云的变幻必然直接波及我国经济的发展；同样，我国经济的好坏也会很快影响到国际社会。所以，分析经济形势首先要观察国际经济和政治形势，从而找准自己的位置，抓住机遇，趋利避害，沉着应对。

（六）看长远趋势。分析经济形势不仅要看当前情况，还要有前瞻性，看出下一步可能出现的情况。从理论上说，宏观调控是为解决短期目标服务的。但实际上这还不够，在实现短期目标的同时，还应为明年的发展，更长期的平稳协调较快发展创造条件、打好基础。例如，去年我国消费煤炭近 16 亿吨，如果不尽早采取措施，按此单耗水平发展下去，到 2020 年经济翻两番，煤炭消费也翻两番，一年就得烧掉约 60 亿吨煤炭，而 2001 年全世界的煤炭产量才 49.3 亿吨。如出现这种情况，不仅中国而且整个地球的环境都不能承受，那才真是一场灾难。即便是单位能耗降低一半也不得了，况且也不容易做到。因此，我国经济结构怎么调整，城镇化、工业化、现代化的道路究竟怎么走？确实还有许多具体问题需要很好研究。

（七）借助数量模型方法。在实际工作中，我们还需要借助一些数量模型方法，比如时间序列方法、计量经济模型分析法、投入产出分析法、可计算一般均衡模型分析法、专家分析法、监测预警模型等。用这样一些方法来对经济运行作更深入的研究或定量分析，可以验证我们对经济形势的一些经验看法，理清一些不容易看清楚的经济关系，帮助我们对经济形势作出更加清晰准确的判断。

最后，我想结合对当前宏观调控政策的认识谈谈怎样分析经济形势。现实经济生活中出现的这些问题很值得深思。发展是硬道理，但发展什么和怎样发展并没有完全解决。一些地方领导往往一谈发展就是搞征地拆迁、办开发区、上项目、铺摊子，而且一哄而上，产业结构趋同化严重。这既表现为经济发展思路不够宽，也还有一个指导思想的问题。如果说只要有利于当地经济发展便什么禁区都可以闯、什么法律都可以不顾，就更说不过去了。正确的政绩观从根本上说，是要解决究竟为谁谋发展的问题。在实际工作中还必须正确处理局部与全局的关系。许多事情从局部看貌似有理，但却会伤害全局利益。而如果发生了全局性的大问题，则任何一个局部都难以幸免。所以，必须提高认识，把思想真正统一到党的十六大和十六届三中全会的精神上来，才能实现更好的发展。也只有这样，才能全面、准确地理解中央宏观调控政策的精神，自觉维护中央宏观调控的统一性、权威性和有效性。

由于政策效应有个滞后期，加上有的地方虽也都拥护中央政策，但较多强调本地的特殊性，在实际贯彻中不是非常得力，今年1—2月城镇固定资产投资同比增长53%，一季度投资增长43%，显出投资过猛的趋势有增无减，经济运行绷得过紧。于是，4月份中央又出台了上调存款准备金率、提高钢铁、电解铝、水泥、房地产投资等的资本金比率，以及清理投资项目、深入开展土地市场治理整顿等一系列调控措施。

这次宏观调控的原则是：果断有力、适时适度、区别对待、注重实效。重点是控制投资过快增长、加强农业和粮食生产等薄弱环节。可见这次宏观调控的特点是有保有压、冷热兼治的。需要坚决控制的只是盲目投资和重复建设的少数行业，而对有市场、有效益的产业和企业以及需要加强的薄弱环节则要继续给予支持。不仅要重点支持农业和粮食生产，还要加快社会、卫生、教育、科技等公益事业和服务业的发展。从当前财政政策所发挥的作用也可以看出，对农民种粮的直接补贴、粮种和大型农机具购置补贴、农业税的减免，以及提高城市居民最低生活保障标准，增加对农村"五保户"和特困户的救助等等，都是依靠中央和地方各级财政投入大量资金来实现的。因此，对中央这次采取的宏观调控政策，决不能简单地理解为就是控制和紧缩的政策。货币政策在运用上也是同样的道理。基层商业银行在信贷操作上决不能搞"一刀切"。当前中国经济没有出现全面过热的局面，所以没有必要、也不应当采取全面紧缩的宏观经济政策。中央制定的这个宏观调控政策本身就充分体现了科学发展观的要求。实行这种科学的宏观调控政策，是不会也不允许使中国经济出现大起大落的。调控目的就是为了实现经济平稳协调较快发展和可持续发展。

实践证明，中央的宏观调控政策是完全正确的，而且已经取得明显成效。城镇固定资产投资增幅已从1—2月的53%逐步回落到1—5月的34.8%，其中5月当月增幅为18.3%，房地产开发土地购置面积比去年同月减少19.5%；全国各类开发区也从去年清理整顿前的6015个撤并掉4314个，有些已经复耕；农民种粮积极性明显上升，今年夏粮是一个好收成；粮食和重要原材料价格5月份稳中有降；工业生产、市场销售、外贸等都发展较好。但投资增长仍然偏快，经济运行中的一些"瓶颈"约束还没有明显缓解，在怎样防止过后又旧病复发特别是滥用耕地出现反弹等方面更需要建立刚性的长效机制。同时，还要根据经济运行和宏观调控中出现的新情况、新变化、新问题，适时适度地进行微调。特别是在具体操作层面上，既要防止不深入、走过场，又要注意不搞简单化、用力过猛，要尽量降低调控的成本。而且要十分注意保护和引导好地方干部发展经济的积极性。因此，进一步把中央已经出台的宏观调控政策真正落到实处任务还相当繁重。当前经济生活中存在的各种问题，从根本上说是结构问题、体制问题和增长方式问题。所以，要以加强宏观调控为契机，把大伙的劲儿引导到着力加快调整经济结构，深化体制改革，努力转变增长方式上来。从更深层次看，关键是要把"三个代表"重要思想和科学发展观、正确政绩观真正落到实处。只要这样做，我国经济就一定能实现平稳协调较快发展。从某种意义上可以说，我国的现代化建设事业是一场伟大而艰苦的马拉松赛跑。每一步都必须跑好。如果用百米冲刺的方式去跑，也许不到 200 米、300 米就会趴下。一般人都可以参加百米赛跑，无非是慢一点快一点，而敢于参加马拉松赛跑的人，则必须要有坚强的勇气和雄厚的实力，还需要有高超的艺术和巨大的智慧。

大力推进统计体制和统计方法制度改革

（2004 年 8 月）

记者刚刚踏进国家统计局一楼大厅，镶嵌在墙上的朱镕基、温家宝同志分别题写的"不出假数"和"真实可信"八个镀金大字，便映入眼帘，给人以心灵的震撼。

在国家统计局局长李德水的办公室坐定之后，记者满脑海还闪烁着这八个金光大字。于是，话题便从这里切入。

李德水告诉记者，这八个大字是去年 10 月 28 日朱镕基和温家宝同志来国家统计局考察工作时当场题写的。

李德水说："统计工作是国民经济和社会发展中一项非常重要的基础性工作。我们的统计数字是国民经济运行和社会发展的'晴雨表'，是为经济和社会事业发展号脉的，是宏观决策和宏观管理的重要基础。对于政府，统计数据是施政的重要参考，是把握国情国力、掌控经济运行的一个重要依据；对于企业，统计数据是商业决策的利器，是预见经济走向、发现商业机会的重要支撑；对于学术界，统计数据是研究经济和社会问题的基本素材，是洞悉经济现象、揭示经济规律的重要窗口；对于国际社会，统计数据是认识中国的标杆，是利用中国机遇、提升经济合作水平的重要参照。以真实可靠的统计数据服务于政府、服务于企业和公众、服务于国际社会是中国政府统计的追求，更是中国政府统计的使命。"

记者（以下简称记）：你是怎样理解"不出假数"、"真实可信"这八个字的呢？

李德水（以下简称李）："不出假数"，看起来简单，对于一个统计工作者来说，这本来是一个基本的职业道德和最起码的要求，但做起来却并不容易。统计工作中的弄虚作假可以说是一个历史顽症。1958年大跃进的时候，出假数、"放卫星"到了登峰造极的地步。直到现在，这个问题仍然没有完全解决，可以说还时有发生。保证做到"不出假数"，尚须警钟长鸣，要对统计工作中存在的腐败现象进行坚持不懈的长期斗争。"真实可信"四个字，可以说是我们统计工作者追求的目标和要达到的最高境界。这八个大字凝聚着党中央、国务院和全国人民对我们的殷殷重托和深切期望。

记：您怎样评价当前我国的统计工作和统计数字？

李：统计工作是一项很复杂的工作，是一门科学。经过半个多世纪的努力，中国的政府统计系统已经比较完善。在统计方法制度上也逐步与国际接轨。以国民经济核算体系的发展变化为例，我国从20世纪50年代起建立的国民经济核算体系，是从苏联引进的"物质产品平衡表体系"（简称MPS体系），是与当时高度集中的计划管理体制相适应的。改革开放以来，旧核算体系的缺陷日益显示出来。如过去长期使用的国民收入指标，反映的是物质生产部门，即农业、工业、建筑业、商业饮食业和交通运输业的生产活动成果，而不能反映非物质服务业的生产活动成果。从1984年起，国家统计局会同有关部门和高等院校及科研单位，着手研究新的国民经济核算体系，制订了与联合国及大多数国家采用的"国民账户体系"（简称SNA）相衔接的《中国国民经济核算体系》，并以能全面反映社会生产活动（包括物质生产和劳务活动）最终成果的国内生产总值即GDP取代了国民收入这个指标。经过几年来的过渡和磨合，国家统计局已公告社会，从今年起要全面推行新版本的国民经济核算体系。国民经济核算体系的演变过程正是与我国社会主义市场经济体制的提出、转轨、发展的过程基本相吻合的。在统计标准体系、统计指标体系和统计调查方法体系等方面，我们也是坚持从我国实际出发，努力与国际接轨。但是，正如我国还只是初步建立了社会主义市场经济体制、尚需进一步完善一样，我国的统计工作体制和统计方法制度也是处于逐步转型和不断完善的阶段，甚至落后于经济体制的发展，还难以适应经济结构包括所有制结构、产业结构、社会产品结构等迅速变化的新形势，现代统计手段和统计队伍自身的建设也面临十分繁重的任务。

中国政府公布的统计数字，从中央领导到每一个老百姓都非常关心、也是国际社会普遍关注的。当前国际上主要有两种批评意见：一是认为中国统计部门公布的数字水分太大，简直是糊弄人、难以为继，于是提出了"中国崩溃论"；二是认为中国统计部门公布的数字严重低估了中国的实际发展水平和综合国力，主要是人民币的价值和 GDP 中的第三产业增加值被大大低估了，于是提出了"中国威胁论"。国内的不少同志对统计数字也是心存疑虑的。我到国家统计局工作以来就常遇到这样的发问：政府公布的统计数字可信吗？听到这样的问题，心里真有说不出的滋味。但是，凭我长期从事经济工作的观察和体会，我可以负责任地说：我国政府的统计数字是基本上可以反映经济和社会运行实际水平和发展趋势的。试想，新中国成立半个多世纪以来，我国经济发展经历了多少风风雨雨，进行过多少次重大的调整，而哪一次调整、哪一项宏观经济政策的制订又能不以政府统计数字作为基础依据呢？这实在是非常明白的道理。世界银行前几年派专家组来华实地考察后，也取消了自 1992 年起每年调整中国 GDP 数据的做法，而同意在其正式出版物中直接采用中国国家统计局公布的 GDP 数据。统计工作特别是国民经济核算，是一个独立的科学体系。它不等同于企业的财务账，国家统计也不是把各地区统计数字简单的相加。以上是对我国统计数字可信性的一个基本判断。第二个判断是，必须指出在统计工作中、在我们的统计数字中的确存在着这样那样的问题，如不切实加以解决其危害性是很大的。

记：您认为"不出假数"、"真实可信"题词的现实意义是什么？

李：这八个大字可以说是切中时弊、一针见血，而且有着长远的指导意义。1999 年，中央领导同志在一次会议上指出："各级干部要坚持实事求是，敢于说真话，反映真实情况。这个问题我讲过多次，但一些地方和部门'虚报浮夸风'仍然屡禁不止，一些人还乐此不疲，这个现象很值得深思。要彻底解决这个问题，必须从制度和机制上着手。"随着经济体制转轨的不断深入，多种经济成份的进一步发展，加上各种利益主体的人为因素影响，报出的统计数字确实存在着虚报、瞒报两种倾向以及漏报的现象。这种情况，更多地表现在基层。在少数干部中发生的这种情况，主要是机制问题。也就是说，他们为了"政绩"而不惜在统计上弄虚作假。这种人虽然不多，却是一种危害性极大的腐败行为。从统计系统本身看，也有个别人原则性较差，甚至投机钻营。在我们这么大的国家，又处在经济体制转轨时期，出现一些这样的问题并不奇怪。在市场监管机制相当健全的美国也难免发生震惊世界的假账丑闻。但决不可因此而姑息统计上弄虚作假的丑恶行为，我们必须旗帜鲜明、理直气壮地与之作毫不妥协的斗争。如果听任其蔓延、泛滥，必将造成误党、误国、祸害人民的严重后果。共和国的两届总理亲笔为国家统计局题词"不出假数"、"真实可信"，意义之重大实在是可想而知了。

记：在"不出假数"和"真实可信"的前提下，您还有哪些具体的工作目标呢？

李："不说假话"和"真实可信"是统计工作的基本准则。在这个大前提下，还需要制定若干具体的目标。今年5月20日，曾培炎同志听取国家统计局党组工作汇报时，针对如何做好统计工作作了许多重要指示。我们当前工作的重点，就是要按照党的十六大精神，具体落实曾培炎同志的各项指示。

第一，要坚决反对和制止统计工作中的弄虚作假，千方百计提高统计数字的准确性、科学性和及时性。这是统计部门最根本的任务，要把绝大部分精力放在这上面。否则，就叫做不务正业或者失职。

第二，要适应社会主义市场经济条件下和加入世贸组织以后的新形势，加快统计体制改革，建立和不断完善既符合中国国情又与国际接轨的统计制度、工作体系、工作方法，以及统计信息的披露方式。这也是实现上述目标的必由之路和根本保证。

第三，在准确、及时地向党中央、国务院以及宏观经济管理部门提供统计数据和分析资料的同时，统计部门本身也要加强对宏观经济形势的分析和重大经济问题的研究。对重大经济问题不仅要能"号脉"，还要善于开出"药方"，供中央和宏观经济管理部门参考。

第四，要跟踪国际经济形势、把握国际经济运行情况。我们现在编报的统计资料，主要是国内的，国际经济信息的数据和分析还比较少。随着世界经济一体化进程的加快，只看中国的统计数字是不够的。因此有必要加强对国际经济运行情况的跟踪和分析。

记：为实现上述目标国家统计局采取了那些措施呢？

李：总的来说，是要大力推进统计体制和统计方法制度的改革，以《统计法》为武器，加强执法力度。几个月来，我们围绕这个主题，组织了 20 多个课题，全局上下总动员，明确分工，责任到人，正在深入开展研究，并已经出了一些成果。在体制改革方面，重点是要加强对省级统计局长的选拔任用和考核管理。在省级统计局局长的任命工作程序上我们要提前介入。对于免职的干部更要予以关注，如果是因为坚持原则而受到了免职的处分，我们要敢于保护他们、为他们说话。另外，国家统计局已决定建立巡查制度，每年查 10 来个省市，加强统计数据质量的监控和评估工作。在统计方法制度方面的改革，主要有：已经公告社会，今年要全面推行新的国民经济核算体系；工农业生产增长速度的计算，从明年起全面采用缩减法，代替从前以某一年为基准的不变价法；改进季度、年度 GDP 的核算和公布办法，拟分为初步核算数、最终核算数等，发布时间也作了新的规定，与国际上的通行作法相衔接；改革普查制度，把今年的三产、后年的工业普查和拟于 2006 年开展的基本单位普查合并，在 2004 年搞一次经济普查，经济普查每 5 年进行一次，正与国家五年计划的编制工作相衔接，农业普查和人口普查还是 10 年进行一次，此项改革已经国务院批准；如何加强和完善部门统计工作也作了研究和部署；建立了在特殊情况下启动统计快速反应的制度，等等。在开展宣传《统计法》方面，今年是《中华人民共和国统计法》颁布 20 周年，我们已制定纪念《统计法》颁布 20 周年的活动方案。在开展统计立法和执法检查方面，主要有：一是已经国务院同意转报全国人大常委会，开展《普查法》的立法工作；二是前面已提到的建立国家统计局对省级统计局的巡查制，其中主要的一项内容是检查其对统计法的执行情况；三是积极配合组织部门建立一套政绩考核指标体系和具体核算方案。此外，加强统信息化建设工作也正在积极推进，还制订了加强统计干部队伍建设和实施人才战略的方案。以上工作只是开了一个头。我们将不断总结经验，永无止境地开拓前进。我相信，只要把"三个代表"重要思想真正贯彻落实到我们的各项实际工作中去，坚持不懈地努力，加上全社会各界特别是各个统计对象和各级领导的理解、配合、支持，我国统计工作一定会出现崭新的面貌，统计数字的质量一定能进一步提高。

也许有人会说："数字不就是那简单的十个数吗？统计不就是十个数字加加减减的组合吗？数字不过是1、2、3、4、5、6、7、……可组合的却是一部动人的奏鸣曲。

数字如歌，并不在于它那与音符一样的符号，也不在于它能带给统计工作者多少喜悦和欣慰；而在于它记载的是共和国前进的脚步声和十几亿中国人民在共产党领导下全面建设小康社会付出的无比艰辛和取得的丰硕成果。

统计工作神圣而光荣，统计工作者任重而道远！

中国统计：挑战、应对与未来发展

——在联合国第 36 届统计委员会上的发言

（2005 年 3 月 3 日）

非常感谢联合国统计司邀请我参加此次会议并作发言，同时也深感荣幸有机会与各国政府统计负责人共同交流和研讨有关官方统计问题。当今世界，经济全球化趋势进一步加强，各国经济社会都处在深刻变化之中，官方统计工作面临着各种挑战。下面我想介绍一下中国统计面临的挑战、应对措施和发展思路。

一、严峻的挑战

当前，中国正处在体制转轨和全面建设小康社会、加快推进社会主义现代化的发展新阶段。中国政府确立了以人为本，全面、协调和可持续的科学发展观。新的形势对官方统计工作提出了更新、更高的要求，中国统计面临着巨大的挑战。

一是经济体制的转轨和社会结构的转型以及经济的快速发展，对统计工作形成了巨大的多重需求压力。一方面是传统计划经济时期的某些统计调查内容和指标暂时还有一定的需求；另一方面是新建立的市场经济体制对统计信息的需求急剧增加，需要统计准确反映国情国力状况，全面记载和描述经济社会的转轨转型状况，及时报告和监测经济社会的运行过程，广泛采集和分析社会舆情，揭示经济社会发展中的主要矛盾和问题。社会各界对统计数据的需求急剧增加，广大社会公众也更加密切关注并自觉地使用政府发布的统计信息；不仅关注统计信息的准确性和全面性，也要求统计信息的时效性。由于中国经济已经和世界经济紧密联系在一起，国际社会对中国统计信息也更加关注，需求不断增加。

二是由于统计工作环境的变化，统计工作的难度增大。中国经济社会正处于巨大的变革之中。经济主体日趋多元化，投资方式、就业方式、收入分配方式、消费方式日益多样化，经济结构和经济联系日益复杂化，地区间、城乡间、各个社会阶层间的差异更加明显，统计调查对象数量成倍增加，变动相当频繁。被调查者更加注重保护个人隐私和商业秘密，对统计的支持和合作程度有所下降。中国的区域性统计数据，客观上还起着衡量各级政府促进经济社会发展政绩的作用，统计数据容易受到地方的干扰。所有这些，都使组织统计调查的难度越来越大。

三是由于国际社会对中国经济发展越来越关注，往往对中国的统计数字产生一些猜测和质疑。26年来，中国经济年均增长速度达9.4%，发展很快，确实引起国际社会的普遍关注。统计界的同行们有共同的规则，从来不评论中国的官方统计数字。但总有其他那么一些人喜欢拿中国的官方统计数字做文章。一会儿抛出"中国威胁论"，一会儿又说中国统计数字是虚假的，抛出所谓的"中国崩溃论"，甚至直接责难中国统计部门。如何消除国际社会对中国统计数据的猜疑，提高统计工作的透明度，维护官方统计的尊严，也是中国统计部门面临的重大挑战。

二、积极的应对

中国统计部门近年来主要采取了下列措施，积极应对挑战，较好地满足了各方面对统计数据的需求。

一是改进国民经济核算体系，提高国家和地区核算数据的质量。目前正在实施以联合国1993年版国民经济核算体系为蓝本的《中国国民经济核算体系（2002）》，基本实现了与国际通行核算标准和规则的接轨。改进了 GDP 核算和数据发布制度，实施了 GDP 按初步核算、初步核实、最终核实三个步骤进行核算和发布的制度；建立了地区 GDP 数据联审制度，各省区市的 GDP 数据经联审后，作为法定数据由国家统计局授权发布；建立了国民经济核算专家咨询小组，按季度听取专家对 GDP 数据的意见，提高统计工作的透明度。我可以负责任地说，中国国家统计局发布的国民经济核算数据是可信的，是可以比较准确地反映中国经济的总体水平和发展趋势的。

二是建立了比较科学的统计调查方法体系，以满足经济社会发展的需要。实施了国家普查制度改革，将工业普查、第三产业普查和基本单位普查合并，同时将建筑业纳入普查范围，总称为经济普查。经济普查每十年进行两次。目前正在实施的第一次全国经济普查，动员了一千多万普查人员，预计将花费 30 多亿元人民币，规模浩大，进展顺利。在人口、城乡住户、农产量、价格、小型工商企业等统计调查领域广泛开展了抽样调查。组织实施了价格指数缩减法计算工农业发展速度，废除了实施 50 年的不变价格法。建立了 5000 家大型工业企业和 3000 家房地产开发企业联网直报制度，统计信息的时效性不断提高。昨天联合国统计司张司长和我商量，拟于今年 7 月 26—29 日在北京召开经济普查国际研讨会。我期待着联合国统计司邀请的客人到北京交流经济普查的经验。

三是完善统计指标体系和统计标准，及时反映新的经济社会现象。建立了劳动力调查制度，正在着手建立健全文化产业统计、环境综合统计、高技术产业统计等方面的指标体系和制度。建立了国家统计快速应急制度，能有效地反映和提供有关突发性经济事件和重大自然灾害的信息。制定了基本上与联合国《全部经济活动的国际标准产业分类》接轨的新的国家标准《国民经济行业分类》，制定和发布了《文化及相关产业分类》和《主要工业产品产、销、存目录》。

中国建立的是集中统一的统计系统，实行统一领导、分级负责的统计管理体制。国家统计局负责组织领导和协调全国统计工作。初步形成了以《中华人民共和国统计法》为主体，统计行政法规相配套，地方统计法规和部门统计规章作补充的统计法律体系；初步建成了国家统计信息自动化系统，国家统计信息网络和各省区市及部分县的统计信息网络已正常运行，国家和省级统计局基本上实现了无纸化办公；开展了大量的统计知识培训，提高了统计人员的业务素质。我还要特别提到的是，长期以来，联合国统计司等有关机构、世界银行、IMF、OECD 等国际机构对中国统计的改革发展一直非常关注，并给予了许多宝贵的支持和帮助。加拿大、德国、法国、意大利、挪威、美国、日本、韩国等国政府还出资赞助他们的统计部门与中国国家统计局开展课题研究和技术合作。澳大利亚、英国、俄罗斯、南非、埃及、越南、泰国等许许多多的国家统计部门都与中国国家统计局有着广泛深入的交流。这一切，对推动中国统计尽快与国际通用规则接轨发挥了重要作用。我借此机会谨向大家表示衷心感谢和崇高的敬意！

总体上看，中国政府统计体系在改革中不断发展，比较好地满足了政府和其他各方面对统计的需求。中国统计一定能够跟上世界统计发展的步伐，谋求与国际统计事业共同进步。

三、谋求新发展

中国统计的发展目标是：适应完善社会主义市场经济体制的需要，借鉴国际先进统计工作经验，改革体制，完善机制，加强法制，建立既符合中国国情、又与国际通行规则基本接轨的现代统计体系，切实提高统计数据的准确性、科学性、及时性和统计工作的权威性，为政府、社会各界和国际社会提供优质高效的统计服务。

为实现上述目标，中国未来一段时期统计改革和发展的重点工作如下。

（一）完善统一领导、分级负责的政府统计体系，建立适合中国国情，并与国际一般规则接轨的科学、可靠、高效的统计体制。

一是增强国家统计局的直接调查能力。改革国家统计局直属的农村、城市和企业等三支调查队的管理体制，整合力量，提高国家统计局的直接调查能力和对各地突发性事件等方面重大信息的反应能力，为准确及时地采集宏观统计数据提供制度和机制保障。改革后，在各省级地区设立国家统计局调查总队，在各地级市和部分县设立国家统计局调查队。调查队总人数达 1.9 万多，可以充分运用抽样调查的方法获取更多的统计信息。

二是加强对地方各级统计局的管理。

三是加强政府综合统计机构对部门统计的指导与协调。

四是加强对民间统计的引导和监管能力。

（二）建立适应中国实际情况，符合国际统计标准和一般规则，便于进行国际比较的现代统计调查体系和核算体系。

一是建立以必要的周期性普查为基础，以经常性的抽样调查为主体，同时辅之以重点调查、科学估算等多种方法综合运用的统计调查方法体系作为改革的目标模式，改进和完善各项普查制度，加强经常性调查与普查的衔接，加大抽样调查的实施范围，精简全面统计报表，积极采用行政记录收集统计数据。

二是健全统计指标体系。大力精简计划经济时期形成的统计指标，增加反映科技进步、人的全面发展、可持续发展和循环经济等方面的统计内容，完善社会事业、环境、资源统计，加强服务业统计，研究建立投资预警和监测指标体系。

三是建立统一、规范的统计标准体系。根据国际标准规范中国统计指标的涵义和计算方法，全面实现用 GDDS 的标准组织统计调查和公布统计数据，加快中国统计标准向国际标准的靠拢，进一步提高中国统计信息的透明度和国际可比性。

四是完善国民经济核算制度。全面实施《中国国民经济核算体系（2002）》，整合规范现行各项国民经济核算制度，逐步实现联合国 1993 年核算体系所提出的要求，建立统一、完善的国民经济核算体系。

（三）充分利用电子计算机、网络通讯及数据库等现代信息技术改造统计工作，全面实现统计设计与数据采集、传输、处理、管理、发布的网络化和高效化。

一是实施统计信息扩建工程。强化国家统计信息系统的基础设施能力、数据采集能力和数据共享能力。

二是建立国家宏观经济数据库。通过建立涵盖国民经济、社会发展、科技教育、环境资源等方面的宏观经济数据库，提高为中央政府宏观经济决策和社会各方面管理服务的水平。

三是加强企业统计信息化基础建设。进一步扩大企业网上直报的范围，引导建立和推广企业电子统计台账，建立面向基层企业采集数据的信息系统，确保企业数据源头的唯一性和真实性，减轻企业统计工作负担。

四是积极推广高新技术在统计领域的应用。大力推广遥感技术和地理信息系统在统计工作领域的应用，利用 POP 机等现代工具采集基层数据。

（四）建立完善的统计执法监督机制。

一是健全统计法律制度。积极建议中国全国人大修改《中华人民共和国统计法》，制定《中华人民共和国普查法》。研究制定其他有关法规。借鉴国际统计工作先进经验，将联合国统计委员会通过的《官方统计的基本原则》的基本精神和有关规定比较充分地体现到中国的统计法律制度中。

二是大力开展统计普法教育，增强全民统计法律意识。

三是提高统计执法水平。坚决依法查处那些利用职权非法干预统计数据、利用虚假数据骗取政治地位和荣誉、谋取经济利益的行为。

四是加强社会监督。充分利用各种新闻媒体，宣传统计知识，发布统计信息，并及时曝光各种统计违法案件。

（五）建立一支熟悉统计业务、具有良好职业道德和创新意识的统计队伍。

一是加快培养高素质统计专业人才。

二是发展统计教育事业。加强统计人员的岗位培训。

三是努力推动统计科学研究工作。

（六）提高统计服务水平，建立面向宏观管理、面向社会公众、面向国际社会的全方位开放式统计服务体系。

一是建立强有力的国家统计数据质量管理体系，确保国家统计数据的准确性、科学性和及时性。

二是提高统计监测和分析水平。研究建立符合科学发展观要求的经济社会发展综合评价体系。密切监测国民经济运行状况，及时反映经济发展趋势和存在的问题，紧密跟踪经济社会发展情况，及时揭示各种可能出现的倾向性问题，并研究提出有关政策建议，为政府决策服务。

三是积极推进统计信息社会化。办好中国统计信息网，建好中国统计资料馆，建立面向社会的统计资料文献服务系统。

主席，女士们、先生们，中国统计事业面临的挑战非常严峻，改革和发展任务十分艰巨，我们要走的路还很长，需要得到各有关国际组织和各国同行的大力帮助和支持，我们也有信心把中国的统计工作做得更好。统计是世界通用语言，国际统计事业是我们共同的事业。我衷心希望进一步加强我们之间的合作，互相交流，互相借鉴，努力推动国际统计事业的不断发展，更好地发挥统计在增进各国间的沟通了解，在描述、诠释和推动世界文明进步等方面的重要作用！

中国经济普查

——在经济普查国际研讨会上的发言

（2005 年 7 月 26 日）

首先，请允许我代表中国国家统计局，并以我个人的名义，对联合国统计司和中华人民共和国国家统计局联合在北京召开的经济普查国际研讨会表示热烈祝贺！对远道而来的各国、各地区统计局负责人、统计专家和所有与会代表表示诚挚欢迎和衷心感谢！

当前，中国正处在全面建设小康社会、树立和落实科学发展观、加快推进社会主义现代化建设的新阶段。新的形势对官方统计提出了更高的要求，中国的官方统计面临着繁重的任务和严峻的挑战。为此，近几年中国统计部门在完善统计体制、健全 GDP 核算制度、改进统计调查制度和方法、加强统计队伍和统计信息化建设等方面，推出了一系列的改革措施。调整国家普查项目和周期安排就是其中的一项重要内容。经中央政府批准，决定在 2004 年开展第一次全国经济普查。这是中国统计史上规模最大、范围最广、工作最为复杂的一次重大国情国力调查。这不仅是中国社会经济生活中的一件大事，也引起了国际社会的广泛关注。借此机会，我想介绍一下中国第一次全国经济普查的主要情况。

一、中国经济普查的由来

（一）中国普查制度的历史回顾。从 1949 年新中国成立到 2001 年的 50 多年间，中国先后共开展了 12 次全国性的重大国情国力普查。其中：人口普查五次、农业普查一次、工业普查三次、第三产业普查一次、基本单位普查两次。在 1994 年以前，由于当时特定的历史条件，中国普查项目的设置和周期安排尚未制度化。1994 年以后，为了适应建立社会主义市场经济体制的需要，中国政府明确了普查在统计调查体系中的基础地位，正式确立了国家的周期性普查制度，即每 10 年进行 6 次普查：人口普查、第三产业普查、工业普查、农业普查各进行一次，分别在逢 0、3、5、7 的年份实施；基本单位普查进行两次，在逢 1、6 的年份实施。

（二）中国原有普查制度存在的主要问题。从正式确立国家周期性普查制度到 2003 年，正好完成了一个周期的普查工作。回顾和总结这一轮的普查工作，确实取得了丰硕的成果，掌握了丰富的基础资料，深化了对基本国情国力的认识，为各级政府科学决策提供了重要依据，为社会各界提供了大量统计信息，也为提高国民经济核算质量、推进统计调查体系改革奠定了好的基础。但是，通过这一轮实践，我们发现原有的周期性普查制度也存在一些突出的问题。一是项目设置过多，10 年内要进行 6 次普查，任务比较繁重，对常规统计工作带来一定冲击；二是时间安排过于分散，无法提供同一时期、具有内在联系的可比性数据，与国家编制五年规划的时间也不衔接；三是涵盖面不全，没有将属于重要支柱产业的建筑业包括进来，难以全面反映国民经济的整体状况；四是普查立法滞后，被调查者的配合与支持程度下降，组织实施难度越来越大。

（三）中国普查制度的改革与完善。按原有普查制度，2003 年应进行第二次第三产业普查，但由于"非典"对服务业带来了巨大冲击，普查数据难以反映我国第三产业的实际水平。在此进退两难的情况下，我们决心对中国普查制度进行改革和完善，以彻底解决普查工作中存在的上述问题。2003 年 7 月，经国家统计局、国家发展和改革委员会、财政部共同研究，并报请国务院批准，决定对国家普查项目的设置和周期安排作重大调整。具体办法是：（1）保留原有的人口普查和农业普查，分别在逢 0、6 的年份实施；（2）将原定于 2003 年进行的第三产业普查推迟，并与计划在 2005 年及 2006 年分别进行的工业普查、基本单位普查合并，同时将建筑业纳入普查范围，在 2004 年进行第一次全国经济普查。全国经济普查每 10 年进行两次，以后分别在逢 3、8 的年份实施。这样调整之后，普查的项目有所精简，周期更加合理，覆盖面更全，数据更新加快，与国家编制五年规划的衔接更加紧密，资料的可用性将得到明显提高。同时，也有利于各项普查标准的协调统一和普查内容的相互衔接，使周期性普查、经常性抽样调查和重点调查成为有机配合的统一体。

二、中国经济普查的对象、内容和方法

（一）开展经济普查的目的。开展经济普查，主要是为了全面掌握第二产业和第三产业的发展规模、结构和效益等情况，建立健全基本单位名录库及其数据库系统，为研究制定国民经济和社会发展规划，提高决策和管理水平奠定基础，同时为社会各界和国际社会提供大量翔实的统计信息。这对于改革我国统计调查体系，完善国民经济核算制度，健全统计监测和预警、预报系统，也将发挥重要作用。

（二）经济普查的对象和范围。本次经济普查的对象，是在中国境内从事第二产业和第三产业的全部法人单位、产业活动单位和个体经营户。具体范围包括了除农业外的 19 个国民经济行业门类、90 个行业大类、378 个行业中类、875 个行业小类的全部经济活动。根据这次经济普查的初步汇总结果，全国有 500 多万个法人单位、700 多万个产业活动单位、近 4000 万个体经营户参加了这次普查报表的填报。由此可见，这次经济普查的覆盖面是相当大的。

（三）经济普查采用的调查方法。本次经济普查采用全面调查的方法，即由调查员对所有经济普查对象登门入户进行逐个调查。在全面登记阶段，个体经营户的户数和从业人数也是采取逐户登记的办法。考虑到个体经营户点多面广以及各地区的不同情况，为减轻工作量并确保数据质量，对个体经营户的生产经营情况，一部分地区采取了全面调查，一部分地区则采取了抽样调查的方法。

（四）经济普查的内容和表式。本次经济普查的内容，主要包括单位的基本属性、从业人员数量和构成、资产和财务状况、生产经营情况、产品产量、主要原材料和能源消耗、科技活动情况等。普查表式按照调查对象的不同类型，设置了法人单位调查表、产业活动单位调查表和个体经营户调查表。其中，法人单位又按不同行业和规模设置了 17 套不同的表式。

（五）经济普查采用的统计标准。建立既符合中国国情、又与国际通行规则基本接轨的现代统计体系，是本次经济普查的既定目标之一。中国这次经济普查共采用了 18 个统计分类标准和目录，以保证经济普查资料的统一性和可比性。其中，《国民经济行业分类与代码》基本对应于联合国统计司编制的《全部经济活动的国际标准产业分类》（第三版），并专为经济普查重新制定了《主要工业产品产、销、存目录》。

（六）经济普查的时间安排。这次经济普查的标准时点是 2004 年 12 月 31 日，时期资料为 2004 年度。工作步骤是：2004 年 12 月 31 日以前为普查准备阶段，2005 年 1－5 月为普查填报阶段，2005 年 5－8 月为普查数据处理和上报阶段，2005 年 9－12 月为普查数据评估和发布阶段，2005 年 9 月至 2006 年 6 月为普查资料开发应用和总结表彰阶段。

三、中国经济普查的组织实施和主要特点

（一）建立强有力的领导机构。中国政府对开展经济普查高度重视。2003 年 11 月，国务院第 28 次常务会议通过了开展第一次全国经济普查的决定，并通报全国。接着，成立了由国务院副总理任组长、国务院常务副秘书长以及国家统计局、国家发改委、中宣部、中央编办、民政部、财政部、税务总局、工商总局和质检总局等有关部门负责人组成的国务院第一次全国经济普查领导小组，全面负责经济普查的组织和实施。国务院第一次全国经济普查领导小组办公室（以下简称"国务院经济普查办公室"）设在国家统计局，具体负责经济普查的日常组织和协调。地方各级人民政府均设立了相应的经济普查领导小

组及其办公室，具体负责组织实施其辖区内的经济普查工作；街道办事处和居（村）民委员会以及大型企业也设立了经济普查机构，负责本地区或本单位的经济普查工作。国务院和地方各级人民政府的有关部门也明确了各自的职责分工，按国务院经济普查办公室的统一要求负责做好与经济普查相关的各项工作。

（二）制定科学严谨的普查方案。按照科学性和可行性相结合的原则，国务院经济普查办公室立足中国国情，在认真研究借鉴美国等有关国家经济普查方案、反复征求各有关方面意见的基础上，于2004年4月制定了《第一次全国经济普查方案》，并选择部分地区开展了综合试点工作。根据试点过程中发现的问题和各地区、各有关部门以及国内外专家学者的意见，国务院经济普查办公室对方案多次作了系统修改和完善。2004年9月，《第一次全国经济普查方案》经国务院经济普查领导小组批准后，由其办公室向各地区、各有关部门正式布置实施，并逐级对普查员和普查指导员开展了全面的综合培训。以《第一次全国经济普查方案》为基础，各地区还根据自身的实际情况，研究制定了适合本地区的实施办法。

（三）开展声势浩大的舆论宣传和社会动员。为使社会各界特别是第二产业、第三产业的全部法人单位、产业活动单位和个体经营户充分认识经济普查的重要性，积极参与和配合经济普查工作，各级普查机构和宣传部门充分利用报刊、广播、电视、互联网和户外广告等媒体，开展了声势浩大的社会宣传动员和经济普查知识普及活动。制定了"经济普查，利国利民"、"经济普查，盘点过去，把握现在，指点未来"等通俗易懂的宣传口号，开展了广泛深入的宣传动员，做到家喻户晓，人人皆知。中央和地方各主要新闻媒体都对经济普查工作的进展情况进行了追踪报道，为经济普查顺利实施创造了良好的社会氛围。

（四）落实必要的经费和物资保障。经济普查所需经费，由中央和地方各级人民政府共同负担，并列入相应年度的财政预算。另外，考虑到基层特别是中西部地区的经济状况，国务院经济普查办公室还用中央财政安排的资金，为这些地区购置了数据处理的计算机及其配套设备，还为一些地区购置了必要的交通工具，解决了这些地区的实际困难，有力保证了全国经济普查各项工作的顺利进行。初步估计，中央和地方各级财政为这次经济普查总共支付约 30 亿元的资金。

（五）严格依法开展经济普查。为了使这次经济普查更加规范化、法制化，中国政府依照《中华人民共和国统计法》专门制定了《全国经济普查条例》，于 2004 年 9 月 5 日由温家宝同志亲自签署了第 415 号中华人民共和国国务院令，向全社会公布施行。这个条例不仅对经济普查的目的、对象、范围、组织实施、工作任务和应当遵循的原则等作出了明确规定，而且对普查对象、普查机构和普查工作人员在经济普查活动中的权利、义务以及违法行为所应承担的法律责任等都作出了具有法律效力的严格界定。随后，国务院经济普查办公室、国家统计局、中华人民共和国监察部还联合发布了《关于严肃查处经济普查活动中违纪违法行为的公告》和《关于严肃查处经济普查活动中违纪违法行为的通知》，并向全社会公布了举报电话和电子信箱，加大了执法检查力度。在整个工作过程中，我们始终高举依法普查的旗帜，一方面对普查对象作出了信守其商业秘密和个人隐私的庄严承诺；另一方面，对不配合或填报虚假数据者依法予以严厉惩处，取得了较好的效果，使这次经济普查真正成为依法行政的一次重大实践。

（六）精心组织实施经济普查。根据《全国经济普查条例》和《第一次全国经济普查方案》的要求，中国经济普查大体按以下几个步骤实施。

1. 从严选调人员和组织培训。各级经济普查机构从统计系统内部抽调或从有关部门商调并从社会上招聘了共约 300 多万工作人员，组成了一支强大的普查员和普查指导员队伍。同时，动员行政事业单位和企业的统计、财务人员约 700 万人，参加普查资料的填报工作。这样，直接参与经济普查工作的总人数超过 1000 万人。我们对他们逐级进行了普查业务和调查、填报技能的培训，经考核合格后持证上岗。各级普查机构特别是工作在第一线的普查人员认真负责，任劳任怨，干得非常出色，涌现出许多十分感人的事迹。

2. 深入开展单位清查摸底。在普查表填报之前，基层普查机构都严格按照事先划分的普查小区，以本地区现有基本单位名录库资料为基础，结合有关部门提供的单位行政登记资料，对普查小区内所有普查对象进行了"地毯式"的逐一清查核实，形成了全面、系统的基本单位名录资料，为普查登记工作奠定了较好的基础。

3.全面进行普查登记。从2005年1月1日开始，全面进入了普查登记的实战阶段。全国普查员逐门逐户开展普查登记和普查报表的搜集、审核和验收工作。普查对象的报表回收率几乎达到100%。在整个普查登记期间，各级普查机构都建立了数据质量控制岗位责任制，对每个环节实行了质量控制和检查验收，并对上报的数据进行认真分析和综合评估，严把质量关。

4.认真做好数据处理工作。根据地方各级经济普查机构的数据处理设备状况和工作人员的技术水平，国务院经济普查办公室与有关技术机构共同研制了两个版本——即网络版和单机版的经济普查数据处理专用软件，并对各省、自治区、直辖市的技术骨干进行了培训，各级经济普查机构均按统一规定的数据处理工作流程和操作规范，直接对经济普查的基层表数据进行汇总，并按统一规定的时间、数据格式和其他各项要求层层上报经济普查数据。

5.严格开展数据质量抽查。按照全国经济普查工作的总体安排，地方各级的经济普查原始报表和综合数据（电子版）已于今年6月10日前分两批全部报到了国务院经济普查办公室。为评估经济普查的数据质量，要求各地首先进行自查。同时，国务院经济普查办公室制定了《第一次全国经济普查数据质量抽查实施办法》，于6月中下旬从各省（区、市）的经济普查机构中抽调了大量工作人员，组成31个质量抽查组分别对各省（区、市）的经济普查数据质量进行了抽查。抽查采取分层等距抽样的方法。抽查的内容主要包括抽查对象的漏报或虚报情况、普查表的填报质量和数据录入质量等，为数据评估和数据使用提供参考依据。

从以上工作可以看出，这次全国经济普查有以下几个特点：一是充分发挥了我国政府的行政动员能力；二是这次普查的规模之大、涉及范围之广，在中国历史上是空前的，在世界上也是罕见的；三是借鉴国际经验，设计了一个比较好的普查方案；四是坚持依法开展普查，这次经济普查不仅是依法行政的重大实践，也是一次极为广泛而深刻的普法教育活动，增强了各方面的法制观念；五是各部门积极配合、密切协作。在整个普查过程中，工商、税务、民政、编制、质检等部门始终密切配合，协同工作，特别是七个单独组织实施本系统经济普查的部门，以及财政、发改委、宣传、法制等部门都给予了宝贵的支持；六是充分利用了现代信息技术，数据的录入、汇总全部使用计算机，实现了网络化处理，极大地提高了工作效率。

尽管在普查中个别地区和少数普查对象，由于有各种思想顾虑，存在着虚报、瞒报、拒报等现象，甚至个别地方还出现过人为干扰普查工作的行为，但由于这毕竟只是个别现象，且一旦发现就坚决予以纠正，故从总体上看，我们认为这次经济普查的数据是比较可靠的，能够反映我国第二、三产业的客观情况。

四、经济普查的后期工作安排

目前，大规模的普查登记和数据处理工作已基本完成，现在已经到了收获的季节，也是到了回报国家和社会的时候了。在这个关键阶段，我们打算做好以下工作。

（一）建立健全基本单位名录库系统。这是经济普查的一项延续性工作，也是必须实现的一项重要目标。要在普查获得的基本单位名录资料的基础上，建立起一个完整的基本单位名录库，并建立制度，由统计局、工商总局、税务总局、中编办、民政部、质检总局等有关行政部门共同维护这个名录库，及时更新名录信息，使之成为动态的基本单位名录库。这对于政府经济管理、科学研究以及统计工作本身都是非常有用的。为此，还需要通过衔接和统一有关部门的单位认定标准和代码，逐步规范和统一相关的信息技术与标准，使基本单位名录库在非普查年份的维护更新工作规范化和制度化，并在此基础上逐步建立和完善上下协调统一、部门间相互衔接、互为补充、信息共享且能适时更新的基本单位名录库系统。

（二）修订历史数据。经济普查与年度统计数相比，要翔实、全面一些，两者之间必然出现差异。根据美国等国家的经验，要以审定后的经济普查数为基础，对历史数据进行修订。这不是修改历史，而是为了更客观、准确地反映经济社会的发展过程，还其历史真面目。这也是下一步必须开展的工作。如何修订历史数据，切实搞好数据的衔接？我们真诚希望与会的专家们给以指导。

（三）建立健全第三产业的统计调查体系和制度。在计划经济年代，往往比较重视物质生产部门的统计，而对服务业的发展及其统计工作一般不太在意。这个历史后遗症直到现在也没有完全消除。主要是第三产业的统计范围和统计单位客观上存在一些遗漏，因而导致我国第三产业在 GDP 中的比重明显偏低。通过这次经济普查，我们一定要把中国第三产业的统计指标体系、统计调查的制度方法、数据采集的渠道等建立、健全起来，并在以后严格执行，做到真正反映我国第三产业的实际水平。

（四）下大力气做好经济普查资料的开发应用。这次经济普查的数据浩瀚，内容颇丰，是一笔极为宝贵的财富，必须充分加以开发应用。经济普查的主要汇总数据经过审核后，大约在 9 月份开始陆续由国务院经济普查办公室和国家统计局正式向国内外发布。在此之后，各地也要陆续发布主要普查数据的公报。我们还要组织科研机构、大专院校等各种社会力量，采用定向招标的方式，开展重大课题的研究。普查资料开发应用的重点是：为制定第十一个五年规划提供详细的基础资料；对国民经济现状进行深入研究，为国家宏观决策提供参考；根据社会公众特别是工商企业的需要，加工整理并提供有关信息。同时，还准备把经济普查数据与电子地理信息相结合，形成中国经济地理信息系统，以比较直观的形式展示给各类用户。

女士们、先生们，在中国开展经济普查尚属第一次，我们缺乏经验，在工作中也难免存在一些考虑不周之处，恳切希望与会的各国代表和专家批评指正！

谢谢大家！

第一次全国经济普查圆满结束

——国务院新闻办举行的中外记者招待会实录

（2005 年 12 月 20 日）

2005 年 12 月 20 日，国务院新闻办公室举行新闻发布会。国家统计局局长李德水应邀介绍第一次全国经济普查结果等方面情况，并回答了中外记者的提问。

主持人郭卫民：女士们、先生们，上午好！今天我们请来国务院第一次全国经济普查领导小组副组长、国家统计局局长李德水先生，介绍第一次全国经济普查结果等方面的情况。出席发布会的还有国务院第一次全国经济普查领导小组办公室主任、国家统计局副局长林贤郁先生。现在请李德水局长做介绍。

李德水：女士们、先生们，今天，我将第一次全国经济普查的主要情况，特别是利用普查资料核算的 2004 年 GDP 数据及其使用意见，向大家作一简要通报。

一、经济普查的主要情况

为适应经济和社会发展需要，并与国家编制五年规划作好衔接，推进国民经济核算与统计调查体系综合配套改革，国务院于 2003 年 7 月决定，将原有的工业普查、第三产业普查和基本单位普查合并，并将建筑业纳入普查范围，在 2004 年开展第一次全国经济普查。普查的标准时点是 2004 年 12 月 31 日，时期资料为 2004 年度；普查对象是在我国境内从事第二产业、第三产业的全部法人单位、产业活动单位和个体经营户。经过各地区、各有关部门近两年的共同努力，经济普查的主要任务已圆满完成。这期间主要做了以下工作。

一是组建普查机构，选调普查人员。国务院成立了以曾培炎同志为组长的第一次全国经济普查领导小组，办公室设在国家统计局。各地区和各有关部门也成立了相应的普查领导小组和工作机构。全国各地共组织培训了300多万名普查员、普查指导员，他们与700多万名机关、企业、事业单位的统计、财务人员共1000多万人参加了普查活动。

二是制定普查方案，开展宣传动员。立足于我国国情，借鉴有关国家的经验，经充分征求各地区、各有关部门和专家学者、调查对象的意见，并进行试点后，制定了经济普查方案。中央和地方各级财政均安排了专项普查经费。各级普查机构采取各种形式，广泛、深入地开展了舆论宣传和社会动员工作，基本做到了经济普查家喻户晓，人人皆知。

三是公布普查条例，依法开展普查。经国务院审定并由温家宝同志签发了《全国经济普查条例》（国务院第415号令）。依法查处了普查中发生的虚报、瞒报、拒报等违法违纪案件5377起，保障了经济普查工作的顺利进行。

四是严格审核普查数据，认真开展质量抽查。这次普查共收到各地区和有关部门报送的基层普查表3000多万张（不含个体经营户），"原汁原味"的第一手数据10.6亿笔，以及各省（区、市）报送的综合表2万多张。为了确保普查数据质量，在普查的每个环节都实行了严格的质量控制。质量抽查结果显示：数据填报的综合差错率仅为4.9‰，控制在1%的预定目标之内。

总之，这次经济普查是一次重大的国情国力调查，是依法行政的一次重要实践，也是为全面落实科学发展观做的一项重要的基础性工作。从总体上看，这次经济普查工作是成功的，获取了大量丰富翔实的数据资料，真实地反映了我国改革开放和现代化建设的成果和综合国力。

二、经济普查的主要成果

（一）进一步摸清了我国第二、第三产业的"家底"。通过经济普查，全面掌握了反映我国第二、第三产业发展状况的大量基础信息。其中的主要数据，最近已以普查公报的形式发布。

（二）初步建立了我国第二、第三产业基本单位名录库及其数据库系统。这次经济普查的所有基层原始数据，都已进入国家统计局的经济普查数据库。不仅可以进行全国数据汇总，而且可以根据需要，随时加工出按地区、行业、规模和所有制等各种分组的数据，开展各种分析研究。国家统计局、中央编办、民政部、税务总局和工商总局还联合建立了全国基本单位名录更新制度。

（三）查实了 GDP 总量和三次产业的比重。利用这次经济普查资料初步测算，我国 2004 年 GDP 现价总量为 159878 亿元，比年快报核算数增多 2.3 万亿元，增加 16.8%。其中，第一产业因不在这次普查范围之内，仍采用年报核算数，其增加值为 20956 亿元，占 GDP 的比重为 13.1%，比 2004 年快报核算数所占比重的 15.2% 降低 2.1 个百分点；第二产业增加值为 73904 亿元，比年快报核算数增加 1517 亿元，占 GDP 的比重由 52.9% 降为 46.2%，降低 6.7 个百分点；第三产业增加值为 65018 亿元，比年快报核算数增加 21297 亿元，占 GDP 的比重由 31.9% 上升到 40.7%，提高 8.8 个百分点。在 GDP 总量多出的 2.3 万亿元中，第三产业增加值增加 2.13 万亿元，占 93%。

出现上述情况的原因，主要是常规统计中第三产业存在明显的漏统问题。一是 20 世纪 80 年代以前，我国国民经济核算体系长期采用计划经济体制下的物质产品平衡表体系（MPS），服务业统计非常薄弱。20 世纪 90 年代以来，我国国民经济核算体系与国际通行的核算标准（SNA）逐步接轨，虽然服务业统计得到了一定加强，但基础统计工作尚没有完全跟上。二是从事第三产业领域的单位量大面广，情况复杂，财务制度不健全，统计手段相对落后。三是随着改革的深入，经济成分日益多元化，特别是私营、个体服务业发展迅速，由于非常分散、变动频繁，加大了组织统计调查的难度，存在一定的漏统情况。

例如，在个体、私营经济成分占较大比重的交通运输仓储邮电通信业、批发零售贸易餐饮业、房地产业三个行业中，普查后的增加值比常规统计多出近 1.5 万亿元，占第三产业新增部分的 70%。四是新兴服务业大量出现，发展很快，但由于资料不全，常规统计难以准确核算，造成核算数据偏低的现象。例如，计算机服务业、软件业、互联网信息服务和卫星传输服务业、娱乐业、租赁和商务服务业、家政服务业等，虽然在常规统计中通过相关资料推算等方法作了统计，但很不充分。五是工业、建筑业企业办的一些附属服务业，有的被混统在第二产业中，但更多的被漏统了。

通过经济普查，进一步查清并补上了第三产业漏统的部分，三次产业结构更加符合我国的实际情况，与发展中国家的一般水平也比较接近。调整后我国 GDP 总量虽略有增加，但人均水平仍在世界第 100 位之后。

各地区也利用经济普查中获得的基本单位原始资料和国家统计局统一规定的核算方法对本地区生产总值进行了核算。国家统计局对各地区的核算数据进行了联审，地区汇总数与国家核算数的 GDP 总量和三次产业结构都比较接近。通过这次普查，将一些地区统计和核算中历史遗留的第二产业特别是规模以下工业存在的"水分"挤掉了，第三产业增加值在常规统计中漏统的部分补上了，各地区的 GDP 总量和结构也发生了变化。

通过经济普查，基本上统一了 2004 年国家和地区 GDP 核算的基础资料，进一步规范了核算制度和方法，推进了统计工作的科学化、法制化、标准化。统计部门正在认真总结经验，特别要健全完善第三产业统计制度方法，加强和规范规模以下经济的统计调查。

为了保持 GDP 数据的历史可比性，按照国际惯例必须对历史数据进行修正。目前，国家统计局正在以经济普查年度的 GDP 核算数据为基础，采用经济合作与发展组织（OECD）普遍使用的趋势离差法，对 1993 年以来的历史数据进行相应修正。修正结果另行公布。

根据国务院的决定，各级人民政府和各部门要以这次经济普查资料作为进行 2005 年国民经济核算、总结"十五"时期经济社会发展情况、编制"十一五"规划和 2006 年计划的基础。

在经济普查资料的公布、使用和开发利用过程中，各地区、各有关部门要继续按照《统计法》和《全国经济普查条例》的规定，保守普查对象的商业秘密和个人隐私，认真兑现不以普查资料作为对普查对象实施处罚依据的承诺。我的通报就到这里，谢谢大家。下面我和林贤郁副局长愿意回答大家提出的问题。

埃菲社记者： 根据新公布的数据，中国的 GDP 总量同法国和英国相比已经不太遥远了，您是否可以给出您的预测，什么时候中国的 GDP 总量会超过上面所说的两个国家，达到世界第四位？

李德水： 确实，我们去年的数字在世界上的位置，应该说前移了一位。在 2001 年到 2002 年，中国已经是世界第六位，2003 年到 2004 年，因为欧元的升值意大利又变为第六位，我们变为第七位。这次普查的结果，中国 GDP 总量折算成美元已经超过意大利了，成为第六位。

根据国际货币基金组织公布的数字，英国和法国 2004 年的 GDP 总量折合美元，英国是 21330 亿，法国是 20463 亿，排第四、第五位。中国这次调整以后，从 16537 亿美元，调整到 19317 亿美元，按照国际货币基金组织的统计，这跟法国和英国相比还是存在一定差距的。至于要预测什么时候能够赶上他们，关键看 2005 年中国最后核算下来的增长率是多少、总量是多少，还要看法国 2005 年的核算结果是什么，这个预测我想差距是越来越小，总的趋势是 2005 年也可能接近法国，我觉得下一步超过英国并非遥远的事情。

中央电视台记者： 第一个问题，这次公布最新的数据是不是意味着我国去年的综合国力大大增强了呢？第二个问题，在这样一个数据的影响下，我国的宏观经济政策会发生什么样的变化？

李德水： 你这个问题问得非常好，也是大家关注的问题，我想跟你多说两句。经济普查之后，把 2004 年中国的 GDP 数量作了调整，增加了 2.3 万亿元，这毫无疑问，说明我们对中国综合国力的认识发生了变化，确实正如我刚才发布消息的时候讲到的，更真实地反映了中国改革开放的成果和综合国力。至于明年宏观政策是不是会变化，这就说来话长了，而且非常重大，总量变化这么多，宏观经济增长是不是变化？或者反过来问，原来制定的宏观经济政策是不是有问题？统计数据是不是误导了？很自然会提出这些问题。

我可以断然地说，中国过去的统计数字并没有影响宏观经济决策，也不会因为这次普查而改变我们现在制定的宏观经济政策。因为第一，过去的统计数字虽然对 GDP 的估计偏低，但是还是反映了中国经济社会发展的总体水平和总趋势，只是在统计数量上存在一些误差，并没有对过去中国经济发展的基本面重新估计，对中国经济基本的判断和经济社会发展的基本条件和环境的估计并没有因为这次经济普查的结果而发生根本性的改变。

再从这次经济普查的结果来看，中国经济生活中存在的各种突出问题，比如能源消耗过高，其他资源消耗过高，我们的投入产出比不是很理想，经济效益不是很理想，以及我们的经济增长方式仍然很粗放，这些重大问题都没有因为经济普查数据调整而发生本质性的变化，正如我们已经发布的一、二、三号公报里的数字，大家可以看到，这些基本矛盾、基本的问题没有发生根本变化。所以，我们大的政策也不会改变，为什么改变呢？难道转变经济增长方式还能够动摇吗？粗放发展的经济还能够允许继续下去吗？

就拿三产来说，第三产业的比重虽然从 31.9% 提高到 40.7%，这也不高，加快三产的发展仍然是今后一个重要的任务。我们第三产业的发展水平只是与发展中国家相接近，发达国家的第三产业发展，像美国已经 75%，英国、法国、德国、日本都在 60% 以上，70% 左右，印度都 51.2% 了，中国 40.7% 算高吗？我们比印度低那么多，难道我们不应该向印度学习吗？应该加快第三产业的发展，这些政策都是毫无疑问的。

所以，这次普查的结果只是在一些比例关系上，跟 GDP 有关的比例关系发生了一些变化，变化了多少呢？就是 16.8%，如此而已。一些基本问题，经济生活中的主要矛盾不会因为普查之后而对它有重新的评价或者这些问题就不存在了，不是这样的。所以，不会改变我们的宏观经济政策，这些大的决策都是符合中国实际情况的，还要坚定不移地贯彻执行。

我再补充两句,由于第三产业的比重提高了,带来了 GDP 总量增加比较多,这本身也不是说跟经济政策毫无关系,还应该看到它带来了很多积极的方面。比如说第一,通过经济普查,发现原来对中国第三产业的增加值低估了。实际上作为统计部门,早就深有感触,知道三产低估了,只是苦于我们现行的体制和方法,在常规体制中解决不了,所以我们才下决心搞经济普查,现在证实了我们原来的判断,这是很欣慰的事情。

第二,这个数字表明了中国经济增长的结构比原先统计反映的更合理、更健康。比如说前一段时间国际上有一个说法,说中国经济增长主要是靠制造业拉动的,还有一种说法是靠强劲的出口拉动的,现在看来不能简单地判断。从我们普查的结果看,服务业对拉动中国经济的增长也功不可没。另外,服务业和消费的关系又最直接,也说明中国消费在三大需求中的拉动作用也是不可低估的。这次普查的结果带来了一系列比例关系的变化,这都说明什么?说明我们对中国经济结构有些新的认识,对一些比例关系的判断改善了,不像原来估计的那么差,由此增强了中国在今后一个时期可以保持长期、较快发展的信心,对我们制定宏观经济政策是有帮助的,是很有意义的事情。

布隆博格记者:我想听听您对 GDP 调整之后,在未来两至三年对经济增长影响的看法。现在已经对 2004 年的 GDP 进行了调整,2005 年 GDP 的增长又将会是如何呢?新的调整过的数据是否会对中国石油消费的数据有一定的影响?因为在这个领域里有更多的石油消耗会增长更高。另外,您是货币政策委员会的成员,现在在国际上有许多经济学家说,经济普查数据的发布会使得中国政府面临更多的压力,因为通过这个数字可以看出来中国比以前更富有了,中国在汇率改革方面应该行动得更快一些,是否应该把汇率改革放松的步伐加快?

李德水:普查数据公布以后,2005 年的增长率要以普查资料为基础,基数是不一样的,肯定跟我们去年常规统计的状况有一些变化。究竟增长多少?12 月的数字还没有出来,所以现在还不能告诉你。至于经济普查和石油消费的关系,我想没有什么直接的关系,如果说有关系的话，只是万元 GDP 消耗的石油会减少、会下降。我们国家已经制定了很多节约能源的措施，发展循环经济，这方面一定会取得更大的成果，我相信中国石油的消费强度会下降的，总量的增长也会缓慢一些。

关于汇率问题，经济普查之后会影响中国汇率政策？我不觉得有什么直接的关系。你说中国通过经济普查之后，国力增强了，总量大了，所以我们汇率改革应该更快一些。我想我们从今年 7 月 21 日推出汇率制度的改革，实行以市场供求关系为基础，有管理的浮动汇率制度，取消了盯住某一种货币的政策，而采取参照一揽子货币的政策，这是一个很大的进步，是一个重大的改革，也是一个充满智慧的改革方案。这个方案的出台时间才半年，实践证明是成功的。我们不可能朝令夕改，老是变化，这个政策会长期保持下去的，汇率政策不应该经常、随意地变动，这是很慎重的事情。

上海东方卫视记者：我们目前采取的核算方法是分级核算，虽然这次普查结果是非常成功的，但是鉴于这个方法本身存在着一些缺陷，导致了最后核算结果可能会有一定的不准确性。请您介绍一下我们下一步将采取的下算一级的核算制度，还有正式采用的时间。谢谢。

李德水：这几年中国 GDP 的核算制度改革做了很多工作。我们建立了初步核算、初步核实、最终核实三次核算和公布的制度，改变了过去"一锤定音"的做法，这是一个很大的进步，跟国际惯例衔接了。另外，对地方的核算，我们采取了联审制度，国家局对各个省区市的数据要进行联审，把他们也请来一块联审，这对提高数字的质量也是很有帮助的。另外，国家统计局还建立了国民经济核算专家咨询小组，我们每一个季度、每年的核算都要请专家们进行评估，这也提高了我们核算的水平。

这一次经济普查的核算工作很有意思。各地方都利用普查中获取的基础资料、基本单位原始的素材来核算，跟国家统计局核算的结果基本上一致了。而且用国家统计局统一规定的核算方法，在方法上也作了一些规范。这就改变了过去地方核算的汇总数和国家核算的数字差距过大的现象，是非常可喜的一件事情。

关于下算一级的时间表。现在很多的省（区、市）已经在试行对市、县两级下算一级。国家统计局对省统计局，现在还是先由省统计局算了之后国家统计局再审核，下一步恐怕也要向下算一级的方向过渡。这项工作还是要一步一步地走，最后全面推开。

香港《大公报》记者：我想请问一个关于统计工作改革的问题。因为在这次经济普查中反映出一个很重要的情况，我们以前的方法不能客观准确地反映出经济工作的全貌，今后是否会进行某些方面大的改革，使 2005、2006 年的统计数据更能显示这种状况？会不会出现 2006 年第三产业 GDP 的比例又出现 31% 的情况？比如说我们过去各个省、市的 GDP 都报得比国家统计局的数字要高，而且国家统计局若干领导都批评过各个省市统计的工作，但是按以前各个省市统计的数据加起来，正好可以反映出真实的经济全貌，不知道您对这个问题怎么看？我们了解到有大量的个体私营企业家在全国进行第一次经济普查的时候，都存在低报数据的情况，这也是一个真实的情况。想了解一下我们如何可以真实获取这个数据，如何保证数据的准确度？谢谢。

李德水：这个问题内容很丰富。关于中国统计的改革问题，你说得很对。我在上个月召开的中国统计改革与发展国际研讨会上作了一个长篇的主题报告，介绍了中国统计的现状、面临的挑战、存在的问题、我们改革已经取得的成果和下一步改革的思路，我就不给你详细介绍了，如果你有时间，可以查阅国家统计局的网站。在这次国际研讨会上，国际统计界的同行们对中国统计工作都给予高度评价，我就不说了。

至于明年会不会走回头路，2004 年的普查数字跟常规年度的数字有这么大的差距，今年、明年和非普查年份的数字，能不能保证不出现大起大落？这正是我们所担心的问题，也是大家关心的问题。这次经济普查结果只是对 2004 年中国经济社会发展的一张快照，把这张照片照得比较清晰，在常规年度的统计中是不可能这么细的。怎么解决这个问题？我们采取了以下几个措施，或者准备采取以下几个措施：

第一，从重点入手。因为这次暴露出的问题主要是第三产业统计不全面，我们抓住第三产业在统计中存在的问题，建立制度、完善制度，哪些方面、哪些行业容易遗漏，把它解决好，我们已经制定了一套办法来解决这个问题。

第二，我们在体制上也有了保证。今年经过中央编委、国务院的批准，中国国家统计局直属的三支调查队，即农调队、城调队、企调队合并为一个队，省一级叫做调查总队，这项改革力度是很大的，以加强领导、整合资源。在这项改革中我们附带着对国家统计局内部机构的设置进行了调整，专门设立了服务业调查中心，这个中心已经开始运作，对一批第三产业行业设计了专项抽样调查的方案，把这些数字及时地反映上来。另外，我们机关司局的设置也增加了一个社会科技机构，把人口科技司一分为二，强化社会事业的统计。

第三，加强和部门的联系。国务院各部门的统计很多是服务业的统计，这方面信息的采集和交流的制度要强化。

第四，靠法制来解决。加强《统计法》的执行。全国人大常委会决定要修改《统计法》，修改《统计法》的工作正在紧锣密鼓地进行之中。

还有一点非常重要，我们这次普查之后，建立了基本单位名录库，而且建立了基本单位名录库的更新制度，能够经常地把新的情况反映进来，成为一个活库。在常规统计年度中，只要充分用好基本单位名录库，很多信息可以获取。您担心的这个问题提得很重要，我们绝不能像1993年第一次第三产业普查一样，当年普查以后三产的比重提高了几个百分点，结果到后来又慢慢退回来了，这种历史绝不允许重演，要从制度等各方面完善起来，在年度常规统计中不能出现大起大落。

至于地方的数字，去年各地的年报初步核算数比国家统计局的数字更接近这次普查的数字，这不能说明谁准确谁科学。可以说这次经济普查把全国和各地区的实际情况搞清楚，是各级政府、各级统计部门的共同心愿，各地方都非常努力、非常认真。最后结果是有一部分省比原核算数减少了，有一部分省比原核算数增加了，具体是19个省（区、市）比原来的年快报数增加了，面很广，有12个省（区、市）比原来的年快报数减少了，所以数字是有增有减，但内容却是不一样的。

这次普查把基础资料搞准了,把过去的水分挤掉了,有的是把遗漏补上了,更准确、更科学,这是个好事情。各地方对这次普查的反映也是很好的,他们都希望搞得准一些,特别是有些历史包袱,20 世纪 90 年代初甚至 80 年代虚报的数,说不清楚,扔也不好扔,扔了等于否定以前的政绩,留着是背着大包袱,加进来很困难。这次一刀两断,可轻装上阵,以新的起点进入第十一个五年计划。

《中国信息报》记者:我国将于明年进行第二次全国农业普查,如果普查数据出来以后,多出来一块,请问李局长,今天公布的数据是不是还要进行一些调整?谢谢。

李德水:明年的农业普查也是一次非常重要的国情国力调查,农业普查的内容是六个方面:一是从事第一产业活动的单位和农户的生产经营情况;二是乡镇村委会和社区环境情况;三是农业土地利用情况;四是农业和农村固定资产投资情况;五是农村劳动力的就业情况;六是农民生活质量情况。原则上一产的农业普查、一产的 GDP 增加值的核算问题不是主要的内容,也不会作大的调整,而且过去农业的核算基础是比较好的,明年不至于因为农业普查完了以后又对这次经济普查的数字做大的调整。再说农业占的比重也很低,即便有点变化,也是很少的,是微乎其微的。

《上海证券报》记者:因为消费对经济的拉动在增加,过去大家所担心的通缩问题是不是有所减缓?谢谢。

李德水:最终消费对 GDP 的贡献率,因为普查数据调整之后确实升高了,从 36.3% 提高到 37.8%,这是积极的现象。至于通缩的问题,我可以作一个简单的回答:中国经济生活中目前既有通胀的因素,也有发生通缩的因素,但是目前实际生活中并没有出现明显的通缩和明显的通胀现象,我们要积极地防止通胀的发生,也要认真地预防通缩的出现。

道琼斯通讯社记者:您刚才说 2005 年的数字也应该有变化,请问现在你能猜出来 2005 年全年的数字改变应该到多少吗?您预测 2005 年第四季度 GDP 增长应该是多少?

李德水：2005 年第四季度还没过完，2005 年的核算还没进行，所以我不知道。但是，在明年 1 月 20 日左右，我们将在这里发布 2005 年全年的数字，2 月 28 日左右还要发布 2005 年经济社会发展的统计公报，那时候就可以有个全面的回答了。

李德水：回答问题到此为止，我还想跟大家讲几句话。首先，这次经济普查的结果，中国的 GDP 总量增加了 2.3 万亿元，在国际上的排位也可能略有前移，对这件事情大家都很关注，我觉得应该有一个正确的看法，也就是说要用平常心去看待这件事情。通过经济普查，发现 GDP 的总量有变化，然后作出调整，这是国际上通常的做法。东南亚某一个国家经过普查以后 GDP 总量调整了 18%，欧洲一个国家经过普查以后调整了 17%，这都是很正常的，我们调整了 16.8% 不是创世界纪录的事情。

另外，经济普查的数据，从根本上说是反映经济社会发展水平的统计信息通过普查得到了改善，而并不是中国的经济社会本身发生了什么重大变化。前几天有的媒体说，中国将在今天上午一下子长高几岁，这只是一个表观数量上的概念。中国有一首歌里唱道"山还是那座山，梁还是那道梁"，经济普查本身不可能创造 GDP，也不可能因此而增加可支配的财富。如果那样的话，我们多搞几次经济普查，什么活都不用干了，那多好，这是个基本常识的问题。有的公众也提出来，GDP 总量增加这么多，我口袋的钱是不是也要增加了？这也是两码事情，相信大家都是能够理解的。

还有一点我想说一下，借此机会向公众、向全世界说清楚，中国通过这次经济普查，虽然经济总量增加了 16.8%，在世界排位稍稍往前走了一点，但是中国的人均 GDP 还在世界的 100 多位。按照国际货币基金组织的算法，我们去年普查后的排位，人均 GDP 在世界占 107 位，从原来的 112 位上升到 107 位。而按世界银行的算法和他们公布的数字，我们去年的排位从第 132 位上升到 129 位。即便调整之后，中国的人均 GDP 还只有全世界平均人均 GDP 的 1/5。

我们更不能忘记中国还有 1 亿多的贫困人口。到去年底，中国农村没有解决温饱的农民，也就是说生活在年人均纯收入 668 元以下的贫困人口还有 2610 万人，生活在 668 元以上到 924 元以下的低收入的贫困人口还有将近 5000 万人。加上各种突发因素和特殊的情况，实际工作当中建档立卡需要政府帮困的贫困农民有将近 1 亿人。城市还有2000 多万需要政府给予最低生活保障补贴的人口，城乡加起来，大数是 1.2 亿生活困难的人口。大家想一想，世界上总人口达到 1.2 亿的国家才有几个？

我们还要看到，中国的经济为了实现这样的增长，在能源和其他资源的消耗上确实是非常大的，成本是很高的。根据普查调整后的中国 GDP 总量，2004 年也只占全世界总量的 4.4%。但是我们去年消费的原油、原煤、铁矿石、钢材、氧化铝、水泥却分别占世界消费总量的 7.4%、31%、30%、27%、25% 和 40%，这足以说明中国单位产出的消耗太高了，也暴露了经济结构的突出矛盾，更说明这种增长方式的粗放性，而且还带来了环境的严重污染。

由此我们可以得出三条结论：一是这次经济普查后中国的 GDP 总量虽然略有增多，但是中国仍然是世界上最大的发展中国家的地位丝毫没有改变。不发达的经济和人们日益增长的物质文化的需求这对矛盾是社会主义初级阶段长期存在的基本矛盾。所以，我们要加快发展，坚持发展是硬道理丝毫不能动摇。

二是中国在发展中确实遇到了人口、资源、环境的压力越来越大的矛盾。我们必须靠全面贯彻落实科学发展观来解决这个矛盾。这是发展中的矛盾。落实科学发展观必须坚定不移，依据科学发展观要求制定的一系列宏观经济政策和各种决策，也应该坚定不移地执行。不能因为经济普查增加了一点第三产业的数量，就改变了这些大政策，那是不可想象的，是完全错误的。

三是我们任何时候都要保持清醒的头脑。对我们取得的成绩和存在的困难都要有一个客观的评价、不能因为经济普查增加了一点 GDP 就沾沾自喜，不应该有这种心态。国际社会对中国的认识同样也不要因为经济普查的数字有点变化，就觉得中国突然一下子强大得不得了了，也没有那么厉害，要客观地作出估价。

最后，我要向全国人民，向我们这次普查的对象，对这次经济普查的积极配合表示衷心的感谢！如果没有大家的积极配合、理解、支持，我们不可能取得这样的普查成果。普查资料来自于社会，我们应该回报社会，为社会服务。还要感谢国内外媒体对中国统计工作的关心，对中国这次经济普查的关注和支持。谢谢大家！

六、生态文明建设

对西北地区生态建设的再认识

(2002 年 6 月 20 日)

6月4日至13日，我们中国国际工程咨询公司组织几十名专家赴甘、宁交界的黄河黑山峡现场考察地震地质和工程地质情况，并对小观音与大柳树两个坝址进行比选论证。我还顺便察看了与该工程决策有重大关系的生态问题，有了几点心得。

一、"人进沙退"提法的得与失

从地质学的眼光看，人类与茫茫大漠相比实在太年轻。我国北方的沙漠，最早的在白垩纪（距今 1.1 亿年）就已形成，比较年轻的塔克拉沙漠也有 200 多万年了。经过长期演变，到距今 3.2 万年—1 万年的末次冰期晚冰阶段，就已奠定了我国现代沙漠、沙地的基本轮廓。而从原始人到现代人只有 50 万年的历史。人站在浩瀚的沙漠面前，的确显得有点渺小。但是，人类毕竟是生灵之首，万物之主。随着人口的增长，人们总是要不断扩展生存空间，甚至想向沙漠发起挑战。

先秦时期我国人口长期维持在 1100 万—1300 万人，汉平帝元始二年（公元 2 年）人口增至 5980 万人，是我国历史上第一次人口快速增长期，耕地 3847 万公顷，较汉初增加 6.4 倍，农耕区扩展到新疆、河西走廊、银川平原、内蒙古南部、西宁、成都等。到隋唐时期耕地面积又扩大到 7333 万公顷，平原土地几乎开垦殆尽。宋代以后，《梯田法》的普遍采用更加快了山地开发速度。明朝也十分注重屯垦。清乾隆六年取消了人头税，全面实行"摊丁入亩"政策，全国人口从不足

1亿到1840年猛增到4亿，是第二个人口快速增长期。清政府实施移民充实边疆、开垦荒地的政策，使我国大部森林覆盖区和北方的部分草原受到干扰和破坏。在近2000年的人类活动影响下，我国森林覆盖率由原始状况约64%下降到清代初期的21%左右。

1949年以后，我国人口进入第三次快速增长期，形成了更大的生态、环境压力。20世纪50—70年代期间，我国北方地区有过三次大规模开荒，共计开垦草地达1亿亩以上，耕地直逼沙漠边缘，造成大面积草场沙化。在这种情况下，我们不仅没有及时调整政策，反而提出了"人进沙退"的口号，还要义无反顾地向沙漠进军。当然，人在沙漠面前并非完全无所作为。例如，包兰铁路与腾格里沙漠相连接的沙坡头地段，利用黄河水浇灌硬是把沙漠变成了绿地，引来许多外国专家参观学习。再如陕西榆林城西原已被毛乌素沙漠掩埋，由于沙下50米处就有丰厚的地下水层，通过抽水植树种草，也形成了大片绿洲。这样成功的事例还有很多。但一个基本条件是要有水可取。只要有水，沙漠就可以变为绿洲；没有水，人硬要去改造沙漠只会加剧荒漠化。而北方最缺的就是水。

据专家估算，目前我国戈壁和沙漠的面积共约170万平方公里，其中戈壁约70万平方公里、古沙漠和沙地约62万平方公里。余下约38万平方公里沙漠化、荒漠化土地是从汉朝以来特别是近百年来主要由于人类活动造成的，其中近20年来新形成的沙漠化、荒漠化土地约有6万平方公里。这些主要在我国北方地区，也是沙尘暴的发源地。只要人不去碰它，戈壁滩的表面结有一层天然的硬壳，大风吹不起沙尘；古沙漠表面也有一层天然面膜能起一定的固沙作用，加上颗粒较粗，沙尘吹不高、也吹不远。而在由于人们过度放牧和开垦耕种造成的沙漠化、荒漠化土地上，因为富含泥土和腐植质，只要遇上干旱和大风两个条件，就可以刮起漫天沙尘暴。小于20μ的尘粒能吹送到4000米以上高空，成气溶胶状态；小于10μ的尘粒能越过太平洋吹到美国。"天行有其道，地行有其常"。违背了客观规律，就会受到大自然的报复。权衡多少年来的得与失，"人进沙退"的口号似乎是过大于功的。

二、退耕还草怎么还

为了保护和改善生态环境，1998 年党中央、国务院提出了"退耕还林（还草）"的方针。这不是权宜之计，而是在处理人与自然关系上一次历史性的重大政策调整，是一项非常正确并具有战略意义的重大举措。功在当代，泽被子孙；不仅利国、利民，还造福全人类。

这次在西北干旱地区勘察，深感做好这项工作的必要性和紧迫性。同时，也认识到如何根据当地的自然条件具体实施退耕还林（还草），还有许多问题需要深入研究。比如，"退耕还草"怎么还？我原先认为，这草也是还不起的。北京城市的草坪天天有水喷灌，又无人践踏，却年年更换、成本昂贵，西北地区哪来这么多水去浇、这么多钱去更换草皮？这次到西北一看，不觉茅塞顿开。"退耕还草"的奥秘就在一个"退"字。只要真正退耕、禁牧，草就会自然长起来。今年上半年西北地区降雨相对丰沛，到 6 月 10 日止，宁夏、甘肃一带已降水 100 多毫米，据说是几十年少见的好年景。就这么点雨量，以前光秃秃的荒沙地上已长满一坨坨近两尺高、极耐干旱的牛心蒲子草，驱车百余公里一片葱绿不见尽头；就连黄河黑山峡两岸也是绿染荒坡，透着几分生机。宁夏某军需库（当地年降雨仅 200 毫米），铁丝网内从不浇水而草长到 1 米多高，铁丝网外农民自由放牧却已寸草不长。贺兰山西侧，退耕禁牧后已出现地毯式的绿荫。据说青海省都兰县（年均降雨仅 90 毫米）退耕禁牧后两年，就恢复 52% 的植被。天工造物，奇妙无比。许多恶劣环境，只要退耕、禁牧，大自然就会还草于地，什么毛头刺、马兰草、沙蒿、甘草、骆驼刺、沙柳、苦头子、麻黄等等就会不翼飞来，各得其所，顽强地生长。

但是，在某些地方、某些草还是要人工种植的。我这次到内蒙阿拉善左旗的孛井滩生态农业开发区看到，那里引黄河水发展的苜蓿草草场蔚然壮观，草高两尺多，每亩可产青草 5000—6000 公斤（蛋白质含量高达 20%），可养殖 1—1.5 个羊单位牲畜。而荒漠草场要 60 亩才能养 1 个羊单位。一台大型喷灌机转一圈就能浇 700 亩苜蓿草地，收割、打包全部机械化作业。牛羊都实行圈养，还种有多种高附加值的经济作物，生态环境大大改善，经济效益相当显著。一般说来，在有条件引水的干旱地带、或者年降雨量达 400 毫米左右的地方都可以大力种植高效经济草。总之，西北干旱地区的退耕还草，大部分靠自然恢复，有条件的地方靠人工种植，是完全可行的。

三、退耕还林还什么林

这次在兰州看到，前年国务院决定的兰州南北山植树工程已经基本完成。从前光秃秃的荒山，已现出片片葱绿，令人十分欣喜。山坡上机械化喷灌的水柱随处可见，树木成活率达 80% 左右。他们采取了以高压水泵把黄河的水打上两山，以水开道、树跟水走的办法，效果很好，只是成本确实不低。但如果没有浇灌条件，树是种不活的，种了也白种。

西北地区是否可以大面积种树，需作具体分析。中科院兰州寒区旱区环境与工程研究所（由中科院原沙漠所、高原大气物理所等四所合并而成）的专家反映，有关方面和一些地方提出的植树造林规划与实际可能性有很大差距。他们算了一笔账，如果按每亩林地补水 150 立方米 / 年的低标准计算，倾尽黄河之水也不够浇灌 6 万平方公里的干旱地。因此，要在西北地区一百几十万平方公里的沙漠、沙地、戈壁和荒漠化土地上大面积种树根本就不可能。专家们还反映，前三期西北防护林工程究竟种活了多少树需要认真核实，如果按下面报的统计数字，西北地区的生态环境早就不是现在这个样子了。如无灌溉条件，则降雨量在年 400 毫米左右才能种乔木，在 200 至 400 毫米的地方才能种灌木。而我国西北绝大部分地区达不到这个水平，不少地方年降雨甚至只有几十毫米。现在西北有些地方不顾客观条件去大量种植乔木，是违背自然规律的。对此，基层干部心里最明白。但为了多要点退耕还林专项补助和向上级多报成绩，而往往不顾后果。适宜在西北地区种植的灌木品种很多。大量实践证明，在西北地区应实行以灌木为主，乔、灌、草相结合的方针，建设立体式的绿化带。

四、要尽量组织"人退"

内蒙古阿拉善盟总面积 27 万平方公里，接近 3 个江苏省。巴丹吉林、腾格里、乌兰布和三大沙漠横贯全境，加上自然条件变化和人为的不合理开发利用，该地区生态系统遭到严重破坏。近几年降水量减少，出现了湖泊干涸、绿洲萎缩、植被严重沙化现象，全盟荒漠化面积占该盟国土总面积的 85% 以上。但在这 27 万平方公里土地上的人口还不到 20 万，其中农牧民只有 5 万人。完全可以把农牧民从生态环境恶劣的地方搬出来，光是左旗的孪井滩生态农业开发区就足以容纳这些生态移民。根据锡林郭勒盟的经验，只要搬出 2000 人就能使 5000 平方公里的草地得到修复。在中央的支持下，内蒙各地都在实施围封转移战略，得到群众的欢迎和拥护。

宁夏在建设生态移民基地方面也作了多年尝试，取得不少经验。首先要建设引水工程，为生态移民创造良好的生存环境。在河套地区附近的台地上就有足够的空间和很好的条件。然后，组织他们调整农业结构、发展舍饲牧业、搞集约化生产，发展龙头企业搞农牧产品深加工，推进小城镇建设。

生态移民虽然也有故土难离的顾忌，但毕竟是从环境恶劣的地方走向优越的地方，属主动型移民，与建水库的被动移民相比工作要好做得多。当然，也不能一哄而起，工作要做深做细。从西北地区的情况看，单有退耕还林（还草）政策还不够，有条件的地方还要尽量组织"人退"，为生态环境的自然恢复创造条件，也为当地农牧民真正走向富裕开辟新路。

五、几点意见和措施建议

保护和改善西北地区的生态环境，是实施西部开发战略中十分重要而又敏感的问题。通过这次初浅的考察，提出以下几点不成熟的意见和措施建议。

（一）善待沙漠。在国家林业局公布的全国170万平方公里的沙漠中，70万平方公里左右的戈壁和60多万平方公里的古沙漠、古沙地，只要人不去碰它是不会为患的，根本无须治理。万顷沙涛、千里戈壁本是我国西北地区特有的壮观美景，可以作为山川秀美大西北的重要组成部分。需要治理的是两千年来人类活动造成的那38万平方公里的沙漠化、荒漠化土地。治理的重点又要放在近20年来新形成的6万平方公里沙漠和荒漠化土地上，具体是在沙漠与绿洲的过渡带上。我们应当收缩战线，集中整治，而不必全面铺开，更不宜再提"改造沙漠"、"人进沙退"的口号。有关整治沙漠的规划，必须经过充分论证。

（二）在"退"字上下大功夫。保护和整治西北地区（包括内蒙和河北坝上等地区），必须尊重科学规律。对古沙漠、古沙地和戈壁，主要是保护而不是种草种树。在沙漠与绿洲的过渡带上，则要具体分析，宜草则草，宜林则林；宜灌则灌，宜乔则乔。宜草的地方多数靠自然长草，宜林之地则坚持以灌木为主。而这一切的核心问题在于一个"退"字，关键又在人退。大量实践证明，大自然的自我修复能力十分神奇，只要人退出来，真正实行退耕、禁牧，就能收到草长、树兴、沙稳、尘定的功效。从当地情况看，通过开辟水源和节约用水，改变粗放式经营，调整产业结构，人往哪里退的问题也是可以解决的，还有不小的空间和潜力。

（三）落实生态移民政策。我国北方地区农牧业粗放经营的情况是相当严重的。如前述内蒙古阿拉善盟是我国沙尘暴四大发源地之一，而在这27万平方公里的广袤土地上只有不足5万农牧民在折腾，让他们搬迁是最可行的办法。再如作为又一沙尘暴发源地并直接威胁北京的河北坝上地区，人均耕地20多亩，亩产仅100来公斤。只要把他们搬迁到有灌溉条件的地方，发展高产基本农田，既能改善生态环境又能提高人民生活。建议在总结四省区已开展生态移民补贴政策试点经验的基础上，进一步扩大试点范围。给生态移民一定启动资金（内蒙每人补助3330元），加上原有的退耕还林（还草）政策，搬迁工作就可以很快推开。不必新增经费支出，只需从已安排的种树计划资金中调剂一些就够了。

（四）高度重视生命之源——水的合理开发和节约使用。河套地区新灌区的开发要慎重规划，避免盲目扩大规模。因为上游多用水势必导致下游更加缺水。还要认真解决水费过低的问题。现在是 100 吨黄河水不值一瓶矿泉水价钱。比如宁夏自流灌区每吨水价才 3 分钱，100 吨才收 3 元，而一瓶矿泉水要 3.5 元。每亩水稻田年用水高达 1000 多立方米。从这个意义上可以说，这里是严重缺水又是严重浪费水资源的地区。要通过调整种植结构，改变耕作方式和灌溉方式，坚决实行节约用水。在不断提高农牧民经济承受能力的前提下，要逐步提高水价。

（五）抓住机遇，重整山河。西北地区干旱和生态环境恶化，确有我们过度开发的因素。同时，也可能与全球工业化发展、过量的 CO_2 排放造成温室效应有关。随着人类对自然认识的深化并逐步走上协调发展的轨道，大气物理现象是具有可逆性的。另据河南省花县水文站记载，1922—1933 年大旱，黄河年均少来水 150 亿立方米，出现了赤地千里、死亡 400 万人的惨象。1987 年后又遇上一个枯水期。潼关水文站的历史记载可看出，黄河从丰水到平水、枯水再到出现丰水年的变化轨迹，正好表现为 60 年左右一个周期的正弦曲线，有一定的规律可循。据专家介绍，西北气候正处于一个转型时期，西北地区的降水量近年已表现出增加的趋势。西北地区要抓住机遇，精心规划，科学决策，切实搞好生态建设。

沧桑巨变话地球

（2002 年 9 月 6 日）

自　序

本文是三年前为研究我国生态变化问题而写的，成稿日期为 2002 年 9 月 6 日。文中许多观点虽未展开论证，却也不是天方夜谭，而是科学家们研究成果的汇集，其中还有一些国际上的最新成果，当然也包括了作者个人的学习心得。近日翻看原稿，感慨颇多，并增写了第四部分，发表出来供大家参考。

2005 年 9 月 7 日晨

前段时间我读了几本地质学和气象学方面的书，加上多年的观察和思考，深感我们人类居住的这个"小小寰球"真是历经沧桑，神奇无比。这好像是一篇研究报告，却并非学术论文，算是一篇读书心得可能更确切。

一、沧海横流　大陆漂移

地质学家们都说，地球的年龄是 46 亿岁。研究地球的远古历史虽然没有文物可考、文字可查，但留存在地壳中的地层、古生物化石和各种各样的构造变动遗迹，都是记载地球史的"文物"和"文字"。在地质学家的眼里，每一块石头都可写出一篇大文章。在太古代以前（距今 46 亿—38 亿年）属地球初期发展即地壳开始形成的阶段，真有点像我国的先哲老子所描绘的那样是在混沌初开、阴阳二气相和、由无极向太极转变即乾坤刚刚定位的阶段。那时还没有任何生物，故也不存在相应的古生物化石可供考证。人们只能从太古代开始，对地壳构造轮廓和地貌演变的历史进行研究。根据到目前为止的研究成果，可作以下粗略概括。

太古代时（距今 38 亿—24 亿年），地壳处于早期阶段，为脆薄的玄武岩圈。当时，全球几乎都是浅海洋，只有分散的小岛或小陆块。由于地壳运动极频繁（这一期间颇具代表意义的大地构造运动是阜平运动和五台运动），形成了较稳定的陆块（亦称陆核）。元古代时（距今 24 亿—6 亿年），地球上发生了一次广泛而又强烈的地壳运动（我国称吕梁运动，距今 18 亿年前），一些洋壳褶皱隆起，并伴有岩浆大量喷溢和岩层的变质作用，使陆核加大，形成了一些较大而稳定的古陆，后又不断焊接延长。到距今 8 亿—6 亿年前，全球形成了五个巨型的稳定大陆，即北美古陆、欧洲古陆、西伯利亚古陆、中国古陆和冈瓦纳联合古陆（包括现在的南极洲、澳洲、印度、非洲、南美洲）。

从寒武纪开始（距今 6 亿年），世界各地出现了广泛的海侵，除东欧地台和冈瓦纳古陆外，几乎全球均为海水淹没，形成了广阔的浅海及碳酸盐沉积。奥陶纪以后（距今 5 亿年），又广泛发生海退，特别是在距今约 4 亿年的早古生代，欧洲发生了一次对全球都有强烈影响的构造运动（称加里东运动），使一些海槽挤压褶皱上升成山脉，全球陆地面积迅速扩大。

进入晚古生代（距今 4 亿—2.5 亿年），全球存在四个巨型稳定的古陆，即欧美古陆、西伯利亚古陆、中国古陆和冈瓦纳古陆。在晚古生代后期，全球范围又发生了一次强烈的地壳运动（称海西运动），使海槽两侧的大陆板块发生对接碰撞，许多海槽先后关闭或褶皱隆起，全球大陆连成一体（称泛大陆）。此后正值石炭、二叠纪时期，大陆上遍布沼泽平原和内陆盆地，气候温暖，林木茂盛，是全球最重要的造煤时期。这个联合古大陆大约经历了 1 亿年时间。

到了中生代（包括三叠纪、侏罗纪和白垩纪，距今 2.5 亿年—7000 万年），又发生一次强烈的地壳运动（旧阿尔卑斯运动，我国称燕山运动），出现了联合古陆分裂解体，大西洋形成和扩展，古地中海收缩关闭，太平洋逐渐缩小及环太平洋褶皱带的形成。于是，北美与欧亚大陆分离、南美与非洲分离，印度和澳大利亚分别向北、东北方向漂移。美国地质学家研究表明，我国的扬子板块就是当时从澳大利亚漂移过来与中国大陆整合的。

新生代是地史的最近阶段，从 7000 万年前至现代。它以最新的一次强烈地壳运动即喜马拉雅运动或称新阿尔卑斯运动的开始为标志。此后，地中海—喜马拉雅海槽最后封闭，形成强烈而高耸的褶皱带即青藏高原的隆起，大西洋和印度洋继续扩张，环太平洋海槽不断褶皱隆起并伴随频繁的地震活动和火山喷发，各大陆相对漂移或靠拢，逐渐形成东、西半球两个大陆，以及现代的全球海陆分布格局。

关于地壳运动的起因和动力来源，科学家们研究提出了许多理论，形成了若干个学派。最具代表性的学说有三种。一是地槽——地台说，认为地壳运动的动力来源是地球内部物质的重力分异作用，物质受热变轻向上流动造成地表上升隆起，物质冷却变重下沉则造成地表下降凹陷。二是地质力学说，认为地球自转速度变化所产生的惯性离心力和纬向惯性力是推动地壳运动的主要动力来源。三是板块构造说，认为驱动力来源是地幔热对流，地幔本身是个巨大的核反应堆，里边的一切物质都处于熔融状态，其热冷升降到达岩石圈时向两侧扩散而产生的平流，是一个复杂的热交换和热动力过程，导致地壳板块的分裂、增生扩张、横向漂移或俯冲消亡等。每种学说都能解释许多地质现象，但谁也不能完全自圆其说。目前，认同度较高的是板块构造说。看来，人类对地球及其运动规律的认识，还远未到达自由王国。

二、沙尘暴肆虐　黄土盖高原

黄土高原与青藏高原、内蒙古高原及云贵高原齐名，是我国四大高原之一，也是世界上黄土分布面积最大、最集中和黄土地貌最典型的地理单元。这块古老的黄土地是中华民族的摇篮，哺育了炎黄子孙；是古文明的发祥地，创造了灿烂的文化。该高原上覆盖着约 32 万平方公里的黄土层，一般厚度为 20—30 米，最大深度达数百余米。根据古地磁法、热释光和放射性碳等方法测定，黄土至少在 240 万年前就已开始堆积。

那么，黄土高原是怎么形成的，这上面的黄土又是从何而来的呢？

我国在燕山运动落幕（距今 7000 万年）之后，地壳长期处于相对稳定阶段。全国大部分地区地形平坦，陕、甘、青、新地区是一片准平原。当时中国气候比今日温暖，风化壳普遍发育。在始新世初期（距今约 4000 万年）开始造陆运动。以大规模的和缓拱曲运动为主，使原来的准平原变形，出现了一系列凹陷盆地，如准噶尔盆地、柴达木盆地、阿拉善地区等，其中沉积了大量红色和杂色岩系。在古近纪末和新近纪初（距今 3000 万—2000 万年），喜马拉雅造山运动表现最为强烈，造成了青藏高原的强烈隆起及喜马拉雅山、昆仑山、秦岭等东西走向山脉的形成。黄土高原位于青藏高原的东北缘。应当说，黄土高原的基岩也是受西南印度板块的挤压，与青藏高原同时隆起的，只是比青藏高原低得多，且其时尚无黄土覆盖而已。所以不能认为黄土高原是由黄土堆积而成，而是由于后来被黄土盖上了才得名，黄土是高原的一层"外衣"。

青藏高原隆起之后，以其巨大的体积高耸于西风带之中，它的宽度占了西风带的 1/3，从而使西风带在对流层以青藏高原为界分成南北两支。北支吹经地区正与现代的戈壁—沙漠—黄土带平行。在大气环流影响下，西北地区干旱少雨，昼夜温差大，物理风化十分强烈，地表形成大量粉砂级颗粒。强劲的北支西风急流一旦吹过，就可把粉砂级以下颗粒吹扬起来，甚至进入几千米高空，向东南搬移，在黄土高原一带飘落下来，逐年堆积，形成厚厚的黄土层。再细一些的黄土可飞越太行山落在华北大地上，形成了华北平原的覆盖层。在这以后，由于黄河长期反复的泛滥，不仅造就了肥沃的八百里秦川，也使浩瀚的华夏大平原更加殷实丰厚。更细的黄土还飞到了长江口一带，形成了绵实的黄土层。如今上海的地表是由长江冲积物沉淀而成的泥沙层，建筑打桩是打不到基岩的。重要建筑物只要把桩打到六七十米之下的致密状黄土层就行了。从这个意义上可以说，整个现代上海市是靠240万年前从西北吹来的细粒黄土形成的地层支撑着的。

还有一点特别值得注意的是，黄土高原与沙漠、戈壁的关系。我们不应孤立地去谈论和观察黄土高原。从地形图上可以看出，现代戈壁—沙漠—黄土带大体上是沿着由西偏北向东偏南方向依次分布的。这说明，前述时期西北地区沉积的大量红色和杂色岩系在严重风化之后，由于青藏高原北支强劲西风急流的吹动，经历了漫长的地质年代（距今2000万—240万年）之后实现了卵石、粗中砂砾、黄土在空间上的分离。可以断定，戈壁、沙漠、黄土高原是同时形成的。三者本是一母所生、同出一体，黄土正是从戈壁、沙漠中来的。正如打谷场上，农民掀动谷堆顺风高高扬起，依次飘向远处的是谷皮和微尘、落到附近的是谷子、掉在跟前的是碎石，都是一样的道理。不难设想，在那个延续1000多万年的地质年代里，每当西北季风劲吹的时候，整个华夏大地当是怎样一派天昏地暗、日月无光的可怕景象。待到戈壁、沙漠、黄土三者的分离基本完成以后，也就尘埃落定了。从此，具备了高级动物栖息繁衍的条件，其时正是古猿人时代。现代的沙尘暴与那时相比，实在是小巫见大巫，多半是人类活动破坏了生态平衡所引起的。

三、台风的成因和功过评说

我国西北地区远离海洋，终年盛行西风气流，故总体上偏于干旱。近于东西走向的天山、阿尔泰山、帕米尔高原、阿拉套山等构成天然屏障，更使塔里木盆地、准噶尔盆地成为干旱的封闭式盆地。来自大西洋和北冰洋的水汽则从北疆西部的缺口进入，为北疆山地迎风坡的降水和高山冰川的发育创造了条件。那么，为什么我国南方会多雨湿润？为什么我国东南沿海多台风，且其风向多是对着西北吹？台风对我国经济发展和社会生活的功与过如何评价？

生成于热带海洋上的强大而深厚的气旋性空气涡流，称为热带气旋。根据国际统一标准，热带气旋中心附近最大风力 ≤ 7 级的称为热带低压；8—9 级的称为热带风暴；10—11 级的为强热带风暴；≥ 12 级的称之为台风或飓风。这种风流表现了明显的季节性，故又称为季风。它的形成主要是由于海陆间的热力差异以及这种差异的季节性变化所引起。

大陆冬冷夏热，海洋冬暖夏凉。冬季，大陆上的气压比海洋高，气压梯度由陆地指向海洋，所以气流由陆地流向海洋，形成冬季风。夏季，海洋上的气压比陆地高，气压梯度由海洋指向陆地，风由海洋吹向陆地，形成夏季风。世界季风区域分布虽很广，但尤以东亚为最著名的季风区，季风范围最广、强度最大。这不仅因为这里位于世界最大的欧亚大陆东部，又面临世界最大的太平洋，海洋的气温与气压对比和季度变化比其他任何地区都显著，而且更重要的是存在青藏高原这样一种特殊的地形条件。青藏高原的地面气温与同高度的自由大气相比，冬季气温偏低、夏天气温偏高。故青藏高原在冬季是个冷源（冷区偏于西部，范围较小），夏季则整个高原都较热，是个强大的热源。在夏季，整个高原上部的空气对流层温度都比四周高，这就出现了高原上空气流的垂直运动：地面空气冉冉上升，形成高原地面的热低压；高空部位则形成暖高压。该暖高压可占据亚洲大陆南部、向西延伸到非洲西北部，高压的辐射气流在赤道附近下沉，从而吸引南半球越赤道气流，促进南北半球的热能、动能和水分的交换。形象地说，夏天青藏高原在太阳的灼烤下，就好比是一块发烫的大铁板，其上面的大气因获得大量活化能量而腾腾升起，高原上的低空部位形成一个巨大的相对负压区，对太平洋上空的高压暖湿气流产生强大的吸引力，故容易形成强热带风暴和台风，而且多是向西北方吹的。而高原上的高空部位形成的暖高压气流辐射到太平洋上，又对热带风暴和台风的形成起到推波助澜的作用。由此就可以知道，为什么我国东南部地区总是雨量丰沛，能大面积种水稻，而美国加州虽濒临太平洋却降雨极少，整个美国虽为两大洋夹抱却只能种小麦而少有水田了。

台风是可怕的，因为它路经之处摧枯拉朽，所向披靡，具有较大的破坏性。但在夏秋两季如果没有台风、没有东南暖湿气流的调节，不仅东南沿海地区，而且整个华北地区都将出现不可想象的干旱。我国南方伏旱季节，主要靠台风带来雨水接济；北方包括山东、华北广大地区的水库主要靠下大暴雨的时候才能蓄水，而在很多情况下这水汽主要也是由台风输送过来的。受台风之害的只是小小局部，而受益的却是广大地区。所以，台风是利大于弊、功大于过的，而且这"军功章"的一半要给青藏高原。青藏高原这种特殊的地形条件，不仅为引来台风作出了贡献，而且为整个长江中下游及其以南地区夏季吸引更多的太平洋上空水汽、为我国西南地区吸引大量印度洋和孟加拉湾的暖湿气流，都作出了重要贡献。只是无论从太平洋吹来的东南暖湿气流（或台风），还是从印度洋和孟加拉湾吹来的西南季风（先向东北、再围绕青藏高原转向西北），到了我国西北地区的东部就都成了强弩之末，再无力向西北推进了，秦岭正是南北气候的分界线。

四、地球运动和气候变化

研究地球运动和气候变化的规律，尚需以更大的视角和更深远的眼光去观察。也就是说，不能就地球论地球，还要从宇宙空间或至少从太阳系的范围进一步去探索。例如，太阳活动情况对地球运动和大气中 CO_2 含量变化就有很直接的影响。从人类观察到的近百年来太阳周期平均黑子相对数变化曲线，便恰好与地球的冷暖变化趋势基本相吻合。天文学家研究的成果表明，九大行星地心会聚的力矩效应，还可使地球冬夏的公转半径和公转速度发生改变，从而对气候变迁发生重要影响。他们还计算出木星、土星、天王星、海王星四颗巨星的力矩效应，在近千年来呈现出相对稳定的准60年周期变化。在20世纪初的低温期（1901年），地球冬至时的公转半径延长了94万公里，相当于把地球与太阳的距离拉远了94万公里；在30—40年代暖期，地球冬至时公转半径又缩短了76万公里（1940年）；在60—70年代相对变冷期，冬至公转半径又延长57万公里（1960年）。这一个周期正好60年左右。我们的祖先把60年定为一个"甲子"，实在是通过长期观察得出的科学规律。地球在公转过程中，与太阳的角度变化就演绎出春夏秋冬四个季节，最大温差达摄氏几十度之多，行星力矩效应把地球与太阳的距离拉开或缩短几十万公里，地球上的气候岂能不发生明显变化？从黄河潼关水文站的历史记载也可以看出，黄河从丰水到平水、枯水再到出现丰水，大体上也呈现出60年一个周期的规律。真可谓"天行有其道，地行有其常"。

大气层中的CO_2确实不能太多，却也不是越少越好。从地球的发展史看，每一次大规模的造山运动都伴随着强烈的岩浆活动。仅以中生代为例，美国大片《侏罗纪公园》播出后，人们都知道侏罗纪（距今1.55亿—1.30亿年）地球上恐龙极盛，但了解恐龙何时、何故灭绝者却甚少，且说法不一。最简单的道理就是恐龙失去了生存的条件。由于三迭纪末期（距今1.55亿年以前一段时期）发生的地壳运动，大陆上许多地区发生凹陷，形成内陆盆地，且多为淡水湖沉积。进入侏罗纪时气候温暖潮湿，植物繁茂，最适宜恐龙生活。到侏罗纪末期，出现了影响范围很广的重要造山运动——燕山运动，使岩层发生强烈的皱褶和断裂，且伴随着剧烈的岩浆活动和大规模的火山喷发，地球上空笼罩着浓厚的CO_2和火山灰，恐龙等动物因缺氧和气温升高而消亡。侏罗纪延绵2500万年，恐龙生存的历史也算是相当久远的。这次造山运动在我国东部表现尤为强烈，叫做"东南地台大断裂"（这与《红楼梦》第一回说的"东南地陷，女娲补天"有点巧合），而且一直延续到中生代白垩纪的末期，地质学上又称之为太平洋构造旋廻。那么，空气中大量的CO_2后来到哪里去了呢？一是被地面上和海水中的 CaO 吸收生成 $CaCO_3$，这就是石灰岩大量生成的地质年代之一；二是被植物的光合作用吸收了。一个地质年代往往以几百万、几千万年计。经过长期演变，又出现了大气中 CO_2 太少的情况。这就使得地球的温室效应大为减弱。其后果是，地球表层白天吸收的太阳热量，到夜里就迅即向太空释放，导致昼夜温差极大。这正如塑料大棚的顶盖被掀掉了一样，大气中留不住太阳能，气候就慢慢变冷，地球也慢慢变冷。有资料显示，在那个年代出现了江河断流，全球海洋平均结冰 20 米厚的冰雪世界。及至第三纪中期（距今 5000 万年前后），世界上再次发生强烈造山运动即喜马拉雅运动，地球才又重新变暖。

另外，引起地球气候变化的因素，更多的不是在陆地，而是在占地球面积 70% 以上的海洋。由于大洋深处与上层海水的温差引起的海水垂直方向的热交换运动，也会对大气环流产生巨大的影响，如厄尔尼诺现象、拉尼娜现象等。它的淫威一旦发作起来，人的力量就显得微不足道。当然，各种自然现象大多具有先兆性，是可以预测和预防的。但如果人类违背了自然规律，一味贪婪地索取、甚至肆无忌惮地糟践自然，那就必定会受到严厉的惩罚。

地球是伟大的，它养育了整个人类和万物生灵；人类是幸运的，正好生存在地球相对稳定又最适合生存的地质年代。人类历史只有地球年龄的万分之一（约 50 万年）。在地史学的概念中，一万年不是太久，而只是一瞬之间。地球的运动是绝对的。但尽管小地震天天都有，大点的地震和火山喷发年年可见，而地壳再保持几十万年、几百万年，甚至几亿年的相对稳定都是可能的。人们一定要珍爱地球，珍重人生，增强坚定不移地走可持续发展道路的自觉性，真正实现人类与自然协调和谐、发展与环境相互促进。此则地球之幸，人类之幸！

附：地质年代表

地质年代、地层单位及其代号				同位素年龄（百万年）		构造运动	构造阶段	生物界开始繁殖的时代	
宙（字）	代（界）	纪（系）	世（统）	距今年龄	延续时间			植物	动物
显生宙（字）	新生代（界）Kz 第三纪（系）R	第四纪（系）Q	全新世（统）/更新世（统）		2-3		喜马拉雅阶段		
		晚第三纪（上第三系）N	上新世（统）/中新世（统）						
		早第三纪（下第三系）E	渐新世（统）/始新世（统）/古新世（统）						
	中生代（界）Mz	白垩纪（系）K	晚白垩世（上白垩统）/早白垩世（下白垩统）	0.01 2-3 9 26 38 60 70 140 195	70	喜马拉雅运动 燕山运动三幕 燕山运动二幕 燕山运动一幕	太平洋阶段	被子植物	现代人 古猿 哺乳类 鸟类
		侏罗纪（系）J	晚侏罗世（上侏罗统）/中侏罗世（中侏罗统）/早侏罗世（下侏罗统）	250 285		印支运动 海西运动		裸子植物 蕨类植物	爬行动物
		三叠纪（系）T	晚三叠世（上三叠统）/中三叠世（中三叠统）/早三叠世（下三叠统）	330 400					
	古生代（界）PZ 晚古生代（界）PZ₂	二叠纪（系）P	晚二叠世（上二叠统）/早二叠世（下二叠统）		35	加里东运动	海西阶段	裸蕨植物	两栖类 鱼类
		石炭纪（系）C	晚石炭世（上石炭统）/中石炭世（中石炭统）/早石炭世（下石炭统）	440	45				
		泥盆纪（系）D	晚泥盆世（上泥盆统）/中泥盆世（中泥盆统）/早泥盆世（下泥盆统）	520 615	70				
	早古生代（界）PZ	志留纪（系）S	晚志留世（上志留统）/中志留世（中志留统）/早志留世（下志留统）	800 1700	40	蓟县运动 晋宁运动 吕梁运动	加里东阶段	海生藻类植物	无脊椎动物
		奥陶纪（系）O	晚奥陶世（上奥陶统）/中奥陶世（中奥陶统）/早奥陶世（下奥陶统）	2400 3800	80				
		寒武纪（系）∈	晚寒武世（上寒武统）/中寒武世（中寒武统）/早寒武世（下寒武统）	4600 23-24 44 55 55	95	五台运动 阜平运动		原始菌藻类植物	
隐生宙（字）	元古代（界）Pt	震旦纪（系）Z 晚元古代			185	地球初期发展阶段			
		中元古代			900				
		早元古代			700				
	太古代（界）Ar				1400				

对雾霾成因和治理的粗浅认识

（2017 年 2 月 6 日）

年末岁初发生在京津冀的这场雾霾天气，污染之重、持续时间之长、影响范围之广似乎都是空前的。水灾一条线，火灾一个点，天气冷热总有办法应对，而雾霾却是铺天盖地、无孔不入、无处可躲。但凡要呼吸的生灵都不好受，人也不论男女老幼、富贵贫贱，无一可以幸免。人们在那些日子里感觉非常的焦虑、无奈、乃至于某种恐惧。如何认识和解决这个问题，我想谈一些学习心得，供领导同志参考。

一、何谓雾霾

雾霾天气自古有之。雾是气温低于露点时，由近地的空气中的水汽凝结而成，是一种由大量水滴或冰晶微粒组成的乳白色的悬浮体系，雾升高离开地面就变成了云。霾，在《诗经》里有句"终风且霾"，即一天到晚都刮着沙尘暴。造文解读：阴风怒号，暴雨瓢泼，仿佛天上掉下无数叫声恐怖的野兽，此之谓霾。狸指一种形态怪异的野猫，霾表示暴风雨的声音犹如这种野猫的惨叫。霾在气象学中是一种天气现象，是指大量极细微的干尘粒均匀地浮游在空中，当空气湿度加大时，霾和雾混在一起，便成了雾霾。

到了高度工业化的时代，霾的成因和内涵发生了重大变化。随着人类对自然资源大规模甚至无节制地开发和使用，大量化石和非化石燃料燃烧、各种工业烟气和机动车尾气排放出粒径在微米级的细小颗粒物进入空气之中，大气与悬浮在其中的固体和液体微粒共同组成一个多相体系,这就是气溶胶。气溶胶在大气中还会再次或多次参与化学反应或物理过程,它是霾的主要形态,是严重的污染物。

二、出现严重雾霾天气的原因

总的来看,雾的产生主要是自然因素;霾的生成虽然有自然因素,但人类生活和生产活动形成的污染源是罪魁祸首。人为污染源排出的大气污染物主要是氮氧化物、二氧化硫、颗粒物、重金属、挥发性有机物和氨等。经过冷凝和复杂的大气化学反应又生成各种新的二次细颗粒物。据北京大学研究显示,大气中 $PM_{2.5}$ 的主要化学成分包括:有机物质、元素碳、硝酸盐、硫酸盐、铵盐,氯盐、痕量元素等。重霾若遇上浓雾,便如虎添翼,变得更加张狂。

追根求源,还是要从煤说起。记得 1984 年我在原国家计委工作,听时任国务委员兼国家计委主任宋平说:"现在我们的煤产量只有 7 亿吨,虽然是不够的,但到达年产 14 亿吨煤的时候可真是一个灾难。"这里主要是指对环境的影响。美国在 1986 年煤的消费量达到峰值,约 10 亿吨,同年消费原油也是 10 亿吨左右。根据《中国统计年鉴》数,我国原煤产量在 2000 年达到 13.84 亿吨,即 14 亿吨水平。2013 年煤产量达到峰值 39.75 亿吨,同年进口 3.27 亿吨,扣除出口和库存差额,可供量 42.5 亿吨;当年实际消费量为 42.4 亿吨,占全球煤炭消费总量的 40% 左右。下面就这 42.4 亿吨原煤的使用情况及其对空气质量的影响作一概略分析。

一是发电和供热。发电消费煤炭 19.5 亿吨,供热用 2.27 亿吨,两者合计占全年我国煤炭消费总量的 51.3%。目前,我国煤电装机总容量为 10.6 亿千瓦,其中大多数是新世纪以来建设投产的,什么超临界、超超临界机组装备水平比欧美都高。过去的工作着力点是围绕"节能减排"的,并取得重大成果。例如 100 万千瓦的超超临界机组的煤耗已降到 283.2 克/千瓦时,比 2006 年全国平均供电煤耗 366 克/千瓦时降低 82.8 克/千瓦时。也相应降低了二氧化碳和其他有害气体的排放。但我们对这个问题的认识有一个过程。"十一五"之前二氧化硫、氮氧化物都没有列入总量控制，减排则着重于对粉尘排放的总量控制；到"十一五"才把二氧化硫列入总量控制；"十二五"开始，氮氧化物才被列入总量控制，而挥发性有机物至今还没有纳入总量控制。对烟气脱硫主要用石灰浆水喷向烟气，使 SO_2 变为固态硫酸钙沉淀下来。脱硝一般用尿素液化后喷向烟气，但在这个过程中难免会有些氨会随烟气逃逸，氨是大气颗粒物的重要前体物，其排放量增加可能抵销其他措施的减排效果。而对氨的治理至今还没有实质性动作，这会对整个大气环境治理带来较大影响。由此可见，装备和工艺已是全球领先水平的煤电厂在减排上也还存在很大的改进空间。

煤电厂锅炉烟气中的二氧化硫、颗粒物、重金属、挥发性有机物及氮氧化物等六大污染物正是我国大气中的主要污染物，也都是 $PM_{2.5}$ 的主要前体物。这六大污染物的前五项，都来自于燃料——煤，而唯独氮氧化物与燃料无关，它来自于空气。在正常大气中，氮气含量 78%，氧气含量 21%，氮分子在空气中的化学性质是稳定的。但氮作为单个游离原子则具有很高的反应活性。当燃料（煤、油、木材等各种燃料）在空气中（各种炉窑内）燃烧时，由于内部压力和温度急剧升高，鼓风机吹进去的氮气会变成游离原子并和氧气反应，生成氮氧化物。在出烟囱前的氮氧化物 95% 为 NO，到了大气中 NO 极易与空气中的氧气反应形成 NO_2，并通过化学反应，相互转化。NO_2 与水结合形成酸雨中的第二个重要成分——硝酸。NO_2 吸入人体，与粘膜的水分作用形成亚硝酸和硝酸，而伤害身体。氮氧化物是对雾霾贡献最重要的因素，也是 $PM_{2.5}$ 中的头号杀手，凡是燃烧就会产生氮氧化物。对此各领域都应予以高度重视。

另外，煤电厂除尘出的灰和炉渣约占用煤量的 20%，全国每年约有 4 亿吨，如何堆放、保存也是一个大问题，否则风一吹就可能飞扬起来，成为巨大的二次污染源。

二是钢铁工业和其他工业窑炉。我国钢铁生产能力约 12 亿吨，产量 8 亿多吨，产能和产量均为全球的 50%。《中国统计年鉴》显示，2013 年全部工业用煤 9.82 亿吨，炼焦用煤 6.23 亿吨。据调研，目前我国钢铁企业环保设施健全率不到 60%，钢企排放中最主要的是氮氧化物，其次是颗粒物和二氧化硫。水泥、玻璃厂等都是耗能大户和主要的污染源。我国电解铝产量 2010 年为 1600 万吨，而 2016 年达 3200 万吨，增长太快。原料中有 60%—70% 靠进口废渣铝等，废渣铜也是大量进口的，到了无法控制的地步，其中相当多的是国外工业垃圾，在冶炼中排放出各种复杂的有毒气体，而没有经过有效处理。

三是散煤。2016 年一份调查显示，我国 1.6 亿户农民家庭中，每年散煤使用量约 2 亿吨。其中北方农民冬季用散煤取暖和为蔬菜大棚加热近年发展迅速。但由于散煤的烟气没有任何处理手段，且多为廉价劣质煤，故污染物排放相当严重，据河北发改委实测数据，烧一吨散煤排放的二氧化硫量是电厂排放量的十倍，粉尘排放量是电厂的 100 倍。形成了农村包围城市之势。据有关方面测算，全国散煤即不安装排污设备的燃煤用量一共达 7 亿吨。

追根求源，也不能忘了石油对雾霾的贡献。据《中国统计年鉴》的石油平衡表显示，2014 年我国石油消费量已达 5.18 亿吨。下面是几点分析。

一是机动车。至 2015 年末，我国机动车已超过 3 亿辆，其中柴油车保有量达 2028.7 万辆，据《经济日报》报道，从 9 个大城市 $PM_{2.5}$ 源解析结果显示，有 5 个城市交通源排在第一，道路机动车排放了全国 20% 的氮氧化物、16% 的挥发性有机物和 14% 的一氧化碳。其中尤以柴油车的贡献率最高，一辆国三柴油货车的污染物排放量相当于 200 多辆国四小汽车的排放总量。北京新发地，每天有 2 万辆以上的大货车为北京人民输送蔬菜、水果等生活物资，北京每天有 30 万辆大货车在路上行车，其中很多大货车在夜间行驶。从全国水平看，占机动车总量 12.6% 的柴油车，排放的氮氧化物和颗粒物数量分别占机动车排放总量的 69.0% 和 99% 以上。当前柴油车特别是重型柴油车存在着年检不严、使用劣质油、严重超载等问题，尾气管理更是相当薄弱。更有甚者，很多柴油车辆在出厂前环保就不达标，几乎没有合格品牌。另外，非道路移动机械，如推土机、挖掘机等工程机械的尾气管理工作更几乎是零。

二是船舶。至 2015 年末，我国机动船和驳船分别达 15 万艘和 1.6

万多艘。当年沿海规模以上港口完成货物吞吐量 78.45 亿吨。内河运输也是一派繁忙景象。但船舶尾气污染物排放也是相当严重的，而且往往容易被人们遗忘。在京津冀、长三角、珠三角及沿海沿江地区，船舶排放已经成为大气污染主要来源之一。例如，深圳市船舶排放的二氧化硫、氮氧化物和 $PM_{2.5}$ 分别占全市排放量的 66.1%、14.1% 和 5.8%。

三是飞机。2015 年末，我国拥有定期航班航线条数 3326 条。定期航班通航机场 206 个，民用飞机架数 4554 架。当年完成客运量 4.36 亿人，货运量 629 万吨。飞机马达功率大，航空煤油燃烧时温度也高，很容易导致吸入空气中的氮分子分解为原子并与氧气反应生成氮氧化物。飞机在机场起降过程中会排放出大量氮氧化物，而当飞机在高空平流层飞行时，排放的氮氧化物（主要是其中的 NO_3）能与平流层内的 O_3（臭氧）发生反应生成 NO 和 O_2，NO 与 O_3 进一步反应生成 NO_2 和 O_2，从而打破臭氧平衡，使臭氧层降低了浓度，削弱了臭氧吸收对人体有害的短波紫外线的功能。

以上粗略分析，可以看出人类生产活动对生成雾霾的贡献率是相当高的。在这种情况下，一旦遇上特殊的气象环境，就极可能出现雾山霾海的灾难性气象。2015 年发生的百年一遇的超强厄尔尼诺事件至今余威不消，加剧了全球变暖。2016 年我国气温为历史第二高。由此去年岁末和今年初的这段时间出现了南方暖湿高压气流与北极下来的冷高压气流在华北一带"顶上牛"，谁也压不过谁的僵持局面，这就是所谓的"静稳"天气。于是雾霾便肆无忌惮地排山倒海而来。北方冷气流总是要向压力低的方向流动的，在一月上旬北极涡旋分裂成两股分别向欧、美压去，欧美都出现了暴风雪的天气，连希腊的汽车都被速冻住了。而流向亚洲的冷空气却甚是微弱，让人觉得一点儿风也没有，空气像是被凝固了一样。

以上便是年末岁初发生这场严重雾霾灾害的内外部原因。

三、关于治霾问题的几点思考

古人说"天作孽，犹可违；自作孽，不可活。"意思是说"天降的灾害还可以躲避；自作的罪孽，逃也逃不掉。"天行有其道，人为当自律。风可以吹散雾霾，但绝不可以代替我们的工作。对治霾问题要有正确认识并采取积极措施，是可以大有作为的。

（一）树立坚定信心。严重的雾霾天气主要是人类活动不当造成的，特殊的大气环境是偶然的、是外因。2014 年 11 月 10 日至 11 日在北京怀柔雁栖湖举办 APEC 峰会，11 月正是北京和整个华北大雾濒发的时候，但国家关停了一批高污染企业，创造了十分亮丽的 APEC 蓝。而会议结束一周后雾霾便迅即笼罩华北，北京 $PM_{2.5}$ 最高值达 425 微克/立方米。这一重大实践充分证明雾霾是可控的，当时停产的那些企业的污染排放量也许正是蓝与黑的临界点。从报纸上介绍的"兰州蓝"的做法看，他们主要是从 2012 年起建立了网络员和驻厂监督员制度，也就是仅用加强管理和监督一着，就把曾因雾霾太严重而在卫星地图上消失的兰州市变成了蓝天白云的兰州。随着科技创新和产业结构升级，兰州的天还会变得更蓝。但前些时间报上有的文章说，"雾霾是几十年发展积累的，我国环境质量要在 15—20 年后才能有明显改善。"这句话也许是真理，也可当作在严重雾霾折腾人们的时候，官方给人民的一个安抚。但在许多人听来，此话似有推卸责任之嫌，是无所作为的消极态度，不但没有得到安慰，反而失去了信心。仅据我所听到的就有好几位学者和企业家准备办移民了，说是"为了孩子的健康成长，北京不能呆了。"其实，党和政府带领人民与雾霾斗争采取了大量措施，已取得明显成效。例如北京市去年在气候条件极其复杂的情况下，$PM_{2.5}$ 平均值降了 9.9%，蓝天比 2015 年多了 12 天，重污染少了 7 天。北京蓝实在是美爽了，其实群众并不奢望天天都是蓝天白云，最关注的是尽量遏制住那种持续性、大面积、全面爆表的严重污染的发生。这才是我们工作的重点所在。我们必须坚决防止发生像 1952 年 12 月初伦敦出现的那种烟雾事件（由于该市上空受强逆温层控制，大量工厂生产和居民燃煤取暖排出的废气无法扩散，形成厚重雾霾，烟气呛人，直接或间接导致 1.2 万人死亡）。建议：报上说的那句雾霾是几十年发展积累，要几十年后才能明显改善的话不可再引用，更不要在领导同志讲话上出现。不说它没有任何损失，说了可能影响信心。其实，这是一场永无止境的斗争，除非人的生产活动停止了。欧洲最近也在闹雾霾，说明承诺多少年后完全解决这个问题是没有意义的。

（二）关于技术性的几个问题。一是对全国生产企业的环保装备作一次彻底检查。排放不合格的落后装置要坚决淘汰更新。装备不健全的要限期完善。对农村采暖和大棚加热用散煤问题，国家要作专题研究，取得实质性突破。二是研究提高排污标准，并实行分级管理。由于产业布局不平衡，有些地方过于密集，即便每个企业都排放达标，总量还是太大，排放标准要与环境容量相适。例如京津冀地区的排放标准不仅要全部达标，还要制定比世界最先进水平高得多的标准，这样做投资不一定很大，生产成本也不至于太高，却能创造一个十分可观的环保大产业。三是建议国家电网公司强化统筹调度。要利用特高压输电线路更多把西北的风电、太阳能发电调入华北，华北的煤电要按照"排污做得好的电厂先上网，差的靠边站"的原则安排电厂发电。张家口是北京西北大风口，实测表明，该地区的风电系统开动的充足程度与北京雾霾严重程度是正相关。建议在北京即将出现重度雾霾时就果断下令停掉这一片的风电机组。四是推广低氮燃烧炉等技术。五是推广最先进的燃油超级洁净剂和机动车排气口烟气净化技术。燃油洁净剂可使油料充分燃烧，起到节油减排的作用。中科院北京纳米能源系统研究所所长王中林院士研发的纳米技术可使汽车、柴油车尾气中 99.9% 的颗粒物截留下来，真正实现把口罩戴在排气管上。六是充分发挥绿色发展基金等金融组织在推广减排技术中的特殊作用。

（三）治霾的关键在强化执行力。我国对环境问题的立法起步较早，1973 年就出现了环境保护法的雏形。环评制度早就纳入审批体系，必须要有环保部门盖章才能立项，且是一票否决的。国务院在 2013 年推出了大气污染防治行动计划。总之，各方面都做了大量工作，也取得一定成绩，但效果仍不如人意。为什么还有那么多企业环保设施没有配套建设？为什么有了环保设施而不肯使用，或者白天开晚上直排、检查组来了开，人走了又直排等现象屡屡发生？2015年河北炼钢能力28340万吨，远超整个欧盟的产能，在中央要求压缩过剩钢铁产能的情况下，为什么该省目前在建拟建的炼钢产能还有4710万吨之多？所有这一切，本质上是个人和企业利益及地方局部小利在作祟。去冬以来连续发生的几场严重雾霾灾害已经向我们敲响了警钟。不按科学发展观办事，有法不依，政令不出中南海，令不行禁不止等现象在我国政治经济生活的诸多方面都有明显的表现，必须下决心，严加整肃。法律政策措施都是有的，治霾的关键在强化执行力。

向雾霾宣战是得民心、顺民意的好事，也是关系实现中华民族伟大复兴的大事。要充分发挥我国的政治优势和制度优势，深入发动群众、调动一切积极因素，打一场防治雾霾的人民战争。并由此举一反三，使防治雾霾成为推动经济结构调整的强大动力；使防治雾霾成为强化公共道德建设提高全体公民社会责任感的自我教育过程，实现精神文明和物质文明双丰收；使防治雾霾成为全党改进思想作风和工作作风强有力的推手。

关于把雄安新区开发建设成为执行土地
管理法最佳典范的建议

（2017 年 8 月 8 日）

设立雄安新区，是以习近平同志为核心的党中央深入推进实施京津冀协同发展战略、积极稳妥有序疏解北京非首都功能作出的一项重大决策部署，是继深圳经济特区、上海浦东新区之后又一具有全国意义的新区，是重大的历史性战略工程，是千年大计、国家大事。今年 6 月 26 日，雄安新区发布"新区启动区城市设计国际咨询建议书征询"公告。受此感召，我的心情久久不能平静，也想提点建议供参考。

一、牢固树立惜土如金的理念

土地尤其耕地是人类赖以生存的根基。全世界只有三块肥沃的黑土地，一块在美国，一块在乌克兰，还有一块在我国的东北。据科学家测算，在自然状态下，形成 1 厘米的黑土层需要 400 年的积累。近 40 年来，大规模的经济建设和城镇化发展，我国平均每年用了约 800 万亩耕地动迁，转化为建设用地，累计达 3 亿多亩。其中，有许多是高产良田。我国到 1986 年 6 月 25 日才有了一部《中华人民共和国土地管理法》（以下简称土地法），在执行中又没能完全到位，致使大量肥土沃壤被推土机碾压了，没有得到合理利用。我国经济将长期保持中高速发展，每年都需征用一定数量的耕地，而人口增长高峰尚未到达，加上有机肥施用量大减，出现了全国性的地力下

627

降趋势，很大程度上是靠化肥、农药支撑着粮食稳产增产，这又反过来加剧了土地板结、质量下降。似此，前景确实令人堪忧。所以，一定要牢固树立惜土如金的理念，格外小心地保护好熟土、肥土。雄安新区的耕地虽不及东北黑土地那么肥沃，却也处于华北大平原的腹地，其耕作层的土壤是非常宝贵的资源，必须加以充分利用。

二、成为执行土地法的最佳典范

2004 年 8 月 28 日国家修改后的土地法第四章《耕地保护》中的第 31 条明确规定："国家实行占用耕地补偿制度。非农业建设经批准占用耕地的，按照'占多少，垦多少'的原则，由占用耕地的单位负责开垦与所占用耕地的数量和质量相当的耕地；没有条件开垦或者开垦的耕地不符合要求的，应当按照省、自治区、直辖市的规定缴纳耕地开垦费，专款用于开垦新的耕地。"这里透露出几点刚性的法律要求：一是坚持"占多少，垦多少"的原则，即必须实现占补平衡；二是开垦的耕地与所占用耕地的数量和质量都要相当，要达此要求十分艰难，关键在土地即耕作层的土质要一样。三是开垦新耕地责任主体是占用耕地的单位。四是如果占用耕地单位开垦不了新耕地则必须缴纳耕地开垦费，由当地政府组织力量专款用于开垦新的耕地。土地法第 32 条明确规定："县级以上人民政府可以要求占用耕地的单位将所占用耕地耕作层的土地用于新开垦耕地、劣质地或者其他耕地的土壤改良。"这突出强调了被占用耕地耕作层的土壤必须搬走并充分加以利用，其责任主体也是占用耕地的单位。那种以为缴纳了耕地开垦费就可以把被占耕地耕作层的土壤随意毁掉的做法便成了犯法的行为。雄安新区在建设中除了要严格执行土地法其他有关条款外，特别要准确把握和切实用好上述两条即第 31、32 条，真正成为执行土地法的典范，在全国发挥极好的示范作用，有着十分重大的意义。

三、几点具体建议

（一）把占用耕地与新垦耕地规划纳入雄安新区开发总体规划。2017 年 4 月 1 日，在《中共中央、国务院关于设立河北雄安新区的通知》中明确界定：雄安新区的起步面积约 100 平方公里，中期发展区面积约 200 平方公里，远期控制区面积为约 2000 平方公里。也就是说，这张美丽蓝图的框架已经设定了，每个阶段的总体规划都要在这个范围内进行。其中有多少耕地可供建设使用必然会成为总体规划的一项基础性内容，因为土地是一切建筑物的支撑。而比较困难甚至比较容易被忽视的是，编制开垦与所占用耕地的数量和质量相当的耕地规划。可以说，新垦耕地不可能在雄安新区远期规划控制区 2000 平方公里的范围之内，一则区内并无荒地可开，有的都是良田；二则该区内已经划定为建设现代新型城市的规划区。所以，新垦耕地必须到区外去规划。京广铁路以西特别是太行山与华北平原的交接带上还有大量可开垦的土地和劣质耕地。这就要河北省人民政府出面统筹协调、全面布局。同时建议：国家有关部门如国家发改委、国土资源部、农业部、水利部等派出高水平的专家组深入现场调研、勘察，协助河北省人民政府编制好新垦耕地的规划。

（二）采取最严厉的措施，确保用好占用耕地耕作层的土壤。新垦耕地要与被占用良田质量相当有两个基本的条件：一是有水利灌溉，二是耕作层应是肥土沃壤。这两条都需要通盘规划和一定的投入。从土壤来说，把所占用良田耕作层的土壤搬运到新垦耕地上去是最切实可行的办法。江苏省徐州市原先是个煤炭工业城市，五六十年代市区尘土飞扬，周围山坡上裸露着连片的石灰石，远看像是一群群绵羊，寸草不长。后来城郊的采空区塌陷了，大量良田被毁。当年市里作出颇有远见的决定：在石灰石山上砌筑不同层次的简易挡土墙，把被毁良田耕作层的土壤搬运到山上种草种树，塌陷区则建设成各具特色的人工湖公园，还可养鱼。如今的徐州市已是满目绿水青山，非常优美。在十多年前，重庆市人民政府为具体落实土地法的要求，规定占用耕地的单位要将所占用耕地 20—30 公分厚耕作层的土壤用于新开垦耕地，实践证明，执行效果是好的。美国的法律规定，占用耕地中 20 公分厚的耕作层土壤必须挖出来用于新开垦耕地，违者将被绳之以法。建议：雄安新区根据当地土质情况，制定更具体的法规，对违规违法者采取最严厉的惩罚措施，确保占用耕地耕作层的熟土真正用于新开垦耕地、劣质地或者其他耕地的土壤改良。同时，拆迁农户房前屋后的菜地也要按此处理，菜地的土质往往比耕地更好，切不可一推了之。

（三）协调好两个规划、两项工程的关系。占用耕地规划与新开垦耕地规划要同步开展。由于后者比前者更复杂、更艰难，故需组织更多力量去研究和勘查。在占用耕地上开工建设与新开垦耕地的建设两大工程要相互配合、协同进行。为了保护和利用好宝贵的耕作层土壤资源，避免上述两大工程因施工主体不同和开发时间不一致而造成耕作层土壤闲置、浪费，或因此而影响新区建设项目的开工，建议：对土地利用主体规划和城市规划确定的建设用地，在依法完成土地补偿安置和农用地转用批准后，在土地受让单位开发建设开工之前（不得超过一个耕种季节），由政府土地储备整治机构对农用地特别是耕地的耕作层土壤进行剥离、存放和管理，相关费用纳入土地整治成本，即由占地单位缴纳的耕地开垦费支付。并由土地储备整治机构按照国土部门批准的土地开发复垦项目实施土地开发和复垦，将耕作层土壤覆盖在开发复垦的土地上，以提高开发复垦土地的质量、强化地力，相关费用纳入土地开发复垦项目，其资金来源主要也是占地单位缴纳的耕地开垦费。

（四）白洋淀生态环境治理和保护规划也要考虑为提高新垦耕地质量服务的要求。白洋淀水域属于雄安新区规划范围之内，是华北平原上的一颗明珠、天然的空气调节器，其储水的盈枯能直接影响京津冀地区的温度和湿度。做好白洋淀生态环境治理和保护，对整个京津冀地区环境质量改善都很有意义。建议：一是要解决稳定的水源，如引黄河水或南水北调中线放水入淀等；二是适当调整淀内的植物结构，实现物种多样化，不要清一色的大芦苇荡。农民不愿去收割芦苇，任其自生自灭，既污染环境又长不好；三是白洋淀里的河道要有定期疏浚的制度。白洋淀四周地表上的污泥浊水都流入淀里，挖出的河泥极其肥沃，运到新垦耕地，对增强地力大有补益。建议一并纳入新开垦耕地规划之中。

清洁开发与气候变化

——在全球能源互联网大会上的发言

（2018 年 3 月 28 日）

一、清洁开发大有可为

建设生态文明，保护绿色家园，是关系人民福祉、关乎民族和整个人类未来的长远大计。自从工业革命以来，人们对生态文明和环境保护重要性的认识经历了漫长曲折的过程，并作了大量卓有成效的探索和努力，取得了重大的进展。实践证明，只要真正树立尊重自然、保护自然的生态文明观念，扎扎实实工作，实现清洁开发、搞好生态文明建设是完全可以大有作为的。由于重拳治理大气污染，中国取得的成效非常明显。五年来，重点地区细颗粒物（$PM_{2.5}$）平均浓度下降 30% 以上；71% 的煤电机组实现超低排放。2017 年，煤炭消费量占能源消费总量的 60.4%，比上年下降 1.6 个百分点；天然气、水电、核电、风电等清洁能源消费量占能源消费总量的 20.8%，比上年提高 1.3 个百分点；全国万元国内生产总值二氧化碳排放量下降 5.1%。

二、气候变化的自然因素和人为影响

自然运动是引发气候变化最直接的因素。例如地球在围绕太阳公转过程中，与太阳的角度变化就演绎出春夏秋冬四个季节，最大温差达摄氏几十度之多。但是，把气候恶化都归罪于大自然也是不公正的。

例如雾霾天气特别是霾的生成虽然有自然因素，但人类生活和生产活动形成的污染源是罪魁祸首。人为污染源排出的大气污染物主要是氮氧化物、二氧化硫、二氧化碳、颗粒物、重金属、挥发性有机物和氨等。经过冷凝和复杂的大气化学反应又生成各种新的二次细颗粒物，这就是雾霾。可以说，造成空气质量恶化的主要原因是人类不适当的活动，当积聚到一定程度也会出现气温升高等现象。京津冀地区频频出现雾霾天气，根本的原因在于人们生产生活排出的污染物太多，使环境容量达到了极限。这也说明，必须调整产业结构和转变发展方式。所以，去年12月召开的中央经济工作会议指出，我国经济要从高速增长阶段转向高质量发展阶段，并确定今后三年要重点抓好决胜全面建成小康社会的三大攻坚战，其中之一是打好污染防治攻坚战，重点是打赢蓝天保卫战。

三、努力构建人类命运共同体

大气、甚至固体物的污染往往没有边界，国防军也好，导弹也罢，都无济于事。美国《华盛顿邮报》网站3月22日报道，在美国加利福尼亚州与夏威夷之间的太平洋洋面上，目前有7.9万吨塑料碎片占据着约160万平方公里（相当于三个法国陆地面积）的水域，在这片被称为大太平洋垃圾带的区域发现的塑料碎片正呈"指数级"增加。但是，谁也说不清这个杰作出自何人之手。我想不能完全归咎于美国，由于洋流的作用到处的塑料垃圾都会漂浮到这儿汇集，其中也少不了亚洲国家的贡献。也是在3月22日，国际能源署报告显示，2017年由于能源需求增长2.1%，导致全球二氧化碳排放在连续三年停止增长后再次出现增长，增幅达1.4%。大量触目惊心的案例警示人们，只顾"自扫门前雪"是远远不够的，必须大家联起手来，齐心协力，才能保护好、建设好人类共同的家园。3月23日联合国人权理事会第37次会议通过了中国提交的"在人权领域促进合作共赢"的提议。该决议呼吁各方促进构建人类命运共同体，推进相互尊重、合作共赢的新型国际关系。这是第一次在联合国的文件中写上这些重要观点，意义十分重大。合作是这个时代的本质，共赢是这个时代的要求。来自几十个国家和多个国际组织的贵宾来北京参加全球能源互联网大会，交流经验，相互切磋，共商大计，也生动地说明了这个道理。

七、区域经济发展战略

加强联合与协作　共创长江流域经济带

——在第九次长江沿岸中心城市经济协调会上的发言

（1998 年 5 月 13 日）

第九次长江沿岸中心城市经济协调会，是本世纪内的最后一次会议。认真开好这次会议，对于促进长江经济带的合作，更好地推动长江流域的跨世纪发展，具有非常重要的意义。下面，我就进一步加强联合与协作，加快长江经济带建设谈几点意见。

一、抓住历史机遇，推动长江流域的跨世纪发展

在中国经济地理的大格局中，突出的有两大经济带。一是在 80 年代随着改革开放迅速崛起的沿海经济带，其经济发展的辉煌成就令世界瞩目，已经成为中国经济持续高速增长的重要支撑力量。二是横贯我国东中西部的长江流域经济带。沿江七省二市，人口 4.6 亿，占全国总人口的 38%；面积 145 万平方公里，占全国总面积的 15.1%；1996 年 GDP 总量 26740 亿元，占全国的 40%。流域内拥有丰富的自然资源和矿产资源。其中，水资源和水能资源蕴藏量分别占全国的 30% 和 40% 以上；在全国已发现的 160 多种矿产中，长江流域就有 140 多种；旅游资源和农业资源也十分丰富。长江流域还有着广阔的市场和雄厚的工业基础。这些得天独厚的综合优势是我国其他经济带难以比拟的。进入 90 年代以来，党中央、国务院为加快长江流域的建设和发展，相继作出和实施了开发开放上海浦东新区、开工建设三峡

水利枢纽工程和设立重庆直辖市三项重大战略决策；国家在"九五"计划及 2010 年规划中，又进一步明确把"建成以上海浦东为龙头的长江三角洲和沿江地区经济带"，作为我国跨世纪发展战略的重要组成部分。这一系列重大决策，激发了长江"巨龙"的活力，开创了长江流域经济发展的春天。近几年来，长江经济带接受境外直接投资的比例呈直线上升的趋势，从 1991 年到 1995 年期间，利用外商投资达到年平均增长 107% 的高水平，高出全国平均水平 36 个百分点，经济发展表现出了勃勃生机。有人把沿海经济带比作一张弓，把长江经济带比作一支箭（长江三角洲是箭头，上海是箭矢），这满弓利箭，蓄势待发，正生动地象征着 21 世纪中华民族的经济腾飞。可以预言，长江流域将成为下一世纪我国乃至世界上最有生气、最具活力的经济带。

我们正站在新世纪的门槛上，长江的开发开放正处在空前有利而又十分关键的时期。长江沿岸中心城市对本区域的经济发展有着特殊重要的地位，我们要自觉肩负起历史使命，抓住宝贵的历史机遇，携手前进，联合发展，致力于长江经济带的振兴，共创长江流域的美好未来。

二、积极探索区域经济合作的新途径，共同开创长江流域经济发展的新局面

十几年来，在沿岸各中心城市的共同努力下，长江流域经济协作取得了巨大的成绩，无论在协作的形式和内容上，都发生了深刻的变化。面对新的机遇和挑战，我们必须以更加开阔的眼界和新的思路，积极探索区域经济协作的新途径。总的思路是，面向 21 世纪世界经济发展的大趋势，根据长江流域发展的实际情况，要着重在区域性的经济结构调整和资产重组、科技开发与科研成果产业化、金融以及重点开发长江上游地区等四个方面进行广泛的联合与协作，从而把区域经济协作推向一个新的水平。

（一）开展区域性的产业结构调整和资产重组。经过长期的发展，长江沿岸形成了雄厚的产业基础、完备的工业体系和庞大的存量资产。

但长江经济带也存在着一些突出的矛盾和问题，主要表现在：空间布局不尽合理，产业结构趋同化比较严重，地区之间缺乏合理的分工，重复建设较多，"大而全""小而全"现象十分普遍。因此，联动调整产业结构，大力推进资产重组，是十分必要的。长江流域贯通我国不同经济发展水平的东中西三大地带，经济梯度明显，产业转移范围广，内部合作潜力大，具有很强的经济互补性。按照提高整体经济素质和生产要素优化配置的原则，长江流域产业结构的调整可以考虑流域经济一体化的发展方向，实行市场机制与行政推动相结合，从资产重组入手，以资产、市场和技术为纽带，打破地区、部门和行业的界限，在区域范围内全面展开。要积极组建一批特大型综合性企业集团，逐步建立起一体化的产业体系，在区域内形成若干个各具特色的产业基地，带动整个流域经济协调发展。为此，需要在以下几个方面进一步形成共识：第一，沟通各地经济发展思路，实行整体联动。目前的结构调整，大多局限于本地区、本行业，空间狭窄，往往不能适应流域经济合理分工、优势互补的要求。今后应跳出这个圈子，从国家产业政策和流域经济全局出发，实施经济结构的战略性调整。地区间要通过相互交流，实现经济发展思路的对接。各地区应坚持"有所为，有所不为"，下决心退出一些自己没有优势的产业和产品，集中力量发展壮大具有优势和潜力的产业和产品。第二，坚持市场规律与行政指导相结合。在社会主义市场经济条件下，结构调整和资产重组必须充分发挥市场在资源配置中的基础性作用，实行公平竞争，互惠互利。同时，也需要借助政府的力量，并制定相应的支持政策去推动。第三，坚持资产重组与制度创新相结合。通过资产重组促进流域内企业制度和管理制度的创新，加速现代企业制度的建立。

在形成上述共识的基础上，我们建议采取以下措施，共同推进长江流域经济结构的调整和存量资产的重组。一是认真审议并共同遵循这次会议提出的《关于加快资产重组，联动调整产业结构的意见》，并协调行动，出台一系列有利于生产要素在省市之间流动重组的"低门槛"政策，在兼并主体的准入、降低重组成本等方面给予互惠，为加快资产重组和结构优化创造条件。二是建立和完善长江流域产权交易市场体系。产权交易市场是资产流动重组的重要载体。目前沪、宁、汉、渝产权交易市场已有一定基础，应加强相互的联系和协作，拓展市场规模，逐步在有条件的中小城市建立产权交易分中心。尽快建立长江流域产权交易信息网络，方便省市之间产权交易的交割结算。三是建立有效的协商制度。首先是高层次的市长联席会议制度，可考虑原则上每两年一次，必要时可召开特别会议，协商解决重大问题；第二是联络员会议制度，由各市指派2—3名联络员，就共同关心的问题随时进行蹉商；第三是企业家联系制度。

（二）加强科技合作，加快科研成果的产业化步伐。长江流域具有极其丰富的科技资源，大力开展科技交流，推动科研成果产业化的进程，是区域经济协作的一项重要内容。重点是要联合发展信息产业、生物工程技术和环保产业、农业高新技术等。为此，可考虑采取以下措施：建立长江沿岸中心城市高新技术产业的协调制度；各城市政府应加强对高新技术产业联合与协作的指导和支持；建立长江沿岸中心城市高新技术产业风险投资基金。这次会上还安排套开上海科技成果博览会。上海市的同志以实际行动为推进长江流域的科技合作作出了表率。

（三）加强金融领域的合作。金融是现代经济的核心，金融业具有很强的渗透力，对国民经济其他部门有着非常重要的影响。各中心城市要根据全流域经济发展的共同需要，充分发挥各自的优势，积极探索金融合作的多种有效途径。在这方面，上海市作为长江的"龙头"，可以发挥特殊的作用。首先是总部在上海的几家商业银行如交通银行、浦发银行等可通过沿江各城市的分支机构向内地调拨资金。目前的现实情况是，上海等沿海城市，银行有大量的存差，而内陆城市如重庆则是大量的贷差，搞好信贷资金的调度，充分发挥其使用效益，是大有可为的。第二是如果上海能与香港联手，加快两地金融机构的合作，为沿江城市的经济建设提供资金或以项目带进资金，对于促进长江流域的经济发展更有着重大而深远的意义。

（四）联合起来，重点开发长江上游地区。从整个长江流域经济发展的现状看，以长江三角洲为代表的下游地区是比较发达的。随着长江三峡水利工程的开工建设，也必将继续拉动长江中游地区的经济发展。而移民搬迁工作量却主要在上游地区。可以说，长江上游的经济发展相对来说是最落后，任务也是最繁重的。因此，国务院从1992年就确定由沿海经济发达的省市对口支援三峡地区经济建设的方针。几年来，这方面已取得很大的成绩，并创造了许多宝贵的经验。这种合作方式，充分体现了社会主义制度的优越性，也体现了双方互利互惠、共同发展的原则。前段时间，长江流域发展研究院对沿江各地区作了全面、深入的调查研究，通过大量的数据分析和综合论证，得出了"长江上游地区，主要是重庆地区有可能成为整个长江流域今后一个时期最为重要的高等级投资区之一"的科学结论。在上个月召开的第三次沪港经济发展与合作的会议上，上海和香港两地的专家学者和企业家们达成了沪港联合开发长江、优先开发重庆的共识。这次我们也隆重邀请了以长江开发沪港促进会理事长、香港工商专业联合会会长罗康瑞为团长的"长江开发沪港促进会赴渝代表团"一行16人前来参加会议，欢迎他们对重庆的投资环境和投资项目进行考察，并希望在建设重庆工业园的问题上有重大突破。我们也热情欢迎其他兄弟城市以各种方式和我们共同开发长江上游地区。

三、发挥优势，竭诚服务，努力推进区域经济大发展

长江沿岸中心城市经济协调会，在前八次会议期间做了大量工作，发挥了很好的作用。各中心城市对这种协调方式表现了极大的关注和热情，也对下一步的工作提出了更高的要求。重庆市作为第九次会议的主席方，责任重大，我们要发挥自己的优势，竭诚搞好服务。

直辖后的重庆市，面积8.24万平方公里，管辖43个区市县，总人口3055万。1997年全市国内生产总值1375亿元。重庆经济发展的主要优势：一是资源丰富，组合条件优越。现已探明并具有开采价值的矿产资源40余种，动植物资源600多种。煤的远景储量达48亿吨，天然气5100亿立方米，可开发的水能资源750万千瓦。旅游资源更是得天独厚，自然风光秀丽壮美，人文景观丰富多彩，长江三峡驰名

中外。二是工业基础较好，制造业能力强。全市有 1.1 万户工业企业，固定资产 1000 多亿元。三是商贸流通业发达，市场体系较为健全，服务西部地区的市场网络正在形成。四是基础设施初具规模，投资环境不断改善。五是科技教育力量雄厚，人力资源丰富。有科研机构近千个，46 万专业技术人员，高等院校 25 所。劳动力资源充裕，成本低廉。重庆以其位于我国东部发达地区和西部资源富集地区结合部的承东启西、左右传递的特殊区位，成为国家实施长江开发战略和加快中西部发展战略的重要支撑点。党中央、国务院对重庆的发展十分重视，并寄予厚望，赋予了重庆直辖市三大历史任务：一是充分发挥重庆中心城市的作用，带动长江上游和西南地区的经济发展；二是探索大城市带大农村，城乡共发展、共繁荣的路子；三是组织三峡库区开发性移民，发展库区经济，保证三峡工程建设顺利进行。中央领导还明确指出，设立重庆直辖市，是国家为加快长江上游和西南地区发展的重大战略决策。但是，重庆目前的经济实力还不强，在发展中还面临着不少的困难和问题，尤其是要顺利完成人类历史上前所未有的 100 万移民任务，在两年多时间内要解决 200 万贫困农民的温饱问题，还要安排好 40 万下岗职工的再就业、实现老工业基地的振兴，任务十分艰巨。我们深深感到肩上的担子是非常沉重的。然而我们相信，只要继续得到中央和各省市的支持，通过全市 3000 万各族人民的艰苦努力，重庆市一定能够完成中央赋予的历史使命。

联合开发长江经济带，是长江沿岸各中心城市的共同愿望和历史重任。推动长江流域的经济协作，重庆市一方面要努力做好自己的工作，加快发展步伐，不拖兄弟城市的后腿；另一方面要竭诚努力，做好区域经济协调的各项服务工作，在国务院各有关部门的直接领导下，密切与各兄弟城市的联系，共同推动长江流域经济大协作。

“H”与“▽”*

——谈西部大开发

（1999年11月22日）

东部·西部

邓小平同志以其远见卓识，提出了“两个大局”的战略构想：一个大局，就是东部沿海地区要通过加快对外开放，尽快发展起来，中西部地区要顾全这个大局；另一个大局，就是东部沿海地区发展到一定程度，比如到本世纪末全国总体达到小康水平的时候，就要拿出更多的财力物力来帮助中西部地区加快发展。到那时，东部沿海地区也要服从这个大局。改革开放初期抓东部经济建设，从经济特区建设到上海浦东开发，无不体现这一战略思想。目前正在进行的西部大开发战略，正是邓小平同志第二个“大局”思想的重要体现。因为要实现共同富裕、共同发展的目标，没有西部大开发是不现实的。西部蕴藏着巨大的市场潜力，这将为东部产品提供广阔的市场，进而有利于商品合理流动和结构优化调整，有利于东部经济的进一步发展，二者相辅相成。

“H”理论

中国经济发展的区域格局就好比是英文字母“H”：左西右东，左边的竖杠为西部；右边的竖杠为东部。中间的横杠呢？这就是长江经

* 本文原载《中国经济导报》1999年11月22日第一版。

济带。正是这条极富魅力的"横杠"成为连接东西部的桥梁与纽带。长江经济带占国土面积的15%，人口占到全国的40%，与之相适应，它的GDP占到了全国总量的40%。这里资源丰富、人才济济、水土丰饶而尤以水资源为甚，是新世纪中国乃至世界最具发展潜力的区域。让我们再回过头来关注这个"H"两竖一横的连接点，一个是上海，另一个就是雄踞西部重要战略地位的重庆。

"大三角"概念

"大三角"是指"沪、港、渝"经济带。这三个带三点水的城市联起手来，必将喷发出无比巨大的生产力。上海，老牌工业基地，商贸发达，人才优势、管理优势突出，浦东开发更是亮点；香港，国际金融之都，商品流通快捷，中国的窗口，信息的基地，回归后实力更显出类拔萃；重庆，天府"盆"底的明珠，资源丰富，科技人才众多，可以辐射整个西南市场的区位优势，有西部开发"抓手"的美誉，直辖后又添新机遇。此三地串起的大三角地带几乎包融所有长江沿线和以南成都、武汉、南京、合肥、南昌、杭州、长沙、福州、广州、南宁、贵阳等经济重镇，GDP占到了全国的70%以上。这个巨型大三角的威力，无论是今天还是将来，都无人可以小窥。这不仅对加快长江流域开发和华南地区的发展，而且对带动整个中西部地区的发展，乃至对全国21世纪的经济发展，都将产生重大而深远的影响。这几年，国家政策向中西部倾斜，外商投资正向内陆地区延伸，三峡工程的开发和重庆直辖市挂牌，都为这个大三角的形成提供了有利条件。

环保·葡萄

一段时期以来，川、渝在实施退耕还林、环境保护等方面取得了重要进展。还什么样的"林"？对于"还林"这个概念我们要拓宽思路。在山城重庆，可以结合还林工作，大力发展经济作物种植。例如，发展葡萄种植。德国莱茵河两岸葡萄园漫山遍野，酒厂星罗棋布，人民生活富庶。三峡库区的纬度、湿度、气温与其大体相当。利用四川、陕南、贵州多条水系汇于重庆这一巨大水资源优势，种植葡萄，潜能无限。目前，我国葡萄酒的原料约有一半要靠进口。把三峡库区建成葡萄生产基地，市场前景很好。去年我们在三峡库区的石柱县进行了试种。150亩优质葡萄当年试种当年挂果。更令人惊奇的是，经过测试，"三峡葡萄"特别适用于酿酒。另外，"三峡葡萄"的皮、核都可以入药，浑身是宝。据测算，种一亩葡萄，果农获得的收益在3500元左右。百姓能增收，水土可保持，何乐而不为？对这一领域的开发前景应当充满信心，将来的三峡库区，会像欧洲的莱茵河那样，江岸两侧都是郁郁葱葱的葡萄园。

山顶洞人·观念

西部经济要腾飞，西部贫穷落后的局面要改变，不是要几个项目、挖几个矿井就能解决了的，首要的任务是观念更新。比如，重庆某国家级贫困县的一些居民，祖祖辈辈居住在山洞里，习惯了山顶洞人的生活。政府盖房搞搬迁，"洞民"却不愿意出洞。这种安于现状的思想是最为可怕的。贫困地区经济发展的关键在解放思想、转变观念。孔子说"三人行必有我师"，毛泽东主席说"每个村子都有那里的诸葛亮"。在脱贫奔小康的道路上，我们要充分依靠群众中的能人和智者去带领大家致富。同时要看到每个地方都有那里的懒汉和不同程度的不良风气。有的人年轻力壮却好吃懒做、安于贫困、坐等政府救济；有些地方赌博成风，不务正业等等。做好这些人的工作也是非常重要的。

在世纪之交迎接西部大开发高潮的重要时期，我们倍感振奋。战略方针既定，关键在于执行。我们必须保持清醒的头脑，要实现它更需我们长期不懈的努力。我坚信，通过几十年乃至更长时间的艰苦努力，一定能够建设一个经济繁荣、社会进步、生活安定、民族团结、山河秀美的西部地区。

关于香港经济发展的几点思考

（2003 年 6 月 20 日）

一、经济中心城市的辐射作用发挥得淋漓尽致

在 20 世纪 70 年代中期，香港刚刚完成了工业化，经济非常繁荣。当时，国外和香港的一些经济学家指出，香港的经济已经没有发展余地了。一是劳动力价格太贵，二是地价太高，产品没有国际竞争力。而在罗湖桥的北侧却是另外一番景象，深圳还是一个近乎荒凉的小渔村。港英当局特意在新界叫落马洲的一座山岗上开设了观景台，让西方游客到此北眺社会主义中国大陆的贫穷落后面貌。1978 年内地实行改革开放以后，奇迹终于发生了。珠江三角洲地区廉价的土地和劳动力可以说是应有尽有，内地如江西、湖南、四川更是有无穷无尽的劳动力源泉可以向这里涌流。一旦大门打开，香港的资本和先进管理与三角洲地区的劳动力、土地资源相结合，就带来了两地经济的蓬勃发展。香港经济就像是个装满水的水库，相对于三角洲地区有着较高的势能，只要闸门打开了，就会一泻千里，给三角洲地区带来无限生机。改革开放 20 多年来，香港这个经济中心城市的辐射作用发挥得如此淋漓尽致，在世界经济史上也是十分典型的。香港不仅为三角洲地区经济的发展作出了巨大贡献，而且成了整个内地利用外资的主渠道，从 1979 年到 2002 年底，我国大陆吸纳外商直接投资总额 4462.5 亿美元，其中有 45%（2048.8 亿美元）是从香港进入的。与此同时，香港的经济也飞速增长，欣欣向荣。香港的 GDP 从 1978 年的 852 亿港元到 2002 年达 12711 亿港元，增长近 14 倍；整体出口额从 1978 年的 539

645

亿港元增长到 2002 年的 15605 亿港元（其中转口 14296 亿港元），增长近 28 倍，充分体现了两地互利互惠、共同繁荣的格局。

二、"东方之珠"依然光芒璀璨

虽然经受了亚洲金融风波的冲击，房价、股市出现较大下跌，加上今年受"SARS"的影响，当前确实面临一些实际困难，但香港这颗"东方之珠"仍然闪烁着璀璨的光芒。一是重要国际金融中心的地位没有变。在香港，国际金融机构云集，金融监管制度严密，资金进出自由，税率低、税制简单。目前还是世界第三大银行中心、第四大黄金市场、第七大外汇交易市场、第九大股票市场，到 5 月末外汇储备达到 1161 亿美元。去年本地生产总值人均 2.4 万美元，是上海的 6 倍，广东的 8 倍。只要上海不能变为自由港，就取代不了香港国际金融中心的地位。况且国际金融中心的一个重要功能是国际结算，在世界上要保证 24 小时都能营业，故才有纽约、伦敦、香港、东京几个中心，在同一经度上设几个中心是毫无意义的。二是人才济济，专业服务水平高。香港是中西文化交汇地，人才荟萃，拥有大批国际金融专才和高素质的会计师、律师、评估师等专业人才队伍，又有成熟和健全的法律制度架构，专业服务水平在周边地区是无与伦比的。三是国际网络四通八达。香港是世界著名的国际贸易、运输、信息和旅游中心，2002 年的进出口总额达到 3.18 万亿港元；货柜吞吐量 1914 万标准货柜，连续多年居世界第一位；香港国际机场出入境旅客达 3200 万人次，空运量 207 万吨，是世界上最繁忙的机场；访港旅客 1300 万人次；跨国公司在香港设立的地区总部和办事处达 3200 家。四是背靠内地这个广阔市场，又实行高度自治。香港的这些优势一直令世界许多竞争对手十分羡慕。至于"SARS"对经济的影响，毕竟是暂时的，特区政府正采取"非常性"措施，帮助大家战胜困难。

三、境外净要素收入增长强劲

近些年来，一些经济较发达的海岛型城市、地区或国家，境外或国外净要素收入增长较快。例如，日本 1991—2001 年名义 GDP 年均增长率仅为 0.8%，表现为经济十年低迷。但 2001 年日本海外总资产达 2.9 万亿美元，相当于日本 GDP 的 75%；海外净资产 1.5 万亿美元，相当于我国 GDP 总量的 1.5 倍；海外制造业销售额达 4348 亿美元，与日本出口额相当。1991—2001 年，日本海外总资产年均增长 3.1%，净资产年均增长 13.9%，均大大高于同期 GDP 的增幅。香港在境外和国外的净要素收入从 1978 年到 1992 年均为零，1997 年为 13.5 亿美元，到 2001 年就达到 46.3 亿美元。所以，除了看 GDP，还要看 GNP（国民生产总值）的增长。

四、经济转型何去何从

香港特区政府和各界人士为经济转型作了大量有益的探索。看来，香港作为加工工业的基地是没有发展前途的，实际上加工业早已大批向内地转移；把香港建成一个高科技产业的研发基地也很难，因为香港是个繁华的商阜，人心浮躁、急功近利，难以静下心来搞科研。香港除了努力保持和发展其原有的国际金融中心和国际贸易、信息及旅游中心地位外，根据香港的特殊区位优势，还适宜大力发展现代物流业，可以成为亚太地区最大的物流配送中心。目前，香港约有 80 家国际集装箱航运公司，66 家国际航空公司。通过大力建设由运输、仓储、包装、配送等组成的一个完整体系，能够及时、准确、安全、低成本地把各种货物送到世界各地的需求者手中，从而大规模地实现货畅其流，并为自身创造丰厚的利润。这就是港人所说的"第三利润源泉"。发展现代物流配送，还要与珠三角地区联手去做，形成互动之势，就更是如虎添翼了。另外，香港的服务业已占 GDP 的 86.5%（2001 年），其金融、保险、法律等中介机构及其大量优秀人才也可以努力开拓内地市场，为内地提供各种服务，内地是非常需要和欢迎的。

五、在"十加一"构架中发挥特殊作用

加强我国与东南亚、东亚国家的经济合作有着重要的战略意义。在这方面，香港是可以发挥特殊作用的。不少香港同胞相信测字。前段时间听一位朋友说，香港的"香"字上面十字加一撇正好象征"十加一"（东盟加中国），中间一撇一捺意味着左右逢源，下面一个日字是如日中天，说明香港的前程正无可限量。虽然这是笑谈之言，但香港作为联系内地与东南亚、东亚各国的重要桥梁，却实实在在是可以大有作为的。如果发挥好这个功能，必将为推动香港经济的更加繁荣带来无限商机。

六、前景系于团结和信心

温家宝同志3月18日在北京人民大会堂举行的记者招待会上深刻指出，香港现在需要的是团结和信心。的确，惟有团结，拧成一股绳，才能缚住苍龙；惟有信心，长万众豪气，才能登高望远。香港有完备的法制，有有利的区位优势，有各类优秀的人才，有雄厚的物质基础，直到目前没有一笔内债和外债，更有中央政府坚定不移的信任和支持，只要团结一致，坚定信心，一心一意谋求经济发展，就没有克服不了的困难。香港的明天一定会更好！

对区域经济发展的几点认识

——在珠江和长江三角洲经济发展论坛上的讲话

（2005 年 1 月 8 日）

在市场经济条件下，市场对资源配置发挥着基础性的作用。市场这只"看不见的手"在配置资源时有其内在的规律性。生产要素的集聚效应，造就了一个个中心城市；产业链条的扩散功能，又衍生出一片片相对发达的经济区域。当前，区域经济对全国经济发展的推动作用越来越突出。从某种意义上可以说，地区之间的经济竞争不是简单的以行政区划为单位展开的，而是更多地表现为自然经济区域之间的竞争，区域经济的发展也就越来越受到人们的重视。因此，举办这次珠江和长江三角洲经济发展论坛是一件很有意义的事情。下面，我想对区域经济发展问题谈几点认识，供大家参考。

一、中心城市对区域经济发展的
辐射带动作用功不可没

经济中心城市集中了大量各类优秀人才、丰富的资金和物资以及各类信息，生产要素和资源从周边向这里集中的同时，又由此向周边辐射，成了市场经济活动的主战场。通过这样一个流动过程，创造了无穷无尽的社会财富。

香港这个经济中心城市对珠江三角洲地区的经济辐射作用就表现得十分突出。在 20 世纪 70 年代中期，香港刚刚完成了工业化，经济非常繁荣。但当时香港和国外的一些经济学家都指出，香港的经济已经没有发展前途了。一是劳动力价格太贵，二是地价太高，产品没有竞争力。而在罗湖桥的北侧却是另外一番景象，那时的深圳还是一个近乎荒凉的小渔村。1978年内地实行改革开放以后，奇迹终于发生了。珠江三角洲地区廉价的土地和劳动力可以说是应有尽有，内地如江西、湖南、四川更是有无穷无尽的劳动力资源可以向这里涌流。一旦大门打开，香港的资本和先进管理与三角洲地区的劳动力、土地资源相结合，就带来了两地经济的蓬勃发展。香港经济就像一座装满水的水库，相对于三角洲地区有着较高的势能，只要闸门打开了，就会一泻千里，给三角洲地区带来无限生机。"时间就是金钱"，转眼间一个现代化的大都市深圳矗立起来了；三角洲内以广州为中心沿珠江两岸展开的工业化城市群如雨后春笋，拔地而起，而且实现了连片开发，整个三角洲表现出一派热气腾腾、充满活力的动人景象。改革开放26年来，香港这个经济中心城市对区域经济的辐射和带动作用发挥得如此淋漓尽致，在世界经济史上也是十分典型的。与此同时，香港本身的经济也飞速增长，一片欣欣向荣。香港1978年的GDP仅为852亿港元，2003年达到12200亿港元，为当年的14倍，将近翻了四番，充分展现了两地互利互惠、共同繁荣的格局。

上海作为我国内地经济实力最大的城市，对长江三角洲地区经济发展的辐射和带动作用也表现得非常出色。长江三角洲地区市场经济的渊源和文化底蕴都比较深厚，加上得天独厚的区位优势，使得这一地区具备了各种较快发展的条件。但是，过去在计划经济条件下，资源配置以国家计划为主体，客观上束缚了这一地区的经济发展。记得20世纪80年代后期，上海市的经济发展还曾一度陷入困惑的境地。当时，中央在财政政策等方面给予了很大支持，接着又作出了开发浦东的重大战略决策，特别是在党的十四大作出了建立社会主义市场经济体制的决定之后，上海的发展出现了历史性的大转折。90年代初上海经济进入了高速增长的快车道，对周边地区经济的辐射能力也显著增强。出现了上海市的工程技术人员纷纷走向外地服务的现象，"星期天工程师"成为盛传一时的佳话；苏南和浙江的乡镇企业、民营经济异军突起、迅速壮大，而且不断升级换代。近十几年是该地区经济发展最快最好的时期，表现出一派生机盎然、蓬蓬勃勃的新气象，在长三角这块肥沃的土地上结出了举世瞩目的累累硕果。长三角地区的发展势头如此强劲，以致使率先起步的珠三角也感到某种心理压力。从这两个三角洲的生动事例可以清楚地看出，中心城市对区域经济发展的辐射和带动作用确实非常重要。

二、珠江、长江三角洲经济发展中应当关注的几个问题

目前，广东、上海、江苏、浙江四省市的经济总量已占全国的30%，主要集中在两个三角洲，在全国经济发展的总体格局中举足轻重。由于区位优势和发展基础好以及回报率高，不仅全国各地的生产要素还在不断地流入珠、长两个三角洲经济区，而且这里也成了利用世界性资源和参与国际产业分工的重要地区。国内外资源和产业都正在继续向两个三角洲集聚，使这两个三角洲成为全国乃至世界上最富有生气和活力的经济区。但是，必须清醒地看到，还有许多亟待研究和解决的问题。如果处理得不好，不仅会制约两个三角洲地区经济的健康发展，而且还将影响我国经济发展的全局。主要有以下几个方面应当予以特别关注：

一是要率先落实科学发展观。我国正处于体制转轨和经济进入新一轮周期的上升阶段，在经济主体、所有制结构、收入分配等多元化趋势加速和对外开放日益扩大的形势下，面临的经济环境非常复杂。我们要发展，但更要科学地发展。一方面要抓住21世纪头20年的重要战略机遇期，努力加快发展；另一方面，还必须把思想统一到树立和落实科学发展观和正确的政绩观上来，才能实现全面、协调和可持续发展。否则，单有发展的愿望，而没有科学的态度，势必事倍功半甚至难以为继。这是今年乃至今后一个时期内我国经济工作的重要指导思想。两个三角洲有条件也应当在落实"以人为本、全面协调可持续发展"的科学发展观上为全国作出表率，走在全国的前面。

二是加大科技创新力度，着力推进产业结构的调整和升级。珠江

三角洲的发展是从"三来一补"起步的。直到现在，来进料加工业仍占有很高的比重，而具有自主知识产权的产品并不多。这种状况造成生产利润的大头是别人的，自我发展能力不强，经济增长的后劲不足。在这方面，长三角包括上海市比珠三角也强不了多少。两个三角洲经济发展到现在这个水平，已经具备条件加快科技创新，不能满足于来进料加工和低水平扩张的发展模式。要以科技创新为动力，不断推动产业结构的调整和升级。每一个企业都要有这种紧迫感，安于现状就有被淘汰的危险。同时，我们的企业不能只满足于充当生产者或加工者这个角色，还要在国际市场上争取更多的自有订单，成为批发和零售环节的真正卖主，成为一个完整的生产经营者。因为利润的主要部分是在后面。

三是密切关注国际风云的变化，在国际产业分工的格局中找准自己的位置。随着国际经济一体化趋势加速，世界产业正在迅速调整和重组，一般加工工业正大量从发达国家向发展中国家转移。近年来出现的美元贬值从根本上来说，是世界经济结构和资源配置都出现了明显失衡的反映。目前，我国已加入国际产业分工的总体格局，组装和一般加工业已成为国际产业链条中的重要环节，我国生产的服装、鞋帽、玩具等日常用品更是畅销欧美市场。美国的产业结构已严重空心化，主要靠拼命消费来拉动经济增长，由此带来的后果是造成巨额的外贸逆差和财政赤字，付出了"不平衡"的代价。国外有的经济学家说，当前拉动世界经济增长的两大动力，一是中国投资，二是美国消费。问题又恰恰在于中国投资的高速增长是否可持续，美国的拼命消费是否可持续，这两个因素可能影响今后世界经济发展的全局。美元贬值将对国际金融市场产生什么样的影响值得密切关注。正如地球的板块运动规律一样，世界经济结构的失衡和资源配置的扭曲所积聚的内应力，如果不能得到适时、均衡地释放，一旦爆发出来就会产生世界性的金融震荡和经济波动。它对世界经济的破坏也许远在自然灾害之上。所不同的是，人类有足够的智慧和力量去防止人为灾难的发生。在这个问题上各国有着共同的利益，因为万一出了事谁也难以幸免。我国经济与世界的关系已经非常紧密，国际经济的任何波动都将直接影响我国经济，特别是影响珠三角和长三角地区经济的发展。两个三角洲要有这样的敏感性、警惕性和前瞻性，并采取切实有效的防范措施及时调整企业和产业的功能定位与发展战略。可以说，世界经济生活中的每一个喜讯，两个三角洲地区总是最先得益；而每一个波动，首当其冲的也必定是两个三角洲地区。

四是十分注意环境和土地资源的保护。两个三角洲地区人口的密度和产业的集中度均已达到世界数一数二的地步，两个三角洲地区的环境污染问题也已经表现得比较突出。江河受到一定程度的污染，江南水乡出现饮用水短缺的情况；有的地方土地被重金属污染，而这些重金属又通过庄稼、蔬菜和牲畜家禽等进入人的身体，危害人的健康。如果经济上去了，物质生活水平大大提高了，可是住在别墅里一打开窗户就臭不可闻，人民的身体素质和生存质量却下降了，这样的现代化又有什么意义呢？这两个三角洲地区的土地资源也是十分宝贵的。要执行最严格的耕地保护政策，又要为经济建设提供必要的土地，就必须走集约化用地的道路，千方百计地提高土地的使用效率。一个环境、一个土地将影响两个三角洲经济发展的全局。做好这两项工作也是对子孙后代负责任的客观要求。

五是努力规范市场经济秩序。可以说，市场经济就是诚信经济，诚信是市场经济的入门证。我国实行市场经济的时间还不长，规范化需要有一个过程，出现一些问题是可以理解的，但必须尽快建立和完善市场经济的秩序。在这方面，珠三角和长三角已经走在全国的前列，但还远远不够，有条件也完全应当做得更好一些。在知识产权保护方面、产品质量方面以及售后服务等等都要创造出一套好的经验，在国际国内市场上博得良好的口碑，树立起诚信至上的好形象。

六是正确引导民间资本，帮助其发挥最好的效益。珠江和长江三角洲的快速发展，已经积聚了大量的民间资本。2003年底，两个三角洲的城乡居民储蓄存款近3万亿元，还有成千上万亿元的民间游资需要寻求出路。一方面要制止搞地下钱庄等非法金融活动；另一方面，要为投资者提供准确可靠的市场信息，并积极加以引导。同时，商业银行也要加强和改善金融服务。民间资本来之不易，是多年辛苦积攒的，也是宝贵的社会财富。使用得当则利国利民，如果用得不好，任其盲目投资，如炒房、炒车、炒煤以及盲目建设小电厂等，不仅资本拥有者要蒙受重大损失，而且还可能造成破坏性的后果，导致产业结构的严重扭曲，甚至可能引发局部的社会稳定问题。

七是要站在更高层面看区域经济的发展。第一，发展区域经济必须突破行政区划的束缚，市场配置资源有其客观的规律性，不应受到行政区划的限制。努力建立和健全统一、开放、竞争有序的现代市场体系，是社会主义市场经济的客观要求。按照行政区划搞地区封锁、地区保护的做法是完全违背市场经济规律的。第二，要从全国经济大局出发，为全国经济的平衡发展多做贡献。如果说，区域经济的发展是由中心城市带动的，那么，全国经济的发展也需要发达地区来带动。这种带动既是义务和责任，又为自身发展带来市场和利润。更何况缩小收入差距，实现共同富裕，是社会主义制度的本质要求。区域之间经济发展的平衡是相对的，因为各地的资源禀赋和区位条件不同，发展水平不可能是完全一样的，但经济发达地区总是要努力去带动落后地区实现共同发展。

三、构建沪港渝大三角经济协作区前程无量

珠江、长江两个三角洲多年的经济高速增长已经积聚了相当大的"势能"，具备了向外地辐射和扩张的条件。经济区内的环境容量和资源制约也客观地要求必须去努力开拓更有利于发展的新天地。正在热烈酝酿的"泛珠三角"概念和实施方案便是在这个大背景下产生的。与此同时，"泛长三角"的构想也正在呼之欲出。

如果我们把眼光再放远一点，把三个带三点水的特大城市——沪、港、渝连接起来，一个更具魅力的大三角就会展现在面前。这是一个囊括珠江、长江两大流域14省区市加上福建和港澳的大三角。把港澳的数字都列入分子和分母，则该区域的人口占全国57%，经济总量占全国70%，香港、上海这两个经济中心城市的地位和作用不言自明。

作为我国西南重镇的重庆是长江上游、天府"盆底"的一颗璀璨明珠，资源丰富、工业基础雄厚、科技人才众多，背靠两亿多人口的西南大市场。重庆由中央直辖以来，基础设施建设日臻完善，有西部开发"抓手"的美誉，与沪港两地也有着深厚的历史渊源。在这个大三角地带，还有成都、昆明、贵阳、武汉、长沙、南昌、广州、杭州、福州、合肥、南京、南宁等一批大型、特大型城市，中小城市更是星罗棋布，各地都有各自的长处和优势，可以充分实现互补。发展这个经济大三角，至少有以下好处：

第一，把珠三角和长三角两个经济区自然对接起来，更有利于两个三角洲经济区的互动、互补；

第二，可以实现东中西部地区的联动。珠、长两三角洲经济区向中部地区辐射对接后再向西扩与重庆联手，可以为实施西部大开发战略作出重大的贡献，也为这两个三角洲开辟广袤的市场；

第三，有利于长江经济带的开发。长江经济带人口占全国的44%，经济总量占全国48%。这里资源丰富、人才济济、水土丰饶而尤以水资源最为丰沛，是21世纪中国乃至世界最具发展潜力的重要区域之一。如果用英文字母的"H"来描述中国经济发展的框架，则左边的竖杠代表西部地区，右边的竖杠代表东部地区，中间的横杠就是长江经济带。这条横杠成为连接东中西部的桥梁与纽带。这个"H"中两竖一横的连接点，一个是长江巨龙的龙头上海或长江三角洲，另一个就是雄踞西部的重庆或成渝经济区。长江巨龙的腾飞对中华民族的全面复兴有着重大的战略意义。

沪港渝经济大三角虽未正名，但却是客观存在着的。川、渝、赣、两湖地区的数千万农民工大军早在改革开放的初期就已进入珠、长两个三角洲地区，并为这里的经济发展作出了历史性的贡献。

四、在区域经济合作中政府可以大有作为

区域经济的发展主要依靠市场的力量，要尊重经济规律。但同时，政府也是可以大有作为的。至少可以做以下几件事情。

一是做好区域经济发展规划。特别是跨行政区域的基础设施建设应当由政府统筹考虑，组织实施。

二是为投资者创造良好的投资和生产经营环境。主要是加强法制、规范市场经济秩序，政府各部门也要增强服务意识，注重清正廉洁，搞好公共服务设施的建设等。

三是保护工人的合法权益。去年以来，东部地区出现的"民工荒"问题，给人们一个很大的启示。随着农业劳动力边际效益的提高，而农民工的工资还停留在原来水平上，那么，"民工荒"就在所难免。根据国家统计局农调队调查，目前，长三角地区农民工人均工资超过700元/月，而珠三角只有600元/月左右。这是珠三角的"民工荒"表现得更为明显，并且有部分农民工正向长三角地区转移的根本原因。建立农民工最低工资标准、养老保险、失业保险、医疗保险、工伤保险等制度并监督用工单位认真执行也是政府应当做的事情。已经建立农民工最低工资标准的，也要根据形势变化及时调整。

四是牵线搭桥，并对地区之间的重大经济问题进行协调。多年来，各地在"政府搭台、企业唱戏"方面做了大量工作，如举办多种形式的商品交易会、投资洽谈会等等，发挥了很好的作用。对涉及跨地区的基础设施建设等一些重大问题更要依靠政府来协调。

五是建立信息交流平台。经济协作区内的各地政府，可以在政府网站上开设专栏，为协作区内的企业提供各种各样的市场信息，减少投资的盲目性，便于更有效地获取各种经济信息。如有必要，各级统计部门的网站也可以为区域经济发展提供决策、咨询和参考信息。今年上半年，国家统计局要召开政府统计信息如何为企业服务的国际研讨会，欢迎大家参加。

回想过去，我国区域经济的发展是改革开放的一项重要成果，意义十分深远。从全国看，以京津为中心的环渤海经济圈正迅速成长，将对华北和中原地区的经济发展产生辐射和带动作用，其中的齐鲁大地又是独具发展潜力的重要经济区；以大连为窗口，由沈阳、长春、哈尔滨等按"路灯式"串联起来的经济中心为依托的东北经济区，正借振兴东北等老工业基地的强劲东风，响起了阵阵春雷；以基本顺着古丝绸之路延伸的西安、银川、兰州、西宁、乌鲁木齐等经济重镇为中心，按照西部大开发的总体战略部署，也形成了若干各具特色的经济区域，带动着整个大西北快速发展；随着青藏铁路的建设和即将提前通车，必然拉动青藏高原的经济繁荣。展望未来，我国各经济区之间的合作互动将日趋活跃，并必将为社会主义现代化建设事业作出重大贡献。

八、其他

把最严格的耕地保护制度落到实处

——在国家行政学院省部级干部专题研讨班上的发言

（2004 年 3 月 29 日）

要不要发展没有争论，发展什么和怎样发展，则还有许多问题要研究。中国的工业化道路究竟怎么走，城市化道路又怎么走？都需冷静地梳理一下思路。今天，我仅就土地管理问题谈点认识。

一、去年为什么消耗这么多资源和能源

去年 GDP 才达 1.4 万亿美元，就消费这么多资源：2.7 亿吨钢材、8.36 亿吨水泥、15.79 亿吨煤炭、2.52 亿吨原油。电也不该这么紧：我国去年年末发电总装机 3.83 亿千瓦。英国 0.73 亿千瓦、法国 1.12 亿千瓦、德国 1.15 亿千瓦，英法德三国发电总装机共 3 亿千瓦，GDP4.56 万亿美元；日本发电装机 2.5 亿千瓦，GDP4.5 万亿美元。如说我国人口多，城乡居民用电只占 12%。说到底，是经济结构问题。增长方式太简单、粗放，而且结构趋同。元宵节密云公园中那座本不在主要灯展区、平时也没什么人去的拱桥，只因有几个小伙子大喊"那边要放焰火了"，游人就都往那边跑，抢占制高点，于是发生了本不该发生的惨案。放大到经济工作看，同出一理。发展什么？全国都搞征地拆迁、开发区、招商引资、跑项目、旧城改造等，一个套路，怎能不造成投资规模过大，资源和能源消耗过多。

二、生产诸要素中用地过度扩张
是造成固定资产投资增长过快的根源

王梦奎老师讲课说:"吃饭靠财政,发展靠土地",一语道破天机。去年投资规模过大(5.5万亿元)是从大量征地开始的,用土地作抵押可以拿到贷款,用廉价土地就可招商引资,土地低进高出就有钱搞政绩工程等。从古至今全国城镇建设用地总面积为3.25万平方公里,而近几年全国设立各类开发区规划面积就达3.54万平方公里。可见这一次圈地运动的规模超过我国历朝历代加上新中国前50年的总和,问题确实是非常严重的。过去7年损失耕地1亿亩,而其中去年一年就损失耕地3806万亩。土地管理如此混乱带来的危害性至少有以下几条。

第一,造成"三无"(无地、无业、无社保)农民4000多万,毛主席说过,农民的根本问题是土地问题。这是一个重大的不稳定因素。

第二,粮食连续四年减产,去年又减产5.8%,虽然原因很多,但耕地面积减少太多是最直接的原因。今年粮食供需关系发生逆转,粮价上扬,加大了通胀压力。

第三,如此大量消费资源和能源,终将难以为继,这条路是走不下去的。供需关系绷得太紧,要出问题。

第四,盲目建设,造成供给能力过剩,一旦环境有变,投资泡沫就要破裂,业主将背上一大笔债务,有工也未必能富,过去这样的教训是很多的。

第五,银行还可能新增一大笔不良贷款。

第六,划拨土地过多或低价转让城区土地使用权,造成了大量国有资产的流失。

第七,由政府主导的征地拆迁活动,由于不规范、不透明,使一批干部因腐败而落马。

第八,征地拆迁中对农民和城镇居民补偿不足,引发群众上访、闹事大幅增加,人民不高兴、不满意,搞得干群关系紧张,伤害了政府威信。

第九,长此下去,可能引发国家经济安全、金融安全、粮食安全等。

从宏观上看，这种干法是不可取的。增加这点 GDP 付出的代价太大，成本太高。

土地是固定资产投资的载体。去年以来投资的大幅增长，大量圈地起到了重要的推波助澜作用；在生产诸要素中，土地的过分扩张是最突出的矛盾。因此，要控制过大的投资规模，要防止发生严重的通货膨胀，首先要管住土地。今年 1—2 月全社会固定资产投资增长 53%，也正因为地方政府和开发商手中还有较多的土地资源。据此推断，今年固定资产投资强劲增长的势头还会维持一段时间。

三、要科学地用好土地资源

土地作为重要的资源和宝贵的生产要素，是很值钱的。我国城市土地归政府全面所有，故有人说中国政府是世界上最富有的政府。这是我国实现城市化、工业化、现代化的坚实经济后盾。关键在于如何管理和经营好这笔巨大资产。香港本岛面积只有 80.4 平方公里，且 90% 是山，加上九龙、新界及离岛 2003 年陆地总面积为 1102 平方公里。英国殖民主义者从 1842 年就开始经营香港土地，150 多年里挣去很多的钱。1984 年 7 月 31 日，邓小平同志会见当时英国外交大臣时说，要防止过渡期把香港的土地卖光，把卖地的钱都卷走，把负担转嫁给未来的特区政府，提出要建立土地基金。经谈判，英方同意了，并签署了《关于土地契约》作为中英《联合声明》的附件三。规定港英政府从土地交易所得收入，在扣除成本后与日后的特区政府对半平分，给特区政府的一半存入在香港注册的银行，作为土地基金由中英两国政府共同管理。1997 年 7 月 1 日回归时，钱其琛同志代表中央政府送给董建华先生一个 1700 亿港币的"大红包"就是十多年过渡期积累的土地基金。2003 年特区政府的土地基金结余已达 2600 多亿港币。目前，单是与土地及房地产相关的收入已经占到特区政府总收入的近 40%。

而我们大陆对土地的使用实在是太大方、太慷慨了，动辄行政划拨或零地价转让使用权，一转让就是50年、70年。就连北京城区这么宝贵的土地，在2002年至2003年期间就有高达98%的土地是采取协议出让的方式交易的，政府没得到什么收益。去年12月3日王歧山同志召开市长办公会才纠正了这种做法。有些地方虽然实行了公开招标竞价拍卖，但由于提供的资源太多，供给量过大，也卖不出大价钱。而且各地政府出让土地使用权所得收入都当期花光用尽，从不为下届、更不为子孙后代留点后路，有人说这是"殖民主义的土地出让政策"。

四、加强土地管理的几点建议

最近，大家对土地管理问题的讨论很热烈。有的同志提出关键是要落实农民对土地的所有权，农村土地集体所有，农民对土地的处置实际上没有发言权。但这样做要修改《宪法》和《土地法》，搞土地私有化政治影响不好，而且农民拥有对土地的所有权之后也未必挡得住大规模土地兼并的发生，这是我国几千年历史证明了的。还有的同志提出土地使用权出让的全部收入都要上交中央财政，以统一调配使用。但这样做，会伤害地方积极性和利益，似乎也不可取。

综合多方面意见，提出如下建议。

（一）大力宣传和严格执行《中华人民共和国土地管理法》和国务院各项有关政策法规。当前各级领导干部真正看过、学过这些法规、文件的人并不多，更不要说普通群众。所以执行情况较差有其必然性。建议编写一个宣讲提纲，把有关法律、法规、政策中的要点用通俗易懂的语言进行解说，广泛宣传。

（二）禁止经营性土地协议出让。凡经营性土地使用权的出让都要公开招标拍卖，同时取消各地自行出台的经营性土地使用权出让的一切优惠政策。

（三）坚决认真清理整顿开发区。同时要防止引起经济过大波动，尽量不留后遗症。只要深入工作，各地积极配合，这是完全可以做到的。有的地方担心，清理整顿开发区会使大批新项目"落不下地"。实际情况并非这样，现有的城区建设用地和过去正式批准的开发区（工业园）开发使用的潜力还相当大。

（四）加强土地征收、征用和使用权出让的总量控制，并将其作为宏观调控的手段之一。开发商购地逾期不用的坚决收回（据调查，许多开发商手里掌握的土地足够3—4年的开发之用）。同时，规定开发商购地只能用于开发，严禁将所购土地转手倒卖（近几年，不少购地者并非为了开发，而是圈了地之后等待时机，沽价出售，大发横财）。真有好项目必须新征收、征用土地的，应予以保证，但必须按程序办理手续。

（五）建立土地出让使用收入的基金制。新增建设用地的土地出让金收益扣除成本后，按不低于15%的比例提留给市、县政府专项用于土地整理复垦、宜农未利用土地开发、基本农田建设以及改善农业生产条件的土地开发。这是国务院今年3月22日发的8号文规定的。建议其余的近85%中，55个百分点（这是一笔很可观的资金）集中起来建立省级政府的基金，由省级政府统筹用于教育、科学、卫生等社会事业，发展服务业，为失地农民开辟新的生计，环境保护等；或由省级政府按一定比例返还给上缴的市、县，但要规定用途，不许乱花。按《土地法》规定上交中央财政的30%也建立中央基金，不得用于一般性财政支出，原则上要积攒起来留给后人。

（六）要真正落实最严格的耕地和土地保护制度，最关键的是要认真执法，依法行政。《中华人民共和国土地管理法》第七章《法律责任》（从第73条至第84条）以及《刑法》第228条、第342条、第410条都有非常明确的规定。但许多地方似乎浑然不予理会。一种普遍的观点是，只要是为了当地经济发展而个人又没有贪污、受贿，就怎么违法都可以不予追究，甚至还会受到表彰和提拔重用。这种局面如不彻底改变，最严格的耕地和土地保护制度是无法落到实处的。

（七）大力发展服务业，切实改变以滥用土地为代价、过分追求固定资产投资增长来求发展的传统思路。发展不单是发展经济，更不只是发展工业，发展第三产业有着广阔空间、也是大有可为的。

中国农村贫困新特点、新对策

（2004 年 9 月）

进入新世纪，我国农村进入了全面建设小康社会的新的发展阶段，农村扶贫开发也进入了一个新阶段。为了指导和推动新时期农村扶贫工作，国务院及时制定并实施了《2001—2010 年农村扶贫规划纲要》，要求用十年时间，完全解决剩余 3000 万绝对贫困人口的温饱问题，并实现 6000 万低收入人口的稳定脱贫。两年来，在各级政府和全国人民的共同努力下，农村贫困问题继续得到缓解：2002 年全国农村绝对贫困人口下降到 2820 万人，农村低收入人口下降到 5825 万人。但与此同时，农村贫困人口分布越来越分散，低收入人口返贫率高，可持续发展能力弱，无力享受农村基础设施改善的好处，农村社会发展严重落后于经济发展，全社会收入差距进一步扩大。因此，各级政府在认真贯彻落实《2000—2010 年农村扶贫规划纲要》、继续推行和强化已有扶贫政策和措施的同时，要着力改善农村社会服务、注重培养农户发展能力，特别是要尽早强化教育扶贫，尽快建立和完善农村社会保障体系，改革农村信贷体制，让穷人有机会获得金融服务。

一、中国农村贫困监测方法与标准

作为政府职能部门，国家统计局高度重视作为扶贫工作重要组成部分的贫困监测工作。1997 年，国家统计局与国家发改委、国家民委、财政部、国务院扶贫办、农业银行联合，正式建立全国农村贫困监测与评估系统，通过科学、扎实的抽样调查，每年从 10 万多农户和

1.2 万多个村直接收集数据，力求全面、科学、客观地反映、衡量农村贫困及扶贫成效，为政府制定综合扶贫政策、统筹城乡社会经济发展、切实做好"三农"工作提供准确可靠的决策依据。全国农村贫困监测与评估系统的日常工作由国家统计局农村社会经济调查总队负责。

全国农村贫困监测与评估系统包括三个方面：一是 68000 户的全国农村住户抽样调查，用来推算全国和分省农村贫困人口数量，反映农村贫困特征以及贫困的各个方面；二是在 592 个国家扶贫开发工作重点县开展的国家贫困监测抽样调查，反映贫困地区贫困人口数量和特征变化情况，评估宏观经济社会发展和国家扶贫开发政策与项目对贫困地区和贫困人口的影响和作用；三是全国县、乡、村统计资料，主要提供区域发展的背景资料。

全国农村贫困监测与评估内容包括：农民收入和支出，以及以农户收支衡量的贫困规模和贫困程度，农户温饱与饮食健康，财产与生活设施，文化教育，社会平等，基础设施和基本社会服务，市场和社会参与情况，社会保障，扶贫项目的覆盖、瞄准、强度以及效果等。

国家统计局农调总队根据全国农村住户调查得到的农村低收入人口的实际消费价格及消费数量确定全国农村绝对贫困标准，即：第一，根据低收入人口的实际食品清单和食品价格，确定达到人体最低营养标准（即每人每天摄入热量 2100 大卡）所需的最低食物支出（即食物贫困线）；第二，再根据回归方法计算收入正好等于食物贫困线的人口的非食品支出，把这部分非食品支出作为非食物贫困线；第三，把食物贫困线和非食物贫困线相加即为绝对贫困标准。2002 年，全国农村绝对贫困标准为 627 元。我国确定农村绝对贫困标准的方法是与国际接轨的，但根据此方法确定的我国农村绝对贫困标准在国际上被称为低贫困线，仅仅是指能提供生存必须的衣食等最基本支出。收入水平在这一标准周围的农户仍难以解决发展的问题。因而，从 2000 年开始，国家统计局农调总队根据国家扶贫规划需要制定了低收入人口标准，基本方法是在上述食物贫困线的基础上，按低收入人口生活消费支出中 60% 应是食物支出的比例计算的。2002 年，全国农村低收入标准为 869 元。

二、农村贫困呈现新特点

根据农村贫困监测调查，2002 年底全国农村绝对贫困人口为 2820 万，比上年减少 107 万，贫困发生率为 3.0%，比上年下降 0.1 个百分点。农村低收入标准以下人口共计 8645 万，占全部乡村人口的比重为 9.2%。

其中：592 个国家扶贫开发工作重点县绝对贫困人口为 1752 万人，占全国绝对贫困人口的 62.1%。与上年相比，绝对贫困人口数量减少 59 万人，占全国当年脱贫人口的 55.3%。贫困发生率 8.8%，比全国高 5.8 个百分点。低收入标准以下人口规模共计 4828 万人，占乡村人口的比重为 24.3%。

农村贫困监测结果显示，农村贫困呈现以下新的特点。

第一，农村绝对贫困人口年均减少的数量越来越少，剩余贫困人口分布越来越分散。1978 年到 1990 年，农村绝对贫困人口由 2.5 亿人下降到 8500 万人，年均减少 1000 万人左右；2000 年绝对贫困人口是 3200 万人，1990—2000 年期间年均减少 500 万人左右；2001 年绝对贫困人口是 2930 万人，比上年减少 270 万人；2002 年只比上年减少 110 万人，脱贫人口呈递减趋势。由于目前的绝对贫困人口多生活在自然条件极其恶劣的地区或人力资源严重不足，很难通过扶贫开发实现脱贫。而且剩余贫困人口在地域上分布非常分散，目前以贫困村为单位的扶贫方式难以帮助在非贫困村的贫困人口。

第二，农村低收入人口返贫率高，可持续发展能力弱，收入增长困难，扶贫开发难度加大。目前的低收入人口虽然暂时解决了温饱问题，但财产储备不足，资源禀赋不足，一遇天灾人祸，非常容易返贫。据国家贫困监测调查结果，农村低收入农户的收入波动很大，主要是受农业气候条件的影响，低收入农户对干旱等自然灾害的抵抗能力仍然很弱，在贫困地区，低收入人口每年的返贫率在 30% 左右。另一方面，在基本解决温饱问题后，低收入人口必须通过参与市场经济循环才能实现收入增长，与以往通过增加农产品生产即能改善本户温饱状况有很大的不同，因而，扶贫开发中经济活动的风险加大，选好、选准扶贫项目的难度大大提高。

第三，贫困地区基础设施已大为改善，问题是如何保障穷人有能力使用这些基础设施。以前贫困地区的"瓶颈"制约因素是基础设施，因此包括"八七扶贫攻坚计划"在内的扶贫资金主要投向了改善基础条件。经过多年的努力，目前贫困地区基本的基础设施已达相当水平，属于扶贫重点的基本的基础设施如交通、通讯、电力、学校等拥有率已接近非贫困地区。住户调查数据表明，2002年贫困人口所在行政村通公路的比重为93.1%，通电的比重为95.1%，有小学的比重高达93%，与非贫因人口所在村的各项比重接近，超过了90年代初所设农村总体小康标准。贫困人口在基础设施拥有率方面的表现，很出人意料，这和我国反贫困重点的选择及反贫困项目的组织过程密切相关。我国的反贫困项目常以修筑公路、学校、电力设施、供水设施为先导，卫生所建设在近年来也逐渐推开。贫困人口在公路、学校和电力设施等方面拥有率较高表明我国的反贫困工作确有成效。现在的问题是由于贫困户收入低而无力享受基础设施改善的好处。例如，贫困户人均用电量不及非贫困户的1/3，说明穷人不能充分享受通电带来的福利和发展机会。另外，贫困人口在安全饮用水享有率、家庭卫生设施方面均明显落后于非贫困人口。

第四，农村社会发展严重落后于经济发展，贫困地区的公共教育、卫生问题尤其严重。2002年，全国县域经济人均GDP水平约为全国平均的80%左右，而每万人口中教育、卫生设施人员的拥有率均不足全国平均水平的70%，而且属于县域的教育、卫生资源大多明显集中在县城中。在教育方面，据教育部统计资料，截止2002年，全国还有431个县尚未"普九"，另有几十个县没有普及小学阶段义务教育。全国农村贫困监测结果也证实，农村初级教育形势相当严峻：2002年全国农村7—12岁儿童入学率为96.2%，比上年下降0.4个百分点，其中贫困农户7—12岁儿童入学率只有88.6%，比上年下降了3.2个百分点。在卫生方面，据卫生部统计，农民人均卫生费用支出只有城镇居民的1/3，只有全国平均水平的62%。在2003年上半年非典型性肺炎肆虐时期，农村医疗体系的落后与空白也引起了各级政府和社会的震惊和高度关注。

第五，收入差距继续扩大，国家必须采取更有力的措施以防止收入差距过大影响社会稳定。2002 年城乡居民可支配收入的差距达到 3.11：1，已超过改革开放前的水平；592 个国家扶贫开发工作重点县的人均 GDP 水平仅为 100 个最发达县的 1/7；农民人均纯收入水平最低的 20% 人口（低收入组）占全部收入的比重只有 6.4%，这一比重在 1999 年为 7.2%；高收入组拥有全部纯收入的 43.8%（1999 年为41.4%）；农民人均纯收入的基尼系数为 0.3646，比上年又有所增加。社会收入分配的不公平程度已接近"合理"区间的上限。

三、新时期反贫困重点：改善农村
社会服务、培养农户发展能力

2002 年我国政府采取了许多积极措施以进一步缓解农村贫困，并开始着手解决农村贫困的一些深层次问题。农村贫困监测调查表明，许多措施产生了良好的作用，如：农村税费改革切实减轻了农民负担；退耕还林不仅使一大批贫困地区农民直接受益，而且真正加快了生态环境改善步伐；西部开发和建设项目使贫困地区的基础设施快速改善；国家农村教育和卫生工作力度显著增强。农村社会保障体系在一些省份开始试点；农户参与受到更多的关注；政府扶贫和社会扶贫力度继续加大，直接面向贫困村和贫困农户的扶持资金明显增加，等等。我们认为未来几年内，各级政府在认真贯彻落实《2000—2010 年农村扶贫规划纲要》、继续推行和强化上述扶贫政策和措施的同时，要下决心花大力气改善农村教育、卫生、金融等服务，提高农民文化、技术水平以及市场、社会参与能力。以下工作应受到特别重视。

（一）要尽早强化教育扶贫，立足长远，用 10 年时间造就一代新型农民。人力资本理论认为，区域的经济实力取决于区域拥有的物质资本的数量和质量以及人力资本的数量和质量。在商品经济社会，生产力的发展和经济竞争能力提高主要取决于人力资本存量和质量，即劳动者的素质，它们直接决定了产业创新、劳动生产率和收入水平的提高。农村住户调查资料显示，农民收入增长与劳动者文化程度提高高度正相关。目前贫困地区人口素质差、教育水平低已经成为农民收入提高和扶贫开发项目顺利实施的"瓶颈"制约因素。据调查，现有贫困人口劳动力文盲率高达 16.3%，比非贫困人口高 10 个百分点，而初中以上劳动力比重不到 40%，比非贫困人口低 15 个百分点，尤其值得担心的是贫困学龄人口入学率明显低于非贫困人口，13—15 岁学龄人口入学率低 11 个百分点，15—17 岁学龄人口入学率低 14 个百分点。西部贫困地区的状况更严重。

目前，贫困地区儿童入学率的低下意味着新一代文盲继续形成，也意味着新一代贫困人口正在形成。将来要帮助这部分人摆脱贫困可能要花几倍甚至几十倍的人力物力，因而决不能坐等经济发展后能自然而然地提高教育水平。国内外经济发展的实践证明，教育投资的回报率是最高的，国家值得倾 10 年之功，加大对农村人力资本的投入，培育和造就一代新型农民。这也是全面建设小康社会的需要。

强化教育扶贫是指在继续重视学校硬件建设的同时，加强在扫盲、技术培训和以希望工程为代表的对失学儿童的直接救助力度：一要全面开展对失学儿童的直接救助工作，通过免费甚至补贴的形式提高贫困儿童的入学率，保证全体少年儿童都能接受 9 年制义务教育；二要加强师资培训，提高学校图书、课桌椅及其他基础设施的拥有率，提高学校的教育质量；三要加强对教育的财政投入，降低贫困地区的学杂费收费标准，严禁乱收费现象出现；四是建议调整扶贫资金的使用方向，将扶贫资金重点用于减免中西部地区农村学龄人口的学杂费支出，保障所有学龄人口都能享受九年制义务教育，争取高中教育。目前中西部地区农村有 1 亿学龄人口，扣除 40% 中高收入家庭的孩子，有 6000 万左右中低收入家庭的孩子需要助学，按小学生平均学费支出每人每年 200 元、中学生 400 元标准计算，这部分学生每年的学费支出总额是 180 亿。如果国家财政能够支持中西部地区中低收入家庭学龄儿童的学费支出，不仅能直接减轻这些家庭的致贫负担，而且能提高扶贫资金的使用效益，真正实现新世纪扶贫规划纲要提出的"直接面向穷人"的扶贫目标。

（二）尽快建立和完善农村社会保障体系。首先要建立面向农村贫困人口的最低生活保障制度。现有 2820 万绝对贫困人口中有相当一部分是无劳动能力的人口，通过扶贫开发很难脱贫，只有纳入社会救济系统。今后 20 年我国要基本建成全面小康社会，建立和完善农村最低生活保障制度势在必然，两者可以结合考虑。可以从现有财政扶贫资金中划出一块，支持各地建立面向绝对贫困人口的社会保障制度。其次，要支持提高和扩大农村合作医疗保障强度和保障范围，增加农村公共卫生支出，建立农村医疗救助制度，防止农户因病返贫和因贫失医。另外，要尽快建立强制性的农民养老保险金制度，使外出务工的农民能在为输入地创造财富的同时，解除自身的后顾之忧，并增加社会参与感。

（三）改革农村信贷体制，建立小额信贷制度，让穷人有机会获得金融服务。当前，贫困地区农户，特别是低收入农户的资金短缺现象十分严重，高利贷盛行。农户贷款难和农行、信用社放贷难的问题同时并存。20 年国际经验及国内最近 5 年的试验表明，建立可持续的小额信贷，是解决缺乏抵押担保能力的穷人获得金融服务的一种有效方式。一些国际组织在中国开展的小额信贷扶贫的试验表明，只要建立严格的管理制度和根据穷人信贷需求的特点选择适当的金融产品和服务方法，小额信贷机构可以在 5 年左右时间内基本实现自负盈亏，从而有可能长期地为穷人提供金融服务。应鼓励各种形式的小额信贷试验和推广。从根本上解决穷人不能享受金融服务的问题，还需要改革农村信用合作社。在中西部经济发展比较落后的地区，逐步将信用社改革成小额信贷银行，将是解决穷人进入金融市场的主要选择。

农村调研报告

（2007 年 12 月 11 日）

昨天，我迎着今冬第一场瑞雪到北京怀柔区大水峪村调研。这里是北京市统计局年初为我挑选的一个联系点，工作基础较好，干部素质也较高。通过一天的座谈、参观，不仅增加了对农村的了解，而且捕捉到一些耐人寻味的思想亮点。现整理如下。

第一，农民要致富必须要治懒。在农村里总有少数懒人，他们要年龄有年龄，要体力有体力，可就是不想干活，拿着低保补贴就很知足，不思上进。据村委会干部说，只要肯干活就业是不成问题的。做个小工每月也能拿到 1000 多元，可他们就是不肯干。目前，全村享受低保的 104 人，约占人口的 5%。其中，除部分因病、孤寡老人、出了伤亡事故的家庭等，相当一部分是能干活而不想干造成的。村支书王来祥说："可怜之人，必有可气之处。可气可恨的根本就在于一个懒字。"晚上回到区统计局，局长介绍说，他们作过调查，怀柔区劳动力需求为 22.5 万人，实有就业人员 19 万人，表现为劳动力紧缺，而全区却有 6.5 万有劳动能力的人不愿就业。其中有的在挑选职业，相当多的人则安于贫困。由此看来，对农村贫困群体不仅要输血救助，更要重视激励他们创业致富的热情。这要作为建设社会主义新农村不可或缺的一项内容。

第二，是扶贫还是支富。据调查，该村种粮直补、良种和农机具购置补贴等政策都得到较好的落实。补贴经费由财政直接补给农民，并张榜公示，乡镇和村不可能有任何截流，农民现在没有任何税费可缴，倒是有 70% 的专业承包户欠集体的承包款，只有 30% 的承包户足额上缴承包款。现在农村同志关心的是，各级财政、发改委、农业局、林业局等部门用于支农的专项资金数额巨大，且是按项目拨付的，广大农民哪来的项目？而乡镇企业早就改制完了，实际上成了私营企业。有能力筹建项目的往往是这些企业主。结果是大量财政性专项资金拨给了这些项目业主，而广大农民群众除了增加就业机会，得不到多少实惠，导致农村有钱的人越来越富，贫富差距进一步扩大。由此提出一个问题，各项支农扶贫专项资金究竟如何合理使用？在管理上是需要认真研究的。要真正用于支农扶贫，而不是支富。有的人说，党和国家支农的钱花得不少，但使用的效率不是太高。

第三，任何政策都有漏洞可钻。中央的政策是好的，可到了下面往往会变味，这就是所谓的"上有政策、下有对策"。村支书曾带领村民在北京城区参与过几个建设项目的施工，他深有体会地说，工程招投标本来是个很好的政策，但实际上全是空架子。背地里都是凭关系，早就内定了。再如，红螺寺是老祖宗的遗产，现在却由一个私营旅游公司独家经营，坐收暴利，国家和当地群众没有得到好处，群众闹过几次也没有效果。老支书方金生说，我们村里也钻过国家政策的空子。村里原有耕地 2340 亩，由于青龙峡水库要保北京市区生活用水，当地不得引水灌溉，村里就借退耕还林政策（退耕还林政策的对象是 25 度以上的山坡地）把 1800 亩平原良田（这些地种一茬小麦一茬玉米年收两千斤粮食没有问题）改为果园，既可享受退耕还林的有关补助政策，种果树效益又好，果园里还可套种黄豆、花生，解决了本村的食用油问题，可以说是一举多得。现在全村两千多人口，真正种粮食的耕地只有 500 多亩，周围一带的村庄都有类似的情况，而且兴起了一个初具规模的果园产业。由此看来，制定政策要加强调查研究，尽量提高政策的可执行性和严密性，并制定相应的保障措施。只要不是非常火急的事，制订重大政策应先征求地方各级政府和基层的意见，在执行中要加强监督和检查，维护党和国家政策的权威性和严肃性，真正为广大人民谋利益。

第四，不能很好执行政策的主体往往是下面各级政府自身。例如，某项重点工程的建设，在征地拆迁等很多问题没有解决的情况下，上面硬性规定了开工时间，下面只好违规硬干，引发了一些社会矛盾。再如，上级政府对下级的考核指标不切合实际，下面就只好弄虚作假，尽最大努力也做不好的事就只好走歪门邪道了。从这里看出，加强各级政府自身建设，坚持实事求是，深入贯彻落实科学发展观，实在是保障党和国家各项政策得以贯彻落实的重要环节。

第五，乡镇干部进农村基层的次数不如总书记、总理多。有的群众反映，在电视上经常看到总书记、总理及党和国家其他领导人深入基层、深入群众，而我们连乡镇领导都很难看得到。得出的印象是乡镇干部进农村、入农户的次数还不如总书记和总理多。这反映了部分乡镇干部工作不够深入、接触群众太少；有的是没有勇气直接面对群众，去解决关系群众切身利益的复杂问题；有的事情明知有错，因由前任所定，也不敢去纠正。广大基层干部都很辛苦，他们是贯彻落实党和国家政策的重要力量，但必须切实改变工作作风。

第六，农村小学的教学质量堪忧。该村有一所中心小学，两免一补政策都已经到位，相邻几个村庄的孩子都能做到用车接送上下学，家在山区的住校生吃饭不要钱。大家担心的是教育质量不行，好的老师不是留不住，而是根本来不了。村民建议国家应给乡村老师以优惠政策，鼓励高水平的老师到农村来任教。

（注：以上标题基本上来自调研中听到的原话）

关于春节前给全国城乡低保户
发放一次性财政补贴的建议

（2008 年元月）

　　遵照温家宝同志去年年中关于农村低保制度实行情况在年底要进行一次督查的指示，最近中办、国办、人大、政协和民政部组成联合督查组，分赴全国 30 个省区市（西藏未安排）督查。我和中财办原副主任段应碧同志带组去黑龙江、吉林两省开展督查工作。现将主要情况和建议报告如下。

　　从黑龙江、吉林两省的情况看，农村低保工作扎实推进，各项政策得到较好落实：一是建设和完善了低保工作的政策法规；二是初步建立了低保标准与经济发展同步增长的机制；三是农村低保工作纳入了规范化管理的轨道，申报、评审、核查各个环节都严格把关，基本做到了公正、透明，并实行了低保资金财政专户管理、社会化发放，广大困难群众非常满意，发自内心地感谢党和政府的关怀。看后觉得是可以让人放心的。农村五保供养，灾民救济，老红军、老模范、老党员的生活保障和优抚工作也都开展得有声有色。

　　针对去年下半年以来特别是四季度，食品价格上涨较快，各地也都采取了相应的措施。黑龙江省在中央几次下拨资金对城市低保对象给予补贴的基础上，考虑到让城乡困难群众温饱过冬、祥和过年，决定拿出 2.2 亿元用于春节前对城乡困难群众发放一次性生活补贴，对城乡享受低保的居民以及低保边缘的困难群体，每人给予 40 元的一次性补助。吉林省政府最近也安排近 9000 万元专项资金用于补贴困难群众的节日生活。据了解，北京、上海也采取了相应的措施。以上情况给我们一个启示，物价特别是食品价格的上涨，受冲击最大的不仅是城镇困难群体，农村困难群体的生活也受到很大影响，对农村困难群众也应适当给予价格补贴。为确保全国城乡困难群体春节期间都能吃上饺子、吃上肉，我们建议：

1. 国务院发一通知，要求各省区市都要安排一定财力，对城乡困难群体在春节前实行一次性财政补贴；

2. 中央财政除了去年 8 月、10 月、11 月对城市低保对象追加补贴共 29 元之外，春节前再给全国（包括东部 7 省市）城市、农村低保群众每人发放一次性生活补贴 40 元，共计约需 20 亿元。从现有的城乡低保管理体系看，很快可以发放到低保群众的手中。发放之后，适当加以宣传，以提高透明度。